Morphologie

Russische Sprache der Gegenwart

Herausgegeben von einem Redaktionsrat unter Leitung von
Prof. Dr. sc. Kurt Gabka

Morphologie

Verfaßt von einem Autorenkollektiv unter Leitung von Herbert Mulisch

VEB Verlag Enzyklopädie Leipzig

Als Lehrbuch für die Ausbildung an Universitäten und Hochschulen der DDR anerkannt.
Berlin, Februar 1987   Minister für Hoch- und Fachschulwesen

Redaktionsrat:
Prof. Dr. sc. Kurt Gabka (Vorsitzender), Prof. Dr. habil. Hasso Baumann, Prof. Dr. sc. Kurt Buttke, Prof. Dr. sc. Rainer Eckert, Prof. Dr. sc. Erika Günther, Prof. Dr. sc. Rudolf Kühnl, Prof. Dr. sc. Werner Mühlner, Doz. Dr. sc. Herbert Mulisch, Prof. Dr. sc. Dieter Radtke (Sekretär), Prof. Dr. sc. Erwin Wiede, Prof. Dr. sc. Ludwig Wilske

Autorenverzeichnis:
Doz. Dr. sc. Herbert Mulisch (Leiter des Autorenkollektivs), Vorwort, Inhaltsverzeichnis, Zeichen und Abkürzungen, 2.1., 2.2., 2.3.3.–2.3.3.2., 2.3.4.–2.3.6., Literaturverzeichnis, Sachregister; Prof. Dr. sc. Wilhelm Fuhrmann 2.4., 2.5., 2.7.; Günter Hänsel 2.8.3.; Doz. Dr. sc. Gottfried Kirchner, 1.5., 7., 8.; Prof. Dr. sc. Rudolf Kühnl, 2.3.–2.3.2., 2.3.3.3.–2.3.3.5., 2.3.7., 2.8.–2.8.2.5.; Prof. Dr. habil. Oskar Müller 3.1., 3.2., 3.6., 3.7., 6.; Doz. Dr. sc. Joachim Richter † 1.–1.4., 1.6., 1.7., 5.; Prof. Dr. sc. Wolfgang Sperber 2.6., 4.; Dr. Arno Stallmann 3.3.–3.5.

Begutachtung:
Prof. Dr. habil. Wolfgang Boeck

Russische Sprache der Gegenwart / hrsg. von e. Redaktionsrat
unter Leitung von Kurt Gabka. – Leipzig : Verlag Enzyklopädie.
Bd. 2. Morphologie / verf. von e. Autorenkollektiv unter
 Leitung von Herbert Mulisch. – 1. Aufl. d. Neufassung. –
 1988. – 318 S.
            ISBN 3-324-00322-9

NE: Gabka, Kurt [Hrsg.]; Mulisch, Herbert [Mitarb.]

ISBN 3-324-00322-9

1. Auflage der Neufassung
© VEB Verlag Enzyklopädie Leipzig, 1988
Verlagslizenz Nr. 434-130/38/88
Printed in the German Democratic Republic
Grundschrift: Timeless-Antiqua
Gesamtherstellung: INTERDRUCK Graphischer Großbetrieb Leipzig,
Betrieb der ausgezeichneten Qualitätsarbeit, III/18/97
Einbandgestaltung: Rolf Kunze
LSV 0854
Best.-Nr.: 578 125 0
02200

Vorwort

Wie der erste Band der Hochschullehrbuchreihe zur Disziplin "Russische Sprache der Gegenwart", der eine "Einführung in das Studium der russischen Sprache" (Teil 1) und die "Phonetik und Phonologie" (Teil 2) enthält, ist auch der vorliegende zweite Band "Morphologie" für die Aus- und Weiterbildung von Russischlehrern in der Deutschen Demokratischen Republik bestimmt.

Der im Vorwort zu Band 1 dargelegten Zielstellung des gültigen Lehrprogramms für die Ausbildung von Diplomlehrern im Fach Russisch (Berlin, 1982) entsprechend ist die "Morphologie" in der sprachwissenschaftlichen Ausbildung der Darstellung des morphologischen Teilsystems der russischen Gegenwartssprache unter *strukturell-semantischem, konfrontativem und funktionalem Aspekt* gewidmet. Gleichzeitig soll das Lehrbuch dem Studenten zu Beginn seines Studiums – anknüpfend an die in der erweiterten Oberschule erworbenen Kenntnisse – in die *Betrachtungsweisen und Methoden der wissenschaftlichen Grammatik* einführen und ihm die Kenntnisse und Fähigkeiten vermitteln, die der Russischlehrer benötigt, um die Wissenschaftsentwicklung auf seinem Fachgebiet zu verfolgen, sie kritisch zu beurteilen und ihre Ergebnisse, soweit sie den Bildungs- und Erziehungszielen der allgemeinbildenden polytechnischen und erweiterten Oberschule der DDR entsprechen, in seiner praktischen Tätigkeit laufend nutzbar zu machen.

Zu diesem Zweck ist auch der gesamte Stoff des Lehrbuchs mit Hilfe der Leitzahlen auf dem Seitenrand in einen *Grund- und Zusatztext* gegliedert. Der durch halbfette Leitzahlen gekennzeichnete Grundtext ist so gestaltet, daß er eine in sich geschlossene Darstellung des morphologischen Teilsystems der russischen Sprache im Umfange der Forderungen des Lehrprogramms enthält. Der Zusatztext, der mit normal gedruckten Leitzahlen versehen ist, ergänzt und vervollständigt das im Grundtext Gesagte in Einzelheiten, macht mit anderen Interpretationen des im Grundtext behandelten Materials bekannt, weist auf Probleme und Argumentationen hin und gibt Hinweise für das weiterführende Studium.

Das *Literaturverzeichnis* beschränkt sich außer den im Text zitierten Arbeiten vor allem auf die grundlegenden Werke und die zum vertiefenden Studium empfohlene Literatur vorwiegend der letzten 15 Jahre und verzichtet auf die Einbeziehung schwer zugänglicher und älterer Werke sowie der speziellen Zeitschriftenliteratur.

Das beigefügte *Sachregister* dient nicht nur zum Auffinden der Leitzahlen, unter denen die betreffenden deutschen Termini erläutert sind, sondern bildet gleichzeitig ein kleines deutsch-russisches Wörterbuch, das den Studenten den Übergang zu russischsprachigen Lehrveranstaltungen auf dem Gebiet der Morphologie erleichtern soll.

Das Lehrbuch wurde von einem Autorenkollektiv verfaßt, dessen Mitglieder auf eine langjährige Tätigkeit in der sprachwissenschaftlichen Lehre der Universitäten und Hochschulen der Deutschen Demokratischen Republik zurückblicken können.

Die Autoren sagen Herrn Prof. Dr. habil. W. Boeck herzlichen Dank für das Gutachten, dessen wertvolle Anregungen in der Endfassung des Manuskripts Berücksichtigung fanden.

Verlag und Autoren sind für alle Hinweise, die zur Verbesserung des vorliegenden Lehrbuches beitragen können, sehr dankbar.

                                        Redaktionsrat   Autorenkollektiv

Inhaltsverzeichnis

	Zeichen und Abkürzungen	11
1.	**Einleitung in die Morphologie**	13
1.1.	Der Gegenstand der Morphologie	13
1.1.1.	Das Wesen der Grammatik	13
1.1.2.	Morphologie und Syntax	14
1.1.3.	Zu den Methoden und Aufgaben der Darstellung	15
1.2.	Wort und Wortform	16
1.3.	Die grammatischen Kategorien	17
1.3.1.	Die grammatische Bedeutung und die grammatische Form	17
1.3.2.	Der Begriff der grammatischen Kategorie	18
1.3.3.	Zur Einteilung der morphologischen Kategorien	20
1.3.4.	Die Allgemeinbedeutungen und die speziellen Bedeutungen der Glieder der morphologischen Kategorie	21
1.4.	Die funktional-semantischen Kategorien	23
1.5.	Die Wortarten	26
1.5.1.	Die invarianten Merkmale der Wortarten	26
1.5.2.	Das System der russischen Wortarten	28
1.5.3.	Wortartzuordnung und Wortartwechsel	32
1.6.	Die morphematische Struktur des Wortes	34
1.6.1.	Das Wort und das Morphem	34
1.6.2.	Die Grundtypen der Morpheme	34
1.6.3.	Die Affixe und die Interfixe	35
1.6.4.	Die Morphemvarianten	38
1.6.5.	Der Wortstamm	40
1.7.	Die Formmittel	43
1.7.1.	Die Struktur der Wortformen	43
1.7.2.	Die synthetischen Formen	43
1.7.3.	Die analytischen Formen	44
1.7.4.	Die Produktivität der Formmittel	45
2.	**Das Verb**	46
2.1.	Das Verb als Wortart	46
2.1.1.	Die Merkmale der Wortart	46
2.1.2.	Die Einteilung nach der grammatischen Funktion	47
2.1.3.	Lexikalisch-grammatische Einteilung	49
2.2.	Die Paradigmatik	50
2.2.1.	Allgemeines	50
2.2.2.	Die Mehrstämmigkeit der russischen Verben	51
2.2.3.	Die Klassifizierung der russischen Verben	53
2.2.3.1.	Die Kriterien der Klassifizierung	53
2.2.3.2.	Die produktiven Verbalklassen	54
2.2.3.3.	Die unproduktiven Verbalgruppen	61
2.2.4.	Die Formmittel	72
2.2.4.1.	Die aktiven Infinitivformen	72
2.2.4.2.	Die aktiven Indikativformen	73

2.2.4.3.	Die Imperativformen	74
2.2.4.4.	Die aktiven Konjunktivformen	77
2.3.	Die Kategorie des Aspekts	77
2.3.1.	Der Gehalt und die Bedeutungen	77
2.3.1.1.	Der Gehalt der Kategorie	77
2.3.1.2.	Der Verbalaspekt als morphologische Kategorie	79
2.3.1.3.	Die Bedeutung des perfektiven Aspekts	80
2.3.1.4.	Die Bedeutung des imperfektiven Aspekts	83
2.3.1.5.	Vergleich mit anderen Auffassungen	84
2.3.2.	Aspekt und Aspektualität	87
2.3.3.	Der Aspektgebrauch in den finiten Verbalformen und im Infinitiv	89
2.3.3.1.	Lexikalische Indikatoren der Aspektualität	89
2.3.3.2.	Die Verwendung der Aspekt-Tempus-Formen	91
2.3.3.3.	Der Aspektgebrauch in den Imperativformen	100
2.3.3.4.	Der Aspektgebrauch in den Konjunktivformen	102
2.3.3.5.	Der Aspektgebrauch im Infinitiv	104
2.3.4.	Die Bildung der Aspektstämme	108
2.3.4.1.	Der formale Ausdruck der Aspektbedeutungen	108
2.3.4.2.	Präfixale korrelative Aspektformen	109
2.3.4.3.	Suffixale korrelative Aspektformen	112
2.3.4.4.	Suppletive korrelative Aspektformen	115
2.3.4.5.	Variative Aspektformen	116
2.3.5.	Die zweiaspektigen Verbalstämme und die Aspektdefektivität	116
2.3.6.	Die Aktionsarten und die Aspekte	119
2.3.7.	Die paarigen Verben der Fortbewegung und ihre Stellung im Aspektsystem	120
2.3.7.1.	Bestand	120
2.3.7.2.	Semantik	121
2.3.7.3.	Präfigierung und Bildung korrelativer Aspektformen	124
2.4.	Die Kategorie des Genus verbi	126
2.4.1.	Der Gehalt und die Allgemeinbedeutungen	126
2.4.2.	Die Bildung der Passivformen	127
2.4.3.	Korrelationen zwischen Passiv- und Aktivkonstruktionen	129
2.4.4.	Das Zustandspassiv	130
2.4.4.1.	Wesen und formaler Ausdruck	130
2.4.4.2.	Identifizierung	131
2.4.5.	Die Kategorien der Transitivität bzw. Intransitivität	132
2.4.6.	Die Reflexivverben	133
2.4.6.1.	Begriff	133
2.4.6.2.	Klassifizierung	133
2.4.7.	Genus verbi und Diathese	134
2.5.	Die Kategorie des Modus	135
2.5.1.	Der Gehalt und die Bedeutungen	135
2.5.2.	Der Indikativ	136
2.5.3.	Der Imperativ	136
2.5.3.1.	Direkte Bedeutungen der Imperativformen	136
2.5.3.2.	Transpositionen	136
2.5.4.	Der Konjunktiv	137
2.5.5.	Modus und Modalität	139
2.6.	Die Kategorie des Tempus	140
2.6.1.	Das Wesen der Kategorie des Tempus	140
2.6.2.	Die Tempusbedeutungen	140
2.6.3.	Absoluter und relativer Gebrauch der Tempusformen	142

2.6.4.	Transpositioneller Gebrauch der Tempusformen	143
2.6.5.	Tempus und Temporalität	145
2.7.	Die Kategorien der Person, des Numerus und des Genus	146
2.7.1.	Die Kategorie der Person	146
2.7.1.1.	Der Gehalt der Kategorie	146
2.7.1.2.	Die persönlichen Verbalformen	146
2.7.1.3.	Die unpersönlichen Verben und Verbalformen	148
2.7.1.4.	Person und Personalität	149
2.7.2.	Die Kategorie des Numerus	149
2.7.3.	Die Kategorie des Genus	150
2.8.	Die infiniten Formen	150
2.8.1.	Der Infinitiv	151
2.8.2.	Die Partizipien	152
2.8.2.1.	Wesen und Merkmale	152
2.8.2.2.	Bildung und Betonung	153
2.8.2.3.	Kurzformen	157
2.8.2.4.	Verwendung	158
2.8.2.5.	Übergang von Partizipien in andere Wortarten	160
2.8.3.	Die Adverbialpartizipien	161
2.8.3.1.	Wesen und Merkmale	161
2.8.3.2.	Aspekt-Tempus-Bedeutungen	162
2.8.3.3.	Bildung und Bedeutung	166
2.8.3.4.	Verwendung	168
2.8.3.5.	Übergang von Adverbialpartizipien in andere Wortarten	171
3.	**Das Substantiv**	**172**
3.1.	Das Substantiv als Wortart	172
3.2.	Die Deklination	174
3.2.1.	Allgemeine Charakteristik	174
3.2.2.	Die Standardtypen	177
3.2.2.1.	I. Deklination	177
3.2.2.2.	II. Deklination	184
3.2.2.3.	III. Deklination	186
3.2.3.	Die Deklination der Pluralia tantum	187
3.2.4.	Die gemischtdeklinierten Substantive	188
3.2.5.	Indeklinable Substantive	189
3.2.6.	Die Akzenttypen	190
3.2.6.1.	Standardtypen	191
3.2.6.2.	Maskulina der I. Deklination	192
3.2.6.3.	Neutra der I. Deklination	193
3.2.6.4.	II. Deklination	193
3.2.6.5.	III. Deklination	193
3.2.6.6.	Besondere Akzenttypen	193
3.2.6.7.	Akzentvarianten	194
3.3.	Die Kategorie des Genus	195
3.3.1.	Genus und Sexus	195
3.3.2.	Grammatischer Ausdruck	196
3.3.3.	Semantische Genuskorrelationen	198
3.3.4.	Nichtkorrelative Berufsbezeichnungen	199
3.3.5.	Die Substantive zweierlei Genus	200
3.3.6.	Das Genus der indeklinablen Substantive	201
3.3.7.	Das Genus der Abkürzungswörter	202

3.4.	Die Kategorie der Belebtheit bzw. Unbelebtheit	203
3.4.1.	Allgemeine Charakteristik	203
3.4.2.	Grammatischer Ausdruck	203
3.4.3.	Abweichungen von der Zuordnungsregel	204
3.4.4.	Schwankungen in der Zuordnung	205
3.5.	Die Kongruenzklassen	207
3.6.	Die Kategorie des Numerus	208
3.6.1.	Der Gehalt und die Bedeutungen	208
3.6.2.	Die Singulariatantum	210
3.6.3.	Die Pluraliatantum	211
3.7.	Die Kategorie des Kasus	212
3.7.1.	Allgemeine Charakteristik	212
3.7.2.	Die Funktionen des Kasus	213
4.	**Das Adjektiv**	**216**
4.1.	Das Adjektiv als Wortart	216
4.2.	Die Klassifizierung	219
4.2.1.	Semantische Einteilung	219
4.2.2.	Syntaktisch-funktionale Einteilung	222
4.2.3.	Morphologische Einteilung	223
4.3.	Die Deklination	223
4.3.1.	Allgemeine Charakteristik	223
4.3.2.	Der Standardtyp	224
4.3.3.	Erster Sondertyp	225
4.3.4.	Zweiter Sondertyp	226
4.3.5.	Indeklinable Adjektive	227
4.3.6.	Betonung der Deklinationsformen	228
4.4.	Die Kurzformen	228
4.4.1.	Bildung	228
4.4.2.	Betonung	230
4.4.3.	Verwendung der Kurz- und Langformen	231
4.5.	Die Komparation	235
4.5.1.	Allgemeine Charakteristik	235
4.5.2.	Analytische Komparativ- und Superlativformen	235
4.5.3.	Synthetische Komparativ- und Superlativformen	236
4.5.4.	Bedeutung und Verwendung der Komparativformen	239
5.	**Das Numerale**	**243**
5.1.	Das Numerale als Wortart	243
5.2.	Die Klassifizierung	243
5.3.	Die Kardinalzahlwörter	245
5.3.1.	Deklination	245
5.3.2.	Syntaktische Besonderheiten	246
5.3.3.	Verwendung	248
5.4.	Die Bruchzahlwörter	250
5.4.1.	Deklination	250
5.4.2.	Syntaktische Besonderheiten und Verwendung	250
5.5.	Die Abgrenzung der Numeralien von anderen Wortarten	251

5.5.1.	Die Ordinaladjektive	251
5.5.2.	Die unbestimmten Quantitätswörter	252
5.5.3.	Das Wort оба	253
5.5.4.	Die Zahlsubstantive	253
5.5.5.	Die Substantivierung von Numeralien	254
5.5.6.	Das Wort один	254
6.	**Das Pronomen**	255
6.1.	Das Pronomen als Wortart	255
6.2.	Die Klassifizierung	256
6.3.	Die Deklination	257
6.3.1.	Substantivische Pronomen	257
6.3.2.	Adjektivische Pronomen	259
6.3.3.	Quantitätspronomen	261
6.3.4.	Indeklinable Pronomen	261
6.4.	Semantische Charakteristik und grammatische Besonderheiten der Pronomen	261
6.4.1.	Deiktische und anaphorische Personalpronomen	261
6.4.2.	Reflexivpronomen	262
6.4.3.	Reziprokpronomen	264
6.4.4.	Possessivpronomen	264
6.4.5.	Demonstrativpronomen	266
6.4.6.	Interrogativpronomen	269
6.4.7.	Relativpronomen	271
6.4.8.	Determinativpronomen	272
6.4.9.	Indefinitpronomen	275
6.4.10.	Negativpronomen	280
6.5.	Übergänge zwischen Pronomen und anderen Wortarten	281
7.	**Die unflektierbaren Wortarten**	283
7.1.	Klassifizierungskriterien	283
7.2.	Das Adverb	287
7.2.1.	Das Adverb als Wortart	287
7.2.2.	Die Klassifizierung	287
7.3.	Das Zustandswort	290
7.3.1.	Das Zustandswort als Wortart	290
7.3.2.	Die syntaktische Verwendung	291
7.3.3.	Zur Problemgeschichte	292
7.4.	Das Modalwort	293
7.4.1.	Das Modalwort als Wortart	293
7.4.2.	Die Klassifizierung	295
7.5.	Die Partikel	295
7.6.	Die Präposition	297
7.7.	Die Konjunktion	299
8.	**Die Interjektion**	302
	Literaturverzeichnis	304
	Sachregister	311

Zeichen und Abkürzungen

Verweisungen

Auf andere Stellen des Lehrbuches wird mit Hilfe der Leitzahlen auf dem Seitenrand verwiesen, z. B.: vgl. **83 ff.**
Quellenangaben erfolgen durch Hinweis auf die laufende Nummer des Literaturverzeichnisses und Seitenangabe in eckigen Klammern, z. B.: [*15*, 12 f.]. Wenn unter der laufenden Nummer ein mehrbändiges Werk verzeichnet ist, wird zusätzlich der Band angegeben; in einigen Fällen wird auf die Paragraphen hingewiesen, z. B.: [*48*, Bd. I, §§ 857].

Zeichen

*	erschlossene (nicht belegte) Form
<, >	Kennzeichnung der Richtung historischer Veränderungen
→, ←, ↔	Kennzeichnung der Richtung von Vorgängen der Formenbildung, der Wortbildung, des Wortartwechsels und der Umformung
//	Kennzeichnung einer Alternation (eines Phonemwechsels)
:	Kennzeichnung einer Opposition
–	Kennzeichnung einer Korrelation
– (Gedankenstrich)	
- (Bindestrich)	Bezeichnung der Morphemfuge
б́, д́ usw.	Bezeichnung der Plalatalisierung (an der Morphemfuge)
-∅	Nullendung (Nullmorphem)
[…]	Kennzeichnung der phonetischen Transkription } vgl. Band 1, **24 ff.**
/…/	Kennzeichnung der phonematischen Transkription

Phonematische Transkription

1. Des leichteren Verständnisses wegen werden zur Bezeichnung von Vokalphonemen ausschließlich die lateinischen Buchstaben verwendet, also außer /a/, /i/ und /u/ auch /e/ und /o/ (statt /ɛ/ und /ɔ/, vgl. Band 1, **24 ff.**)

2. Wenn die Feststellung eines Phonems auf Schwierigkeiten stößt, halten wir es für das vorliegende Lehrbuch für ausreichend und zweckmäßig, den Phonembestand von Affixen in Übereinstimmung mit den regelmäßigen Entsprechungen zwischen den Graphemen und Phonemen bzw. auf diachronischer Grundlage anzugeben und damit auf die Einführung von Hyperphonemen zu verzichten (vgl. auch Band 1, 27 u. 257).

Abkürzungen

Adv.	Adverb	ksl.	kirchenslawisch
Adv. Part.	Adverbialpartizip	lässig-umg.	lässig-umgangssprachlich*
Akk., A.	Akkusativ	lat.	lateinisch
aksl.	altkirchenslawisch	Lf.	Langform
Akt.	Aktiv	mask., m.	Maskulinum
aruss.	altrussisch	neutr., n.	Neutrum
buchspr.	buchsprachlich*	Nom., N.	Nominativ
Dat., D.	Dativ	nruss.	neurussisch
Dekl.	Deklination	Part.	Partizip
dt.	deutsch	Pass.	Passiv
engl.	englisch	Pers., P.	Person
fem., f.	Femininum	pf.	perfektiv
franz.	französisch	Plur., Pl.	Plural
Fut.	Futur	Präp., P.	Präpositiv
Gen., G.	Genitiv	Präs.	Präsens
griech.	griechisch	Prät.	Präteritum
Imp.	Imperativ	pr. (prod.) Kl.	produktive Klasse
Inf.	Infinitiv	russ.	russisch
Instr., I.	Instrumental	Sing., S.	Singular
intrans.	intransitiv	trans.	transitiv
ipf.	imperfektiv	umg.	umgangssprachlich*
isol. Verb	isoliertes Verb	unpr. Gr.	unproduktive Gruppe
Kf.	Kurzform	ursl.	urslawisch
Kl.	Klasse	veralt.	veraltet
Konj.	Konjugation	zul.	zulässig

---

* Als Übersetzungen der in den sowjetischen Wörterbüchern verwendeten stilistischen Kennzeichnungen von Wörtern bzw. Wortformen dienen:

buchspr. – книжн. (кни́жное),
umg. – разг. (разгово́рное),
lässig-umg. – прост. (просторе́чное).

1. Einleitung in die Morphologie

1.1. Der Gegenstand der Morphologie

1.1.1. Das Wesen der Grammatik

Die Sprache dient als wichtigstes Mittel der Kommunikation den Menschen dazu, Bewußt- **1**
seinsinhalte, d. h. Gedanken, Gefühle und Willensäußerungen, untereinander auszutauschen. Hierin besteht ihre **kommunikative Funktion** (vgl. Band 1/I, **15**). Die Grundeinheit für die Realisierung dieser Funktion ist der Satz. Bei der Bildung eines Satzes sucht der Sprechende bzw. Schreibende entsprechend der kommunikativen Notwendigkeit und der kommunikativen Absicht die erforderlichen Wörter aus seinem Wortschatz aus und fügt sie nach bestimmten Regeln zusammen.

    Wörter: брат – писа́ть – письмо́ – свой – учи́тель
    Satz: Брат пи́шет письмо́ своему́ учи́телю.

Dabei sind die Wörter in der Weise auszuwählen und miteinander zu verbinden, daß die Bedeutung des Satzes dem zu übermittelnden Gedanken, der in der äußeren (phonetischen oder graphischen) Form des Satzes seinen Ausdruck findet, entspricht.

Die Bildung von Sätzen setzt folglich die Kenntnis des Wortschatzes oder der **Lexik** (слова́рный соста́в или ле́ксика) und der Gesetzmäßigkeiten, nach denen die Wörter beim Zusammenschluß zum Satz geformt und miteinander verknüpft werden, d. h. des **grammatikalischen Baus** der Sprache oder der Grammatik (граммати́ческий строй или грамма́тика), voraus.

Die Lexik und der grammatikalische Bau der Sprache werden von zwei verschiedenen sprachwissenschaftlichen Disziplinen, der Lexikologie und der Grammatik, untersucht.

Gegenstand der **Lexikologie** (лексиколо́гия) sind die allgemeinen Eigenschaften der Wörter als Bestandteil des Wortschatzes und dessen Struktur (vgl. Band 1/I, **31 ff.**). Die **Grammatik** (грамма́тика) beschäftigt sich hingegen mit dem Aufbau von Sätzen und größeren kommunikativen Einheiten, indem sie die Gesetzmäßigkeiten der Verbindung der Wörter und Sätze beschreibt (Syntax) sowie die für die Satzbildung notwendige Veränderung der Wörter darstellt (Morphologie).

Die Grammatik hat verallgemeinernden, **abstrahierenden Charakter**, der an je einem Bei- **2**
spiel aus der Morphologie und Syntax erläutert werden soll.

Ein Vergleich der Substantive ко́мната, страна́, переме́на ergibt, daß sich diese Wörter in ihrer Bedeutung ('Zimmer', 'Land', 'Pause') und in ihrer Lautgestalt voneinander deutlich unterscheiden. Neben diesen Besonderheiten liegen jedoch auch allgemeine Merkmale vor, die allen angeführten Substantiven eigen sind. Solche gemeinsamen Merkmale sind z. B. das feminine Genus, durch das die Endung -ая eines hinzugefügten Adjektivs bedingt wird (све́тлая ко́мната, огро́мная страна́, коро́ткая переме́на), und die Zugehörigkeit zur II. Deklination, so daß die genannten Substantive nicht nur im Nom. Sing. dieselbe Endung -a aufweisen, sondern in allen Endungen übereinstimmen:

    комнат -а, -ы, -е, -у, -ой, -е;
    стран   -а, -ы, -е, -у, -ой, -е;
    перемен -а, -ы, -е, -у, -ой, -е.

Die nachstehend angeführten Sätze bestehen aus verschiedenartigen Wörtern und geben sehr unterschiedliche Sachverhalte wieder:

    Де́ти пьют чай./Рабо́чий перевы́полнил план.

Beide Sätze verfügen jedoch über dieselbe Satzstruktur:

    Subjekt – Prädikat – Akkusativobjekt.

Den Kern solcher Sätze bildet ein verbales Prädikat, das durch eine finite (konjugierte) Form eines transitiven Verbs ausgedrückt ist. Mit dem Prädikat ist einerseits das Subjekt des Satzes, das durch ein Substantiv im Nominativ ausgedrückt ist, verbunden, andererseits regiert das Prädikat ein Objekt im Akkusativ.

Der verallgemeinernde Charakter der Grammatik, der das Ergebnis einer langen abstrahierenden Arbeit des menschlichen Denkens ist, besteht somit darin, daß sie von allem Einzelnen und Besonderen, das den verschiedenen Wörtern und Sätzen eigen ist, abstrahiert und das Allgemeine ganzer *Klassen von Wörtern* (z. B. das Genus und das Endungssystem der obengenannten Substantive) und ganzer *Klassen von Sätzen* (z. B. die Struktur der obengenannten Sätze) untersucht.

1.1.2. Morphologie und Syntax

3 In der **Morphologie** (морфоло́гия) werden die *sprachlichen Mittel* beschrieben, durch die das Wort verändert wird (z. B. Endungen, vgl. -у in der Form иду́, -ут in der Form иду́т). Gegenstand der Morphologie sind jedoch auch die mit Hilfe der sprachlichen Mittel ausgedrückten *grammatischen Bedeutungen* (vgl. **14 f.**). So sagt die Morphologie sowohl aus, welche Endungen ein Verb wie идти́ annehmen kann, als auch, welche grammatischen Bedeutungen es dabei ausdrückt (z. B. иду́ mit der Bedeutung der 1. Pers. Sing. im Gegensatz zu иду́т mit der Bedeutung der 3. Pers. Plur.).

Die Darstellung der Wortveränderung und der grammatischen Bedeutungen ist untrennbar mit der Untersuchung der *Wortarten* verbunden, die sich u. a. durch die Art der Wortveränderung und die dabei ausgedrückten grammatischen Bedeutungen unterscheiden.

4 Die **Syntax** (си́нтаксис) beschreibt den *Satz* (предложе́ние) und klassifiziert die Sätze entsprechend ihrer Form und Bedeutung nach bestimmten Typen. Sie betrachtet die Verwendung der Wörter im Satz und deckt dabei die Gesetzmäßigkeiten auf, nach denen die Wortformen und verschiedenen Wortgruppierungen im Satz miteinander verknüpft sind. Sie untersucht auch die Mittel der Verbindung von Sätzen im Text. (vgl. Band 1/I, 27).

5 Die Morphologie und die Syntax bilden zwei sich gegenseitig bedingende Seiten eines einheitlichen Ganzen. Einerseits hat jede der beiden grammatischen Teildisziplinen ihre *spezifischen Aufgaben*. Die Morphologie befaßt sich mit den Wortarten, der Veränderung des Wortes und den dabei auftretenden grammatischen Bedeutungen. Die Syntax beschreibt die Strukturen des Satzes und die Beziehungen der Wörter zu anderen Wörtern innerhalb der Satzstruktur. Andererseits stehen beide Teildisziplinen in *Wechselbeziehung* miteinander. Das zeigt sich zunächst darin, daß die morphologischen Erscheinungen dem Aufbau der syntaktischen Einheiten dienen. So untersucht die Morphologie die Veränderung der Adjektive nach Genus, Kasus und Numerus (z. B. у́мный, у́мная; у́много, у́мной; у́мные, у́мных usw.) sowie die Veränderung der Substantive nach Kasus und Numerus (z. B. учени́к, ученика́; ученики́, ученико́в) und klassifiziert die Substantive nach dem Genus (vgl. учени́к als ein Substantiv mit maskulinem Genus und учени́ца als ein Substantiv mit femininem Genus). Die adjektivischen Formen und Bedeutungen liegen der Kongruenz des Adjektivs mit dem Substantiv zugrunde, die als eine spezifische Art der Verknüpfung der Wörter im Satz von der Syntax betrachtet wird:

у́мный учени́к, у́много ученика́ usw., у́мная учени́ца, у́мной учени́цы usw.

Die Verbindung der Wörter, die von der Syntax beschrieben wird, spielt wiederum in der Morphologie eine große Rolle. In der Morphologie können die grammatischen Bedeutungen einer Wortform oft nur dadurch präzisiert oder ermittelt werden, daß die Sprachelemente, die diese Wortform umgeben, untersucht werden. Beispielsweise wird bei der morphologischen Analyse der Verbalform in dem Satz "Ка́ждый день он встаёт в пять часо́в утра́" der Adverbialbestimmung ка́ждый день besondere Aufmerksamkeit geschenkt, da sie anzeigt, daß die imperfektive Präsensform встаёт in der Bedeutung einer usuellen (gewohnheitsmäßigen) Handlung gebraucht ist. In dem Satz "Вчера́ мы бы́ли в кино́" läßt nur die Wortumgebung (бы́ли в кино́) den Kasus des Substantivs кино́ erkennen.

1.1.3. Zu den Methoden und Aufgaben der Darstellung

Bei der Betrachtung einer Sprache sind zwei entgegengesetzte Tendenzen zu berücksichtigen. Auf der einen Seite befindet sich die Sprache in ständiger Bewegung und Veränderung, wobei die einzelnen Elemente (Laute, Wörter usw.) und das ganze System der Sprache in Jahrhunderte währenden Entwicklungsprozessen ihre Gestalt verändern. Auf der anderen Seite verharrt die Sprache als ein System von miteinander verbundenen und sich gegenseitig bedingenden Elementen innerhalb eines bestimmten Zeitraumes in einem Zustand relativer Beständigkeit. Beide Tendenzen resultieren aus der Eigenart der Sprache, Produkt und Instrument der Kommunikation und der Erkenntnistätigkeit zu sein. Das mit der fortschreitenden gesellschaftlichen Entwicklung stetig wachsende Bedürfnis der Menschen nach präziser Verständigung und Information erfordert die ununterbrochene Weiterentwicklung der Sprache, insbesondere des Wortschatzes. Die Verständigung macht jedoch zugleich eine bestimmte Stabilität der Spracheelemente und des von ihnen gebildeten Systems notwendig, da sonst das gegenseitige Verstehen der Menschen nicht gesichert wäre. 6

Die dialektische Einheit von **Diachronie** (диахрония), d. h. der Entwicklung der Sprache auf der Linie der Zeit, und **Synchronie** (синхрония), d. h. dem Zustand der Sprache zu einer bestimmten Zeit, erfordert die Anwendung zweier Betrachtungsweisen der Sprache: der diachronischen und der synchronischen Betrachtungsweise. Die *diachronische oder historische Betrachtungsweise* (диахроническое или историческое описание языка) stellt die Entwicklung der einzelnen Elemente als Teil des Sprachsystems dar. Die *synchronische Betrachtungsweise* синхроническое описание языка) untersucht dagegen die Sprache als ein zu einer bestimmten Zeit vorliegendes System. Beide Darstellungsweisen sind bei der Erforschung und Beschreibung einer Sprache sorgfältig zu unterscheiden.

Da jedoch die Sprache sich ständig entwickelt und alle Elemente im Zusammenhang stehen, dürfen Diachronie und Synchronie nicht in undialektischer Weise als zwei sich gegenseitig vollständig ausschließende Seiten betrachtet werden. Eine diachronische Darstellung der Spracheelemente in ihrer Veränderung verlangt daher zugleich die Untersuchung der Entwicklung ihrer wechselseitigen Beziehungen im System und der Veränderung des gesamten Sprachsystems. Eine synchronische Darstellung muß wiederum die Bewegung und die Entwicklungstendenzen des Systems zu einer bestimmten Zeit aufdecken.

Aufgabe des vorliegenden Lehrbuches ist es, eine *synchronische Darstellung der Morphologie* der russischen Gegenwartssprache zu geben, d. h. das morphologische Teilsystem, seine Elemente und die Wechselbeziehungen zwischen ihnen zu beschreiben und dabei zugleich die Entwicklungstendenzen innerhalb dieses Teilsystems aufzuzeigen.

Der dialektischen Einheit von Kommunikation und Sprachsystem wird im Rahmen der Möglichkeiten, die eine systematische Darstellung des morphologischen Baus der russischen Sprache bietet, vor allem die *Orientierung auf die Funktion der Sprachmittel* (vgl. 16) Rechnung tragen. Das heißt einerseits, daß bei der Beschreibung der Morphologie des Russischen die Leistungen, die sich mit den verschiedenartigen morphologischen Mitteln in der Sprachausübung erzielen lassen, besondere Berücksichtigung finden. Andererseits soll gezeigt werden, wie bestimmte Leistungen, die für die jeweiligen morphologischen Mittel typisch sind, auch von bedeutungs- und funktionsgleichen Mitteln anderer Bereiche der Sprache erbracht werden können (vgl. 32f.). 7

Da das Lehrbuch für Studierende vorgesehen ist, die Deutsch als Muttersprache sprechen, wird bei der synchronischen Beschreibung der verschiedenen Gebiete der Morphologie des Russischen ein Vergleich mit den entsprechenden Erscheinungen des Deutschen angestrebt. Dabei findet die *Konfrontationsmethode* (сопоставительный метод) Verwendung. Die Konfrontation erstreckt sich auf die vergleichbaren Erscheinungen, z.B. auf das Tempus der russischen und deutschen Verben, auf die Wiedergabe des Passivs im Russischen und Deutschen u. a. m., und führt zur Ermittlung der Gemeinsamkeiten und Unterschiede morphologischer Erscheinungen der beiden Sprachen. 8

1.2. Wort und Wortform

9 In der Rede werden die Wörter als Elemente des Sprachsystems miteinander verknüpft, sie verbinden sich zum Satz, z. B.

В го́роде постро́ен но́вый комбина́т.

Dabei folgt ein Wort auf das andere, d. h., die Wörter sind miteinander linear verknüpft. Die Lehre, die die lineare Verknüpfung der Sprachelemente (Phoneme, Morpheme, Wörter) untersucht, wird als **Syntagmatik** (синтагма́тика, von griech. sýntagma 'Zusammenstellung') bezeichnet. Deshalb werden die Beziehungen zwischen den Sprachelementen in der Rede, z. B. zwischen den Wörtern, auch *syntagmatische Beziehungen* (синтагмати́ческие отноше́ния) genannt.

10 Viele Wörter treten in Abhängigkeit von bestimmten Bedingungen, insbesondere von ihrer Stellung im Satz und vom *Kontext* (конте́кст), d. h. von den sie umgebenden Sprachelementen, in verschiedenen Formen auf. So nimmt das Substantiv комбина́т, das in dem oben angeführten Beispiel das Subjekt des Satzes ist und daher in der Form des Nominativs vorliegt, in den folgenden Sätzen auf Grund seiner unterschiedlichen Funktion im Satz (als Attribut bzw. Adverbialbestimmung) und des unterschiedlichen Kontextes auch verschiedene Formen an. Die Bedeutung комбина́т bleibt dabei unverändert:

Я познако́мился с дире́ктором э́того комбина́та.

На комбина́те рабо́тает о́коло двух ты́сяч челове́к.

Die Gesamtheit der verschiedenartigen Formen, die ein Wort in allen nach den Regeln der Grammatik gebildeten Sätzen aufweist, bildet ein System von **Wortformen** (сло̀вофо́рмы) oder ein **Paradigma** (паради́гма, von griech. parádeigma 'Muster'). Das Paradigma des Substantivs комбина́т lautet z. B.

комбина́т	комбина́т		комбина́ты		комбина́ты
комбина́та	комбина́том		комбина́тов		комбина́тами
комбина́ту	(о) комбина́те		комбина́там	(о)	комбина́тах

Das Paradigma umfaßt somit alle Formen eines Wortes, die für die Bildung von Sätzen bereitstehen. Es stellt einen Teil des Systems der Sprache dar und dient in der Regel zugleich als *"Muster"* für die Bildung der Formensysteme ganzer Klassen von Wörtern, vgl. комбина́т, комбина́та, комбина́ту usw., вокза́л, вокза́ла, вокза́лу usw., институ́т, институ́та, институ́ты usw. Die Untersuchung der Elemente des Sprachsystems, die dem Sprechenden für die Rede zur Verfügung stehen, und der Beziehungen zwischen diesen Elementen ist Aufgabe der **Paradigmatik** (парадигма́тика). Die Beziehungen zwischen den für die Rede verfügbaren Sprachelementen, z. B. zwischen den Formen eines Wortes, werden daher auch als *paradigmatische Beziehungen* (парадигмати́ческие отноше́ния) bezeichnet. Sie existieren im Bewußtsein der Sprachträger, d. h. in ihrem Sprachbesitz, in Gestalt von assoziativen Beziehungen.

11 Die paradigmatischen Beziehungen unterscheiden sich wesentlich von den syntagmatischen Beziehungen. Während in syntagmatischer Sicht die Elemente in ihrer linearen Anordnung, in der Aufeinanderfolge im Satz, betrachtet werden, befinden sie sich in paradigmatischer Sicht in **Korrelation** (корреля́ция), d. h., sie bedingen sich wechselseitig und schließen sich zugleich gegenseitig aus. So setzt einerseits die Form des Nom. Sing. заво́д die Existenz mindestens einer weiteren Kasusform, z. B. der Form des Gen. Sing., und einer zweiten Numerusform, der Pluralform, voraus. Andererseits kann in ein und demselben Satz die Nominativform nicht durch die Akkusativform, die Singularform nicht durch die Pluralform ohne Verletzung der Gesetzmäßigkeiten der Grammatik oder ohne Veränderung der Satzbedeutung ersetzt werden. Schließlich weisen die Glieder, die durch paradigmatische Beziehungen verbunden sind, übereinstimmende Merkmale auf, vgl. die unveränderliche Bedeutung 'Kombinat' in allen Formen des Substantivs комбина́т. Den Gliedern, die durch syntagmatische Beziehungen verkettet sind, fehlen gewöhnlich solche gemeinsamen Merkmale.

12 Das gemeinsame Merkmal aller Formen eines Wortes ist die lexikalische Bedeutung (vgl. 13). Als Träger der lexikalischen Bedeutung wird das Wort auch **Lexem** (лексе́ма) genannt. Alle Formen eines Wortes ergeben das *Gesamtparadigma* (по́лная паради́гма) des Wortes.

Die Veränderungen des Wortes innerhalb des gesamten Paradigmas, d. h. der Wechsel der Wortformen, wird als **Formenbildung** (фòрмообразовáние) bezeichnet. Das Gesamtparadigma spiegelt dann das gesamte System der Formenbildung des Lexems wider.
Ein Teilbereich der Formenbildung ist die **Flexion** (словоизменéние; dt. Beugung). Zur Flexion gehören Konjugation (спряжéние) und Deklination (склонéние). Als **Konjugation** wird die Bildung der Indikativ-, Konjunktiv- und Imperativformen der Verben bezeichnet. Diese Formen bilden ein *Teilparadigma* (чáстная парадúгма) des verbalen Gesamtparadigmas, zu dem außerdem die Formen der Infinitive, Partizipien und Adverbialpartizipien gehören (vgl. **109** u. **111**). Unter **Deklination** versteht man die Bildung der Kasusformen, also die Veränderung der Substantive, Adjektive, Numeralien und Pronomen nach dem Kasus.

1.3. Die grammatischen Kategorien

1.3.1. Die grammatische Bedeutung und die grammatische Form

Die Wortform ist eine lexikalisch-grammatische Einheit. Sie drückt zwei verschiedenartige Bedeutungen, die lexikalische und die grammatische Bedeutung, aus. **13**
Unter der **lexikalischen Bedeutung** (лексúческое значéние) wird das gedankliche *Abbild* von Erscheinungen der Realität (Gegenständen, Eigenschaften, Prozessen usw.) verstanden, das im Bewußtsein der Sprachträger fest mit dem Abbild eines *Formativs* (фòрматúв), einer Lautfolge, verbunden ist. Die lexikalischen Bedeutungen der meisten Wörter sind nicht das Abbild einer einzelnen Erscheinung. Sie sind vielmehr verallgemeinerte Widerspiegelung gemeinsamer Merkmale einer Klasse von Erscheinungen. Ein großer Teil der Wörter kann daher einen Begriff ausdrücken und als Bezeichnung einer ganzen Klasse von Erscheinungen dienen oder eine einzelne Erscheinung aus dieser Klasse bezeichnen. So drückt das Wort горá den Begriff 'Berg' aus und bezeichnet entweder die ganze Klasse 'Berg' oder einen bestimmten Berg.
Die **grammatischen Bedeutungen** (граммати́ческие значе́ния) unterscheiden sich von den **14** lexikalischen Bedeutungen durch ihre größere Allgemeinheit. Dafür spricht unter anderem, daß die Grammatik das Allgemeine, das ganzen Klassen von Sätzen und Wörtern eigen ist, untersucht (vgl. **2**). So findet z. B. in allen Sätzen die Übereinstimmung bzw. Nichtübereinstimmung der Aussage mit der Wirklichkeit, d. h. die Modalität, ihren Ausdruck, vgl. die Sätze "Брат здоро́в." und "Е́сли бы он был здоро́в!" Betrachtet man solche und weitere von der Grammatik untersuchte Bedeutungen, z. B. die Bedeutung der Zeit (Gegenwart, Vergangenheit, Zukunft), der Zahl (Einzahl, Mehrzahl), der Grund-Folge-Beziehung, so kommt man zu dem Schluß, daß in grammatischen Bedeutungen vor allem "solche Zusammenhänge der Wirklichkeit abgebildet sind, die eine besondere Rolle im Denken und in der Kommunikation spielen, deren Allgemeinbedeutung also vor allem in ihrer großen Anwendungsbreite zu sehen ist" [200, 115].
Die meisten grammatischen Bedeutungen sind im Unterschied zu den lexikalischen Bedeutungen der Mehrheit der Wörter Beziehungsbedeutungen. Daß in den grammatischen Bedeutungen gewöhnlich Beziehungen in verallgemeinerter Form widergespiegelt sind, ist wiederum durch das Wesen der Grammatik bestimmt. Die Grammatik hat die Gesetzmäßigkeiten der Bildung von Sätzen zum Gegenstand. Der Satz dient der Mitteilung eines Gedankens über einen Sachverhalt. Damit sind in der Bedeutung des Satzes der Sachverhalt in der Form der Aussage und das Verhältnis der Aussage zur Wirklichkeit vom Standpunkt des Sprechenden abgebildet. Die Bedeutungen der Wörter des Satzes spiegeln die in den Sachverhalt eingehenden Erscheinungen wider. Deshalb müssen die Bedeutungen der grammatischen Mittel die Beziehungen zwischen diesen Erscheinungen sowie die Beziehung der Aussage zur Wirklichkeit abbilden. Vergleicht man z. B. die Sätze "Учи́тель спра́шивает ученика́", "Учени́к спра́шивает учи́теля" und "Учи́тель спра́шивал бы ученика́" miteinander, so findet man,

daß in den ersten beiden Sätzen die Bedeutungen der Kasusformen, der Nominativ- und der Akkusativform, unterschiedliche Beziehungen zwischen zwei Personen, zwischen Lehrer und Schüler, widerspiegeln, von denen jeder einmal die Rolle des Fragenden, zum andernmal die Rolle des Befragten hat. Im Unterschied zu dem dritten Satz haben beide Sätze eine Indikativform, deren Bedeutung eine bestimmte Beziehung der Aussage zur Wirklichkeit widerspiegelt, nämlich die Übereinstimmung der Aussage mit der Wirklichkeit. Im dritten Satz hingegen wird mit dem Gebrauch der Konjunktivform angezeigt, daß sich die Aussage nicht mit der Wirklichkeit in Übereinstimmung befindet.

15 Die "Allgemeinheit" und die "Abbildung von Beziehungen" charakterisieren aber die grammatische Bedeutung noch nicht hinreichend. So finden wir in der Sprache auf der einen Seite auch allgemeine lexikalische Bedeutungen, die das Ergebnis der Verallgemeinerung der lexikalischen Bedeutungen ganzer Gruppen von Wörtern sind, z. B. die allgemeine Bedeutung "Stoff" in einem Substantiv wie вещество́ oder die allgemeine Bedeutung der Tätigkeit in einem Verb wie де́лать. Auf der anderen Seite können Beziehungsbedeutungen auch durch lexikalische Mittel zum Ausdruck gebracht werden, vgl. den Ausdruck des unterschiedlichen Verhältnisses zur Zeit der Rede durch Wörter wie настоя́щее, про́шлое, бу́дущее (вре́мя). Hinzu kommt, daß in verschiedenen Sprachen dem Inhalt nach gleichartige Bedeutungen durch ungleichartige Mittel, in der einen Sprache durch grammatische Mittel, in der anderen Sprache durch lexikalische Mittel, wiedergegeben werden, vgl. die Belebtheit bzw. Unbelebtheit als grammatische Bedeutung im Russischen und als ausschließlich allgemeine lexikalische Bedeutung im Deutschen. Eine Bedeutung kann erst dann mit Sicherheit als grammatisch gelten, wenn sie ihren sprachlichen Ausdruck in einer **grammatischen Form** (граммати́ческая фо́рма) erhält, die Bestandteil bzw. Eigenschaft ganzer Klassen von Sätzen und Wörtern sein muß. Dabei wird im Bereich der Morphologie eine grammatische Bedeutung zusammen mit anderen grammatischen Bedeutungen in ganzen Reihen von Wortformen ausgedrückt, z. B. die Bedeutung der Einzahl in allen Substantivformen des Singulars zusammen mit den Bedeutungen des Kasus, vgl. стол, стола́, столу́, стол, столо́м, (о) столе́; учи́тель, учи́теля …; кни́га, кни́ги … usw. Die grammatischen Bedeutungen können folglich als allgemeine Bedeutungen, die gewöhnlich Beziehungen abbilden und die in einer grammatischen Form ihren sprachlichen Ausdruck erhalten, verstanden werden. Sie kommen immer nur in Verbindung mit den Wortbedeutungen zum Ausdruck, d. h., sie sind in diesem Sinne nur mitbedeutend, während die lexikalischen Bedeutungen eine "relativ selbständige Abbildfunktion besitzen" [200, 117].

16 Von der Bedeutung der Sprachelemente ist deren Funktion zu unterscheiden. Als **Funktion** (фу́нкция) kann die Leistung bezeichnet werden, die die Sprachelemente bei ihrer Verwendung erzielen können. Die Funktionen der Sprachelemente lassen sich in außersprachliche und innersprachliche einteilen.

Die **außersprachliche Funktion** der Wortformen ist eine semantische Funktion. Sie besteht gewöhnlich darin, daß sie auf der Grundlage ihrer Bedeutungen, die die verallgemeinerte Widerspiegelung von Erscheinungen der Realität darstellen, zur Bezeichnung ebendieser Erscheinungen dienen. So bezeichnen auf Grund ihrer grammatischen Bedeutung die Singularformen des Substantivs in der Regel einen einzelnen Gegenstand aus einer Klasse gleichartiger Gegenstände, die Pluralformen eine unbestimmte Anzahl solcher Gegenstände. Die substantivischen Kasusformen haben die Funktion, Beziehungen eines Gegenstandes zu einem anderen Gegenstand, einer Handlung oder einem Merkmal zu signalisieren.

Unter der **innersprachlichen Funktion** verstehen wir die Rolle der Sprachelemente bei der Realisierung der syntagmatischen Beziehungen, also eine strukturelle Funktion. Ausschließlich innersprachliche Funktion haben z. B. die adjektivischen Genus-, Kasus- und Numerusformen, die das Adjektiv einem Substantiv zuordnen.

Im Gegensatz zur außersprachlichen Funktion beruht die innersprachliche Funktion nicht auf einer Bedeutung, die die verallgemeinerte Widerspiegelung von Erscheinungen der Realität ist. Das heißt aber nicht, daß Sprachmittel mit innersprachlicher Funktion keine Beziehung zur außersprachlichen Realität hätten. Da die innersprachliche Funktion auf die Verbindung der Sprachelemente zu größeren sprachlichen Einheiten gerichtet ist, die eine außersprachliche Funktion realisieren, hat sie indirekt an der Bezeichnung außersprachlicher Erscheinungen und Sachverhalte Anteil. So dienen z. B. die Genus- und Numerusformen im Präteritum und Konjunktiv des russischen Verbs zum Ausdruck der Beziehung des Prädikats zum Satzsubjekt. Dadurch werden sie zu einem wichtigen Strukturmittel für den Aufbau von Sätzen, mit denen der Sprechende bzw. Schreibende seine Gedanken über die Realität ausdrückt.

1.3.2. Der Begriff der grammatischen Kategorie

In der grammatischen Literatur werden mit dem Terminus "grammatische Kategorie" (грамматическая категория) sehr verschiedenartige sprachliche Erscheinungen bezeichnet. Häufig wird zwischen morphologischen und syntaktischen Kategorien (морфологические и синтаксические категории) unterschieden. Dabei werden als *morphologische Kategorien* sowohl die Systeme korrelativer grammatischer Bedeutungen, die durch Systeme korrelativer grammatischer Formen ausgedrückt werden (allgemeine morphologische Kategorien wie Numerus, Kasus usw.), als auch jede Verbindung einer grammatischen Bedeutung mit einer Form (spezielle morphologische Kategorien wie Singular, Plural, Nominativ, Genitiv, usw.) aufgefaßt. Zu den *syntaktischen Kategorien* werden grammatische Begriffe wie Subjekt, Objekt, Prädikativität, Kongruenz, Rektion u. a. gezählt [207, 20].

Gegenstand der folgenden Betrachtung ist die grammatische Kategorie im Bereich der Morphologie, d. h. die **morphologische Kategorie** (морфологическая категория).

Unter einer morphologischen Kategorie wird in diesem Lehrbuch ein System korrelativer grammatischer Formen in Einheit mit ihren Bedeutungen verstanden. Die morphologischen Kategorien, durch die sich eine Wortart auszeichnet, erfassen alle Wörter der betreffenden Wortart. So besteht die morphologische Kategorie des Numerus beim Substantiv aus den korrelativen Singular- und Pluralformen und den durch diese Formen ausgedrückten Bedeutungen "Einheit" und "Vielheit" (vgl. **637f.**):

    Входит *учитель* русского языка.

    Собрались все *учителя* нашей школы.

Jede grammatische Form einer morphologischen Kategorie bildet zusammen mit ihrer Bedeutung ein *Glied* (член) der morphologischen Kategorie. Danach umfaßt die morphologische Kategorie des Numerus zwei Glieder, und zwar den Singular, der aus den Singularformen und der grammatischen Bedeutung "Einheit" besteht, sowie den Plural, der sich aus den Pluralformen und der grammatischen Bedeutung "Vielheit" zusammensetzt. Die Glieder einer morphologischen Kategorie unterscheiden sich voneinander nicht nur in ihren Bedeutungen, sondern müssen auch gemeinsame Bedeutungsmerkmale besitzen, durch die sie sich von den Gliedern anderer morphologischer Kategorien abheben. Diese gemeinsamen Bedeutungsmerkmale stellen den *Gehalt* (содержание) der morphologischen Kategorie dar. In Anwendung auf die morphologische Kategorie des Numerus heißt das, daß sich Singular und Plural nicht nur durch ihre Bedeutung ("Einheit" und "Vielheit") unterscheiden, sondern zugleich auch Gemeinsames in ihren grammatischen Bedeutungen haben, nämlich den Ausdruck der Anzahl der von einem Substantiv bezeichneten Gegenstände. Mit diesem gemeinsamen Merkmal, dem Gehalt der Numeruskategorie, steht das System der Numerusformen dem System der Kasusformen, das das gemeinsame Merkmal "Beziehungen eines Gegenstandes zu anderen Gegenständen, zu einer Handlung oder zu einem Merkmal" aufweist, gegenüber: учитель – учителя – учителю usw., учителя – учителей – учителям usw.

Die Bedeutungen einer morphologischen Kategorie werden im einzelnen Wort durch *korrelative Wortformen* (соотносительные словоформы) ausgedrückt. Dabei trägt eine Wortform gewöhnlich grammatische Bedeutungen mehrerer morphologischer Kategorien. In der Substantivform ученикам sind beispielsweise die Bedeutungen "Dativ" und "Plural", in der Verbalform записывала die Bedeutungen "imperfektiver Aspekt", "Aktiv", "Indikativ", "Präteritum", "feminines Genus" und "Singular" ausgedrückt. Das hat wiederum zur Folge, daß die Glieder einer morphologischen Kategorie Reihen von Wortformen umfassen (vgl. **15**).

Außer den oben beschriebenen morphologischen Kategorien gibt es in der russischen Sprache **klassifizierende Kategorien** (классификационные категории), die den größten Teil oder die Gesamtheit der Wörter einer Wortart erfassen und die Grundlage für das Wirken einer grammatischen Kategorie bilden. Eine klassifizierende Kategorie bildet im Gegensatz zur morphologischen Kategorie nicht Systeme korrelativer Wortformen und Bedeutungen. Sie wird vielmehr durch verschiedene Wörter (Lexeme) ausgedrückt. Eine solche Kategorie ist das substantivische Genus, über das fast alle russischen Substantive verfügen und nach dem die Substantive in Maskulina (ученик), Feminina (ученица) und Neutra (окно) eingeteilt werden. Auf der Grundlage dieser klassifizierenden Kategorie wirkt die grammatische Kategorie des adjektivischen Genus. Welche der korrelativen Genusformen des mit dem Substantiv kongruierenden Adjektivs Verwendung findet, hängt von dem Genus des Substantivs ab, vgl. новый ученик, новая ученица, новое окно.

Bemerkung. Mitunter wird der Begriff der morphologischen Kategorie weiter gefaßt und die klassifizierende Kategorie zu den morphologischen Kategorien gezählt. So unterscheidet die Akademiegrammatik '80 [*129*, Bd. 1, § 1115] innerhalb der morphologischen Kategorien zwischen wortverändernden Kategorien (словоизменительные категории), deren Bedeutungen durch die grammatischen Formen *eines* Wortes ausgedrückt werden, und den nichtwortverändernden Kategorien (несловоизменительные категории), deren Glieder von Formen *verschiedener* Wörter gebildet werden.

1.3.3. Zur Einteilung der morphologischen Kategorien

21 Die morphologischen Kategorien des Russischen zeigen hinsichtlich ihrer Struktur, ihrer Verteilung auf die Wortarten und ihres Anteils am Gesamtparadigma eines Wortes sowie auch ihrer Bedeutungen und ihrer Verwendungsweisen ein recht unterschiedliches Bild.
Nach ihrer **Struktur** können die morphologischen Kategorien des Russischen in zweigliedrige (z. B. Aspekt, Numerus), dreigliedrige (z. B. Modus, Tempus, Person) und sechsgliedrige Kategorien (Kasus) unterteilt werden.
Faßt man die **Verteilung der morphologischen Kategorien** auf die verschiedenen Wortarten ins Auge, so findet man einerseits Kategorien, die nur innerhalb einer Wortart auftreten (z. B. Aspekt, Modus, Tempus innerhalb der Wortart Verb), und andererseits solche Kategorien, die innerhalb mehrerer Wortarten vorliegen (z. B. Numerus beim Substantiv, Adjektiv, Pronomen, Verb; Kasus beim Substantiv, Adjektiv, Numerale und Pronomen). Dabei können sich morphologische Kategorien, die in mehreren Wortarten vertreten sind, von einer Wortart zur anderen wesentlich in ihrer Bedeutung und Verwendung voneinander unterscheiden. So bezeichnen z. B. die Numerusformen des Substantivs gewöhnlich die reale Einzahl oder Vielzahl von Gegenständen, während die Numerusformen der Adjektive lediglich am Ausdruck der inhaltlichen und syntaktischen Abhängigkeit des Adjektivs vom Substantiv teilhaben.
Hinsichtlich des **Anteils am Gesamtparadigma** der Wörter einer Wortart lassen sich die morphologischen Kategorien, deren Bedeutungen in allen Formen eines Wortes ihren Ausdruck finden (z. B. Aspekt und Genus verbi), und Kategorien, die nur in einem Teilparadigma vorliegen (z. B. Modus, Tempus, Person), unterscheiden.

22 Für die Einteilung der morphologischen Kategorien kann das **Verhältnis ihres Gehalts zur Wirklichkeit** bedeutsam sein. So gibt es einerseits Kategorien, deren Glieder Bedeutungen tragen, die die verallgemeinerte Widerspiegelung der Realität sind. Diesem Typ von Kategorien können u. a. der Aspekt, der Modus, das Tempus und die Person beim Verb zugeordnet werden. Andererseits findet man morphologische Kategorien, deren Inhalt nicht die verallgemeinerte Widerspiegelung von Eigenschaften oder Beziehungen der Realität darstellt, sondern mit den Funktionen identisch ist, die die Formen dieser Kategorien in der Sprache ausüben. Zu diesem Typ der morphologischen Kategorie gehören die adjektivischen Kategorien des Genus, Kasus und Numerus als **reine Kongruenzkategorien** (согласовательные категории), d. h. als Kategorien, die die Kongruenz mit dem übergeordneten Wort herstellen, vgl. умный ученик, умного ученика, умная ученица, умной ученицы, умные ученики, умные ученицы.

Die Bedeutungen der Glieder einer morphologischen Kategorie können die verallgemeinerte 23
Widerspiegelung von Beziehungen sein. Morphologische Kategorien dieses Typs können als
relationale Kategorien bezeichnet werden. Relationale Kategorien sind z. B. der Kasus des
Substantivs, der die Beziehungen eines Gegenstandes zu anderen Gegenständen, zu einer
Handlung oder zu einem Merkmal in verallgemeinerter Form wiedergibt, der Modus, dessen
Formen das Verhältnis der im Bewußtsein des Sprechenden widergespiegelten Handlung zur
Wirklichkeit bezeichnen, ferner das Tempus, die Person u. a. Im Unterschied zu den Bedeutungen der relationalen Kategorien sind die Bedeutungen der übrigen Kategorien die verallgemeinerte Widerspiegelung von Merkmalen. Als eine solche Kategorie kann der Numerus
des Substantivs betrachtet werden, dessen Formen in der Regel die reale Einzahl (Singular)
oder Vielzahl (Plural) bezeichnen.
Eine besondere Gruppe innerhalb der relationalen morphologischen Kategorien stellen die 24
verbalen Kategorien des Modus und des Tempus dar, deren Gehalt nicht durch die Beziehungen zwischen realen Objekten bestimmt ist. Die Formen dieser Kategorien zeigen vielmehr die Beziehung des Inhalts der sprachlichen Einheiten zur Wirklichkeit an. Sie dienen
zum Ausdruck der Prädikativität, die ein wesentliches Merkmal des Satzes ist, und werden
daher auch **prädikative Kategorien** (предикативные категории) genannt.

        В воскресéнье я бýду читáть интерéсную кнúгу.

Die Verbalform бýду читáть drückt aus, daß die Handlung vom Sprechenden als wirklich
dargestellt wird (Modus: Indikativ) und daß die Handlung in der Zukunft stattfinden wird
(Tempus: Futur).
Die morphologischen Kategorien können auch nach ihrem Anteil an der Satzbildung unter- 25
sucht werden. Hierbei zeigt sich, daß ein Teil der Kategorien unmittelbar auf syntaktischer
Ebene wirksam wird, d.h. an der Realisierung syntaktischer Erscheinungen, z.B. der Kongruenz, Rektion, Prädikativität, teilnimmt, während ein anderer Teil keinen direkten Bezug zur
syntaktischen Ebene aufweist. Zu der ersten Gruppe, den **morphologischen Kategorien mit
syntaktischer Funktion**, gehören insbesondere die obengenannten prädikativen Kategorien,
die Kategorie des Genus verbi (Aktiv, Passiv), die substantivische Kasuskategorie, die adjektivischen Kategorien des Genus, Kasus, Numerus. In die zweite Gruppe gehen Kategorien
wie der Verbalaspekt, der Numerus des Substantivs, die Komparation des Adjektivs ein.
Für die Klassifizierung der morphologischen Kategorien kann auch die Möglichkeit der sub- 26
jektiven Entscheidung des Sprechenden bei der Wahl eines Gliedes der Kategorie Bedeutung
erlangen. Dabei kann zwischen subjektiv-objektiven und objektiven morphologischen Kategorien unterschieden werden. Von einer **subjektiv-objektiven Kategorie** kann gesprochen
werden, wenn die Wahl des einen oder anderen Gliedes der morphologischen Kategorie bis
zu einem gewissen Grade der Entscheidung des Sprechenden überlassen bleibt. So hat z.B.
der Sprechende unter bestimmten Bedingungen die Möglichkeit, für die Wiedergabe eines
Geschehens eine der beiden Formen der Kategorie des Genus verbi (Aktiv oder Passiv) zu
wählen:

        Студéнт вы́полнил задáние.
        Задáние бы́ло вы́полнено студéнтом.

Eine **objektive Kategorie** liegt vor, wenn der Gebrauch der Glieder der morphologischen Kategorie durch die Realität festgelegt und damit von subjektiven Entschlüssen des Sprechenden unabhängig ist (z. B. der Kasus der Substantive u. a.).
Eine morphologische Kategorie kann eng mit den lexikalisch-semantischen Eigenschaften 27
der Wörter, d. h. mit ihren individuellen lexikalischen Bedeutungen, verbunden sein. Diese
Verbundenheit äußert sich darin, daß die individuellen lexikalischen Bedeutungen einer
Reihe von Wörtern einer bestimmten Wortart nur mit der einen oder anderen Bedeutung der
morphologischen Kategorie vereinbar sind. In diesem Fall wird nur ein Teil der Bedeutungen
der morphologischen Kategorie an dem Wort ausgedrückt. Eine solche Kategorie ist z.B. die
Kategorie des substantivischen Numerus, deren Singular- oder Pluralformen nicht von jedem
Substantiv gebildet werden können. So verfügen die Kollektiv- oder Sammelnamen, d. h.
Substantive, die eine Gesamtheit von Gegenständen bezeichnen, nur über Singularformen
(учи́тельство, листвá).

1.3.4. Die Allgemeinbedeutungen und die speziellen Bedeutungen der Glieder der morphologischen Kategorie

28 Häufig können Formen von morphologischen Kategorien bei ihrer Verwendung in der Rede unter dem Einfluß des Kontextes verschiedene Bedeutungen ausdrücken, vgl. die Bedeutungen der imperfektiven Verbalformen:

> В прóшлом годý он уезжáл в Крым. – Konstatierung einer Handlung.
> Когдá мы уезжáли, нас провожáли сосéди. – Handlung in ihrem Verlauf.
> Кáждый год он уезжáл на Балтúйское мóре. – Wiederholung einer Handlung.

Diese in entsprechenden Kontexten regelmäßig auftretenden verschiedenartigen Bedeutungstypen eines Gliedes einer grammatischen Kategorie können als **spezielle Bedeutungen** (чáстные значéния) **oder Varianten** (вариáнты) einer **Allgemeinbedeutung** (óбщее значéние) aufgefaßt werden. Die Allgemeinbedeutung ist die *invariante Bedeutung* (инвариáнтное значéние). Die Allgemeinbedeutung bleibt im Unterschied zu den variablen Eigenschaften, durch die sich die speziellen Bedeutungen des Gliedes einer morphologischen Kategorie unterscheiden, beim Übergang von einer speziellen Bedeutung zu einer anderen erhalten. Sie ist folglich nicht eine Bedeutung, die an sich existiert, sondern das Gemeinsame aller Bedeutungen, die die Form einer morphologischen Kategorie bei ihrer Verwendung in der Rede ausdrücken kann.

29 Die Glieder einer morphologischen Kategorie unterscheiden sich voneinander in ihren grammatischen Bedeutungen und damit sowohl in den speziellen als auch in den Allgemeinbedeutungen. Nicht selten können die Unterschiede in den Allgemeinbedeutungen der Glieder morphologischer Kategorien den Charakter eines Gegensatzes tragen. In solchen Fällen erweist sich die Aufstellung von Oppositionen als für die Beschreibung der Allgemeinbedeutungen besonders geeignet. Als häufigste Oppositionstypen finden die äquipollente (gleichwertige) und die asymmetrische Opposition Anwendung. Die Korrelation zwischen zwei Gliedern einer morphologischen Kategorie kann als **äquipollente Opposition** (эквиполéнтная оппозúция) dargestellt werden, wenn für jedes der Glieder eine Allgemeinbedeutung ermittelt werden kann, die sich in Gestalt eines semantischen Merkmals formulieren läßt und in allen speziellen Bedeutungen des jeweiligen Gliedes enthalten ist. Beschreibt man den Numerus des Substantivs als äquipollente Opposition, dann bedeutet das, daß beide kategorialen Glieder, sowohl der Singular als auch der Plural, ein positives Merkmal tragen. Die Singularformen drücken die Bedeutung "Einheit", die Pluralformen die Bedeutung "Vielheit" aus (vgl. 637f.). Somit besitzt jedes Glied dieser Kategorie ein semantisches Merkmal, durch das es in allen seinen speziellen Bedeutungen von dem jeweils anderen Glied unterschieden ist. Derartige die Glieder einer morphologischen Kategorie unterscheidenden semantischen Merkmale werden auch *distinktive Merkmale* (дистинктúвные или дифференциáльные прúзнаки) genannt.

Die Wahl der **asymmetrischen Opposition** (асимметрúчная оппозúция) liegt hingegen nahe, wenn das eine Glied einer morphologischen Kategorie über ein in allen speziellen Bedeutungen vorhandenes distinktives semantisches Merkmal als Allgemeinbedeutung verfügt, während das andere Glied ein semantisches Merkmal, das allen seinen speziellen Bedeutungen gemeinsam sein müßte, nicht besitzt. Das Glied, das ein allgemeines semantisches Merkmal hat, wird auch als *merkmalhaltiges oder markiertes Glied* (маркúрованный член) bezeichnet, das andere Glied hingegen als *merkmalloses oder nichtmarkiertes Glied* (немаркúрованный член). Soll sich die Beschreibung des merkmallosen Gliedes nicht auf die Aufzählung seiner speziellen Bedeutungen beschränken, soll also für dieses Glied auch eine allgemeine Bedeutung formuliert werden, so kann dieses Allgemeine nur darin gesehen werden, daß das merkmallose Glied die Allgemeinbedeutung des merkmalhaltigen Gliedes unausgedrückt läßt. Als ein Beispiel für eine asymmetrische Opposition kann die Kategorie des Aspekts dienen (vgl. **187 ff.**). Der perfektive Aspekt als merkmalhaltiges Glied verfügt über die Allgemeinbedeutung "Ganzheitlichkeit der Handlung". Der imperfektive Aspekt besitzt kein allgemeines semantisches Merkmal, das sich aus dem Vergleich seiner speziellen Bedeutungen (s.o.) ermitteln ließe. Er wird deshalb als das merkmallose Glied der Aspektkorrelation bezeichnet, dessen Allgemeinbedeutung darin besteht, daß die Ganzheitlichkeit der Handlung nicht ausgedrückt ist.

Bemerkung 1. Die asymmetrischen Oppositionen sind im Unterschied zu den äquipollenten Oppositionen immer *zweigliedrig oder binär* (бинарная оппозиция). Für den Fall, daß eine morphologische Kategorie mit mehr als zwei Gliedern als asymmetrische Opposition beschrieben wird, muß sie in eine Folge binärer Oppositionen aufgeteilt werden.

Bemerkung 2. Die Auffassung, daß die Allgemeinbedeutung des merkmallosen Gliedes im Nichtausdruck der Allgemeinbedeutung des merkmalhaltigen Gliedes gesehen werden kann, wird auch durch die Tatsache bekräftigt, daß unter bestimmten Bedingungen die nicht übertragene oder direkte Verwendung des merkmallosen Gliedes anstelle des zu erwartenden merkmalhaltigen Gliedes möglich ist (vgl. **194**).

Von den speziellen Bedeutungen als den Varianten der Allgemeinbedeutung des Gliedes einer grammatischen Kategorie sind die durch Transposition entstehenden Bedeutungen zu unterscheiden. Unter **Transposition** (транспозиция) verstehen wir in der Morphologie die Überführung des Gliedes einer grammatischen Kategorie in den Kontext eines anderen Gliedes dieser grammatischen Kategorie [*16*, 94 ff.]. Die Bedeutung, die im Falle der Transposition ausgedrückt wird, ist folglich keine neue Bedeutung der grammatischen Form, sondern die Bedeutung des Kontextes. Die Verwendung der transponierten grammatischen Form wird dabei unter dem Einfluß der ihr widersprechenden Kontextbedeutung als übertragen oder bildhaft empfunden. Das heißt, daß durch die Transposition eine grammatische Form und ihre invariante Bedeutung durch eine andere grammatische Form und ihre invariante Bedeutung ersetzt werden [*57*, 16]. So steht in dem Satz "Иду́ я вчера́ по у́лице" die imperfektive Präsensform иду́ für die Präteritalform шёл. Die Bedeutung "Vergangenheit" wird nicht durch die Präsensform иду́ ausgedrückt, sondern vom Kontext вчера́ angezeigt. Die Präsensform bewahrt ihre Bedeutung "Gegenwart". Der Widerspruch zwischen beiden Bedeutungen führt dazu, daß die vergangene Handlung so dargestellt wird, als ob sie vor den Augen des Sprechenden oder Hörenden verlaufe.

Die Opposition zwischen zwei korrelativen Gliedern kann einer **Neutralisation** (нейтрализация) unterliegen. Dabei wird entweder der Gegensatz zwischen den korrelativen grammatischen Formen oder der Gegensatz zwischen den korrelativen Allgemeinbedeutungen neutralisiert.

Eine *Neutralisation der Opposition zwischen den korrelativen Formen einer Kategorie* liegt dann vor, wenn unter bestimmten Bedingungen nur **eine** der korrelativen Formen in der Funktion beider korrelativer Glieder verwendet werden darf. So wird bei dem obenerwähnten Gebrauch der imperfektiven Präsensform zur Bezeichnung vergangener Handlungen (historisches Präsens) die Opposition zwischen der perfektiven und der imperfektiven Aspektform neutralisiert. Die imperfektive Präsensform kann in Abhängigkeit von der sprachlichen Umgebung Handlungen bezeichnen, die im Präteritum entweder von den perfektiven oder von den imperfektiven Formen ausgedrückt werden (vgl. **399**).

Ähneln sich innerhalb eines bestimmten Kontextes die speziellen Bedeutungen zweier Glieder einer morphologischen Kategorie, so daß zur Wiedergabe desselben Sachverhalts sowohl das eine als auch das andere Glied verwendet werden kann, können wir von einer *Neutralisation des Gegensatzes zwischen den korrelativen Allgemeinbedeutungen* sprechen. Als Beispiel kann die mitunter zu beobachtende parallele Verwendung der Singularform in der speziellen Bedeutung "distributive Zuordnung je einer Einzelgröße" und der Pluralform in der speziellen Bedeutung "Mehrzahl von Gegenständen derselben Klasse" genannt werden, wobei es zu einer Neutralisation der Allgemeinbedeutungen der Singular- und Pluralformen "Einheit" und "Vielheit" kommt (vgl. **637 f.**).

Bemerkung. Von einer Neutralisation der Allgemeinbedeutungen kann jedoch nur dann gesprochen werden, wenn keines der korrelativen Glieder als merkmallos definiert ist, da die Merkmallosigkeit die Möglichkeit, das nichtmarkierte Glied unter bestimmten Bedingungen anstelle des markierten Gliedes zu verwenden, bereits einschließt.

1.4. Die funktional-semantischen Kategorien

32 Mit der Beschreibung der morphologischen und klassifizierenden Kategorien wird dem Sprachbenutzer ein Inventar von Mitteln und Regeln an die Hand gegeben, das für die Bildung sprachlich richtiger Sätze unentbehrlich ist. Die systematische Darstellung dieser Kategorien und darüber hinaus des gesamten morphologischen Baus der russischen Sprache wie auch ihrer anderen Bereiche, der phonetischen Mittel, der Syntax und der Lexik, bietet gerade dem Lernenden eine solche Ordnung der sehr vielfältigen sprachlichen Erscheinungen, die für eine bewußte und effektive Sprachaneignung und für den Gebrauch der Sprache in der Kommunikation die erste unabdingbare Voraussetzung ist.
Diese den Teilsystemen folgende Sprachbeschreibung, bei der die phonetischen, morphologischen, syntaktischen und lexikalischen Mittel jeweils Gegenstand einer besonderen linguistischen Teildisziplin, der Phonetik, Morphologie, Syntax oder Lexikologie, sind, berücksichtigt jedoch nicht alle Anforderungen, die die Sprachverwendung an den Sprechenden stellt. In der Kommunikation entnimmt der Sprechende seinem (individuellen) Sprachbesitz die Mittel, die einer möglichst optimalen Realisierung seiner Kommunikationsabsicht dienen. Er orientiert sich folglich zunächst auf den Gedanken, den er seinem Kommunikationspartner zu übermitteln beabsichtigt. Dabei wählt er die Sprachmittel aus, die auf Grund ihrer Funktion (vgl. 16) als besonders geeignet für die Wiedergabe dieses Gedankens erscheinen. Der eine Fremdsprache Lernende muß sich deshalb Gruppen oder Komplexe von Sprachmitteln mit gleicher bzw. ähnlicher Funktion aneignen. Die Linguistik hat die Aufgabe, den Fremdsprachenunterricht durch die Erforschung und Beschreibung derartiger Sprachmittelkomplexe zu unterstützen. Die Klassifizierung der Sprachmittel nach ihrer Zugehörigkeit zu den verschiedenen Teilsystemen berücksichtigt wohl die dialektische Einheit von sprachlicher Form und Bedeutung und gibt auch Auskunft über die Verwendungsweisen und damit über die Funktionen der Mittel. Diese Art der Darstellung vermag jedoch nicht alle funktionsgleichen und -ähnlichen Mittel zusammenzufassen. So liefert die Beschreibung des morphologischen Baus einen Überblick über die Wortarten und ihre charakteristischen morphologischen und klassifizierenden Kategorien. Innerhalb der Wortart Verb werden z. B. die morphologischen Kategorien Aspekt, Genus verbi, Modus, Tempus, Person, Genus und Numerus systematisch dargestellt. Bei der Behandlung der einzelnen morphologischen Kategorien, z. B. des Modus, werden die kategorialen Glieder, der Indikativ, Imperativ und Konjunktiv, in ihren Bedeutungen und Verwendungsweisen beschrieben. Nicht in die Betrachtung einbezogen werden jedoch die funktionsgleichen bzw. -ähnlichen Mittel, die sich außerhalb der jeweiligen morphologischen Kategorie befinden, beispielsweise innerhalb des Modus die intonatorischen, syntaktischen und lexikalischen Mittel, die auf Grund ihrer Aufforderungsbedeutung dem Imperativ annähernd adäquat sind:

> Молча́ть! (intonatorisch und syntaktisch: unabhängiger Infinitiv im Infinitivsatz)
>
> Тебе́ на́до рабо́тать! (intonatorisch, lexikalisch und syntaktisch: Kombination von на́до und Infinitiv zu einem mehrfach zusammengesetzten Prädikat)

Der Tätigkeit des Sprechenden und damit der dialektischen Einheit von Sprachsystem und Sprachverwendung (Sprachtätigkeit) wird in höherem Maße eine Sprachbeschreibung aus funktionaler Sicht gerecht. Eine solche Beschreibung verbindet die systematische Darstellung der einzelnen Teilbereiche der Sprache mit einer Ordnung der Sprachmittel nach ihrer Funktion und überschreitet auf diese Weise zugleich die Grenzen des einzelnen sprachlichen Teilsystems.
Das bedeutet z.B. für die Morphologie, daß die Darstellung einer morphologischen Kategorie durch die Beschreibung weiterer Mittel ergänzt wird, deren Bedeutungen und Funktionen den Bedeutungen und Funktionen dieser morphologischen Kategorie gleichen oder ähneln und die daher mit ihr zusammenwirken können. Auf diese Weise entsteht ein Komplex von Sprachmitteln mit gleichen bzw. ähnlichen Funktionen und Bedeutungen. Ein solcher Sprachmittelkomplex wird auch als **funktional-semantisches Feld** (функциона́льно-семан-

тическое поле) oder **funktional-semantische Kategorie** (функционально-семантическая категория) bezeichnet. In den Bedeutungen der Mittel eines solchen Feldes sind unterschiedliche Bewußtseinsinhalte, vor allem Merkmale und Beziehungen von Erscheinungen und Sachverhalten, abgebildet.

Ausgangspunkt der Beschreibung funktional-semantischer Felder oder Kategorien kann eine morphologische Kategorie sein. So ist z. B. der *Kern* (ядро или центр) der funktional-semantischen Kategorie der Modalität die morphologische Kategorie des Modus. Sie ist als Kernkategorie für den Ausdruck der betreffenden Bedeutung spezialisiert, wird regulär gebraucht und ist systemhaft, d. h. als System korrelativer grammatischer Formen und Bedeutungen, aufgebaut. Die *Peripherie* (периферия) des Feldes wird von Mitteln anderer Teilsysteme, insbesondere syntaktischen und lexikalischen Mitteln, aber auch von weiteren morphologischen Mitteln, z. B. transponierten morphologischen Formen, gebildet, vgl. innerhalb der Modalität:

    Infinitivsätze mit den Bedeutungen des Wunsches, der Möglichkeit, Notwendigkeit:
    Посмотреть бы его! – Könnte man ihn doch sehen!
    Его не узнать. – Er ist nicht zu erkennen.
    Завтра нам рано вставать. – Morgen müssen wir früh aufstehen.

    Modale Zustandswörter im eingliedrigen Satz:
    Мне надо писать письмо другу. – Ich muß meinem Freund einen Brief schreiben.
    u. a. m.

Das funktional-semantische Feld läßt sich in zwei oder mehrere **Teil- oder Mikrofelder** unterteilen. Eine solche Aufgliederung berücksichtigt den Umstand, daß die Mittel eines funktional-semantischen Feldes gewöhnlich in einem allgemeinen Bedeutungs- bzw. Funktionsmerkmal übereinstimmen, in anderen Merkmalen jedoch Unterschiede aufweisen. So haben alle Mittel der funktional-semantischen Kategorie der Modalität die allgemeine modale Bedeutung der Übereinstimmung oder Nichtübereinstimmung des Bewußtseinsinhalts des Sprechenden mit der Wirklichkeit gemeinsam. Faßt man jedoch ihre konkreten Bedeutungen ins Auge, gelangt man zur Unterscheidung von Mitteln mit den Bedeutungen des Wunsches, der Möglichkeit, der Notwendigkeit, der Aufforderung usw., d. h. zu verschiedenen Mikrofeldern. Diese Mikrofelder, die als Kern ein Glied der morphologischen Kernkategorie des **Gesamtfeldes oder Makrofeldes** haben können (vgl. die modalen Mikrofelder der Wirklichkeit und Aufforderung mit dem Indikativ bzw. Imperativ als Kern), stellen Komplexe von Mitteln mit weitgehend gleichartiger konkreter Bedeutung bzw. Funktion dar. Mit ihrer Beschreibung erhält der Lernende ein Sprachmittelinventar, das einen normgerechten und variablen Gebrauch der Fremdsprache wesentlich begünstigt. So bietet z. B. das an dieser Stelle nur angedeutete Mikrofeld der Aufforderungsmodalität dem Sprechenden unter anderem folgende Möglichkeiten, seine Kommunikationsabsicht "jemanden zum Arbeiten veranlassen" sprachlich zu realisieren:

Kern:	Работай!	(morphologisch)
Peripherie:	Тебе (бы) работать!	(intonatorisch-syntaktisch)
	Тебе надо работать! Прошу тебя работать! }	(intonatorisch-lexikalisch-syntaktisch)
	Ты работал бы!	(intonatorisch und morphologisch: Konjunktiv als eigentliches Kernmittel der Wunschmodalität)
	Ты будешь работать!	(intonatorisch und morphologisch: Transposition der Futurform)

Eine funktional-semantische Gesamtbeschreibung der russischen Gegenwartssprache gibt es noch nicht. Es liegen aber Arbeiten zu Prinzipien der Darstellung funktional-semantischer Felder oder Kategorien (vgl. *[22a; 193a; 219]*), Beschreibungen von Einzelfeldern und einige zusammenfassende Darstellungen (vgl. *[73a; 245]*) vor.

1.5. Die Wortarten

1.5.1. Die invarianten Merkmale der Wortarten

34 "Das Wort stellt eine innere konstruktive Einheit lexikalischer und grammatischer Bedeutungen dar" [*31*, 18] (vgl. auch **13 ff.**). Daraus folgt, daß Wortarten (Wortklassen, Redeteile, части речи) als lexikalisch-grammatische Klassen von Wörtern zu betrachten sind.

Indem wir die Wortart als Klasse bezeichnen, betonen wir zunächst in der Ausdrucksweise der Logiker die Extension des Begriffes (den Begriffsumfang), d. h. "die gedankliche Widerspiegelung derjenigen Klasse von Individuen oder von Klassen, deren invariante Merkmale durch die Intension dieses Begriffes widergespiegelt werden" [*242*, 126]. Damit sind wir zugleich verpflichtet, die innerhalb der jeweiligen Klasse invarianten Merkmale, die die Intension des Begriffes (den Begriffsinhalt) ausmachen, zu bestimmen.

Wortarten sind Klassen von Wörtern
mit jeweils gleicher lexikalisch-grammatischer Allgemeinbedeutung,
mit jeweils gleichen morphologischen Merkmalen,
mit jeweils gleichen syntaktischen Funktionen.

Diese drei wesentlichen invarianten Merkmale bilden den komplexen Begriffsinhalt der Wortart, sind also nicht isoliert voneinander, sondern in wechselseitiger Durchdringung und Verflechtung zu betrachten und zu untersuchen.

35 Die *lexikalisch-grammatische Allgemeinbedeutung* (общее лексико-граммати́ческое значе́ние) ist eine Bedeutung auf sehr hoher Abstraktionsstufe, insofern die Wortart nicht einfach eine Klasse von Wörtern ist, sondern eine Klasse höherer Ordnung (Klasse von Klassen usw.). Beispielsweise kann das Substantiv учи́тель nicht nur als Bezeichnung einer Klasse von Erscheinungen dienen, sondern bildet auch mit Wörtern wie инжене́р, тракторист u. a. eine Klasse von Berufsbezeichnungen, wie мать, оте́ц, сестра́ u. a. eine Klasse von Verwandtschaftsbezeichnungen bilden. Wir haben es also hier bereits mit Verallgemeinerungen individueller lexikalischer Bedeutungen zu tun. Stellen wir weitere solche Klassen dazu, gelangen wir zu der höheren Klasse der Personenbezeichnungen (челове́к), im weiteren Abstraktionsprozeß zum Abbild bzw. zur Bezeichnung der Klasse der Lebewesen und schließlich zur Bezeichnung der Klasse "konkrete Erscheinung".

Damit ist jedoch der Inhalt der lexikalisch-grammatischen Allgemeinbedeutung des Substantivs noch nicht erschöpft. Haben wir es bisher mit greifbaren, faßbaren Gegenständen zu tun, die als Klassen durch Substantive bezeichnet werden, so steht dieser Klasse von Klassen die Klasse gedanklicher Gegenstände gegenüber. Wörter, die gedankliche Gegenstände bezeichnen, sind in der Sprache auf einem anderen Wege der Abstraktion entstanden. Während z. B. оте́ц und учи́тель die Träger bestimmter Eigenschaften bzw. Tätigkeiten bezeichnen, können auch Eigenschaften oder Tätigkeiten selbst nicht nur als solche (z. B. до́брый, после́довательный; чита́ть, обрабо́тать), sondern auch vergegenständlicht bezeichnet werden (доброта́, после́довательность; чте́ние, обрабо́тка).

Allen aufgeführten Substantiven ist, unabhängig von dem Abstraktionsgrad ihrer Bedeutung, gemeinsam, daß sie solche Gegenstände bezeichnen, die den Ausgangspunkt sprachlicher Zusammenhänge bzw. ihren Zielpunkt bilden können:

Учи́тель до́брый, после́довательный.
Учи́теля отлича́ет *доброта́, после́довательность*.

Damit ist zugleich begründet, warum wir von einer lexikalisch-grammatischen Allgemeinbedeutung der Wortart – hier am Beispiel des Substantivs – sprechen, denn die genannten sprachlichen Zusammenhänge sind syntagmatischer Natur.

36 Die lexikalisch-grammatische Allgemeinbedeutung (als invariantes Wortartmerkmal) des *Substantivs* ist "Gegenständlichkeit", die des *Adjektivs* "Merkmal eines Gegenstandes", die des *Verbs* "Prozessualität". Das *Adverb* bezeichnet vor allem Umstände, Grad oder Maß einer

Handlung. Das *Numerale* bezeichnet eine bestimmte zahlenmäßige Quantität von Gegenständen. Die lexikalisch-grammatische Allgemeinbedeutung des *Pronomens* ist "verweisendes Wort" oder "Hinweiswort": Es verweist auf Gegenstände (отец, стол – он; мать, книга – она́) oder Eigenschaften (хоро́ший, дорого́й – тако́й).
Daneben gibt es Wortarten, die gerade durch das Fehlen einer selbständigen begrifflich-sachlichen Bedeutung charakterisiert sind, nämlich die *Partikel* (же, ведь), *Präposition* (на, при) und *Konjunktion* (и, но, если).
Demnach stehen sich hinsichtlich der Semantik **Autosemantika** oder Begriffswörter (знамена́тельные или самостоя́тельные слова́), d.h. Wörter mit eigener, selbständiger begrifflich-sachlicher Bedeutung, und **Synsemantika** oder Hilfswörter (служе́бные слова́) gegenüber.
Die innerhalb einer Wortart invarianten *morphologischen Merkmale* (морфологи́ческие при́знаки) kommen in einem bestimmten Formenbestand zum Ausdruck; ihr Wesen besteht in der Gemeinsamkeit bestimmter morphologischer und klassifizierender Kategorien. **37**
Stellen wir Wörter bzw. Wortformen gegenüber, von denen wir ohne nähere Untersuchung sagen können, daß sie verschiedenen Wortarten angehören, und vergleichen wir sie nach dem genannten Kriterium: лежа́ть/лежи́т; стол/стола́; но́вый/но́вая; кни́га/кни́ги. Nach ihren morphologischen Merkmalen gehören sie bis auf стол und кни́га unterschiedlichen Klassen an; auch стол und кни́га werden nicht gleich flektiert, gemeinsam sind ihnen aber die morphologischen Kategorien des Kasus und des Numerus und demzufolge der Bestand an Formen, nämlich zwölf.
Morphologische Kategorien werden in der Regel durch Affixe, beispielsweise durch Endungen, ausgedrückt (vgl. **56**). Bei der Gegenüberstellung der morphologischen Merkmale verschiedener Wortarten, wie Substantiv, Adjektiv usw., geht es nicht allein um die unterschiedlichen Endungen, sondern um die Verschiedenheit der zum Ausdruck gebrachten Kategorien. Zum Beispiel wird in den Endungen des Adjektivs (но́вый, но́вого; но́вая, но́вую usw.) im Unterschied zu denen des Substantivs auch die morphologische Kategorie des Genus ausgedrückt.
Die morphologischen Merkmale der Wörter sind nicht nur dort von Belang, wo der Formen- und Kategorienbestand differiert, sondern auch dort, wo er das eine Mal "vorhanden" ist, das andere Mal "fehlt". In dieser Beziehung stehen sich einerseits Verb, Substantiv, Adjektiv, Numerale, Pronomen, andererseits Adverb, Präposition, Konjunktion gegenüber: там, за́втра, вско́ре, перед, за, по́сле, и, но lassen sich vom Standpunkt der modernen russischen Sprache aus nicht mehr in Morpheme gliedern (vgl. **48**), besitzen folglich keine Affixe und bringen keine grammatischen Kategorien zum Ausdruck. Sie sind unflektierbar. Dieses negative Kennzeichen ist ebenso relevant für ihre linguistische Betrachtung wie die Flektierbarkeit anderer Wörter. Vergleiche dazu **875**.
Die Gegenüberstellung von Wörtern wie стол, но́вый usw. einerseits und за́втра, перед usw. andererseits führt uns zu der Aufstellung des Kriteriums *"flektierbar / unflektierbar"* (изменя́емый / неизменя́емый), nach dem sich die Wortarten vieler Sprachsysteme jeweils in zwei Gruppen gliedern lassen.
Als drittes invariantes Merkmal einer Wortart nannten wir bestimmte gleichbleibende *syntaktische Funktionen* (синтакси́ческие фу́нкции). Unter gleichen syntaktischen Funktionen ist **38**
zu verstehen, daß die Wörter einer Wortart bzw. ihre Wortformen in bestimmten Satzgliedfunktionen auftreten können, in anderen dagegen nicht, d.h., daß sie einen bestimmten syntaktischen Stellenwert haben.
So tritt die Langform des Adjektivs im Satz als Attribut, daneben aber auch als Prädikatsnomen auf, die Kurzform nur in dieser zweiten Funktion (vgl. **711 ff.**).
Die finiten oder konjugierten Formen des Verbs (vgl. **109**) dienen im Satz zum Ausdruck des Prädikats; dagegen entspricht die syntaktische Funktion des Partizips etwa der der adjektivischen Langform (vgl. **430**).
Wie daraus ersichtlich ist, ergibt sich der syntaktische Stellenwert einer Wortart aus der Gesamtheit der syntaktischen Positionen ihrer *Wortformen*. Darin besteht zugleich der Zusammenhang zwischen den syntaktischen und den morphologischen Merkmalen einer Wortart. Für die Wortart Substantiv ist charakteristisch, daß es, wie die folgenden Sätze mit dem Sub-

stantiv кни́га zeigen, in allen fünf Satzgliedfunktionen, als Subjekt, Prädikat(snomen), Objekt, Attribut und Adverbialbestimmung auftreten kann:

>Кни́га лежи́т на столе́.
>Мой пода́рок – кни́га.
>Я люблю́ э́ту кни́гу.
>Сего́дня – день сове́тской кни́ги.
>В кни́ге мно́го карти́н.

39 Für jede Wortart ist ein invariantes Verhältnis zu allen drei Merkmalen in ihrer *wechselseitigen Verflechtung* charakteristisch.

So erklärt sich die Verwendbarkeit des Substantivs in allen Satzgliedfunktionen eben aus seiner lexikalisch-grammatischen Allgemeinbedeutung "Gegenständlichkeit", erklären sich seine morphologischen Wortformen eben daraus, daß das Substantiv für die jeweilige Satzgliedfunktion durch eine spezielle Endung "präpariert" sein muß (vgl. die obigen Beispiele).

Die lexikalisch-grammatische Allgemeinbedeutung des Verbs als "Prozessualität" bedingt die syntaktische Festlegung der finiten Formen люблю́, игра́ют auf das Prädikat: Де́ти игра́ют. Durch bestimmte infinite Verbformen, nämlich die Partizipien, kann jedoch z. B. die Tätigkeit des Spielens als Merkmal eines Gegenstands dargestellt werden: Я ви́жу игра́ющих дете́й (vgl. **430**).

1.5.2. Das System der russischen Wortarten

40 Wie A. A. Reformatskij [*121*, 321] hervorhebt, bilden die Wortarten in jeder Sprache ein **gegliedertes System,** in dem die Wortarten zwar insgesamt in Korrelationen, aber doch in unterschiedlichen Korrelationen zueinander stehen und deswegen nicht auf einer Ebene linear aufgereiht werden können. Ein kurzer Überblick zeigt für das Russische als erstes die Gegenüberstellung von Begriffswörtern oder **Autosemantika** einerseits, von Hilfswörtern oder **Synsemantika** andererseits. Innerhalb der Begriffswörter heben sich Wörter mit verbaler Flexion ab, die besonders durch ihre *Konjugationsformen* gekennzeichnet sind. Ihnen stehen Wörter mit *Deklinationsformen* gegenüber, wenn diese auch in unterschiedlicher Art und Weise dekliniert werden: Substantive, Adjektive, Zahlwörter (Numeralia) und Pronomina.

Die Klassifizierung von Wörtern in Wortarten muß es gestatten, den gesamten Wortbestand einer Sprache zu gliedern, muß dessen innere Struktur offenbaren.

41 Als **Wortarten der russischen Sprache** unumstritten sind Verb (глаго́л), Substantiv (существи́тельное), Adjektiv (прилага́тельное), Numerale (числи́тельное), Pronomen (местоиме́ние), Adverb (наре́чие), Partikel (части́ца), Präposition (предло́г), Konjunktion (сою́з).
Von diesen sind nach den Klassenkriterien der morphologischen Merkmale und der lexikalisch-grammatischen Allgemeinbedeutung
Verb, Substantiv, Adjektiv, Numerale, Pronomen flektierbar und autosemantisch,
das Adverb unflektierbar und autosemantisch,
Partikel, Präposition und Konjunktion unflektierbar und synsemantisch.
Die syntaktischen Merkmale der Wortarten werden in der Regel nicht als durchgehendes Klassifizierungskriterium angewandt; sie sind aber von Bedeutung für die Einordnung der indeklinablen Substantive (ко́фе, такси́) und für die Klassifizierung der unflektierbaren Wortarten. Die syntaktischen Funktionen der Wortarten werden in den einleitenden Abschnitten der entsprechenden Kapitel dargestellt.
Die Russistik der letzten Jahrzehnte rechnet – obgleich der wissenschaftliche Streit darüber noch nicht entschieden ist – außer mit diesen Wortarten noch mit zwei weiteren: dem Zustandswort oder Prädikativ und dem Modal- oder Schaltwort.
Zustandswörter (слова́ катего́рии состоя́ния) sind z. B. на́до, мо́жно, нельзя́. Sie sind unflektierbar und bezeichnen Zustände, sind also autosemantisch. Ihre syntaktische Funktion ist grundsätzlich die des Prädikats in einem unpersönlichen Satz (vgl. **908**); zur Erfüllung dieser Funktion werden sie mit einem Kopulaverb – in erster Linie mit Formen von быть – verbunden.

Здесь мо́жно бы́ло / бу́дет покупа́ть оде́жду.

Gering an Zahl sind die *Modal- oder Schaltwörter*: пожа́луй, по-мо́ему.

Пожа́луй, он прав. Он игра́ет, по-мо́ему, хорошо́.

Diese Wörter sind gleichfalls unflektierbar und autosemantisch. Sie unterscheiden sich von den Zustandswörtern durch ihre syntaktisch isolierte Position: Sie üben keine Satzgliedfunktion aus, sondern stehen außerhalb des Satzzusammenhanges, in den sie lediglich eingeschaltet werden (daher "Schaltwörter", вво́дные слова́). Ihre Aufgabe ist es, eine bestimmte Einstellung des Sprechenden zur eigenen Aussage, eine bestimmte Modalität zum Ausdruck zu bringen (daher "Modalwörter", мода́льные слова́). Wir werden diese Wortart wie die meisten Grammatiken als Modalwort bezeichnen.

Weder den flektierbaren noch den unflektierbaren Wortarten sind die *Interjektionen* (междоме́тия) zuzuordnen, z. B. ах, ох, увы́. Sie sind auch semantisch schwer definierbar: ах, ох können ebenso Freude wie Trauer, Resignation wie Überraschung ausdrücken. Weiter erfüllen sie keine klar fixierbare syntaktische Funktion.

Bemerkung. Das schließt nicht aus, daß sie in bestimmten Fällen als scheinbare Satzglieder verwandt werden (Она́ всё ох да ах 'sie (macht) immerzu oh und ach'; vgl. dazu Goethes 'Heidenröslein': '... half ihm doch kein Weh und Ach ...').

Insgesamt ergibt sich für die russische Gegenwartssprache folgende **Klassifizierung der Wortarten**.

I. **Flektierbare** (stets Autosemantika)
Verbale Flexion: Verb
Nichtverbale Flexion: Substantiv
Adjektiv
Numerale
Pronomen

II. **Unflektierbare**
Autosemantika: Adverb
Zustandswort
Modalwort
Synsemantika: Partikel
Präposition
Konjunktion

III. **Interjektion**

Substantiv, Adjektiv und Numerale werden unter dem Sammelbegriff "Nomen" (и́мя) zusammengefaßt.

Mit der Klassifizierung der Wortarten ist noch nicht die Frage des Umfangs und der gegenseitigen Abgrenzung der einzelnen Wortarten beantwortet. Das Problem, das hierbei auftritt, besteht darin, daß in vielen Fällen ein und derselbe Lautkörper in unterschiedlichen syntaktischen Zusammenhängen verwendet werden kann, die verschiedenen Wortarten entsprechen.

Die hier dargestellte Klassifizierung deckt sich, was die Anzahl der Wortarten betrifft, im wesentlichen mit der der "Kurzen russischen Sprachlehre" [*216*, 5]. In zwei Punkten weicht sie ab. In der "Kurzen russischen Sprachlehre" fehlt die Klasse der Modalwörter, und das Zustandswort wird als prädikatives Adverb nur im Rahmen der unpersönlichen Sätze behandelt [*216*, 86 f.].

In beiden Punkten lehnt sich die "Kurze russische Sprachlehre" an die Akademiegrammatik '60 [*48*, Bd. I, §§ 27–29, 60] an. Auch die Akademiegrammatik '80 [*129*, Bd. I, §§ 1132; 1587; 1653] verzichtet auf die Aufstellung dieser beiden Wortarten. Sie bezieht sie in unterschiedlicher Weise in die Wortarten Substantiv, Verb, Adverb und Partikel mit ein.

Im übrigen beschränkt sich die "Kurze russische Sprachlehre" auf die Gliederung der Wortarten in flektierbare bzw. "flektierte" und unflektierbare bzw. "nichtflektierte", verzichtet also auf das Kriterium der lexikalisch-grammatischen Allgemeinbedeutung.

Die Kompliziertheit der Wortartproblematik zeigt sich gerade in den unterschiedlichen Auffassungen von der Klassifizierung der Wortarten. Als Beispiel einer interessanten Darstellung wird hier das Klassifizierungsschema aus dem richtungsweisenden Werk *V. V. Vinogradovs* "Ру́сский язы́к" [*31*, 42] wiedergegeben, in dem die Wortarten als катего́рии слов bezeichnet werden.

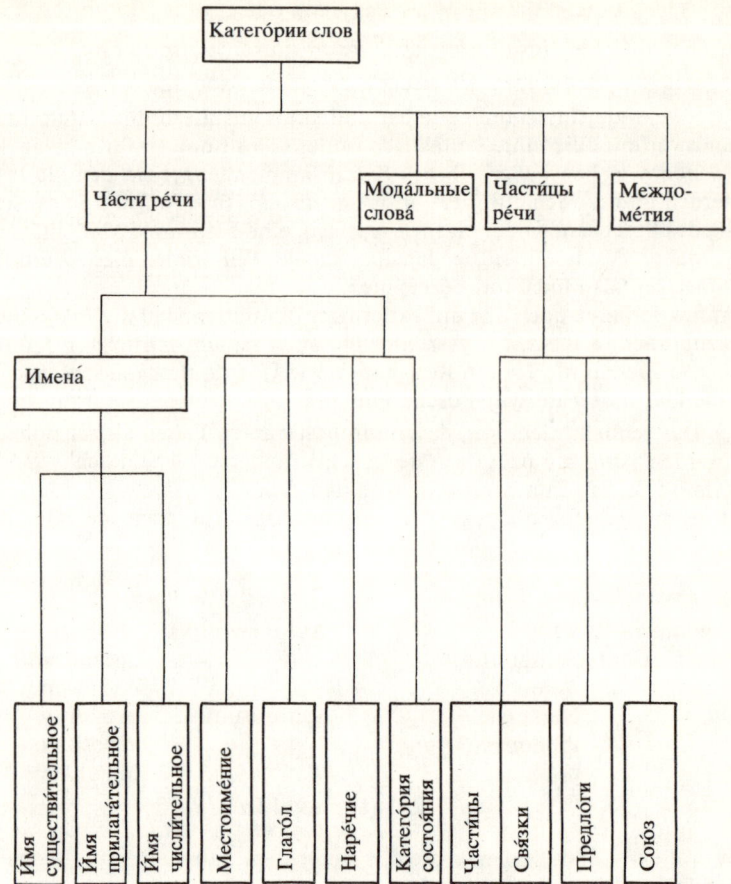

Vergleichen wir diese Klassifikation mit der unseren, so stimmen beide überein in der Gruppierung der Nomina (имена́) und ihrem Verhältnis zum Pronomen (местоиме́ние). Abgesehen davon, daß das Verb bei V. V. Vinogradov hinter Nomina und Pronomen steht – diesem Unterschied braucht keine größere Bedeutung beigemessen zu werden –, finden wir hier als übergeordnetes Kriterium der Klassifizierung das semantische angewandt: *Redeteile* (in unserer Terminologie Begriffswörter bzw. Autosemantika) und *Redepartikeln* (Hilfswörter bzw. Synsemantika), zwischen denen bei V. V. Vinogradov die Modalwörter stehen.

In theoretischer Sicht ist es gleichermaßen möglich, die Autosemantika in Flektierbare und Unflektierbare zu untergliedern, wie die Unflektierbaren umgekehrt in Autosemantika und Synsemantika. Vom Standpunkt der Praxis des Fremdsprachenunterrichts wie unter dem Gesichtspunkt der Übergänge zwischen den Wortarten (vgl. **45ff.**) scheint aber die von uns dargestellte Klassifizierung zweckmäßiger.

Unter den Redepartikeln finden wir bei V. V. Vinogradov auch die Kopula (свя́зка), z. B. быть. Diese Auffassung hat sich bisher nicht durchgesetzt, weil die Kopula nicht als gesonderte Wortart, sondern eher als syntaktische Funktion, z. B. des Verbs быть, aufzufassen ist (vgl. **99ff.**). Dessenungeachtet ist das Kopula-Problem von großer Bedeutung für die Grammatik. Man muß sorgfältig unterscheiden:

У него́ бы́ло мно́го друзе́й (быть als Vollverb, das die Existenz ausdrückt)
und
Они́ бы́ли друзья́ми (быть als Kopula, die lediglich die verbalen Kategorien des Modus und Tempus ausdrückt).

Als Kopula-Partikeln (частицы-связки) bezeichnete V.V.Vinogradov auch die Partikeln вот und это, die die Beziehung zwischen Subjekt und Prädikat bzw. Prädikatsnomen verdeutlichen.

   Самолёт – это/вот чудо.

Wenn wir insbesondere die morphologischen Merkmale und das syntaktische Funktionieren als Kriterien der Wortartklassifizierung dargestellt haben, so ergibt sich allein daraus schon, daß es angesichts der deutlich verschiedenen Systeme, z.B. des Englischen, Deutschen und Russischen, keine volle Identität zwischen den Wortartsystemen dieser Sprachen geben kann. Selbst wenn der Bestand an Wortarten in zwei Sprachen mit unterschiedlichen morphologischen Systemen der gleiche ist, sind erst die korrespondierenden Wortarten in ihrer Anwendung genau zu analysieren, ehe von einer Identität der Wortartensysteme die Rede sein kann.

Im Hinblick darauf, daß der Russischlehrer in der DDR stets die Konfrontation Russisch-Deutsch in seinen Unterricht einzubeziehen hat, soll im folgenden dem Wortartensystem des Russischen das des Deutschen gegenübergestellt werden, wobei wir uns auf das Werk "Grundfragen der deutschen Grammatik" von W.Schmidt [*241*, 76], die Neubearbeitung der Grammatik der deutschen Sprache von W.Jung (G.Starke) [*211*, 167f.], die Kleine Enzyklopädie "Die deutsche Sprache" [*217*, 144] und die "Kurze deutsche Grammatik" [*221*, 46f.] stützen.

W.Schmidt	W.Jung/ G.Starke	Kleine Enzyklopädie	Kurze deutsche Grammatik
Substantiv	Verben	Verb	Substantiv
Adjektiv	Substantive ein-	Substantiv	(mit Artikel)
Verb	schließlich Artikel	(mit Artikel)	Pronomen
Stellvertreter und	Adjektive	Adjektiv	Adjektiv
Begleiter des Sub-	Adverbien	Pronomen	Numerale
stantivs:	Partikeln	Modalwort	Verb
Artikel	Modalwörter	Adverb	Adverb
Pronomen	Pronomen	Partikel	Präposition
Kennzeichnungs-	Fügewörter	Präposition	Konjunktion
wort:	(Präpositionen	Konjunktion	Interjektion
Adverb	Konjunktionen)		
Partikel	Satzäquivalente		
Fügewort	(Interjektionen)		
Präposition			
Konjunktion			
Interjektion			

Es geht bei dieser Konfrontation nicht darum, Fragen der linguistischen Tradition der Russistik und Germanistik zu berühren. Für uns ist es zum Beispiel von untergeordneter Bedeutung, ob Konjunktion und Präposition unter der Sammelbezeichnung "Fügewörter" zusammenzufassen sind oder nicht.

Unter dem Gesichtspunkt der Konfrontation erscheint aber wichtig, daß das Deutsche im Gegensatz zum Russischen einen Artikel besitzt. Nicht unwichtig ist ferner die Frage, ob es im Deutschen eigentliche Partikeln (entsprechend же, ведь) und Modalwörter (entsprechend пожалуй, по-моему) gibt. Interessanterweise wird diese Frage, wie die Tabelle zeigt, zunehmend positiv beantwortet.

Eine Wortart, die in deutschen Grammatiken nicht erwähnt wird, ist das Zustandswort. Daß die Anzahl der Wortarten in deutschen Grammatiken etwas stärker schwankt als in russischen, dürfte u.a. in dem besonderen Charakter der deutschen Flexion begründet sein. In dem Satz "Der brave Mann denkt an sich selbst zuletzt" wird jede der vier ersten Formen nur im syntaktischen bzw. syntagmatischen Zusammenhang eindeutig – für sich allein wird "Mann" für Nominativ, Dativ, Akkusativ des Singulars verwandt usw. Aus dem besonderen Charakter der deutschen Formen- und Wortbildung erklärt sich auch der regelmäßig mögliche Wortartwechsel des Infinitivs zum Substantiv: "schreiben – das Schreiben".

1.5.3. Wortartzuordnung und Wortartwechsel

45 Im Abschnitt 1.5.1. wurde die Intension des Begriffes "Wortart" ausführlich behandelt. Für die Extension dieses Begriffes, den Begriffsumfang ergibt sich daraus mit logischer Konsequenz, daß von jedem einzelnen Wort ausgesagt werden muß, welcher Wortart als Klasse von Wörtern es zuzuordnen ist. Nicht selten jedoch bereitet die Zuordnung eines Wortes oder einer Wortform Schwierigkeiten. Solche Fälle lassen sich mitunter auf Probleme der Wortartklassifizierung selbst zurückführen. Häufiger aber spiegeln sie den Übergang eines Wortes oder einer Wortform aus einer Wortart in eine andere wider.
Der Platz eines Wortes, einer Wortform im System der Wortarten ist grundsätzlich nicht als etwas Statisches, Unveränderliches, sondern dynamisch aufzufassen, sowohl in der Sprachgeschichte als auch in der Sprachgegenwart.
So ist das Adverb сегóдня aus einer genitivischen Wortfügung entstanden, deren ersten Bestandteil das Pronomen сей 'dieser' bildete; als das Pronomen ungebräuchlich wurde, mußte die Verbindung aus сегó und дня als **eine** Form aufgefaßt werden (vgl. auch сейчáс). Das gleiche gilt vom Adverb налéво, das sich historisch aus der Präposition на und dem alten Akkusativ der Kurzform des Neutrums лéво zusammensetzt.

46 In der Gegenwartssprache verläuft der *Wortartwechsel* (перехóд из однóй чáсти рéчи в другýю), insbesondere bei den flektierbaren Wörtern, im wesentlichen in drei Stufen:

1. Ein Wort oder eine Wortform wird von einem Sprechenden als Vertreter einer Wortart gebraucht, der es lexikalisch nicht zugehört; diesen Vorgang beobachten wir ziemlich oft bei Adjektiven, wenn eine Adjektivform zur Bezeichnung einer Person nach einer charakteristischen Eigenschaft gebraucht wird: тóлстый, тóнкий, очкáстый "der Bebrillte". In diesem *okkasionellen Übergang* (окказионáльный перехóд) eines Adjektivs zum Substantiv kann noch nicht von Wortartwechsel gesprochen werden.

2. *Usueller Übergang* (узуáльный перехóд) von einer Wortart zu einer anderen und damit Wortartwechsel liegt vor, wenn ein Wort oder eine Wortform (bzw. ein Wortformparadigma) vor allem auf Grund seiner lexikalisch-semantischen Besonderheiten in bestimmten Kontexten oder grundsätzlich als Vertreter einer anderen Wortart gebraucht wird. Dieser Prozeß verläuft z.B. vom Partizip des Verbs zum Adjektiv (*Adjektivierung*, russ. адъективáция: люби́ть → люби́мый → люби́мая кни́га 'Lieblingsbuch') und weiter vom Adjektiv zum Substantiv (*Substantivierung*, russ. субстантивáция: столóвый → студéнческая столóвая). Vgl. auch труди́ться → трудя́щийся (Partizip) → трудя́щиеся мáссы 'die werktätigen Massen' (Adjektivierung) → Совéты депутáтов трудя́щихся (Substantivierung). Kennzeichnend für diesen Prozeß ist, daß er ohne Verwendung zusätzlicher Wort- oder Formbildungsmittel erfolgt; er darf also nicht mit der Ableitung стол → стол-óвый, труд → труд-и́ться verwechselt werden. Das Ergebnis dieses Prozesses ist Homonymie, wenn der gleiche Lautkörper nach wie vor im Rahmen der Ausgangswortart verwendet wird: люби́мый всем нарóдом usw.
Am Beispiel столóвая zeigt sich besonders deutlich, daß sich das neue Substantiv von der lautgleichen Adjektivform in allen drei Wortartmerkmalen unterscheidet: es bezeichnet einen Gegenstand (kein Merkmal eines Gegenstandes), ist morphologisch nur noch Femininum und kann in allen syntaktischen Funktionen des Substantivs verwendet werden.

3. Von einem *endgültigen Übergang* (окончáтельный перехóд) oder Wortartwechsel kann man sprechen, wenn ein Wort oder eine Wortform in eine andere Wortart überwechselt, während es im Rahmen seiner Ausgangswortart veraltet: Adjektiv настоя́щий 'gegenwärtig' als ursprüngliches Partizip des veralteten imperfektiven Verbs настоя́ть 'bevorstehen, gegenwärtig sein'.

1.5. Die Wortarten

Die zweite Stufe besitzt für die Gegenwartssprache die größte Aktualität; sie betrifft auch den Wortartwechsel von Formen flektierbarer Wörter zu unflektierbaren Wörtern. So werden in den Wörterbüchern z. B. ве́чером, весно́й als Adverbien geführt, so daß sie in Homonymie stehen zu den Wortformen von ве́чер und весна́ in по́здним ве́чером, ра́нней весно́й; vgl. auch ни́же als Komparativ von ни́зкий bzw. ни́зко und als Präposition (also sogar als synsemantisches Wort) in три гра́дуса ни́же нуля́.

Wie wir bereits am Beispiel трудя́щийся als Verbalform Partizip → трудя́щийся als Adjektiv → трудя́щийся als Substantiv beobachtet haben, kann ein Wort, genauer: ein Lautkörper, im Prozeß des Wortartwechsels mehrere Wortarten "durchlaufen". Die wichtigsten Übergänge sind in dem folgenden Schema dargestellt, wobei wir auf die Einbeziehung der Pronomen, Modalwörter und Interjektionen verzichtet haben. 47

Beispiele:

1. выдава́ться: выдаю́щаяся побе́да 'ein großartiger Sieg';
2. ча́йный: ую́тная ча́йная 'eine gemütliche Teestube';
3. стоя́ть: чита́ть сто́я;
4. ста́рый: рабо́тать по-ста́рому;
5. холо́дный: мне хо́лодно;
6. дар: рабо́тать да́ром;
7. (весе́нняя) пора́: пора́ уходи́ть;
8. его́ буди́ли ра́но ('früh am Morgen'): ра́но ('es ist zu früh') буди́ть его́;
9. пря́мо: он пря́мо ('direkt, geradezu') геро́й;
10. ти́хо вокру́г: вокру́г до́ма;
11. так, как 'so, wie': так как 'da, weil';
12. по́сле э́того: по́сле того́ как 'nachdem'.

1.6. Die morphematische Struktur des Wortes

1.6.1. Das Wort und das Morphem

48 Das Wort dient als Baumaterial für den Satz und kann auf Grund einer bestimmten lexikalisch-grammatischen Allgemeinbedeutung sowie bestimmter morphologischer bzw. syntaktischer Merkmale einer Wortart zugeordnet werden. Die Wörter bilden immer eine Einheit von Lautkomplex und Bedeutung.

Die meisten Wörter können in kleinere Einheiten oder *Strukturelemente*, die lexikalische bzw. grammatische Bedeutung tragen, aufgegliedert werden. Diesem Worttyp gehören alle flektierbaren Wörter, d. h. Wörter, die über verschiedene Wortformen verfügen, an. So bestehen die Formen дóчка, дóчки, дóчке usw. aus einem Teil, der die lexikalische Bedeutung wiedergibt (дочк-), und aus einem veränderlichen Teil, der die grammatischen Bedeutungen ausdrückt (-а, -и, -е usw.). Der Teil, der die lexikalische Bedeutung trägt, kann häufig in noch kleinere bedeutungstragende Einheiten zerlegt werden. Beispielsweise setzt sich der Wortteil дочк- aus den Strukturelementen доч- mit der Bedeutung 'Tochter' und -к- mit der Bedeutung der Verkleinerung zusammen.

In kleinere bedeutungstragende Einheiten lassen sich oft auch unflektierbare Wörter aufgliedern, vgl. по-дрýжески (по-друж-еск-и), навсегдá (на-всегда). Zahlreiche unflektierbare Wörter gehören aber zu einem anderen Worttyp, bei dem eine Aufteilung in kleinere bedeutungstragende Einheiten nicht möglich ist, vgl. тут, вот, и, ах, кинó.

Die Strukturelemente des Wortes, die die kleinsten bedeutungstragenden Einheiten der Sprache bilden, werden als **Morpheme** (морфéмы) bezeichnet. Die Wörter des ersten Typs enthalten mindestens zwei Morpheme. Die Wörter des zweiten Typs bestehen hingegen nur aus einem Morphem. Damit gleichen sie in ihrer äußeren Gestalt den Morphemen.

1.6.2. Die Grundtypen der Morpheme

49 Ein Vergleich der Wortformen горá 'Berg', гóрка 'kleiner Berg', гóрные (вершины) 'Berg-/Gebirgs-', подгóрная (деревня) 'unterhalb, am Fuße eines Berges gelegen' ergibt, daß sie den gemeinsamen Lautkomplex -гор- und eine bestimmte Übereinstimmung in der Bedeutung aufweisen. Das in der lexikalischen Bedeutung Übereinstimmende ("Berg") entspricht unmittelbar einer Erscheinung in der Realität bzw. ihrer im Begriff verallgemeinerten Widerspiegelung. Es wird von dem Morphem -гор- getragen und liegt der lexikalischen Bedeutung aller Wörter, die dieses Morphem enthalten und damit ein *Wortnest* (гнездó слов) bilden, zugrunde.

Das Morphem, das die lexikalische Grundbedeutung der zu einem Wortnest gehörigen Wörter trägt, wird **Grundmorphem** oder **Wurzelmorphem** (корневáя морфéма) oder auch einfach **Wurzel** (кóрень) genannt. Das Wurzelmorphem wird folglich durch Vergleich eines Wortes mit Wörtern desselben Wortnestes ermittelt.

Dem Wurzelmorphem stehen die **Hilfsmorpheme** (служéбные морфéмы) gegenüber. Die Hilfsmorpheme lassen sich in Affixe und Interfixe untergliedern.

50 Die **Affixe** (áффиксы) geben gewöhnlich etwas Allgemeines, das aus der Bedeutung einer Reihe von Wörtern bzw. Wortformen abstrahiert ist, wieder. Die Affixe, die die zur Grundbedeutung des Wurzelmorphems hinzugefügten lexikalischen Bedeutungen ausdrücken, werden als **lexikalische Affixe** (лексические áффиксы) bezeichnet, vgl. под- in подгóрный, подвóдный, подзéмный mit der Bedeutung "unter einem Gegenstand" oder "unterhalb eines Gegenstandes befindlich", -н- in подгóрный, гóрный (вóздух), желéзные (ворóта) mit der Bedeutung "Beziehung zu einem Gegenstand". Die lexikalischen Affixe stehen der Wortbildung, die im Rahmen der Lexikologie untersucht wird, zur Verfügung (vgl. Band 1/I, 26 und 35). Sie werden deshalb auch **wortbildende Affixe** (словообразовáтельные áффиксы) genannt. Man ermittelt sie in der Regel durch den Vergleich von Wörtern desselben Strukturtyps.

Im Unterschied zu den lexikalischen Affixen geben die **grammatischen Affixe** (граммати́ческие а́ффиксы) grammatische Bedeutungen, die die lexikalische Bedeutung der Wortformen überlagern, wieder. Da sie Formen eines Wortes bilden, werden sie auch **formbildende Affixe** (фо̀рмообразова́тельные а́ффиксы) genannt. Die grammatischen oder formbildenden Affixe kann man durch Vergleich einer Wortform mit anderen Formen des Paradigmas, z. B. подго́рный (го́род) – подго́рная (дере́вня), подго́рного (го́рода), подго́рной (дере́вни), oder auch durch Vergleich der Formen verschiedener Wörter in derselben grammatischen Bedeutung oder Funktion erhalten, z. B. подго́рная (дере́вня) – но́вая (дере́вня).

Eine besondere Stellung unter den Hilfsmorphemen nehmen die **Interfixe** (интерфи́ксы) ein. Sie unterscheiden sich dadurch grundlegend von den Affixen, daß sie keine Bedeutung tragen, die die Widerspiegelung der objektiven Realität darstellt, sondern nur zur Verbindung von Morphemen dienen. So liegt z. B. in dem Adjektiv ялти́нский (abgeleitet von dem Substantiv Ялта) das Interfix -ин- vor, das die Wurzel -ялт- mit dem wortbildenden Affix -ск- verbindet.

Die Morpheme stellen wie die Wörter bzw. Wortformen eine Einheit von Bedeutung und Formativ dar. Sie bestehen aus einer ideellen Komponente, d. h. ihrer Bedeutung, und einer materiellen Komponente, d. h. einem Laut oder *Lautkomplex* (звуково́й ко́мплекс) bzw. einem Phonem oder einer *Phonemfolge* (фоне́мный ко́мплекс). Die Gliederung der russischen Wörter bzw. Wortformen in Morpheme erfordert deshalb die Berücksichtigung der graphischen und orthographischen Regeln der russischen Sprache, des Verhältnisses zwischen den *Buchstaben* (бу́квы) und *Phonemen* (фоне́мы).

Hierbei kommt der Beachtung der Funktionen der jotierten Vokalbuchstaben besondere Bedeutung zu. So liegt in den Wortformen иду́, говорю́ und чита́ю dasselbe grammatische Affix -у vor. In der Verbalform иду́ (ид-у) wird das Morphem -у durch den nichtjotierten Vokalbuchstaben у bezeichnet, da der vorangehende Konsonant hart ist. In den Formen говорю́ (говор'-у) und чита́ю (читај-у) wird das Morphem -у durch den jotierten Vokalbuchstaben ю gekennzeichnet. In der Form говорю́ steht der jotierte Vokalbuchstabe nach einem Konsonantbuchstaben und zeigt die Palatalisierung des vorangehenden Konsonantphonems /р'/ an. In der Form чита́ю folgt er hingegen auf einem Vokalbuchstaben und bezeichnet deshalb das vor dem Morphem -у stehende Phonem /j/.

1.6.3. Die Affixe und die Interfixe

Zu den Affixen gehören die Präfixe, Suffixe, Endungen und Postfixe. Die Präfixe, Suffixe und Postfixe können lexikalisch (wortbildend) oder grammatisch (formbildend) sein. Die Endungen dienen der Flexion und sind damit ausschließlich formbildend.

Die **Präfixe** (пре́фиксы или приста́вки) stehen vor dem Wurzelmorphem, z. B.
заграни́чный (па́спорт): за- als lexikalisches oder wortbildendes Präfix (vgl. грани́ца);
заплати́ть: за- als grammatisches oder formbildendes Präfix (заплати́ть als perfektive Aspektform zu плати́ть 'bezahlen').

Die **Suffixe** (су́ффиксы) stehen nach dem Wurzelmorphem, z. B. беле́ть ('weiß werden'): -е- als lexikalisches oder wortbildendes Suffix, das auf die Wurzel бел'- folgt und zur Bildung von Verben mit der Bedeutung "so werden oder sein, wie das zugrunde liegende Nomen ausdrückt" (vgl. бе́л-ый 'weiß') Verwendung findet;
изуча́ть: -a- als grammatisches oder formbildendes Suffix, das auf die Wurzel -уч- folgt und zur Bildung der imperfektiven Form zu pf. изучи́ть dient.
In einem Wort bzw. in einer Wortform können auch mehrere Suffixe vorliegen. Gehen sowohl lexikalische als auch grammatische Suffixe in die Wortform ein, so folgt das grammatische Suffix immer auf das lexikalische, vgl. беле́ла: -л- als grammatisches Suffix (Präteritalsuffix), das nach dem lexikalischen Suffix -е- steht.

Hinter dem Wurzelmorphem befinden sich ferner die **Endungen** (оконча́ния). Enthalten die

Wörter bzw. Wortformen Suffixe, so folgen die Endungen auf die Suffixe. Die Endungen dienen zur Wiedergabe der syntaktischen Beziehungen zwischen den Wörtern im Satz:

Мáльчики несýт тяжёлую сýмку.

Die Endung -ут des Prädikats несýт drückt die grammatischen Bedeutungen der 3. Person und des Plurals (Numerus) aus. Durch diese Endung wird die Beziehung des Prädikats zum Subjekt мáльчики wiedergegeben. Die Endung -и zeigt den Nominativ (Kasus) des Subjekts an und drückt außerdem den Plural aus. Die Endung -у des direkten Objekts сýмку gibt neben dem Numerus den Kasus wieder und läßt erkennen, daß das Prädikat несýт den Akkusativ regiert. Durch die Endung -ую wird die Kongruenz des Attributs тяжёлую mit der ihm übergeordneten Wortform сýмку in den Kategorien des Numerus, Kasus, Genus (Sing., Akk., fem.) hergestellt.

Wie das Beispiel zeigt, liegen den syntaktischen Beziehungen zwischen den Wörtern die *Kategorien der Person, des Kasus, des Numerus und des Genus* zugrunde. Die Endungen können gleichzeitig Bedeutungen mehrerer dieser Kategorien ausdrücken. Dabei werden unterschieden:

Personalendungen (лúчные окончáния), die neben der Person den Numerus ausdrücken, z. B. несý, несýт;

Kasusendungen (падéжные окончáния), die gleichzeitig den Numerus anzeigen können, z. B. мáльчики, очкóв;

Genusendungen (родовы́е окончáния), die auch den Numerus wiedergeben, z. B. белéла, белéло; тяжелá, тяжелó.

Nur den Numerus drückt die Endung im Plural der Präteritalformen des Verbs und der Kurzformen der Adjektive und Partizipien aus: белéли, тяжелы́ usw.

Sowohl Kasus- als auch Genusendungen (падéжно-родовы́е окончáния) haben hingegen die adjektivischen Deklinationsformen (vgl. **693 ff.**). Das hat zur Folge, daß die maskulinen, femininen und neutralen Formen sowie die Pluralformen verschiedene Teilparadigmen innerhalb des adjektivischen Gesamtparadigmas bilden.

Die Bedeutungen aller übrigen grammatischen Kategorien erhalten durch grammatische Suffixe, Präfixe oder Postfixe und andere Mittel der Formenbildung ihren sprachlichen Ausdruck, vgl. das Präteritum als Glied der Tempuskategorie, das durch das grammatische Suffix -л- angezeigt wird, z. B. белéла.

57 Mitunter können grammatische Bedeutungen auch durch das Fehlen eines lautlich ausgedrückten formbildenden Affixes signalisiert werden. In diesem Fall sind die anderen Formen des Paradigmas durch materiell (lautlich) ausgedrückte Morpheme gebildet. Die innerhalb des Paradigmas übrigbleibende Form, der ein lautlicher Ausdruck des formbildenden Affixes fehlt, trägt dann ebenso wie die anderen Wortformen eine oder mehrere bestimmte grammatische Bedeutungen. So drückt die Wortform кóмнат auf Grund dessen, daß die anderen Glieder des Paradigmas materiell ausgedrückte Endungen aufweisen, die grammatischen Bedeutungen "Genitiv" und "Plural" aus. Da das Fehlen des materiell ausgedrückten Hilfsmorphems grammatische Bedeutungen ankündigt, kann es als Morphem, d. h. als bedeutungstragendes Strukturelement der Wortform, betrachtet werden. Da ihm ein lautlicher Ausdruck fehlt, wird es als **Nullmorphem** (нулевáя морфéма) bezeichnet. Als Symbol für das Nullmorphem wird das Zeichen -∅ verwendet.

Das Paradigma des zur II. Deklination gehörenden Substantivs кóмната zeigt damit folgendes Bild:

	Singular	Plural
Nom.	кóмнат-а	кóмнат-ы
Gen.	кóмнат-ы	кóмнат-∅
Dat.	комнáт´-е (кóмнате)	кóмнат-ам
Akk.	кóмнат-у	кóмнат-ы
Instr.	кóмнат-ой	кóмнат-ами
Präp.	о комнáт´-е (кóмнате)	о кóмнат-ах

1.6. Die morphematische Struktur des Wortes

Das Nullmorphem weisen auch die Substantive der anderen Deklinationstypen auf, die Maskulina der I. Deklination und die Substantive der III. Deklination in der Form des Nom./Akk. Sing. sowie die Neutra der I. Deklination in der Form des Gen. Plur.:

    учени́к-Ø, ученик-а́, ученик-у́ usw.
    двер'-Ø (дверь), двер'-и (две́ри) usw.
    ме́ст-о, ме́ст-а usw., мест-а́, мест-Ø usw.

Das Nullmorphem drückt ferner die Bedeutungen "Singular" und "maskulines Genus" in den Kurzformen der Adjektive und Partizipien und in den Präteritalformen der Verben aus:

	Singular			Plural
	mask.	fem.	neutr.	
Adjektiv (Kurzform)	тяжёл-Ø	тяжел-а́	тяжел-о́	тяжел-ы́
Partizip (Kurzform)	сде́лан-Ø	сде́лан-а	сде́лан-о	сде́лан-ы
Präteritalform	писа́л-Ø	писа́л-а	писа́л-о	писал-и (писа́ли)

Da in der Morphologie des Russischen das Nullmorphem Bedeutungen der grammatischen Kategorien des Kasus, Numerus und Genus wiedergibt, ist es als Endung zu betrachten. Daher ist neben dem Terminus "Nullmorphem" auch die Bezeichnung **"Nullendung"** (нулево́е оконча́ние) gebräuchlich.

Wortformen mit Nullendung sind von *endungslosen Wörtern* wie пальто́ und мисс zu unterscheiden. Diese Wörter sind unflektierbar. Die grammatischen Bedeutungen des Kasus und Numerus werden nicht am Wortkörper durch Endungen, sondern syntaktisch ausgedrückt:

    в тёплом пальто́, но́вые пальто́.

Die **Postfixe** (по́стфиксы) bilden immer den letzten Teil eines Wortes. Sie stehen in flektierbaren Wörtern also nach der Endung oder dem formbildenden Suffix. Das Postfix wird in der Regel an das ganze Wort bzw. an die ganze Wortform angefügt, so daß der sich bei der Flexion verändernde Teil des Wortes nicht das Wortende bildet, sondern im Wortinnern liegt, vgl. учи́ть – учу́, у́чишь, у́чит, у́чим usw. und учи́ться – учу́сь, у́чишься, у́чится, у́чимся usw.

Die Postfixe sind wort- oder formbildend, z. B.
    кто́-то: -то als lexikalisches oder wortbildendes Postfix (vgl. кто);
    учи́ться: -ся als lexikalisches oder wortbildendes Postfix (vgl. учи́ть);
    обсужда́ться: -ся als grammatisches oder formbildendes Postfix (passive Infinitivform zu обсужда́ть).

Die Affixe können gleichzeitig mehrere Bedeutungen ausdrücken. Die Endung der Imperativform der 2. Pers. Sing. -и (говори́) zeigt neben Person und Numerus gleichzeitig den Modus (Imperativ) an und vereint in sich folglich die Funktion der Endung und des formbildenden Suffixes.

Die wortbildenden Verbalpräfixe fügen der vom einfachen Verb ausgedrückten Bedeutung nicht nur eine zusätzliche lexikalische Bedeutung hinzu, sondern verändern in der Regel zugleich die grammatische Bedeutung, d. h., das präfigierte Verb unterscheidet sich vom nichtpräfigierten in der lexikalischen Bedeutung und in der grammatischen Aspektbedeutung: писа́ть 'schreiben', ipf. → списа́ть 'abschreiben', pf. Solche Affixe, die neben der lexikalischen die grammatische Bedeutung verändern, werden auch *synkretistische Morpheme* (синкрети́ческие морфе́мы) genannt.

Mitunter kann ein Wort (z. B. супру́га) von einem anderen Wort (z. B. супру́г) durch Überführung in ein anderes Paradigma gebildet sein:

    супру́га 'Gattin', супру́ги, супру́ге usw.,
    vgl. супру́г(Ø) 'Gatte', супру́га, супру́гу usw.

In diesem Fall trägt das gesamte Paradigma eine zusätzliche lexikalische Bedeutung.

1. Einleitung in die Morphologie

61 Die **Interfixe** treten häufig als Verbindungsmorpheme zwischen der Wurzel und einem lexikalischen Suffix oder zwischen lexikalischen Suffixen auf. Sie liegen somit in Wörtern vor, die von anderen Wörtern auf dem Wege der Ableitung oder Derivation (деривáция) durch lexikalische Suffixe gebildet sind. Sie haben in diesem Fall wortbildende Funktion:

    áвгустовский,   vgl. октя́брьский
    (Ableitung von áвгуст)   (Ableitung von октя́брь)

Zu den Interfixen gehören auch die *Bindevokale* (соедини́тельные гла́сные). Sie üben gleichfalls wortbildende Funktion aus und treten in Wörtern auf, die durch Zusammensetzung oder Komposition (словосложе́ние) gebildet sind: паровóз, водопровóд, жизнерáдостный 'lebensfroh'.

Eine besondere Gruppe der Interfixe stellen diejenigen Hilfsmorpheme dar, die ein Morphem mit einem grammatischen Affix (Suffix oder Endung) verknüpfen: пугáть (vgl. 74).

1.6.4. Die Morphemvarianten

62 Das **Morphem** als Strukturelement des Wortes muß nicht immer ein und dieselbe Lautgestalt aufweisen. Es kann in Abhängigkeit von der Lautumgebung bzw. von seiner Stellung in der Wortform unterschiedlich gesprochen werden, vgl. die Aussprache des Wurzelmorphems гóрод- in den folgenden Ausdrücken:

    гóрод Москвá [g'ɔrət], недалекó от гóрода [g'ɔrədə], зá город [z'agərət], городá [gərʌd'a], городскóй [gərʌtsk'ɔ·ï̆].

Die verschiedenartige phonetische Realisierung des Morphems гóрод- ist durch die in der russischen Gegenwartssprache wirkenden phonetischen Gesetzmäßigkeiten bedingt. Der auf Grund phonetischer Gesetzmäßigkeiten der Gegenwartssprache auftretende Lautwechsel wird als **phonetischer Lautwechsel** (фонети́ческое чередова́ние зву́ков) bezeichnet. Er beruht auf dem *Wechsel von Varianten eines Phonems.*

63 Neben dem phonetischen Lautwechsel ist im Russischen wie im Deutschen und in anderen Sprachen ein **nichtphonetischer Lautwechsel** (нефонети́ческое чередова́ние) zu beobachten. Der nichtphonetische Lautwechsel hat seine Grundlage nicht in den für die Gegenwartssprache gültigen phonetischen Gesetzen. Er geht vielmehr auf phonetische Gesetze zurück, die in der fernen Sprachvergangenheit gewirkt haben, und wird daher auch **historischer Lautwechsel** (истори́ческое чередова́ние зву́ков) genannt. Der historische Lautwechsel ist ein *Phonemwechsel* (Alternation, альтерна́ция):

    мог-(ý) – мóж-(ешь)   (г//ж)
    вод́-(и́ть) – вож-(ý)   (д́//ж)
    (води́ть)
    рот-(∅) – рт-(а)   (о//Null)

Vgl. auch im Deutschen:

    trag-(en) – trug-(en)   (ɑ://u:)

Die Phonemfolgen мог-/мож-, вод́-/вож-, рот-/рт- werden als Varianten jeweils eines Morphems, in diesem Falle als Varianten eines Wurzelmorphems, betrachtet.

Als **Morphemvarianten** (вариáнты морфéм) bezeichnen wir folglich nur die durch historische Lautwechsel bedingten verschiedenartigen Realisationen eines Morphems.

64 Die Reihe der in den Varianten eines Morphems wechselnden Phoneme wird von manchen Sprachwissenschaftlern auch als **Morphonem** (морфонéма) bezeichnet. In der Wurzel des Verbs могý/мóжешь liegt dann das Morphonem г/ж vor: мог/ж-.

65 Die phonetischen Gesetze der russischen Gegenwartssprache können bewirken, daß eine Morphemvariante verschieden ausgesprochen wird, d.h. daß sie unterschiedliche, durch phonetische Lautwechsel verursachte obligatorische Varianten eines Phonems aufweist, vgl. могý [mʌg'u] – мóгут [m'ɔgut].

66 Neben den auf den historischen Lautwechsel zurückzuführenden phonematischen Unterschieden haben alle Varianten eines Morphems ein gemeinsames Merkmal: Sie müssen *in*

1.6. Die morphematische Struktur des Wortes

der Bedeutung übereinstimmen. Sie drücken folglich dieselbe lexikalische Bedeutung (Varianten eines Wurzelmorphems oder lexikalischen Affixes) oder dieselbe grammatische Bedeutung (Varianten eines grammatischen Affixes) aus, vgl. бра́ть – беру́ – выбира́ть, иностра́нец – иностра́нца, сильне́е – сильне́й.

67 Die Frage, in welchen Fällen es sich bei zwei oder mehreren bedeutungsgleichen Strukturelementen unterschiedlicher Lautgestalt um Varianten desselben Morphems oder um verschiedene Morpheme handelt, wird in der linguistischen Literatur auf sehr verschiedene Weise beantwortet.
Der sowjetische Sprachwissenschaftler A. N. Gvozdev unterscheidet innerhalb des historischen Lautwechsels zwischen dem morphologischen Lautwechsel, der produktiv und in bestimmten Typen der Wort- und Formenbildung obligatorisch und regulär ist (рука́ – ру́чка, прости́ть – прощу́ u. a.), dem weniger regulären traditionellen Lautwechsel (vgl. сон – сна, aber стол – стола́) und dem vollständig irregulären Wechsel (жать – жмут, ходи́вший – ше́дший usw.). Während die ersten beiden Typen die Einheit des Morphems nicht aufheben, also lediglich Morphemvarianten differenzieren, sind die durch den irregulären Wechsel differenzierten Phonemfolgen verschiedene Morpheme [*39*, 28 ff.].

68 In der Akademie-Grammatik '80 [*129*, Bd. 1, §§ 174, 177] werden alle kleinsten bedeutungstragenden Einheiten ("Morphe") mit identischer Bedeutung und formaler (phonematischer) Ähnlichkeit einem Morphem zugeordnet. Als formal ähnlich werden alle Morphe betrachtet, die teilweise Identität im Phonembestand und in der Phonemfolge aufweisen. Danach werden nicht nur die durch historischen Lautwechsel differenzierten Strukturelemente des Wortes, sondern auch Einheiten wie пиш- (пи́шут) und писа- (писа́ть), зна- (знать) und знај- (зна́ют), -a-/-ва-/-ива- (отвеча́ть, забыва́ть, запи́сывать) zu einem Morphem zusammengeschlossen. Die auf der formalen Ähnlichkeit beruhende Identifizierung bedeutungsgleicher Strukturelemente des Wortes führt folglich dazu, daß die Verbindung eines Morphems mit einem Interfix (писа-, знај-) als Variante dieses Morphems aufgefaßt werden kann und auf die Verwendung des Begriffes "Interfix" im Sinn eines universellen Verbindungsmittels der Morpheme verzichtet wird. Außerdem können verschiedene Morpheme (-a-, -ва-, -ива-) als Realisationen eines Morphems betrachtet werden.

69 Als Varianten eines Morphems werden von manchen Linguisten alle in der Bedeutung übereinstimmenden Strukturelemente angesehen. In diesem Fall werden also nicht nur die durch historischen Lautwechsel unterschiedenen, sondern auch alle anderen bedeutungsgleichen Strukturelemente, d. h. synonyme Morpheme, zu einem Morphem zusammengeschlossen. Eine derart weite Fassung des Begriffs "Morphemvariante" ermöglicht beispielsweise die synonymen Endungen -ов, -ей und -Ø in der Form des Gen. Plur. der Substantive вокза́л-ов, врач-е́й, книг-Ø als Varianten eines Endungsmorphems mit der Bedeutung "Gen. Plur." zu definieren [*10*, 81 ff.].

70 Die Varianten eines Morphems befinden sich sehr häufig im Verhältnis der *komplementären Distribution* (дополни́тельная дистрибу́ция или дополни́тельное распределе́ние), d.h., sie ergänzen einander in den einzelnen Wortformen bzw. Wörtern in der Weise, daß in jeder Stellung jeweils eine Morphemvariante alle anderen ausschließt. So steht die Variante пиш- des Wurzelmorphems пис/с′/ш- vor den Personalendungen der finiten Präsensformen (пишу́, пи́шешь usw.), die Variante пис- vor dem Phonem /a/ im Infinitiv, in den Präteritalformen usw. (писа́ть, писа́л), die Variante пис′- in den abgeleiteten Wörtern wie письмо́, пи́сьменно, ру́копись usw.
Mitunter können Varianten eines Morphems *in derselben Position* auftreten und ohne Veränderung der Bedeutung des Wortes bzw. der Wortform ausgewechselt werden. Solche Morphemvarianten weisen gewöhnlich *stilistische Unterschiede* auf, vgl. die Endungsvarianten in der Form des Instr. Sing. des Substantivs красота́: красото́й (neutral) – красото́ю (buchspr.).

71 Die Varianten eines Morphems werden von einer Reihe Linguisten auch **Allomorphe** (алломо́рфы) genannt [*129*, Bd. 1, § 178]. Diese Linguisten bezeichnen als **Morphe** (морф) die Strukturelemente, in die ein Wort zergliedert werden kann. So läßt sich die Wortform ру́чка in die Morphe руч-, -к- und -a- zerlegen. Die Morphe, die auf Grund gemeinsamer Merk-

male, insbesondere der Bedeutung, zu einem Morphem zusammengeschlossen werden, werden als Allomorphe dieses Morphems bezeichnet. Die Morphe руч- (рýчка) und рук- (рукá) sind folglich Allomorphe des Morphems рук/ч- mit der Grundbedeutung "Hand". Vgl. auch die Bezeichnungen "Phone", "Allophone" und "Phoneme" in der Phonologie.

1.6.5. Der Wortstamm

72 Der **Wortstamm** (оснóва слóва) ist der Träger der lexikalischen Bedeutung der Wortformen. Er wird ermittelt, indem die formbildenden Affixe von der Wortform abgetrennt werden.

Wortform	Wortstamm	Formbildende Affixe		
		Suffix	Endung	Postfix
странá	стран		-а	
бéлый	бел		-ый	
белéла	беле	-л	-а	
стрóилась	строи	-л	-а	-сь

Bei der Bestimmung des verbalen Wortstammes ist jedoch zu beachten, daß die aspektformbildenden Präfixe und Suffixe als zum Stamm gehörig betrachtet werden (vgl. 78 f.):

Wortform	Wortstamm
сдéлать	сдела-
запи́сывать	записыва-

73 Die Nomina haben in der Regel nur einen Wortstamm, von dem durch Anfügung der formbildenden Affixe alle Wortformen gebildet werden können. Der überwiegenden *Einstämmigkeit* der Nomina steht die fast ausnahmslose *Mehrstämmigkeit* der russischen Verben gegenüber. Die russischen Verben bilden in der Regel ihre Formen von zwei unterschiedlichen Stämmen, die nach ihrer Stammform Infinitiv- und Präsensstamm genannt werden.

Infinitivstamm	Präsensstamm
завтрака-	завтракаj-
зáвтрака-ть	завтракаj-ут (зáвтракают)
зáвтрака-л-Ø	завтракаj-Ø (зáвтракай)
зáвтрака-вш-ий	завтракаj-ущ-ий (зáвтракающий)
usw.	usw.

Wörter anderer Wortarten sind selten mehrstämmig. Eine etwas umfangreichere zweistämmige Gruppe stellen die Substantive mit unterschiedlichem Singular- und Pluralstamm dar.

Singularstamm	Pluralstamm
брат	брат'j-
брат-Ø	брат'j-а (брáтья)
брáт-а	брат'j-ев (брáтьев)
брáт-у	брат'j-ам (брáтьям)
usw.	usw.

Wie die Beispiele erkennen lassen, ist der Präsensstamm (завтракај-) des Verbs завтракать im Vergleich zum Infinitivstamm завтрака- durch ein zusätzliches Morphem -ј- gekennzeichnet. Ein solches stammbildendes Morphem -ј- ist auch im Pluralstamm des Substantivs брат enthalten. Das Morphem -ј- verbindet ein Morphem (das wortbildende Suffix -а- in завтрака-ј-ут, das Wurzelmorphem in брат'-ј-а) mit einem folgenden grammatischen Affix. Es ist folglich ein Interfix, das zugleich den letzten Teil des Stammes bildet und daher auch als **Stammbildungsmorphem** (оснòвообразýющая морфéма) bezeichnet werden kann. Ein Stammbildungsmorphem liegt gewöhnlich nur in einem Stamm vor, vgl. зна-(ть) – знај-(ут) (знáют), прыгну-(ть) – прыгн-(ут), води́-(ть) – вод'-(ат) (вóдят), писá-(ть) – пи́ш-(ут), жи-(ть) – жив-(ýт).

Abweichungen von dieser Regel treten vor allem bei einer Reihe von Verben auf. Mehrere Verben weisen im Infinitiv- und im Präsensstamm Stammbildungsmorpheme auf, z. B. пуг-á-(ть) – пуг-а-ј-(ут) (пугáют). Die Wurzel lautet пуг-, vgl. das Adjektiv пугли́вый 'furchtsam'. Das Morphem -а- des Infinitivstamms ist kein lexikalisches bzw. wortbildendes Suffix, da das Verb пугáть nicht von einem anderen Wort mit dem Suffix -а- abgeleitet ist. Daraus folgt, daß -а- ein Interfix ist, das nur zur Bildung des Infinitivstamms dient. Der Präsensstamm unterscheidet sich vom Infinitivstamm durch das zusätzliche Stammbildungsmorphem -ј-.

Ein Wechsel von Stammbildungsmorphemen in Infinitiv- und Präsensstamm ist in den Verben des Typs протест-ов-á-(ть) – протест-у-ј-(ут) (= протестýют) anzutreffen. Das Stammbildungsmorphem -а- des Infinitivstamms wird durch das Stammbildungsmorphem -ј- im Präsensstamm ersetzt. Gleichzeitig tritt an die Stelle der Suffixvariante -ов- die Variante -у-.

Außer den Stammbildungsmorphemen können auch andere Mittel die Stämme eines mehrstämmigen Wortes differenzieren.

Die Stämme einiger weniger Verben sind durch den Wechsel von (formbildenden) Suffixen unterschieden: да-вá-(ть) – да-ј-(ут) (даю́т) u. a.

In einer Reihe von Verben sind der Infinitivstamm und der Präsensstamm durch historische Lautwechsel in der Wurzel differenziert, vgl. жа-(ть) – жм-(ут), би-(ть) – б'ј-(ут) (бьют). In diesen Fällen handelt es sich eigentlich nicht um unterschiedliche Stämme, sondern um verschiedene durch historischen Lautwechsel bedingte Varianten eines Stammes. So wird z. B. von zwei Varianten des Präsensstammes beim Verb приходи́ть gesprochen, die sich durch den historischen Lautwechsel д'//ж unterscheiden: приход'-(ишь) (прихóдишь) – прихож-(ý). Da jedoch die meisten russischen Verben einen Infinitivstamm und einen Präsensstamm aufweisen, liegt es nahe, auch bei Verben wie жать und бить von einem Infinitiv- und einem Präsensstamm zu sprechen.

In einzelnen Fällen treten bei der Formenbildung eines Wortes Stämme mit unterschiedlicher Wurzel auf: человéк-(∅) – людʼ-(и) (лю́ди), плóх-(о) – хýж-(е). Solche Formen werden als *suppletive Formen* (супплети́вные фóрмы) bezeichnet, weil sie sich innerhalb des betreffenden Paradigmas ergänzen. Suppletive Formen können in der Regel dann entstehen, wenn sich ein defektives Wort (дефекти́вное слóво), d.h. ein Wort, von dem nicht alle Formen gebildet werden, mit einem anderen, in der lexikalischen Bedeutung gleichen bzw. ähnlichen Wort zu einem Paradigma vereinigt.

Der verbale Wortstamm unterscheidet sich von den Stämmen der anderen flektierbaren Wortarten dadurch, daß er neben der lexikalischen auch die grammatische Aspektbedeutung trägt. Wir sprechen dann von einem **lexikalisch-grammatischen Stamm** (лéксико-граммати́ческая оснóва). Eliminiert man z. B. aus den Verbalformen далá und спалá die Genusendung -а und das Präteritalsuffix -л-, so erhält man einen Stamm, der nicht nur die lexikalische Bedeutung ('geben' bzw. 'schlafen'), sondern auch die grammatische Bedeutung des perfektiven (да-) bzw. imperfektiven Aspekts (спа-) aufweist.

Verben, die sowohl über perfektive als auch über imperfektive Formen verfügen, haben zwei lexikalisch-grammatische Stämme, den **perfektiven und imperfektiven Aspektstamm** (оснóвы совершéнного и несовершéнного ви́да). Dabei wird in der Regel eine der beiden Aspektbedeutungen durch ein grammatisches Affix (Suffix oder Präfix) ausgedrückt: запи́сывать, сдéлать. Da sowohl in den perfektiven als auch in den imperfektiven Formen der Infinitiv- oder der Präsensstamm vorliegen kann, muß ein Verb mit perfektiven und imperfektiven Formen vier Stämme besitzen, und zwar einen perfektiven Infinitivstamm (записа́-л-∅), einen perfektiven Präsensstamm (запи́ш-ут), einen imperfektiven Infinitivstamm (запи́сыва-л-∅) und einen imperfektiven Präsensstamm (запи́сываj-ут) (vgl. 113).

80 Aus Wortformen, die durch mehrere formbildende Affixe, und zwar durch Suffixe und Endungen, gebildet sind, können durch Abtrennung der Endung *besondere Stämme* der betreffenden durch das Suffix gekennzeichneten Formengruppe herausgegliedert werden, die neben der lexikalischen immer mehrere grammatische Bedeutungen ausdrücken. So erhält man bei Eliminierung der Endung -a aus der perfektiven Präteritalform записа́ла den Stamm des Präteritums записал-, von dem die maskuline, feminine und neutrale Präteritalform sowie die Pluralform des Präteritums gebildet werden können. Durch Abtrennung der Endung -ий von der Form записа́вший gewinnt man den Stamm des perfektiven Part. Prät. Akt. записавш-, der die Ausgangsbasis für die Bildung der Kasus-, Numerus- und Genusformen bildet.

81 Hinsichtlich der *morphematischen Struktur* wird zwischen ungegliederten und gegliederten Stämmen unterschieden. Ein **ungegliederter Stamm** (нечлени́мая осно́ва) besteht nur aus der Wurzel und läßt sich nicht weiter in Morpheme aufteilen: школ-(а), зна-(ть), ход-(∅) ('das Gehen, der Gang'). Ein **gegliederter Stamm** (члени́мая осно́ва) weist neben der Wurzel noch mindestens ein wortbildendes Affix oder ein Interfix auf: школ'-н-(ый) (шко́льный), ул'-иц-(а) (у́лица), пуг-а́-(ть), ход-и́-(ть) (ходи́ть). Ein Stamm ist dann gegliedert, wenn die Wurzel durch Vergleich mit wenigstens einem Wort des gleichen Wortnestes ermittelt werden kann, vgl. шко́ла, переу́лок, испу́г 'Schreck', ход. Ergibt ein solcher Vergleich, daß eine Wurzel nie frei, sondern nur in Verbindung mit wortbildenden Affixen oder Interfixen vorkommt, so handelt es sich um eine *gebundene Wurzel* (свя́занный ко́рень): ул'-иц-а (у́лица), пере-у́л-ок; пуг-а́-ть – ис-пу́г – пуг-ли́в-ый; ferner при-вы́к-ну-ть – от-вы́к-ну-ть u. a.

82 Nach ihrer *Wortbildungsstruktur* werden die Stämme in **unabgeleitete Stämme und abgeleitete Stämme** (непроизво́дные и произво́дные осно́вы) unterteilt. Ein abgeleiteter Stamm liegt in einem Wort vor, das von einem anderen Stamm, dem Ableitungsstamm (производя́щая или образу́ющая осно́ва), durch Anfügung von wortbildenden Affixen oder auch ohne ein solches Morphem gebildet ist.

Ableitungsstamm		Abgeleiteter Stamm
школ-(а) (шко́ла)	+ Suffix -н-	школ'-н-(ый) (шко́льный)
перевод'-(ить) (переводи́ть)	+ Suffix -чик-	перевод-чик-(∅) (перево́дчик)
пуг-(ать) (пуга́ть)	+ Suffix -лив-	пуг-лив-(ый) (пугли́вый)
ход'-(ить) (ходи́ть)	suffixlos	ход-(∅) (ход)

Auf Grund ihrer Struktur können die Stämme folglich in nachstehend aufgeführte Typen untergliedert werden:
in abgeleitete gegliederte Stämme, z. B. школ'-н-(ый) – школ-(а);
in abgeleitete ungegliederte Stämme (bei suffixloser Bildung), z. B. ход-(∅) – ход'-(ат) (хо́дят);
in unabgeleitete ungegliederte Stämme, z. B. школ-(а), зна-(ть);
in unabgeleitete gegliederte Stämme, und zwar Stämme mit gebundener Wurzel, z. B. ул'-иц-(а) (mit lexikalischem Affix), пуг-а-(ть) (mit Interfix), und Stämme mit freier Wurzel (свобо́дный ко́рень), z. B. ход'-и-(ть) (mit Interfix, vgl. ход-(∅), ход'-(ишь)).

1.7. Die Formmittel

1.7.1. Die Struktur der Wortformen

Die Wortformen werden nach ihrer Struktur in synthetische und analytische Formen eingeteilt.

Eine **synthetische oder einfache Form** (синтети́ческая или проста́я фо́рма) liegt vor, wenn die grammatische Bedeutung in dem Wort selbst ausgedrückt ist und damit die lexikalische und die grammatische Bedeutung innerhalb eines Wortes zu einem Ganzen vereinigt sind:

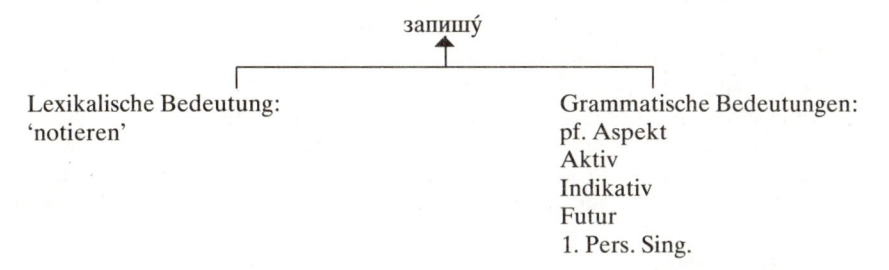

```
                       запишу́
                         ↑
Lexikalische Bedeutung:        Grammatische Bedeutungen:
'notieren'                     pf. Aspekt
                               Aktiv
                               Indikativ
                               Futur
                               1. Pers. Sing.
```

Eine **analytische oder zusammengesetzte Form** (аналити́ческая или сло́жная фо́рма) ist eine solche Form, bei der eine oder mehrere grammatische Bedeutungen durch zusätzliche Hilfswörter ausgedrückt werden. In diesem Fall ist die Wortform als lexikalisch-grammatische Einheit in mehrere Wörter zergliedert:

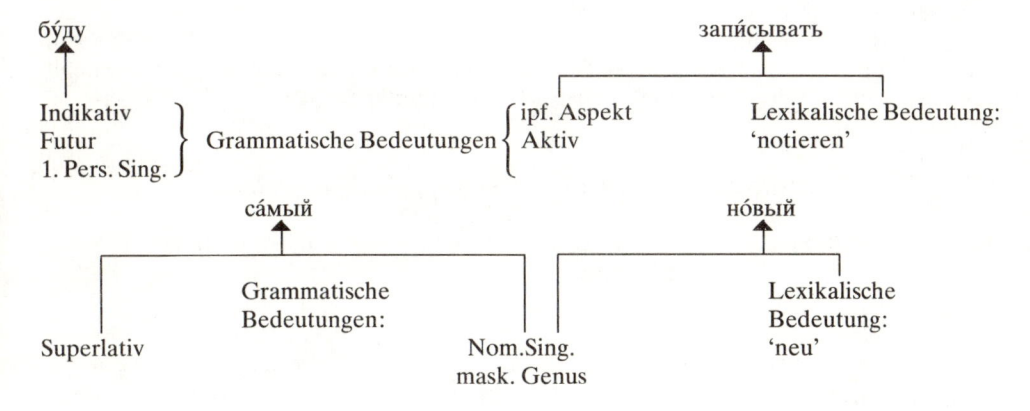

```
бу́ду                                          запи́сывать
                                                    ↑
Indikativ  ⎫                   ⎧ ipf. Aspekt    Lexikalische Bedeutung:
Futur      ⎬ Grammatische Bedeutungen ⎨ Aktiv          'notieren'
1. Pers. Sing. ⎭                 ⎩

           са́мый                              но́вый

           Grammatische                       Lexikalische
           Bedeutungen:                       Bedeutung:
Superlativ              Nom.Sing.                       'neu'
                        mask. Genus
```

1.7.2. Die synthetischen Formen

Die synthetischen Wortformen werden durch Affigierung, d. h. durch Anfügen von Affixen, gebildet. Die Affigierung kann von nichtphonetischen oder historischen Lautwechseln und vom Akzentwechsel begleitet sein.

Bei der *Affigierung* (аффикса́ция) finden Endungen, formbildende Suffixe und Postfixe sowie formbildende Präfixe Verwendung. Die häufigsten Formmittel sind die Endungen: шко́л-а, шко́л-ы; дли́нн-ый, дли́нн-ого, дли́нн-ая, дли́нн-ой; пят'-(∅) (пять), пят'-и (пяти́); moj-(∅) (мой), moj-его́ (моего́). Formbildende Suffixe, Postfixe und Präfixe sind z.B. in folgenden Wortformen enthalten: стро́и-ть, стро́и-л-(а), стро́и-вш-(ий), stroj-а (стро́я), длинн'-ее (длинне́е); (дома́) стро́или-сь; с-де́лать.

86 In Verbindung mit der Affigierung kann der *historische Lautwechsel* auftreten. In diesem Fall unterscheiden sich die Formen eines Wortes voneinander nicht nur in den formbildenden Affixen, sondern auch in dem Phonembestand eines zum Wortstamm gehörenden Morphems. Nach seiner Funktion, als zusätzliches Mittel der Formbildung zu dienen, kann dieser Lautwechsel auch als *grammatischer oder morphologischer Wechsel* (граммати́ческое или морфологи́ческое чередова́ние) bezeichnet werden. Der grammatische Lautwechsel tritt vorwiegend in Erscheinung

    als Konsonantenwechsel:
    но́сят – ношу́ (с′//ш), ку́пят – куплю́ (п′//пл′), несу́ – несёт (с//с′);
    als Vokalwechsel:
    зарабо́тать – зараба́тывать (о//а);
    als Wechsel eines Vokals oder Konsonanten mit Null:
    ву́зовец – ву́зовца (е//Null); дви́гать – дви́нуть (г//Null).

87 Den grammatischen Lautwechsel finden wir als einziges Unterscheidungsmittel in Wortformen mit *homonymen Hilfsmorphemen*, d.h. mit Hilfsmorphemen gleicher Lautgestalt, aber verschiedener Bedeutung, vgl. назва́ть – называ́ть (Null//ы), убра́ть – убира́ть (Null//и), избежа́ть – избега́ть (ж//г). Die imperfektiven Formen называ́ть, убира́ть, избега́ть enthalten das formbildende Aspektsuffix (imperfektierende Suffix) -á-, das sie auch im Präsensstamm bewahren: называj-(ут) (называ́ют), убираj-(ут) (убира́ют), избегаj-(ут) (избега́ют). Das -а- der perfektiven Formen назва́ть, убра́ть, избежа́ть ist nur Stammbildungsmorphem des Infinitivstammes, dem Präsensstamm fehlt dieses Morphem: назов-(у́т), убер-(у́т), избег-(у́т). Die perfektiven und imperfektiven Formen weisen also im Auslaut des Infinitivstammes homonyme Morpheme auf und unterscheiden sich damit allein durch den Phonembestand des Wurzelmorphems.

88 Ein wichtiges zusätzliches synthetisches Formmittel des Russischen ist schließlich der *Akzentwechsel* (перехо́д ударе́ния), vgl. пишу́ – пи́шешь, спрошу́ – спро́сишь.
Häufiger als der grammatische Lautwechsel grenzt der Akzentwechsel Wortformen mit homonymen Hilfsmorphemen voneinander ab, z.B. горы́ – го́ры und до́ма – дома́ mit homonymen Endungen in den Formen des Gen. Sing. und Nom. Plur., отре́зать mit Stammbildungsmorphem -a- (vgl. отре́жут) – отреза́ть mit formbildendem Aspektsuffix -á- (vgl. отреза́ют).

1.7.3. Die analytischen Formen

89 Als *Hilfswörter* (вспомога́тельное сло́во) für die Bildung der analytischen Formen werden Wörter verschiedener Wortarten verwendet:

    Hilfsverben – бу́ду запи́сывать,
    Partikeln – записа́л бы,
    Adverbien und Pronomen als Gradationswörter – бо́лее но́вый, са́мый но́вый.

Die analytischen Wortformen befinden sich im Russischen in Korrelation mit synthetischen Wortformen, von denen sie nur in der grammatischen Bedeutung unterschieden sind: бу́ду запи́сывать – запи́сываю (Tempus), был запи́сан – записа́л (verbales Genus), са́мый но́вый – но́вый (Komparation).

90 Die analytischen Wortformen sind Elemente des morphologischen Systems und stehen als fertige Sprachelemente der Rede, d.h. der Satzbildung, zur Verfügung. Sie sind daher von äußerlich ähnlichen *syntaktischen Konstruktionen*, die auf der Ebene des Satzes entstehen, wie начина́ю рабо́тать, уме́ю пла́вать, zu unterscheiden. Die Verbalformen начина́ю und уме́ю drücken neben den grammatischen Bedeutungen (imperfektiver Aspekt, Präsens usw.) eine zusätzliche lexikalische Bedeutung ('beginnen', 'imstande sein') aus und können folglich nicht als Hilfswörter betrachtet werden.

91 Die Mittel zur Bildung analytischer Formen sind nicht mit *syntaktischen Mitteln,* die zum Ausdruck grammatischer Bedeutungen dienen, zu verwechseln. Syntaktische Mittel geben darüber Auskunft, welche grammatische Bedeutung einem unflektierbaren Wort, das auf

Grund seiner lexikalisch-grammatischen Allgemeinbedeutung und seiner syntaktischen Merkmale einer flektierbaren Wortart zuzuordnen ist (vgl. **41**), in einem bestimmten syntaktischen Zusammenhang zukommt. So hat in dem Satz "Он ви́дел большо́го кенгуру́" das indeklinable Substantiv кенгуру́ die grammatischen Bedeutungen des Akkusativs und Singulars, die in der Form des attributiven Adjektivs ihren syntaktischen Ausdruck erhalten. Ferner können mit syntaktischen Mitteln *homonyme Wortformen*, d. h. Wortformen gleicher Lautgestalt und verschiedener grammatischer Bedeutung, unterschieden werden. Als Beispiel kann der Satz "Мать лю́бит дочь" dienen, in dem die Wortfolge als syntaktisches Mittel die grammatische Bedeutung des Nominativs in dem Satzsubjekt мать und die Bedeutung des Akkusativs in dem direkten Objekt дочь signalisiert.

1.7.4. Die Produktivität der Formmittel

Die **produktiven Formmittel** (продукти́вные сре́дства формообразова́ния), die zur grammatischen Formenbildung der neugebildeten Wörter oder der ins Russische übernommenen Fremd- oder Lehnwörter verwendet werden, stellen den größten Teil der Formmittel des Russischen dar. Die **unproduktiven Formmittel** (непродукти́вные сре́дства формообразова́ния) sind hingegen auf die Formenbildung eines bestimmten Kreises von Wörtern beschränkt. Sie finden nicht bei der grammatischen Formung neuer Wörter Verwendung. Produktiv oder unproduktiv können sowohl Systeme von Formmitteln (Formbildungstypen) als auch einzelne Formmittel sein. **92**

Die Wörter, deren Formen produktive Formmittel aufweisen, bilden *offene Reihen*, d. h., ihre Zahl ist unbegrenzt, ihr Bestand kann durch neue Wörter ständig erweitert werden. Als Beispiele für produktive Formbildungstypen können die Systeme der regelmäßigen Endungen der drei Deklinationstypen des russischen Substantivs genannt werden; sie erfassen zahlreiche Substantive, die in neuerer und neuester Zeit im Russischen entstanden sind, vgl. космона́вт-(∅), -a, -y usw., прилунени́j-е (прилуне́ние), -a, -y usw. (I. Deklination), чита́лк-а ('Lesesaal'), -и, -е usw. (II. Deklination), стандартност'-(∅) (станда́ртность), -и, -и usw. (III. Deklination). Weitere Beispiele sind die Endungen, die zur Bildung der Formensysteme der Adjektive mit hartem Stammauslaut dienen, vgl. широкоэкра́нный, -ая, -ое usw., und die Mittel zur Bildung der analytischen Steigerungsformen der Adjektive, z. B. бо́лее/са́мый самокрити́чный. **93**

Als Beispiel für ein einzelnes produktives Formmittel kann die betonte Endung -á in der Form des Nom. Plur. der maskulinen Substantive der I. Deklination dienen. Diese Endung verdrängt bei einigen Substantiven sogar die reguläre Endung -ы/-и.

Wörter, deren Formen unproduktive Formmittel enthalten, bilden *geschlossene Reihen*. Ein unproduktiver Formbildungstyp liegt z. B. in dem Endungssystem der wenigen Substantive mit der Form des Nom. bzw. Akk. Sing. auf мя wie вре́мя u. a. vor, vgl. вре́мени (Gen. Sing.), вре́менем (Instr. Sing.), времена́ (Nom. Plur.), времён (Gen. Plur.) usw. Als einzelnes unproduktives Formmittel tritt uns unter anderem die Endung -ми (-ьми) in der Form des Instr. Plur. einiger weniger Substantive mit weichem Stammauslaut entgegen (людьми́, дверьми́ neben дверя́ми). **94**

2. Das Verb

2.1. Das Verb als Wortart

2.1.1. Die Merkmale der Wortart

95 Das Verb (глагóл) nimmt im System der Wortarten eine zentrale Stellung ein. Das zeigt schon seine traditionelle Bezeichnung, denn sowohl lat. verbum als auch aksl./aruss. глаголъ bedeuten ursprünglich schlechthin 'das Wort'.
Nach der Semantik kann man unterscheiden

      Tätigkeitsverben: рабóтать, писáть;
      Vorgangsverben: растú, светáть;
      Zustandsverben: лежáть, быть.

Die lexikalisch-grammatische **Allgemeinbedeutung** der Verben besteht darin, daß sie Prozessualität, d. h. einen *Prozeß*, ein Geschehen oder Sein in der Zeit, bezeichnen. Als in der Zeit ablaufende Prozesse werden in den Verbalformen nicht nur die Tätigkeiten und die Vorgänge, sondern auch die Zustände dargestellt. Dieser für die Wortart Verb entscheidende Zeitbezug kommt in dem deutschen Terminus "Zeitwort" zum Ausdruck. Wir werden im weiteren der Einfachheit halber die Begriffe "Tätigkeit", "Vorgang" und "Zustand" in dem Oberbegriff "Handlung" (дéйствие) zusammenfassen und davon sprechen, daß das Verb eine *Handlung als Prozeß* bezeichnet.

96 Morphologisch ist das Verb durch einen reichen Formenbestand gekennzeichnet. Es verfügt über fünf typische grammatische (morphologische) Kategorien, die durch die Verbalformen ausgedrückt werden und es dem Verb ermöglichen, eine Handlung als Prozeß zu bezeichnen: den Aspekt (вид), das Genus verbi (Genus des Verbs, verbales Genus, Handlungsrichtung, залóг), den Modus (Aussageweise, наклонéние), das Tempus (Zeit, врéмя) und die Person (лицó). In einem Teil der Verbalformen werden außerdem die Kategorien des Numerus (Zahl, числó) und des Genus (Geschlechts, род) zum Ausdruck gebracht. Diese Kategorien sind aber nicht charakteristisch für die Wortart Verb. Die mit dem Begriff der Zahl verbundene Kategorie des Numerus ist allgemeiner Natur, während die Kategorie des Genus typisch für das Nomen ist. Einen vorläufigen, orientierenden Überblick über die morphologischen Kategorien des Verbs und die mit ihnen verbundenen grammatischen Bedeutungen vermittelt die Übersicht auf S. 47. (Von der Kategorie des Kasus, die die Partizipien neben dem Numerus und Genus auf Grund ihrer Mittelstellung zwischen dem Verb und dem Adjektiv ausdrücken, sehen wir hierbei zunächst ab, vgl. **109**.)

97 Mit der Fähigkeit des Verbs, eine Handlung als in der Zeit ablaufenden Prozeß auszudrücken, ist auch seine **syntaktische Funktion** verbunden. Die finiten (konjugierten) Verbalformen (vgl. **109**) bilden den Kern der Sätze, ein einfaches verbales Prädikat, z. B.

      Онá постáвила чáйник на стол.
      – Zweigliedriger erweiterter Satz mit einem transitiven Verb als Prädikat (vgl. **105**).
      Светáло.
      – Eingliedriger nichterweiterter Satz mit einem unpersönlichen Verb als Prädikat (vgl. **106**).

Der Kategorienbestand des russischen Verbs

Morphologische Kategorien und Bedeutungen		Beispielsätze
Aspekt Gedankliche Differenzierung des Handlungsablaufs	Pf. Ipf.	За час он написа́л пять пи́сем. Весь ве́чер он писа́л пи́сьма.
Genus verbi Verhältnis der Handlung zu dem durch das Satzsubjekt ausgedrückten Gegenstand	Aktiv Passiv	На́ши ученики́ реша́ют таки́е зада́чи. Таки́е зада́чи реша́ются на́шими учени́ками.
Modus Verhältnis der Handlung zur Wirklichkeit	Indikativ Imperativ Konjunktiv	Он хорошо́ говори́т по-ру́сски. Говори́те гро́мче! Е́сли бы я говори́л по-ру́сски!
Tempus Verhältnis der Handlung zum Redemoment	Präsens Präteritum Futur	Мы выполня́ем план. Мы ка́ждый год выполня́ли план. Мы всегда́ бу́дем выполня́ть план.
Person Verhältnis der Handlung zu den am Sprechakt Beteiligten	1. Person 2. Person 3. Person	Я рабо́таю. Ты рабо́таешь. Он рабо́тает.
Numerus	Sing. Plur.	Он у́чится в пя́том кла́ссе. Они́ у́чатся в пя́том кла́ссе.
Genus	Mask. Fem. Neutr.	Уче́бник лежа́л на столе́. Кни́га лежа́ла на столе́. Перо́ лежа́ло на столе́.

2.1.2. Die Einteilung nach der grammatischen Funktion

Hinsichtlich der grammatischen Funktion der Verben kann man Voll-, Hilfs-, Kopula-, Modal- und Phasenverben unterscheiden. Zum Ausdruck des einfachen verbalen Prädikats dienen **Vollverben** (полнозна́чные глаго́лы), d. h. Verben, die volle lexikalische Bedeutung haben, also ein Geschehen oder Sein in der Zeit wiedergeben. Die als **Hilfsverben** (вспомога́тельные глаго́лы) gebrauchten Verben sind dagegen ihrer lexikalischen Bedeutung entkleidet und haben auch keine Satzgliedfunktion, sondern dienen *auf morphologischer Ebene* zur Bildung analytischer Formen. Im Deutschen werden als Hilfsverben "haben", "sein" und "werden" zur Bildung von Temporalformen verwendet:

      Wir haben das Buch gelesen. – Sie ist angekommen. – Er wird abreisen.

Das Hilfsverb "werden" wird außerdem zur Bildung der analytischen Passivformen verwendet:

      Der Schüler wird gelobt.

Im Russischen wird nur быть als Hilfsverb zur Bildung analytischer Verbalformen verwendet, und zwar zur Bildung der imperfektiven Futurformen (бу́ду писа́ть usw.) und zur Bildung der perfektiven Passivformen (дом был/бу́дет постро́ен).

99 Bestimmte Verben können als **Kopulaverben** (глаго́лы-свя́зки) verwendet werden. Hierbei verlieren sie ebenfalls ihre lexikalische Bedeutung und erfüllen *auf syntaktischer Ebene* die Funktion der Kopula (свя́зка) im Rahmen eines zusammengesetzten nominalen Prädikats, z. B.

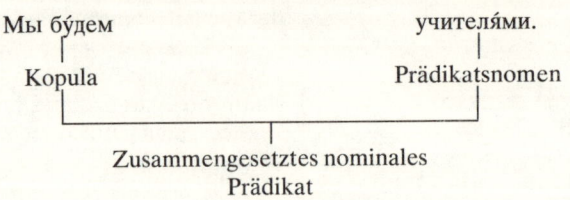

```
       Мы бу́дем              учителя́ми.
         |                        |
       Kopula                 Prädikatsnomen
              |         |
          Zusammengesetztes nominales
                   Prädikat
```

In diesem Fall bringt die Form von быть als Kopulaverb die für das Prädikat erforderlichen prädikativen verbalen Kategorien (Modus, Tempus, Person) zum Ausdruck.
Ein Kopulaverb, das sich völlig seiner lexikalischen Bedeutung entäußert und nur grammatische Kategorien ausdrückt, bezeichnet man als *reine oder abstrakte Kopula* (чи́стая или отвлечённая свя́зка). Im Russischen hat sich neben dem überlieferten Gebrauch von быть als abstrakter Kopula in neuerer Zeit явля́ться als reine Kopula durchgesetzt, die besonders häufig in der Publizistik, in wissenschaftlichen Werken und in der Geschäftssprache gebraucht wird.

 Сове́тский патриоти́зм явля́ется вы́сшим проявле́нием интернационали́зма. – Из газе́т.
 Der sowjetische Patriotismus ist die höchste Erscheinungsform des Internationalismus.

100 *Halbabstrakte Kopulaverben* (полуотвлечённые свя́зки) nennt man Verben, die als Kopula verwendet werden, ohne daß sie ihre lexikalische Bedeutung dabei völlig verlieren. Sie unterscheiden sich von den abstrakten Kopulaverben ferner dadurch, daß sie auch perfektive Aspektformen haben können. Als solche halbabstrakte Kopulaverben werden z. B. verwendet: pf. стать – ipf. станови́ться 'werden', ipf. де́латься – pf. сде́латься 'werden', ipf. называ́ться 'heißen', ipf. счита́ться 'gelten als', ipf. каза́ться – pf. показа́ться 'scheinen', pf. оказа́ться – ipf. ока́зываться 'sich erweisen als', pf. яви́ться 'werden' bzw. 'sich erweisen als'.

101 Die Verwendung der Verben als Vollverben (im einfachen verbalen Prädikat) und als abstrakte oder halbabstrakte Kopulaverben (im zusammengesetzten nominalen Prädikat) muß sorgfältig unterschieden werden.

Vollverb:	Kopulaverb:
Она́ была́ в Ленингра́де.	Она́ была́ учи́тельницей.
Иногда́ студе́нт явля́ется на факульте́т.	Вожа́тый явля́ется ста́ршим това́рищем пионе́ров.
Кирпи́ч де́лается из гли́ны.	Ве́тер де́лается неприя́тным.
В конце́ коридо́ра показа́лся како́й-то челове́к.	Он показа́лся мне знако́мым.
Ключ оказа́лся у него́ в карма́не.	Он оказа́лся мои́м това́рищем по шко́ле.

102 Das Kopulaverb быть drückt mit seinen finiten Formen das Präteritum und das Futur sowie den Konjunktiv und den Imperativ aus. Das Fehlen des Kopulaverbs быть hat die Bedeutung des Präsens. Wir sprechen in diesem Fall von der *Nullkopula* (нулева́я свя́зка). Vgl. den Begriff des Nullmorphems (57).

 Прät. Он был рад.
 Fut. Он бу́дет рад.
 Präs. Он ∅ рад.

Von den ursprünglichen Präsensformen des Verbs быть sind nur zwei übriggeblieben: есть (3. Pers. Sing.) und buchspr. суть (3. Pers. Plur.). Diese Formen werden jedoch selten als Kopula gebraucht.

Selbstverständlich wird durch das Fehlen einer Form von быть auch das Präsens des Vollverbs быть ausgedrückt. Dann liegt entsprechend ein *Nullprädikat* (нулевóе сказýемое) vor, z. B. Учи́тель в кла́ссе. Vgl. Учи́тель нахо́дится в кла́ссе.

Die Modalverben und die Phasenverben bilden *auf der syntaktischen Ebene* zusammen mit dem Infinitiv eines Vollverbs ein zusammengesetztes verbales Prädikat und verfügen nur über eine abgeschwächte lexikalische Bedeutung. Die **Modalverben** (мода́льные глаго́лы) modifizieren das durch das Vollverb ausgedrückte Geschehen, d. h., sie bezeichnen verschiedene Modalitäten, wie Wollen, Möglichkeit, Notwendigkeit u. dgl. (ipf. хоте́ть, ipf. уме́ть – pf. суме́ть, ipf. мочь – pf. смочь u. a.), während die **Phasenverben** (фа́зовые глаго́лы) die Phase des durch das Vollverb bezeichneten Prozesses angeben (Beginn, Fortsetzung, Beendigung, z. B. pf. нача́ть – ipf. начина́ть, ipf. продолжа́ть, pf. ко́нчить – ipf. конча́ть). **103**

    Modalverb: Phasenverb:
    Де́ти хоте́ли игра́ть.   Мы на́чали изуча́ть ру́сский язы́к.

2.1.3. Lexikalisch-grammatische Einteilung

Von großer Bedeutung für die Kategorie des Aspekts ist die Einteilung der Verben in terminative und aterminative. Die **terminativen Verben** (преде́льные глаго́лы) bezeichnen Handlungen, die einer Grenze oder einem Ziel zustreben; nach Erreichung dieser Grenze oder dieses Ziels tritt ein bestimmter Zustand des Subjekts oder Objekts ein, und die Handlung ist nicht mehr fortsetzbar. **104**

    Ablaufender Prozeß: Grenzerreichender Prozeß: Erreichter Zustand:
    Она́ бледне́ла.   Она́ побледне́ла.   Sie ist blaß.
    Он писа́л письмо́.   Он написа́л письмо́.   Der Brief ist fertig.

Dagegen haben die Handlungen, die durch **aterminative Verben** (непреде́льные глаго́лы) benannt werden, kein bestimmtes Ziel, z. B. сиде́ть, люби́ть, существова́ть. Daher treten die aterminativen Verben nur im imperfektiven Aspekt auf und bilden keine korrelativen Aspektformen, vgl. **309**.

Nach der lexikalisch-syntaktischen Kategorie der Transitivität bzw. Intransitivität werden die Verben in transitive und intransitive eingeteilt. Die **transitiven Verben** (перехо́дные глаго́лы) zeichnen sich vor den **intransitiven Verben** (неперехо́дные глаго́лы) durch ihre Kombinationsfähigkeit mit einem Akkusativ des direkten Objekts aus. Einzelheiten siehe **351 ff**. **105**

Wichtig für die Satzstruktur ist die Unterscheidung zwischen persönlichen und unpersönlichen Verben. Die **persönlichen Verben** (ли́чные глаго́лы) bilden das Prädikat in zweigliedrigen Sätzen, d. h., sie werden mit einem Satzsubjekt gebraucht. Die **unpersönlichen Verben** (безли́чные глаго́лы) bzw. unpersönlich gebrauchten Verben treten dagegen in eingliedrigen Sätzen, d. h. ohne Satzsubjekt, auf und haben im Vergleich zum Paradigma eines persönlichen Verbs einen eingeschränkten Formenbestand, z. B. света́ть, света́ет, света́ло usw. (vgl. **416 ff.**). **106**

In enger Wechselwirkung mit den Aspekten stehen die **Aktionsarten** (спо́собы глаго́льного де́йствия), unter denen wir deverbale Wortbildungstypen verstehen. Diese modifizieren die Bedeutung der Ausgangsverben in bestimmter Weise durch eine zusätzliche Bedeutung, z. B. ipf. е́хать 'fahren' → pf. пое́хать 'losfahren' (Beginn der Handlung), vgl. **312 ff**. **107**

Die **Reflexivverben** (возвра́тные глаго́лы) sind Verben bestimmter Bedeutungsgruppen, die mit Hilfe des Postfixes -ся von transitiven und intransitiven Verben gebildet sind. Durch das Postfix -ся sind sie formal gekennzeichnete Intransitiva und damit für die Bildung von Passivformen ungeeignet. Vgl. **354 ff**. **108**

2.2. Die Paradigmatik

2.2.1. Allgemeines

109 Der reiche Formenbestand des russischen Verbs wird nach der syntaktischen Funktion und den ausgedrückten morphologischen Kategorien in finite (konjugierte) und infinite (nichtkonjugierte) Formen eingeteilt.

Die **finiten Formen** (спрягáемые фóрмы) haben gemeinsam, daß sie die Kategorie des Modus ausdrücken, wodurch sie sich von den infiniten Formen unterscheiden. Sie sind die Flexionsformen (Konjugationsformen), die im Satz ein einfaches verbales Prädikat bilden können (prädikative Formen, предикатúвные фóрмы), d. h. die Modus- und Tempusformen, die entweder gleichzeitig Person und Numerus (Präsens, Futur und Imperativ) oder Genus und Numerus (Präteritum und Konjunktiv) ausdrücken.

Als **infinite Formen** (неспрягáемые фóрмы) bezeichnet man die sog. Nominalformen des Verbs, die nicht über die Kategorie des Modus sowie der Person verfügen, d. h. die Infinitive, Partizipien und Adverbialpartizipien. Hinsichtlich der Kategorie des Tempus weisen die infiniten Formen ebenfalls Besonderheiten auf: Die Infinitive haben kein Tempus, bei den Partizipien gibt es zwar Partizipien des Präsens und des Präteritums, ihr Tempus ist jedoch fast nur relativ (vgl. 432), und die Adverbialpartizipien verfügen überhaupt nur über relatives Tempus (vgl. 470). Die Partizipien werden auf Grund ihrer Mittelstellung zwischen dem Verb und dem Adjektiv (vgl. 430 u. 435) wie die Adjektive dekliniert und drücken damit außerdem die Kategorien des Genus, Numerus und Kasus aus.

110 Die Einteilung der Verbalformen in finite und infinite geht auf die lateinische Grammatik zurück, in der als finite Formen alle Personalformen des Verbs angesehen werden, während sich die infiniten Formen dadurch auszeichnen, daß sie nicht über die Kategorie der Person verfügen. Für die lateinische Grammatik leistet diese Einteilung gute Dienste, weil im Lateinischen in allen Modi, Tempora und Genera verbi die einzelnen Personen im Singular und Plural ihren formalen Ausdruck finden.

Das russische Verbalsystem weist dagegen Formen verschiedenen Typs auf. Im imperfektiven Präsens, perfektiven Futur, imperfektiven Futur und Imperativ finden wir ebenfalls Personalformen, in denen die Kategorien der Person und gleichzeitig des Numerus ausgedrückt sind, z. B. ipf. Präs.: я решáю, ты решáешь usw., pf. Futur: я решý, ты решúшь usw., ipf. Fut.: я бýду решáть, ты бýдешь решать usw., Imp.: решáй (решаj-∅) bzw. решú, решáйте bzw. решúте. Dagegen haben die Formen des Präteritums und des Konjunktivs Genusendungen, die die Kategorien des Genus und gleichzeitig des Numerus (im Sing.) bzw. nur den Numerus (im Plur.) ausdrücken, z. B.

　　　　я, ты, он　　решáл bzw. решáл бы　= Mask. Sing.;
　　　　я, ты, онá　　решáла bzw. решáла бы　= Fem. Sing.;
　　　　онó　　　　　решáло bzw. решáло бы　= Neutr. Sing.;
　　　　мы, вы, онú решáли bzw. решáли бы　= Plur. aller drei Genera.

Daher kann man die finiten Formen im Russischen nicht den Personalformen gleichsetzen, sondern es empfiehlt sich, der Einteilung in finite (konjugierte) und infinite (nichtkonjugierte) Formen die Kategorie des Modus zugrunde zu legen.

111 Die beiden **Teilparadigmen**, die die finiten und infiniten Formen bilden, schließen sich auf Grund der Tatsache zu einem **Gesamtparadigma** des Verbs zusammen, daß alle Formen eines Verbs die Kategorien des Aspekts und des Genus verbi zum Ausdruck bringen. Vgl. die vorläufige nebenstehende Übersicht über den Formenbestand des russischen Verbs (S. 51).

Auf Grund ihrer Struktur kann man synthetische und analytische Verbalformen unterscheiden (vgl. 83).

112 Als Affixe in **synthetischen Formen** treten hauptsächlich *Endungen*, z. B. реш-ý, реш-úшь usw., реш-ú (Personalendungen), решáл-∅, решáл-а usw. (Genusendungen), und *Suffixe*, z. B. решá-л, решá-ть, реш-ённ-(ый), auf. In den imperfektiven Passivformen finden wir außerdem das *Postfix* -ся, z. B. решáют-ся. *Präfixe* werden nur zur Bildung perfektiver Aspekt-

stämme von primär imperfektiven Aspektstämmen verwendet (vgl. **283 ff.**), z. B. pf. с-де́лать von ipf. де́лать.
Die **analytischen Formen** werden mit Hilfe des *Hilfsverbs* быть, z. B. бу́ду реша́ть, была́ решена́, oder der *formbildenden Partikel* бы, z. B. реши́л бы, gebildet.
Bemerkung. Wegen der Verwendung der Partikeln пусть und пуска́й zur Bildung von Aufforderungsformen der 3. Pers. Sing./Plur. siehe **178**.

Der Formenbestand des russischen Verbs

Aspekt:		Imperfektiv		Perfektiv	
Genus verbi:		Aktiv	Passiv	Aktiv	Passiv
Finite Formen					
Modus:	Indikativ mit den Tempora: Präteritum	реша́ли	реша́лись	реши́ли	бы́ли решены́
	Präsens	реша́ют	реша́ются	–	–
	Futur	бу́дут реша́ть	бу́дут реша́ться	реша́т	бу́дут решены́
	Imperativ 2. P. Sg./Pl.	реша́й(те)	–	реши́(те)	–
	Konjunktiv	реша́ли бы	реша́лись бы	реши́ли бы	бы́ли бы решены́
Infinite Formen					
	Infinitiv	реша́ть	реша́ться	реши́ть	быть решён
	Partizip des Präsens	реша́ющий	реша́емый	–	–
	des Präteritums	реша́вший	–	реши́вший	решённый
	Adverbialpartizip	реша́я	–	реши́в(ши)	–

Bemerkung. Bei den Indikativ- und Konjunktivformen ist jeweils nur die 3. Pers. Plur. bzw. der Plural angegeben.

2.2.2. Die Mehrstämmigkeit der russischen Verben

Wie früher bereits erwähnt wurde (**73**), zeichnet sich das russische Verb durch eine fast ausnahmslose **Mehrstämmigkeit** aus. Hierbei überschneiden sich einerseits die lexikalisch-grammatischen *Aspektstämme* (видовы́е осно́вы) und andererseits die *Formenkreisstämme* (фо̀рмообразу́ющие осно́вы), von denen die einzelnen finiten und infiniten synthetischen Formen des betreffenden Verballexems gebildet werden. Wenn wir zunächst von einem aspektkorrelativen (aspektpaarigen, vgl. **278**) Verb ausgehen, können wir vier Stämme unterscheiden, wie die Übersicht auf S. 52 zeigt. **113**

Aspektdefektive Verben (vgl. **301**) verfügen dagegen nur über zwei Stämme, z. B. ein Imperfektivum tantum über einen imperfektiven Infinitiv- und Präsensstamm: лежа́-(ть) und леж-(а́т), ein Perfektivum tantum über einen perfektiven Infinitiv- und Präsensstamm: кри́кну-(ть) und кри́кн-(ут). Dasselbe gilt für ein *zweiaspektiges Simplex* (vgl. **301**), das einen Infinitiv- und einen Präsensstamm aufweist, die perfektiv oder imperfektiv sein können: экспорти́рова-(ть) und экспорти́руj-(ут) = экспорти́руют. **114**

Formenkreisstämme \ Aspektstämme	Perfektiver Aspektstamm	Imperfektiver Aspektstamm
Infinitivstamm	показá-(ть) подýма-(ть)	покáзыва-(ть) дýма-(ть)
Präsensstamm	покáж-(ут) подумaj-(ут) = подýмают	показываj-(ут) = покáзывают думaj-(ут) = дýмают

115 In ganz seltenen Ausnahmefällen können der Infinitiv- und Präsensstamm identisch sein, sodaß ein entsprechendes Imperfektivum tantum oder Perfektivum tantum nur über einen einzigen Stamm verfügt, z. B. ipf. нес-(тú) und нес-(ýт) 'tragen' bzw. pf. понес-(тú) und понес-(ýт) 'zu tragen anfangen'.

116 Die **Aspektstämme** werden in der Regel voneinander durch Affigierung gebildet, und zwar von einem primär imperfektiven Aspektstamm durch Präfigierung, z. B.

    ipf. дýмать → pf. по-дýмать

bzw. von einem perfektiven Aspektstamm durch Suffigierung, z. B.

    pf. показ-á-(ть) → ipf. покáз-ыва-(ть).

Einzelheiten siehe **278 ff**.

Auch die **Formenkreisstämme** stehen in einem bestimmten Verhältnis zueinander. Das Stammverhältnis der Formenkreisstämme, die zu einem Aspektstamm gehören, hängt vom Verbaltyp des betreffenden Aspektstammes ab, z. B.

    ipf. дýма-(ть)   →   pf. по-дýма-(ть)
         ↓   ↓
    ipf. дума-j-(ут)   pf. по-дума-j-(ут)
    = дýмают   = подýмают

bzw.   pf. показ-á-(ть) → ipf. покáз-ыва-(ть)
             ↓   ↓
        pf. покáж-(ут)   ipf. покáз-ыва-j-(ут)
                         = покáзывают

Einzelheiten siehe **120 ff**.

117 Die Formenkreisstämme werden aus ihren **Stammformen**, nach denen sie benannt sind, durch Eliminierung der formbildenden Affixe gewonnen, und zwar
der *Infinitivstamm* (оснóва инфинитúва) durch Eliminierung des Infinitivsuffixes -ть aus der Infinitivform, z. B. показá-(ть) und покáзыва-(ть),
der *Präsensstamm* (оснóва настоящего врéмени) durch Eliminierung der Personalendung aus der Form der 3. Pers. Plur. des imperfektiven Präsens, z. B. покáзывают = показываj-(ут) bzw. des perfektiven Futurs, z. B. покáж-(ут).
Bei der Eliminierung der Personalendungen der 3. Pers. Plur., die phonematisch /ut/ bzw. /at/ lauten (vgl. **171**), ist zu beachten, daß zu ihrer graphematischen Bezeichnung die jotierten Vokalbuchstaben verwendet werden können und dann gleichzeitig entweder das vorangehende Phonem /j/ nach Vokal oder Konsonant oder das distinktive Merkmal der Palatalisierung des vorangehenden Konsonanten bezeichnet wird (vgl. **52**): совéтуют = совeтyj-(ут), бьют = бj-(ут), говорят = говор'-(ат).

Die **synthetischen Formen** verteilen sich wie folgt auf die perfektiven und imperfektiven 118
Formenkreisstämme:

Formen- kreisstämme \ Aspektstämme	Perfektive und imperfektive Aspektstämme	Perfektive Aspektstämme	Imperfektive Aspektstämme
Infinitivstamm	Infinitiv Präteritum Part. Prät. Akt. Adv. Part. auf -в/-вши	Part. Prät. Pass. (außer Part. auf -енн-)	
Präsensstamm	Imperativ Adv. Part. auf -a	Futur Part. Prät. Pass. auf -енн-	Präsens Part. Präs. Akt. u. Pass.

2.2.3. Die Klassifizierung der russischen Verben

Eine wissenschaftliche Klassifikation des russischen Verbalbestandes auf rein synchroni- 119
scher Grundlage wurde erstmalig von S. Karcevskij vorgelegt. Er geht davon aus, daß man
nur gleichzeitig bestehende Dinge klassifizieren kann, und betrachtet die ganze Klassifizierung als ein praktisches und auf Übereinkunft beruhendes Mittel, das dazu bestimmt ist, das
Studium der betreffenden Sprache zu erleichtern [*213*, 43]. Das Neuartige seiner Klassifikation besteht darin, daß er gleichzeitig den Infinitiv- und den Präsensstamm berücksichtigt
und zwischen produktiven und unproduktiven Typen unterscheidet. Die Grundkonzeption
S. Karcevskijs wurde von sowjetischen Sprachwissenschaftlern wie V. V. Vinogradov [*31*
332ff.], P. S. Kuznecov [*146*, 270ff.] und anderen übernommen und auch der Darstellung der
Akademie-Grammatik '60 [*48*, Bd. 1, §§ 827ff.] zugrunde gelegt.

2.2.3.1. Die Kriterien der Klassifizierung

Bei der Bestimmung der Verbaltypen und Klassifizierung der russischen Verben (genauer: 120
Aspektstämme) legen wir folgende Kriterien zugrunde.

a) Den Ausgangspunkt bildet die Nennform oder Wörterbuchform des Verbs, d. h. die Infinitivform als **erste Stammform** des Verbs. Durch Eliminierung des Infinitivsuffixes -ть gewinnen wir den *Infinitivstamm* als ersten Formenkreisstamm des Verbs (vgl. 117), der durch
ein wortbildendes oder formbildendes Suffix, durch ein Stammbildungsmorphem (Interfix,
vgl. 74) oder einfach durch ein bestimmtes auslautendes Phonem als Teil eines Morphems
gekennzeichnet ist, z. B.

        за́втракать: завтрак-а-(ть)   mit dem wortbildenden Suffix -a-, vgl. за́в-
                                                        трак;
        отвеча́ть: отвеч-а-(ть)   mit dem formbildenden (imperfektivieren-
                                                        den) Suffix -a-, vgl. pf. отве́тить;
        пуга́ть: пуг-а-(ть)   mit dem Stammbildungsmorphem (Interfix)
                                                        -a-, vgl. пуг-ли́в-ый;
        знать: зна-(ть)   mit dem Phonem /a/ als Wurzelauslaut.

a) Aus der **zweiten Stammform**, der Form der 3. Pers.Plur. des imperfektiven Präsens bzw.
perfektiven Futurs, gewinnen wir durch Eliminierung der Personalendung -/ut/ oder -/at/
den *Präsensstamm* als zweiten Formenkreisstamm des Verbs (vgl. 117), z. B.

        за́втракают: завтракаj-(ут).

c) Durch Vergleich der Gestalt des Präsensstammes mit der des Infinititivstammes bestimmen wir das Verhältnis des Präsensstammes zum Infinitivstamm, d. h. das Verhältnis der Formenkreisstämme zueinander oder kurz das **Stammverhältnis** (соотношéние оснóв) des Verbs, z. B.

wie завтракаj-(ут) zu завтрака-(ть)
завтрака-j-(ут) zu завтрака- - -(ть),

d. h. der Präsensstamm weist das Interfix -j- auf, das an den auf /a/ auslautenden Infinitivstamm tritt.

d) Wir ermitteln auf Grund der zweiten Stammform die **Konjugationsart** des Verbs, d. h. die Zugehörigkeit zur I. oder II. Konjugation, die sich durch bestimmte Reihen von Personalendungen voneinander unterscheiden (vgl. **171**), z. B.

завтракаj-ут = I. Konjugation,
(зáвтракают)
говор'-ат = II. Konjugation.
(говоря́т)

e) In einigen Sonderfällen, die ausnahmslos zu den unproduktiven Verbalgruppen gehören (vgl. **144 ff.**), ist die Heranziehung **weiterer Stammformen** notwendig.
Beispielsweise genügen bei кри́кнуть die erste und zweite Stammform, da alle synthetischen Formen von diesen gebildet werden (auch das Präteritum кри́к-н-у-л-а, vgl. кри́к-н-у-ть), während bei поги́бнуть die Struktur der ersten und zweiten Stammform völlig identisch mit der des Typs кри́кнуть ist (поги́б-н-у-ть – поги́б-н-ут), aber die Präteritalformen vom Infinitivstamm ohne -н-у- gebildet werden (поги́б-Ø, поги́б-л-а). Daher genügen für die Kennzeichnung des Verbaltyps кри́кнуть die erste und zweite Stammform, dagegen ist der Verbaltyp поги́бнуть erst durch Hinzufügung einer dritten Stammform (der Präteritalform поги́б) vollständig bestimmt.
Der Verbaltyp дава́ть ist ebenfalls durch die erste und zweite Stammform (да-ва́-ть:да-j-ут = даю́т) nicht ausreichend bestimmt, weil außer dem Präsensstamm даj-, von dem die Präsensformen und das Part. Präs. Akt. (даю́щий) gebildet werden, noch ein zweiter Präsensstamm besteht (да-ва-j-), von dem die Imperativform (дава́j = дава́й-Ø), das Adverbialpartizip mit dem Suffix -а- (дава́я) und das Part. Präs. Pass. (дава́емый) gebildet werden.

f) Unter Berücksichtigung der genannten Kriterien erhält man eine bestimmte Anzahl von **Verbaltypen**, d. h. Typen der Stamm- und Formenbildung (словоизмени́тельные ти́пы глагóлов), auf die sich der russische Verbalbestand verteilen läßt. Diese Verbaltypen spielen aber nicht alle die gleiche Rolle im System der russischen Gegenwartssprache. Nur einige der so bestimmten Verbaltypen sind wahrhaft "grammatisch", weil sie die Muster für die Stamm- und Formenbildung neu entstehender Verben darstellen, weshalb man diese Verbaltypen auch *produktive Verbalklassen* (продукти́вные кла́ссы глагóлов) nennt. Die produktiven Verbalklassen stellen offene Reihen dar, ihr Bestand ist unbegrenzt und wird ständig mit neuen Verben aufgefüllt. Alle übrigen Verbaltypen üben auf neu entstehende Verben keine Analogiekraft mehr aus, sie sind "tot für die Grammatik" [*213*, 63]. Sie stellen geschlossene Reihen dar, deren Bestand sich nicht mehr erweitert, weshalb sie als *unproduktive Verbalgruppen* (непродукти́вные гру́ппы глагóлов) bezeichnet werden.

2.2.3.2. Die produktiven Verbalklassen

121 Die russische Gegenwartssprache verfügt über ein System von fünf produktiven Verbalklassen, von denen die ersten vier zur I. Konjugation und die fünfte zur II. Konjugation gehören.
In der Übersicht auf S. 55 sind die Stammverhältnisse und regelmäßigen Akzenttypen der produktiven Verbalklassen dargestellt.
Die produktiven Verbalklassen erfassen etwa neun Zehntel aller Verben (genauer: Aspektstämme); zur I. Klasse (Typ зака́зывать) gehören fast 50 % aller Verben, zur V. Klasse (Typ говори́ть) 25 % und zur III. Klasse (Typ протестова́ть) reichlich 10 % [*192*, 816]. Demgegen-

2.2. Die Paradigmatik

Die fünf produktiven Verbalklassen

Stammverhältnisse

Regelmäßige Akzenttypen

Im Infinitiv *auf der letzten Silbe betonte Verben* haben in der

Im Infinitiv *nicht auf der letzten Silbe betonte Verben* haben in den Klassen I.–V. festen Akzent in allen Formen auf derselben Silbe wie im Infinitiv.

I. Konjugation

I. Klasse:
- Infinitivstamm auf -а-–-(ть)
- Präsensstamm auf -а-j--(ут)

Beispiel: заказыва-ть (заказывать), объясня-ть (объяснять), заказыва-j-ут (заказывают), объясня-j-ут (объясняют)

I. Klasse: festen Akzent in allen Formen auf dem **a** wie im Infinitiv, ziehen aber im Part. Prät. Pass. den Akzent um eine Silbe zurück;

II. Klasse:
- Infinitivstamm auf -е-–-(ть)
- Präsensstamm auf -е-j--(ут)

Beispiel: красне-ть (краснéть), красне-j-ут (краснéют)

II. Klasse: festen Akzent in allen Formen auf dem **e** wie im Infinitiv;

III. Klasse:
- Infinitivstamm auf -ов-а-(ть) / -ев-а-(ть)
- Präsensstamm auf -у-j-(ут)

Beispiel: протест-ов-а-ть (протестовáть), танц-ев-а-ть (танцевáть), протест-у-j-ут (протестýют), танц-у-j-ут (танцýют)

III. Klasse: den Akzent in den Formen des Präsensstammes auf dem **y** und in den Formen des Infinitivstammes auf dem **a** wie im Infinitiv, ziehen aber im Part. Prät. Pass. den Akzent um eine Silbe zurück;

IV. Klasse:
- Infinitivstamm auf -н-у-(ть)
- Präsensstamm auf -н--(ут)

Beispiel: прыг-н-у-ть (прыгнýть), прыг-н-ут (прыгнýт)

IV. Klasse: den Akzent auf den Endungen und in den Formen des Infinitivstammes auf dem **y** wie im Infinitiv, ziehen aber im Part. Prät. Pass. den Akzent um eine Silbe zurück;

II. Konjugation

V. Klasse:
- Infinitivstamm auf -и-(ть)
- Präsensstamm auf ---(ат)

Beispiel: говор́-и-ть (говорúть), говор́--ат (говоря́т)

V. Klasse: den Akzent in den Formen des Präsensstammes auf den Endungen und in den Formen des Infinitivstammes auf dem **и** wie im Infinitiv bzw. im Part. Prät. Pass. auf dem Suffix -ённый und in den Kurzformen auf den Endungen (-ён, -енá, -енó, -енý).

Bemerkung. Die möglichen Abweichungen sind in den folgenden Beschreibungen der einzelnen Klassen dargestellt (vgl. **134** u. **138ff.**).

über haben die II. Klasse (Typ краснéть) und IV. Klasse (Typ пры́гнуть) einen wesentlich geringeren Umfang; die auf sie entfallenden restlichen 5 % werden durch einige hundert Verben in jeder der beiden Klassen repräsentiert. Im folgenden (**122–141**) werden die Stammverhältnisse, die wichtigsten Bildungstypen und die Akzentverhältnisse in den einzelnen produktiven Verbalklassen eingehend beschrieben.

Die Verben der I. Klasse
Stammverhältnisse

122 Der Infinitivstamm ist durch das Phonem /a/ im Auslaut gekennzeichnet. Der Präsensstamm unterscheidet sich vom Infinitivstamm durch das Interfix -j-, das zum Infinitivstamm tritt. Das Phonem /a/ im Auslaut des Infinitivstammes kann sein:

       ein wortbildendes Suffix, z. B. обéд-а-ть (vgl. обéд),
       der Auslaut eines wortbildenden Suffixes, z. B. нéрвн-ича-ть (vgl. нéрвн-ый),
       ein formbildendes Suffix, z. B. реш-á-ть (vgl. pf. реш-и́-ть),
       der Auslaut eines formbildenden Suffixes, z. B. покáз-ыва-ть (vgl. pf. показ-á-ть),
       ein Interfix, z. B. руг-á-ть (vgl. руг-н-ý-ть),
       der Wurzelauslaut, z. B. зна-ть.

Die Verwendung der Buchstaben а und я zur Bezeichnung des Phonems /a/ richtet sich nach den allgemeinen graphischen bzw. orthographischen Regeln: а nach paarig harten Konsonanten (читáть) und Zischlauten (решáть, включáть), я nach paarig weichen Konsonanten (объяснять) und nach Vokalen zur Bezeichnung des /j/ (влиять).

Bildungstypen

123 In der I. Klasse kann man deverbale (von Verben abgeleitete) und denominale (von Nomina abgeleitete) Bildungen unterscheiden.
Die große Bedeutung der I. produktiven Klasse im russischen Verbalsystem beruht auf dem Vorgang der *sekundären Imperfektivierung* (втори́чная имперфективáция), d. h. der Überführung perfektiver Aspektstämme in imperfektive Aspektstämme durch Suffigierung mit Hilfe
des stark produktiven Suffixes -ива-/-ыва- (z. B. pf. восстанови́ть → ipf. восстанáв**ива**ть, pf. заказáть → ipf. закáз**ыва**ть),
des schwach produktiven Suffixes -а- (z. B. pf. объясни́ть → ipf. объясня́ть, pf. включи́ть → ipf. включáть, pf. попáсть → ipf. попадáть) und
des heute bereits unproduktiven Suffixes -ва- (z. B. pf. доби́ться → ipf. добивáться). Einzelheiten siehe **287 ff.**

124 Unter den *denominalen* Bildungen sind produktive (z. B. лентя́й 'Faulpelz' → лентя́й**нича**ть 'faulenzen', наи́вный → наи́вн**ича**ть 'naiv tun') und unproduktive (z. B. ýжин → ýжинать, хромóй 'lahm' → хромáть 'lahmen') vertreten. Es kommen auch Ableitungen von Pronomen (z. B. ты → ты́кать) und Interjektionen (z. B. ах → áхать, ferner óкать, áкать, и́кать) vor.

Akzentverhältnisse

125 Bei der Formenbildung herrscht der feste Akzent, d. h., der in der Infinitivform vorliegende Akzent wird in allen Formen bewahrt: закáзывать – закáзывал, закáзывают, закáзывай usw. Eine Ausnahme bilden nur die perfektiven Aspektstämme mit dem Akzent auf der letzten Silbe der Infinitivform, bei denen in der Form des Part. Prät. Pass. der Akzent um eine Silbe zurückgezogen wird: pf. прочитáть – прочитáл, прочитáют, aber прочи́танный.

Die Verben der II. Klasse
Stammverhältnisse

126 Der Infinitivstamm ist durch das Phonem /e/ gekennzeichnet. Der Präsensstamm unterscheidet sich vom Infinitivstamm – wie in der I. Klasse – durch das Interfix -j-, das zum Infinitivstamm tritt.

Das Phonem /e/ kann sein:
> ein wortbildendes Suffix, z. B. красн′-е-ть = краснéть (vgl. крáсн-ый),
> ein Interfix, z. B. влад′-е-ть = владéть (vgl. влад-ы́к-а 'Herrscher'),
> der Wurzelauslaut, z. B. сме-ть.

Bildungstypen

Zur II. Klasse gehören *denominale intransitive Verben*. Produktiv sind vor allem die Ableitungen von Adjektiven mit dem Suffix -e- (z. B. крáсный → краснéть, бéлый → белéть). Unproduktiv sind u. a. die entsprechenden Ableitungen von Substantiven (z. B. сиротá → сиротéть). 127

Akzentverhältnisse

Die Verben der II. Klasse haben in der Formenbildung festen Akzent wie in der Infinitivform: бледнéть – бледнéл, бледнéла, бледнéют usw. 128

Die Verben der III. Klasse
Stammverhältnisse

Der Infinitivstamm ist gewöhnlich durch das wortbildende Suffix -ов-/-ев- und das Interfix /a/ gekennzeichnet (die Infinitivform lautet auf -овать-/-евать aus). Der Präsensstamm unterscheidet sich durch das Auftreten einer auf einem historischen Lautwechsel beruhenden Variante des wortbildenden Suffixes (-у- statt -ов-/-ев-) und durch den Austausch des Interfixes -a- gegen -j- (die zwei-Stammform lautet auf -уют/-юют aus). 129

Die graphematische Bezeichnung des Suffixes durch ов oder ев hängt vom Charakter des vorangehenden Konsonanten ab. Wir können drei Fälle unterscheiden:

a) graphematisch ов nach paarig harten Konsonanten, z. B.
> протестовáть (протест-ов-а-ть) ⎫
> протестýют (протест-у-j-ут) ⎭

b) graphematisch ев nach paarig weichen Konsonanten, z. B.
> горевáть (гор′-ев-а-ть) ⎫
> горю́ют (гор′-у-j-ут) ⎭

c) graphematisch ев nach unpaarig harten oder unpaarig weichen Konsonanten, d. h. nach Zischlauten, ц und j, z. B.
> тушевáть (туш-ев-а-ть) ⎫
> тушýют (туш-у-j-ут) ⎭
> ночевáть (ноч-ев-а-ть) ⎫
> ночýют (ноч-у-j-ут) ⎭
> танцевáть (танц-ев-а-ть) ⎫
> танцýют (танц-у-j-ут) ⎭
> воевáть (воj-ев-а-ть) ⎫
> вою́ют (воj-у-j-ут) ⎭

Bildungstypen

Mit -ов-а-/-ев-а- werden *denominale* Verben gebildet, und zwar Ableitungen von Substantiven (z. B. протéст → протестовáть) und Adjektiven (z. B. пустóй → пустовáть 'leer stehen'). 130
Bei der Ableitung mit Hilfe des Suffixes -ов- treten auch Interfixe zwischen Ableitungsstamm und Suffix auf, vor allem bei den zahlreichen Lehnverben, die zu dieser Klasse gehören: ремóнт → ремонти́ровать (ремонт′-**ир**-ов-а-ть), стиль → стилизовáть (стил′-**из**-ов-а-ть), коллекти́в → коллективизи́ровать (коллектив′-**из**-**ир**-ов-а-ть).

Bemerkung. Die unproduktiven Bildungen vom Typ ковáть, bei denen kein Suffix -ов- vorliegt, sondern diese Phonemfolge zur Wurzel gehört, und die auch andere Akzentverhältnisse aufweisen, rechnen wir im Anschluß an S. Karcevskij nicht zur III. produktiven Klasse. Vgl. die unproduktive Gruppe 3 (**150**).

Akzentverhältnisse

131 In der III. produktiven Klasse treten zwei Akzenttypen auf:

a) Verben, die im Infinitiv nicht auf dem Interfix -a- betont sind, haben festen Akzent auf derselben Silbe wie im Infinitiv, z. B. трéбовать – трéбовал, трéбуют, трéбуй usw.

b) Verben, die im Infinitiv den Akzent auf dem Interfix -a- tragen (Infinitiv auf -овáть), haben beweglichen Akzent, indem im Präsensstamm das Suffix -у- betont wird und in der Form des Part. Prät. Pass. der Akzent um eine Silbe zurückgezogen wird, z. B. (про)диктовáть – (про)диктовáл, aber (про)диктýют, (про)диктýй usw. und продиктóванный.

Die Verben der IV. Klasse
Stammverhältnisse

132 Der Infinitivstamm weist in der Regel das Suffix -н- und das Interfix -у- auf. Der Präsensstamm unterscheidet sich vom Infinitivstamm durch das Fehlen des Interfixes -у-. Bei diesen Verben ist zu beachten, daß alle dem Infinitivstamm zugeordneten Formen von diesem auf -ну- auslautenden Stamm gebildet werden. Diese Feststellung ist deshalb wichtig, weil es eine unproduktive Verbalgruppe mit dem gleichen Verhältnis zwischen Präsens- und Infinitivstamm gibt, für die das nicht zutrifft (unpr. Gr. 4, vgl. **151**).
Der harte Stammauslaut im Präsensstamm (vgl. die zweite Stammform пры́гнут) wird vor den Personalendungen der 2./3. Pers. Sing. und 1./2. Pers. Plur. palatalisiert (пры́гнешь usw.).

Bildungstypen

133 Die Produktivität der IV. Klasse beruht auf der Bildung der *perfektiven* Verben der semelfaktiven Aktionsart (auch oft Momentanverben genannt, vgl. **314** P. f), die deverbale Bildungen darstellen, z. B.

прыгать 'springen' → pf. прыгнуть 'einen Sprung machen'.

Die semelfaktiven Verben werden von einfachen imperfektiven Verben abgeleitet, vor allem von frequentativen oder multiplikativen Verben, d. h. Verben, die eine aus mehreren Akten bestehende Handlung bezeichnen können, z. B. махáть 'winken' → махнýть, колóть 'stechen' → кольнýть.
Einige wenige Verben, die zu dieser Klasse gehören, sind unabgeleitet; unter ihnen sind besonders vier Verben hervorzuheben, die *imperfektiv* sind: гнуть 'biegen', льнуть 'sich anschmiegen', тонýть 'versinken', тянýть 'ziehen'.

Akzentverhältnisse

134 Der Akzent der Verben der IV. Klasse ist in der Regel fest auf der Silbe, auf der er in der Infinitivform liegt (z. B. pf. захлóпнуть 'zuklappen' mit dem Akzent auf der Wurzel bzw. pf. отдохнýть 'sich erholen' mit dem Akzent auf dem Interfix -у- oder auf der Personalendung). Die meisten Verben dieser Klasse, die in der Infinitivform auf dem Interfix -у- betont sind, ziehen in der Form des Part. Prät. Pass. den Akzent um eine Silbe zurück (z. B. завернýть 'einwickeln' – завёрнутый, pf. сомкнýть 'schließen' – сóмкнутый).
Die Verben pf. обманýть 'betrügen', pf. помянýть 'gedenken', ipf. тонýть 'versinken', ipf. тянýть 'ziehen' sowie die präfixalen Bildungen pf. взглянýть 'anblicken', pf. заглянýть 'hineinschauen' und pf. проглянýть 'hervorblicken' nehmen insofern eine besondere Stellung ein, als sie beweglichen Akzent im imperfektiven Präsens bzw. perfektiven Futur haben (z. B. обманý, обмáнешь ... обмáнут).

Die Verben der V. Klasse
Stammverhältnisse

Der Infinitivstamm ist durch das Phonem /i/ im Auslaut gekennzeichnet, das im Präsens- **135**
stamm fehlt.
Das Phonem /i/ kann sein:
      ein wortbildendes Suffix, z. B. бел′-и-ть = бели́ть 'weißen' (vgl. бе́л-ый),
      ein Interfix, z. B. кур′-и-ть = кури́ть.
Im Hinblick auf den Konsonanten, der dem Phonem /i/ vorangeht, d. h. den Auslaut des Präsensstammes, kann man folgende Fälle unterscheiden:

a) Der Präsensstamm lautet in den meisten Fällen auf einen paarig weichen Konsonanten aus, z. B.
      говор′-и-ть (говори́ть)
      говор′- - -ат (говоря́т)

b) Der Präsensstamm kann auf einen unpaarig weichen Zischlaut auslauten, z. B.
      изуч-и-ть (изучи́ть)
      изуч- - -ат (изу́чат)

c) Der Auslaut des Präsensstammes kann auch ein unpaarig harter Zischlaut sein, z. B.
      реш-и-ть (реши́ть)
      реш- - -ат (реша́т)

d) Schließlich kann als Auslaut des Präsensstammes das Phonem /j/ auftreten, z. B.
      стро- -и-ть (стро́ить)
      строj- - -ат (стро́ят)

Bemerkung. Nach Vokal tritt vor dem Phonem /i/ die Nullvariante des Phonems /j/ auf.

Ein besonderes Charakteristikum der V. produktiven Klasse, durch das sie sich von allen an- **136**
deren produktiven Klassen unterscheidet, ist der Konsonantenwechsel des Stammauslautes in den Formen der 1. Pers. Sing. des imperfektiven Präsens bzw. perfektiven Futurs sowie des Part. Prät. Pass.
Die möglichen Konsonantenwechsel sind

a) Labiallaut//Labiallaut + /l′/
      в′//вл′:
      восстанови́ть – восстановлю́, восстано́вишь, восстано́вленный 'wiederherstellen';
      б′//бл′:
      углуби́ть – углублю́, углуби́шь, углублённый 'vertiefen';
      ф′//фл′:
      разграфи́ть – разграфлю́, разграфи́шь, разграфлённый 'liniieren';
      п′//пл′:
      купи́ть – куплю́, ку́пишь, ку́пленный 'kaufen';
      м′//мл′:
      прокорми́ть – прокормлю́, проко́рмишь, проко́рмленный 'ernähren';

b) Dentallaut//Zischlaut
      з′//ж:
      загрузи́ть – загружу́, загру́зишь, загру́женный 'beladen';
      д′//ж:
      разбуди́ть – разбужу́, разбу́дишь, разбу́женный 'aufwecken';
      д′//жд:
      награди́ть – награжу́, награди́шь, награждённый 'belohnen';
      зд′//зж:
      объе́здить – объе́зжу, объе́здишь, объе́зженный 'bereisen';

с′//ш:
повы́сить – повы́шу, повы́сишь, повы́шенный 'erhöhen';
т′//ч:
заплати́ть – заплачу́, запла́тишь, запла́ченный 'bezahlen';
т′/щ:
защити́ть – защищу́, защити́шь, защищённый 'verteidigen';
с′т′//щ:
помести́ть – помещу́, помести́шь, помещённый 'hinstellen';

Bemerkung. Einzelne Verben haben im Part. Prät. Pass. den Konsonantenwechsel.
з′д′//жд′:
пригвозди́ть – пригвожу́, пригвозди́шь, пригвождённый 'annageln'.

Bildungstypen

137 Die V. produktive Klasse weist vor allem *denominale* produktive Wortbildungstypen auf. Es kommen sowohl Ableitungen von Substantiven (z. B. партиза́н → партиза́нить 'Partisan sein', утю́г → утю́жить 'bügeln', соль → соли́ть 'salzen', пружи́на → пружи́нить 'federn') als auch Ableitungen von Adjektiven (z. B. гря́зный → грязни́ть 'beschmutzen') vor. Außer Ableitungen mit Hilfe des Suffixes -и- gibt es auch Ableitungen durch gleichzeitige Präfigierung und Suffigierung (z. B. звук → озву́чить 'vertonen', по́лный → напо́лнить 'füllen').
Besondere Beachtung verdient die Tatsache, daß von den gleichen Adjektiven mit Hilfe des Suffixes -e- intransitive Verben der II. produktiven Klasse und mit Hilfe des Suffixes -и- transitive Verben der V. produktiven Klasse abgeleitet werden können, z. B. бе́лый → беле́ть 'weiß werden, weiß schimmern', aber бели́ть 'weißen, tünchen'.

Akzentverhältnisse

138 Im Gegensatz zur I.–IV. produktiven Klasse, in denen sich die Akzentverhältnisse verhältnismäßig leicht durch einige Regeln erfassen lassen, kann die Bestimmung des Akzents bei der Formenbildung der Verben der V. produktiven Klasse erschwert sein. Es kommen folgende Betonungstypen vor:

a) Verben, die in der Infinitivform nicht auf dem Suffix oder Interfix -и- betont sind, haben in allen Formen festen Akzent auf derselben Silbe wie in der Infinitivform: pf. подгото́вить – подгото́вил, подгото́вила…, подгото́влю, подгото́вишь…, подгото́вленный usw.

b) Verben, die in der Infinitivform auf dem Suffix oder Interfix -и- betont sind, haben meist ebenfalls in allen Formen festen Akzent auf dem Suffix oder Interfix -и- bzw. auf den Personalendungen oder auf dem Suffix des Part. Prät. Pass. (-ённый): pf. защити́ть – защити́л, защити́ла…, защищу́, защити́шь…, защищённый usw.

c) Ein kleiner Teil der Verben, die in der Infinitivform auf dem Suffix oder Interfix -и- betont sind, weist beweglichen Akzent auf, indem in den Formen des imperfektiven Präsens bzw. perfektiven Futurs der Akzent von der 2. Pers. Sing. an sowie im Part. Prät. Pass. um eine Silbe zurückgezogen wird: pf. восстанови́ть – восстанови́л, восстанови́ла…, восстановлю́, aber восстано́вишь…, восстано́вят, восстано́вленный usw.

d) Einige Verben schwanken zwischen dem festen und beweglichen Akzent: pf. напои́ть – напои́л, напои́ла…, напо́й, напою́, напо́ишь und напои́шь, напо́енный usw.

Bei solchen Verben besteht allerdings die Tendenz zur Festigung des beweglichen Akzents, z. B. загрузи́ть – загружу́, загру́зишь (zul. veralt. загрузи́шь)…, загру́женный und загружённый.

139 In der Regel fügt sich der Akzent des Part. Prät. Pass. in den gegebenen Betonungstyp ein, d. h., der Akzent des Part. Prät. Pass. entspricht dem Akzent der Form der 2. Pers. Sing. des perfektiven Futurs (siehe die Beispiele in den obigen Betonungstypen a-d).
Bei einigen Verben bestehen aber auch Unterschiede, z. B.

pf. отвинти́ть 'abschrauben' – отвинти́л ..., отвинчу́, отви́нти́шь ... (Typ b), aber отви́нченный (Typ c);
pf. раздели́ть 'teilen' – раздели́л ..., разделю́, разде́лишь ... (Typ c), aber разделённый (Typ b).
Sonderfälle stellen auch die Verben pf. пону́дить 'zwingen' und pf. прину́дить 'zwingen' dar, die dem Typ a angehören, aber das Part. Prät. Pass. auf dem Suffix betonen, z. B. принуждённый.
Bei Neubildungen herrscht der feste Akzent vor, z. B. Typ a партиза́нить, Typ b pf. разбомби́ть 'zerbomben'.
Aus den obigen Darlegungen ergibt sich, daß man bei den Verben der V. Klasse zur Feststellung der Akzentverhältnisse ein modernes Wörterbuch, in dem die Entwicklungstendenzen berücksichtigt sind, am besten das Orthoepische Wörterbuch [*105*], zu Rate ziehen muß.

Zusammenfassung

S. Karcevskij [*213*, 62] vergleicht die produktiven Verbalklassen mit großen und breiten Kanälen, die das russische Vokabular mit Verben speisen. Dabei hat jede Klasse ihre spezifischen Aufgaben im Verbalhaushalt. Die I. Klasse versorgt mit sekundären Imperfektiva, die IV. Klasse dagegen bildet perfektive Verben der semelfaktiven Aktionsart (Momentanverben). Die III. Klasse ermöglicht die Bildung von Lehnverben. Die V. Klasse produziert vor allem transitive denominale Verben, während die II. Klasse intransitive denominale Bildungen liefert.
Daneben gehören zu den produktiven Klassen auch Verben, deren Bildungsweise heute unproduktiv ist, die jedoch hinsichtlich ihrer Formenbildung, d. h. ihrer Stammverhältnisse, ihrer Konjugationsart, und gewöhnlich auch ihrer Akzentverhältnisse, völlig den nach produktiven Wortbildungstypen gebildeten Verben der betreffenden Klasse gleichen.

2.2.3.3. Die unproduktiven Verbalgruppen

In diesem Lehrbuch wird davon ausgegangen, daß der Lernende im Fremdsprachenunterricht, beeinflußt von der Gestalt des Infinitivs als der Nenn- und Wörterbuchform des Verbs, die Formen eines Verbs analog den ihm geläufigen Verben einer produktiven Verbalklasse zu bilden geneigt ist, deren Infinitiv die gleiche Gestalt aufweist, z. B. пря́тать wie печа́тать zu konjugieren. Deshalb ordnen und erläutern wir die unproduktiven Verbaltypen in Gegenüberstellung zu den produktiven Verbalklassen nach der Gestalt des Infinitivs.
Unsere Klassifikation der unproduktiven Verbalgruppen umfaßt fünf Gruppen mit den Infinitiven auf ать, еть, овать/евать, нуть, ить entsprechend den fünf produktiven Verbalklassen, eine sechste Gruppe der Verben mit Infinitivauslauten, die in den produktiven Verbalklassen nicht vorkommen, und als siebente Gruppe die isolierten Verben. Die Gruppen 1, 2 und 6 sind in Untergruppen (A, B usw.) untergliedert. Der Gruppe 7 "Isolierte Verben" werden alle Verben zugeordnet, deren Stamm- und Formenbildung keiner der unproduktiven Gruppen 1 bis 6 und ihrer Untergruppen entspricht. Im folgenden bringen wir zunächst eine Übersicht der unproduktiven Gruppen und danach eine Beschreibung der einzelnen Gruppen. Da die Verben der unproduktiven Gruppen im Fremdsprachenunterricht mit allen ihren Besonderheiten lexikalisch angeeignet werden müssen, verzichten wir auf eine systematische Darstellung der Akzentverhältnisse in den einzelnen unproduktiven Gruppen.

143 **Übersicht über die unproduktiven Verbalgruppen**

Gruppe 1: Verben mit Infinitiv auf ать

A { Infinitivstamm auf -а-(ть) / Präsensstamm auf ---(**ут**) }

B { Infinitivstamm auf -а-(ть) / Präsensstamm auf ---(**ат**) }

C { Infinitivstamm auf ...а-ва-(ть) / Präsensstamm auf ...а- j -(ут) }

D { Infinitivstamm auf ... а-(ть) / Präsensstamm auf ...м-(ут) / ...н-(ут) }

Gruppe 2: Verben mit Infinitiv auf еть

A { Infinitivstamm auf -е-(ть) / Präsensstamm auf ---(**ат**) }

B { Infinitivstamm auf -ер-е-(ть) / Präsensstamm auf - р---(ут) }

Gruppe 3: Verben mit Infinitiv auf овать/евать

{ Infinitivstamm auf ...ов-а-(ть) / ...ев-а-(ть) / Präsensstamm auf ...у--j-(ут) }

Gruppe 4: Verben mit Infinitiv auf нуть

{ Infinitivstamm auf -н-у-(ть) / Präsensstamm auf -н---(ут) }

Gruppe 5: Verben mit Infinitiv auf ить

{ Infinitivstamm auf ...и-(ть) / Präsensstamm auf ...j -(ут) }

Gruppe 6: Verben mit besonderen Infinitivauslauten

A Verben mit Infinitiv auf сти, сть, зти, зть
B Verben mit Infinitiv auf чь
C Verben mit Infinitiv auf ыть
D Verben mit Infinitiv auf оть

Gruppe 7: Isolierte Verben

Beschreibung der unproduktiven Verbalgruppen

144 Gruppe 1: Verben mit Infinitiv auf **ать**

A { Infinitivstamm auf -а-(ть) / Präsensstamm auf ---(**ут**) }

Der Infinitivstamm verfügt über das Interfix -а-, das im Präsensstamm fehlt; die Personalendungen sind die der I. Konjugation.

a) Mit Konsonantenwechsel Dentallaut//Zischlaut

(с//ш, т//ч, т//щ, ст//щ, з//ж, д//ж)

oder Velarlaut//Zischlaut

(х//ш, к//ч, ск//щ, г//ж, зг//зж)

in *allen* Formen des imperfektiven Präsens bzw. perfektiven Futurs:

писа́ть – пи́шут 'schreiben', пла́кать – пла́чут 'weinen'.

2.2. Die Paradigmatik

Hierher gehören außerdem

чеса́ть – че́шут	'kämmen; kratzen';
бормота́ть – бормо́чут	'murmeln',
пря́тать – пря́чут	'verstecken',
хлопота́т – хлопо́чут	'sich bemühen',
хохота́ть – хохо́чут	'laut lachen',
шепта́ть – ше́пчут	'flüstern',
щекота́ть – щеко́чут	'kitzeln';
клевета́ть – клеве́щут	'verleumden',
ропта́ть – ро́пщут	'murren';
свиста́ть – сви́щут	'pfeifen';
вяза́ть – вя́жут	'binden; stricken';

die Ableitungen von -каза́ть, z. B.

каза́ться – ка́жутся	'scheinen',
pf. заказа́ть – зака́жут	'bestellen',
pf. показа́ть – пока́жут	'zeigen',
pf. сказа́ть – ска́жут	'sagen';
лиза́ть – ли́жут	'lecken',
ма́зать – ма́жут	'schmieren',
pf. обяза́ть – обя́жут	'verpflichten',
ре́зать – ре́жут	'schneiden';
глода́ть – гло́жут	'nagen';
маха́ть – ма́шут	'winken',
паха́ть – па́шут	'pflügen';
скака́ть – ска́чут	'springen; galoppieren';
иска́ть – и́щут	'suchen',
плеска́ть – пле́щут	'plätschern',
полоска́ть – поло́щут	'spülen';
дви́гать – дви́жут	'bewegen' (daneben дви́гают I. pr. Kl.),
бры́згать – бры́зжут	'spritzen', intrans. (daneben бры́згают, I. pr. Kl., 'bespritzen', trans.) u. a.

b) mit Konsonantenwechsel Labiallaut//Labiallaut + /l'/

(м//мл', б//бл', п//пл')

in *allen* Formen des imperfektiven Präsens bzw. perfektiven Futurs:

сы́пать – сы́плют	'schütten'.

Hierher gehören außerdem

дрема́ть – дре́млют	'schlummern',
колеба́ть – коле́блю (Akzent!), коле́блют	'zum Schwanken bringen',
щипа́ть – щи́плют	'kneifen' u. a.

c) Ohne Konsonantenwechsel:

ждать – ждут	'warten'.

Hierher gehören außerdem врать 'lügen', жрать 'fressen', рвать 'reißen', ткать 'weben' u. a.

d) mit flüchtigem o oder e im Präsensstamm:

звать – зову́т	'rufen',
брать – беру́т	'nehmen',
драть – деру́т	'reißen'.

e) Mit Präsensstamm auf /j/:

cej-a-(ть)	(се́ять)	} 'säen'.
cej---(ут)	(се́ют)	

Hierher gehören außerdem надéяться 'hoffen', смеяться 'lachen', лáять 'bellen', тáять 'tauen' u. a.

145   B $\left\{\begin{array}{l}\text{Infinitivstamm auf} \quad \text{-а-(ть)} \\ \text{Präsensstamm auf} \quad \text{- - -(ат)}\end{array}\right\}$

Der Infinitivstamm verfügt über das Interfix -a-, das im Präsensstamm fehlt; die Personalendungen sind die der *II. Konjugation*. Den Stammverhältnissen nach sind also die Untergruppen 1 A und 1 B gleich, sie unterscheiden sich aber durch die Personalendungen.

a) Präsensstamm auf Zischlaut:

         лежáть – лежáт   'liegen',

Hierher gehören außerdem

         держáть – дéржат   'halten',
         дышáть – дышат   'atmen',
         жужжáть – жужжáт   'summen',
         звучáть – звучáт   'tönen',
         кричáть – кричáт   'schreien',
         молчáть – молчáт   'schweigen',
         слышать – слышат   'hören',
         стучáть – стучáт   'klopfen' u. a.

b) Präsensstamm auf /j/:

$\left.\begin{array}{l}\text{стоj-а-(ть)} \quad \text{(стоять)} \\ \text{стоj- - -(ат)} \quad \text{(стоят)}\end{array}\right\}$ 'stehen'

ebenso боя́ться 'sich fürchten'.

146   C $\left\{\begin{array}{l}\text{Infinitivstamm auf} \quad \text{…а-ва-(ть)} \\ \text{1. Präsensstamm auf} \quad \text{…а- j -(ут)} \\ \text{2. Präsensstamm auf} \quad \text{…а-ва-j-}\end{array}\right\}$

Der Infinitivstamm weist das Suffix -ва- auf, das im 1. Präsensstamm mit dem Suffix -j- wechselt, während der 2. Präsensstamm mit -ва- und -j- gebildet ist; die Personalendungen sind die der I. Konjugation:

         давáть – даю́т   'geben',

aber: Imp. давáй (= да-ва-j-∅),
         Part. Präs. Pass. давáемый,
         Adv. Part. давáя.

Hierher gehören außerdem die sekundären Imperfektiva zu den perfektiven präfixalen Bildungen von -дать, -знать, -стать (z. B. издавáть 'herausgeben' zu pf. издáть, узнавáть 'erkennen' zu pf. узнáть, вставáть 'aufstehen' zu pf. встать) und das sekundäre Imperfektivum создавáть 'schaffen' zu pf. создáть.

147   D $\left\{\begin{array}{l}\text{Infinitivstamm auf} \quad \text{… а-(ть)} \\ \text{Präsensstamm auf} \quad \underline{\text{…м-(ут)}} \\ \quad\quad\quad\quad\quad\quad\quad\quad \underline{\text{…н-(ут)}}\end{array}\right\}$

Der Infinitivstamm lautet auf /a/ aus, das zur Wurzel gehört und an dessen Stelle infolge historischen Lautwechsels im Präsensstamm einer der Nasalkonsonanten /m/ oder /n/ tritt; die Personalendungen sind die der I. Konjugation.

a) Mit Lautwechsel a//м oder a//н:

         жать – жмут   'drücken',
         жать – жнут   'ernten'.

Hierher gehören außerdem -чать (z. B. pf. начáть – начнýт 'anfangen'), мять – мнут 'knittern, knüllen' u. a.

b) Präfixale Ableitungen von -нять (mit Lautwechsel ня//ним oder ня//йм)/:

      pf. поднять – поднимут   'aufheben',
      pf. занять – займут   'einnehmen'.

Bemerkung. Wegen бежать, pf. взять, гнать, pf. дать, ехать, pf. изъять, лгать, pf. принять, слать, pf. создать, спать, pf. стать und стлать siehe Gruppe 7 "Isolierte Verben" (159).

Gruppe 2: Verben mit Infinitiv auf **еть**   148

    A Infinitivstamm auf -е-(ть) ⎫
        Präsensstamm auf ---(ат) ⎭

Der Infinitivstamm hat das Interfix -е-, das im Präsensstamm fehlt; die Personalendungen sind die der II. Konjugation.

a) Mit Konsonantenwechsel Dentallaut//Zischlaut in der *1. Pers. Sing.*:

      лететь – лечу, летишь ...   'fliegen'.
      летят

Hierher gehören außerdem

      видеть – вижу, видят   'sehen',
      ненавидеть – ненавижу, нена-
      видят   'hassen',
      pf. обидеть – обижу, обидят   'beleidigen',
      сидеть – сижу, сидят   'sitzen',
      висеть – вишу, висят   'hängen',
      ipf. зависеть – завишу, за-
      висят   'abhängen',
      свистеть – свищу, свистят   'pfeifen' u. a.

b) Mit Konsonantenwechsel Labiallaut//Labiallaut + /l'/ in der *1. Pers. Sing.*:

      терпеть – терплю, тер-
      пишь ... терпят   'leiden'.

Hierher gehören außerdem

      скорбеть – скорблю, скорбят   'sich grämen',
      шуметь – шумлю, шумят   'lärmen' u. a.

c) Ohne Konsonantenwechsel:

      смотреть – смотрю, смо-
      тришь ... смотрят   'ansehen'.

Hierher gehören außerdem:

      болеть – болит, болят   'schmerzen',
      велеть – велю, велят   'befehlen',
      гореть – горю, горят   'brennen' u. a.

      Infinitivstamm auf ...ер-е-(ть) ⎫
    B Präsensstamm auf ... р---(ут) ⎬   149
      Präteritum Sing. m. auf ...ер---(∅) ⎭

Der Infinitiv- und Präsensstamm unterscheiden sich durch den Lautwechsel e//Null in der Wurzel und das Interfix -е-, das im Infinitivstamm auftritt und im Präsensstamm fehlt; die dem Infinitivstamm zugeordneten Formen werden von einem Stamm gebildet, den man aus dem Infinitivstamm durch Abstreichen des Interfixes -е- gewinnt; die Personalendungen sind die der I. Konjugation:

      тереть – трут – тёр, тёрла   'reiben'.

Weitere Beispiele:

    pf. стере́ть – сотру́т – стёр,
    стёрла   'abwischen',
    pf. умере́ть – умру́т – у́мер,
    умерла́, у́мерло   'sterben',
    pf. запере́ть – запру́т – за́пер,
    заперла́, за́перло   'zuschließen'.

Bemerkung. Wegen pf. деть (pf. наде́ть, pf. оде́ть), петь, реве́ть und хоте́ть siehe Gruppe 7 "Isolierte Verben" (**159**).

150 Gruppe 3: Verben mit Infinitiv auf овать/евать

    { Infinitivstamm auf   ...ов-а́-(ть) }
    {   ...ев-а́-(ть) }
    { Präsensstamm auf   ... у -j-(у́т) }

    кова́ть – кую́т   'schmieden'.

Auf den ersten Blick scheinen diese Verben gegenüber den Verben der III. produktiven Klasse keine Besonderheiten aufzuweisen: Die Stammverhältnisse und Personalendungen (I. Konjugation) sind die gleichen. Wir rechnen sie dennoch im Anschluß an S. Karcevskij zu den unproduktiven Verbaltypen aus drei Gründen:

a) Es handelt sich nicht um Verben mit dem Suffix -ов-/-ев-, das mit dem Suffix -у- wechselt, sondern um Verben, bei denen ов/ев zur Wurzel gehört und Lautwechsel ов, ев//у stattfindet. Daher sind die hierher gehörigen Verben nur zweisilbig, während die Verben der III. produktiven Klasse mindestens dreisilbig sind.

b) Die Verben dieser unproduktiven Gruppe unterscheiden sich auch durch ihre durchgängige Endungsbetonung im Präsens (кую́, куёшь usw.) von den Verben der III. produktiven Klasse, die niemals endungsbetont sind (vgl. **131**).

c) Die Bildung der Imperativform der 2. Pers. Sing. ordnet sich nicht den für die produktiven Klassen geltenden Regeln unter: куй (= куj-∅) trotz endungsbetontem кую́ (vgl. **174** P. 6). Hierher gehören außerdem

    жева́ть – жую́т   'kauen',
    pf. основа́ть – осную́т   'gründen',
    сова́ть – сую́т   'hineinstecken' u. a.

151 Gruppe 4: Verben mit Infinitiv auf нуть

    { Infinitivstamm auf   -н-у-(ть) }
    { Präsensstamm auf   -н---(ут) }

Das Verhältnis des Präsensstammes zum Infinitivstamm ist das gleiche wie bei den Verben der IV. produktiven Klasse, und auch die Personalendungen sind dieselben (I. Konjugation). Im Gegensatz zur IV. produktiven Klasse können jedoch die Verben der unproduktiven Gruppe 4 die dem Infinitivstamm zugeordneten Formen von einem Stamm bilden, der dem Infinitivstamm ohne -н-у entspricht:

    кре́пнуть 'erstarken' – кре́пнут,
                               кре́п(нул), кре́пла, кре́пнувший,
    aber nur: pf. окре́п, окре́пла, окре́пший.

Zu dieser Gruppe gehören Verben, die von Adjektiven abgeleitet sind und eine Zustandsveränderung bezeichnen (sog. inchoative Verben), z. B. со́хнуть 'trocknen' (vgl. сухо́й), сле́пнуть 'erblinden' (vgl. слепо́й), гло́хнуть 'taub werden' (vgl. глухо́й) u. a.
Außerdem gehören hierher pf. возни́кнуть 'entstehen', pf. дости́гнуть 'erreichen' (Infinitivform auch дости́чь), (по)ги́бнуть 'umkommen', pf. привы́кнуть 'sich angewöhnen' u. a.

Bemerkung. Wegen дуть und -уть (pf. обу́ть) siehe Gruppe 7 "Isolierte Verben" (**159**).

Gruppe 5: Verben mit Infinitiv auf ить   152

　　　　Infinitivstamm auf　　...и-(ть) ⎫
　　　　Präsensstamm auf　　 ...j-(ут)　⎭

Der Infinitiv- und Präsensstamm unterscheiden sich durch Wurzelvarianten, die durch Lautwechsel и//j entstanden sind; die Personalendungen sind die der I. Konjugation:

　　　　бить – бьют (= бj-ут) – бил, била – бей (= бej-∅)　'schlagen'.

Außerdem gehören hierher:

　　　　шить (шил, шила)　　　　　'nähen',
　　　　вить (вил, вила, вило)　　　'winden',
　　　　лить (лил, лила, лило)　　　'gießen',
　　　　пить (пил, пила, пило)　　　'trinken'.

Bemerkung. Wegen брить, гнить, жить, стелить, чтить und -шибить (pf. ошибиться) siehe Gruppe 7 "Isolierte Verben" (159).

Gruppe 6: Verben mit besonderen Infinitivauslauten   153
Alle Verben dieser Gruppe haben die Personalendungen der I. Konjugation.

　　A. Verben mit Infinitiv auf сти, сть, зти, зть

a) с-/з-Stämme
Der Präsensstamm ist mit dem Infinitivstamm identisch;
Prät. Sing. m. wird ohne Suffix -л- gebildet:

　　　　нес-ти – нес-ут – нёс, несла　　'tragen'
　　　　вез-ти – вез-ут – вёз, везла　　'fahren' (trans.)

Hierher gehören außerdem пасти 'weiden', pf. спасти 'retten', трясти 'schütteln'; грызть – грызут – грызла 'nagen', лезть – лезут – лезла 'klettern', ползти 'kriechen'.

b) т-/д-Stämme
Der Präsensstamm lautet auf т/д aus;
das Präteritum wird von der Wurzel ohne т/д gebildet:

　　　　мести – мет-ут – мёл, мела –　　'kehren',
　　　　мёт-ш-ий
　　　　вести – вед-ут – вёл, вела –　　'führen'.
　　　　вед-ш-ий

Hierher gehören außerdem pf. приобрести 'erwerben', плести 'flechten', цвести 'blühen'; класть – кладут – клала – клавший 'legen', красть – крадут – крала – кравший 'stehlen', pf. пасть – падут – пала – павший 'fallen' u. a.

c) б-Stämme
Der Präsensstamm lautet auf б aus;
das Präteritum wird von der Wurzel auf б (= Präsensstamm) gebildet; im Prät. Sing. m. ist das Suffix -л- abgefallen:

　　　　грести – греб-ут – грёб,　　　'rudern' u. a.
　　　　гребла

Bemerkung. Wegen есть, клясться, pf. надоесть, расти, pf. сесть, -честь (pf. учесть) sowie идти und pf. прийти siehe Gruppe 7 "Isolierte Verben" (159).

　　B. Verben mit Infinitiv auf чь   154

Der Präsensstamm lautet auf к/г aus;
in der 2./3. Pers. Sing. und 1./2. Pers. Plur. mit Konsonantenwechsel к//ч bzw. г//ж;
das Präteritum wird von der Wurzel auf к/г (= Präsensstamm) gebildet;
im Prät. Sing. m. ist das Suffix -л- abgefallen:

　　　　печь – пек-у, печ-ёшь... пек-ут – пёк, пекла　'backen',
　　　　стричь – стриг-у, стриж-ёшь... стриг-ут – стриг, стригла　'scheren'.

Außerdem gehören hierher

  течь – теку́т – тёк, текла́ 'fließen';
  бере́чь – берегу́т – берёг, бе- 'bewahren',
  регла́
  мочь – мо́гут – мог, могла́ 'können' u. a.

Bemerkung. Wegen жечь und pf. лечь siehe Gruppe 7 "Isolierte Verben" (**159**)

155 **C.** Verben mit Infinitiv auf ыть

$$\left\{\begin{array}{l}\text{Infinitivstamm auf}\quad\ldots\text{ы-(ть)}\\ \text{Präsensstamm auf}\quad\ldots\text{oj-(ут)}\end{array}\right\}$$

Der Infinitiv- und Präsensstamm unterscheiden sich durch Wurzelvarianten, die durch Lautwechsel ы//oj entstanden sind:

  мыть – мо́ют (= мoj-ут) 'waschen'.

Hierher gehören außerdem выть 'heulen', крыть 'decken' (pf. закры́ть 'schließen', pf. откры́ть 'öffnen'), рыть 'graben' u. a.

Bemerkung. Wegen быть, плыть und слыть siehe Gruppe 7 "Isolierte Verben" (**159**).

156 **D.** Verben mit Infinitiv auf оть

$$\left\{\begin{array}{l}\text{Infinitivstamm auf}\quad\ldots\text{ол-о-(ть) /}\quad\ldots\text{ор-о-(ть)}\\ \text{Präsensstamm auf}\quad\ldots\text{ол'--(ут) /}\quad\ldots\text{ор'--(ут)}\end{array}\right\}$$

Der Infinitivstamm hat das Interfix -o-, das im Präsensstamm fehlt; im Präsensstamm wird der Stammauslaut л bzw. p palatalisiert:

  коло́ть – колю́, ко́лешь … ко́- 'spalten',
  лют
  боро́ться – борю́сь,   'kämpfen' u. a.
  бо́решься … бо́рются

Bemerkung. Wegen моло́ть siehe Gruppe 7 "Isolierte Verben" (**159**).

157 **Gruppe 7: Isolierte Verben**

Zur Gruppe der isolierten Verben (изоли́рованные глаго́лы) werden Verben mit sehr unterschiedlichen Stammverhältnissen und teilweise unregelmäßiger Formenbildung gerechnet.

158 Einige der isolierten Verben zeigen eine eigenartige Stamm- und Formenbildung. Zum Beispiel weist е́хать einen Präsensstamm ед- auf, das Verb идти́ hat im Präteritum die suppletiven Formen шёл, шла usw. Das Verb быть verfügt nur noch über die Präsensformen есть und суть, die aber auch nur unter bestimmten Bedingungen gebraucht werden; dagegen bildet es Futurformen vom Stamm буд- u. dgl. Es können auch besondere Konsonantenwechsel auftreten (слать – шлют).

Zwei Verben haben eine gemischte Konjugation, d. h. verwenden teilweise die Personalendungen der I. Konjugation und teilweise die Personalendungen der II. Konjugation (бежа́ть, хоте́ть), während zwei andere Verben archaische Personalendungen aufweisen (дать – дам, есть – ем usw.).

Einige Verben zeigen Stammverhältnisse, die nur bei zwei bis drei Verben festzustellen sind, z. B. жить – живу́т, плыть – плыву́т usw.

Ferner sind in unserer Übersicht (**159**) den isolierten Verben alle sog. *Sonderfälle* zugeordnet, d. h. Verben, deren Stamm- und Formenbildung zwar einem unproduktiven Verbaltyp ähnelt, aber doch auch Besonderheiten aufweist, z. B. брить – бре́ют ähnlich wie бить – бьют (Gruppe 5) mit /j/ im Präsensstamm, aber mit Lautwechsel и//еj; жечь – жгут ähnlich wie печь – пеку́т (Gruppe 6 B) mit Infinitiv auf чь (г-Stamm), aber im Präsensstamm Ausfall des е u. a.

Die gebräuchlichsten isolierten Verben

Aktiver Infinitiv und dt. Äquivalent	Aktives Präteritum	Aktives Präsens bzw. pf. Futur	Imperativ 2. Pers. Sing.	Besonderheiten
бежа́ть 'laufen'	бежа́л	**бегу́, бежи́шь, бегу́т**	беги́	
брить 'rasieren'	брил	**бре́ют**	брей	
быть 'sein'	был, была́, бы́ло	Präs. есть, суть Fut. **бу́дут**	будь	Adv. Part. **бу́дучи**
взять pf. 'nehmen'	взял, взяла́, взя́ло	**возьму́т**	возьми́	
гнать 'jagen'	гнал, гнала́, гна́ло	**гоню́, го́нишь, го́нят**	гони́	
гнить 'faulen'	гнил, гнила́, гни́ло	**гнию́т**		
дать pf. 'geben'	дал, дала́, да́ло	**дам, дашь, даст, дади́м, дади́те, даду́т**	дай	
деть pf. 'hintun' **наде́ть** pf. 'aufsetzen' **оде́ть** pf. 'anziehen'	дел	**де́нут**	день	
дуть 'blasen'	дул	**ду́ют**	дуй	
есть 'essen'	ел	**ем, ешь, ест, еди́м, еди́те, едя́т**	ешь	Part. Prät. Akt. **е́вший** Part. Prät. Pass. pf. **съе́денный**
е́хать 'fahren' (intrans.)	е́хал	**е́дут**	поезжа́й	
жечь 'verbrennen'	жёг, жгла	**жгу, жжёшь, жгут**	жги	
жить 'leben'	жил, жила́, жи́ло	**живу́т**	живи́	
идти́ 'gehen' Präfigiert: -йти́, aber	шёл, шла	**иду́т**	иди́	Part. Prät. Akt. **ше́дший**
прийти́ pf. 'ankommen'	пришёл, пришла́	**приду́т**	приди́	Part. Prät. Akt. **прише́дший**
изъя́ть pf. 'herausnehmen'	изъя́л	**изыму́, изы́мешь, изы́мут**	изыми́	
кля́сться 'schwören'	кля́лся, кляла́сь	**кляну́тся**	кляни́сь	

Aktiver Infinitiv und dt. Äquivalent	Aktives Präteritum	Aktives Präsens bzw. pf. Futur	Imperativ 2. Pers. Sing.	Besonderheiten
лгать 'lügen'	лгал, лгала́, лга́ло	лгу, лжёшь, лгут	лги	
лечь pf. 'sich legen'	лёг, легла́	ля́гу, ля́жешь, ля́гут	ляг	
моло́ть 'mahlen'	моло́л	мелю́, ме́лешь, ме́лют	мели́	
надое́сть pf. 'langweilen'	надое́л	надое́м, -е́шь, -е́ст, -еди́м, -еди́те, -едя́т	надоеди́	Part. Prät. Akt. **надое́вший**
петь 'singen'	пел	пою́т	пой	
плыть 'schwimmen'	плыл, плыла́, плы́ло	плыву́т	плыви́	
приня́ть pf. 'annehmen'	при́нял, приняла́, при́няло	приму́, при́мешь, при́мут	прими́	
расти́ 'wachsen'	рос, росла́	расту́т	расти́	Part. Prät. Akt. **ро́сший**
реве́ть 'brüllen'	реве́л	реву́т	реви́	
сесть pf. 'sich setzen'	сел	ся́дут	сядь	Part. Prät. Akt. **се́вший**
слать 'schicken'	слал	шлют	шли	
слыть 'gelten als'	слыл, слыла́, слы́ло	слыву́т	слыви́	
созда́ть pf. 'schaffen'	со́здал, создала́, со́здало	созда́м, -да́шь, -да́ст, -дади́м, -дади́те, -даду́т	созда́й	
спать 'schlafen'	спал, спала́, спа́ло	сплю, спишь, спят	спи	
стать pf. 'beginnen; werden'	стал	ста́нут	стань	
стлать (daneben стели́ть) 'ausbreiten'	стлал (стели́л)	стелю́, сте́лешь, сте́лют	стели́	
-уть: **обу́ть** pf. 'beschuhen'	обу́л	обу́ют	обу́й	
хоте́ть 'wollen'	хоте́л	хочу́, хо́чешь, хо́чет, хоти́м, хоти́те, хотя́т		

2.2. Die Paradigmatik

Aktiver Infinitiv und dt. Äquivalent	Aktives Präteritum	Aktives Präsens bzw. pf. Futur	Imperativ 2. Pers. Sing.	Besonderheiten
-честь: учéсть pf. 'berücksichtigen'	учёл, учлá	учтýт	учти́	
чтить 'ehren'	чтил	чту, чтишь, чтят (auch чтут)	чти	
-шиби́ть: ошиби́ться pf. 'sich irren'	оши́бся, оши́блась	ошибýтся	ошиби́сь	

Die unproduktiven Gruppen umfassen rund 350 Verben, wenn man die verschiedenen affixalen Ableitungen von dem gleichen Simplex (einfachen Verb) nicht berücksichtigt. Die folgende Übersicht zeigt die Verteilung dieser 350 Verben auf die sieben unproduktiven Gruppen und ihre Untergruppen. 160

Gruppe 1	A ...	100 Verben
	B ...	29 Verben
	C ...	4 Verben
	D ...	6 Verben
Gruppe 2	A ...	44 Verben
	B ...	4 Verben
Gruppe 3	...	8 Verben
Gruppe 4	...	55 Verben
Gruppe 5	...	5 Verben
Gruppe 6	A ...	26 Verben
	B ...	14 Verben
	C ...	5 Verben
	D ...	4 Verben
Gruppe 7	...	46 Verben
Gruppe 1–7	...	350 Verben

Das ist nur ein unbedeutender Teil des gesamten Verbalbestandes. Das Gewicht der unproduktiven Gruppen erhöht sich aber wesentlich dadurch, daß zu diesen 350 Grundverben noch 1 500 präfixale Bildungen und über 600 nichtpräfigierte und präfigierte Ableitungen mit dem Reflexivpostfix -ся kommen (nach den Angaben im Wörterbuch von Ožegov *[103]*), so daß die Stamm- und Formenbildung der unproduktiven Verbaltypen in rund 2 500 Verben in Erscheinung tritt. Aber auch diese Zahl ist noch immer gering, wenn man sie den vielen Tausenden von Verben der produktiven Klassen gegenüberstellt. Zum Beispiel sind im Rückläufigen Wörterbuch [*101*, 940 f.] rund 121 500 Wörter erfaßt, von denen rund 37 300 Verben sind.

Im Fremdsprachenunterricht müssen zweifellos die produktiven Verbalklassen als der Kern 161 der verbalen Stamm- und Formenbildung die *grammatische Basis* für die Aneignung des russischen Verbalsystems bilden. Die unproduktiven Gruppen dagegen "treten allmählich aus dem Bereich der Grammatik heraus" [*31*, 359] und sind im wesentlichen als Abweichungen vom System der produktiven Klassen lexikalisch anzueignen. Dabei darf nicht außer acht gelassen werden, daß viele Verben der unproduktiven Gruppen für die Erlernung des Russischen besonders wichtig sind, weil sie grundlegende menschliche Tätigkeiten und Zustände bezeichnen und im Alltag außerordentlich häufig gebraucht werden, z. B. писáть, брать, слы́шать, стоя́ть, давáть, ви́деть, пить, нести́, печь, мыть, есть, идти́ und viele andere. Der häufige Gebrauch dieser Verben in der Alltagssprache trägt dazu bei, daß ihre abweichende Stammbildung und ihr eigenartiger und manchmal sogar archaischer Formenbestand im Bewußtsein der russischen Menschen erhalten bleibt.

162 Die unproduktiven Gruppen sind *geschlossene Reihen*, d.h., ihr Bestand ist begrenzt und kann sich nicht mehr erweitern. Andererseits ist aber auch der historisch überkommene Bestand nicht stabil. Sie sind teilweise dem Einfluß produktiver Verbalklassen ausgesetzt, die im Laufe der Zeit mehr und mehr Verben unproduktiver Gruppen aufsaugen und ihrem System unterordnen.

Besonders stark ist die Anziehungskraft der I. produktiven Klasse auf die Verben der unproduktiven Gruppe 1 A. In einigen Fällen bestehen Parallelformen, wobei aber stilistische oder semantische Unterschiede auftreten. Zum Beispiel erfolgt die Stamm- und Formenbildung des Verbs страдáть 'leiden' heute nach der I. produktiven Klasse, während die Formen стрáжду, стрáждешь usw. veraltet sind und nur in der poetischen Rede gebraucht werden. Bei двúгать 'bewegen' ist mit den unterschiedlichen Formen eine Bedeutungsdifferenzierung verbunden; gewöhnlich erfolgt die Stamm- und Formenbildung nach der I. produktiven Klasse (двúгают), aber in der Bedeutung 'antreiben' heißt es z.B. пружúна двúжет часовóй механúзм oder им двúжет чýвство сострадáния.

Die Beeinflussung durch die I. produktive Klasse zeigt sich besonders deutlich darin, daß bei manchen Verben der unproduktiven Gruppe 1 A umgangssprachlich auch Bildungen nach der I. produktiven Klasse gebräuchlich sind, z.B. махáть 'winken' – neben мáшут auch махáют, плескáть 'plätschern' – neben плéшут auch плескáют.

163 Die unproduktive Gruppe 4 wird dadurch zersetzt, daß ihre inchoativen Verben teilweise durch bedeutungsgleiche Verben der II. produktiven Klasse (z.B. тýскнуть durch тускнéть 'trübe werden') oder sekundäre Imperfektiva der I. produktiven Klasse (z.B. вя́нуть durch увядáть 'verwelken') ersetzt werden. Andererseits gleichen sie sich der IV. produktiven Klasse an, indem sie teilweise die dem Infinitivstamm zugeordneten Formen vom vollen Infinitivstamm mit -н-у- bilden, z.B. крéпнуть 'erstarken' – крéпнул neben креп, aber nur крéпла, pf. окрéп, окрéпла; pf. исчéзнуть 'verschwinden' – Part. Prät. Akt. исчéзнувший statt исчéзший; глóхнуть 'taub werden' – Part. Prät. Akt. глóхнувший statt глóхший.

2.2.4. Die Formmittel

164 Nachdem in den vorangehenden Abschnitten die Mehrstämmigkeit der russischen Verben und die Klassifizierung des russischen Verbalbestands nach den Verbaltypen dargestellt wurde, an die die Stammverhältnisse sowie die Konjugationsart der Verben gebunden sind, sollen hier die Formmittel zur Bildung des Infinitivs und der Flexionsformen des Aktivs erläutert werden.

Bemerkung. Wegen der Bildung der Aspektstämme siehe **278ff.**, der Passivformen **336ff.**, der Partizipien **436ff.** und der Adverbialpartizipien **482ff.**

2.2.4.1. Die aktiven Infinitivformen

165 Die aktiven **Infinitivformen** (фóрмы инфинитúва или неопределённые фóрмы действúтельного залóга) beider Aspekte sind durch das Suffix -ть, in wenigen Ausnahmefällen durch das Suffix -ти, gekennzeichnet, das an den Infinitivstamm tritt: решúть, нестú.

166 Das Suffix -ти kommt nur bei Verben der unproduktiven Gruppe 6 A (vgl. **153**) und bei dem isolierten Verb идтú vor. Bei den sog. с-/з-Stämmen und dem Verb идтú läßt sich das Suffix -ти leicht ausgliedern: нес-тú – нес-ýт, вез-тú – вез-ýт, ид-тú – ид-ýт. Infinitiv- und Präsensstamm erweisen sich als identisch. Von diesem einheitlichen Stamm werden bei den с-/з-Stämmen auch die dem Infinitivstamm zugeordneten Formen gebildet (нес-л-á, принёс-ш-ий usw.), während идтú diese Formen von einem Suppletivstamm bildet (шёл, шла, пришéдший).

167 Bei den sog. т-/д-Stämmen und б-Stämmen ließe sich das Suffix -ти nur dann ausgliedern, wenn man die Alternationen з//т, с//д, с//б annähme: цвес-тú – цвет-ýт, вес-тú – вед-ýт,

грес-ти́ – гребу́т. Das ist aber wenig sinnvoll, weil der so gewonnene "Infinitivstamm" nicht die Ausgangsbasis für die Bildung der dem Infinitivstamm zugeordneten Formen ist (vgl. вё-л, ве-л-а́, привёд-ш-ий). Auch die Ausgliederung eines angeblichen Suffixes -сти führt zu keinem besseren Ergebnis, weil dem so ausgegliederten "Infinitivstamm" bei den т-/д-Stämmen wohl die Präteritalformen (вё-л, ве-л-а́), nicht aber das Part. Prät. Akt. (вёд-ший) zugeordnet werden könnten, und dieser "Stamm" für die Formenbildung der б-Stämme völlig bedeutungslos wäre (vgl. грёб, греб-л-а́, грёб-ший).

Aus dem gleichen Grunde läßt sich auch bei den Verben der unproduktiven Gruppe 6 B (vgl. 154) kein Infinitivsuffix -чь ausgliedern, wie in vielen Grammatiken angegeben wird. Hier liegt Morphemverschmelzung (опро́щение) vor: nruss. печь < aruss. печи < ursl. *pek-ti (ursl. *kt vor i > aruss. č'). Daher werden die dem Infinitivstamm zugeordneten Formen von einem Stamm gebildet, der mit dem Präsensstamm identisch ist: пек-у́т, пёк, пек-л-а́, испёк-ш-ий. 168

2.2.4.2. Die aktiven Indikativformen

Die aktiven **Präteritalformen** (фо́рмы проше́дшего вре́мени действи́тельного зало́га) bei- 169
der Aspekte weisen das Suffix -л- (Präteritalsuffix), das an den Infinitivstamm angefügt wird, und die Genusendungen -Ø-, -а, -о im Singular bzw. die Numerusendung -и im Plural auf, wobei das Präteritalsuffix in den Singularformen als [ł] und in den Pluralformen als [l'] realisiert wird. Graphematisch sind die Präteritalformen also durch л, ла, ло, ли gekennzeichnet:

Sing. { m. реши́л
f. реши́ла
n. реши́ло
Plur. реши́ли

Abweichende Bildungen finden wir bei einigen Verben unproduktiver Gruppen. Man kann vier 170
Arten von Abweichungen unterscheiden:

a) In der maskulinen Präteritalform ist das Suffix -л abgefallen, z. B.

нести́ – нёс, несла́ usw.
везти́ – вёз, везла́ usw. (unpr. Gr. 6 A a).

b) Die dem Infinitivstamm zugeordneten Formen werden von einem Stamm gebildet, der sich nicht durch Eliminierung des Infinitivsuffixes aus der Infinitivform ausgliedern läßt, z. B.

цвести́ – цвёл, цвела́ usw.
вести́ – вёл, вела́ usw. (unpr. Gr. 6 A b),
есть – ел, е́ла usw. (isol. Verb, unpr. Gr. 7).

c) Die unter a) und b) genannten Erscheinungen treffen zusammen, z. B.

умере́ть – у́мер, умерла́ usw. (unpr. Gr. 2 B),
поги́бнуть – поги́б, поги́бла usw. (unpr. Gr. 4),
грести́ – грёб, гребла́ usw. (unpr. Gr. 6 A c),
печь – пёк, пекла́ usw. (unpr. Gr. 6 B),
ошиби́ться – оши́бся, оши́блась usw. (isol. Verb, unpr. Gr. 7).

d) Die dem Infinitivstamm zugeordneten Formen werden von einem Suppletivstamm gebildet:

идти́ – шёл, шла usw. (isol. Verb, unpr. Gr. 7).

Die imperfektiven aktiven **Präsensformen** (фо́рмы настоя́щего вре́мени несоверше́нного 171
ви́да и действи́тельного зало́га) und die perfektiven aktiven **Futurformen** (фо́рмы бу́дущего вре́мени соверше́нного ви́да и действи́тельного зало́га) – auch *einfache Futurformen* genannt (фо́рмы просто́го бу́дущего) – sind durch Personalendungen, die gleichzeitig Per-

son und Numerus ausdrücken, gekennzeichnet. Den zwei Konjugationsarten (I. und II. Konjugation) entsprechend bestehen zwei Reihen von Personalendungen, die an den Präsensstamm angefügt werden:

Numerus und Person		I. Konjugation		II. Konjugation	
		Phonematisch	Graphematisch	Phonematisch	Graphematisch
Sing.	1. Pers.	-u	-у/-ю	-u	-у/-ю
	2. Pers.	-oʃ	-ёшь, -ешь	-iʃ	-ишь
	3. Pers.	-ot	-ёт, -ет	-it	-ит
Plur.	1. Pers.	-om	-ём, -ем	-im	-им
	2. Pers.	-ot'e	-ёте, -ете	-it'e	-ите
	3. Pers.	-ut	-ут/-ют	-at	-ат/-ят

Die graphematischen Unterschiede -у/-ю, -ут/-ют, -ат/-ят beruhen darauf, daß die Phoneme /u/ und /a/ nach paarig harten Konsonanten und Zischlauten durch die nichtjotierten Vokalbuchstaben у und а bezeichnet werden, wogegen die jotierten Vokalbuchstaben ю und я gleichzeitig die Palatalisierung des vorangehenden Konsonanten (Stammauslautes) bzw. das Phonem /j/ als Stammauslaut zum Ausdruck bringen (vgl. 117).
Unterschiede im Akzent bedingen die graphematischen Unterschiede -ёшь/-ешь usw. Statt ё unter Akzent tritt nicht unter Akzent e ein, z. B. einerseits несёшь, andererseits решáешь.
Wenn die zweite Stammform (3. Pers. Plur. des imperfektiven Präsens bzw. des perfektiven Futurs) als Stammauslaut einen paarig harten Konsonanten aufweist (несýт), so tritt dieser auch in der 1. Pers. Sing. auf (несý) und alterniert mit dem entsprechenden weichen Konsonanten vor allen übrigen Personalendungen (несёшь, несёт, несём, несёте).

Muster:

Ipf. aktives Präsens		Pf. aktives Futur	
несý	решáю	решý	соединю́
несёшь	решáешь	реши́шь	соедини́шь
несёт	решáет	реши́т	соедини́т
несём	решáем	реши́м	соедини́м
несёте	решáете	реши́те	соедини́те
несýт	решáют	решáт	соединя́т

172 Die imperfektiven aktiven **Futurformen** (фóрмы бýдущего врéмени несовершéнного ви́да и действи́тельного залóга) werden analytisch aus den Futurformen бýду, бýдешь, бýдет, бýдем, бýдете, бýдут des Hilfsverbs быть und der imperfektiven aktiven Infinitivform des betreffenden Verballexems gebildet, z. B. бýду гуля́ть usw. Entsprechende Bildungen mit einer perfektiven Infinitivform sind nicht zulässig. Zum Ausdruck des perfektiven aktiven Futurs wird die synthetische Form des perfektiven aktiven Futurs verwendet (vgl. 171).

2.2.4.3. Die Imperativformen

173 Die eigentlichen **Imperativformen** (фóрмы повели́тельного наклонéния) sind die Imperativformen der 2. Pers. Sing./Plur.
Die Imperativform der **2. Pers. Sing.** wird vom Präsensstamm mit Hilfe der Personalendungen -и oder -Ø gebildet. Wenn der Präsensstamm in der zweiten Stammform (3. Pers. Plur.) einen paarig harten Konsonanten als Stammauslaut hat, so wird dieser in der Imperativform stets palatalisiert (несýт : неси́, надéнут : надéнь). Ob die Endung -и oder -Ø verwendet wird, hängt von den Akzentverhältnissen und der Art des Stammauslauts ab.
Graphematisch ist die Imperativform durch и, ь oder й gekennzeichnet: кури́, напóмни, приготóвь, покáзывай.

Im einzelnen gelten folgende *Regeln für die Bildung* der Imperativformen der 2. Pers. Sing. **174**
(vgl. [*228*, 183 ff.].

1. Endung betontes -и

Die Endung ist betontes -и, wenn die Form der *1. Pers. Sing.* des imperfektiven Präsens bzw. des perfektiven Futurs *auf der Endung betont* ist. Wir finden diese Bildung bei den Verben der IV. und V. produktiven Klasse und verschiedener unproduktiver Gruppen, z. B. толкну́т, толкну́ → толкни́; соединя́т, соединю́ → соедини́; ку́рят, курю́ → кури́; подни́мут, подниму́ → подними́; смо́трят, смотрю́ → смотри́; веду́т, веду́ → веди́.
Dies gilt auch für Verben der V. produktiven Klasse mit Stammauslaut /j/, z. B. пои́ть 'tränken', по́ят (пој-ат), пою́ → пои́, dagegen nicht für Verben unproduktiver Gruppen mit dem Stammauslaut /j/, vgl. unten Punkt 6.

2. Unbetonte Endung -и

Die unbetonte Endung -и tritt auf, wenn die Form der *1. Pers. Sing. nicht auf der Endung betont* ist und der *Stamm auf mehrere Konsonanten* auslautet. In Betracht kommen wiederum Verben der IV. und V. produktiven Klasse und verschiedener unproduktiver Gruppen, z. B. кри́кнут, кри́кну → кри́кни; напо́мнят, напо́мню → напо́мни; привы́кнут, привы́кну → привы́кни.

3. Nullendung (-Ø)

In *allen anderen Fällen*, d. h. wenn die Form der 1. Pers. Sing. nicht auf der Endung betont ist und der Präsensstamm nur auf einen Konsonanten auslautet, hat die Imperativform Nullendung (-Ø). Dabei muß zwischen dem Stammauslaut /j/ und allen anderen Stammauslauten (paarig harten und weichen Konsonanten und Zischlauten) unterschieden werden.

a) Alle Stammauslaute, die paarig hart und weich auftreten, sind in der Imperativform palatalisiert, weshalb zur Kennzeichnung der Palatalisierung der *Buchstabe* ь angefügt werden muß. Diese Bildung kommt bei Verben der IV. und V. produktiven Klasse und einiger unproduktiver Gruppen vor, z. B. подвин-ут (подви́нут), подви́ну → подвин'-Ø (подви́нь); приго́тов'-ат (пригото́вят), пригото́влю → пригото́в'-Ø (пригото́вь); стан-ут (ста́нут), ста́ну → стан'-Ø (стань).

b) Wenn der Präsensstamm auf einen Zischlaut auslautet, wird ь *als orthographisches Zeichen* der Imperativform angefügt, z. B. сосредото́ч-ат (сосредото́чат), сосредото́чу → сосредото́ч-Ø (сосредото́чь); плач-ут (пла́чут), пла́чу → плач-Ø (плачь); реж-ут (ре́жут), ре́жу → реж-Ø (режь).

c) Der Stammauslaut /j/ muß bei Nullendung durch den *Buchstaben* й bezeichnet werden. Hier kommen Verben der I., II. und III. produktiven Klasse, entsprechende Verben der V. produktiven Klasse und Verben einiger unproduktiver Gruppen in Betracht, z. B. пока́зывај-ут (пока́зывают), пока́зываю → пока́зывај-Ø (пока́зывай); овладе́ј-ут (овладе́ют), овладе́ю → овладе́ј-Ø (овладе́й); организу́ј-ут (организу́ют), организу́ю → организу́ј-Ø (организу́й); успоко́ј-ат (успоко́ят), успоко́ю → успоко́ј-Ø (успоко́й); се́ј-ут (се́ют), се́ю → се́ј-Ø (сей); мо́ј-ут (мо́ют), мо́ю → мо́ј-Ø (мой); бре́ј-ут (бре́ют), бре́ю → бре́ј-Ø (брей).

4. Verben mit dem Präfix вы́-

Die perfektiven Verben mit dem Präfix вы́-, das in diesem Falle stets betont ist, haben dieselbe Endung (-и oder -Ø) wie das Simplex (einfache Verb), von dem sie abgeleitet sind, z. B. вы́пиши (vgl. пиши́), вы́крои (vgl. крой), вы́вези (vgl. вези́), вы́йди (vgl. иди́), aber вы́играй (vgl. игра́й), вы́ставь (vgl. ставь).

5. Schwankungen

Bisweilen sind Schwankungen zwischen den Endungen -и und -Ø – vor allem in der lässigen Umgangssprache (просторе́чие) – zu beobachten, z. B. очи́сть statt очи́сти, испо́рть statt испо́рти, вы́броси statt вы́брось.

6. Unregelmäßige Formen

Einige wenige Verben unproduktiver Gruppen bilden unregelmäßige Imperativformen der 2. Pers. Sing. Wir führen die wichtigsten dieser unregelmäßigen Formen auf.

Nullendung trotz betonter Endung in der 1. Pers. Sing. haben die angegebenen j-Stämme der folgenden unproduktiven Gruppen:

    1 A e: смейся   (vgl. смеюсь zu смеяться);

    1 B b: стой   (vgl. стою zu стоять);

               бойся   (vgl. боюсь zu бояться);

    3:        куй   (vgl. кую zu ковать), ebenso alle übrigen Verben dieser Gruppe);

    7:        пой   (vgl. пою zu петь).

Von *abweichenden Stämmen* bilden ihre Imperativformen der 2. Pers. Sing. die folgenden Verben unproduktiver Gruppen:

    1 A a: двигай   in Analogie zur I. pr. Kl. (vgl. движут/двигают zu двигать), ebenso einige seltenere Verben dieser Gruppe;

    1 A b: сыпь   (vgl. сыплют zu сыпать);

    5:        бей   (= бej-∅ mit flüchtigem e, vgl. бьют = бj-ут zu бить), ebenso alle übrigen Verben dieser Gruppe;

    6 B: ляг   (mit nichtpalatalisiertem Stammauslaut bei regelrechter Nullendung, vgl. лягут zu лечь).

    7: (isol. Verben):

               поезжай   zu ехать und поехать,

               будь   zu быть,

               дай   zu дать, analog создай zu создать,

               ешь   zu есть, analog надоешь zu надоесть.

175 Die Imperativform der **2. Pers. Plur.** wird stets durch Anfügung der *Pluralendung -те* an die Form der 2. Pers. Sing. gebildet, z. B. соедините, пойте, напомните, подвиньте, режьте, показывайте, выпишите, стойте, вставайте, бейте, лягте.

176 Besondere Formen der Aufforderung, in die sich der Sprechende selbst mit einschließt, sind die Formen der gemeinsamen Handlung (формы совместного действия) oder Formen des **inklusiven Imperativs** (инклюзивные формы императива). Diese Formen sind homonym mit den Formen der *1. Pers. Plur.* des perfektiven Futurs bzw. imperfektiven Futurs, werden aber im Unterschied zu diesen stets ohne Personalpronomen gebraucht.

Bei einer Aufforderung an mehrere Personen bzw. bei höflicher Anrede einer Person (dt. "Sie") wird gewöhnlich wiederum die Pluralendung -те angefügt:

    pf. напишем   – ipf. будем писать

    pf. напишемте   – ipf. будемте писать

Die Formen vom Typ будем писать werden verhältnismäßig selten gebraucht; man verwendet sie vor allem mit Verneinung: не будем спорить. Sonst werden sie gewöhnlich durch die Verbindung der Partikel давай/давайте mit dem imperfektiven Infinitiv ersetzt, z. B. давай(те) писать. Es ist auch möglich, давай будем писать zu sagen. Die Partikel давай/давайте kann auch zur perfektiven inklusiven Imperativform hinzugefügt werden, z. B. давай напишем.

177 Bei den *paarigen Verben der Fortbewegung* (vgl. **315ff.**) können zum Ausdruck des inklusiven Imperativs die determinierten Verben verwendet werden, z. B. идём, едем, бежим. Daneben finden aber die Verben mit dem Präfix по- (ingressive Aktionsart, vgl. **324 P. a, 327**) Verwendung, z. B. пойдём, поедем, побежим.

178 Schließlich können als Imperativformen, d. h. als Ausdruck der Aufforderung bzw. des Einverständnisses, auch die analytischen Formen angesehen werden, die aus der Partikel *пусть* oder umg. *пускай* und der Form der **3. Pers. Sing./Plur.** des imperfektiven Präsens bzw. perfektiven Futurs gebildet werden und die sich auf eine Handlung einer dritten Person beziehen, z. B. пусть придёт, пускай придут; пусть поют, а мы будем заниматься.

Das **Teilparadigma der Imperativformen** könnte somit folgendermaßen dargestellt werden: **179**

		Ipf.	Pf.
2. Pers.	Sing.	пиши́	напиши́
		гото́вь	пригото́вь
		чита́й	прочита́й
	Plur.	пиши́те	напиши́те
		гото́вьте	пригото́вьте
		чита́йте	прочита́йте
1. Pers. Plur.	Sprechender und ein Angesprochener	бу́дем писа́ть	напи́шем
	Sprechender und mehrere Angesprochene bzw. ein Angesprochener bei höflicher Anrede	бу́демте писа́ть	напи́шемте
3. Pers.	Sing. / Plur. пусть (пуска́й)	пи́шет / пи́шут	напи́шет / напи́шут

2.2.4.4. Die aktiven Konjunktivformen

Die aktiven **Konjunktivformen** (фо́рмы сослага́тельного наклоне́ния действи́тельного зало́га) beider Aspekte werden analytisch durch Verbindung der Partikel бы mit den Präteritalformen gebildet, z. B. реши́л бы, реши́ла бы usw. **180**
Bemerkung. In Sätzen, die mit Konjunktionen eingeleitet werden, folgt die Partikel бы häufig unmittelbar auf die Konjunktion:

    Е́сли бы он пришёл!

Zu einer orthographischen Einheit sind die Konjunktion что und die Partikel бы verschmolzen, z. B.

    Он пришёл к дру́гу, что**бы** тот ему́ **помо́г**.

2.3. Die Kategorie des Aspekts

2.3.1. Der Gehalt und die Bedeutungen

2.3.1.1. Der Gehalt der Kategorie

Es ist eine typische Erscheinung der slawischen Sprachen, jede mit einem Verb bezeichnete Handlung aspektuell zu differenzieren. Darunter ist zu verstehen, daß für den Slawen in der konkreten Rede keine Handlung ohne Zuordnung zu einem bestimmten Aspekt denkbar ist. Seine Vorstellung von Handlungen ist untrennbar mit einer spezifischen gedanklichen Differenzierung verbunden, die in der Verwendung der perfektiven oder imperfektiven Aspektform ihren sprachlichen Ausdruck findet. **181**
Diese gedankliche Differenzierung resultiert aus einem Gefüge von kommunikativen Bedingungen, in das der Sprechende eingeordnet ist und aus dem sich die bestimmenden Faktoren für die Verwendung der Aspektformen ergeben.
Der **Gehalt der Kategorie** des Verbalaspekts läßt sich demnach definieren als die aus einem Gefüge kommunikativer Bedingungen resultierende gedankliche Differenzierung des Handlungsablaufes, die in korrelativen Formen des *perfektiven Aspekts* (соверше́нный вид) und des *imperfektiven Aspekts* (несоверше́нный вид) ihren sprachlichen Ausdruck findet.

182 Ihrem Wesen nach ist die Kategorie des Aspekts eine *objektive Kategorie*, da der Sprechende in das Bedingungsgefüge eingeordnet ist und in der Regel nur jene Aspektform zu verwenden hat, die der kommunikativen Aufgabe und dem damit angestrebten Effekt beim Hörer oder Leser entspricht.
Die Vertauschung der Aspekte führt immer zu einer mehr oder weniger deutlichen Veränderung des kommunikativen Effekts.
Absolut unvertauschbar sind die Aspekte z. B. in all den Fällen, wo eine zeitliche Bezugsetzung zweier oder mehrerer Handlungen zueinander ausgedrückt wird. Da in diesen Fällen die Aspektverwendung von Faktoren des relativen Tempus geregelt wird (Vorzeitigkeit, Gleichzeitigkeit, Nachzeitigkeit), ergäbe die Vertauschung der Aspekte eine völlig andere Bezugsetzung dieser Handlungen zueinander.

Vgl. Он писа́л письмо́ и слу́шал ра́дио.
Er schrieb einen Brief und hörte (gleichzeitig) Radio.
Он написа́л письмо́ и ушёл.
Er schrieb einen Brief (und beendete ihn) und ging (dann) weg.

Wenn es sich nicht um relatives Tempus handelt, d. h. um Fälle, wo im Satz nur ein verbales Prädikat auftritt, ist die Aspektverwendung durch andere Faktoren geregelt. Sie sind aber ebenfalls objektiver Natur (vgl. **187 ff.**).
Auffassungen, nach denen die Aspekte eine subjektive Kategorie darstellen, sind mit den Gesetzmäßigkeiten der Aspektverwendung unvereinbar. Diese Auffassungen übersehen, daß der Sprechende in ein bestimmtes Gefüge kommunikativer Bedingungen eingeordnet ist und daß die sich daraus ergebende Kommunikationsaufgabe so zu realisieren ist, daß ihr ein adäquater kommunikativer Effekt entspricht.
Nur in relativ seltenen Fällen entscheiden *subjektive Faktoren* über die Verwendung der Aspektform. Solche Fälle sind dann möglich, wenn bestimmte Erscheinungen der objektiven Realität, d. h. Handlungen und ihr Ergebnis, zur Zeit der Rede des Sprechenden als nicht mehr gültig oder bedeutsam für den Sprechenden sind und demzufolge mit der imperfektiven Aspektform bezeichnet werden.

Учи́тель объясня́л нам, как реша́ются таки́е зада́чи, но я уже́ забы́л.
Der Lehrer erklärte uns (wohl), wie solche Aufgaben zu lösen sind, aber ich habe es schon vergessen.
Учи́тель объясни́л нам, как реша́ются таки́е зада́чи. Я все реши́л.
Der Lehrer erklärte uns, wie solche Aufgaben zu lösen sind. Ich habe sie (daher) alle gelöst.

Wie das Kontrastbeispiel zeigt, können sich bestimmte Erscheinungen der objektiven Realität im Bewußtsein verschiedener Sprechender unterschiedlich widerspiegeln. In solchen Fällen hängt es von der subjektiven Sicht des Sprechenden ab, ob das mit der Handlung erreichte Ergebnis zum Zeitpunkt seiner Rede noch vorliegt bzw. für ihn noch gültig, bedeutsam oder belangvoll ist. Subjektive Faktoren der Aspektverwendung stellen zwar keinen wesensbestimmenden Zug der Kategorie dar, dürfen aber bei der Beschreibung des Funktionsmechanismus der Aspekte nicht außer acht gelassen werden.

183 Das sorgfältige und gründliche Studium der Aspektkategorie ist für den Deutschen, der die russische Sprache lernt bzw. lehrt, von besonderer Bedeutung, da das Deutsche die Kategorie des Verbalaspekts als morphologische Kategorie nicht aufweist. In der deutschen Sprache vorhandene Mittel, bestimmte dem Aspekt ähnliche Differenzierungen auszudrücken, sind mit dem slawischen Verbalaspekt nicht vergleichbar oder gar identisch. Auch Gegenüberstellungen von Verben wie 'steigen – ersteigen', 'frieren – erfrieren' u. a. sind nicht geeignet, richtige Vorstellungen über das Wesen der russischen Aspektdifferenzierung zu erzeugen. Zum einen ist der lexikalische Unterschied zwischen diesen Gegenüberstellungen eindeutig nachweisbar, zum anderen können jeweils beide Verben im Russischen mit beiden Aspekten wiedergegeben werden.

Vgl. подня́ться – поднима́ться 'steigen', взобра́ться – взбира́ться 'ersteigen', озя́бнуть – зя́бнуть 'frieren', замёрзнуть – замерза́ть 'erfrieren' u. a.

2.3.1.2. Der Verbalaspekt als morphologische Kategorie

Der Verbalaspekt ist eine morphologische Kategorie. Für diese Auffassung sprechen folgende Tatsachen: **184**

1. Jede Verbalform gehört einem Aspekt an, ist ohne diese Bindung an einen der beiden Aspekte nicht denkbar, unabhängig davon, welche anderen verbalen Kategorien (Genus verbi, Modus, Tempus, Person) in der jeweiligen Form ausgedrückt werden.

2. Die wichtige Tatsache der Gebundenheit jeder Verbalform an die Kategorie des Aspekts wird noch unterstrichen durch die Existenz von Verben mit zweiaspektigen Verbalstämmen, z. B. гарантировать, обещать u. a. (vgl. **301 ff.**). Verben dieser Art erhalten ihre konkrete Aspektbedeutung erst im Kontext.

       Он сегодня утром *обещал* прийти вовремя.
       Er versprach heute früh, rechtzeitig zu kommen.

Hier nimmt das zweiaspektige Verb обещать perfektive Bedeutung an, worüber die synonyme Umschreibung der Handlung Aufschluß gibt:

       Он сегодня утром *дал обещание* прийти вовремя.
       Heute früh gab er das Versprechen, rechtzeitig zu kommen.

Dagegen: Он не раз *обещал* нам прийти в гости.
       Er versprach uns mehrmals, uns zu besuchen.
       Он не раз *давал обещание* прийти в гости.

3. Der Unterschied der Bedeutung zwischen beiden Gliedern der Aspektkorrelation wird von grammatischen Momenten bestimmt, nicht aber von der lexikalischen Bedeutung des Verbs. Diese grammatischen Momente sind, von der gedanklichen Grunddifferenzierung abgeleitet, vor allem zeitlicher Art (z. B. in den Formen des Indikativs); beim Infinitiv können die zeitlichen Momente mit modalen gekoppelt sein.

Als wesentliche Beweise beschränken wir uns an dieser Stelle auf folgende Tatsachen:

a) Die imperfektive Aspektform muß verwendet werden, wenn aktuelles Präsens bezeichnet wird (die Handlung geschieht im Moment der Rede) und wenn Dauer oder Wiederholung ausgedrückt werden.

b) Die perfektive Aspektform ist zu verwenden, wenn das Ergebnis einer vollzogenen Handlung für den Sprechenden zum Zeitpunkt seiner Rede noch vorliegt oder bedeutsam ist.

c) Wenn Handlungen zueinander in zeitliche Beziehung gesetzt werden, dann entscheiden diese zeitlichen Beziehungen (im Sinne des 'während', 'nachdem', 'bevor') die Aspektverwendung. Zur Bezeichnung gleichzeitig ablaufender Handlungen ist nur der imperfektive Aspekt geeignet, während für den Ausdruck aufeinanderfolgender Handlungen im Normalfall perfektive Aspektformen zu verwenden sind.

Von einigen Linguisten wird der Verbalaspekt als eine klassifizierende Kategorie angesehen **185** (z. B. [*129*, Bd. 1, §§ 1115, 1388; *148*, 248, 310]).
Vergleicht man jedoch die Aspektkategorie mit anderen klassifizierenden Kategorien einerseits und morphologischen Kategorien andererseits, so wird die Übereinstimmung mit letzteren offenbar.

Das Vorliegen einer morphologischen Kategorie wird u. a. mit dem Argument bestritten, daß die beiden Glieder eines Aspektpaares jeweils ihr eigenes Paradigma bilden und daß eine relativ große Zahl von Verben aspektdefektiv ist, d. h. nur über eine Aspektform verfügt. Ganz ähnliche Verhältnisse liegen aber z. B. auch beim Numerus des Substantivs vor, der allgemein als morphologische Kategorie angesehen wird. Die Singular- und Pluralformen des Substantivs bilden ebenfalls verschiedene Paradigmen, und eine nicht geringe Zahl von Substantiven verfügt nur über Singularformen (Singularia tantum) oder Pluralformen (Pluralia tantum).

Als weiteres Argument wird angeführt, daß die aspektbildenden Suffixe und Präfixe Wortbildungsmorpheme seien. Da die imperfektivierenden Suffixe aber ein reguläres Mittel zur Bildung imperfektiver Formen von perfektiven Ausgangsverben sind und keine lexikalische Bedeutung besitzen, sondern nur eine grammatische Funktion erfüllen (Funktion der Imperfektivierung), müssen sie als formbildende Affixe betrachtet werden. Die perfektivierenden Präfixe verändern tatsächlich in den meisten Fällen die lexikalische Bedeutung des Ausgangsverbs und sind dann als Wortbildungsmittel anzusehen. Bei einer ganzen Reihe von Verben, die durch bestimmte Präfixe perfektiviert sind, ist jedoch kein Bedeutungsunterschied mehr zwischen der präfigierten Form und dem Ausgangsverb festzustellen. In diesen Fällen hat das Präfix folglich nur eine grammatische Funktion, eben die Bezeichnung des perfektiven Aspekts. Das Verhältnis zwischen Ausgangsverb und präfigierter Form ist deshalb durchaus mit dem zwischen Suppletivformen anderer Wortarten und deren grammatischer Kategorie zu vergleichen (z. B. хоро́ший – лу́чше, челове́к – лю́ди).

Die angeführten Beispiele sind aus diachronischer Sicht ebenfalls ursprünglich verschiedene Lexeme. In der russischen Sprache der Gegenwart dienen sie aber nur noch zum Ausdruck verschiedener grammatischer Funktionen bei Identität der lexikalischen Bedeutung und sind somit als Formen eines Lexems zu betrachten.

186 Wenn man also davon ausgeht, daß der Verbalaspekt eine morphologische Kategorie ist, dann ist folgerichtig, die sich in der Korrelation gegenüberstehenden Formen als Formen eines Lexems aufzufassen. Das ist immer dann der Fall, wenn die beiden Formen hinsichtlich ihrer lexikalischen Bedeutung identisch sind. Diese Identität ist nachweisbar, wenn man die Aspektformen vertauscht. Dabei entsteht eine veränderte Bezugsetzung zwischen den Bezugspunkten im Bedingungsgefüge der Kommunikation, aber keine andere lexikalische Bedeutung mit entsprechender Funktion.

> О, бу́дьте уве́рены, что Колу́мб был сча́стлив не тогда́, когда́ *откры́л* Аме́рику, а когда́ *открыва́л* её. – Ф. М. Достое́вский.
> Oh, seien Sie überzeugt, daß Kolumbus nicht glücklich war, als er Amerika *entdeckt hatte*, sondern als [während] er es *entdeckte*.

Die lexikalische Identität der beiden Aspekte ist somit offensichtlich.

2.3.1.3. Die Bedeutung des perfektiven Aspekts

187 Der perfektive Aspekt drückt in allen Kontexten immer die gleiche grammatische Allgemeinbedeutung aus und ist somit durch Invarianz gekennzeichnet. Diese **Allgemeinbedeutung** bedarf im weiteren einer exakten Definition und detaillierten Erläuterung.

Die Bedeutung des perfektiven Aspekts ist zu bestimmen als *Ganzheitlichkeit der durch das Verb bezeichneten Handlung* (це́лостность де́йствия), unabhängig von der lexikalischen Bedeutung des Verbs. So bezeichnet z. B. die perfektive Form встать die Ganzheitlichkeit des Aufstehens, заболе́ть die Ganzheitlichkeit des Erkrankens, рассказа́ть die Ganzheitlichkeit des Erzählens, дойти́ die Ganzheitlichkeit des Hingelangens usw. Bei Verben mit lexikalischer Phasenbedeutung (z. B. Verben der ingressiven und egressiven Aktionsart (vgl. **314** P. a und b) heißt Ganzheitlichkeit der bezeichneten Handlung demnach Ganzheitlichkeit der bezeichneten Phase.

Diese Definition der Allgemeinbedeutung (des invarianten Merkmals) des perfektiven Aspekts erfaßt ausnahmslos alle Verbalformen und abstrahiert von der individuellen lexikalischen Bedeutung der Verben.

Für die Bestimmung der grammatischen Allgemeinbedeutung des perfektiven Aspekts ist es deshalb gleichgültig, welches konkrete Verb in perfektiver Form auftritt. So unterschiedlich die Verben hinsichtlich ihrer lexikalischen Bedeutung auch sein mögen, das Gemeinsame, die Invariante, ist ihre gleiche Allgemeinbedeutung.

188 Zur Ganzheitlichkeit der durch das Verb bezeichneten Handlung gehören folgende charakteristische Elemente:

a) Die Ganzheitlichkeit schließt ein, daß die *Handlung ihr Ziel und damit ihre Grenze erreicht* (достиже́ние це́ли или преде́ла). Das heißt, daß die Handlung ihren Endpunkt, ihren eigentlichen Zweck, um dessentwillen sie vollzogen wurde (oder noch zu vollziehen ist) erreicht hat und objektiv nicht mehr fortgesetzt werden kann. Die Handlung hat sich erschöpft.

  Учени́к откры́л кни́гу.
  Сего́дня они́ прие́хали.
  Он написа́л интере́сную статью́.

Bemerkung. Eine gewisse Sonderstellung innerhalb dieses Charakterisierungselements nehmen die von aterminativen Verben gebildete delimitative und perdurative Aktionsart ein (vgl. **314** P. d und e). Aterminative Verben bezeichnen Handlungen (im eigentlichen Sinne Zustände), die auf Grund ihrer Beschaffenheit keinem Finalpunkt zustreben und die sich daher von selbst nicht erschöpfen können, vgl. лежа́ть, стоя́ть, сиде́ть, спать u. a. Wenn das Bedingungsgefüge für die Kommunikation die ganzheitliche Darstellung erfordert, stellt das Sprachsystem Präfixe zur Verfügung, die diese aterminativen Verben perfektivieren. Damit wird die Grenze der Handlung durch die Aktionsartbedeutung gesetzt. Mit der für terminative perfektive Verben charakteristischen Ziel- bzw. Grenzerreichung ist sie nicht identisch.

Obwohl diese Aktionsarten mit lexikalischen Indikatoren zur Bezeichnung einer bestimmten Zeitdauer verbunden werden können (vgl. **218**), besteht ihre Bedeutung in der Begrenzung dieses Zeitraumes und nicht in der Bezeichnung der Dauer.

  Ты поспа́л и вид у тебя́ све́жий.
  Кни́ги там пролежа́ли це́лую неде́лю.

189 Für die Verwendung der perfektiven Tempusformen ist von entscheidender Bedeutung, daß durch sie eine *zeitliche Bezugsetzung* der bezeichneten Handlung einschließlich Ergebnis ausgedrückt wird. Bezugspunkt kann der Zeitpunkt der Rede oder eine andere Handlung bzw. Situation sein.

Zeitpunkt der Rede:
  Я взял твои́ кни́ги. Они́ у меня́.
  Он мне всё рассказа́л. Я всё зна́ю.

Das Ergebnis der Handlungen, das mit dem Erreichen des Ziels bzw. der Grenze geschaffen wurde, liegt zum Zeitpunkt der Rede, der gleichzeitig Bezugsmoment ist, vor.

Zeit einer anderen Handlung:
  Он пришёл домо́й и включи́л телеви́зор.

Es ist als Normalfall anzusehen, daß die jeweils folgende Handlung nur dann erfolgen kann, wenn die vorhergehende ganzheitlich vollzogen ist (vgl. **220**).

Zeit einer außerhalb des Redemoments liegenden Situation:
  Бы́ло по́здно. Го́сти уже́ ушли́.
  Es war spät. Die Gäste waren bereits gegangen.

Das Ergebnis des Weggehens der Gäste, ihr 'Nicht-mehr-da-Sein' ist auf die Situation des Spätseins bezogen.

190 Eine interessante und für viele Fälle recht geeignete Bezugspunkttheorie vertreten M. A. Scheljakin und H. Schlegel [*240*, 65 ff.].

Nach dieser Theorie wird die Handlung durch zwei Orientierungspunkte bestimmt. Der eine ist der *Redemoment*, d. h. der Zeitpunkt, *zu* dem gesprochen wird. Der Redemoment ermöglicht eine Groborientierung auf der Linie der objektiven Zeit. Die Handlung liegt entweder vor oder nach diesem Moment, oder sie fällt mit ihm zusammen bzw. geht durch ihn hindurch (vgl. dazu **386 ff.**).

Der zweite Orientierungspunkt ist der *Bezugsmoment*. Darunter wird der Zeitpunkt verstanden, in den wir uns gedanklich versetzen, der Zeitpunkt, *von* dem wir sprechen, auf den wir die Handlung beziehen. Dieser zweite Orientierungspunkt ermöglicht eine Feinorientierung auf der objektiven Zeitlinie: Die Handlung ist zum Bezugsmoment schon abgeschlossen (d. h. sie hat ihre Grenze bzw. ihr Ziel erreicht) oder geht noch vor sich.

  Он уже́ *встал*, когда́ мы пришли́ к нему́.
  Когда́ мы пришли́ к нему́, он как раз *встава́л*.

In beiden Sätzen erfolgte die Handlung im Verhältnis zum Orientierungspunkt "Redemoment" in der Vergangenheit. Im Verhältnis zum Orientierungspunkt "Bezugsmoment" hat im ersten Satz die bezeichnete Handlung ihre Grenze erreicht. Im zweiten Satz wird im Verhältnis zum Orientierungspunkt "Bezugsmoment" die bezeichnete Handlung als noch in ihrem Verlauf dargestellt.

Dabei darf allerdings nicht übersehen werden, daß die Theorie des Bezugsmoments nicht alle Fälle der Verwendung des imperfektiven Aspekts erfaßt, sondern nur die Verlaufsbedeutung (vgl. **224**). In Sätzen wie "Я вставáл, но потóм разболéлась головá, и я опя́ть лёг" wird z. B. durch die Verwendung der imperfektiven Präteritalform nicht eine Handlung bezeichnet, die zu einem Zeitpunkt, auf den sich der Sprechende bezieht, noch vor sich ging. Vgl. **228**.

191 b) Die Ganzheitlichkeit ist *unvereinbar mit der Bezeichnung der Entwicklung und Dauer der Handlung* (развитие и длительность дéйствия). Der perfektive Aspekt sieht von der in der objektiven Realität immer notwendigen Zeit zum Vollzug einer Handlung ab. Aus diesem Tatbestand resultieren zwei wichtige Konsequenzen für die Verwendung:

Die eine Konsequenz besteht darin, daß perfektive Aspektformen in ihrer eigentlichen Bedeutung nicht mit Adverbialbestimmungen verbunden werden können, die eine Zeitdauer – und wenn sie noch so gering ist – bezeichnen.

        Цéлый час, дéсять минýт, однý секýнду он молчáл.

Die zweite Konsequenz zeigt sich darin, daß perfektive Verben unfähig sind, die Gleichzeitigkeit von Handlungen auszudrücken.

Die Abstrahierung der Ganzheitlichkeit von Entwicklung und Dauer der Handlung heißt jedoch nicht, daß die Vorstellung des Sprechers von der Dauer aufgehoben wird und daß diese Vorstellung nicht in die Funktion der Äußerung eingeht. Davon zeugt z. B. der Gebrauch von Formen des perfektiven Aspekts in Verbindung mit Adverbialpartizipien des imperfektiven Aspekts mit dem Suffix -a: Они подошли́, толкáя друг дрýга плечáми. Von der Einbeziehung der Dauer in die kommunikative Funktion zeugt auch der Umstand, daß perfektive Formen z. B. mit Adverbien wie мéдленно verbunden werden können: Он мéдленно, дáже óчень мéдленно встал. Eine Ausnahme bilden nur die perfektiven Verben der delimitativen und perdurativen Aktionsart (vgl. **314** P. d, e), die zwar auch die Ganzheitlichkeit der Handlung bezeichnen, aber mit Temporalbestimmungen der Dauer verbunden werden können. Da diese Aktionsarten jedoch an den perfektiven Aspekt gebunden sind, unterliegen sie im übrigen den gleichen Gesetzmäßigkeiten der Verwendung wie alle anderen perfektiven Verbalformen.

192 c) Die Ganzheitlichkeit bedingt die *Unteilbarkeit der Handlung* (недели́мость дéйствия). Darunter ist einerseits zu verstehen, daß die Handlung nicht in Phasen zerlegt werden kann. Deshalb können Phasenverben (z. B. начáть – начинáть, кóнчить – кончáть nicht mit perfektiven Infinitivformen verbunden werden. Vgl. Он нáчал занимáться, расскáзывать, писáть, читáть.

Andererseits bedeutet die Unteilbarkeit die Unmöglichkeit der Aufgliederung einer Handlung in mehrere verschiedenzeitliche Akte, d. h. ihre Wiederholung.

193 *Wiederholung von Handlungen* steht im Widerspruch zur Unteilbarkeit und hat folgerichtig die Verwendung der imperfektiven Aspektform zur Folge. Dabei ist zunächst unwesentlich, ob die Wiederholung als begrenzt oder unbegrenzt, als regelmäßig oder unregelmäßig ausgedrückt werden soll.

Adverbialbestimmungen vom Typ нéсколько раз, пять раз u. a. in Verbindung mit perfektiven Formen stehen insofern nicht im Widerspruch zur unteilbaren Ganzheitlichkeit, als es sich in diesen – außerordentlich seltenen – Fällen nicht um verschiedenzeitliche Akte handelt, sondern um eine unmittelbare Aufeinanderfolge der Handlungen, die als eine ganzheitliche Summe ausgedrückt werden (vgl. **244** P. e).

        Алексéй *мигнýл* раз пять подря́д. – М. А. Шóлохов.

2.3.1.4. Die Bedeutung des imperfektiven Aspekts

Im Gegensatz zum perfektiven Aspekt verfügt der imperfektive außerhalb des Kontextes über keine bestimmte Bedeutung. Er nimmt seine spezielle Bedeutung erst im Kontext an. Dieser Sachverhalt zwingt zu dem Schluß, daß sich die Aspektglieder hinsichtlich ihrer Bedeutung *nicht symmetrisch* gegenüberstehen. 194

Dem durch ein fest umrissenes Merkmal gekennzeichneten perfektiven Aspekt steht die imperfektive Form als **merkmalloses Glied** gegenüber. Dabei ist dieser imperfektive Aspekt kein logischer Gegenpol zu seinem merkmalhaften Korrelat, sondern er verhält sich zur Bedeutung des Merkmals neutral. Er ist einerseits unfähig, dieses Merkmal zu signalisieren, d. h. es auszudrücken. Andererseits muß er dieses Merkmal kommunikativ durchaus nicht negieren, er kann es sogar in sich einschließen, ohne sich aber darauf zu beschränken.

> Вот вы, наверное, помните, *приезжа́л* позавчера́ това́рищ из райко́ма. – С. П. Анто́нов.
> Ihr erinnert euch wahrscheinlich daran, daß vorgestern ein Genosse aus dem Kreiskomitee da war.

In diesem Satz wird die Ganzheitlichkeit der Handlung kommunikativ nicht geleugnet. Die bezeichnete Handlung wurde zwar von Anfang bis Ende vollzogen, aber das Merkmal wird insofern nicht signalisiert, als zum Ausdruck kommt, daß das Zielerreichen (das Hiersein) zum Zeitpunkt der Rede für den Sprecher nicht mehr existiert (vgl. **229**).

Ein weiterer Beweis für den asymmetrischen Charakter der Aspektopposition besteht auch darin, daß die Aspekte unter bestimmten Voraussetzungen austauschbar sind (vgl. **243f.**). Dabei handelt es sich jedoch grundsätzlich um Fälle, in denen das Bedingungsgefüge den perfektiven Aspekt erwarten läßt, aber der imperfektive Aspekt den perfektiven substituiert. Besonders typisch ist die Verwendung des imperfektiven Aspekts anstelle des zu erwartenden perfektiven in der Umgangssprache des Alltags.

> Umgangssprache: Я уже́ *обе́дал*, я сыт.
> Gehobener Stil: Я уже́ *поку́шал* ... Мерси́, – пробормота́л он. – А. П. Че́хов.

Der merkmallose imperfektive Aspekt ist auf Grund seiner Neutralität gegenüber dem Merkmal des perfektiven Aspekts nicht positiv zu bestimmen. Seine durch den Kontext bedingten **speziellen Bedeutungen** sind ableitbar aus dem Fehlen des Merkmals bzw. eines seiner charakteristischen Elemente. 195

Diese theoretische Feststellung bedarf natürlich des Nachweises und der Bestätigung durch die sprachlichen Tatsachen. Wir vergleichen daher folgende Sätze:

(1) Когда́ я вошёл, он как раз расска́зывал о Сове́тском Сою́зе.
(2) Он це́лый час расска́зывал о Сове́тском Сою́зе.
(3) Он мне ча́сто расска́зывал о Сове́тском Сою́зе.
(4) Он мне, ка́жется, расска́зывал о Сове́тском Сою́зе, но я уже́ не по́мню.

Im ersten Satz wird die *Handlung in ihrer Entwicklung* (действие в процессе его осуществления), der Handlungsverlauf, zum Ausdruck gebracht. Der Handlungsverlauf ist aber mit dem ganzheitlichen Vollzug unvereinbar.

Im zweiten Satz wird die Handlung durch die Adverbialbestimmung zwar begrenzt, aber gleichzeitig expliziert diese Temporalbestimmung eine gewisse *Dauer* (дли́тельность), die ebenfalls dem Begriff der Ganzheitlichkeit der Handlung widerspricht.

Im dritten Satz handelt es sich um verschiedenzeitliche *Wiederholung der Handlung* (повторя́ющееся действие). Somit ist das Element Unteilbarkeit nicht vorhanden.

Im vierten Satz liegt die *abstrakte Konstatierung der Handlung* (констата́ция обобщённого фа́кта) vor. Der Sprechende will weder den Handlungsverlauf noch die Wiederholung der Handlung ausdrücken, sondern nur feststellen, daß die Handlung stattfand. Wichtig für den Sprechenden ist, daß das Ergebnis der Handlung, auch wenn sie ganzheitlich vollzogen wurde, zum Zeitpunkt der Rede nicht mehr von Bedeutung ist. Damit entfällt die für die

Verwendung der perfektiven Aspektformen unabdingbare *Bezugsetzung* (vgl. **189**) und folglich die *zeitliche Lokalisierung* (временна́я локализо́ванность).

2.3.1.5. Vergleich mit anderen Auffassungen

196 Die Geschichte der Aspektforschung ist gekennzeichnet durch das Bemühen, durch begriffliche Bestimmung der Bedeutungen der Aspektglieder das Hauptmerkmal der Aspektunterscheidung herauszuarbeiten. Der folgende knappe Überblick über die wichtigsten Auffassungen verfolgt den Zweck, die Konsequenzen deutlich zu machen, die sich aus der jeweiligen Theorie sowohl für eine möglichst widerspruchsfreie Beschreibung der Aspektbedeutungen als auch für die Praxis der Sprachvermittlung ergeben.

197 Größte Verbreitung – vor allem in Schulgrammatiken – fand die Begriffsbestimmung der beiden Aspektglieder als Gegenüberstellung von *Vollendung und Dauer*. Die erste klare Formulierung dieser Ansicht finden wir bei F. Miklosich [227, 274]: "Eine Handlung wird entweder als *dauernd* dargestellt oder als *vollendet* ausgesagt." Die Analyse von Beispielmaterial macht jedoch zwei Mängel dieser Begriffsbestimmung deutlich. Der erste Mangel besteht darin, daß der Begriff "Vollendung" in zweierlei Hinsicht verstanden werden kann: als Abschluß der Handlung oder als ihr Zu-Ende-Führen. Objektiver Abschluß der Handlung ist jedoch nicht unbedingt Voraussetzung für ihre Bezeichnung mit dem perfektiven Aspekt.

    Алексе́я *рассма́тривали* с недове́рием и любопы́тством, пото́м спроси́ли, кто он, к кому́ и как его́ фами́лия.
    Sie betrachteten Alexej mit Mißtrauen und Neugier, dann fragten sie, wer er sei, zu wem er will und wie er heißt.

Die mit dem imperfektiven Aspekt bezeichnete Handlung fand objektiv ihren Abschluß früher, als die mit dem perfektiven ausgedrückte.
Vollendung im Sinne des Zu-Ende-Führens der Handlung ist ihrerseits nicht vereinbar mit Verben der ingressiven Phasenbedeutung, z.B. запе́ть, побежа́ть usw. Vgl. auch [31, 391].
Der zweite Mangel der Begriffsbestimmung besteht darin, daß die Dauer der Handlung ihre Vollendung nicht auszuschließen braucht. Aber objektiv vollendete Handlungen dürfen nicht mit dem perfektiven Aspekt bezeichnet werden, wenn ihre Dauer ausgedrückt werden soll.

    Он вчера́ сдал экза́мен, к кото́рому *гото́вился* не́сколько ме́сяцев.

Die Unvereinbarkeit dieser Theorie mit den sprachlichen Tatsachen wird weiterhin dadurch belegt, daß der imperfektive Aspekt in nicht wenigen Fällen die Dauer der Handlung gar nicht bezeichnet.

    Он *приходи́л* и оста́вил э́ти кни́ги.
    Er war da und hat diese Bücher hiergelassen.

198 Ebenfalls große Verbreitung fand die Auffassung von der *Resultativität* (результати́вность) als Bedeutung des perfektiven Aspekts. Dabei wird jedoch der Begriff Resultativität unterschiedlich interpretiert. So setzt z.B. A. Mazon die Begriffe Abgeschlossenheit und Resultativität bei der Erläuterung der Aspektverwendung des Infinitivs gleich: "... завершённость де́йствия вытека́ет из того́ фа́кта, что име́ется в виду́ результа́т, а не разви́тие" [36, 101]. Der Begriff Resultativität wird weiterhin lexikalisch in dem Sinne ausgelegt, daß er nur da anwendbar ist, wo die lexikalische Bedeutung des Verbs die Vorstellung von einer Resultaterreichung zuläßt. Verben mit ingressiver Phasenbedeutung sowie die delimitative und perdurative Aktionsart werden von dieser Auslegung nicht erfaßt.

199 S. Karcevskij [36, 222] bezeichnet als Resultativität die Konzentration der Aufmerksamkeit des Sprechers auf einen konkreten Moment des Handlungsprozesses bei Außerachtlassung aller anderen Momente. Dabei wird subjektiv dieser Moment immer als resultativ empfunden, ob er nun Endpunkt, Anfangspunkt oder ein anderer ist.
Für V. V. Vinogradov [31, 394] hingegen ist Resultativität nur eine der grundlegenden Bedeutungen des perfektiven Aspekts, aber nicht die einzige. Sie ist ein Sonderfall der inneren Grenze.

2.3. Die Kategorie des Aspekts

P. I. Mučnik schließlich sieht in der Resultativität, die er mit der negativen Bedeutung der Nichtdauer (недлительность) verbindet, das einzige Merkmal des perfektiven Aspekts, das ihn vom imperfektiven unterscheidet. Andererseits ist bei ihm die Dauer der Handlung – die Bedeutung des imperfektiven Aspekts – grundsätzlich durch Nichtresultativität gekennzeichnet [*98*, 109].

Bei seiner Theorie von der *Grenze* (предéл) als dem Hauptmerkmal des perfektiven Aspekts stützt sich V. V. Vinogradov wesentlich auf die durch die sprachlichen Tatsachen eindeutig belegbaren Feststellungen, die L. P. Razmusen bereits vor fast 100 Jahren traf. Er schrieb: "Ein Verb des perfektiven Aspekts bezeichnet, wie mir scheint, zunächst eine Handlung, die ihr Ziel (ihre Grenze) erreicht, dann aber auch überhaupt eine Handlung, die als ein Ganzes (Anfang, Mitte und Ende zusammengenommen) betrachtet wird". Vgl. [*228*, 142].

V. V. Vinogradov selbst erläutert das Merkmal der Handlungsgrenze oder des Zielerreichens als Merkmal der Begrenzung oder der Beseitigung der Vorstellung von der Dauer der Handlung [*31*, 394].

Die Bedeutung des imperfektiven Aspekts charakterisiert Vinogradov in Anlehnung an A. A. Šachmatov als "unqualifizierte Handlung", die die neutrale Basis der Aspektkorrelation darstellt [*31*, 394].

Diese Begriffsbestimmung bringt zweifellos einen wesentlichen Fortschritt in die Aspektdefinition insofern, als mit dem Grenzerreichen der Handlung und der Beseitigung der Vorstellung von der Dauer (nicht der Dauer selbst) das Grundsätzliche herausgestellt wird, das ausnahmslos alle perfektiven Verbalformen kennzeichnet.

Andererseits aber bedarf der Begriff der Grenze zumindest der zusätzlichen Präzisierung, daß hier nicht die lexikalische Grenze gemeint ist, sondern der allen perfektiven Verbalformen gemeinsame Ausdruck des Endpunktes der ganzheitlichen Handlung (vgl. **187**).

In Anlehnung an die Begriffsbestimmung von E. Černy und L. P. Razmusen entwickelte 201 Ju. S. Maslov die Theorie von der *unteilbaren Ganzheitlichkeit* der Handlung (неделимая цéлостность дéйствия) als Bedeutung des perfektiven Aspekts.

Dem imperfektiven Aspekt schreibt Ju. S. Maslov keine andere Bedeutung zu, als daß ihm die Fähigkeit fehlt, die unteilbare Ganzheitlichkeit auszudrücken [*86*, 9; *36*, 20]. Diese Auffassung fand mit Recht breiteste Anerkennung in der Linguistik. Die unteilbare Ganzheitlichkeit der Handlung als Merkmal des perfektiven Aspekts und die Merkmallosigkeit des imperfektiven Aspekts sind jedoch insofern weitgehend abstrakt, als mit dieser Definition noch keine allseitig konkreten Hinweise für die Verwendung der Aspekte gegeben sind. Insbesondere bedarf diese Begriffsbestimmung für die Zwecke des Fremdsprachenunterrichts einer eingehenden Erläuterung, die in den vorangehenden Abschnitten versucht wurde.

Eine dem Inhalt nach analoge Auffassung von der Bedeutung der Aspekte und vom Wesen 202 der Aspektopposition vertritt A. V. Bondarko.

Er bezeichnet den perfektiven Aspekt als das markierte Glied der grammatischen Gegenüberstellung. Sein invariantes Merkmal (d. h. seine Allgemeinbedeutung) ist die *"Ganzheitlichkeit der Handlung, die durch ihre innere Grenze ihre Begrenzung findet"* [*15*, 12 f.]. Aus dieser Allgemeinbedeutung ergeben sich für A. V. Bondarko vier spezielle Bedeutungen (чáстные значéния) des perfektiven Aspekts:

a) Konkret-vollzogene Bedeutung (конкрéтно-фактúческое значéние).
Die perfektive Form bezeichnet eine konkrete Einzelhandlung.

"Отпустили тебя?" – "Отпустили." – М. А. Шóлохов.

b) Anschaulich-exemplarische Bedeutung (наглядно-примéрное значéние). Im Kontext wird ausgewiesen, daß von sich wiederholenden Handlungen die Rede ist, während die perfektive Form die Handlung so darstellt, als ob es ein konkreter Einzelfall sei. Es handelt sich damit um eine expressive Darstellungsweise des Typischen durch das Konkrete und Einzelne. Sie wird meist durch die perfektiven Futurformen ausgedrückt.

Иногдá бывáет так: *налетúт* бýря, *погуляет* часá два-три и так же неожúданно *затúхнет*, как началáсь. – Г. Н. Троепóльский.

c) Potentielle Bedeutung (потенциа́льное значе́ние). Aus dem Kontext geht hervor, daß die dargestellte Handlung nicht auf irgendeinen konkreten Zeitpunkt bezogen ist. Durch das Zusammenspiel dieser Kontextbedeutung mit der Bedeutung der perfektiven Futurform wird die potentielle Möglichkeit oder Unmöglichkeit des Handlungsvollzugs zum Ausdruck gebracht.

    Же́нщины! Же́нщины! Кто их поймёт? – М. Ю. Ле́рмонтов.

d) Summarische Bedeutung (сумма́рное значе́ние). Hierbei wird eine Handlung, die aus einer begrenzten Anzahl von Teilakten besteht, als Komplex, als zusammengefaßte Ganzheit bezeichnet.

    Алексе́й ми́гнул раз пять подря́д. – М. А. Шо́лохов.

203 Diese speziellen Bedeutungen, die für den Muttersprachler durchaus handhabbar sein mögen, sind für den Fremdsprachenunterricht jedoch aus verschiedenen Gründen problematisch:
Die Bestimmung der konkret-vollzogenen Bedeutung ist zu allgemein; sie macht nicht deutlich, wodurch die Zuständigkeit des perfektiven Aspekts bedingt ist, da konkrete Einzelhandlungen auch durch den imperfektiven Aspekt bezeichnet werden können (vgl. die konkret-ablaufende Bedeutung, **205**). Deshalb ist es notwendig, im Fremdsprachenunterricht diese Hauptbedeutung des perfektiven Aspekts genauer zu erläutern (vgl. **188 ff.**) und ihr Zusammenwirken mit den Tempusbedeutungen zu erklären, z.B. bei der perfektiven Präteritalform die Aorist- und Perfektbedeutung (vgl. **220 ff.**).

204 Das Wesen spezieller Bedeutungen grammatischer Formen besteht darin, daß die Allgemeinbedeutung der betreffenden Formen durch den Kontext konkretisiert wird. Das heißt, die spezielle Bedeutung enthält die Invariante und darüber hinaus noch ein oder mehrere zusätzliche Merkmale. Unter diesem Gesichtspunkt können die anschaulich-exemplarische und die potentielle Bedeutung nicht als spezielle Bedeutungen der Aspektform angesehen werden, da in beiden Fällen die Bedeutung der perfektiven Form (Ganzheitlichkeit der Handlung) von der ihr widersprechenden Bedeutung des Kontextes (unbegrenzte Wiederholung bzw. fehlende zeitliche Lokalisierung der Handlung) überlagert wird. Es handelt sich bei diesen Verwendungsweisen perfektiver Formen um Transposition, die sich übrigens auch auf das Tempus bezieht, da sonst Futurbedeutung vorliegen müßte (vgl. **244**; **403**).
Die summarische Bedeutung, die noch wenig erforscht ist und außerordentlich selten auftritt, weist starke lexikalische Beschränkungen auf (vgl. **244** P. e).

205 Der imperfektive Aspekt verhält sich als unmarkiertes Glied der Aspektopposition gegenüber dem Merkmal des perfektiven Aspekts neutral [*15*, 12 f.]. Daraus ergeben sich bei A. V. Bondarko die folgenden sechs speziellen Bedeutungen:
a) Konkret-ablaufende Bedeutung (конкре́тно-проце́ссное значе́ние).

    Когда́ я вошла́ в лаке́йскую, оте́ц уже́ *ходи́л* по за́лу … – И. А. Бу́нин.

b) Unbegrenzt-wiederholte Bedeutung (неограни́ченно-кра́тное значе́ние).

    Зимо́й *гости́ла* иногда́ в уса́дьбе стра́нница Ма́шенька … – И. А. Бу́нин.

c) Abstrakt-konstatierende Bedeutung (обобщённо-факти́ческое значе́ние).

    Ко мне сам Никоди́м Па́лыч Кондако́в *обраща́лся*, и я его́ вы́лечил. – И. А. Бу́нин.

d) Ständig-ununterbrochene Bedeutung (постоя́нно-непреры́вное значе́ние):

    Жизнь бы́стро *дви́гается* вперёд … – М. Го́рький.

e) Potentiell-qualitative Bedeutung (потенциа́льно-ка́чественное значе́ние).

    А ты и на скри́пке *игра́ешь*? – И. Ф. Горбуно́в.

f) Begrenzt-wiederholte Bedeutung (ограни́ченно-кра́тное значе́ние).

    Три ра́за *подогрева́ла* тебе́ обе́д. – К. М. Си́монов.

206 Die Trennung zwischen konkret-ablaufender und ständig-ununterbrochener Bedeutung ist jedoch aus aspektueller Sicht unbegründet, da es sich bei beiden um die gleiche Aspektmoti-

vierung handelt, nämlich um das vollständige Fehlen des Merkmals Ganzheitlichkeit. Somit liegen hier zwei Varianten einer speziellen Bedeutung vor, und zwar Handlungsverlauf (vgl. **195**).

Ebenso sind die unbegrenzt-wiederholte, die begrenzt-wiederholte und die potentiell-qualitative Bedeutung als Varianten einer speziellen Bedeutung (verschiedenzeitliche Wiederholung, vgl. **195**) anzusehen: In allen drei Fällen ist der aspektdeterminierende Faktor das Fehlen des Elementes Unteilbarkeit. Für die Aspektwahl ist es dabei völlig unerheblich, ob begrenzte, unbegrenzte oder potentielle Wiederholung bezeichnet wird.

Die von A. V. Bondarko angeführte abstrakt-konstatierende Bedeutung ist auch aus der Sicht des Nichtmuttersprachlers als eine spezielle Bedeutung des imperfektiven Aspekts anzusehen. Diese spezielle Bedeutung liegt aber nur dann vor, wenn kontextuell kein Hinweis auf den Handlungsverlauf gegeben ist (vgl. **195**).

2.3.2. Aspekt und Aspektualität

Zur Verwirklichung der vielfältigsten Kommunikationsaufgaben und der daraus entstehenden Kommunikationsabsichten reicht in vielen Fällen die durch den Verbalaspekt ausgedrückte Art des Handlungsablaufs nicht aus, da den Aspektbedeutungen selbst die Möglichkeit fehlt, aspektuell differenzierte Handlungsabläufe semantisch spezieller zu präzisieren. Zur Bezeichnung dieser semantischen Präzisierungen verfügt das Russische über ein Inventar weiterer Sprachmittel lexikalisch-grammatischer Art, syntaktisch-konstruktiver Kombinationen morphologischer und lexikalischer Mittel und lexikalischer Indikatoren. Die Gesamtheit dieses Inventars der genannten Sprachmittel einschließlich ihres spezifischen Zusammenwirkens in der Kommunikation stellt die funktional-semantische Kategorie der Aspektualität dar [*16*, 49ff.; *22a*, 94ff.; *245*, 159ff.]. **207**

Unter der **funktional-semantischen Kategorie der Aspektualität** (аспектуа́льность) verstehen wir demnach die Gesamtheit von Sprachmitteln verschiedener Ebenen, die zum Zwecke der Erzielung folgender Funktion zusammenwirken: **208**
semantische Präzisierung der aspektuell differenzierten Handlungsabläufe im Sinne des Perfektiven oder Imperfektiven.

Die Strukturierung des Inventars dieser Sprachmittel läßt sich in Form eines Feldes beschreiben (vgl. **32f.**).

Der *Kern* dieser funktional-semantischen Kategorie ist die morphologische Kategorie des Verbalaspekts. Dieser Kern des funktional-semantischen Feldes ist als ein System korrelativer Formen, die bestimmte Allgemein- und spezielle Bedeutungen ausdrücken, aufgebaut. Der Ausdruck der Aspektdifferenzierung durch die Bildung von Korrelationen hängt davon ab, ob das jeweilige Verb terminativ oder aterminativ ist (vgl. **104; 188**).

Terminative und aterminative Verben stellen daher die lexikalisch-grammatische Basis für die Aspektdifferenzierung dar.

Die *Peripherie* dieser Kategorie (dieses Feldes) erfaßt Sprachmittel, die aufgrund ihrer Semantik in spezifischer Beziehung zu den Bedeutungen der Kernmittel stehen, aber nicht zu den Kernmitteln gerechnet werden können.

Bei der Darstellung der **Sprachmittel der Peripherie** ist es zweckmäßig, folgende Gruppen zu unterscheiden: **209**

1. *Aktionsarten* des Verbs, die in der Regel wie die Aspekte den Handlungsablauf differenzieren. In ihrer Mehrzahl sind sie jedoch Perfektiva oder Imperfektiva tantum. Darüber hinaus spezifizieren die Aktionsarten den Handlungsablauf noch semantisch (vgl. **314**).

2. *Paarige Verben der Fortbewegung*
Ihre gesonderte Hervorhebung als Sprachmittel der Peripherie der Aspektualität ist durch folgende Tatsachen gerechtfertigt: Einmal sind beide Verben dieser Gruppe Imperfektiva tantum. Dabei ist jedoch zu beachten, daß sich die jeweiligen Paare in bezug auf die Bildung nichtkorrelativer perfektiver Formen unterschiedlich verhalten (vgl. **324ff.**). Von besonderem Interesse ist, daß durch Präfigierung der indeterminierten Verben бе́гать, води́ть, е́здить,

летать, носить, ходить mit den Präfixen по- und про- delimitative bzw. perdurative Aktionsarten entstehen.

Von zentraler Bedeutung als Sprachmittel der Aspektualität sind jedoch die semantischen Invarianten der jeweiligen Gruppe. Diese semantischen Invarianten sind so ausgeprägt, daß in direkter Bedeutung die Verben des jeweiligen Paares nicht austauschbar sind. Ihre semantische Präzisierungsfunktion des imperfektiven Handlungsablaufes wird deutlich erkennbar und ist von außerordentlicher Bedeutung für die Vermittlung und Aneignung des Russischen.

3. *Verbalinterjektionen*

Verbalinterjektionen stellen eine festumrissene Gruppe von Wörtern dar, die sowohl Züge des Verbs als auch der Interjektionen aufweisen (vgl. **944**).

Semantisch haben sie mit den Verben gemeinsam, daß sie Vorgänge bezeichnen, die in der Realität in einem Minimum an Zeit ablaufen, sich praktisch in einem Moment vollziehen. Damit verbunden ist ihre Aspektualität, die der der perfektiven Präteritalformen entspricht.

4. *Syntaktische Strukturen* in Verbindung mit morphologischen bzw. lexikalischen Mitteln.

Dabei sind zu unterscheiden:

a) Der Infinitiv als Prädikat des zweigliedrigen Satzes

Die Möglichkeit der Verwendung eines Infinitivs an Stelle eines finiten Verbs ist nur dann gegeben, wenn eine unvermutete und daher überraschend eingetretene Handlung im Präteritum bezeichnet werden soll (vgl. Bd. 3). Durch diese semantische Anreicherung, die nur durch den Infinitiv auf Grund seines großen semantisch-modalen Potentials möglich ist, wirkt die bezeichnete Handlung expressiv.

b) Phasenverben plus Infinitiv als zusammengesetztes Prädikat (vgl. **192**).

Aus funktional-semantischer Sicht ist zu beachten, daß die Phasenverben, die semantisch mit dem Infinitiv eine untrennbare Einheit darstellen und die Aspektverwendung des Infinitivs bestimmen, ihrerseits aspektuell differenzierbar sind. Auf die Aspektform des Infinitivs hat dies natürlich keinen Einfluß.

Vgl.   Он на́чал говори́ть пе́рвым.
       Он ка́ждый раз начина́л говори́ть пе́рвым.

5. *Transposition von Tempusformen* bei gleichzeitigem Aspektwechsel zur expressiven Darstellung von Handlungsabläufen aus emotionalen oder rationalen Beweggründen (vgl. **244; 403**).

Die mit der Transposition verbundene Wahl bestimmter Aspektformen darf nicht mit den speziellen Aspektbedeutungen verwechselt werden, da die konkrete temporale und aspektuelle Bedeutung, die bei Transposition ausgedrückt wird, die Bedeutung des Kontextes ist.

Vgl.   Мой друг всегда́ *нахо́дит* вы́ход.
       Mein Freund findet immer einen Ausweg.
       Мой друг всегда́ *найдёт* вы́ход.
       Mein Freund versteht es, immer einen Ausweg zu finden.

6. *Lexikalische Indikatoren*

Die lexikalischen Indikatoren (vgl. auch **211 ff.**) stellen vor allem temporale Adverbialbestimmungen dar, die die jeweilige Aspektbedeutung zusätzlich charakterisieren. So haben z. B. die Adverbialbestimmungen ве́чно, непреры́вно, до́лго, две неде́ли, три дня u. a. m. die Bedeutung der (unbegrenzten bzw. begrenzten) zeitlichen Erstreckung, wodurch der damit zu verbindende imperfektive Aspekt eine zusätzliche Präzisierung erfährt (vgl. **214 ff.**).

Das gleiche gilt für Indikatoren, die lexikalisch die Bedeutung der Wiederholung zum Ausdruck bringen, z. B. ре́дко, ча́сто, иногда́, ка́ждый день u. v. a.

Diese zusätzliche lexikalische Charakterisierung der betreffenden speziellen Aspektbedeutungen durch lexikalische Indikatoren ist jedoch nicht mehr gegeben, wenn es sich um Transposition handelt (vgl. **216**).

Demgegenüber kennzeichnen lexikalische Indikatoren des perfektiven Aspekts jene Elemente lexikalisch, die für die begriffliche Bestimmung der Ganzheitlichkeit unabdingbar sind, z. B. Grenzerreichung, plötzlichen (unerstreckten) Handlungsvollzug, Ausschöpfung der Handlung u. a. (vgl. 212).

Im Rahmen der funktional-semantischen Kategorie der Aspektualität, deren Gehalt als semantische Präzisierung des aspektuell differenzierten Handlungsablaufes bestimmt wurde, wirken die Mittel des Kerns (Kategorie des Aspekts) mit den peripheren Mitteln funktional zusammen. Durch dieses Zusammenwirken wird jene Funktion erzielt, die von ihrem Begriffsinhalt (Begriffsintension) her der Funktion des Aspekts entspricht, in bezug auf den Begriffsumfang (Begriffsextension) jedoch über eine Fülle semantischer Präzisierungsmöglichkeiten verfügt, die eben nur durch das Zusammenwirken von Mitteln des Kerns und der Peripherie im Bereich des gesamten Satzes erklärbar ist.

2.3.3. Der Aspektgebrauch in den finiten Verbalformen und im Infinitiv

2.3.3.1. Lexikalische Indikatoren der Aspektualität

Begriffsbestimmung

In Abhängigkeit von dem mitzuteilenden Sachverhalt, der Redesituation und der Kommunikationsabsicht des Sprechenden wird durch Verwendung des perfektiven oder imperfektiven Aspekts in den Verbalformen der Handlungsablauf in bestimmter Weise charakterisiert (vgl. 181). Dabei können mit den Verbalformen verbundene Adverbialbestimmungen den Ablauf der Verbalhandlung im Sinne der Bedeutungen des perfektiven oder imperfektiven Aspekts präzisieren. Solche Adverbialbestimmungen bezeichnet man als **lexikalische Indikatoren der Aspektualität** (лексические показатели аспектуальности, vgl. **207 ff.**). Beim Gebrauch des Russischen als Fremdsprache verdienen die lexikalischen Indikatoren der Aspektualität besondere Beachtung, weil dadurch die richtige Aspektwahl wesentlich erleichtert wird.

Lexikalische Indikatoren des perfektiven Aspekts

In Verbindung mit perfektiven Verbalformen werden lexikalische Indikatoren verwendet, die auf eine *Grenze einer ganzheitlichen Handlung* hinweisen.

a) Die mit der Negation не gebrauchten Adverbien чуть не (чу́ть бы́ло не, чу́ть-чу́ть не), едва́ не, е́ле не (е́ле-е́ле не) 'fast, beinahe' weisen darauf hin, daß die Verbalhandlung ihr mögliches Ergebnis (Resultat) nicht erreicht; die Verneinung bezieht sich auf das Erreichen der Grenze durch die Verbalhandlung.

  Я чуть не упа́л. Beinahe wäre ich gefallen.

b) Die Adverbien вдруг 'plötzlich', внеза́пно 'plötzlich, unerwartet', мгнове́нно 'augenblicklich, plötzlich', неожи́данно 'unerwartet', сейча́с же 'sofort, unverzüglich', сра́зу 'sofort, sogleich, unverzüglich', то́тчас 'sogleich, sofort' u. dgl. können auf den plötzlichen Eintritt einer Einzelhandlung hinweisen.

  Вдруг разда́лся вы́стрел. Plötzlich krachte ein Schuß.

c) Die Adverbien дотла́ 'völlig, bis auf den Grund' (сгоре́ть дотла́ 'völlig abbrennen'), до́сыта 'satt' (нае́сться до́сыта 'sich satt essen'), в конце́ концо́в 'letzten Endes, schließlich', наконе́ц 'endlich', оконча́тельно 'endgültig', по́лностью 'vollständig', совсе́м 'ganz', соверше́нно 'vollkommen' u. dgl. können auf das Resultaterreichen einer Einzelhandlung bzw. auf den Zeitpunkt, zu dem eine Einzelhandlung ihr Resultat erreicht, hinweisen.

  Кварти́ру отремонти́ровали по́лностью.

d) Die Adverbialbestimmungen в оди́н миг 'im Nu', в одну́ мину́ту, в оди́н моме́нт, момента́льно u. dgl. weisen auf einen kurzen Zeitabschnitt hin, innerhalb dessen die Verbalhandlung vollzogen wird.

  Момента́льно верну́сь домо́й.
  Ich werde augenblicklich nach Hause zurückkommen.

e) Die Adverbialbestimmungen, die mit der Präposition за und dem Akkusativ eines einen

Zeitabschnitt bezeichnenden Substantivs gebildet werden, kennzeichnen eine ganzheitliche Handlung, die sich innerhalb der Grenzen dieses Zeitabschnitts vollzieht.

  Студе́нт подгото́вился к докла́ду за неде́лю.

213 Die genannten Adverbialbestimmungen werden jedoch mit imperfekten Verbalformen gebraucht, wenn vergangene Einzelhandlungen durch das sog. historische Präsens (vgl. **399**) wiedergegeben werden oder wenn wiederholte Handlungen (vgl. **192**) bzw. das nichtaktuelle Präsens (vgl. **232**) bezeichnet werden.

  Вслед она́ гляди́т и чуть не пла́чет. – А. С. Пу́шкин.
  Ка́ждый раз при встре́че со мной он вдруг вспомина́л своё обеща́ние.
  На войне́ лю́ди хара́ктер свой по́лностью обнару́живают.
  Зада́чи тако́го ти́па я обы́чно реша́ю за два часа́.

Lexikalische Indikatoren des imperfektiven Aspekts

214 Da die Bedeutung der Ganzheitlichkeit der Handlung nicht mit der Vorstellung von der *unbegrenzten Dauer oder Wiederholung* der Handlung vereinbar ist (vgl. **191 f.**), werden Adverbien bzw. Adverbialbestimmungen mit dieser Semantik ausschließlich mit imperfektiven Verbalformen verknüpft.

Diese Semantik haben die Adverbien всё 'fortwährend', всё ещё 'immer noch', дли́тельно 'andauernd', до́лго-до́лго 'sehr lang', продолжи́тельно 'lang, andauernd', постоя́нно 'ständig, stets, andauernd', неоднокра́тно 'mehrfach, wiederholt', не раз 'mehrmals', регуля́рно 'regelmäßig', системати́чески 'regelmäßig' u. a.; Adverbien der Typen беспреры́вно 'unaufhörlich', неотлу́чно 'ständig', непреста́нно 'fortwährend' und еженеде́льно '(all)wöchentlich', ежего́дно '(all)jährlich' sowie Adverbialbestimmungen der Typen ка́ждый ве́чер, ка́ждый день; вечера́ми 'abendelang', часа́ми 'stundenlang'; по утра́м 'morgens'; по це́лым дням 'ganze Tage lang'; опя́ть и опя́ть bzw. сно́ва и сно́ва 'immer wieder'; изо дня в день 'tagtäglich, Tag für Tag'; с ка́ждой мину́той 'mit jeder Minute'.

  Телефо́н звони́л беспреры́вно.
  Ведь мы лю́ди одно́й профе́ссии, мы могли́ бы бесе́довать часа́ми. – В. Ф. Пано́ва.
  Он опя́ть и опя́ть возраща́лся к э́тому вопро́су.

Adverbialbestimmungen vom Typ Verstärkungspartikel всё + Komparativ eines von einem Adjektiv abgeleiteten Adverbs werden ebenfalls in der Regel mit imperfektiven Verbalformen verbunden, da sie einen anwachsenden Prozeß bezeichnen.

  Наступи́ла зима́; всё ре́же и ре́же пока́зывалось со́лнышко.
  Es wurde Winter; die liebe Sonne zeigte sich immer seltener.

Bemerkung. Adverbialbestimmungen des zuletzt genannten Typs können aber mit den Formen von стать 'beginnen' und ingressiven Verben verbunden werden.

  Всё ре́же и ре́же ста́ло пока́зываться со́лнышко.
  Дождь пошёл всё сильне́е и сильне́е.

215 Gewöhnlich mit imperfektiven Verbalformen treten Adverbien auf, die auf die *Dauer und Wiederholung* hinweisen, wie ве́чно 'ewig', всегда́ 'immer, stets', иногда́ 'manchmal', ре́дко 'selten', и́зредка 'bisweilen', неже́дко 'nicht selten, oft', ча́сто 'oft, häufig', обы́чно 'gewöhnlich', обыкнове́нно 'gewöhnlich' u. dgl.

  Он ре́дко приходи́л к нам.

216 Einzelne dieser Adverbien treten aber auch bei transpositioneller Verwendung der Formen des perfektiven Futurs zur Bezeichnung des nichtaktuellen Präsens (vgl. **403**) auf.

  Обы́чно она́ прибежи́т ко мне и ска́жет: "Здра́вствуй!"

Bei всегда́ muß man zwei Bedeutungen unterscheiden: 1. 'immer = ununterbrochen, fortwährend' und 2. 'immer = jederzeit'. Vgl.

  Я могу́ всегда́ помога́ть вам.
  Ich kann Ihnen immer [ununterbrochen] helfen.

> Я всегда́ могу́ помо́чь вам.
> Ich kann Ihnen immer [jederzeit] helfen.

In der ersten Bedeutung wird всегда́ stets mit imperfektiven Verbalformen verbunden, in der zweiten Bedeutung kann всегда́ auch mit den Formen des perfektiven Futurs gebraucht werden.

> Она́ всегда́ приду́мает что́-нибудь интере́сное.

Die Adverbialbestimmungen der Typen ме́сяц, год, час; це́лый день, весь год; до́лгое вре́мя, всё вре́мя; два дня, пять лет; бо́лее су́ток 'mehr als 24 Stunden'; о́коло ча́са; с мину́ту 'etwa eine Minute' bezeichnen Zeitabschnitte, die hindurch die Handlung andauert. Sie werden in der Regel mit imperfektiven Verbalformen verbunden. 217

> Мы бу́дем изуча́ть э́ту те́му ме́сяц.

Diese Adverbialbestimmungen können aber auch mit einer eng begrenzten Gruppe perfektiver Verben gebraucht werden, und zwar mit Verben der delimitativen und perdurativen Aktionsart (vgl. 314 P. d u. e) und einigen anderen Verben wie подожда́ть 'abwarten' und оста́ться 'bleiben' (in Verbindung mit einem Prädikatsnomen). 218

> Ри́мская импе́рия просуществова́ла пятьсо́т лет.
> Подожду́ ещё де́сять мину́т.
> С мину́ту он оста́лся неподви́жен.

Ähnlich wie die zuletzt genannten Adverbialbestimmungen verhält sich auch das Adverb *до́лго*, das gewöhnlich mit imperfektiven Verbalformen gebraucht wird, aber mit Verben der perdurativen Aktionsart und einigen anderen perfektiven Verben, wie задержа́ться 'sich aufhalten', засиде́ться '(lange) sitzen bleiben', оста́ться u. a. verbunden werden kann.

> Ты проживёшь ещё до́лго.
> Одна́жды мы засиде́лись у това́рища о́чень до́лго.
> Э́тот день до́лго оста́нется у меня́ в па́мяти.

2.3.3.2. Die Verwendung der Aspekt-Tempus-Formen

Zwischen den Aspektformen und den Tempusformen des Verbs besteht ein enger Zusammenhang. Das hat zur Folge, daß man das Funktionieren der Tempusformen in der Regel nur dann erfassen kann, wenn man stets die Wechselbeziehungen und das Zusammenwirken der Kategorien des Tempus und des Aspekts beachtet. Unter Berücksichtigung des Zusammenspiels der Kategorien des Aspekts und des Tempus ergibt sich für die russische Gegenwartssprache folgendes System der **Aspekt-Tempus-Formen** (ви́до-временны́е фо́рмы): 219

Tempus \ Aspekt	Imperfektiv	Perfektiv
Präteritum	Imperfektives Präteritum (проше́дшее несов.): *запи́сывал*	Perfektives Präteritum (проше́дшее сов.): *записа́л*
Präsens	Imperfektives Präsens (настоя́щее несов.): *запи́сываю*	–
Futur	Imperfektives Futur (бу́дущее несов.): *бу́ду запи́сывать*	Perfektives Futur oder einfaches Futur (бу́дущее сов. или просто́е бу́дущее): *запишу́*

Im folgenden wird der *direkte Gebrauch der Aspekt-Tempus-Formen* behandelt. Zum übertragenen Gebrauch (der Transposition) der Aspekt-Tempus-Formen siehe **399 ff.**

220 Da der perfektive Aspekt die Ganzheitlichkeit der Handlung signalisiert, d. h. die Handlung als ein geschlossenes Ganzes darstellt, bezeichnen die **perfektiven Präteritalformen** konkrete, auf der Achse der objektiven Zeit lokalisierte Einzelhandlungen (единичные действия), die vor dem Redemoment ausgeführt wurden und zu dem Zeitpunkt, von dem die Rede ist, ihre Grenze bzw. ihr Ziel erreicht haben. Dabei kann die vergangene Handlung *losgelöst vom Redemoment* dargestellt werden. In dieser Bedeutung werden die perfektiven Präteritalformen in der *Erzählung* verwendet, um *aufeinanderfolgende Handlungen* in der Vergangenheit zu bezeichnen.

Он вернулся, медленно разделся и лёг. – А. П. Чéхов.

Die Formen des perfektiven Präteritums bezeichnen damit einander ablösende Ereignisse und kennzeichnen die dynamische Entwicklung der Sujetlinie. Diese Bedeutung wird oft – im Anschluß an die sprachgeschichtliche Bezeichnung eines Tempus – *Aoristbedeutung* (аористическое значение) genannt. Im Deutschen wird diese Bedeutung gewöhnlich durch die Formen des Imperfekts wiedergegeben.

Durch Verwendung der perfektiven Präteritalformen in Verbindung mit der *Negation не* wird zum Ausdruck gebracht, daß die Handlung aus der Sicht des Sprechenden *wider Erwarten nicht stattfand* oder die tatsächlich ausgeführte Handlung *nicht ihr Ergebnis erreichte*, vgl. [*220, 176*].

Женя должна была заметить их сразу. Но Женя *не заметила*. – А. Гайдар.

Он сдавал экзамен, но *не сдал* его.

221 Von der *Perfektbedeutung* (перфектное значение) der perfektiven Präteritalformen spricht man, wenn die Handlung, die in der Vergangenheit ihre Grenze bzw. ihr Ziel erreicht hat, mit ihren Auswirkungen, d. h. ihrem Resultat, in die Gegenwart hineinreicht.

Я потерял ручку и пишу теперь карандашом.

Die Perfektbedeutung kennzeichnet damit einen *Zustand*, der infolge des Resultaterreichens der Handlung eingetreten ist. Sie tritt unter bestimmten semantisch-syntaktischen Bedingungen hervor, unter denen die lexikalische Bedeutung des Verbs und der Bezug zu Handlungen oder Zuständen in der Gegenwart eine besondere Rolle spielen. Im Deutschen werden in diesen Fällen gewöhnlich die Formen der Perfekts verwendet bzw. der Zustand durch das Präsens eines entsprechenden anderen Verbs wiedergegeben:

Как вы помолодели!

Wie jung Sie geworden sind! → Wie jung Sie aussehen!

222 In einem Kontext der Vergangenheit können die perfektiven Präteritalformen ein für einen Zeitpunkt in der Vergangenheit aktuelles Resultat bezeichnen. Wir bezeichnen diese Bedeutung als *Plusquamperfektbedeutung* (плюсквамперфектное значение). Im Deutschen werden die Formen des Plusquamperfekts (der Vorvergangenheit) verwendet, oder es wird der Zustand in der Vergangenheit mit der Imperfektform eines entsprechenden anderen Verbs wiedergegeben.

Ко мне зашёл товарищ, и мы смотрели с ним телевизор.

Zu mir war ein Kamerad gekommen (→ Bei mir war ein Kamerad), und ich sah mit ihm fern.

223 Die **imperfektiven Präteritalformen** bezeichnen ein vergangenes Geschehen und dienen der Beschreibung von Vorgängen, die zu diesem Zeitpunkt in der Vergangenheit abliefen. Da der imperfektive Aspekt das Merkmal des perfektiven Aspekts "Ganzheitlichkeit der Handlung" unausgedrückt läßt, können die imperfektiven Präteritalformen die vergangenen Handlungen in Abhängigkeit vom jeweiligen Kontext als Einzelhandlungen in ihrer Entwicklung (in ihrem Verlauf, in ihrer Fortdauer) oder als wiederholte bzw. gewohnheitsmäßige Handlungen darstellen. Außerdem können die imperfektiven Präteritalformen vergangene Vorgänge einfach feststellen, konstatieren.

2.3. Die Kategorie des Aspekts

Wenn eine *Beschreibung* von Sachverhalten erfolgt, die zu einem bestimmten Zeitpunkt in der Vergangenheit bestanden, bezeichnen die imperfektiven Präteritalformen **konkret-ablaufende Einzelhandlungen** (конкре́тно-проце́ссные де́йствия), die sich zu diesem Zeitpunkt im Ablauf (in der Entwicklung) befanden und ihre Grenze bzw. ihr Ziel noch nicht erreicht hatten. Im Deutschen wird diese Bedeutung durch die Formen des Imperfekts ausgedrückt. **224**

> Мы возвраща́лись домо́й. Со́лнце уже́ сади́лось.
> Wir kehrten nach Hause zurück (d. h., wir waren bei der Rückkehr). Die Sonne ging unter (d. h., die Sonne war im Untergehen).
> В те го́ды го́род то́лько восстана́вливали.

Mehrere imperfektive Präteritalformen bezeichnen in der Regel nicht aufeinanderfolgende, sondern zeitlich ineinandergreifende Handlungen (*gleichzeitige Handlungen*, одновре́менные де́йствия).

> Она́ расска́зывала, а я слу́шал.

Die imperfektiven Präteritalformen können auch eine *ständige Handlung* in einem längeren Zeitabschnitt der Vergangenheit bezeichnen (проше́дшее постоя́нное).

> Оте́ц, рабо́тал столяро́м на ме́бельной фа́брике.

Durch die Verwendung der imperfektiven Präteritalformen in Verbindung mit der *Negation* не wird ausgedrückt, daß die *Handlung nicht zur Ausführung kam* (vgl. **228**).

> — Я сам на ста́нцию вози́л от Серёгина телегра́мму ...
> — Каку́ю телегра́мму? — переспроси́ла мать. — Мы никако́й телегра́ммы *не получа́ли*. — А. Гайда́р.

Bei Verben, die eine zielstrebige, auf ein Ereignis gerichtete Tätigkeit bezeichnen, geben die imperfektiven Präteritalformen oft den *Versuch* wieder, die Tätigkeit zu ihrem Ergebnis zu führen (sog. **konative Handlung**). Solche Verben sind z. B. буди́ть – разбуди́ть, вспо́мнить – вспомина́ть, дать – дава́ть, доказа́ть – дока́зывать, доста́ть – достава́ть, объясни́ть – объясня́ть, реши́ть – реша́ть, уговори́ть – угова́ривать, узна́ть – узнава́ть, учи́ть – вы́учить, сдать – сдава́ть. **225**

> Я учи́л стихотворе́ние, но не вы́учил его́.
> Он дока́зывал своё мне́ние, но не доказа́л.

Die Bedeutungen der konkret-ablaufenden Einzelhandlung und der **wiederholten oder gewohnheitsmäßigen Handlung** (повторя́ющееся или обы́чное де́йствие) unterscheiden sich hinsichtlich der zeitlichen Lokalisierbarkeit. Die konkret-ablaufende Einzelhandlung läßt sich stets einem bestimmten Zeitabschnitt zuordnen. Dagegen ist die wiederholte oder gewohnheitsmäßige Handlung unbestimmt, nicht einem bestimmten Zeitabschnitt zugeordnet: sie ist *zeitlich nicht lokalisierbar*. Die Bedeutung der wiederholten Handlung erlangen die imperfektiven Präteritalformen erst durch den weiteren Kontext. Bei einem minimalen Kontext wird den imperfektiven Präteritalformen eher die Ablaufsbedeutung zugeschrieben. Vgl. **226**

> Со́лнце сади́лось.
> Die Sonne ging unter (war im Untergehen).
> В э́то вре́мя го́да со́лнце сади́лось ра́но.
> In dieser Jahreszeit ging die Sonne [immer] früh unter.

Die Bedeutung der wiederholten Handlung ist oft mit dem Gebrauch des Plurals beim Subjekt oder Objekt verbunden.

> На э́той ста́нции ско́рые поезда́ остана́вливались.

Imperfektive Präteritalformen, die eine wiederholte Handlung bezeichnen, können auch eine *qualifizierende* Bedeutungsnuance (квалифици́рующий, ка́чественный отте́нок) haben.

> Профе́ссор кури́л сига́ры.
> Он причёсывался на пробо́р.
> Er trug das Haar gescheitelt.

227 Die speziellen Aspektbedeutungen werden nicht nur vom Kontext, sondern auch von der lexikalischen Bedeutung der Verben bedingt. So tritt z. B. die Bedeutung der Handlung in ihrer Entwicklung am leichtesten bei Verben auf, die eine zielgerichtete Tätigkeit bezeichnen, während die imperfektiven Präteritalformen der Verben, die ein zufälliges Geschehen bezeichnen, häufig nur wiederholte Handlungen ausdrücken (z. B. замечáть, забывáть, заставáть, случáться).

228 Auf Grund der Merkmallosigkeit des imperfektiven Aspekts können die imperfektiven Präteritalformen auch zur **abstrakten Konstatierung** einer vergangenen Handlung (констатáция обобщённого фáкта; обобщённо-фактúческое значéние) verwendet werden. In diesem Fall wird die *Handlung nur genannt*, es wird nur festgestellt, daß die Handlung in der Vergangenheit stattfand bzw. – in Verbindung mit der Negation не – nicht stattfand, wobei als unwesentlich beiseitegelassen wird, ob eine Einzelhandlung oder eine wiederholte Handlung gemeint ist, ob die Handlung auf der Linie der objektiven Zeit lokalisierbar ist oder nicht, ob die Handlung ihre Grenze bzw. ihr Ziel erreicht hat oder nicht.
Die Bedeutung der abstrakten Konstatierung der Handlung finden wir in isolierten Mitteilungen.

    Этот вопрóс мы ужé одúн раз обсуждáли.
    Я ещё не читáл этот ромáн
    (d. h., ich habe nicht einmal mit dem Lesen begonnen).

Besonders charakteristisch ist der Gebrauch der imperfektiven Präteritalform in der Bedeutung der abstrakten Konstatierung der Handlung für den umgangssprachlichen Dialog, wenn der Sprechende sich nicht für das Resultat der Handlung interessiert, sondern nur erfahren möchte, ob die Handlung ausgeführt wurde oder nicht. In diesem Fall liegt das Intonationszentrum auf der Verbalform.

    – Ты **убирáла** сегóдня кóмнату?
    – Да, **убирáла**.

Wenn aus der Situation heraus klar ist, daß die Handlung ihre Grenze erreicht hat bzw. das erreichte Resultat offensichtlich ist, kann der Sprechende durch die Verwendung der imperfektiven Präteritalformen seine Aufmerksamkeit auf Subjekt, Objekt oder Umstände (Ort, Zeit usw.) der Handlung konzentrieren. Die entsprechenden Satzglieder tragen dann auch das Intonationszentrum.

    Кто переводúл это письмó?
    Что он тебé говорúл?
    Где ты покупáл этот словáрь?
    Когдá ты вúдел Тáню?
    Тебé звонúл **Сáша** (а не Волóдя).
    Я смотрéл этот фильм **в Москвé**.

Vgl. die Möglichkeit der Aspektkonkurrenz (244 P. a).

229 Als einen Sonderfall der abstrakten Konstatierung einer Handlung muß man die **Handlung mit annulliertem Resultat** (аннулúрованность результáта) betrachten. Diese Bedeutung der imperfektiven Präteritalformen finden wir beispielsweise bei dem Verballexem уéхать – уезжáть. Wenn wir die perfektive Präteritalform dieses Verballexems verwenden, so drücken wir die Ganzheitlichkeit und damit das Zielerreichen des Wegfahrens aus. Da die perfektiven Präteritalformen die Getrenntheit der Handlung und ihres Ergebnisses vom Redemoment nicht signalisieren, faßt man die Mitteilung so auf, daß das Resultat des Wegfahrens zum Redemoment noch besteht (d. h. der Betreffende zum Zeitpunkt des Redeakts noch abwesend ist).

    Товáрищ уéхал на недéлю.
    Der Genosse ist auf eine Woche weggefahren (d. h., er ist jetzt nicht da).

Verwendet man dagegen die imperfektive Präteritalform, so bleibt die Ganzheitlichkeit der Handlung (einschließlich des Zielerreichens) unausgedrückt. Andererseits wird aber lexikalisch die Handlung des Wegfahrens, d. h. der Bewegung vom Sprechenden weg, bezeichnet und signalisiert die grammatische Form des imperfektiven Präteritums die völlige Getrenntheit der Handlung (und ihres Resultats) vom Redemoment. Damit entsteht im Bewußtsein des am Redeakt Beteiligten die Vorstellung, daß die Bewegung in der einen Richtung durch die entsprechende Bewegung in der entgegengesetzten Richtung bereits rückgängig gemacht (annulliert) worden sein muß.

       Товарищ уезжа́л на неде́лю.
       Der Genosse war auf eine Woche weggefahren (d. h., er ist bereits wieder zurück).

Solche Verben, die die Vorstellung von der Annullierung ihres Resultats zulassen, haben gewöhnlich Antonyme (Wörter mit entgegengesetzter Bedeutung). Dazu gehören präfixale Ableitungen von paarigen Verben der Fortbewegung, z. B. входи́ть : выходи́ть, приезжа́ть : уезжа́ть sowie einige andere Verben, z. B. открыва́ть : закрыва́ть, поднима́ться : спуска́ться, брать : дава́ть, ложи́ться bzw. сади́ться : встава́ть, включа́ть : выключа́ть u. a.

Die Verwendung der imperfektiven Präteritalformen zur abstrakten Konstatierung einer ver-   230
gangenen Handlung ist nur möglich, wenn das Verb die Vorstellung von einem sich entwickelnden Vorgang zuläßt. Daher kann man beispielsweise bei Verben wie забы́ть, разби́ть, слома́ть u. a. nach Subjekt, Objekt oder Umständen der Handlung in der Regel nur mit den perfektiven Präteritalformen fragen.

       Кто разби́л ча́шку?
       Когда́ ты разби́л её?

Schließlich kann auch bei Verben wie изобрести́ 'erfinden', откры́ть 'entdecken', созда́ть u. dgl. nach dem Handlungsträger gewöhnlich nur mit den perfektiven Präteritalformen gefragt werden.

       Кто изобрёл телеви́дение?
       Кто откры́л э́тот зако́н?

Bei den **imperfektiven Präsensformen** muß man zwischen der Bedeutung des aktuellen Prä-   231
sens und der Bedeutung des nichtaktuellen Präsens unterscheiden (vgl. 389f.).
In der Bedeutung des **aktuellen Präsens** (актуа́льное настоя́щее) bezeichnen die imperfektiven Präsensformen ein konkretes gegenwärtiges Geschehen; der Redemoment fällt in den Zeitabschnitt, in dem die Handlung abläuft, und die Ganzheitlichkeit der Handlung ist ausgeschlossen. Diese als Hauptbedeutung des imperfektiven Präsens anzusehende Bedeutung wird im Dialog realisiert.

       О чём вы сейча́с ду́маете?
       Осторо́жно, трамва́й идёт!

Dabei kann das in der Gegenwart vorliegende Geschehen bereits vor längerer Zeit in der Vergangenheit begonnen haben (*erweitertes Präsens,* расши́ренное настоя́щее).

       Давно́ он лю́бит её?

Für die Bedeutung des **nichtaktuellen Präsens** (неактуа́льное настоя́щее) ist kennzeich-   232
nend, daß die Handlung nicht auf den Redemoment bezogen, sondern *auf der Zeitachse nicht lokalisiert* ist.
Ähnlich wie bei den imperfektiven Präteritalformen kommt hier die wiederholte gewohnheitsmäßige Handlung in Betracht (*usuelles Präsens,* настоя́щее узуа́льное).

       По вечера́м он чита́ет газе́ты.

Dieser Bedeutung schließt sich eng das *qualifizierende Präsens* (настоя́щее ка́чественное) an, das durch die betreffende Handlung das Subjekt charakterisiert.

       Он уже́ хо́дит в шко́лу. Он рабо́тает на заво́де.

Das *potentielle Präsens* (настоя́щее потенциа́льное) bezeichnet die Fähigkeit des Subjekts, die betreffende Handlung auszuführen.

       Она́ хорошо́ поёт.
       (Das heißt, sie kann gut singen).

Das *generelle Präsens* (настоя́щее постоя́нное) bezeichnet allgemeingültige Handlungen.

       Учёный во́дит, а неучёный следо́м хо́дит. – Посло́вица.

233 Die direkte Bedeutung der **perfektiven Futurformen** ist die **Zukunftbedeutung**. Im minimalen Kontext bzw. unter gewöhnlichen Bedingungen bezeichnen diese Formen ganzheitliche, konkrete Einzelhandlungen, die zeitlich in der Ebene der Zukunft lokalisiert sind.

> Я приду́ к тебе́.
> Ich werde zu dir kommen.

Aber ebensowenig wie die perfektiven Präteritalformen die Getrenntheit der Handlung vom Redemoment signalisieren, ist dies bei den perfektiven Futurformen der Fall. Daher können sie in entsprechenden Kontexten auch Handlungen bezeichnen, die in der Gegenwart schon begonnen haben, aber erst in der Zukunft ihren Abschluß finden.

> Она́ сейча́с оде́нется.
> Sie wird gleich angezogen sein.

Da im Deutschen im Gegensatz zum Russischen sehr häufig die Präsensformen zur Bezeichnung zukünftiger Handlungen verwendet werden (vgl. **400**), muß der Deutsche sorgfältig auf die zeitliche Bedeutung der deutschen Präsensformen im konkreten Satz achten, z. B.

> Warte, ich *helfe* dir!
> Подожди́, я *помогу́* тебе́!

234 Keine Zukunftsbedeutung, sondern verschiedene modale Bedeutungen können in dem sog. "Koinzidenzfall" ausgedrückt, z. B. Заме́чу то́лько, что ... Ich möchte nur erwähnen, daß ... [**23**, 71].

235 Ähnlich wie die perfektiven Präteritalformen in bestimmten Kontexten die Plusquamperfektbedeutung annehmen können (**222**), kommt bei den perfektiven Futurformen in Abhängigkeit vom Kontext die Bedeutung des Futurs II (der *Vorzukunft*) vor, d.h., sie bezeichnen eine Handlung, die in der Zukunft erst ihre Grenze, ihr Ergebnis, erreicht haben muß, ehe eine andere Handlung erfolgen wird.

> Когда́ *наступя́т* кани́кулы, мы бу́дем ходи́ть на пляж купа́ться и загора́ть.

Im Deutschen werden in diesen Fällen gewöhnlich nicht die Formen des Futurs II ("begonnen haben werden"), sondern einfach die Perfektformen verwendet.

> Wenn die Ferien *begonnen haben*, werden wir an den Strand gehen, um zu baden und uns zu sonnen.

Wir können aber auch den eingetretenen Zustand mit einem anderen Verb bezeichnen (z. B. "Wenn Ferien sind ...").

236 Die **imperfektiven Futurformen** bezeichnen ein Geschehen, das vollständig in der Zukunft liegt.

> Я сейча́с бу́ду одева́ться к обе́ду
> (d. h., die Handlung liegt vollständig in der Zukunft, hat zum Redemoment noch nicht begonnen).
> Я сейча́с оде́нусь к обе́ду
> (d. h., die Handlung wird in der Zukunft ihr Ziel erreichen; sie kann schon begonnen haben).

Hinsichtlich der speziellen Bedeutungen zeigen die imperfektiven Futurformen völlige Parallelität zu den imperfektiven Präteritalformen.

Die imperfektiven Futurformen können zeitlich in der Ebene der Zukunft lokalisierte **konkret-ablaufende Einzelhandlungen** bezeichnen.

> Сего́дня ве́чером я бу́ду слу́шать конце́рт по ра́дио.

Analog den imperfektiven Präteritalformen können die imperfektiven Futurformen auch *ständige Handlungen* in der Zukunft bezeichnen.

> Он всё вре́мя бу́дет жить в Москве́.

Bei der Bedeutung der **wiederholten Handlung** ist die Handlung nur der Zukunft zugeordnet, ohne daß eine zeitliche Lokalisierung möglich wäre.

> Я ка́ждую неде́лю бу́ду писа́ть тебе́.

Die imperfektiven Futurformen können auch die Bedeutung der **abstrakten Konstatierung** einer zukünftigen Handlung haben, allerdings mit lexikalischer Einschränkung im Vergleich zu den imperfektiven Präteritalformen. Diese Bedeutung ist meist mit modalen Nuancen verbunden.

   Вы бу́дете у́жинать?
   Что вы бу́дете зака́зывать?
   Пить не бу́ду!

Wenn in einem Kontext mehrere Handlungen ausgedrückt sind, so können sie zueinander entweder in der Beziehung der Aufeinanderfolge oder der Gleichzeitigkeit stehen. **237**

Bei der **Aufeinanderfolge** (после́довательность де́йствий) mehrerer gleichberechtigter Handlungen entsteht eine *Handlungskette* (цепь де́йствий). Wenn zwei aufeinander folgende Handlungen sich gegenseitig bedingen, spricht man von einem *Handlungspaar* (па́ра де́йствий). Der Ausdruck der Aufeinanderfolge von Einzelhandlungen verlangt die Verwendung des perfektiven Aspekts, weil einander ablösende Handlungen als ganzheitliche wiedergegeben werden müssen. **238**

Handlungsketten kommen unter verschiedenartigen syntaktischen Bedingungen vor: im einfachen Satz mit Prädikatreihe, in der Satzverbindung und in einer Folge von einfachen Sätzen mit unmittelbarem Zusammenhang.

   Он встал, оде́лся и вы́шел на у́лицу. Einfacher Satz mit Prädikatsreihe.
   Тролле́йбус останови́лся, и пассажи́ры вы́шли. – Satzverbindung.
   Сего́дня наш друг прие́хал из Москвы́. Мы встре́тили его́ на вокза́ле. Пото́м мы показа́ли ему́ Берли́н. – Folge von einfachen Sätzen mit unmittelbarem Zusammenhang.

Bemerkung. In einer Handlungskette kann auch eine imperfektive Verbalform auftreten, wenn die lange Dauer oder Wiederholung dieser Handlung hervorgehoben wird.

   Он встал и до́лго смотре́л в окно́.
   Он до́лго сиде́л и наконе́ц встал.

Die **Gleichzeitigkeit** (одновре́менность де́йствий) mehrerer Einzelhandlungen setzt voraus, daß die Handlungen zum gleichen Zeitpunkt ablaufen; sie sind damit als in der Entwicklung befindlich durch imperfektive Verbalformen auszudrücken. Solche gleichzeitige Handlungen finden wir unter denselben syntaktischen Bedingungen wie die aufeinanderfolgenden Handlungen. **239**

   Все сиде́ли на балко́не и пи́ли чай.
   Я писа́л сочине́ние, а Па́вел учи́л стихотворе́ние.
   Я возвраща́лся с охо́ты и шёл по алле́е са́да. Соба́ка бежа́ла впереди́ меня́. – И. С. Турге́нев.

Durch mehrere imperfektive Verbalformen können auch aufeinanderfolgende Handlungen ausgedrückt werden, die sich wiederholen. Ob gleichzeitige Einzelhandlungen oder **aufeinanderfolgende wiederholte Handlungen** gemeint sind, ergibt sich aus dem Kontext, insbesondere auch aus der Semantik der Verben. **240**

   Он открыва́л и закрыва́л дверь.

In entsprechender Weise werden die zeitlichen Beziehungen zwischen den zwei Handlungen der Handlungspaare in Satzgefügen ausgedrückt. Wir wollen einige typische Fälle von Beispielen zu **Satzgefügen mit Temporalsätzen** demonstrieren. **241**

a) Der Temporalsatz wird mit den Konjunktionen в то вре́мя как 'während', пока́ 'solange, während', когда́ 'als, wenn' u. a. eingeleitet.

   Когда́ мы возвраща́лись домо́й, шёл дождь.
   Когда́ мы возвраща́лись домо́й, пошёл дождь.
   Когда́ пошёл дождь, мы возвраща́лись домо́й.

Die Handlungen des Haupt- und Nebensatzes erfolgen gleichzeitig. Im ersten Satz verlaufen sie in ihrer ganzen Dauer parallel (*vollständige Gleichzeitigkeit*, по́лная одновре́менность), dagegen wird im zweiten und dritten Satz nur *eine* Handlung als in der Entwicklung befindlich ausgedrückt (возвраща́лись), während die andere Handlung (пошёл) kurzzeitig zu einem bestimmten Zeitpunkt während des Ablaufs der anderen Handlung erfolgt (*teilweise Gleichzeitigkeit,* части́чная одновре́менность). Beim ersten Satz muß sich aus dem Kontext ergeben, ob Einzelhandlungen (вчера́ ...) oder wiederholte Handlungen (ка́ждый раз ...) gemeint sind.

b) Der Temporalsatz wird mit den Konjunktionen как то́лько 'kaum, sobald', по́сле того́ как 'nachdem', когда́ 'als, wenn' u. a. eingeleitet.

   Как то́лько он ушёл, ста́ло ску́чно.
   Как то́лько он уходи́л, станови́лось ску́чно.

Die Handlung des Hauptsatzes erfolgt *nach* der Handlung des Nebensatzes. Im ersten Satz drücken die perfektiven Verbalformen aus, daß *aufeinanderfolgende Einzelhandlungen* vorliegen. Dagegen müssen im zweiten Satz imperfektive Verbalformen verwendet werden, weil *wiederholte Handlungen* gemeint sind (ка́ждый раз ...); die Aufeinanderfolge der Handlungen ist also in diesem Satz nicht durch den Aspekt ausgedrückt.

c) Der Temporalsatz wird durch die Konjunktion пре́жде чем 'bevor, ehe', пе́ред тем как 'bevor, ehe', до того́ как 'bevor' u. a. eingeleitet.

   До того́ как студе́нты уе́хали на кани́кулы, они́ сдава́ли все кни́ги.
   До того́ как студе́нты уезжа́ли на кани́кулы, они́ сдава́ли все кни́ги.

Die Handlung des Hauptsatzes erfolgt *vor* der Handlung des Nebensatzes. Wie bei den Beispielen zu b) bezeichnen die perfektiven Verbalformen *aufeinanderfolgende Einzelhandlungen* (в э́том году́ ...), während die imperfektiven Verbalformen des zweiten Satzes auf *wiederholte Handlungen* hinweisen (ка́ждый год ...).

d) Die Konjunktion пока́ не (auch до тех пор, пока́ не 'bis' bezeichnet, daß das Grenzerreichen der Handlung des Nebensatzes der Zeitpunkt ist, bis zu dem die Handlung des Hauptsatzes andauert. Daher muß bei *Einzelhandlungen* im Nebensatz eine perfektive Verbalform stehen.

Selbstverständlich muß auch in diesem Falle eine imperfektive Verbalform verwendet werden, wenn *wiederholte Handlungen* gemeint sind.

   Он гуля́л в па́рке, пока́ со́лнце не се́ло.
   Он всегда́ гуля́л в па́рке, пока́ со́лнце не сади́лось.

242 Zeitliche Beziehungen zwischen mehreren Handlungen werden auch beim relativen Gebrauch der Temporalformen ausgedrückt (vgl. **397**). Der folgende Beispielsatz illustriert den Ausdruck der *Nachzeitigkeit, Gleichzeitigkeit und Vorzeitigkeit* der Handlungen von Objektsätzen im Verhältnis zur Verbalhandlung des übergeordneten Hauptsatzes durch die Formen des Futurs, Präsens und Präteritums.

   Князь Андре́й не то́лько знал, что он *умрёт*, но он чу́вствовал, что он *умира́ет*, что он уже́ *у́мер* наполови́ну. – Л. Н. Толсто́й.
   Fürst Andrej wußte nicht nur, daß er sterben müsse [würde], sondern fühlte auch, daß er bereits jetzt im Sterben lag, ja zur Hälfte bereits gestorben war. – L. Tolstoi, Krieg und Frieden, Berlin 1959, 2. Bd. S. 529.

243 Unter **Aspektkonkurrenz** (конкуре́нция ви́дов) verstehen wir die Erscheinung, daß in bestimmten Kontexttypen der gleiche Sachverhalt sowohl durch imperfektive wie durch perfektive Aspektformen bezeichnet werden kann. Die Aspektkonkurrenz bedeutet jedoch keine Verwischung der Aspektunterschiede. Sowohl die Allgemeinbedeutung als auch die speziellen Bedeutungen des perfektiven und imperfektiven Aspekts bleiben erhalten. Die Erscheinung der Aspektkonkurrenz stellt eine Ausnahme von der Regel dar, daß die Bezeichnung eines objektiven verbalen Sachverhalts einen bestimmten Aspekt verlangt, der nicht durch den anderen Aspekt ersetzt werden kann, ohne daß sich der Sinn der Aussage ändert oder die Aussage sogar sinnlos wird. Diese Ausnahme wird dadurch möglich, daß in bestimmten Kontexttypen die speziellen Bedeutungen der beiden entgegengesetzten Aspekte miteinander in Konkurrenz treten können. Einerseits kann die Verwendung des einen oder anderen Aspekts

2.3. Die Kategorie des Aspekts

durch die *Kommunikationssituation oder -absicht* hervorgerufen sein (vgl. **244** P. a). Andererseits kann es sich darum handeln, daß anstelle einer imperfektiven Aspekt-Tempus-Form transpositionell eine perfektive Aspekt-Tempus-Form zur Erzielung eines besonderen expressiven Effekts verwendet (vgl. **244** P. b, c, d und **403 f.**). In dem letzten Falle könnte man auch von einer *stilistischen Aspektsynonymie* sprechen.

Wir führen einige **Kontexttypen** an, in denen Aspektkonkurrenz möglich ist.   244

a) In den Fällen, in denen durch Verwendung der imperfektiven Verbalform eine *abstrakte Konstatierung* der Handlung möglich ist, wird durch Verwendung der perfektiven Verbalform die *Ganzheitlichkeit* der Handlung einschließlich des erreichten Resultats hervorgehoben.

      Кто стро́ил/постро́ил э́то зда́ние?

Bemerkung. Dieser Fall der Aspektkonkurrenz tritt nicht nur im Indikativ – vor allem in den Präteritalformen –, sondern auch im Konjunktiv und im Infinitiv auf.

b) In einem Kontext der Vergangenheit können *wiederholte Handlungsketten oder Handlungspaare* durch imperfektive Präteritalformen bzw. im historischen Präsens (außer durch imperfektive Präsensformen) durch transpositionell gebrauchte perfektive Futurformen ausgedrückt werden.

      Он то встава́л/(встаёт)/вста́нет, то сади́лся/(сади́тся)/ся́дет.
      Bald stand (steht) er auf, bald setzte (setzt) er sich.

Bei Verwendung des perfektiven Aspekts handelt es sich um den anschaulich-exemplarischen Gebrauch des perfektiven Aspekts, bei dem eine der wiederholten Handlungen beispielhaft hervorgehoben wird.

Dieselbe Erscheinung ist in Verbindung mit der Partikel быва́ло zu beobachten, wobei *usuelle Ereignisse in der Vergangenheit* bezeichnet werden.

      Приходи́л, быва́ло, к нему́ ...
      Прихо́дит, быва́ло, к нему́ ...
      Придёт, быва́ло, к нему́ ...

c) In allgemeingültigen Feststellungen kann unter bestimmten Bedingungen des *usuelle Präsens* durch imperfektive Präsensformen oder durch transpositionell gebrauchte perfektive Futurformen wiedergegeben werden. Die perfektiven Verbalformen veranschaulichen den allgemeingültigen Sachverhalt gewissermaßen an einem Beispiel (anschaulich-exemplarischer Gebrauch des perfektiven Aspekts).

      (Вся́кий раз,) когда́ ему́ возража́ют/возразя́т, он то́тчас соглаша́ется.
      (Immer) wenn ihm widersprochen wird, stimmt er gleich zu.

d) Bei terminativen Verben kann das *potentielle Präsens* durch die imperfektiven Präsensformen oder durch die transpositionell gebrauchten perfektiven Futurformen ausgedrückt werden. Bei Verwendung des imperfektiven Aspekts wird eine ständig mögliche, eine unbegrenzt wiederholte Handlung ausgedrückt (potentiell-qualifizierende Handlung); der perfektive Aspekt hebt die Möglichkeit des Vollzugs der Handlung unter bestimmten Bedingungen hervor (potentielle Handlung).

      Он реша́ет/реши́т любу́ю зада́чу.

Bemerkung. Die Aspektkonkurrenz bei potentieller Bedeutung kommt auch im Infinitiv vor. Manche Autoren (z.B. *15*, 39; *240*, 138) betrachten auch den folgenden Fall als Aspektkonkurrenz:

e) Wenn im Satz eine Adverbialbestimmung vorhanden ist, die die *quantitative Begrenzung einer wiederholten Handlung* kennzeichnet (два́жды, три ра́за, не́сколько раз u. dgl.), kann in begrenztem Umfang statt der imperfektiven Verbalform eine perfektive verwendet werden. Der imperfektive Aspekt bezeichnet die Wiederholung der Handlung und damit das Fehlen der Lokalisierung der Handlung auf der Zeitachse, während durch den perfektiven Aspekt die wiederholten Handlungen *summarisch* als ein Ganzes, das zeitlich lokalisiert werden kann, bezeichnet werden.

      Он не́сколько раз перечи́тывал/перечита́л э́то письмо́.

Die Verwendung des perfektiven Aspekts mit Indikatoren der quantitativen Begrenzung ist lexikalisch beschränkt; besonders typisch ist sie für Verben der semelfaktiven Aktionsart (z. B. кри́кнуть sowie für Verben wie перечита́ть 'von neuem lesen, durchlesen' und прослу́шать 'anhören'. Umgekehrt können die imperfektiven frequentativen Verben (z. B. крича́ть nicht mit Indikatoren der quantitativen Begrenzung gebraucht werden; in diesem Fall sind die entsprechenden semelfaktiven Verben zu gebrauchen (он три ра́за кри́кнул).

2.3.3.3. Der Aspektgebrauch in den Imperativformen

245 Die Aspektverwendung beim Imperativ wird in der sprachwissenschaftlichen Literatur recht widerspruchsvoll dargestellt. Der Grund dafür besteht darin, daß Aufforderungen in den unterschiedlichsten Kommunikationssituationen vorkommen, daß der Partnerbezug sowie das Verhalten des Adressaten von Bedeutung sind und daß nicht zuletzt der mit der Aufforderung angestrebte Effekt sowohl von diesen Faktoren als auch von der subjektiven Absicht des Sprechenden abhängen. Die Kenntnis dieser kommunikativen Bedingungen ist Voraussetzung für die Aspektwahl des Imperativs.

Da sich diese kommunikativen Bedingungen in Affirmation (утвержде́ние) und Negation (отрица́ние) als unterschiedlich bedeutsam erweisen, erfordert die Beschreibung der Aspektverwendung eine klare Scheidung zwischen nichtverneintem und verneintem Imperativ.

Der nichtverneinte Imperativ

246 Der nichtverneinte Imperativ des **perfektiven Aspekts** drückt aus, daß der Sprechende den (oder die) Angesprochenen zum ganzheitlichen Vollzug einer Handlung auffordert. Aufforderungen dieser Art werden im Normalfalle unter kommunikativen Bedingungen ausgesprochen, die ein sachliches, von anderen Faktoren nicht beeinträchtigtes Interesse des Sprechenden am *Handlungsergebnis* (результа́т де́йствия) in den Vordergrund treten lassen.

vgl. Переведи́те э́то предложе́ние!
Прочита́й э́ту статью́, тогда́ поймёшь!
Дай мне э́ту кни́гу!

Falls der Sprechende zur Ausführung mehrerer *aufeinanderfolgender Handlungen* auffordert, ist die Verwendung des perfektiven Aspekts dadurch motiviert, daß die Realisierung der jeweils folgenden Handlung den ganzheitlichen Vollzug und damit das Ergebnis der vorhergehenden voraussetzt (vgl. Aoristbedeutung der perfektiven Präteritalformen, **220**).

Опусти́те де́ньги и оторви́те биле́т! (Aufschrift auf Zahlboxen)
Захло́пните дверь ли́фта и нажми́те кно́пку! (Hinweis im Fahrstuhl)

247 Bei der Verwendung des nichtverneinten Imperativs des **imperfektiven Aspekts** ist es zweckmäßig, drei Möglichkeiten zu unterscheiden:

Die erste Möglichkeit erfaßt alle die Fälle, wo die Aspektverwendung durch zeitliche Faktoren wie *Dauer oder Wiederholung* bestimmt wird. Beim Ausdruck der Zeitdauer, die mit dem Charakter einer Aufforderung durchaus vereinbar ist, muß darauf verwiesen werden, daß diese spezielle Aspektbedeutung gewöhnlich bei Aufforderungen zur *gleichzeitigen Ausführung* zweier oder mehrerer Handlungen ausgedrückt wird.

Сиди́ и пиши́!
Слу́шай и молчи́!

Bemerkung. Es gibt bei nichtverneintem imperfektivem Imperativ kaum Fälle, wo die Dauer durch eine entsprechende Adverbialbestimmung zum Ausdruck kommt.

Demgegenüber ist der imperfektive Imperativ zur Bezeichnung der *wiederholten Handlungsausführung* im Regelfalle durch entsprechende Adverbialbestimmungen ausgedrückt.

Приезжа́йте ка́ждый день и приноси́те с собо́й рабо́ту!
Пожа́луйста, прошу́ вас, приходи́те ча́ще!

248 Die zweite Möglichkeit erfaßt die Fälle, die eine Aufforderung zur *Inangriffnahme der Handlung* (при́ступ к де́йствию) ausdrücken. Inangriffnahme ist unvereinbar mit ganzheitlichem

Vollzug und hat daher folgerichtig die Verwendung der imperfektiven Aspektform zur Konsequenz. Das Interesse des Sprechenden ist aus unterschiedlichsten Gründen, die aus dem Gefüge der kommunikativen Bedingungen resultieren, nicht auf das Ergebnis der geforderten Handlung konzentriert, sondern darauf, daß sie in Angriff genommen wird.
Die Konzentration des Sprechenden auf die Inangriffnahme der Handlung kann u. a. durch folgende Gegebenheiten bedingt sein:

a) Ungeduld, Dringlichkeit, besondere Nachdrücklichkeit u. a.:
    Ну, расскажи́ мне о себе́. Расскажи́ о Вале́рии. Не бо́йся. *Расска́зывай!* – И. В. Шток. (Ungeduld)
    Запиши́ мой телефо́н … Ну, *запи́сывай*, я о́чень тороплю́сь. (Dringlichkeit)
    Вы́верните карма́ны! Ну, жи́во! Что я вам говорю́? *Вывора́чивайте!* – Н. А. Остро́вский (Nachdrücklichkeit)

b) Besondere Höflichkeit:
    Проходи́те сюда́. Здесь есть места́. Проходи́те. – В. В. Ю́хнин.
    Приса́живайтесь. Я вас кофе́йком угощу́. – В. Я. Ши́шков.

c) Einverständnis des Sprechenden mit der Ausführung einer Handlung durch den Gesprächspartner. Das Interesse des Sprechenden ist dabei folgerichtig nur auf die Handlung selbst und nicht auf ihr Ergebnis gerichtet.
    Разреши́те проводи́ть вас? – Провожа́йте.
    Мо́жет, я ещё поигра́ю в саду́? – Игра́й, игра́й.

249 Die dritte Möglichkeit erfaßt jene Fälle, wo zur *Fortsetzung einer bereits angefangenen Tätigkeit* aufgefordert wird. Diese Aufforderung kann auch von der Notwendigkeit einer qualitativen Veränderung dieser Handlung diktiert sein:
    Да́льше, расска́зывай да́льше, – торо́пит Ма́я. – В. Л. Горба́тов.
    Чита́йте ме́дленнее!
    Говори́те гро́мче!

250 Der imperfektive Imperativ bezeichnet auch geforderte Handlungen, deren Realisierung zu einem beliebigen Zeitpunkt erfolgen kann. Es liegt keine konkrete zeitliche Einordnung vor. Das Merkmal der Ganzheitlichkeit, das die klare zeitliche Lokalisierung in sich einschließt, liegt somit nicht vor. Außerdem bleibt in solchen Fällen unausgedrückt, ob eine Einzelhandlung oder eine wiederholte Handlung gemeint ist.
    Ко́ля, приходи́ к нам!
    Kolja, komm doch mal [oder auch öfter] bei uns vorbei!
    Звони́те!
    Rufen Sie doch mal [oder bei passender Gelegenheit] an!

Der verneinte Imperativ

251 Mit der Verneinung verbinden sich verschiedene zusätzliche modale Nuancen, die entsprechende Veränderungen der Funktion dieser Aufforderungen zur Folge haben.
Ganz allgemein bringt der verneinte Imperativ zum Ausdruck, daß der Angesprochene aufgefordert wird, eine Handlung nicht auszuführen. Die Aufforderung zur Nichtausführung der Handlung kann in Abhängigkeit von den ausgedrückten zusätzlichen modalen Nuancen die Bedeutung eines Verbots oder einer Warnung annehmen und beim Angesprochenen einen entsprechenden Effekt auslösen. Diese unterschiedlichen modalen Nuancen werden durch den Verbalaspekt ausgedrückt.

252 a) Verbot (запреще́ние)
Für den Ausdruck des Verbots durch den verneinten Imperativ ist unerheblich, aus welchen Gründen der Sprechende die Handlung verbietet. Er kann sie als unnötig, unerwünscht, sinnlos, verwerflich usw. betrachten.
In allen Fällen ist der **imperfektive Aspekt** zu verwenden, da sich diese Beweggründe nicht auf das Ergebnis, sondern auf die Handlung selbst beziehen.
    Не подска́зывайте! Не уходи́! Не меша́й! Не кури́те! Не пе́йте! Не руга́йтесь! Не разгова́ривайте! Не спорь! Не сме́йся!

Der verneinte imperfektive Imperativ kann auch ein Abraten von der Handlungsausführung bezeichnen.

> Не успока́ивайтесь на дости́гнутых успе́хах, не бо́йтесь тру́дностей, а их в нау́ке мно́го. – И. П. Па́влов.
> Begnügt Euch nicht mit errungenen Erfolgen, fürchtet keine Schwierigkeiten, denn in der Wissenschaft gibt es viele.

253 b) Warnung (предостереже́ние)

Der Sprechende warnt vor der Handlung, da ihre Ausführung ein unangenehmes Ergebnis zur Folge hätte. Daher ist in dieser Bedeutung die Verwendung des **perfektiven Aspekts** der Imperativformen obligatorisch.

> Мы си́льны! Береги́сь, поджига́тель войны́, *не забу́дь*, чем конча́ются во́йны! – Е. А. Долмато́вский.
> Wir sind stark! Hüte dich, Kriegsbrandstifter, vergiß nicht, wie Kriege enden!
> Па́вел взял в ру́ки тяжёлый молото́к и кра́тко сказа́л: – *Не тронь!* – Н. А. Остро́вский.
> Pavel nahm den schweren Hammer in die Hand und sagte kurz: "Rühr mich nicht an!"

254 Manche Verben bezeichnen Handlungen, deren Ergebnis für den Handlungsträger gewöhnlich unangenehm oder unerwünscht ist. Daher sind die perfektiven Imperativformen dieser Verben auf Grund ihrer lexikalischen Bedeutung besonders geeignet, in Verbindung mit der Verneinung eine Warnung vor eben diesem unangenehmen Ergebnis auszudrücken. Dazu zählen: не заболе́й 'werde nicht krank', не забу́дь 'vergiß [ja] nicht', не испуга́йся 'erschrick nicht', не оши́бись 'irre dich nicht; täusche dich nicht', не потеря́й 'verliere ... nicht', не провали́сь 'falle [ja] nicht durch', не простуди́сь 'erkälte dich nicht', не убе́йся 'verunglücke nicht', не уда́рься 'stoß dich nicht', не упади́ 'falle nicht', не урони́ 'laß ... nicht fallen', не утони́ 'ertrink nicht', не уши́бись 'verletze dich nicht' u. a. m. Als Verstärkung der Warnung wird häufig noch смотри́ dem verneinten Imperativ des perfektiven Aspekts vorangestellt.

> Смотри́, не простуди́сь! – Смотри́, не упади́!
> Смотри́, не забу́дь!

2.3.3.4. Der Aspektgebrauch in den Konjunktivformen

255 Die Aspektmotivierung beim Konjunktiv steht im Zusammenhang mit der Bedeutung, die der Konjunktiv im Kontext ausdrückt (vgl. **378 ff.**). Dabei gilt grundsätzlich:
Der Konjunktiv mit optativischer Bedeutung (опта́тивное или жела́тельное значе́ние) ist differenziert zu beschreiben, da er in bestimmten Bedeutungsnuancen mit dem Imperativ vergleichbar ist.
Der Konjunktiv mit konditionaler Bedeutung (усло́вное значе́ние) dagegen wird durch die gleichen Faktoren der Aspektverwendung bestimmt wie der Indikativ.

Der Konjunktiv mit optativischer Bedeutung

256 Die Unterschiedlichkeit der Aspektmotivierung ist abhängig von der Kategorie der Person. Bei Verwendung der **1. und 3. Person** wird der Aspekt des Konjunktivs mit optativischer Bedeutung von den gleichen Faktoren bestimmt wie beim Indikativ. Vgl. **211 ff.**

a) Ausdruck des Wunsches nach *ganzheitlichem Handlungsvollzug* einschließlich Grenz- bzw. Zielerreichen durch perfektive Konjunktivformen.

> Пришёл бы он! – Wenn er doch käme!
> Сел бы он тепе́рь! – Wenn er sich doch jetzt hinsetzte!

b) Ausdruck des Wunsches nach Vollzug mehrerer *aufeinanderfolgender Handlungen*, ebenfalls durch perfektive Konjunktivformen.

> Пришёл бы он и рассказа́л бы мне э́то!
> Wenn er doch käme und mir es erzählte!

c) Ausdruck des Wunsches nach bestimmter *Dauer oder Wiederholung* der Handlungsausführung durch imperfektive Konjunktivformen.

        Хоть бы он занима́лся весь день!
        Wenn er sich doch den ganzen Tag beschäftigen würde!
        Приходи́л бы он к нам поча́ще!
        Käme er doch öfter zu uns! Wenn er doch öfter zu uns käme!

Bei Verwendung der **2. Person** nimmt der Konjunktiv mit optativischer Bedeutung unterschiedliche Nuancen der Aufforderung an und steht damit dem Imperativ nahe (vgl. 246 ff.). 257

Vgl.   Вы бы купи́ли но́вый слова́рь!   – Купи́те но́вый слова́рь!
       Ты бы сиде́л и писа́л!   – Сиди́ и пиши́!
       Вы бы приезжа́ли ка́ждый день!   – Приезжа́йте ка́ждый день!
       Вы бы встава́ли, уже́ по́здно!   – Встава́йте, уже по́здно!

Der **verneinte Konjunktiv** mit optativischer Bedeutung bringt immer den Wunsch zum Ausdruck, daß eine Handlung nicht eintreten möge, bzw. lieber nicht eingetreten wäre. Es besteht daher Widerspruch zur Ganzheitlichkeit der Handlung, was die Verwendung des *imperfektiven Aspekts* zur Folge hat. 258

        Ты бы не смотре́л на них! – Du solltest nicht auf sie schauen!
        Мы хоте́ли, чтобы он не приходи́л. – Wir wollten, daß er nicht kommt.

Soll dagegen der Wunsch nach dem Nicht-Eintreten eines **befürchteten Handlungsergebnisses** ausgedrückt werden, so ist der *perfektive Aspekt* zu verwenden.

        Мы боя́лись, чтобы Бори́с не уе́хал.
        Wir befürchteten, daß Boris abreisen könnte.
        Как бы он не простуди́лся!
        Wenn er sich nur nicht erkältet.

Der Konjunktiv mit konditionaler Bedeutung

Da der Konjunktiv mit konditionaler Bedeutung immer nichtwirkliche hypothetische Handlungen bezeichnet, die entweder in der Vergangenheit hätten geschehen können oder in der Zukunft vor sich gehen könnten (vgl. 376), sind seine speziellen Aspektbedeutungen mit denen des Präteritums bzw. des Futurs vergleichbar. Demnach sind für die Verwendung des **perfektiven Aspekts** folgende Fälle zu unterscheiden: 259

a) Die Bezeichnung konditionaler Handlungen als *ganzheitliche Einzelhandlungen*:
        Я написа́л бы тебе́ письмо́, е́сли бы знал твой а́дрес.
        Ich hätte dir einen Brief geschrieben, wenn ich deine Adresse gewußt hätte.

b) Die Bezeichnung konditionaler Handlungen als *aufeinanderfolgende Einzelhandlungen* (Handlungsketten):
        Е́сли бы он вчера́ пришёл ко мне, я бы рассказа́л ему́ всё.
        Wenn er gestern zu mir gekommen wäre, hätte ich ihm alles erzählt.

Gleiche Aspektverhältnisse liegen auch vor, wenn der Konjunktiv konditionale Handlungen bezeichnet, die sich in ihrer Ganzheitlichkeit in der Zukunft vollziehen könnten.

        Е́сли бы он за́втра пришёл ко мне, я бы рассказа́л ему́ всё.
        Wenn er morgen zu mir käme, würde ich ihm alles erzählen.
        Нет тако́го мета́лла, кото́рый бы вы́держал таку́ю температу́ру.
        Es gibt kein Metall, das eine solche Temperatur aushalten würde.

Der **imperfektive Aspekt** wird in all den Fällen verwendet, in denen die konditionale Handlung die Ganzheitlichkeit im Sinne der Opposition nicht aufweist. 260

a) Bezeichnung der *Handlung in ihrer Entwicklung* (Dauer):
        Наве́рное, он бы ещё до́лго объясня́л рабо́чим устро́йство снаря́да, но в это вре́мя ... затреща́ли вы́стрелы. – А. А. Проко́фьев.
        Wahrscheinlich hätte er den Arbeitern noch lange den Aufbau des Geschosses erklärt, aber da ertönten Schüsse.

b) Bezeichnung einer *wiederholten Handlung*:

> Éсли бы ты регуля́рно занима́лся спо́ртом, де́лал бы у́треннюю заря́дку, ты был бы кре́пким и здоро́вым.
> Wenn du regelmäßig Sport treiben und Morgengymnastik machen würdest, wärst du kräftig und gesund.

Bemerkung. Der für die Verwendung des imperfektiven Aspekts im Präteritum in nicht wenigen Fällen aspektbestimmende Faktor der fehlenden zeitlichen Bezugsetzung (abstrakt-konstatierende Bedeutung) ist beim Konjunktiv nicht belegt.

261 Die *Verneinung* hat beim Konjunktiv mit konditionaler Bedeutung keinen Einfluß auf die Aspektverwendung. Es sind die gleichen Faktoren aspektbestimmend wie beim nichtverneinten Konjunktiv.

Vgl.

Éсли бы он пришёл, мы зако́нчили бы рабо́ту.

Éсли бы ты регуля́рно занима́лся спо́ртом, ты был бы кре́пким и здоро́вым.

Éсли бы он не пришёл, мы не зако́нчили бы рабо́ту.

Éсли бы ты не регуля́рно занима́лся спо́ртом, ты не был бы таки́м кре́пким и здоро́вым.

2.3.3.5. Der Aspektgebrauch im Infinitiv

262 Der Infinitiv als Nennform des Verbs ist nur an die Kategorien Aspekt und Genus verbi gebunden, nicht aber an die prädikativen Kategorien Modus, Tempus und Person. Da Temporalität und Modalität jedoch obligatorische Merkmale des Satzes sind und daher ausgedrückt werden müssen, kann der Infinitiv durch den Kontext bestimmte temporale und modale Bedeutungen annehmen. Die Aspektverwendung des Infinitivs wird somit nicht nur von temporalen, sondern in bestimmten Bedeutungen auch von modalen Faktoren bestimmt. Die Beschreibung der Verwendungsfaktoren muß diesen Besonderheiten Rechnung tragen. Grundsätzlich ist dabei zu unterscheiden zwischen abhängigem und unabhängigem Infinitiv.

Abhängiger Infinitiv

263 Die Verwendung der Aspekte im abhängigen Infinitiv (зави́симый инфинити́в) hängt in erster Linie von der lexikalischen Bedeutung des übergeordneten Wortes ab.
Diese übergeordneten Wörter lassen sich in folgenden Gruppen erfassen:

a) *Phasenverben* (vgl. 103), z. B. нача́ть – начина́ть, приня́ться – принима́ться, pf. стать, ipf. продолжа́ть, ко́нчить – конча́ть, бро́сить – броса́ть, переста́ть – перестава́ть, прекрати́ть – прекраща́ть. Da diese Verben die Phase des durch das Vollverb bezeichneten Prozesses ausdrücken, sind sie nur mit dem imperfektiven Infinitiv verbindbar.

b) *Verben, die bedeutungsmäßig den Phasenverben nahestehen* und ebenfalls nur mit dem imperfektiven Infinitiv verbindbar sind. Dazu gehören u. a.:
учи́ться – научи́ться, приучи́ться, разучи́ться, привы́кнуть, отвы́кнуть, полюби́ть, разлюби́ть, уста́ть, надое́сть, переду́мать.

> Ма́льчик научи́лся выполня́ть э́ту рабо́ту самостоя́тельно.
> Мне надое́ло напомина́ть вам о ва́шем обеща́нии.

Die Verneinung hat in diesen beiden Konstruktionen selbstverständlich keinen Einfluß auf den Aspekt des Infinitivs.

c) *Modalverben* (vgl. 103) mit der Bedeutung der Möglichkeit, der Notwendigkeit und des Wünschens oder Wollens.

d) *Modale Zustandswörter* mit der Bedeutung der Möglichkeit und Notwendigkeit (vgl. 908 ff.) sowie die Adjektive до́лжен und обя́зан.

Modalverben und modale Zustandswörter lassen sich grundsätzlich mit perfektiven oder imperfektiven abhängigen Infinitiven verbinden. Dabei sind die Aspektverhältnisse bei nichtverneinten und verneinten Konstruktionen nicht analog und bedürfen daher einer gesonderten Beschreibung.

2.3. Die Kategorie des Aspekts

Die *perfektiven Formen einiger Verben* lassen von ihrer lexikalischen Bedeutung her in der Regel nur die Verbindung mit einem perfektiven Infinitiv zu, z. B. забы́ть, смочь, суме́ть, уда́ться, успе́ть. Das gleiche gilt auch für ipf. спеши́ть und торопи́ться. **264**

Я написа́л письмо́, но забы́л опусти́ть его́ в почто́вый я́щик.

In diesen Konstruktionen ändert die Verneinung nichts an der Aspektverwendung des Infinitivs.

Der **perfektive Aspekt** des Infinitivs ist in *nichtverneinten* Konstruktionen nach Modalverben und modalen Zustandswörtern der genannten Bedeutungen (**263** P. c und d) zu verwenden, wenn im Kontext keine Hinweise darauf gegeben sind, daß Dauer oder Wiederholung vorliegt. **265**

Я могу́ вам дать а́дрес.	(Möglichkeit)
Весь цикл придётся пройти́.	(Notwendigkeit)
Хочу́ рассказа́ть вам об интере́сной бесе́де.	(Wollen)
Там мо́жно познако́миться с интере́сными людьми́.	(Möglichkeit)
Мы тепе́рь здесь живём. Да вот пол на́до вы́мыть.	(Notwendigkeit)

In *verneinten* Konstruktionen ist der perfektive Aspekt des abhängigen Infinitivs nur dann obligatorisch, wenn die modale Bedeutung der **Möglichkeit verneint** wird. **266**

Да́же соба́ки не могли́ их догна́ть.
Он уйти́ не мо́жет, – го́рдо сказа́л матро́с.

Der Ausdruck der Unmöglichkeit kann auch mit dem Zustandswort нельзя́ in Verbindung mit dem perfektiven Infinitiv bezeichnet werden.

Лицо́ тако́е, что ничего́ на нём нельзя́ проче́сть.
Лю́ди говоря́т, узна́ть бы́ло нельзя́.

Im Vergleich zu нельзя́ + pf. Infinitiv ist der Ausdruck der Unmöglichkeit durch невозмо́жно + pf. Infinitiv nachdrücklicher.

Э́ту пробле́му невозмо́жно реши́ть в отры́ве от всех други́х вопро́сов.

Diese Regel trifft bei Imperfektiva tantum nicht zu.

Я не могу́ спать так мно́го.
Ich kann nicht so viel schlafen.

Der **imperfektive Aspekt** des abhängigen Infinitivs ist in folgenden Fällen zu verwenden. **267**

a) In Verbindung mit Modalverben und modalen Zustandswörtern mit der Bedeutung der **Möglichkeit** ist der imperfektive Infinitiv obligatorisch, wenn kontextuelle Indikatoren auf Dauer oder Wiederholung hinweisen.

Граммати́ческие фо́рмы мо́гут выража́ть определённые граммати́ческие катего́рии.

b) In Verbindung mit diesen Modalverben und modalen Zustandswörtern ist der imperfektive Infinitiv zu verwenden, wenn die Erlaubnis zum Handlungsbeginn ausgedrückt werden soll.

Приме́рочная освободи́лась, мо́жете примеря́ть.
Die Anprobekabine ist frei (geworden), Sie dürfen anprobieren.
Мо́жете уходи́ть, – сказа́л председа́тель.
Sie können (dürfen) gehen, – sagte der Vorsitzende.
Полко́вник дал знак, что мо́жно начина́ть, и за́навес то́тчас же взви́лся.
Der Oberst gab das Zeichen, daß man [endlich] anfangen kann, und der Vorhang ging sogleich auf.

c) In Verbindung mot Modalverben und modalen Zustandswörtern mit der Bedeutung der **Notwendigkeit** ist der imperfektive Infinitiv nur unter den folgenden Voraussetzungen zu verwenden:
Bei kontextuellem Ausdruck der Dauer oder Wiederholung der durch den Infinitiv bezeichneten Handlung.

На́до два ра́за в неде́лю занима́ться спо́ртом.

Bei Widerspruch zwischen der objektiven Notwendigkeit einer Handlungsausführung und der Einstellung des Sprechenden zu ihr (Unerwünschtheit, Unwillen, Bedauern, Unaufschiebbarkeit, moralischer Verpflichtung u. a.).

> Ничего́ не поде́лаешь, а ложи́ться на опера́цию придётся.
> Больно́му ста́ло ху́же, на́до вызыва́ть врача́.
> Уже́ по́здно. Жаль, что на́до уходи́ть.

d) In Verbindung mit Verben des **Wollens und Wünschens** wird der imperfektive Infinitiv nur von Faktoren der Dauer oder Wiederholung bestimmt.

> Они́ хоте́ли игра́ть весь ве́чер.
> Я хочу́ регуля́рно смотре́ть фи́льмы на ру́сском языке́.

268 Praktisch wichtig sind folgende *verneinte Konstruktionen mit imperfektivem Infinitiv*.

a) In Verbindung mit dem verneinten Modalverb мочь und dem Zustandswort нельзя́ bezeichnet der imperfektive Infinitiv nicht die Unmöglichkeit, sondern die **Unzulässigkeit einer Handlung**.

> Я не могу́ расска́зывать э́то: мне не веле́ли. – Ich *darf* das nicht erzählen: ...
> Нельзя́ входи́ть в аудито́рию: иду́т экза́мены. – Man *darf* nicht in den Unterrichtsraum: ...
> При кра́сном све́те нельзя́ переходи́ть через у́лицу.

b) Die **Verneinung der Notwendigkeit** hat zwingend die Verwendung des imperfektiven Infinitivs zur Folge, da sie bereits die Inangriffnahme der Handlung als sinnlos, zwecklos, überflüssig darstellt. Damit wird der Widerspruch zur Ganzheitlichkeit der Handlung offensichtlich.

> Не на́до переводи́ть э́тот текст. Его́ уже́ перевели́.
> Помога́ть ему́ уже́ не прихо́дится.

c) Verneinte Modalverben der Bedeutung des **Wollens und Wünschens** lassen zwar prinzipiell die Verwendung beider Aspekte des Infinitivs zu, aber die imperfektive Form wird eindeutig bevorzugt.

> Я совсе́м не хочу́ вас обижа́ть.
> Мы не хоти́м повторя́ть э́то.

Unabhängiger Infinitiv

269 Der unabhängige Infinitiv (незави́симый инфинити́в) tritt in Infinitivsätzen zum Ausdruck des Prädikats auf. In dieser Funktion bringt er stets **modale Bedeutungen** zum Ausdruck, die bei Fehlen von Indikatoren des imperfektiven Aspekts (Dauer, Wiederholung) für die Aspektverwendung bestimmend sein können.

270 Die Bedeutung der **Notwendigkeit** ist an das Schema *Dativ der Person + imperfektiver Infinitiv* gebunden. Es besteht daher keine Analogie zu Sätzen, in denen die modale Bedeutung der Notwendigkeit durch Prädikatsstrukturen vom Typ Modalverb oder modales Zustandswort + Infinitiv ausgedrückt wird (vgl. 265 u. 267 P. c).
Die Verwendung des imperfektiven unabhängigen Infinitivs in dieser Bedeutung hat sich in der Sprache der Gegenwart voll durchgesetzt.

> Сего́дня мне уезжа́ть. За́втра нам ра́но встава́ть.

271 Auch die **Verneinung der Notwendigkeit** in Infinitivsätzen ist ausschließlich an die Verwendung des *imperfektiven Aspekts* gebunden. Damit besteht Übereinstimmung der Verwendungsgesetzmäßigkeiten mit denen der Prädikatstruktur не + Modalverb oder modales Zustandswort + ipf. Infinitiv (vgl. 268 P. b).

> Уро́ки нам сего́дня не гото́вить, за́втра воскресе́нье.
Vgl.   Уро́ки ... не на́до гото́вить.

272 Der Ausdruck der Bedeutung der **Möglichkeit** ist an kein bestimmtes Schema gebunden. Meistens nehmen Sätze dieser Art die Bedeutung der Möglichkeit erst unter dem Einfluß des

2.3. Die Kategorie des Aspekts

Kontextes an. Da das syntaktische Synonym zu diesen Sätzen immer ein Satz mit der Prädikatsstruktur мочь bzw. можно + Infinitiv ist, sind Aspektverhältnisse in der Bejahung denen des abhängigen Infinitivs gleich (vgl. 263 und 265).

   До стены́ легко́ доста́ть руко́й.
   Die Wand ist leicht mit der Hand zu erreichen.
Vgl. До стены́ мо́жно легко́ доста́ть руко́й.

Der imperfektive Aspekt wird in dieser Bedeutung von Faktoren der Dauer oder Wiederholung bzw. Aspektdefektivität des Verbs bestimmt.

Die **Verneinung der Möglichkeit** (Ausdruck der Unmöglichkeit) verlangt grundsätzlich die 273
Verwendung des *perfektiven Aspekts* (vgl. 264).

   Ту́чам со́лнце не скрыть, войне́ мир не победи́ть.
   Die Wolken können die Sonne nicht verdecken, der Krieg kann den Frieden nicht besiegen.

Bemerkung. Der Einfluß der modalen Bedeutung der Unmöglichkeit auf die Aspektverwendung ist in diesen Konstruktionen so stark, daß selbst die Wiederholung überlagert werden kann (anschaulich-exemplarische Verwendung des perfektiven Infinitivs).

   Туда́ ча́сто не подойти́.
   Dorthin kann man oft nicht gehen.

Im Gegensatz zur Bejahung sind für den Ausdruck der Unmöglichkeit bestimmte Strukturen 274
typisch:
Struktur Dat. + не + pf. Inf.: Нам пешко́м не добра́ться.
         Zu Fuß kommen wir nicht hin.
Struktur лу́чше + не + pf. Inf.: Э́ту сце́ну лу́чше не описа́ть.
         Diese Szene ist nicht besser zu beschreiben [es ist unmöglich, sie besser zu beschreiben].
Struktur не́чего, не́кого, не́где, не́куда usw. + pf. Inf.:
Diese Negativpronomen bzw. Negativadverbien bezeichnen in Verbindung mit dem perfektiven Infinitiv die Unmöglichkeit einer Handlungsdurchführung wegen Fehlens personeller, temporaler, lokaler oder anderer Voraussetzungen.

   Мне не́чего бы́ло подари́ть ему́.
   Ich konnte ihm nichts schenken [ich hatte nichts, was ich ihm schenken konnte].
   Мне не́ с кем бы́ло посове́товаться.

Die Bedeutung des **Wunsches** (optativische Modalität) wird in den meisten Fällen durch die 275
Infinitivform in Verbindung mit der modalen Partikel бы ausgedrückt. Diese Wunschbedeutung ist stark emotional bedingt. Der Sprechende sehnt sich nach der Erfüllung des Wunsches als Ganzes, also nach dem Vollzug der Handlung einschließlich ihres Ergebnisses. Daher ist im Normalfall zum Ausdruck der Wunschbedeutung in Infinitivsätzen der *perfektive Aspekt* zuständig.

   Ах, посмотре́ть бы, как вы бу́дете выступа́ть.
   Ach, könnte man doch sehen, wie Sie auftreten werden.

Die Verwendung des *imperfektiven Aspekts* ist nur denkbar bei Präsenz lexikalischer Indikatoren der Dauer oder Wiederholung sowie beim Ausdruck des Wunsches nach dem Besitz einer Fähigkeit, die durch indeterminierte Verben der Fortbewegung zu bezeichnen sind.

   Лета́ть бы мне как пти́ца!

In selteneren Fällen wird zum Ausdruck dieser Bedeutung auch der Infinitiv ohne Partikel бы gebraucht.

   Уе́хать отсю́да, забы́ть обо всём!
   Könnte man doch von hier wegfahren und alles vergessen.

In der Bedeutung einer **Aufforderung** (Aufforderungsmodalität) erfüllt der Infinitiv häufig 276
die Funktion eines kategorischen Befehls. Seine Aspektmotivierung läßt sich in dieser Be-

deutung auf klar überschaubare Gesetzmäßigkeiten zurückführen.
Der *perfektive Aspekt* wird verwendet, wenn die kategorische Aufforderung *nicht verneint* ist.

    Встать! Умы́ться! Нача́ть занима́ться!

Eine Abweichung von dieser Regel stellen lediglich die Imperfektiva tantum dar, sofern ihre Semantik für die Verwendung in dieser Bedeutung geeignet ist.

    Молча́ть! – кри́кнул офице́р, встава́я. – М. А. Го́рький.

Bei Aufrufen, Losungen usw. liegen die gleichen Gesetzmäßigkeiten der Aspektverwendung vor.

    Подня́ть производи́тельность труда́!
Aber: Жить и рабо́тать по-коммунисти́чески! (Imperfektivum tantum)

Bemerkung. In Rezepten, Bedienungsanleitungen, Anweisungen u.a. wird in der Regel der Infinitiv in dieser Bedeutung nicht verwendet.

Eine verneinte Aufforderung erfordert die Verwendung des *imperfektiven Infinitivs*, der dabei die Funktion eines kategorischen **Verbots** hat.

    Не ссо́риться! Не торопи́ться! Не руга́ться!
    Не расска́зывать! Сюда́ не сади́ться! Не отвеча́ть!

Der *perfektive Infinitiv* mit der Negation не bezeichnet hingegen immer die **Unmöglichkeit** der Handlung (271) und niemals das Verbot.

Vgl. Про э́то не рассказа́ть. Darüber kann man nicht erzählen.
    Про э́то не расска́зывать! Nicht davon erzählen!

277 Der Infinitiv kann an Stelle des Indikativs zum besonders expressiven Ausdruck unvermuteter und daher überraschend einsetzender Präteritalhandlungen verwendet werden.
Hierbei wird ausschließlich der **imperfektive Infinitiv** verwendet.

    Я к нему́ – а он бежа́ть.
    Ich zu ihm hin, und er nichts wie weg.

Die vollständige Beschreibung der syntaktischen Verwendung des Infinitivs und seiner modalen Bedeutungen gehört in die Syntax.

2.3.4. Die Bildung der Aspektstämme

2.3.4.1. Der formale Ausdruck der Aspektbedeutungen

278 Bei der Mehrzahl der russischen Verben finden die korrelativen Aspektbedeutungen (видовы́е значе́ния), die einander in der Aspektopposition (видова́я оппози́ция или видово́е противопоставле́ние) gegenüberstehen, in zwei verschiedenen **Aspektstämmen** (видовы́е осно́вы), oft auch **Aspektpaar** (видова́я па́ра) genannt, ihren formalen Ausdruck. Je nach der Bildungsweise des Aspektpaares kann man unterscheiden:

    präfixale korrelative Aspektformen, z. B. ipf. де́лать →
    pf. сде́лать;
    suffixale korrelative Aspektformen, z. B. pf. воспита́ть →
    ipf. воспи́тывать;
    suppletive korrelative Aspektformen, z. B. брать →
    pf. взять.

279 **Nichtpräfigierte Verben** (беспристáвочные или беспрефи́ксные глаго́лы), auch Simplizia (einfache Verben, просты́е глаго́лы) genannt, sind in der Regel *imperfektiv.*
Die Zahl der nichtpräfigierten Verben, die dem *perfektiven* Aspekt angehören, ist sehr klein. Hier sind zu nennen:

a) eine Reihe von Verbalstämmen, die zur V. produktiven Klasse (mit Infinitiv auf -ить) gehören, während der korrelative imperfektive Aspektstamm mit Hilfe des Suffixes -а- gebildet ist und zur I. produktiven Klasse (mit Infinitiv auf -ать) gehört, z. B. бро́сить – броса́ть 'werfen', ко́нчить – конча́ть 'beenden', купи́ть – покупа́ть (beachte das Präfix по-) 'kaufen', лиши́ть(ся) – лиша́ть(ся) 'wegnehmen' ('verlieren'), прости́ть – проща́ть 'verzeihen', пусти́ть – пуска́ть 'loslassen', реши́ть – реша́ть 'beschließen, entscheiden', ступи́ть – ступа́ть 'schreiten', яви́ться – явля́ться 'erscheinen' u. a.;

b) die einsilbigen perfektiven Verbalstämme unproduktiver Gruppen дать 'geben' (ipf. дава́ть), деть 'hintun' (ipf. дева́ть), пасть 'fallen' (ipf. па́дать);

c) die einsilbigen perfektiven Verbalstämme unproduktiver Gruppen лечь 'sich legen', сесть 'sich setzen', стать 'sich stellen', deren korrelative imperfektive Aspektformen irregulär mit dem Postfix -ся gebildet sind: ложи́ться, сади́ться, станови́ться (vgl. **298**).

280 Die **Präfigierung** (префикса́ция) ist in der Regel mit der *Perfektivierung* (перфектива́ция) verbunden. Dabei können wir zwei Fälle unterscheiden:

a) die Präfigierung eines Simplex bei der deverbalen Ableitung, z. B. ipf. писа́ть 'schreiben' → pf. описа́ть 'beschreiben';

b) die gleichzeitige Präfigierung und Suffigierung bei der denominalen Ableitung, z. B. ключ 'Schlüssel' → pf. вы́ключить 'ausschließen; ausschalten'.

281 Perfektiv sind nicht nur präfigierte Verben, deren Präfix sich wie in den eben genannten Fällen mit Hilfe der Wortbildungsanalyse ermitteln läßt, sondern auch Verben mit etymologischem Präfix, das sich infolge Morphemverschmelzung (опро́щение) nicht mehr abtrennen läßt, z. B. забы́ть 'vergessen', встре́тить 'treffen'.

Bemerkung. Verben, deren etymologisches Präfix bei Verlust des zugrunde liegenden Simplex nicht mehr als solches empfunden wird und die deshalb als imperfektiv angesehen werden, kommen nur vereinzelt vor (по́мнить, смотре́ть).

282 Andererseits gibt es Verben mit deutlich ausgliederbarem Präfix, die dem *imperfektiven* Aspekt angehören. In Betracht kommen:

a) Verben, die sprachhistorisch von präfigierten Substantiven abgeleitet sind, z. B. ipf. прису́тствовать 'anwesend sein' (vgl. прису́тствие 'Anwesenheit'); ipf. безде́йствовать 'untätig sein' (vgl. безде́йствие 'Untätigkeit');

b) Verben, die durch Lehnübersetzung aus anderen Sprachen entstanden sind (словообразова́тельные ка́льки), z. B. ipf. вы́глядеть 'aussehen' (vgl. dt. aus-sehen).

Auf häufigsten sind die Lehnübersetzungen aus dem Griechischen oder Lateinischen in das Kirchenslawische, aus dem sie in die russische Literatursprache übernommen wurden, z. B. ipf. предстоя́ть 'bevorstehen', ipf. подлежа́ть 'unterliegen', ipf. содержа́ть 'enthalten'.

2.3.4.2. Präfixale korrelative Aspektformen

283 Ein imperfektives Simplex kann zusammen mit einer präfixalen Bildung die korrelativen Aspektformen eines Verballexems (префикса́льная видова́я па́ра) bilden, wenn durch das Präfix nur der Aspekt geändert wird, die lexikalische Bedeutung des Simplex aber unverändert bleibt:

ipf. дари́ть → pf. подари́ть 'schenken'.

Solche präfixalen korrelativen Aspektformen liegen mithin vor, wenn das Präfix nur die grammatische Funktion der Perfektivierung hat, d. h. als *grammatisches Präfix* (граммати́ческая приста́вка) oder *reines Aspektpräfix* (чистовидова́я приста́вка) auftritt. Nach A. N. Tichonov [160] sind unter den Präfixen, die als reines Aspektpräfix auftreten können, am produktivsten: за- (за-консерви́ровать 'konservieren'), от- (ото-мсти́ть 'sich rächen'), по- (по-стро́ить 'bauen'), про- (про-диктова́ть 'diktieren') und с- (с-фотографи́ровать 'fotografieren'); schwach produktiv sind на- (на-рисова́ть 'zeichnen'), о- (о-кре́пнуть 'erstarken') und у- (у-кра́сть 'stehlen'), während вз-, воз-, вы́-, из-, пере-, под-, при- und раз- unproduktiv sind.

Im Folgenden sind die genannten Präfixe nach ihrer Vorkommenshäufigkeit als reine Aspektpräfixe angeordnet (in Klammern ist die Anzahl der korrelativen Aspektformen angegeben, die mit den Präfixen gbildet sind): по- (über 300), с- (über 220), за- (über 160), о-/об- (über 150), на- (etwa 90), про- (etwa 60), вы- (etwa 50), у-, вз-, от-, раз-, из- (je 30–40) und in Einzelfällen при, воз-, пере-, под-.

In der folgenden Übersicht sind gebräuchliche Verben angeführt, die korrelative Aspektformen mit den einzelnen reinen Aspektpräfixen bilden.

Präfixale korrelative Aspektformen

Reines Aspektpräfix	Beispiele
вз- (вс-)	вс-кипе́ть 'kochen, sieden' (intrans.), вс-кипяти́ть 'kochen, sieden' (trans.), вс-паха́ть 'pflügen, ackern'
воз- (вос)	вос-по́льзоваться '(be)nutzen, gebrauchen', вос-препя́тствовать '(be)hindern'
вы-	вы-гладить 'plätten, bügeln', вы-купаться 'baden' (intrans.), вы-сохнуть 'austrocknen' (intrans.), вы-учить 'lernen, sich einprägen'
за-	за-компости́ровать 'lochen, entwerten (Fahrschein)', за-конспекти́ровать 'einen Konsepkt zusammenstellen', за-мёрзнуть 'gefrieren, (er)frieren'
из- (ис-)	ис-пе́чь 'backen', ис-по́ртить 'beschädigen, verderben'
на-	на-печа́тать 'drucken', на-писа́ть 'schreiben', на-трениров́ать 'trainieren' (trans.), на-тренирова́ться 'trainieren, sich üben' (intrans.), на-учи́ться 'lernen, studieren'
о-	о-кре́пнуть 'erstarken', о-стри́чься 'sich die Haare schneiden (lassen)', о-чини́ть '(an)spitzen (Bleistift)', о-чи́стить 'schälen, putzen (Obst, Gemüse)'
от- (ото-)	ото-мсти́ть '(sich) rächen', от-пра́здновать 'feiern', от-регули́ровать 'regulieren, regeln, einstellen'
пере-	пере-ночева́ть 'übernachten'
по-	по-благодари́ть 'danken', по-бри́ться 'sich rasieren (lassen)', по-гаси́ть '(aus)löschen', по-дари́ть 'schenken', по-жела́ть 'wünschen', по-забо́титься 'sich sorgen', по-за́втракать 'frühstücken', по-звони́ть 'läuten, klingeln', по-каза́ться 'scheinen', по-красне́ть 'erröten', по-про́бовать 'probieren, versuchen' по-тре́бовать 'fordern, verlangen'
под-	под-гото́вить 'vorbereiten'
при-	при-гото́вить 'zubereiten (Speisen)'
про-	про-голосова́ть '(ab)stimmen', про-диктова́ть 'diktieren', про-контроли́ровать 'kontrollieren', про-корми́ть 'ernähren, unterhalten', про-склоня́ть 'deklinieren', про-спряга́ть 'konjugieren', про-чита́ть '(vor)lesen', про-шепта́ть 'flüstern'
раз- (рас-)	раз-буди́ть '(auf)wecken', раз-дели́ть '(ein)teilen', рас-та́ять 'tauen, schmelzen' (intrans.)
с-	с-вари́ть 'kochen, sieden' (trans.), с-горе́ть '(ver)brennen' (intrans.), с-лома́ть 'zerbrechen' (trans.), с-мочь 'können', с-петь 'singen', с-пря́тать 'verstecken', с-темне́ть 'dunkeln, dämmern', с-уме́ть 'können, verstehen', с-шить 'nähen'
у-	у-кра́сть 'stehlen', у-регули́ровать 'regeln, in Ordnung bringen', у-соверше́нствовать 'vervollkommnen', у-старе́ть 'veralten'

284 Besondere Beachtung verdient die Tatsache, daß es kein einziges Präfix gibt, das sich als grammatisches Präfix spezialisiert hätte. Alle oben genannten Präfixe, die als reine Aspektpräfixe auftreten können, fungieren auch – und sogar in der Mehrzahl der Fälle – als lexika-

lische Präfixe. Auch besteht bei der Entstehung präfixaler korrelativer Aspektformen kein notwendiger Zusammenhang zwischen der Wahl des Präfixes und der Eigenbedeutung des Simplex. Die Bildung korrelativer Aspektformen durch Präfigierung entbehrt daher der Regelmäßigkeit, "unterwirft sich keiner Regel" [23, 41]. Wenn in der Gegenwartssprache präfixale korrelative Aspektformen existieren, haben sich eine bestimmte präfixale Bildung und das entsprechende Simplex als korrelative Aspektformen zusammengefunden, ohne daß man eine Regel oder allgemeingültige Erklärung dafür angeben könnte. Insofern unterscheiden sich die präfixalen korrelativen Aspektformen nicht von den suppletiven korrelativen Aspektformen, wie beispielsweise брать – взять.

Diese Sachlage hat dazu geführt, daß manche Sprachwissenschaftler, z. B. Ju. S. Maslov [86; 87] die Ansicht vertreten, wirklich grammatische "Aspektpaare", deren Glieder sich nur durch den Aspekt unterscheiden und lexikalisch völlig identisch sind, würden nur durch Suffigierung gebildet. Sie bestreiten die Existenz präfixaler "Aspektpaare", indem sie davon ausgehen, daß durch Präfigierung immer die Bedeutung des Simplex verändert bzw. modifiziert wird. Diese Autoren ordnen in solchen Fällen die präfixale Bildung bestimmten Aktionsarten zu, z. B. варить 'kochen', davon abgeleitet resultative Aktionsart: pf. сварить '(gar)kochen', wobei vorausgesetzt wird, daß die Bedeutungsschattierung des erreichten Resultats nicht in der grammatischen Bedeutung des perfektiven Aspekts aufginge.

Zweifellos ist die Zusammenstellung der präfixalen korrelativen Aspektformen ein schwieriges Problem und bedürfen manche Angaben in den Wörterbüchern über die präfixalen Aspektpaare noch der Präzisierung bzw. Korrektur. Die größte Schwierigkeit besteht darin, daß weder über die Aspektbedeutungen noch über die Kriterien der Zusammenstellung der korrelativen Aspektformen bisher eine einheitliche Auffassung besteht.

Ausschlaggebend für die Zusammenstellung korrelativer präfixaler Aspektformen muß u. E. die *sprachliche Leistung* der perfektiven und imperfektiven Aspektformen in konkreten syntaktischen Zusammenhängen sein. Wenn eine bestimmte präfixale Bildung im Verhältnis zu ihrem Simplex unter denselben objektiven Bedingungen dieselbe sprachliche Leistung erbringt wie das perfektive Glied unstreitiger suffixaler bzw. suppletiver Aspektformen eines Verballexems im Verhältnis zum imperfektiven Glied, muß auch das Vorliegen präfixaler korrelativer Aspektformen anerkannt werden. Vgl. z. B. einerseits ipf. варить (обед) – pf. сварить (обед) – '(ein Mittagessen) kochen' und andererseits ipf. приготовлять (обед) – pf. приготовить (обед) '(ein Mittagessen) zubereiten'.

Für die Gleichwertigkeit der präfixalen und suffixalen korrelativen Aspektformen im System der Gegenwartssprache spricht die Tatsache, daß in der historischen Entwicklung dreigliedriger Aspektverhältnisse nicht nur das primär imperfektive Simplex, sondern auch das sekundäre Imperfektivum verdrängt werden kann. Vgl. die Übersicht auf S. 229.

Die Umbildung eines dreigliedrigen Aspektverhältnisses mit Bedeutungsdifferenzierung läßt das folgende Beispiel erkennen:

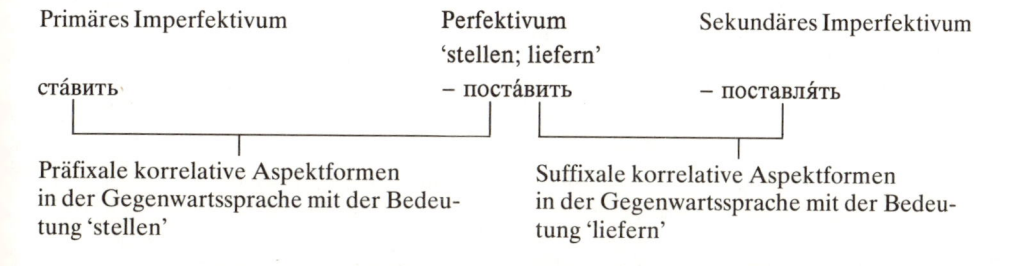

Primäres Imperfektivum	Perfektivum 'stellen; liefern'	Sekundäres Imperfektivum
ста́вить	– поста́вить	– поставля́ть

Präfixale korrelative Aspektformen in der Gegenwartssprache mit der Bedeutung 'stellen'

Suffixale korrelative Aspektformen in der Gegenwartssprache mit der Bedeutung 'liefern'

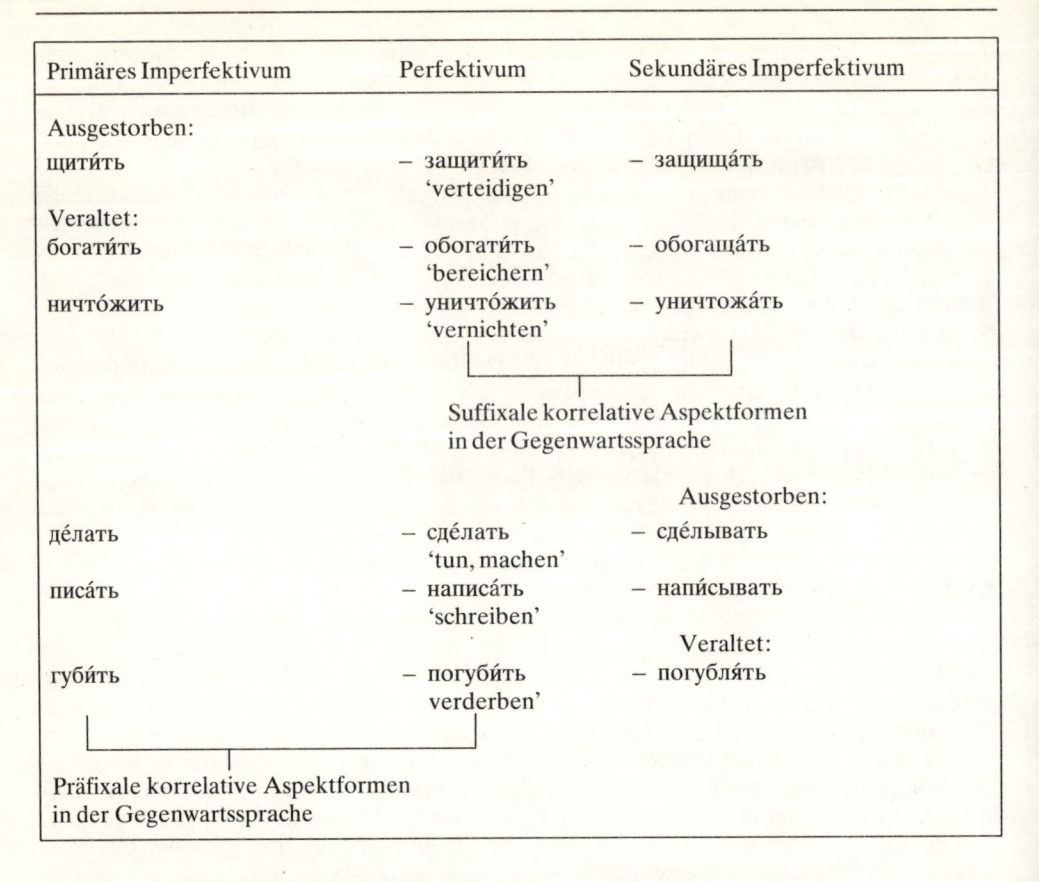

Primäres Imperfektivum	Perfektivum	Sekundäres Imperfektivum
Ausgestorben:		
щити́ть	– защити́ть 'verteidigen'	– защища́ть
Veraltet:		
богати́ть	– обогати́ть 'bereichern'	– обогаща́ть
ничто́жить	– уничто́жить 'vernichten'	– уничтожа́ть
	Suffixale korrelative Aspektformen in der Gegenwartssprache	
		Ausgestorben:
де́лать	– сде́лать 'tun, machen'	– сде́лывать
писа́ть	– написа́ть 'schreiben'	– напи́сывать
		Veraltet:
губи́ть	– погуби́ть 'verderben'	– погубля́ть
Präfixale korrelative Aspektformen in der Gegenwartssprache		

2.3.4.3. Suffixale korrelative Aspektformen

287 Von perfektiven Verbalstämmen werden die korrelativen imperfektiven Aspektstämme durch **Suffigierung** (суффикса́ция) mit den imperfektivierenden Suffixen **-ива- (-ыва-), -а-, -ва-** gebildet. Durch diesen Vorgang, den man als *sekundäre Imperfektivierung* (втори́чная имперфектива́ция) oder einfach als Imperfektivierung bezeichnet, entstehen suffixale korrelative Aspektformen (суффикса́льные видовы́е па́ры).
Die imperfektivierenden Suffixe werden in der Regel *an die Verbalwurzel* angefügt, d. h., vor der Suffigierung werden die wortbildenden Suffixe bzw. die Interfixe (Stammbildungsmorpheme, vgl. **74**) abgetrennt.
Bis auf wenige Ausnahmen bei der Suffigierung mit -ва- ist die Imperfektivierung mit der Überführung der Verbalstämme *in die I. produktive Klasse* verbunden (vgl. **122**).

288 Das imperfektivierende **Suffix -ива- (-ыва-)** wird an konsonantisch auslautende Verbalwurzeln angefügt. Es ist stark produktiv und dient zur Imperfektivierung perfektiver Aspektstämme aller fünf produktiven Klassen und vieler unproduktiver Gruppen, z. B.

        pf. воспит-а́-ть 'erziehen' → ipf. воспи́т-ыва-ть,
        pf. вспы́х-н-у-ть 'aufflammen' → ipf. вспы́х'-ива-ть (вспы́хивать),
        pf. увели́ч-и-ть 'vergrößern' → ipf. увели́ч-ива-ть,
        pf. запис-а́-ть 'aufschreiben' → ipf. запи́с-ыва-ть,
        pf. задерж-а́-ть 'aufhalten' → ipf. заде́рж-ива-ть.

Die perfektiven Verbalstämme, die der III. produktiven Klasse angehören, bilden insofern eine Ausnahme, als bei ihnen nur das Interfix -a- abgetrennt und das wortbildende Suffix -ов- vor dem imperfektivierenden Suffix belassen wird:

        pf. зарис-ов-а́-ть 'skizzieren' → ipf. зарис-о́в-ыва-ть.

Der Akzent liegt bei dem sekundären Imperfektivum bis auf seltene Ausnahmen (z. B. pf. отку́порить 'entkorken' → ipf. откупо́ривать) auf der Silbe vor dem imperfektivierenden Suffix.

Bei der Suffigierung können gleichzeitig Lautwechsel (Phonemwechsel) in der Wurzel auftreten. Produktiv sind sowohl der Konsonantenwechsel im Wurzelauslaut als auch der Vokalwechsel o//a beim Wurzelvokal. **289**

Der *Konsonantenwechsel* des Wurzelauslautes tritt vor allem bei der Imperfektivierung der perfektiven Verbalstämme der V. produktiven Klasse auf und entspricht dem Konsonantenwechsel in der Form der 1. Pers. Sing. des perfektiven Futurs (Labiallaut//Labiallaut + /l'/ bzw. Dentallaut//Zischlaut, vgl. 136), z. B.

   pf. обусло́вить 'bedingen' – обусло́влю → ipf. обусло́вливать,
   pf. оплати́ть 'bezahlen' – оплачу́   → ipf. опла́чивать.

Bemerkung. In Ausnahmefällen kann dieser Konsonantenwechsel unterbleiben, z. B.
pf. закуси́ть 'einen Imbiß einnehmen' – закушу́ → ipf. заку́сывать (mit Konsonantenwechsel с'//с).

Von großer Bedeutung ist auch der *Vokalwechsel* o//a im Wurzelmorphem, der bei der Imperfektivierung mit dem Suffix -ива- (-ыва-) stets stattfindet, wenn der perfektive Aspektstamm auf der letzten Silbe betont ist:

   pf. опозда́ть 'verspäten'   → ipf. опа́здывать,
   pf. осмотре́ть 'besichtigen'→ ipf. осма́тривать.

Wenn in der perfektiven Ausgangsform das o der Wurzel betont ist, so kann es erhalten bleiben, z. B.

   pf. упро́чить 'festigen' → ipf. упро́чивать,

es kann aber auch Vokalwechsel o//a stattfinden, z. B.

   pf. подгото́вить 'vorbereiten' → ipf. подгота́вливать.

Bei der Imperfektivierung der perfektiven Verbalstämme der III. produktiven Klasse bleibt das Suffix -ов- unverändert, z. B.

   pf. истолкова́ть 'erklären' → ipf. истолко́вывать,

bzw. wird infolge der Akzentverlagerung graphematisch -ев- zu -ёв- (-ов-), z. B.

   pf. размежева́ть 'abgrenzen' → ipf. размежёвывать,
   pf. облицева́ть 'verkleiden' → ipf. облицо́вывать.

Das imperfektivierende **Suffix -a-** ist schwach produktiv. Es wird ebenfalls an konsonantisch auslautende Verbalwurzeln angefügt und dient neben dem Suffix -ива- zur Imperfektivierung perfektiver Verbalstämme der V. produktiven Klasse, wobei es nach paarig weichen Konsonanten graphematisch durch den Buchstaben я bzw. nach paarig harten Konsonanten und nach Zischlauten durch den Buchstaben а wiedergegeben wird. Der Akzent liegt stets auf dem Suffix -a-. Bei der Imperfektivierung mit Hilfe des Suffixes -a- treten ebenfalls in der Regel dieselben Konsonantenwechsel im Wurzelauslaut wie in den Formen der 1. Pers. Sing. des perfektiven Futurs auf (vgl. 136), z. B. **290**

   pf. примени́ть 'anwenden'   → ipf. применя́ть,
   pf. вооружи́ть 'bewaffnen'   → ipf. вооружа́ть,
   pf. прикрепи́ть 'befestigen' – прикреплю́ → ipf. прикрепля́ть,
   pf. пригласи́ть 'einladen' – приглашу́   → ipf. приглаша́ть.

Abweichend vom Konsonantenwechsel д//ж in der Form der 1. Pers. Sing. des perfektiven Futurs findet bei der Imperfektivierung mit Hilfe des Suffixes -a- der Konsonantenwechsel д//жд statt, wenn dieser Konsonantenwechsel auch in der Form des Part. Prät. Pass. vorliegt:

   pf. награди́ть 'belohnen', награжу́, aber награждённый → ipf. награжда́ть.

Bei einer ganzen Reihe von Verben unterbleibt jedoch der Konsonantenwechsel, z. B.

   pf. вы́ступить 'heraustreten; auftreten' – вы́ступлю → ipf. выступа́ть (mit Konsonantenwechsel п'//п).

291 Sekundäre Imperfektiva mit dem Suffix -а- zu perfektiven Verbalstämmen unproduktiver Gruppen sind zahlreich vertreten, z. B.

    pf. дости́г-н-уть 'erreichen' → ipf. достиг-а́-ть,
    pf. попа́сть '(hin)geraten; treffen' – попад-у́т → ipf. попад-а́-ть,
    pf. спас-ти́ 'retten' → ipf. спас-а́-ть,
    pf. помо́чь 'helfen' – помог-у́т → ipf. помог-а́-ть.

292 Für die Aneignung des russischen Verbalbestandes wichtig sind die unproduktiven und irregulären **Morphemvarianten**, die auf Grund historischer Lautwechsel bei der Imperfektivierung mit dem Suffix -а- auftreten:

    pf. назва́ть/назову́т 'nennen'   → ipf. называ́ть,
    pf. собра́ть/соберу́т 'versammeln'   → ipf. собира́ть,
    pf. вы́рвать/вы́рвут 'herausreißen'   → ipf. вырыва́ть,
    pf. присла́ть/пришлю́т 'senden'   → ipf. присыла́ть,
    pf. нача́ть/начну́т 'beginnen'   → ipf. начина́ть,
    pf. подня́ть/подни́мут 'hochheben'   → ipf. поднима́ть,
    pf. стере́ть/сотру́т 'abwischen'   → ipf. стира́ть,
    pf. заже́чь/зажгу́т 'anzünden'   → ipf. зажига́ть,
    pf. отдохну́ть 'sich erholen'   → ipf. отдыха́ть,
    pf. вы́сохнуть 'vertrocknen'   → ipf. высыха́ть,
    pf. согну́ть 'zusammenbiegen'   → ipf. сгиба́ть,
    pf. воткну́ть 'hineinstecken'   → ipf. втыка́ть,
    pf. засну́ть 'einschlafen'   → ipf. засыпа́ть u. a.

293 In einigen Fällen, in denen homonyme Morpheme -а- vorliegen, findet im perfektiven und imperfektiven Infinitivstamm nur eine **akzentuelle Aspektdifferenzierung** statt:

    pf. засы́пать 'zuschütten'   → ipf. засыпа́ть,
    pf. разре́зать 'zerschneiden'   → ipf. разреза́ть.

Da die perfektiven Aspektstämme der unproduktiven Gruppe 1 A und die sekundären Imperfektiva der I. produktiven Klasse angehören, sind die Präsensstämme nicht nur durch den Akzent, sondern auch strukturell verschieden:

    pf. засы́пл-ут (засы́плют): ipf. засыпа-j-ут (засыпа́ют),
    pf. разре́ж-ут (разре́жут): ipf. разреза-j-ут (разреза́ют).

294 Das heute unproduktive **Suffix -ва-** dient fast ausschließlich zur Imperfektivierung perfektiver Verbalstämme unproduktiver Gruppen mit vokalischem Wurzelauslaut. Es trägt stets den Akzent: pf. откры́-ть 'öffnen' → ipf. откры-ва́-ть.
Bei den wenigen perfektiven Aspektstämmen der II. produktiven Klasse, zu denen sekundäre Imperfektiva mit dem Suffix -ва- gebildet werden, ist der Infinitivstamm der Ausgangspunkt, d. h., das Suffix bzw. Interfix -е- wird nicht abgetrennt, z. B.

    pf. овлад-е́-ть 'Besitz ergreifen' → ipf. овлад-е-ва́-ть

ebenso wie

    pf. успе́-ть 'zurechtkommen' → ipf. успе-ва́-ть

und

    pf. оде́-ть 'anziehen' → ipf. оде-ва́-ть.

295 Abweichende Bildungen sind vereinzelte korrelative Aspektformen wie ipf. застрева́ть zu pf. застря́ть 'steckenbleiben' und ipf. продлева́ть zu pf. продли́ть 'verlängern', in deren imperfektivem Glied das im perfektiven Glied unter Akzent auftretende Phonem /a/ bzw. /i/ vor dem Suffix -ва- durch den Buchstaben e wiedergegeben wird [48, Bd. 1, § 602]. Den Ausfall des wurzelauslautenden Phonems /j/ finden wir bei der Imperfektivierung in einzelnen Bildungen wie pf. засе́ять 'besäen' → ipf. засева́ть (daneben засе́ивать).

296 Durch die Imperfektivierung mit Hilfe der Suffixe -ива- (-ыва-), -а- und -ва- wird das Verb in der Regel in die **I. produktive Klasse** übergeführt, d. h., die durch Suffigierung gebildeten Imperfektiva zeigen das Verhältnis des Präsensstamms zum Infinitivstamm -a-j- zu -a- (vgl. **122**), z. B.

$$\text{pf.} \begin{cases} \text{увелич-и-ть} \\ \text{увелич---ат} \\ \text{(V. prod. Kl.)} \end{cases} \qquad \text{ipf.} \begin{cases} \text{увелич-ива-ть} \\ \text{увелич-ива-j-ут (увеличивают)} \\ \text{(I. prod. Kl.)} \end{cases}$$

Eine Ausnahme bilden nur wenige sekundäre Imperfektiva mit dem Suffix -ва-, die der unproduktiven Gruppe 1 C (mit dem Infinitiv auf ...авать) angehören und ein Verhältnis des Präsensstammes zum Infinitivstamm ...a-j- zu ...a-ва- aufweisen (vgl. 146):

   ipf. да-ва́-ть/да-j-ут (даю́т)   ← pf. дать 'geben',
   ipf. узна-ва́-ть/узна-j-ут (узнаю́т)   ← pf. узна́ть 'erfahren',
   ipf. вста-ва́-ть/вста-j-ут (встаю́т)   ← pf. встать 'aufstehen'.

Bei den korrelativen Aspektformen pf. узна́ть – ipf. узнава́ть sind die Präsensstämme nur akzentuell differenziert:

   pf. узна́ют – ipf. узнаю́т.

Diese Verben haben allerdings einen zweiten Präsensstamm, bei dem analog zur I. produktiven Klasse das Suffix -ва- erhalten bleibt und das Interfix -j- hinzugefügt wird: Imp. да-ва-j-∅ (дава́й), Part. Präs. Pass. да-ва-j-ем-ый (дава́емый), Adv. Part. да-ва-j-а (дава́я).

2.3.4.4. Suppletive korrelative Aspektformen

In einzelnen Fällen sind die korrelativen Aspektformen nicht voneinander abgeleitet, sondern weisen *verschiedene Wurzeln* auf. Solche suppletive korrelative Aspektformen (супплети́вные видовы́е па́ры) sind: 297

   ipf. брать   – pf. взять 'nehmen',
   ipf. говори́ть   – pf. сказа́ть 'sagen',
   ipf. класть   – pf. положи́ть 'legen',
   ipf. лови́ть   – pf. пойма́ть 'fangen'.

Nicht unerheblich ist die Zahl der Aspektkorrelationen in der russischen Gegenwartssprache,   298 deren Glieder sich bei einer etymologischen Analyse als voneinander abgeleitet erweisen, aber Varianten des Wurzelmorphems haben, die sich infolge der phonetischen Entwicklung sehr weit voneinander entfernt haben. Da die Aneignung solcher korrelativer Aspektformen im Fremdsprachenunterricht nur lexikalisch möglich ist, könnte man solche Aspektformen mit Varianten des Wurzelmorphems, die nicht auf produktiven morphologischen Lautwechseln beruhen, vom synchronen Standpunkt aus auch als suppletive korrelative Aspektformen betrachten. Vgl. z. B. die obigen Angaben über unproduktive Lautwechsel bei der Imperfektivierung mit dem Suffix -а- (**292**).
In diesem Sinne sind als suppletive korrelative Aspektformen auch anzusehen

   pf. лечь   – ipf. ложи́ться 'sich legen',
   pf. сесть   – ipf. сади́ться 'sich setzen',
   pf. стать   – ipf. станови́ться 'sich stellen' bzw. 'werden',

bei denen das imperfektive Glied zusätzlich noch das Postfix -ся annimmt.
Ebenso sind als suppletiv auch die korrelativen Aspektformen zu betrachten, deren Glieder mit Präfixen räumlicher Bedeutung präfigierte determinierte und indeterminierte paarige Verben der Fortbewegung sind (vgl. 352 f.), z. B.

   pf. отнести́   – ipf. относи́ть 'wegbringen',
   pf. привести́   – ipf. приводи́ть 'herführen',
   pf. вы́лететь   – ipf. вылета́ть 'hinausfliegen; abfliegen' u. dgl.

Von den präfigierten perfektiven Verben auf -ложи́ть werden die imperfektiven Glieder teils auf -лага́ть, teils auf -кла́дывать gebildet:

   pf. сложи́ть – ipf. слага́ть 'addieren',
   pf. сложи́ть – ipf. скла́дывать 'zusammenlegen', 'ablegen'.

Als suppletiv kann man auch solche irregulären korrelativen Aspektformen wie

   pf. купи́ть   – ipf. покупа́ть 'kaufen',
   pf. пове́сить   – ipf. ве́шать 'aufhängen',

pf. проглоти́ть – ipf. глота́ть '(ver)schlucken',
pf. укуси́ть – ipf. куса́ть 'beißen; stechen',
pf. поручи́ться – ipf. руча́ться 'bürgen',
pf. упа́сть – ipf. па́дать '(hin)fallen',
pf. урони́ть – ipf. роня́ть 'fallenlassen, verlieren'

ansehen.

2.3.4.5. Variative Aspektformen

299 **Variative Bildungen** (вариати́вные образова́ния) kommen sowohl bei den präfixalen korrelativen Aspektformen, z. B.

ipf. конспекти́ровать →

pf. $\left\{\begin{array}{l}\text{за-}\\\text{про-}\end{array}\right\}$ конспекти́ровать 'einen Konspekt zusammenstellen',

als auch bei den suffixalen korrelativen Aspektformen vor, z. B.

pf. изгото́вить →

ipf. $\left\{\begin{array}{l}\text{изготовля́ть}\\\text{изготота́вливать}\end{array}\right\}$ 'herstellen, produzieren'.

300 Da die Bildung der korrelativen Aspektformen von den zwei entgegengesetzten Verfahren der Perfektivierung durch Präfigierung und der Imperfektivierung durch Suffigierung beherrscht wird, kommen als Durchgangsstadien in der Entwicklung **dreigliedrige Aspektverhältnisse** vor, in denen eine perfektive präfixale Bildung sowohl mit dem imperfektiven Simplex als auch mit einem sekundären Imperfektivum eine Aspektkorrelation bildet:

Primäres Imperfektivum	Perfektivum 'umkommen'	Sekundäres Imperfektivum
ги́бнуть	поги́бнуть	погиба́ть
Präfixale		Suffixale
korrelative Aspektformen		

2.3.5. Die zweiaspektigen Verbalstämme und die Aspektdefektivität

301 Wenn auch jedes russische Verb von der Kategorie des Aspekts erfaßt wird, so bilden doch bei weitem nicht alle russischen Verben korrelative Aspektformen. Das Fehlen korrelativer Aspektformen kann sich in zweierlei Weise äußern:
a) Der betreffende Verbalstamm gehört weder dem perfektiven noch dem imperfektiven Aspekt an, sondern kann beide Aspektbedeutungen ausdrücken. In diesem Fall sprechen wir von einem **zweiaspektigen Verbalstamm** (двувидово́й глаго́л).
b) Es liegt **Aspektdefektivität** (видова́я несоотноси́тельность) vor, d. h., das Verballexem verfügt nur über einen Aspektstamm, der entweder dem perfektiven oder dem imperfektiven Aspekt angehört. Ein solches Verb bezeichnen wir als ein *Perfektivum tantum* (непа́рный, несоотноси́тельный или одновидово́й глаго́л соверше́нного ви́да) bzw. *Imperfektivum tantum* (непа́рный, несоотноси́тельный или одновидово́й глаго́л несоверше́нного ви́да).

302 Eine Vorstellung von den Proportionen, die zwischen den Verben mit korrelativen Aspektformen, den zweiaspektigen Verbalstämmen und den Perfektiva und Imperfektiva tantum bestehen, vermitteln die von I. P. Mučnik [95, 94] festgestellten Prozentzahlen:

Verben mit korrelativen Aspektformen	64 %
Zweiaspektige Verbalstämme	5 %
Perfektiva oder Imperfektiva tantum	31 %

2.3. Die Kategorie des Aspekts

Da die Aspektbedeutungen in den zweiaspektigen Verbalstämmen keinen formalen Ausdruck finden, können sie nur im Kontext festgestellt werden: **303**

В э́ту мину́ту он информи́рует отца́ об э́том. – Ipf. Präsens.
Когда́ вернётся, он информи́рует отца́ об э́том. – Pf. Futur.
Он регуля́рно информи́ровал отца́ об э́том. – Ipf. Präteritum.
Он продолжа́ет информи́ровать отца́ об э́том. – Ipf. Infinitiv.

Es ist auch möglich, daß der unmittelbare Kontext keinen Hinweis auf die Aspektbedeutung eines zweiaspektigen Verbalstammes enthält:

Он информи́ровал бы отца́ об э́том. – Pf. oder ipf. Konjunktiv.

Einen indirekten formalen Ausdruck erhält der Aspekt der zweiaspektigen Verbalstämme in den Formen des analytischen Futurs und der Partizipien des Präsens, weil diese nur von imperfektiven Aspektstämmen gebildet werden können, z. B. müssen die Formen бу́ду информи́ровать, информи́рующий und информи́руемый imperfektiv sein.

Die meisten zweiaspektigen Verbalstämme gehören der III. produktiven Klasse an. Der **304** größte Teil dieser Verben sind *Lehn- oder Fremdwörter* aus westeuropäischen Sprachen, z. B. рекомендова́ть, децентрализова́ть, реконструи́ровать, экспорти́ровать, демократизи́ровать, электрифици́ровать. Daneben gibt es eine Reihe älterer russischer Bildungen bzw. Lehnübersetzungen, z. B. иссле́довать 'untersuchen', испо́льзовать 'ausnutzen', обору́довать 'ausstatten', соде́йствовать 'beitragen (zu)', und in sowjetischer Zeit entstandener Ableitungen von russischen Wörtern, z. B. советизи́ровать. Nicht der III. produktiven Klasse gehören nur wenige zweiaspektige Verbalstämme an, z. B. обеща́ть, жени́ть(ся), казни́ть 'hinrichten', ра́нить 'verwunden', веле́ть 'befehlen'. Die Gesamtzahl der zweiaspektigen Verbalstämme beträgt über 600.

In der russischen Gegenwartssprache ist die Tendenz zu beobachten, diese "morphologische **305** Anomalie" [*46*, 219] zu überwinden und die zweiaspektigen Verbalstämme durch Schaffung korrelativer Aspektformen zu beseitigen.

In einigen Fällen erfolgt die Abgrenzung der Aspektbedeutungen durch Bildung *sekundärer Imperfektiva*, z. B. арестова́ть → аресто́вывать, атакова́ть → атако́вывать, образова́ть → образо́вывать, организова́ть → организо́вывать. Die neu gebildeten sekundären Imperfektiva verdrängen allmählich die imperfektive Bedeutung des zweiaspektigen Ausgangsstammes. Diesen Prozeß kann man z. B. bei арестова́ть heute bereits als abgeschlossen betrachten, so daß hier die korrelativen Aspektformen pf. арестова́ть – ipf. аресто́вывать bestehen [*49*, § 838.2], während bei den übrigen obengenannten Verben neben dem neu gebildeten sekundären Imperfektivum auch das Ausgangsverb mit imperfektiver Bedeutung gebraucht werden kann. Allerdings kann mit dem Infinitiv dieser Verben das analytische Futur nicht gebildet werden [*93*, 100].

Die sekundäre Imperfektivierung ist nur möglich, wenn das zweiaspektige Ausgangsverb im Infinitiv auf dem Interfix -а- betont ist (Infinitiv auf -ова́ть, -изова́ть). Bei den Verben auf -и́ровать, -изи́ровать, -фици́ровать, die etwa 85 % der zweiaspektigen Verbalstämme umfassen, kann die morphologische Differenzierung nur durch *Präfigierung* des zweiaspektigen Verbalstammes erfolgen, wobei die präfixale Bildung die perfektive Bedeutung übernimmt und das ursprünglich zweiaspektige Simplex sich früher oder später ausschließlich als Imperfektivum spezialisiert, z. B. pf./ipf. демонстри́ровать – pf. продемонстри́ровать, pf./ipf. протоколи́ровать – pf. запротоколи́ровать. Als Beispiele für die endgültige Entstehung präfixaler korrelativer Aspektformen könnte man anführen: ipf. конструи́ровать – pf. сконструи́ровать, ipf. ремонти́ровать – pf. отремонти́ровать, ipf. стенографи́ровать – pf. застенографи́ровать.

Perfektive präfixale Bildungen kommen auch bei zweiaspektigen Verbalstämmen mit slawischer Wurzel vor, z. B. обеща́ть → пообеща́ть.

Die Aussage der modernen Wörterbücher [*161; 103; 137; 138*] darüber, ob solche korrelative **306** Aspektformen bzw. überhaupt entsprechende präfixale Bildungen bestehen und ob die perfektive Bedeutung des ursprünglich zweiaspektigen Lehnverbs noch bewahrt, veraltet oder schon verlorengegangen ist, sind bei den einzelnen zweiaspektigen Verbalstämmen sehr unterschiedlich. Wir sehen dies als einen Beweis dafür an, daß es sich bei dieser morphologischen Aspektdifferenzierung der zweiaspektigen Verbalstämme durch Präfigierung um einen lebendigen Prozeß handelt.

Die Bildung präfixaler korrelativer Aspektformen hat bereits ein Viertel (etwa 150) der zweiaspektigen Lehnverben erfaßt.

307 Einige zweiaspektige Verbalstämme haben auch die Besonderheit, daß ihre *Präteritalformen nur perfektive Bedeutung* haben können, z. B. велéть. Das ist vor allem bei Verben auf -овать, -изовать der Fall (z. B. образовáть, организовáть), von denen sekundäre Imperfektiva (z. B. образóвывать, организóвывать) gebildet werden können. Zu организовáть gibt es außerdem noch eine umgangssprachliche perfektive präfixale Bildung (сорганизовáть).

Die Verben родúть und родúться differenzieren die Aspekte in der femininen Präteritalform durch den Akzent: pf. родилá(сь) – ipf. родúла(сь).

308 Die **Perfektiva tantum**, d. h. Verben, die nur im perfektiven Aspekt vorkommen, werden hauptsächlich von bestimmten Aktionsarten gestellt, die auf Grund ihrer Semantik an den perfektiven Aspekt gebunden sind oder vorwiegend nur im perfektiven Aspekt realisiert werden, z. B. der delimitativen Aktionsart (посидéть 'eine Zeitlang sitzen'), vgl. **312 ff**.

Außerhalb der formal gekennzeichneten Aktionsarten gibt es nur wenige Perfektiva tantum, z. B. стать 'anfangen', состоя́ться 'stattfinden' (dagegen: **ipf.** состоя́ть из чегó/в чём 'bestehen aus/in'), очну́ться 'erwachen, zu sich kommen', очути́ться 'sich (plötzlich) befinden'.

309 Relativ häufig treten **Imperfektiva tantum** auf, d. h. Verben, die nur im imperfektiven Aspekt vorkommen. Das ist vor allem dadurch zu erklären, daß alle aterminativen Verben (vgl. **104**) keine korrelativen Aspektformen bilden können. Zu den aterminativen Verben gehören alle Verben, die Zustände im weitesten Sinne des Wortes bezeichnen (sog. *Zustandsverben*, глагóлы состоя́ния). Die wichtigsten Bedeutungsgruppen sind:

a) die eigentliche Zustandsbedeutung oder statale Bedeutung (physische Zustände: висéть, лежáть, сидéть, стоя́ть; psychische Zustände: люби́ть, серди́ться);

b) die Existenzbedeutung (быть, находи́ться, существовáть;

c) die Relationsbedeutung (знать, имéть, принадлежáть 'gehören', соотвéтствовать 'entsprechen');

d) Charakterisierung des Handlungsträgers (Tätigkeit: учи́тельствовать 'als Lehrer tätig sein', завéдовать 'verwalten', руководи́ть 'leiten'; allgemeine Verhaltensweisen: безобрáзничать 'sich flegelhaft benehmen'; Eigenschaft: нéрвничать 'nervös sein').

310 Wichtig ist die Tatsache, daß viele Verben mit terminativer Bedeutung, die präfixale oder suffixale korrelative Aspektformen bilden, auch eine oder mehrere aterminative Bedeutungen (Zustandsbedeutungen) entwickeln können, z. B.:

Terminativ:	Aterminativ:
Он писáл/написáл пиьмó.	Тогдá он ужé писáл и печáтался (d. h., er war als Schriftsteller tätig).
Онá одéлась/одевáлась.	Онá одевáлась со вкýсом (d. h., sie war eine Frau, die sich geschmackvoll kleidete).

Daraus ergibt sich, daß der Begriff des Imperfektivums tantum nicht nur auf Lexeme, sondern auch auf einzelne Bedeutungen bestimmter Lexeme angewendet werden muß.

311 Aktionsarten, die an den imperfektiven Aspekt gebunden sind, stellen alle Aktionsarten mit iterativer Bedeutung dar, z. B. die echte iterative Bedeutung (он обéдывал ‚er pflegte zu Mittag zu essen') und die deminutiv-iterative Bedeutung (попивáть 'von Zeit zu Zeit ein Schlückchen trinken'), vgl. **314 P. l und m**.

2.3.6. Die Aktionsarten und die Aspekte

Es ist heute in der Slawistik fast allgemein üblich, zwischen den Aspekten, die Glieder einer grammatischen Kategorie sind (vgl. **184**), und den Aktionsarten, die lexikalische Bedeutungsgruppen darstellen, zu unterscheiden. Die strenge Trennung der Begriffe "Aspekt" und "Aktionsart" (способ глагольного действия) geht auf den schwedischen Slawisten S. Agrell zurück. S. Agrell definierte die Aktionsarten als Bedeutungsfunktionen, die die Art und Weise der Handlungsausführung markieren [*188*, 78]. Diese und ähnliche Definitionen der Aktionsart gestatten die Einbeziehung sehr heterogener Bedeutungsgruppen der Verben in den Kreis der Aktionsarten. Für die Zwecke des Fremdsprachenunterrichts erscheint es uns daher zweckmäßig, den Begriff der Aktionsart sowohl formal wie semantisch einzuengen.

a) Formal sind die Aktionsarten als *deverbale Ableitungen* zu bestimmen. Das bedeutet, daß sie mit Hilfe von Affixen von Verben gebildet sind.
Nach der Art der verwendeten Affixe kann man unterscheiden: präfixale Aktionsarten (идти́ → **по**йти́ 'anfangen zu gehen, losgehen', suffixale Aktionsarten (пры́гать 'springen' → пры́г**ну**ть 'einmal springen'), präfixal-suffixale Aktionsarten (пить → **по**п**ива**ть 'von Zeit zu Zeit ein Schlückchen trinken') und präfixal-postfixale Aktionsarten (болта́ть ‚schwatzen' **раз**болта́**ться** ‚ins Schwatzen kommen').

b) Semantisch sind die Aktionsarten dadurch gekennzeichnet, daß die Bedeutung des Ausgangsverbs in ihnen erhalten bleibt und durch eine *zusätzliche Bedeutung* modifiziert wird, die sich entweder auf die *Begrenzung* der Handlung in der Zeiterstreckung oder auf die Abstufung der *Quantität* bzw. *Intensität* der Handlung bezieht (vgl. [*234*, 79]).

Die genaue Unterscheidung zwischen dem Aspekt als einer grammatischen Kategorie und den Aktionsarten als deverbalen Wortbildungstypen ist deshalb von großer Bedeutung, weil nur auf der Grundlage dieser begrifflichen Trennung der Zusammenhang und die Wechselwirkung zwischen den Aspekten und Aktionsarten erfaßt werden kann. Der Zusammenhang äußert sich darin, daß die Möglichkeit der Bildung korrelativer Aspektformen bzw. die Aspektdefektivität wesentlich durch die Semantik bestimmter Aktionsarten beeinflußt wird (vgl. **308** u. **311**). Andererseits wirken im Rahmen der funktional-semantischen Kategorie der Aspektualität, deren Inhalt der Charakter des Handlungsablaufs ist, die Aspekte mit den Aktionsarten zusammen, vgl. **207 ff**.

Im folgenden werden einige kennzeichnende Aktionsarten der beiden Bedeutungsgruppen erläutert.

a) Die *ingressive* Aktionsart (начина́тельный способ действия) bezeichnet den Beginn der Handlung, z. B. **за**боле́ть – **за**болева́ть 'erkranken', **за**бе́гать 'anfangen (hin und her) zu laufen', **по**е́хать 'losfahren' (meist Perfektiva tantum).

b) Die *egressive* oder *finitive* Aktionsart (оконча́тельный способ действия) bezeichnet die Beendigung der Handlung, z. B. **от**цвести́ – **от**цвета́ть 'verblühen', **от**обе́дать ‚das Mittagessen beenden' (meist Perfektiva tantum).

c) Die *kompletive* Aktionsart (заверши́тельный способ действия) bezeichnet die Endphase, das Zu-Ende-Führen der Handlung, z. B. **до**писа́ть – **до**пи́сывать 'fertigschreiben'.

d) Die *delimitative* Aktionsart (ограничи́тельный способ действия) bezeichnet die zeitliche Einschränkung des Handlungsablaufs, z. B. **по**стоя́ть 'eine Zeitlang stehen' (Perfektiva tantum).

e) Die *perdurative* Aktionsart (дли́тельно-ограничи́тельный способ действия) bezeichnet die Ausfüllung eines bestimmten Zeitabschnitts mit der Handlung vor allem aterminativer Verben, z. B. **про**рабо́тать всю ночь 'die ganze Nacht durcharbeiten' (meist Perfektiva tantum).

f) Die *semelfaktive* Aktionsart (однокра́тный или одноа́ктный способ действия) bezeichnet eine einmalige, aus einem Akt bestehende Handlung, z. B. pf. мах**ну́**ть '(einmal) winken' (in der älteren Literatur werden die hierher gehörigen Verben oft auch Momentanverben genannt). Vgl. dazu das frequentative oder multiplikative Verb (многоа́ктный глаго́л) маха́ть 'winken', von dem махну́ть abgeleitet ist und das ein aus mehreren Akten bestehendes Geschehen bezeichnet. Semelfaktive Verben sind Perfektiva tantum.

Bemerkung. Da die frequentativen Ausgangsverben der semelfaktiven Aktionsartverben auch zur Bezeichnung der einmaligen Ausführung der Handlung verwendet werden, können die beiden Verben ähnlich wie korrelative Aspektformen gebraucht werden [49, § 831]. Vgl. z.B. die Verwendung bei der Anwendung des historischen Präsens (vgl. **399**): Она́ махну́ла ему́ руко́й. → Она́ ма́шет ему́ руко́й.

g) Die *distributive* Aktionsart (распредели́тельный спо́соб де́йствия) bezeichnet, daß die Handlung nacheinander eine Reihe von Objekten erfaßt bzw. von einer Reihe von Subjekten ausgeführt wird, z.B. pf. **по**запира́ть все две́ри 'nacheinander alle Türen zuschließen', **пере**боле́ть 'nacheinander krank sein' (meist Perfektiva tantum).

h) Die *kumulative* Aktionsart (накопи́тельный спо́соб де́йствия) bezeichnet die Anhäufung einer Menge von Objekten der Handlung, z.B. **на**рва́ть – нарыва́ть цвето́в '(eine Menge) Blumen pflücken'.

i) Die *totale* Aktionsart (тота́льно-объе́ктный спо́соб де́йствия) bezeichnet die Erfassung des ganzen Objekts bzw. aller Objekte durch die Handlung, z.B. **ис**писа́ть – испи́сывать 'vollschreiben'.

k) Die *attenuative* Aktionsart (смягчи́тельный спо́соб де́йствия) bezeichnet, daß die Handlung nicht vollständig ausgeführt wird, z.B. **при**откры́ть – приоткрыва́ть окно́ 'das Fenster ein bißchen (nicht ganz) öffnen'.

l) Die *deminutiv-iterative* Aktionsart (преры́висто-смягчи́тельный спо́соб де́йствия) bezeichnet eine unregelmäßig wiederholte, abgeschwächte oder wenig intensiv ausgeführte Handlung, z.B. **по**чи́тыва**ть** 'ab und zu (von Zeit zu Zeit) ein bißchen lesen' (Imperfektiva tantum).

m) Die *iterative* Aktionsart (многокра́тный спо́соб де́йствия) bezeichnet eine in längst vergangener Zeit unregelmäßig wiederholte Handlung und wird in der Regel nur in den Präteritalformen gebraucht, z.B. си́живал 'pflegte zu sitzen' жива́л 'pflegte zu wohnen', еда́л 'pflegte zu essen' (Imperfektiva tantum). Die iterativen Verben werden in der Gegenwartssprache mehr und mehr durch die zugrunde liegenden Simplizia (сиде́ть usw.) verdrängt.

2.3.7. Die paarigen Verben der Fortbewegung und ihre Stellung im Aspektsystem

2.3.7.1. Bestand

315 Bei den **paarigen Verben der Fortbewegung** (па́рные глаго́лы движе́ния и́ли перемеще́ния) handelt es sich um eine kleine, unproduktive, aber für den praktischen Sprachgebrauch sehr wichtige Gruppe von Verben, die durch folgende drei Besonderheiten gekennzeichnet sind: a) Sie bezeichnen eine Fortbewegung im Raum.
b) Sie treten paarig auf.
c) Beide Verben des Paares sind imperfektiv.

316 Es gehören nur solche Verben zu dieser Gruppe, die alle drei Besonderheiten aufweisen. Daher können paarige Verben wie сади́ть/сажа́ть, слы́шать/слыха́ть, ломи́ть/лома́ть u.a. nicht dazu gerechnet werden, da sie keine Fortbewegung im Raum bezeichnen.
Die nicht konsequente Beachtung der Einheit dieser drei Besonderheiten führt auch zur Verwendung unzutreffender Termini. Aus diesem Grunde ist die Bezeichnung "Doppelzeitwörter" ungenau, da damit auch jene erfaßt würden, die keine Fortbewegung im Raum bezeichnen. Auch der Terminus "Verben der Fortbewegung" ist irreführend, da durch ihn die Paarigkeit dieser Verben nicht berücksichtigt wird.

317 Zu den paarigen Verben der Fortbewegung gehören folgende vierzehn Paare von Verben, von denen das eine als **determiniert** (однонапра́вленный глаго́л) und das andere als **indeterminiert** (неоднонапра́вленный глаго́л) bezeichnet werden.

Determiniert	Indeterminiert	Deutsche Entsprechungen
бежáть	– бéгать	laufen, rennen
брести́	– броди́ть	sich mit Mühe fortbewegen, schlendern
везти́	– вози́ть	fahren (trans.)
вести́	– води́ть	führen
гнать	– гоня́ть	jagen, treiben
éхать	– éздить	fahren (intrans.)
идти́	– ходи́ть	gehen
кати́ть	– катáть	rollen, wälzen
лезть	– лáзить	klettern
летéть	– летáть	fliegen
нести́	– носи́ть	tragen
плыть	– плáвать	schwimmen
ползти́	– пóлзать	kriechen
тащи́ть	– таскáть	ziehen, schleppen

Wegen der Einordnung des Verbpaares брести́ – броди́ть vgl. [*137*; *129*, Bd. 1, § 1404; *144*, 302; *171*, 174]. Die abgeleiteten reflexiven Verben гнáться – гоня́ться 'nachjagen; jemandem bzw. einer Sache hinterher sein', кати́ться – катáться 'rollen' (intrans.) und нести́сь – носи́ться 'dahinjagen' unterscheiden sich semantisch nach den gleichen Kriterien wie die obengenannten Paare. **318**

2.3.7.2. Semantik

Für die Verwendung in *direkter Bedeutung* lassen sich die Verbpaare dieser Sondergruppe als eine Opposition darstellen, in der das **determinierte Verb** unabhängig vom Kontext durch das gleiche semantische Merkmal gekennzeichnet ist. Dieses semantische Merkmal ist zu bestimmen als Fortbewegung in *einer* Richtung zu einer bestimmten Zeit. **319**

Die Fortbewegung in einer Richtung ist selbstverständlich nicht im Sinne einer geometrischen Geraden zu verstehen. Ein möglicher Richtungswechsel im Sinne von Abweichungen vom (kürzesten) Weg zum Ziel vollzieht sich aber immer kontinuierlich im Zusammenhang mit der vorangegangenen Richtung.

Es ist daher zweckmäßig, sich diese Fortbewegung in einer Richtung als Unterwegssein – etwa im Sinne des Verkehrs in einer Einbahnstraße – vorzustellen.

> Идти́ бы́стрыми шагáми по дли́нной прямóй дорóге – óчень прия́тно. – И. С. Тургéнев.
> Es ist sehr angenehm, mit schnellen Schritten einen langen geraden Weg entlangzugehen.
>
> Вдруг он услы́шал звук мотóров. Очеви́дно, то бы́ли нéмцы, и éхали они́ по той же дорóге. – Б. Н. Полевóй.
> Plötzlich vernahm er das Geräusch von Motoren. Das waren offensichtlich Deutsche, und sie fuhren den gleichen Weg.

Das **indeterminierte Verb** ist in seiner semantischen Allgemeinbedeutung dadurch gekennzeichnet, daß es die kontinuierliche Fortbewegung nicht in *einer* Richtung bezeichnet. Aus dieser Unfähigkeit zur Bezeichnung der Fortbewegung in einer Richtung resultieren mehrere spezielle Bedeutungen des indeterminierten Verbs: **320**

a) Bewegung in verschiedene Richtungen.

> Пря́мо перед нáми óзеро, по котóрому плáвают лéбеди.
> Direkt vor uns ist ein See, in dem Schwäne umherschwimmen.
> Он бéгал пó двору и лови́л кýрицу.
> Er lief auf dem Hof umher und versuchte eine Henne zu fangen.

b) Bewegung hin und zurück (Pendelbewegung).

> Я вчера́ ходи́л в теа́тр. Vgl. Я вчера́ был в теа́тре.
> Одна́жды ле́том он е́здил в дере́вню.

In dieser speziellen Bedeutung ist die Verwendung des indeterminierten Verbs nur im Präteritum möglich.

Außerdem ist darauf zu verweisen, daß ката́ть, по́лзать, таска́ть und die angeführten Reflexivverben (318) praktisch nicht in dieser Bedeutung verwendet werden.

c) Sich wiederholende Fortbewegung.

Sie schließt die Bewegung in einer Richtung ein, ist aber nicht auf sie beschränkt, da die Wiederholung die Rückbewegung zur Voraussetzung hat.

> Ка́ждый день он е́здил в го́род.
> Лео́нтьев ча́сто ходи́л на стро́йку.
> Он люби́л ходи́ть на вокза́л по вечера́м.

Unter der sich wiederholenden Fortbewegung ist auch die gewohnheitsmäßige Fortbewegung zu verstehen.

> Ра́ньше он ходи́л в одино́чку, шага́л ме́дленно, ... а после́днее вре́мя ходи́ть стал бы́стро ...
> Früher ging er (immer) allein, schritt langsam dahin, ... aber in letzter Zeit begann er schneller zu gehen (laufen).

Wenn die wiederholte Fortbewegung in *einer* Richtung bezeichnet werden soll, wird das determinierte Verb verwendet.

Vgl.

Ка́ждый раз я иду́ ми́мо газе́тного кио́ска и покупа́ю там газе́ту.	Ка́ждый раз я хожу́ ми́мо газе́тного кио́ска.
Обы́чно по́сле рабо́ты я иду́ к свои́м друзья́м. Когда́ я тороплю́сь, я е́ду на такси́.	Я обы́чно хожу́ к свои́м друзья́м по́сле рабо́ты.

d) Art der Fortbewegung als Fähigkeit (potentielle Fortbewegung).

Vgl.
> Пти́цы лета́ют, ры́бы пла́вают, а лю́ди хо́дят, но лю́ди то́же мо́гут лета́ть на самолёте и пла́вать в воде́.
> Ребёнок уже́ хо́дит.

Bei unbelebten Subjekten geht die Möglichkeit der Fortbewegung auf deren Eigenschaften zurück.

> Про́бка пла́вает. Der Kork schwimmt [geht nicht unter].

Das indeterminierte Verb wird in dieser Bedeutung im allgemeinen ohne Adverbialbestimmung und ohne Objekt gebraucht.

In Verbindung mit Modalverben, die die Befähigung zu einer Handlung oder die Neigung zu ihrer Ausführung bezeichnen (z. B. мочь, уме́ть, люби́ть), kann nur das indeterminierte Verb gebraucht werden.

Vgl.   Он лю́бит е́здить на велосипе́де.

Allen diesen speziellen Bedeutungen ist gemeinsam, daß sie nicht geeignet sind, das semantische Merkmal der determinierten Verben, d. h. die Fortbewegung in *einer* Richtung zu bezeichnen.

321 Die determinierten Verben bezeichnen konkret ablaufende Handlungen in allen drei Tempusbedeutungen. Damit sind sie in diesem Verwendungsbereich der speziellen Aspektbedeutung des Handlungsverlaufs zuzuordnen.

Vgl.
> Я ви́дел, что мой друг шёл по у́лице Го́рького.
> Я ви́жу, что мой друг идёт по у́лице Го́рького.
> Я зна́ю, что мой друг бу́дет идти́ по у́лице Го́рького.

Falls das determinierte Verb die wiederholte Fortbewegung in *einer* Richtung bezeichnet, dann wird logischerweise die spezielle Aspektbedeutung der Wiederholung ausgedrückt.

2.3. Die Kategorie des Aspekts

Das semantische Merkmal der determinierten Verben schließt ihre Verwendung in der speziellen Aspektbedeutung der abstrakten Konstatierung (vgl. **228**) aus.
Die aus der Unmöglichkeit der Bezeichnung des semantischen Merkmals Fortbewegung in *einer* Richtung abgeleiteten speziellen Bedeutungen der indeterminierten Verben ordnen sich wie folgt in die speziellen Aspektbedeutungen ein:

a) Bewegung in verschiedene Richtungen

    Я ви́дел, что ма́льчики бе́гали по́ двору́. – Handlungsverlauf
    Ма́льчики ча́сто бе́гали по́ двору́. – Wiederholung
    Где ты был? – Я бе́гал по́ двору́. – Abstrakte Konstatierung

b) Bewegung hin und zurück (Pendelbewegung)

    Вчера́ я ходи́л в теа́тр. – Abstrakte Konstatierung

c) Sich wiederholende Fortbewegung

    Ка́ждый день он е́здил (е́здит, бу́дет е́здить) в го́род. – Wiederholung

d) Art der Fortbewegung (potentielle Fortbewegung)

    Ребёнок уже́ хо́дит (ходи́л) – Wiederholung

Da für die spezielle Aspektbedeutung der Wiederholung letztlich unwesentlich ist, ob sie als begrenzt oder unbegrenzt bezeichnet werden muß, kann die Art der Fortbewegung als Fähigkeit der Wiederholung zugeordnet werden. Der Grund besteht darin, daß sich Handlungen dieses Charakters zu beliebigen Zeiten vollziehen können.

Tabellarische Einordnung der semantischen Opposition determiniert: indeterminiert in das Aspekt- und Tempussystem **322**

	Tempora			Spez. Aspektbedeutungen		
	Präs.	Prät.	Fut.	Verlauf	Wiederh.	Abstr.Konst.
Determiniert	+	+	+	+	+	–
Indeterminiert a) Verschiedene Richtungen	+	+	+	+	+	+
b) Pendelbewegung	–	+	–	–	–	+
c) Wiederholte Fortbewegung	+	+	+	–	+	–
d) Potentielle Fortbewegung	+	+	+	–	+	–

Die beschriebenen Verwendungsregeln gelten nicht für den Gebrauch der paarigen Verben der Fortbewegung in *übertragener Bedeutung*. **323**

a) In den meisten Fällen wird in übertragener Bedeutung nur das determinierte Verb verwendet, z. B.

    вести́ + бесе́ду, войну́, диску́ссию, дру́жбу, заня́тие, протоко́л, перегово́ры, перепи́ску, разгово́р, семина́р, уро́к;
    вести́ себя́ 'sich verhalten, sich benehmen';
    нести́ + отве́тственность, после́дствия, поте́ри, слу́жбу.

Das Verb идти́ kommt in solchen Wortfügungen gewöhnlich nur in der finiten Form vor, z. B.

    идёт + бой, война́, экза́мен, конце́рт, рабо́та, спор, фильм;

Beachte ferner die Wendungen:

мне (не) везёт	'ich habe (kein) Glück';
гнать спирт	'Schnaps brennen';
идёт дождь, снег, град	'es regnet, schneit, hagelt'
лезть в какое-либо дело	'sich in eine Sache einmischen';
не лезь ко мне!	'laß mich in Ruhe!';
нести́ я́йца	'Eier legen'.

b) Seltener sind Wortfügungen, in denen nur das indeterminierte Verb in übertragener Bedeutung verwendet wird, z. B.

носи́ть костю́м	'einen Anzug tragen';
носи́ть бо́роду	'einen Bart tragen';
ходи́ть за больны́м	'einen Kranken pflegen'.

c) In einigen Wortfügungen waren früher das determinierte und das indeterminierte Verb austauschbar. In den letzten Jahren hat sich jedoch zunehmend das determinierte Verb durchgesetzt:

иду́т (хо́дят) слу́хи; часы́ иду́т (хо́дят) то́чно.

2.3.7.3. Präfigierung und Bildung korrelativer Aspektformen

324 Durch Präfigierung wird die lexikalische Bedeutung der paarigen Verben der Fortbewegung verändert oder modifiziert. Im ersten Fall entstehen Verben neuer Semantik, die korrelative Aspektformen bilden; die besondere Semantik der paarigen Verben der Fortbewegung ist aufgehoben. Dagegen werden durch Modifikation der Bedeutung des Ausgangsverbs verschiedene Aktionsarten zu bestimmten speziellen Bedeutungen der determinierten und indeterminierten Verben gebildet; die Gegenüberstellung determiniert : indeterminiert findet aber keinen Ausdruck mehr.

325 Alle **determinierten Verben** können sich mit *Präfixen räumlicher Bedeutung* (приста́вки с простра́нственным значе́нием) verbinden und werden dadurch perfektiv, z. B. вбежа́ть 'hineinlaufen', вы́везти 'ausführen, exportieren', свести́ 'hinabführen', разогна́ть 'auseinanderjagen', прие́хать 'ankommen', зайти́ 'hingehen', откати́ть 'fortrollen', взлезть 'hinaufklettern', облете́ть 'umfliegen', унести́ 'wegtragen', проплы́ть 'vorüberschwimmen', подползти́ 'herankriechen', перетащи́ть 'hinüberschleppen'.

326 Diese Verben bilden korrelative imperfektive Aspektformen. Dabei sind zwei verschiedene Verfahren zu unterscheiden.

a) Die korrelative imperfektive Aspektform wird durch Präfigierung des entsprechenden indeterminierten Verbs gebildet, so daß durch die Präfigierung mit einem Präfix räumlicher Bedeutung die Gegenüberstellung determiniert : indeterminiert in die Aspektgegenüberstellung perfektiv : imperfektiv umgewandelt wird. Dieses Verfahren wird bei folgenden sechs paarigen Verben der Fortbewegung angewandt:

везти́	–	вози́ть	→ вы́везти	–	вывози́ть
вести́	–	води́ть	→ свести́	–	своди́ть
гнать	–	гоня́ть	→ разогна́ть	–	разгоня́ть
идти́	–	ходи́ть	→ зайти́	–	заходи́ть
лете́ть	–	лета́ть	→ облете́ть	–	облета́ть
нести́	–	носи́ть	→ унести́	–	уноси́ть

b) Die korrelative imperfektive Aspektform wird durch Suffigierung (sekundäre Imperfektivierung) gebildet.
Bei den präfixalen Bildungen von кати́ть und тащи́ть wird das Suffix -ива- (-ыва-) verwendet:

откати́ть → отка́тывать, перетащи́ть → перета́скивать.

Von плыть abgeleitete präfigierte Verben bilden ihre korrelative imperfektive Aspektform mit dem Suffix -ва-:

        проплы́ть → проплыва́ть.

Die imperfektiven Entsprechungen der präfixalen Ableitungen von бежа́ть, лезть und ползти́ werden mit dem Suffix -а- gebildet:

        вбежа́ть → вбега́ть, взлезть → взлеза́ть, подползти́ → подполза́ть.

In präfixalen Ableitungen von е́хать wird die imperfektive Aspektform auf -езжа́ть gebildet:

        прие́хать → приезжа́ть.

Durch Anfügung des *Präfixes* по- an **determinierte Verben** entstehen Verben der ingressiven Aktionsart, die Perfektiva tantum sind, z.B. пойти́ 'losgehen', пое́хать 'losfahren', побежа́ть 'losrennen', полете́ть 'losfliegen'.   **327**

Die **indeterminierten Verben** бе́гать, води́ть, е́здить, лета́ть, носи́ть, ходи́ть können sich mit einigen *Präfixen nichträumlicher Bedeutung* verbinden. Dabei entstehen Verben verschiedener Aktionsarten, die Perfektiva tantum sind.   **328**

Ingressive Aktionsart:	**за**бе́гать	'anfangen umherzulaufen',
	заходи́ть	'anfangen umherzugehen'.
Delimitative Aktionsart:	**по**води́ть	'eine Weile umherführen',
	поноси́ть	'eine Weile umhertragen'.
Perdurative Aktionsart:	**про**е́здить	'(eine Zeit hindurch) fahren, reisen',
	пролета́ть	'(eine Zeit hindurch) fliegen'.

Besonderer Erwähnung bedürfen noch die Verben, die mit Hilfe des Präfixes с- von indeterminierten Verben gebildet werden und die einmalige Hin- und Rückbewegung bezeichnen, z.B.

        съе́здить к роди́телям   'zu den Eltern fahren und wieder zurückkommen',

        сходи́ть на по́чту   'zur Post gehen und wieder zurückkommen'.

Ebenso сбе́гать, своди́ть, слета́ть, сноси́ть.

Neben diesen regelmäßigen präfixalen Ableitungen gibt es präfixale Bildungen, deren Bedeutung stark von der Semantik des indeterminierten Ausgangsverbs abweicht. Diese gehören dem perfektiven Aspekt an und bilden ihre korrelativen imperfektiven Aspektformen grundsätzlich durch sekundäre Imperfektivierung, z.B.   **329**

вы́ходить – выха́живать больно́го	'einen Kranken gesundpflegen',
износи́ть – изна́шивать сапоги́	'Schuhe abtragen',
объе́здить – объезжа́ть ло́шадь	'ein Pferd einreiten',
обката́ть – обка́тывать маши́ну	'ein Auto einfahren'.

Durch die vielfältigen Bedeutungen, die bei der Präfigierung dem Ausgangsverb verliehen werden können, entstehen *Homonyme*, die sorgfältig voneinander zu unterscheiden sind.   **330**

Pf.	Ipf.	Dt.
занести́	– *заноси́ть*	'hineintragen, zuwehen'
заноси́ть	– зана́шивать	'abtragen (Kleidung, Schuhe)'
провести́	– *проводи́ть*	'durchführen, verbringen'
проводи́ть	– провожа́ть	'begleiten'

Die Möglichkeiten der Wortbildung und Verfahren der Aspektbildung bei den präfixalen Ableitungen der paarigen Verben der Fortbewegung sind somit durch folgende Gesetzmäßigkeiten gekennzeichnet: **331**

a) Alle determinierten Verben werden durch Präfigierung perfektiviert. Es handelt sich dabei um Präfixe räumlicher Bedeutung (z. B. вы́вести, проплы́ть) und um das Präfix по-, das die ingressive Bedeutung vermittelt (z. B. пое́хать).

b) Alle anderen Präfixe nichträumlicher Bedeutung verbinden sich nur mit bestimmten indeterminierten Verben und perfektivieren sie (z. B. забе́гать, поноси́ть, съе́здить, износи́ть).

c) Bei sechs paarigen Verben der Fortbewegung (siehe **326** P. a) entstehen durch Präfigierung des determinierten und indeterminierten Verbs mit dem gleichen Präfix räumlicher Bedeutung korrelative Aspektformen (z. B. вы́вести – вывози́ть).

d) In allen übrigen Fällen der Präfigierung mit Präfixen räumlicher Bedeutung werden die korrelativen imperfektiven Aspektformen von der perfektiven Aspektform (= präfigiertes determiniertes Verb) durch Suffigierung gebildet (z. B. проплы́ть – проплыва́ть).

e) Soweit die perfektiven präfixalen Bildungen von indeterminierten Verben nicht Perfektiva tantum bestimmter Aktionsarten sind (z. B. забе́гать), bilden sie ihre imperfektiven korrelativen Aspektformen durch Suffigierung (z. B. износи́ть – изна́шивать).

2.4. Die Kategorie des Genus verbi

2.4.1. Der Gehalt und die Allgemeinbedeutungen

332 In der russischen Sprache der Gegenwart bringt die Kategorie des **Genus verbi** (катего́рия зало́га) das Verhältnis der im Prädikat ausgedrückten Verbalhandlung zu dem durch das Satzsubjekt ausgedrückten Gegenstand (die Handlungsrichtung) zum Ausdruck.
Die Glieder der Kategorie – das *Aktiv* (действи́тельный зало́г) und das *Passiv* (страда́тельный зало́г) – lassen sich als eine asymmetrische Opposition darstellen. Das merkmalhaltige Glied dieser Opposition ist das Passiv mit dem invarianten Merkmal S ← P, d. h., im passivischen Prädikat (P) wird die Handlung als subjektgerichtet, das Satzsubjekt (S) erfassend dargestellt.

Заня́тия ле́тних ку́рсов ру́сского языка́ *прово́дятся* в Москве́. В э́том году́ ку́рсы *бы́ли организо́ваны* и в други́х города́х Сове́тского Сою́за. Ле́кции *чита́лись* квалифици́рованными ле́кторами.

Das Aktiv bringt dieses invariante Merkmal nicht zum Ausdruck und ist somit als Nichtpassiv gekennzeichnet.

Они́ *прово́дят* ле́тние ку́рсы в Москве́. Квалифици́рованные ле́кторы *чита́ли* ле́кции.

333 Die Kategorie des Genus verbi erfaßt alle russischen Verben. Dabei ist zu differenzieren zwischen Verben, die über die Opposition korrelativer Aktiv- und Passivformen (чита́ть 'lesen': чита́ться 'gelesen werden', und Verben, die nur über das Aktiv verfügen (рабо́тать 'arbeiten', смея́ться 'lachen'). Bei den Verben, die Aktiv- und Passivformen haben, handelt es sich in der Regel um transitive Verben, d. h. um Verben, die ein direktes Objekt regieren (vgl. **351**), z. B. чита́ть (кни́гу), реши́ть (зада́чу). Bei den Verben, die nur über Aktivformen verfügen (Aktiva tantum, несоотноси́тельные по зало́гу или однозало́говые глаго́лы), handelt es sich um intransitive Verben (einschließlich Reflexivverben) sowie um einige transitive Verben bestimmter semantischer Gruppen, wie z. B. жале́ть 'bedauern' (vgl. **336**).

334 Über das Wesen der Kategorie des Genus verbi im Russischen bestehen bis heute unterschiedliche Auffassungen. Oft wird die Meinung vertreten, daß der Inhalt der Kategorie des Genus verbi das Verhältnis Subjekt – Verb – Objekt ist und drei Genera (aktives, passives und reflexiv-mediales) zu unterscheiden sind. Dabei werden in die Kategorie nur die transitiven Verben und die von ihnen abgeleiteten Reflexivverben einbezogen [48, Bd. 1, § 673]. Nach anderen Auffassungen wird nur reflexives und nichtreflexives Genus unterschieden. [*210*, 8].

Das Prinzip der Korrelation wurde dadurch verabsolutiert, daß nur transitive und von ihnen abgeleitete intransitive Verben in die Kategorie einbezogen wurden, zahlreiche Verben somit ausgeschlossen blieben. Mit der gleichen Argumentation müßten dann Imperfektiva tantum aus der Kategorie des Verbalaspekts und Pluralia tantum aus der Kategorie des Numerus ausgeschlossen werden.

Die Betrachtung der Kategorie des Genus verbi als einer zweigliedrigen Opposition hat sich in letzter Zeit in steigendem Maße durchgesetzt, vgl. [*23*, 150; *49*, § 851; *129*, Bd.1, § 1455]. Umstritten ist die Frage, ob es sich bei der Opposition Aktiv : Passiv um eine asymmetrische oder um eine äquipollente Opposition handelt. Für eine äquipollente Opposition treten die Linguisten ein, die den semantischen Aspekt in den Vordergrund stellen. Sie gehen davon aus, daß sich im Verhältnis Agens – Patiens (семанти́ческий субъе́кт де́йствия – семанти́ческий объе́кт де́йствия) bei der Umwandlung einer Aktivkonstruktion in eine Passivkonstruktion inhaltlich nichts ändert, beide Konstruktionen somit synonym sind:

335

        Учени́к реша́ет зада́чу. Зада́ча реша́ется ученико́м.

In beiden Konstruktionen ist учени́к Agens und зада́ча Patiens. Nach dieser Auffassung unterscheiden sich beide Konstruktionen lediglich dadurch, daß der gleiche Sachverhalt einmal prozessual und agensbezogen (учени́к реша́ет зада́чу), zum anderen als prozessual und nicht agensbezogen (зада́ча реша́ется ученико́м) dargestellt wird. Dabei ist jedoch zu beachten, daß sich das Verhältnis von Agens und Patiens zum Satzsubjekt ändert. In Aktivkonstruktionen sind Agens und Satzsubjekt identisch, in Passivkonstruktionen dagegen Patiens und Satzsubjekt.

2.4.2. Die Bildung der Passivformen

Die Formmittel, die zur Bildung der aktiven Infinitivformen und der Flexionsformen des Aktivs verwendet werden, sind **164ff.** beschrieben.

336

Die finiten Passivformen werden in der Regel nur von transitiven bebildet. Von einer Reihe transitiver Verben lassen sich allerdings auf Grund ihrer Semantik keine Passivformen bilden, z. B. благодари́ть 'danken', знать 'kennen', держа́ть 'halten'. In den folgenden Ausführungen wird die Bildung der **passiven Infinitivformen** (vgl. dazu auch **426**) und der **Flexionsformen des Passivs** dargestellt, die in Abhängigkeit vom Aspekt unterschiedlich ist. Wegen der Bildung der passiven Partizipien siehe **431ff.** und der seltenen passiven Adverbialpartizipien **469**.

Im *imperfektiven Aspekt* erfolgt die Bildung der Passivformen synthetisch durch die Anfügung des Postfixes -ся (-сь) an die entsprechende Aktivform.

337

    Infinitiv:
    выполня́ться 'erfüllt werden', стро́иться 'gebaut werden', чита́ться 'gelesen werden'.
    План мо́жет выполня́ться.
    Präsens:
    План выполня́ется. Ле́кция чита́ется. Зда́ние стро́ится.
    Пла́ны выполня́ются. Ле́кции чита́ются. Зда́ния стро́ятся.
    Präteritum:
    План выполня́лся. Ле́кция чита́лась. Зда́ние стро́илось.
    Пла́ны выполня́лись. Ле́кции чита́лись. Зда́ния стро́ились.
    Futur:
    План бу́дет выполня́ться. Ле́кция бу́дет чита́ться. Зда́ние бу́дет стро́иться.
    Пла́ны бу́дут выполня́ться. Ле́кции бу́дут чита́ться. Зда́ния бу́дут стро́иться.

Die Bildung der imperfektiven Passivformen ist in der Regel auf die 3. Person (Singular und Plural) beschränkt.

In einigen Fällen besteht zwischen imperfektiven finiten Passivformen und Aktivformen von Reflexivverben bestimmter semantischer Gruppen Homonymie, vgl. мы́ться[1] 'sich waschen' und мы́ться[2] 'gewaschen werden'. Erst der Kontext gibt Auskunft darüber, welche Bedeutung im einzelnen vorliegt, vgl.

>Ма́льчик мо́ется в ва́нной. – Aktiv.
>Посу́да мо́ется (ба́бушкой). – Passiv.
>Студе́нты перепи́сываются. – Aktiv.
>Пи́сьма перепи́сываются мно́ю. – Passiv.

338 Im *perfektiven Aspekt* erfolgt die Bildung der Passivformen analytisch mit dem Hilfsverb быть und der Kurzform des Part. Prät. Pass.

>Infinitiv:
>быть решён, быть вы́полнен, быть постро́ен. План мо́жет быть вы́полнен. Кни́га должна́ быть прочи́тана.
>
>Präteritum:
>План был вы́полнен. Кни́га была́ прочи́тана. Зда́ние бы́ло постро́ено. Пла́ны бы́ли вы́полнены. Кни́ги бы́ли прочи́таны. Зда́ния бы́ли постро́ены.
>
>Futur:
>План бу́дет вы́полнен. Кни́га бу́дет прочи́тана. Зда́ние бу́дет постро́ено. Пла́ны бу́дут вы́полнены. Кни́ги бу́дут прочи́таны. Зда́ния бу́дут постро́ены.

Sofern es die Semantik der Verben zuläßt, können von den perfektiven Passivformen alle Personalformen gebildet werden: я, ты, он был вы́зван ...

Bemerkung. Die synthetische Bildungsweise durch Anfügung des Postfixes -ся an die Aktivform ist im perfektiven Aspekt selten und nur als Variante unter bestimmten Kontextbedingungen möglich, z. B.

>Ко́мната озари́лась я́рким све́том [*185*, 132 ff.].

339 An der Grenze zwischen Vorgangs- und Zustandspassiv (vgl. **343 ff.**) stehen kopulalose Passivkonstruktionen mit einer Temporalbestimmung oder einem Instrumentalis agentis, z. B.

>Дом постро́ен в э́том году́. Рома́н "Мёртвые ду́ши" напи́сан Го́голем. План строи́тельства плоти́ны разрабо́тан в срок.

340 Im Gegensatz zum Russischen verfügt das **Deutsche** über ein *durchgehendes* Paradigma der finiten Passivformen. Es gibt keine Beschränkungen der Formenbildung wie im Russischen bei den imperfektiven finiten Passivformen auf die 3. Person. Beim Vergleich mit dem Deutschen sind einige wesentliche Unterschiede zu beachten:

a) Deutsche Passivformen der 1. und 2. Person, die bei Übersetzungen ins Russische den imperfektiven Aspekt erfordern, können nur durch Aktivformen wiedergegeben werden.

>Ich werde gefragt. – Меня́ спра́шивают.

b) Deutschen transitiven Verben können russische intransitive Verben entsprechen, so daß im Russischen keine Passivformen möglich sind.

>Er wird von uns gestört. – Мы меша́ем ему́.

c) Für deutsche Passivkonstruktionen mit intransitiven Verben ergeben sich im Russischen nur aktivische Entsprechungen.

>Dem Schüler wird geholfen. – Ученику́ помага́ют.
>Die ganze Nacht wurde gearbeitet. – Всю ночь рабо́тали.

d) Die deutschen "indirekten" Passivkonstruktionen vom Typ "Er bekommt es gesagt" werden genauso wie die deutschen Passivformen mit aktivischer Bedeutung ("Angetreten"; "Aufgepaßt") im Russischen durch andere sprachliche Mittel wiedergegeben: Ему́ говоря́т. Стро́йся! Внима́ние!

e) Bei russischen transitiven Verben mit korrelativen Aspektformen muß die der deutschen Passivform entsprechende Aspektform nach dem Kontext bestimmt werden, z. B. 'wurde gebaut' – стро́ился bzw. был постро́ен.

        Дом стро́ился до́лго. – Дом был постро́ен в про́шлом году́.

2.4.3. Korrelationen zwischen Passiv- und Aktivkonstruktionen

Nach der morphologisch-syntaktischen Struktur können dreigliedrige, zweigliedrige und eingliedrige Passivkonstruktionen unterschieden werden, je nachdem, welche der Glieder – Subjekt (N_n), Passivform (V_p), Instrumentalis agentis ($N_{i/ag}$) – in der Konstruktion vertreten sind. 341

Passiv-konstruktion	N_n	V_p	$N_{i/ag}$	Beispielsätze
Dreigliedrig	+	+	+	Практи́ческие заня́тия прово́дятся ле́ктором. Замеча́тельные успе́хи бы́ли дости́гнуты сове́тскими учёными.
Zweigliedrig	+	+	–	На ку́рсах обуча́лось 200 челове́к. Во вре́мя войны́ он был тяжело́ ра́нен. Об э́том неоднокра́тно говори́лось лингви́стами.
	–	+	+	
Eingliedrig	–	+	–	На собра́нии говори́лось о рабо́те студе́нтов. Бы́ло объя́влено о ко́нкурсе.

Die syntaktisch-semantische Komplexität der russischen Passivkonstruktionen bedingt verschiedene Typen der Korrelation mit Aktivkonstruktionen. 342

a) *Dreigliedrige Passivkonstruktionen* (трёхчле́нные страда́тельные оборо́ты) stehen in direkter Korrelation mit entsprechenden dreigliedrigen Aktivkonstruktionen (действи́тельные оборо́ты).

        Аспира́нт пи́шет диссерта́цию. ↔ Диссерта́ция пи́шется аспира́нтом.
        Си́монов написа́л стихотворе́ние "Жди меня́" в 1941 году́. ↔ Стихотворе́ние "Жди меня́" бы́ло напи́сано Си́моновым в 1941 году.
        Студе́нт до́лжен сдать свой экза́мен в срок. ↔ Экза́мен до́лжен был сдан студе́нтом в срок.

b) Bei *zweigliedrigen Passivkonstruktionen* (двучле́нные страда́тельные оборо́ты) ist – abgesehen vom unpersönlichen Typ – kein Agens vorhanden. Diese Konstruktionen sind in der russischen Sprache der Gegenwart die charakteristischen Passivkonstruktionen. Sie können in der Regel in direkte Korrelation zu unbestimmt-persönlichen Aktivkonstruktionen (vgl. **414 ff.**) gestellt werden.

        "Пра́вду" издаю́т ежедне́вно. ↔ "Пра́вда" издаётся ежедне́вно.
        Рома́н перевели́ на языки́ наро́дов СССР. ↔ Рома́н был переведён на языки́ наро́дов СССР.
        Тако́й слова́рь мо́гут соста́вить. ↔ Тако́й слова́рь мо́жет быть соста́влен.

Selten treten zweigliedrige unpersönliche Passivkonstruktionen auf. Sie stehen oft in direkter Korrelation zu Aktivkonstruktionen mit präpositionalem Objekt.

        Бригади́ры говори́ли о пла́не. ↔ О пла́не говори́лось бригади́рами.

c) Vielfältig sind die Korrelationstypen *eingliedriger Passivkonstruktionen* (одночле́нные страда́тельные оборо́ты). Dabei ist die Verwendung imperfektiver finiter Passivformen auf einige Verben mit bestimmter Semantik beschränkt [23, 177].

Folgende wesentliche Korrelationen eingliedriger Passivkonstruktionen sind zu beachten:

    Объявили о конкурсе. ↔ Было объявлено о конкурсе.

    На собрании говорили о работе студентов. ↔ На собрании говорилось о работе студентов.

    Решили уехать в понедельник. ↔ Было решено уехать в понедельник.

2.4.4. Das Zustandspassiv

2.4.4.1. Wesen und formaler Ausdruck

343 Im Russischen blieben die mit dem perfektiven Part. Prät. Pass. gebildeten finiten Passivformen in der Lehre von den Genera verbi lange Zeit unberücksichtigt. Daher fand auch das Wesen des Zustandspassivs und seine Stellung im grammatischen System des Russischen keine ausreichende Klärung, zumal Homonymie zwischen dem *Vorgangspassiv* (процессуáльный пáссив) und dem *Zustandspassiv* (статáльный пáссив) besteht.

    Vgl.   Он был ранен a) Er wurde verwundet und b) Er war verwundet (Zustandspassiv).

Das oben dargestellte invariante Merkmal des Passivs, die Gerichtetheit der Handlung auf den durch das Satzsubjekt ausgedrückten Gegenstand, trifft nur für das Vorgangspassiv zu, für das wir den traditionellen Terminus Passiv verwendet haben. In Sätzen mit dem Zustandspassiv kann man nicht davon sprechen, daß die Handlung auf einen Gegenstand gerichtet ist.

    Гостиница была расположена на горе.
    У него сломана левая рука.
    Магазин уже долго закрыт.

Vielmehr wird in solchen Sätzen ein qualitativer Zustand eines Gegenstandes zum Ausdruck gebracht. Dieser Zustand ist in sehr starkem Maße von der Handlung abstrahiert, deren Resultat er ist. Daher ist beim Zustandspassiv in der Regel kein Instrumentalis agentis möglich.

Da das Zustandspassiv zur Charakterisierung des Satzsubjektes dient, dessen Eigenschaften bezeichnet, bildet es auch ein Präsens, z. B. дверь закрыта 'die Tür ist geschlossen'. Das Partizip hat sich aus dem verbalen Bereich gelöst und weist das relevante semantische Merkmal der Adjektive 'Nicht-Prozessualität' auf. Nach Wesen und Funktion entspricht es eher einem Zustandsadjektiv in prädikativer Funktion. Konstruktionen mit dem Zustandspassiv müssen daher von Konstruktionen mit dem Vorgangspassiv unterschieden werden.

344 Das **Zustandspassiv** wird im Russischen mit der *Kopula быть* bzw. der Nullkopula (vgl. **102**) und der als Prädikatsnomen fungierenden Kurzform des perfektiven Part. Prät. Pass. gebildet.

    Präsens:
    Магазин открыт. Библиотека открыта. Окно открыто.
    Das Geschäft/Die Bibliothek/Das Fenster ist geöffnet.
    Präteritum:
    Магазин был открыт. Библиотека была открыта. Окно было открыто.
    Das Geschäft/Die Bibliothek/Das Fenster war geöffnet.
    Futur:
    Магазин будет открыт. Библиотека будет открыта. Окно будет открыто.
    Das Geschäft/Die Bibliothek/Das Fenster wird geöffnet sein.

345 Während im Russischen Homonymie zwischen Vorgangspassiv und Zustandspassiv im Präteritum und Futur besteht, verfügt das Deutsche über eine morphologische Differenzierung:

    a) 'werden' + Partizip II = Vorgangspassiv,
    b) 'sein'   + Partizip II = Zustandspassiv.

2.4.4.2. Identifizierung

Zur Identifizierung des Zustandspassivs im Russischen dient die **syntaktische Analyse** unter besonderer Berücksichtigung der *direkten* Korrelationen mit Aktivkonstruktionen. Dabei ist zu beachten, daß die oben behandelte Bedeutung des Zustandspassiv nur unter bestimmten syntaktischen Bedingungen realisiert werden kann und eng mit der lexikalisch-begrifflichen Bedeutung der Verben verknüpft ist [23, 180f.]. 346

Die *dreigliedrigen* Passivkonstruktionen vom Typ $N_n + V_p + N_{i/ag}$ (vgl. **341**) – z. B. Стоянки древнего человека были обнаружены археологами в Крыму – stellen nur Vorgangspassiv dar, da sie in direkter Korrelation zu entsprechenden Aktivkonstruktionen mit einer perfektiven Präteritalform stehen – z.B. Археологи обнаружили в Крыму стоянки древнего человека – und einen Instrumentalis agentis aufweisen, der in Konstruktionen mit dem Zustandspassiv in der Regel nicht auftritt, weil er sich mit dem Wesen des Zustandspassivs nicht verträgt.

In Konstruktionen wie "Дом был окружён садом" oder "Земля покрыта снегом" stellen садом bzw. снегом keinen Instrumentalis agentis im eigentlichen Sinne dar, vielmehr handelt es sich um einen Instrumental mit der Bedeutung des Mittels oder des Instruments [23, 180]. Auch bestehen keine direkten Korrelationen zu Aktivkonstruktionen mit perfektiven Verbalformen, sondern die synonymen Aktivkonstruktionen weisen imperfektive Verbalformen auf: 347

    Сад окружал дом. – Снег покрывает землю.

Zweigliedrige Konstruktionen mit dem Vorgangspassiv sind homonym mit dem Zustandspassiv. 348

    Магазин *был закрыт*, когда я проходил мимо, но я не знаю, когда он *был закрыт*.
    Das Geschäft *war geschlossen*, als ich vorüberging, aber ich weiß nicht, wann es *geschlossen wurde*.

Hier läßt sich theoretisch das Zustandspassiv durch Einsetzen der Kopula являться identifizieren, z. B. Магазин являлся закрытым, когда я проходил мимо. Beim Vorgangspassiv besteht dagegen eine direkte Korrelation zu einer unbestimmt-persönlichen Aktivkonstruktion:

    Я не знаю, когда его закрыли (vgl. **342** P. b).

Bei *eingliedrigen* Konstruktionen mit dem Zustandspassiv bestehen in der Regel keine direkten Korrelationen zu Aktivkonstruktionen. Das Partizip kann hier in einer Reihe mit prädikativen Adjektiven stehen, die einen Zustand bezeichnen oder – in Konstruktionen mit dem Infinitiv – durch ein Adjektiv bzw. Zustandswort substituiert werden, wenn es die Semantik des Verbs zuläßt. 349

    В номере было *прибрано*, светло, уютно.
    Здесь *запрещено* курить. ↔ Здесь нельзя курить.

Nicht in allen Fällen ist die Frage, ob Zustands- oder Vorgangspassiv vorliegt, im Russischen eindeutig zu beantworten.

Insgesamt weist das *Partizip beim Zustandspassiv* somit folgende Unterschiede zum Partizip beim Vorgangspassiv auf: 350

a) Der durch das Partizip bezeichnete Zustand ist völlig oder in sehr starkem Maße von der Verbalhandlung abstrahiert, deren Resultat er ist.

b) Die Allgemeinbedeutungen der für das Verb charakteristischen Kategorien des Genus verbi und Aspekts sind verblaßt: Das Partizip weist nicht mehr das relevante Merkmal des Passivs (S ← P) und die Bedeutung des perfektiven Aspekts auf. Infolgedessen kann es in direkte Korrelation mit imperfektiven Aktivkonstruktionen gestellt und mit Adverbialbestimmungen verbunden werden, die sonst mit dem perfektiven Aspekt nicht auftreten.

    Уже *целый месяц* магазин закрыт.
    Schon einen ganzen Monat ist das Geschäft geschlossen.

2.4.5. Die Kategorie der Transitivität bzw. Intransitivität

351 Die lexikalisch-syntaktische Kategorie der Transitivität (перехо́дность) ist historisch mit der Kategorie des Genus verbi verbunden. In der Sprache der Gegenwart müssen jedoch beide sorgfältig unterschieden werden. Unter synchronischem Aspekt spielt die Transitivität im Rahmen der Kategorie des Genus verbi nur insofern eine Rolle, als in der Regel nur von transitiven Verben Passivformen gebildet werden können (vgl. **336**).
Durch die Kategorie der Transitivität bzw. Intransitivität wird die Beziehung zwischen der Verbalhandlung und dem grammatischen Objekt zum Ausdruck gebracht (vgl. **105**).
Merkmal der **transitiven Verben** (перехо́дные глаго́лы) ist die Gerichtetheit der Handlung auf ein direktes Objekt. Unter einem direkten Objekt wird ein präpositionsloser Akkusativ (bzw. partitiver Genitiv oder Genitiv der Verneinung) verstanden.

   Рабо́чие стро́ят дом. Они́ вы́пили воды́. Он не получи́л твоего́ отве́та.

Intransitive Verben (неперехо́дные глаго́лы) werden mit einem indirekten Objekt verbunden oder absolut, d. h. ohne Objekt, gebraucht.

   Де́вушки занима́ются спо́ртом. Студе́нты рабо́тают в чита́льном за́ле. Он си́льно страда́ет.

Einige Verben sind erst im Laufe der sprachlichen Entwicklung zu intransitiven Verben geworden, z. B. руководи́ть u. a. [*112*, 188]. In Abhängigkeit von der Semantik können bestimmte transitive Verben, bei denen das direkte Objekt nicht obligatorisch ist, sowohl in transitiver als auch in intransitiver Bedeutung auftreten.

   Он пи́шет письмо́ (transitiv). – Он пи́шет до́ма (intransitiv).

352 Morphologisch findet die Transitivität keinen speziellen Ausdruck. Es handelt sich um eine *lexikalisch-syntaktische Kategorie*, die semantisch begründet (lexikalisch-begriffliche Bedeutung des Verbs) und mit syntaktischen Mitteln (direktes Objekt) formal wiedergegeben wird.
Die Intransitivität wird formal entweder mit dem Postfix -ся gekennzeichnet, oder sie wird durch Fehlen eines direkten Objekts signalisiert:

   Ве́ра занима́ется зи́мним спо́ртом. Дверь открыва́ется легко́. Он помога́ет своему́ дру́гу. Ва́за стои́т на столе́.

Bei einigen Verben ergeben sich Hinweise auf die Transitivität bzw. Intransitivität aus der Wortbildungsstruktur, z. B. бели́ть trans. und беле́ть intrans., vgl. **137**.
Intransitive Verben mit einem präpositionslosen Akkusativ stellen keine Ausnahme dar, da der Akkusativ hier keine Objekt-, sondern Umstandsbeziehungen zum Ausdruck bringt.

   Он рабо́тал всю ночь. Кни́га сто́ит ма́рку.

353 Die Intransitivität im Russischen wird oft formal durch das Postfix -ся zum Ausdruck gebracht.

A Transitiv	B Intransitiv	C Deutsche Übersetzung
Мать *купа́ет* ребёнка.	Ребёнок *купа́ется* в о́зере.	A Die Mutter *badet* das Kind. B Das Kind *badet* im See.
Учи́тель *начина́ет* уро́к.	Уро́к *начина́ется* в 8 часо́в.	A Der Lehrer *beginnt* die Unterrichtsstunde. B Die Unterrichtsstunde *beginnt* um 8 Uhr.

2.4.6. Die Reflexivverben

2.4.6.1. Begriff

Die **Reflexivverben** (возвра́тные глаго́лы) bilden eine besondere Gruppe innerhalb der Aktiva tantum. Zu den Reflexivverben gehören alle mit dem Postfix -ся gebildeten Verben mit Ausnahme jener Verbalformen, die zum Ausdruck des imperfektiven Passivs dienen (vgl. 337). 354

Synchronisch stellen die Reflexivverben selbständige Verballexeme dar, die über ein eigenes Paradigma sowie eine eigene Rektion und Fügungspotenz verfügen. Die grammatische Funktion des Postfixes -ся besteht bei den Reflexivverben, die von transitiven Verben abgeleitet sind, in der formalen Bezeichnung der Intransitivität, vgl. заня́ть что́-нибудь : заня́ться че́м-нибудь, нача́ть что́-нибудь или с чего́-нибудь : нача́ться с чего́-нибудь. Bei Reflexivverben, die von intransitiven Verben abgeleitet sind, wird durch das Postfix -ся die Bezeichnung der Intransitivität verstärkt, oder es werden spezielle semantische Nuancen zum Ausdruck gebracht (vgl. 359).

Die Stellung der Reflexivverben im Genussystem ist umstritten. Im Anschluß an A. A. Šachmatov [*173*, 93, 210] werden solche Reflexivverben, die von transitiven Verben abgeleitet sind, in einigen Arbeiten als Formen des "reflexiven" oder des "reflexiv-medialen" Genus aufgefaßt. Der Gehalt dieses Genus wird als "Konzentrierung der Handlung auf ihr Subjekt" definiert [*48*, Bd. 1, § 675]. Die nicht von transitiven Verben abgeleiteten Reflexivverben werden von diesen Autoren nicht in die Kategorie des Genus verbi einbezogen. 355

Die Vielschichtigkeit der Bedeutungen der Reflexivverben (vgl. **357ff.**) spricht jedoch schon allein dagegen, sie als Bedeutungsvarianten eines einheitlichen ("reflexiven") Genus zu betrachten. Das einzige gemeinsame Merkmal der entsprechenden Reflexivverben ist die durch das Postfix -ся ausgedrückte Intransitivität.

Dem Postfix -ся entspricht bei den *deutschen Reflexivverben* das Reflexivpronomen 'sich' in der 3. Person. In anderen Personen wird dessen Funktion durch den obliquen Kasus der entsprechenden Personalpronomen ausgedrückt: 356

я мо́юсь	ich wasche mich
ты мо́ешься	du wäschst dich
он ⎫ она́ ⎬ мо́ется оно́ ⎭	er ⎫ sie ⎬ wäscht sich es ⎭
мы мо́емся	wir waschen uns
вы мо́етесь	ihr wascht euch
они́ мо́ются	sie waschen sich

2.4.6.2. Klassifizierung

Die Klassifizierung der Reflexivverben kann auf der Grundlage semantischer Verallgemeinerungen der lexikalischen Bedeutungen und nach den Beziehungen der Wortbildung zu transitiven oder intransitiven Ausgangsverben bzw. dem Fehlen solcher Beziehungen erfolgen. 357

Bei den Reflexivverben, die von *transitiven Verben abgeleitet* sind, können die folgenden wichtigen Bedeutungen unterschieden werden. 358

a) *Eigentlich-reflexive Bedeutung* (со́бственно-возвра́тное значе́ние):

    одева́ться 'sich anziehen', мы́ться 'sich waschen' бри́ться 'sich rasieren', причёсываться 'sich kämmen'.

b) *Reziprok-reflexive Bedeutung* (взаи́мно-возвра́тное значе́ние):

    подружи́ться 'sich befreunden', обнима́ться 'sich umarmen', встреча́ться 'sich treffen'.

c) *Allgemein-reflexive Bedeutung* (о́бщевозвра́тное значе́ние).

Die entsprechenden Verben bezeichnen physische und psychische Prozesse (Fortbewegung im Raum, Veränderungen des physischen Zustandes, Gemütsbewegungen u. ä.):

двигаться 'sich bewegen', бросаться 'sich werfen', изменяться 'sich verändern', собираться 'sich versammeln', радоваться 'sich freuen'.

d) *Aktiv-objektlose Bedeutung* (активно-безобъектное значение).
Diese Verben bezeichnen eine für das Subjekt charakteristische Handlung:

вариться 'kochen', кусаться 'beißen', колоться 'stechen', ругаться 'schimpfen'.

In diesen Zusammenhang können auch Reflexiva mit sogenannter *"reflexiv-neutraler Bedeutung"* gestellt werden:

начинаться 'beginnen', кончаться 'enden', продолжаться 'andauern'.

Bei den genannten Verben liegt ein dem Deutschen fremder Gebrauch des Reflexivs vor:

Собака кусает мальчика.   Der Hund beißt den Jungen.
Собака кусается.   Der Hund beißt (ist bissig).

e) *Passiv-qualitative Bedeutung* (пассивно-качественное значение).
Die entsprechenden Verben bezeichnen eine Handlung, die sich am Satzsubjekt vollziehen läßt:

вдеваться 'sich einfädeln lassen', ловиться 'sich fangen lassen', выдвигаться 'sich herausziehen lassen'.

Diese Verben stehen semantisch an der Grenze zwischen Aktiv und Passiv.

359 Reflexivverben, die *von intransitiven Verben abgeleitet* sind und im Deutschen nur nichtreflexive Entsprechungen haben, bringen vor allem die im folgenden genannten Bedeutungen zum Ausdruck.

a) *Intensiv-reflexive Bedeutung* (усилительно-возвратное значение).
Durch diese Reflexivverben wird die Intensität der Handlung besonders akzentuiert, z. B. стучать 'klopfen' → стучаться 'klopfen, um eingelassen zu werden', звонить 'klingeln' → звониться 'klingeln, um eingelassen zu werden'.

b) Die *inchoative Bedeutung* (инхоативное значение) des Ausgangsverbs wird durch das Reflexivum *ausgeschlossen*. Das betrifft vor allem die von Farbadjektiven abgeleiteten Verben auf -еть, z. B. белеть, краснеть in der Bedeutung von 'weiß bzw. rot werden'. Diese inchoative Bedeutung kann von den Verben белеться, краснеться nicht zum Ausdruck gebracht werden. Dagegen stellen белеть und белеться, краснеть und краснеться in der Bedeutung 'rot bzw. weiß schimmern' Synonyme dar. Solche Varianten sind in der russischen Sprache der Gegenwart durch die Tendenz bedingt, die Intransitivität formal durch das Postfix -ся zu bezeichnen.

360 Weitere semantische Gruppen sind von intransitiven Verben mit dem Postfix -ся und bestimmten korrelativen Präfixen abgeleitet [49, § 860], z. B. сойтись – сходиться 'zusammenkommen', разойтись – расходиться 'auseinandergehen' u. a.

361 Eine Sonderstellung nehmen Formen wie читается, спится u. ä. in unpersönlichen Aktivsätzen ein.

Мне не спится.   Ich kann nicht einschlafen.
Нам сегодня не читается.   Wir sind heute nicht zum Lesen aufgelegt.

362 Eine besondere Gruppe bilden solche Verben, die synchron nicht in Beziehungen der Wortbildung zu anderen Verben stehen (Reflexiva tantum, несоотносительные возвратные глаголы). Sie haben im Deutschen häufig nichtreflexive Entsprechungen, z. B. бояться (sich) 'fürchten', смеяться 'lachen', надеяться 'hoffen', стараться 'sich bemühen'.

2.4.7. Genus verbi und Diathese

363 Wie die morphologische Kategorie des Aspekts als Kern einer funktional-semantischen Kategorie der Aspektualität (vgl. **32f.**, **207ff.**) aufgefaßt werden kann, so kann auch das Genus verbi den Kern einer funktional-semantischen Kategorie bilden, für die die Bezeichnung

Diathese (залоговость) Verbreitung gefunden hat *[70; 158; 205; 189]*. Als besonders förderlich hat sich erwiesen, die Diathese als das Entsprechungsverhältnis der Elemente zweier Ebenen zu definieren: der **semantischen Ebene** (als Widerspiegelung der außersprachlichen Wirklichkeit), zu der die *Partizipanten* (Agens, Patiens und Adressat, vgl. auch **335**) als Teilnehmer der Handlung gehören, und der **syntaktischen Ebene** (als innersprachliche Realisierung des außersprachlichen Sachverhaltes), zu der die sog. *Aktanten* (Subjekt und verschiedene Objekte des Satzes) gehören, vgl. *[70; 189]*.

Wenn man davon ausgeht, daß die Glieder der morphologischen Kategorie des Genus verbi eine asymmetrische Opposition bilden (Passiv : Nichtpassiv, vgl. **332**), so kann man bei der funktional-semantischen Kategorie Diathese hinsichtlich des Entsprechungsverhältnisses zwischen den zwei Ebenen *Passivkonstruktionen* (Patiens entspricht Satzsubjekt) und *Konstruktionen des Nichtpassivs* (Patiens entspricht nicht dem Satzsubjekt) unterscheiden.

Das ermöglicht, ausgehend von der morphologischen Kategorie des Genus verbi als Kern mit der ihr zugrunde liegenden lexikalisch-semantischen Kategorie der Transitivität (**351 ff.**), *funktionale Synonyme des Passivs* (vgl. die Korrelationen zwischen Passiv- und Aktivkonstruktionen (**341 ff.**), das Zustandspassiv (**343 ff.**), die Reflexivverben (**354 ff.**) und weitere lexikalisch-syntaktische Erscheinungen zusammenhängend und aufeinander bezogen im Rahmen der funktional-semantischen Kategorie Diathese zu betrachten. Eine solche zusammenhängende Betrachtung ist auch für konfrontative Darstellungen und damit für die praktische Vermittlung des Russischen nützlich.

Man vergleiche z. B.

lexikalischer Passivausdruck:	grammatischer Passivausdruck:
Успехи трудящихся находят должную оценку.	Die Erfolge der Werktätigen werden gebührend gewürdigt.
Невозможно признать такое положение нормальным.	Eine solche Lage kann nicht als normal angesehen werden.

2.5. Die Kategorie des Modus

2.5.1. Der Gehalt und die Bedeutungen

Der **Gehalt** der Kategorie des Modus (категория наклонения) ist das Verhältnis der Verbalhandlung zur Wirklichkeit. Zum Ausdruck der Handlung als reale Tatsache (Wirklichkeit der Handlung) oder als erforderlich, erwünscht, angenommen bzw. unter bestimmten Bedingungen möglich (Nichtwirklichkeit der Handlung) stehen im Russischen drei morphologisch gekennzeichnete Modi zur Verfügung: der *Indikativ* zum Ausdruck der Wirklichkeit der Handlung, der *Imperativ* und der *Konjunktiv* zum Ausdruck der Nichtwirklichkeit der Handlung. **364**

Die Beziehung der Handlung zur Wirklichkeit besteht objektiv, unabhängig vom Sprechenden. Wir sprechen daher von einer objektiv-modalen Bedeutung als obligatorischem und konstruktivem Element eines Satzes (объективная модальность). Der Sprecher kann sein subjektives Verhältnis zu dem, was er übermittelt, insbesondere durch Modalwörter zum Ausdruck bringen (субъективная модальность, vgl. **383**). **365**

  Он, может быть (конечно, вероятно), придёт.
  Vielleicht (natürlich, wahrscheinlich) kommt er.

Durch ihr gemeinsames abstrahiertes Merkmal der Nichtwirklichkeit stehen Imperativ und Konjunktiv dem Indikativ gegenüber, können jedoch auch zueinander in Opposition gestellt werden. Der *Konjunktiv* stellt eine nichtwirkliche Handlung dar, der *Imperativ* eine nichtwirkliche erforderliche Handlung [99, 177]. Im Deutschen entsprechen die Allgemeinbedeutungen der drei Modi denen der russischen Modi [77, 129]. **366**

2.5.2. Der Indikativ

367 Der **Indikativ** (изъявительное наклонéние) bezeichnet die Wirklichkeit der Handlung in der Gegenwart, Vergangenheit oder Zukunft. Daher ist der Indikativ der am häufigsten gebrauchte Modus. Seinen formalen Ausdruck findet er in den Formen der drei Tempora.

2.5.3. Der Imperativ

2.5.3.1. Direkte Bedeutungen der Imperativformen

368 Der **Imperativ** (повелительное наклонéние) bringt eine Aufforderung zum Ausdruck, daß eine bestimmte Handlung von einem oder mehreren Handlungsträgern verwirklicht werden soll. Diese Allgemeinbedeutung des Imperativs wird durch ein Formensystem wiedergegeben, das die 2./3. Pers. Sing./Plur. sowie eine Form für den inklusiven Imperativ umfaßt (vgl. **173 ff.**).

369 Mit der **Imperativform der 2. Person** wird die Aufforderung an den oder die Empfänger der Kommunikation gerichtet:

        работай – работайте, учись – учитесь, скажи – скажите.

Mit der **Imperativform der 3. Person** wird die Aufforderung an eine oder mehrere Personen gerichtet, die weder mit dem Sprechenden noch mit dem Angesprochenen identisch sind, seltener auch an einen Gegenstand (vor allem Naturerscheinungen).

        Пусть он придёт! Пусть сильнéе грянет буря!

Beim **inklusiven Imperativ** fordert der Sprecher den oder die Empfänger der Kommunikation auf, die Handlung gemeinsam mit ihm durchzuführen.

        Пойдём (Пойдёмте) в город! Давай пойдём (Давайте пойдём) в город! Давай (Давайте) говорить об этом!

Bemerkung. Die Partikeln дай/дайте bzw. давай/давайте drücken in Verbindung mit der Form der 1. Pers. Sing. des perfektiven bzw. imperfektiven Futurs die Bitte aus, dem Sprechenden die Ausführung der Handlung zu erlauben [*48*, Bd. 1, § 771]:

        Дайте отдохну сначала!   Lassen Sie mich zunächst einmal ausruhen!
        Давайте буду читать!   Lassen Sie mich lesen!

370 Der Imperativ drückt die Aufforderungen in allgemeinster Form aus. Modale und expressive Nuancierungen (Bitte, Befehl, Rat, Flehen usw.) werden durch die Intonation, durch grammatische Mittel (z. B. Aspekt, vgl. **248**) oder lexikalische Mittel wiedergegeben.

        Дай-ка мне книгу!   Gib mir mal das Buch!
        Дай же мне книгу!   Gib mir schon das Buch!

Mit vorangestelltem Personalpronomen kann ein kategorischer Befehl, mit nachgestelltem Personalpronomen eine mildere Aufforderung zum Ausdruck gebracht werden.

        Ты молчи! Дай ты мне эту книгу!

Weiterhin wird das Personalpronomen mit dem Imperativ auch gebraucht, wenn eine Handlung einer anderen gegenübergestellt wird.

        Вы работайте до семи, а я пойду к директору.

2.5.3.2. Transpositionen

371 Im Gegensatz zum Deutschen kann die Imperativform der 2. Pers. Sing. in bestimmten Kontexten, die keine Anredesituation aufweisen, *in der Funktion anderer Modi* auftreten. Solche Transpositionen, die von der Transposition der Person begleitet sein können, sind für die expressive umgangssprachliche und volkstümliche Rede charakteristisch.

Transpositioneller Gebrauch der Imperativformen

In **indikativischer Funktion** tritt die Imperativform der 2. Pers. Sing. in folgenden Fällen auf.   372

a) In konjunktionslosen Konditionalsätzen und in Konzessivsätzen:
>Узна́й я об э́том, я тебе́ сейча́с скажу́.
>Wenn ich davon etwas erfahre, sage ich es dir sofort.
>Хоть кричи́, никто́ тебя́ не услы́шит.
>Wenn du auch schreist, niemand wird dich hören.

b) Zur Bezeichnung der Notwendigkeit oder der Verpflichtung:
>Ему́ тру́дно: он и рабо́тай, но и учи́сь.
>Er hat es schwer, er muß sowohl arbeiten als auch lernen.

c) Zur Bezeichnung einer Handlung, die dem Handlungsträger gegen seinen Willen auferlegt ist:
>Все говоря́т, а мы молчи́.
>Alle sprechen, und wir sollen schweigen.

In der **Funktion des Konjunktivs** tritt die Imperativform der 2. Pers. Sing. in folgenden Fällen auf.   373

a) In konjunktionslosen irrealen Konditionalsätzen:
>Приди́ они́ пора́ньше, я помо́г бы им.
>Wären sie früher gekommen, hätte ich ihnen geholfen.

b) Zur Bezeichnung des Wunsches, meist in Verbindung mit der Partikel бы:
>Будь бы тишина́!   Wäre doch Ruhe!

Andere Formen in imperativischer Funktion

In der Funktion des Imperativs können auch nichtimperativische Formen auftreten. Derartige Transpositionen sind mit einer entsprechenden Intonation gekoppelt. Sehr häufig ist die Verwendung der **Infinitivformen** in imperativischer Bedeutung: 374
>Сиде́ть сми́рно!   Still sitzen!
>Вам бы отдохну́ть!   Sie sollten sich ausruhen!

An der Grenze zwischen der Bedeutung des Wunsches und der Aufforderung stehen **Konjunktivformen** in Kontexten wie:
>Чтоб ты учи́лся!   Daß du mir ja lernst!

Im Deutschen kann – im Gegensatz zum Russischen – auch das Partizip II zum Ausdruck eines kategorischen Befehls gebraucht werden:
>Angetreten! Stillgestanden!

In der Transposition können perfektive und imperfektive **Futurformen** mit der entsprechenden Intonation in der Bedeutung des Imperativs auftreten: 375
>Ты оста́нешься здесь и бу́дешь ждать нас!
>Du wirst hierbleiben und auf uns warten!

Bei einigen Verben können die **perfektiven Präteritalformen** des Plurals in der Bedeutung des inklusiven Imperativs auftreten:
>Пое́хали! На́чали!

2.5.4. Der Konjunktiv

Die **Allgemeinbedeutung** des Konjunktivs (сослага́тельное наклоне́ние) besteht in der Bezeichnung einer nichtwirklichen hypothetischen Handlung, die in der Vergangenheit hätte vor sich gehen können oder in der Zukunft vor sich gehen könnte. Diese abstrakte Allgemeinbedeutung wird in verschiedenen Kontexten konkretisiert, durch die die Bedeutung des   376

Wunsches, der Möglichkeit oder der Bedingung ausgedrückt wird; dabei bleibt die Allgemeinbedeutung jedoch immer erhalten. Zum formalen Ausdruck des Konjunktivs vgl. **180**.

377 Den unifizierten russischen Konjunktivformen steht *im Deutschen* ein ganzes *System von Konjunktivformen* gegenüber. Jeder deutschen indikativischen Temporalform entspricht auch eine Konjunktivform, und dazu kommen noch die Formen des Konditionalis I und II. Daher kann erst auf der Basis des Kontextes entschieden werden, ob beispielsweise он пришёл бы im Deutschen 'er komme', 'er käme', 'er sei gekommen', 'er wäre gekommen', 'er werde kommen', 'er würde kommen' oder 'er würde gekommen sein' entspricht.

378 Seiner grammatischen Allgemeinbedeutung entsprechend übt der Konjunktiv in der russischen Sprache der Gegenwart verschiedene Funktionen aus.

In *Hauptsätzen* drückt der Konjunktiv eine erwünschte Handlung aus (**optativischer Konjunktiv**).

    Éсли бы (хоть бы) он пришёл!   Wenn er doch käme!
    Пришёл бы он!   Käme er doch!
    Éсли бы он был здоров!   Wenn er doch gesund wäre!

379 In der gleichen Funktion kann neben dem Imperativ (vgl. 373 P. 6) auch der Infinitiv mit der Partikel бы auftreten:

    Поéхать бы в дерéвню!   Könnte man doch aufs Land fahren!

Der Wunsch kann auch die Nuance der Aufforderung enthalten, so daß sich hier der Konjunktiv bedeutungsmäßig dem Imperativ nähert:

    Вы бы лýчше записáли это!   Sie sollten das lieber aufschreiben!
    Ты бы ложи́лась, мать!   Du solltest dich hinlegen, Mutter!

380 Die gleiche Funktion hat der Konjunktiv in *Nebensätzen*, die von Verben bzw. Zustandswörtern mit der Semantik des Wünschens, Wollens und Begehrens sowie des Müssens abhängig sind:

    Мы трéбуем, чтобы вы вы́полнили план пóлностью.
    Wir verlangen, daß ihr den Plan vollständig erfüllt.
    Необходи́мо, чтобы договóры вступи́ли в си́лу.
    Es ist notwendig, daß die Verträge in Kraft treten.

Ebenso wird der optativische Konjunktiv in der *indirekten Rede,* die eine erwünschte Handlung bezeichnet, gebraucht.

    Мать сказáла, чтобы дéти пошли́ за дóктором.
    Die Mutter sagte, daß die Kinder den Doktor holen *sollen.*

Der Konjunktiv in der indirekten Rede entspricht hier dem Imperativ in der direkten Rede.

    Мать сказáла: Дéти, пойди́те за дóктором.

Sonst steht im Russischen – im Gegensatz zum Deutschen – in der indirekten Rede kein Konjunktiv, sondern wie in der korrelativen direkten Rede der Indikativ.

    Мать сказáла: „Дéти пошли́ за дóктором."
    Мать сказáла, что дéти пошли́ за дóктором.

381 Der Konjunktiv kann in *Hauptsätzen* auch eine angenommene oder mögliche bedingte Handlung ausdrücken (**konditionaler Konjunktiv**).

    Без тебя́ я замёрз бы на дорóге.
    Ohne dich wäre ich unterwegs erfroren.
    Я написáл бы емý, но я не знáю егó áдрес.
    Ich würde ihm schreiben (hätte ihm geschrieben), aber ich kenne seine Adresse nicht.

Die Bedeutung der Bedingung bringt der Konjunktiv am deutlichsten in *irrealen Konditionalsätzen* mit korrelativen Konjunktivformen im Haupt- und Nebensatz zum Ausdruck.

    Был бы он здорóв, я посети́л бы егó.

Zu beachten sind weiterhin folgende Fälle des gebundenen Gebrauchs des Konjunktivs im   382
Russischen.

a) Der Konjunktiv bezeichnet nach Verben mit der Semantik des Fürchtens in Verbindung mit der Negation не eine unerwünschte Handlung.

>Мы бои́мся, что́бы Бори́с не уе́хал.
>Wir fürchten, daß Boris abreist.

Vgl. dagegen:

>Мы бои́мся, что Бори́с не уе́дет.
>Wir fürchten, daß Boris nicht abreist.

b) Der Konjunktiv wird im Russischen in Konsekutivsätzen in Korrelation mit сли́шком im Hauptsatz verwendet.

>Сего́дня сли́шком хо́лодно, что́бы мо́жно бы́ло идти́ гуля́ть.
>Heute ist es zu kalt als daß man spazierengehen kann.

c) Der Konjunktiv findet im Russischen in Konzessivsätzen in Verbindung mit der Partikel ни Verwendung, wenn der Hauptsatz Präsens- bzw. Futurformen aufweist.

>Что бы он ни де́лал, ему́ всё удаётся.
>Was er auch unternimmt, ihm gelingt alles.

Mit einer Präteritalform im Hauptsatz steht dagegen in der Regel der Indikativ.

>Что он ни де́лал, ему́ всё удава́лось.

d) In Finalsätzen wird der Konjunktiv gebraucht, wenn Haupt- und Nebensatz verschiedene Subjekte haben.

>Я шёл ме́дленно, что́бы мой спу́тник не уста́л.

2.5.5. Modus und Modalität

Durch die Formen der morphologischen Kategorie des **Modus** wird das (vom Sprechenden   383
festgestellte) Verhältnis der Verbalhandlung zur Wirklichkeit ausgedrückt:
Wirklichkeit der Handlung – Nichtwirklichkeit der Handlung (Imperativ = geforderte Handlung bzw. Konjunktiv = angenommene oder gewünschte Handlung) vgl. **367, 368ff., 376ff.**
Damit bildet der Modus den morphologischen Kern der funktional-semantischen Kategorie der **Modalität** (мода́льность), die dem Ausdruck der (vom Standpunkt des Sprechenden aus gesehenen) Beziehung des Aussageinhalts des Satzes zur Wirklichkeit dient [*250*, 10; *245*, 142 ff.].
Die sprachlichen Mittel der Modalität sind vielfältig und umfassen außer dem transpositionellen Gebrauch der Verbalformen (vgl. **371 ff.**) weitere syntaktische, intonatorische und lexikalische Mittel, z. B.

a) *Modalwörter* (vgl. 918 ff.) und *modale Partikeln* (vgl. 927) zum Ausdruck des Verhältnisses des Sprechenden zum Aussageinhalt (субъекти́вная мода́льность).

>Он, вероя́тно, придёт.
>Иди́ же сюда́!

b) *Modalverben* (vgl. **103**) und *modale Zustandswörter* (vgl. **908 f.**) zum Ausdruck der Beziehung zwischen dem Handlungsträger und der Handlung.

>Я могу́ переда́ть ва́ше письмо́.
>Мне ну́жно поговори́ть с ва́ми.

2.6. Die Kategorie des Tempus

2.6.1. Das Wesen der Kategorie des Tempus

384 Die Kategorie des Tempus (категория времени) ist eine **morphologische Kategorie**, durch die der Sprechende eine Handlung (vgl. 95) einem Zeitpunkt oder Zeitabschnitt zuordnet. Die Kategorie des Tempus gehört – wie die Kategorie des Modus (vgl. 364ff.) – zu den prädikativen Kategorien des Verbs (vgl. 24). Daher fehlt sie nichtprädikativ gebrauchten, also infiniten Formen entweder völlig (bei Infinitiven und Adverbialpartizipien), oder sie wird nur unvollkommen zum Ausdruck gebracht (bei Partizipien, vgl. 432). Von den finiten Formen bringen nur die des Indikativs die Kategorie des Tempus zum Ausdruck, die des Imperativs und Konjunktivs dagegen nicht.

385 Die Kategorie des Tempus ist im Russischen aufs engste mit der Kategorie des Aspekts verknüpft. Die Tempusbedeutungen können nur durch Formen zum Ausdruck gebracht werden, die gleichzeitig die Kategorie des Aspekts wiedergeben (**Aspekt-Tempus-Formen**; vgl. 219), und die unterschiedlichen Aspektbedeutungen modifizieren die Tempusbedeutungen.

386 Das Wesen der Kategorie des Tempus besteht darin, daß sie mit Hilfe der Aspekt-Tempus-Formen eine **zeitliche Beziehung zwischen einer Handlung und einem grammatischen Bezugspunkt** (граммати́ческая то́чка отсчёта) zum Ausdruck bringt. Als grammatischer Bezugspunkt für die Verwendung der Tempusformen wird meist der Zeitpunkt der Rede genommen. In diesem Falle sprechen wir von absolutem Gebrauch der Tempusformen (vgl. 396). Es können aber auch andere Zeitpunkte als grammatischer Bezugspunkt dienen (vgl. 2.6.3. und 2.6.4.).

2.6.2. Die Tempusbedeutungen

387 Im imperfektiven Aspekt unterscheiden wir drei Aspekt-Tempus-Formen.
Das *imperfektive Präteritum* (проше́дшее несоверше́нное) wird mit dem Präteritalsuffix -л- vom imperfektiven Infinitivstamm abgeleitet und hat Genus- und Numerusendungen (vgl. 169). Durch diese Form wird die Vorzeitigkeit gegenüber dem grammatischen Bezugspunkt zum Ausdruck gebracht (Во вре́мя о́тпуска я ходи́л на лы́жах).
Das *imperfektive Futur* (бу́дущее несоверше́нное) ist eine analytische Form, die aus dem Hilfsverb бу́ду, an dessen Stamm Personalendungen treten, und dem Infinitiv des imperfektiven Aspekts besteht (vgl. 172). Durch diese Form wird die Nachzeitigkeit gegenüber dem grammatischen Bezugspunkt zum Ausdruck gebracht (Во вре́мя о́тпуска я бу́ду ходи́ть на лы́жах).

388 Das *imperfektive Präsens* (настоя́щее несоверше́нное) wird vom imperfektiven Präsensstamm mit Hilfe von Personalendungen gebildet (vgl. 171). Durch diese Form wird zum Ausdruck gebracht, daß die Handlung den zum grammatischen Bezugspunkt genommenen Zeitpunkt umschließt. In bezug auf die Tempusbedeutung des Präsens lassen sich mehrere spezielle Bedeutungen unterscheiden.

389 Vom *aktuellen Präsens* (настоя́щее актуа́льное) sprechen wir, wenn der grammatische Bezugspunkt in die Zeitdauer der Handlung fällt (Смотри́, Пётр хо́дит на лы́жах). Die Zeitdauer einer Handlung, die durch das aktuelle Präsens wiedergegeben wird, kann unterschiedlich sein, vgl.

       Гром греми́т.
       Пётр спит.
       Я чу́вствую себя́ пло́хо.
       Цвету́т кашта́ны.

Das aktuelle Präsens verwendet der Sprechende meist dann, wenn er über Sachverhalte spricht, die zum Zeitpunkt der Rede von ihm sinnlich wahrgenommen werden. Man trifft diese Verwendungsweise von Präsensformen vor allem in der Umgangssprache.

2.6. Die Kategorie des Tempus

Vom *nichtaktuellen Präsens* (настоя́щее неактуа́льное) sprechen wir, wenn die Präsensformen keine konkreten Handlungen, die zur Bezugszeit stattfinden, bezeichnen. Dabei lassen sich zwei Möglichkeiten unterscheiden.
Erstens können die Präsensformen Handlungen bezeichnen, die zu unbestimmten Zeitpunkten vor und nach dem grammatischen Bezugspunkt stattfinden können, vgl.

    Я ча́сто хожу́ в теа́тр.
    Пётр хорошо́ чита́ет.   Peter kann gut lesen.

Man nennt diese Verwendungsweise der Präsensformen *abstraktes Präsens* (настоя́щее абстра́ктное). Innerhalb des abstrakten Präsens lassen sich verschiedene Bedeutungsnuancen unterscheiden (vgl. **232**).
Zweitens können die Präsensformen Handlungen bezeichnen, in bezug auf die der Sprechende vom grammatischen Bezugspunkt abstrahiert, weil es sich um allgemeingültige Tatsachen handelt, die jederzeit gelten, vgl.:

    Два и два составля́ет четы́ре.
    Де́рево пла́вает на воде́.

Man nennt diese Verwendungsweise der Präsensformen *generelles Präsens* (настоя́щее постоя́нное).
Das nichtaktuelle Präsens ist in der wissenschaftlich-technischen Literatur sowie in juristischen und anderen offiziellen Dokumenten die häufigste Verwendungsweise der Präsensformen.

391 Im perfektiven Aspekt unterscheiden wir zwei Aspekt-Tempus-Formen. Eine davon wird mit dem Präterialsuffix -л-, an das Genus- und Numerusendungen treten, vom perfektiven Infinitivstamm abgeleitet (vgl. **169**), die andere wird vom perfektiven Präsensstamm mit Hilfe von Personalendungen gebildet (vgl. **171**).

392 Die mit dem Präteritalsuffix -л- gebildete Form des *perfektiven Präteritums* (проше́дшее соверше́нное) drückt ebenso wie die imperfektive Präteritalform die Vorzeitigkeit der Handlung gegenüber dem grammatischen Bezugspunkt aus. Dennoch gibt es Unterschiede zwischen beiden Formen. Imperfektive Präteritalformen sagen nichts darüber aus, ob eine Handlung zum grammatischen Bezugspunkt noch andauert oder nicht. Das kann möglich sein, muß es aber nicht. Der Satz "Я люби́л му́зыку" kann daher ebensogut eine Fortsetzung "Я всё ещё люблю́ му́зыку и всегда́ бу́ду люби́ть её" haben als auch eine Fortsetzung "Но сейча́с я её уже́ не люблю́".
Perfektive Präteritalformen dagegen schließen auf Grund ihrer Aspektbedeutung eine *Fortdauer der genannten Handlung* bis zum grammatischen Bezugspunkt aus, ihre Bedeutung besteht darin, hervorzuheben, daß diese Handlung vor diesem Moment den angestrebten Abschluß, das angestrebte Resultat erreicht oder nicht erreicht hat. Wenn sie in Perfekt- oder Plusquamperfektbedeutung verwendet werden (vgl. **221 f.**), so weisen sie aber auf das *Vorliegen dieses Resultats* zur Zeit des grammatischen Bezugspunktes hin. Daher impliziert der Satz "Учи́тель ушёл" die Bedeutung 'Der Lehrer ist (zur Zeit des grammatischen Bezugspunktes) nicht da'. Eine solche Beziehung zwischen Handlung und grammatischem Bezugspunkt können imperfektive Verbalformen nur ausnahmsweise – in besonderen Fällen der abstrakten Konstatierung (vgl. **228**) – ausdrücken.

393 Die vom perfektiven Präsensstamm abgeleitete Aspekt-Tempus-Form dient meist dem Ausdruck der Nachzeitigkeit gegenüber dem grammatischen Bezugspunkt, hat also Futurbedeutung, z. B. in dem Satz "Я непреме́нно приду́". Sie wird daher in den meisten grammatischen Beschreibungen des Russischen, vor allem auch in Schulgrammatiken, als *perfektive Futurform* (бу́дущее соверше́нное) oder einfache Futurform (бу́дущее просто́е) bezeichnet. Sie kann jedoch in bestimmten Fällen auch im Sinne des nichtaktuellen Präsens verwendet werden (vgl. **403**).

394 Von einigen Autoren werden diese Formen daher auch als perfektive Präsens-Futur-Formen bezeichnet [z. B. *31*, 451 ff.; *48*, Bd. 1, § 755; *15*, 102 ff.]. Andere wiederum sprechen je nach der Verwendungsweise dieser Formen von perfektiven Futurformen und von perfektiven Präsensformen, so daß sie im Russischen sechs Aspekt-Tempus-Formen unterscheiden [z. B. *128*, Bd. 1, § 217 ff.].

Die mögliche nichtaktuelle Präsensbedeutung der perfektiven Futurformen und die Tatsache, daß sie nach dem gleichen Prinzip gebildet werden wie imperfektive Präsensformen, hat sprachhistorische Gründe. Diese Formen waren im Altrussischen Präsensformen, die erst im Zusammenhang mit der Herausbildung der Kategorie des Aspekts und der relativ späten Entstehung von Futurformen in den slawischen (und germanischen) Sprachen Futurbedeutung erlangten.

395 Die unterschiedliche Aspektbedeutung perfektiver und imperfektiver Futurformen modifiziert auch ihre Tempusbedeutung. Imperfektive Futurformen geben keinen Hinweis darauf, daß die Handlung während des grammatischen Bezugspunktes schon begonnen hatte. Sie sagen lediglich aus, daß nach dem grammatischen Bezugspunkt die genannte Handlung stattfinden wird. Perfektive Futurformen dagegen drücken aus, daß der Abschluß der genannten Handlung nach dem grammatischen Bezugspunkt erreicht werden wird. Bei entsprechendem Kontext und entsprechender Semantik des Verbs weisen sie direkt darauf hin, daß die betreffende Handlung schon während des grammatischen Bezugspunkts ausgeübt wird; vgl. Я скоро буду одеваться ('Ich werde mich bald anziehen, habe aber noch nicht damit begonnen') und Я скоро оденусь ('Ich werde gleich angezogen sein, denn ich habe schon begonnen, mich anzuziehen').

2.6.3. Absoluter und relativer Gebrauch von Tempusformen

396 Vom *absoluten Gebrauch der Tempusformen* (абсолютное употребление форм времени) sprechen wir, wenn der Zeitpunkt der Rede der grammatische Bezugspunkt der Verwendung dieser Formen ist. Diese Verwendungsweise ist die häufigste und wird daher als die normale empfunden. In allen in 2.6.2. genannten Beispielen liegt absoluter Gebrauch der Tempusformen vor.

397 Vom *relativen Gebrauch der Tempusformen* (относительное употребление форм времени) sprechen wir, wenn der Zeitpunkt einer anderen Handlung grammatischer Bezugspunkt der Verwendung von Tempusformen ist. Formen mit Präteritalbedeutung bringen dann die Vorzeitigkeit, Formen mit Futurbedeutung die Nachzeitigkeit, Formen mit aktueller Präsensbedeutung die Gleichzeitigkeit und Formen mit abstrakter nichtaktueller Präsensbedeutung die Vor- und Nachzeitigkeit der Handlung in bezug auf die zum grammatischen Bezugspunkt genommene Handlung zum Ausdruck.

    Мать писала, что выздоровела. (Vorzeitigkeit)
    Мать писала, что купит мне пальто. (Nachzeitigkeit)
    Мать писала, что болеет. (Gleichzeitigkeit)
    Мать писала, что каждый день делает прогулки. (Vor- und Nachzeitigkeit)
    Через неделю сообщите мне, что вы сделали. (Vorzeitigkeit)
    Через неделю сообщите мне, кто будет работать в этом цехе. (Nachzeitigkeit)
    Через неделю сообщите мне, кто имеет какую квалификацию. (Gleichzeitigkeit)

Relativer Tempusgebrauch liegt regelmäßig bei sogenannter indirekter Rede vor. Dann ist – wie in den obigen Beispielen – der Zeitpunkt einer Handlung grammatischer Bezugspunkt, die durch ein Verb des Sagens wiedergegeben wird. Relativer Tempusgebrauch liegt häufig auch in Objekt- oder Subjektsätzen vor, die sich syntaktisch auf Wörter beziehen, die die Bedeutung des Wissens, Fühlens, der Sinneswahrnehmung, der Billigung, der emotionalen Wertung u. ä. einschließen.

Auch in Satzgefügen mit einem Temporalsatz gibt es relativen Gebrauch von Tempusformen. Zum Beispiel drücken perfektive Präteritalformen die Vorzeitigkeit gegenüber usuellen Handlungen aus, die durch Präsensformen wiedergegeben werden.

    Каштаны цветут весной, когда только что распустился молодой лист.

2.6. Die Kategorie des Tempus

Im Russischen werden alle Tempusformen sowohl zum Ausdruck absoluten als auch zum Ausdruck relativen Zeitbezugs verwendet. Das Deutsche dagegen besitzt spezielle Tempusformen, die vorwiegend oder ausschließlich dem Ausdruck des relativen Zeitbezugs dienen, die Vollzugsformen Perfekt, Plusquamperfekt und Futur II. Dies ist bei der Übersetzung aus der einen in die andere Sprache zu beachten. Wenn russische Präterital- oder Futurformen eine Handlung bezeichnen, die vor der Zeit, über die gesprochen wird, liegt, sind sie durch eine dieser Vollzugsformen wiederzugeben, dagegen durch Verlaufsformen oder Futur I, wenn sie eine Handlung bezeichnen, die in diese Zeit fällt.

>Кáтя ходи́ла к коло́дцу и умы́лась. Тепéрь онá сидéла у окнá.
>Katja war zum Brunnen gegangen und hatte sich gewaschen. Jetzt saß sie am Fenster.
>Когдá вы вернётесь, я ужé всё упакýю.
>Wenn ihr zurückkommt/zurückkommen werdet, habe ich schon alles eingepackt/werde ich schon alles eingepackt haben.

2.6.4. Transpositioneller Gebrauch der Tempusformen

Zu transpositionellem Gebrauch von imperfektiven Präsensformen kommt es, wenn die Zeit, über die gesprochen wird, grammatischer Bezugspunkt ist und diese Zeit nicht mit dem Zeitpunkt der Rede übereinstimmt. Liegt der grammatische Bezugspunkt dabei vor dem Zeitpunkt der Rede, so nennen wir die Verwendung von Präsensformen *historisches Präsens* (настоя́щее истори́ческое).

>Вчерá я сижý в трамвáе. Вхóдит контролёр и спрáшивает мой билéт. Я сую́ рýку в кармáн. Билéта нет. Кудá он дéлся? Ведь я совáл егó в кармáн-то.

Ist der zum grammatischen Bezugspunkt genommene Zeitpunkt ein unbestimmter Zeitpunkt nach dem Zeitpunkt der Rede, so daß der Sprechende sich nur in seiner Phantasie vorstellen kann, was zu diesem Zeitpunkt sein könnte, dann wird diese Verwendungsweise *Präsens einer in der Vorstellung existierenden Handlung* (настоя́щее воображáемого дéйствия) genannt.

>Чтó бýдет с тобóй через пять лет? Ты окóнчил университéт и *рабóтаешь* в шкóле. Дéти óчень *любят* тебя.

Bei dieser Verwendungsweise der Präsensformen wird die Vorzeitigkeit eines Ereignisses gegenüber dem grammatischen Bezugspunkt durch perfektive Präteritalformen ausgedrückt, die dann Handlungen bezeichnen, die auf den Zeitpunkt der Rede folgen ("Ты окóнчил университéт" im oben genannten Beispiel).

Beim historischen Präsens und beim Präsens einer in der Vorstellung existierenden Handlung versetzt sich der Sprechende gleichsam in die Zeit, über die er spricht, hinein und sieht die entsprechenden Vorgänge wie gegenwärtig vor sich.

Ein anderer Fall transpositionellen Gebrauchs von Präsensformen liegt vor, wenn von Handlungen gesprochen wird, die auf den Zeitpunkt der Rede folgen werden und deren Zeitpunkt schon konkret festgelegt ist, weil die Handlung und ihr Zeitpunkt geplant sind.

>Лéтом я уезжáю за грани́цу.
>Я сегóдня обéдаю дóма.
>Через недéлю начинáются кани́кулы.
>Зáвтра воскресéнье.

Man bezeichnet diese Verwendungsweise imperfektiver Präsensformen als *Präsens der geplanten Handlung* (настоя́щее намéченного дéйствия).
Das Präsens der geplanten Handlung ist weniger expressiv als die beiden vorher genannten Transpositionen. Zum einen wird hier der Zeitpunkt der Rede nicht völlig ignoriert, denn zu diesem Zeitpunkt ist die Planung schon vollzogen und können Vorbereitungen für die Handlung getroffen worden sein. Zum anderen gibt es Verben, die den entsprechenden Sinn nur durch Präsensformen wiedergeben können, so daß das Präsens der geplanten Handlung die

normalere Ausdrucksweise ist. Man pflegt z. B. nur zu sagen: Что сегодня вечером идёт в театре?

An die Stelle des Präsens der geplanten Handlung kann niemals das imperfektive Futur treten, sondern allenfalls das perfektive Futur, doch geht dann die modale Bedeutung 'es ist geplant, daß' verloren.

401 *Perfektive Präteritalformen* werden transpositionell statt perfektiver Futurformen verwendet.

> Если никто не поможет мне, я *погиб*.
> – Иди же!
> – Я уже *пошёл*.

Bei dieser Verwendungsweise der perfektiven Präteritalformen rücken im Bewußtsein des Sprechenden der Zeitpunkt der Rede und die auf diesen folgende Zeit der Handlung so eng zusammen, daß ihm die Handlung schon zum Zeitpunkt der Rede als vollzogen erscheint.

402 Bei transpositionellem Gebrauch *imperfektiver Futurformen* geht die Bedeutung der Nachzeitigkeit verloren. Statt dessen treten unterschiedliche modale Nuancierungen in den Vordergrund. Sie dienen z. B. dem Ausdruck der Überzeugtheit von der absoluten Gültigkeit von Urteilen, die generelle, jederzeit mögliche Ereignisse betreffen.

> В литературе, как в жизни, нужно помнить одно правило, что человек будет тысячу раз раскаиваться в том, что говорил много, но никогда, что мало. – А. Ф. Писемский.
>
> С тех пор, как возник суд, всегда людей будет волновать одна проблема: насколько приговор соответствует истине.

Sie können aber auch dem Ausdruck einer Vermutung dienen. In dieser Bedeutung wird vor allem die imperfektive Futurform von быть verwendet.

> Звонили. Кто это будет?
> – Сколько ему лет?
> – Лет пятьдесят, я думаю, будет.

Auf diese Verwendungsweise geht auch der Gebrauch von будет in mathematischen Formeln (statt составляет, равняется, равно) zurück.

> Пятью двенадцать будет шестьдесят.

403 Eine periphere Verwendungsweise *perfektiver Futurformen* liegt vor, wenn sie im Sinne des nichtaktuellen Präsens abstrakte oder generelle Handlungen bezeichnen. Sie sind dann in der Lage, alle Bedeutungsnuancen des nichtaktuellen Präsens auszudrücken (vgl. **232**):

> Она приоденется, если в хорошем настроении. (Usuelles Präsens)
> Sie pflegt sich hübsch anzuziehen, wenn sie guter Laune ist.
> Он нерешителен, никогда не ответит напрямик. (Qualifizierendes Präsens)
> Он тебе всегда поможет. (Potentielles Präsens)
> За чем пойдёшь, то и найдёшь. (Generelles Präsens)

In solchen Fällen haben wir es nicht so sehr mit einer transpositionellen Verwendung der Tempusbedeutung "Futur" zu tun, als mit einer transpositionellen Verwendung des perfektiven Aspekts, der hier in anschaulich-exemplarischer Verwendung wiederholte, usuelle Handlungen bezeichnet (**129**, Bd. 1, §§ 1446, 1512).

404 Dagegen liegt eine transpositionelle Verwendung von Tempusbedeutungen vor, wenn perfektive Futurformen Handlungen bezeichnen, die objektiv vor dem grammatischen Bezugspunkt liegen. Zum Beispiel werden sie in Verbindung mit der Partikel (да) как zur Wiedergabe von Handlungen verwendet, die plötzlich und mit unerwarteter Intensität eintreten.

> Герасим глядел, глядел, да как *засмеётся* вдруг. – И. С. Тургенев.

Oder sie bezeichnen in der Vergangenheit häufig vorkommende (usuelle) Handlungen oder Handlungsfolgen.

> *Вспомнишь*, бывало, о Карле Иваныче ... и так жалко *станет*, так *полюбишь* его, что слёзы *потекут* из глаз ... – Л. Н. Толстой.

2.6. Die Kategorie des Tempus

Sie können auch im Kontext des historischen Präsens Handlungen bezeichnen, die relativ kurzzeitig sind, und während der Dauer anderer, länger andauernder Handlungen wiederholt auftreten.

> Известие это волновало его чрезвычайно. Он хотел работать, но не мог сосредоточиться. Он то *встанет, походит* по комнате, то опять *сядет* за письменный стол. И всё думает об одном: Что же будет.

2.6.5. Tempus und Temporalität

Der dialektische Materialismus betrachtet Raum und Zeit als "Grundformen alles Seins" [*226*, 48], die objektiv gegeben und real sind. "In der Welt existiert nichts, als die sich bewegende Materie, und die sich bewegende Materie kann sich nicht anders bewegen als im Raum und in der Zeit" [*224*, 171]. Jeder Satz enthält Äußerungen über sich bewegende Materie und wird zu einem bestimmten Zeitpunkt geäußert, er wird somit stets zu Raum und Zeit in Beziehung gesetzt.

405

Die **funktional-semantische Kategorie der Temporalität** (темпоральность) umfaßt alle Mittel der Sprache, mit deren Hilfe die Beziehung eines Sachverhalts zur Zeit ausgedrückt werden kann. Ihr Kern ist die *morphologische Kategorie des Tempus*. Sie umfaßt aber auch andere grammatische Kategorien sowie syntaktische und lexikalische Mittel der Sprache.

Die *Kategorie des Aspekts* z. B. dient dem Ausdruck temporaler Beziehungen zwischen Handlungen, die im Kontext in naher Nachbarschaft zueinander genannt werden (vgl. **237 ff.**). Sie verbindet sich formal mit der Kategorie des Tempus zu *Aspekt-Tempus-Formen* (vgl. **219, 385**).

Die Beziehung von *Imperativformen* (vgl. **173 ff.**) und Aufforderungssätzen zur Temporalität ergibt sich aus ihrer futurischen Bedeutung, denn man kann nur zu solchen Handlungen auffordern, die auf den Zeitpunkt der Rede folgen sollen.

Auch sogenannte *Verbalinterjektionen* (vgl. **944**) sind ein Mittel zum Ausdruck temporaler Beziehungen. Sie drücken entweder eine Aufforderung aus (Марш от меня!), oder sie bezeichnen eine kurzzeitige und daher oft plötzlich und unerwartet eintretende Handlung vor dem Zeitpunkt der Rede (Он бух в воду. Он цап-царап книгу).

Lexikalische Mittel der funktional-semantischen Kategorie der Temporalität sind z. B. Adverbien mit temporaler Bedeutung (тогда, вчера, сначала, теперь, сейчас, наконец), Substantive, die Zeiteinheiten bezeichnen (световой год, год, месяц, неделя, день, час, минута), Namen der Jahreszeiten, Monate und Wochentage, Substantive wie время, момент, Adjektive wie настоящий, будущий, прошедший, постоянный, медленный. Unter den lexikalischen Mitteln zum Ausdruck der Temporalität gibt es auch Wörter, die unterschiedlichen Wortarten angehören können, wie когда (Adverb oder Konjunktion), пока (Adverb, temporale Konjunktion oder Partikel), после/после (Adverb oder Präposition).

Syntaktische Mittel zum Ausdruck temporaler Beziehungen sind z. B. Adverbialbestimmungen, die auf die Frage когда antworten (вчера, 5 октября, после экзамена, узнав об этом), auf die Frage как долго (целый час, от понедельника до пятницы, недолго, часами) oder auf die Frage как часто (иногда, всегда, редко, каждый день, ежемесячно). Ferner gehören hierher Adverbialsätze, die auf die gleichen Fragen antworten (когда я уеду; пока мать готовила завтрак; когда дождь идёт).

Syntaktische Mittel, die dem Ausdruck temporaler Beziehungen dienen, enthalten meist auch lexikalische Mittel der Temporalität, doch ist dies nicht in jedem Falle notwendig; vgl. *Вчера* он поехал в отпуск und *Сдав экзамен*, он поехал в отпуск. Temporaladverbien fungieren meist – wie oben вчера – in der Funktion einer Temporalbestimmung. Sie können jedoch auch in anderen syntaktischen Funktionen verwendet werden; vgl. den Satz Лекция вчера была очень интересная, in dem вчера die syntaktische Funktion eines Attributs ausübt.

2.7. Die Kategorien der Person, des Numerus und des Genus

406 Über die Kategorien der Person und des Numerus verfügen die Präsens- und Futurformen des Indikativs und die Formen des Imperativs. Die Präteritalformen des Indikativs und die Formen des Konjunktivs verfügen über die Kategorie des Numerus und – nur im Singular – über die Kategorie des Genus.

	Indikativ		Imperativ	Konjunktiv
	Präs./ Fut.	Prät.		
Person	+ +	–	+	–
Numerus	+ +	+	+	+
Genus	– –	+ (Sing.)	–	+ (Sing.)

2.7.1. Die Kategorie der Person

2.7.1.1. Der Gehalt der Kategorie

407 Die Verbalhandlung als Widerspiegelung von Prozessen der objektiven Wirklichkeit bedarf nicht nur des Ausdrucks ihres Verhältnisses zur Wirklichkeit und zur Zeit, sondern auch der Beziehung zum Subjekt der Aussage. Daher stehen die Kategorien des Modus, Tempus und der Person in enger Korrelation.

Innerhalb der morphologischen Kategorie der Person (катего́рия лица́) ist zwischen persönlichen und unpersönlichen Verben bzw. Verbalformen zu unterscheiden. Während die **persönlichen Verbalformen** das Verhältnis der Handlung zu den am Sprechakt Beteiligten zum Ausdruck bringen, weisen **unpersönliche Verbalformen** auf das Fehlen eines Handlungsträgers hin:

> Снег та́ет. 'Der Schnee taut' (persönlich).
> В лесу́ та́ет. 'Im Wald taut es' (unpersönlich).

Formal stellen die Personalformen zugleich Tempus- und Modusformen dar: иду́ = 1. Person/Präsens/Indikativ/Singular usw.

Die Personalformen der 1. und 2. Person drücken eine Beziehung der Verbalhandlung zu dem Sprechenden (1. Person) oder dem Gesprächspartner (2. Person) aus und sind somit den Formen der 3. Person gegenübergestellt, die sich entweder auf eine am Sprechakt nicht beteiligte Person oder einen unbelebten Gegenstand beziehen können (vgl. **409**). Deshalb verbinden sich die Personalformen der 1. und 2. Person nur mit den Pronomen я/ты bzw. мы/вы, während die Personalformen der 3. Person in Verbindung mit Substantiven und Personalpronomen gebraucht werden. In Zusammenhang damit steht, daß die Formen der 3. Pers. Sing. unpersönlich gebraucht werden können (vgl. **416**).

2.7.1.2. Die persönlichen Verbalformen

408 Die persönlichen Verbalformen (ли́чные глаго́льные фо́рмы) bezeichnen nicht immer bestimmte Personen als Handlungsträger. Man unterscheidet daher im Russischen die bestimmt-persönliche, die verallgemeinert-persönliche und die unbestimmt-persönliche Bedeutung.

409 Die **bestimmt-persönliche Bedeutung** (определённо-ли́чное значе́ние) ist die Grundbedeutung der grammatischen Kategorie der Person. Die *1. Pers. Sing.* bringt zum Ausdruck, daß der Sprechende und der Handlungsträger identisch sind: (я) рабо́таю, я рабо́тал(а), (я) бу́ду рабо́тать, я рабо́тал(а) бы.

Die *2. Pers. Sing.* bringt zum Ausdruck, daß der Gesprächspartner des Sprechenden und der Handlungsträger identisch sind: (ты) рабо́таешь, ты рабо́тал(а), (ты) бу́дешь рабо́тать, ты рабо́тал(а) бы.

2.7. Die Kategorien der Person, des Numerus und des Genus

Die *3. Pers. Sing.* bringt zum Ausdruck, daß außer dem Sprechenden und seinem Gesprächspartner jedes beliebige Subjekt Handlungsträger der Aussage sein kann: Борис, трактор, он работает, работал, будет работать, работал бы; Зоя, машина, она работает, работала, будет работать, работала бы; дитя, студенчество, оно работает, работало, будет работать, работало бы.
Die *1. Pers. Plur.* bezeichnet eine Vielfalt von Handlungsträgern, zu denen auch der Sprecher gehört: (мы) работаем, мы работали, (мы) будем работать, мы работали бы.
Die *2. Pers. Plur.* bringt eine Vielfalt von Handlungsträgern zum Ausdruck, zu denen auch der Gesprächspartner des Sprechenden gehört oder die die Gesprächspartner sind: (вы) работаете, вы работали, (вы) будете работать, вы работали бы.
Die 2. Pers. Plur. wird außerdem bei der höflichen Anrede gebraucht, unabhängig davon, ob sich diese auf eine oder mehrere Personen bezieht:

    Вы идёте в город, Саша?
    Вы идёте в город, товарищи?

Die Grundbedeutungen der grammatischen Person fallen im Russischen und Deutschen zusammen. Zu beachten ist der Unterschied bei der höflichen Anrede, die im Deutschen mit dem Personalpronomen "Sie" in Verbindung mit der konjugierten Form der 3. Pers. Plur. ausgedrückt wird:

    Куда вы идёте!   Wohin gehen Sie?

Formal wird die bestimmt-persönliche Bdeutung zum Ausdruck gebracht:
a) morphologisch, d. h. durch Personalendungen: Иду в город, Иди в город.
b) syntaktisch, d. h. durch Personalpronomen der 1. und 2. Person bzw. durch Substantive oder deren pronominale Substitute: Я шёл в город. **Саша (он)** шёл в город.
c) morphologisch-syntaktisch: Я иду в город.
Für die Präsens- und Futurformen ist buchsprachlich die morphologisch-syntaktische Ausdrucksweise charakteristisch. In der Umgangssprache, besonders im Dialog, erfolgt der formale Ausdruck der 1. und 2. Person in den Präsens- und Futurformen vorwiegend morphologisch, da hier die Formen eindeutig auf den einzig möglichen Handlungsträger hinweisen: Идёшь в кино? Да, иду.
Bei der 3. Person des Präsens und Futurs ist der morphologisch-syntaktische Ausdruck obligatorisch, da die synthetischen Formen andere Bedeutung wiedergeben können, vgl. они работают 'sie arbeiten', работают 'man arbeitet', тает 'es taut' usw. In elliptischen Konstruktionen ist auch die synthetische Form möglich: Саша едет в командировку? Да, едет.
Bei den Präteritalformen des Indikativs und den Formen des Konjunktivs wird die grammatische Kategorie der Person syntaktisch (durch Personalpronomen, Substantive bzw. substantivische Pronomen) zum Ausdruck gebracht. Formen ohne Pronomen bzw. Substantive als Handlungsträger sind nur in elliptischen Konstruktionen möglich: Получил вашу телеграмму от 5-го.
Bei den Imperativformen der 2. Person erfolgt der Ausdruck der Person in der Regel morphologisch: Иди! Идите! In Verbindung mit einer bestimmten Wortfolge und Intonation können durch die morphologisch-syntaktische Ausdrucksweise modale oder expressive Nuancen ausgedrückt werden.

Die **verallgemeinert-persönliche Bedeutung** (обобщённо-личное значение) liegt vor, wenn jede beliebige Person Handlungsträger sein kann. Diese Bedeutung tritt daher vor allem in Sprichwörtern und Aphorismen auf. Der formale Ausdruck erfolgt in der Regel durch die *2. Pers. Sing.* des Präsens bzw. Futurs, wodurch die Handlung auf einen verallgemeinert gedachten Gesprächspartner bezogen wird.

    Что посеешь, то и пожнёшь.   Was man sät, erntet man.
    Прошлого не воротишь.   Was vorbei ist, ist vorbei.

Mit der 2. Person des Imperativs werden solche Aufrufe und Appelle zum Ausdruck gebracht, die an alle gerichtet sind:

    Изучайте, сопоставляйте факты!

413 Seltener wird die verallgemeinert-persönliche Bedeutung durch die *Pluralformen der 1.–3. Person* zum Ausdruck gebracht.

Что име́ем – не храни́м, потеря́вши – пла́чем.
Was wir haben, schätzen wir nicht; haben wir es aber verloren, weinen wir darüber.
Что прика́жете де́лать с таки́м челове́ком?
Was soll man mit einem solchen Menschen tun?
Цыпля́т по о́сени счита́ют.
Die Kücken werden nach dem Herbst gezählt. (Man soll den Tag nicht vor dem Abend loben.)

414 Die **unbestimmt-persönliche Bedeutung** (неопределённо-ли́чное значе́ние) weist auf die Beziehung der Handlung zu einem unbestimmten Handlungsträger. Der formale Ausdruck erfolgt durch die *3. Pers. Plur.* aller Tempora des Indikativs bzw. die Pluralform des Konjunktivs ohne Personalpronomen bzw. Substantive: открыва́ют, открыва́ли, бу́дут открыва́ть, открыва́ли бы, откро́ют, откры́ли, откры́ли бы.

415 Die Notwendigkeit, die unbestimmt-persönliche Bedeutung auszudrücken, kann im einzelnen durch folgende Umstände bedingt sein:

a) Der Handlungsträger (eine oder mehrere Personen) ist dem Sprechenden nicht genau oder gar nicht bekannt.

За ле́то отремонти́ровали наш институ́т.
Im Laufe des Sommers hat man unser Institut renoviert.

b) Der Sprechende will den ihm bekannten Handlungsträger aus bestimmten Gründen nicht nennen.

Мо́жет быть меня́ покормя́т обе́дом.
Möglicherweise wird man mir ein Mittagessen geben.

c) Der Sprechende ist der Handlungsträger selbst, er will jedoch die Handlung besonders hervorheben:

Ско́лько раз тебя́ уже́ проси́ли не подска́зывать.
(Ско́лько раз я тебя́ уже́ проси́л ...)

2.7.1.3. Die unpersönlichen Verben und Verbalformen

416 Die **unpersönlichen Verben** (безли́чные глаго́лы) bzw. Verbalformen weisen auf das Nichtvorhandensein eines Handlungsträgers hin. Es werden Prozesse oder Zustände bezeichnet, die ohne Einfluß irgendeines Handlungsträgers verlaufen. Syntaktisch handelt es sich bei den unpersönlichen verbalen Konstruktionen um sogenannte eingliedrige Sätze, deren Prädikat im Präsens und Futur in der *Form der 3. Pers. Sing.*, im Präteritum und Konjunktiv in der *Form des Neutrums* stehen: света́ет, свело́, бу́дет, света́ть, свело́ бы.
In bestimmten unpersönlichen Sätzen kann ein Personenbezug durch ein Dativ- oder Akkusativobjekt gegeben sein:

Ему́ не чита́ется.   Er findet keine Freude am Lesen.
Меня́ тошни́т.   Mir ist übel.

417 Nach ihrer Korrelation zu persönlichen Verben und unter lexikalisch-semantischem Aspekt können folgende *Hauptgruppen unpersönlicher Verben* unterschieden werden:

a) Unpersönliche Verben, die keine Korrelation zu persönlichen Verben aufweisen. Bezeichnet werden vor allem Naturerscheinungen (бре́зжит 'es tagt', моро́зит 'es friert') und physische Zustände eines Lebewesens (меня́ знобит 'mich fröstelt', меня́ лихора́дит 'ich habe Fieber' usw.).

b) Verben, die sich von ihren korrelativen Verben in ihrer Bedeutung so weit entfernt haben, daß sie synchron selbständige unpersönliche Verben darstellen.

Не сто́ит спо́рить.   Vgl. Кни́га сто́ит ма́рку.
Es lohnt sich nicht zu streiten.   Das Buch kostet eine Mark.

>   Мне везёт.   Vgl. Он везёт дрова́ в го́род.
>   Ich habe Glück.   Er fährt Holz in die Stadt.

Unpersönliche Verbalformen persönlicher Verben sind erst auf der Basis des Kontextes fest- 418
stellbar, da die Bedeutung des Verbs erhalten bleibt.

> Persönlich: Ве́тер ду́ет. Не́бо темне́ет. Учи́тель начина́ет уро́к.
> Unpersönlich: Здесь ду́ет от окна́. В лесу́ темне́ет. Начина́ет света́ть.

In diesen Zusammenhang gehören auch unpersönliche Aktivkonstruktionen als Synonyme 419
zu Passivkonstruktionen vom Typ

> Луга́ затопи́ло водо́й (=Луга́ зато́плены водо́й).

Die korrelativen persönlichen Aktivkonstruktionen (Вода́ затопи́ла луга́) weisen meist Satz-
subjekte auf, die Naturerscheinungen bzw. -kräfte bezeichnen.
Unpersönliche perfektive und imperfektive Passivformen treten in eingliedrigen Passivkonstruktionen auf (vgl. 341):

> Ещё ничего́ не́ было сде́лано. На собра́нии говори́лось об э́том.

2.7.1.4. Person und Personalität

Als **Personalität** (персона́льность) kann man die funktional-semantische Kategorie (vgl. 420
32 f.) bezeichnen, die die Beziehung des Aussageinhalts zum Sprechenden, zum Gesprächspartner und zu nicht am Sprechakt beteiligten Personen zum Ausdruck bringt, vgl. [248].
Ihren *Kern* bilden zweifellos die Personalformen des Verbs der 1. und 2. Person und die
ihnen entsprechenden Personalpronomen (vgl. 779 P.a, 796 ff.). Ihnen schließen sich unmittelbar an: die speziellen Bedeutungen der Personalformen des Verbs (**408 ff.**) und mehrere lexikalisch-grammatische Reihen von Wörtern, die die Semantik der Person haben.
Dazu gehören unter anderem:
die Possessivpronomen мой/наш und твой/ваш (vgl. 779 P. d, 817 ff.);
Verben zur Bezeichnung von Handlungen, die für Personen charakteristisch sind, z. B. ду́-
мать, говори́ть, чита́ть;
die Pronominalreihe mit кто, die einen Hinweis auf die Existenz von Personen enthält, z. B.
кто́-то, ко̀е-кто́, никто́ usw., im Gegensatz zur Pronominalreihe mit что, die einen Hinweis
auf die Nichtexistenz von Personen enthält, z. B. что́-то, ко̀е-что́, никто́;
Substantive, die Personen bezeichnen, z. B. челове́к – лю́ди, комсомо́лец, дире́ктор, ак-
три́са,
bestimmte Adverbien, z. B. вдвоём.
Zu den *peripher-persönlichen* Mitteln gehören Sprachmittel, die erst in einem bestimmten
Kontext oder in einer bestimmten Situation einen Personenbezug erhalten. Hierzu sind vor
allem die Personalformen des Verbs der 3. Person und das persönlich-demonstrative Pronomen он, она́, они́; они́ (vgl. 779 P. b, 800), sowie eine ganze Reihe syntaktischer Strukturen
(z. B. bestimmte Infinitivsätze) und lexikalischer Sprachmittel wie die Appellinterjektionen
(z. B. эй! псс! стоп!, vgl. 942) u. a. zu zählen.

2.7.2. Die Kategorie des Numerus

Die **Kategorie des Numerus** (катего́рия числа́) bringt bei den Verbalformen mit bestimmt- 421
persönlicher Bedeutung die Beziehung der Verbalhandlung zu *einem* Handlungsträger (Singular, еди́нственное число́) oder zu mehreren Handlungsträgern (Plural, мно́жественное
число́) zum Ausdruck. Die Kategorie ist daher eng mit der Kategorie der Person verbunden.
Bei den Formen zum Ausdruck der unbestimmt-persönlichen Bedeutung ist die Opposition
Singular : Plural neutralisiert.

>   Ему́ уже́ два ра́за звони́ли по телефо́ну.
>   Man hat ihn schon zweimal angerufen.

In diesem Satz ist nicht eindeutig, ob es sich um einen oder mehrere Handlungsträger handelt.

422 *Transpositionen der Numerusformen* stehen in engem Zusammenhang mit Transpositionen der Personalformen. Nur die Kategorie Numerus betreffen:

a) Der Gebrauch des Plurals bei der höflichen Anrede an eine Person: Как вы чу́вствуете себя́, Бори́с Ива́нович?

b) Der Gebrauch des Singulars der Imperativform der 2. Person anstelle des Plurals in bestimmten Kontexten, vor allem bei Kommandos und Befehlen an mehreren Personen: Стой, бра́тцы! – Пожа́рные, лей!

c) Der Gebrauch der 1. Pers. Sing., der für die Autorenrede charakteristisch ist:
> Зака́нчивая главу́, счита́ем ну́жным подчеркну́ть ещё раз, что ... – Пешко́вский.

2.7.3. Die Kategorie des Genus

423 Die **Kategorie des Genus** (катего́рия ро́да) ist für die grammatische Struktur des russischen Verbs nicht charakteristisch. Genusformen treten bei den finiten Verbalformen im Singular des Präteritums und Konjunktivs auf und sind historisch bedingt.
In Verbindung mit den Personalpronomen der 1. und 2. Person des Singulars entspricht das Genus den realen Unterschieden des Sexus.

Person	Mann	Frau
1. Pers. Sing.	я чита́л-∅	я чита́ла
2. Pers. Sing.	ты чита́л-∅	ты чита́ла

Bei der 3. Pers. Sing. besteht Koordinierung mit dem Genus des als Satzsubjekt fungierenden Substantivs bzw. seines pronominalen Substituts.
> Бори́с, дива́н, он стоя́л в углу́ ко́мнаты.
> Зо́я, ла́мпа, она́ стоя́ла в углу́ ко́мнаты.
> Дитя́, фортепья́но, оно́ стоя́ло в углу́ ко́мнаты.

Innerhalb der Genusformen spielt die Form des Neutrums insofern eine besondere Rolle, als sie in unpersönlichen Konstruktionen obligatorisch ist (vgl. **416**).

424 Bei maskulinen Berufsbezeichnungen, die keine femininen Entsprechungen haben, zeigt sich in der russischen Sprache der Gegenwart die Tendenz, dem natürlichen Geschlecht (Sexus) den Vorzug zu geben, wenn besonders hervorgehoben werden soll, daß es sich um eine Frau handelt (vgl. *49*, 787). Daher steht "Бригади́р уе́хала" neben "Бригади́р уе́хал", wenn der Handlungsträger eine weibliche Person ist. Vgl. **604 ff**.

2.8. Die infiniten Formen

425 Zu den **infiniten Verbalformen** (неспряга́емые фо́рмы глаго́ла) gehören: Infinitiv, Partizip und Adverbialpartizip.
Den infiniten Formen fehlt der morphologische Ausdruck der prädikativen Kategorien Modus und Person (vgl. **109**). Diese Gemeinsamkeit ist von wesentlicher Bedeutung für ihre syntaktische Rolle im Satz. Während die finiten Formen auf den Ausdruck des Prädikats festgelegt sind, ist der syntaktische Verwendungsbereich der infiniten Formen nicht in solcher Weise eingeengt.

Ihrer Bedeutung nach sind die infiniten Verbalformen als Glieder des Verballexems zu betrachten, da sie die gleiche lexikalisch-grammatische Allgemeinbedeutung besitzen und bestimmte verbale Kategorien ausdrücken (vgl. **111**).

Zwischen den drei genannten infiniten Verbalformen bestehen jedoch wesentliche Unterschiede in bezug auf den Ausdruck bestimmter verbaler Kategorien und hinsichtlich ihrer syntaktischen Verwendung.

2.8.1. Der Infinitiv

Der Infinitiv (неопределённая фо́рма глаго́ла или инфинити́в) ist die Grundform des Verbs, da er nur die Handlung oder den Zustand bezeichnet, ohne auf Modus, Tempus und Person hinzuweisen. Nur die Kategorie des Aspekts und des Genus verbi werden durch den Infinitiv ausgedrückt. **426**

In bezug auf das Genus verbi des Infinitivs sind zwei Formen zu unterscheiden:

Der **aktive Infinitiv**. Seine morphologische Kennzeichnung sind die Suffixe -ть und -ти (vgl. **165 ff.**):

        реши́ть – реша́ть, встать – встава́ть, писа́ть – написа́ть, принести́, расти́.

Der **passive Infinitiv**. Seine Formen können analytisch und synthetisch gebildet werden. Dabei spielt der Verbalaspekt eine wichtige Rolle (vgl. **336 ff.**).

a) Synthetisch wird die passive Infinitivform des imperfektiven Aspekts aus der aktiven imperfektiven Infinitivform mit dem Postfix -ся gebildet. Solche Formen finden sich besonders häufig als Bestandteil eines zusammengesetzten Prädikats mit мо́жет oder до́лжен.

        Э́тот текст мо́жет переводи́ться любы́м ученико́м.
        Dieser Text kann von jedem beliebigen Schüler übersetzt werden.

b) Analytisch wird die passive Infinitivform des perfektiven Aspekts aus der Infinitivform des Hilfsverbs быть und der Kurzform des Part. Prät. Pass. des perfektiven Aspekts gebildet.

        Э́тот текст мо́жет быть переведён за два часа́.
        Dieser Text kann in zwei Stunden übersetzt werden.

Bemerkung. Analytische Bildungen mit der Kurzform des Part. Präs. Pass. des imperfektiven Aspekts sind heute bereits sehr selten.

Das Fehlen des Ausdrucks des Modus, des Tempus und der Person hat bestimmte Konsequenzen für die syntaktische Verwendung des Infinitivs. Er kann in *allen Satzgliedfunktionen* auftreten. **427**

Infinitiv als Subjekt:	Учи́ться – всегда́ пригоди́тся.
Infinitiv als Teil des zusammengesetzten verbalen Prädikats:	Он хо́чет занима́ться му́зыкой.
Infinitiv als Objekt:	Врач запрети́л мне кури́ть.
Infinitiv als Attribut:	У него́ спосо́бность рисова́ть.
Infinitiv als Adverbialbestimmung (nur final):	Он пошёл разузнава́ть но́вости.

Die Konfrontation mit dem Deutschen macht deutlich, daß der russische Infinitiv in bestimmten Fällen nicht verwendet werden kann, z. B. unter den folgenden syntaktischen Bedingungen. **428**

Dem deutschen Infinitiv entspricht im Russischen nach Verben der Wahrnehmung (sehen, hören) in der Regel ein mit как eingeleiteter Objektsatz.

        Ich habe ihn weggehen sehen. – Я ви́дел, как он уходи́л.
        Ich habe sie spielen hören. – Я слы́шал, как она́ игра́ла.

Einem deutschen (erweiterten oder nichterweiterten) Infinitiv, der zur Verkürzung von Aussagesätzen dient, entspricht im Russischen ein mit что eingeleiteter Objektsatz.

    Er behauptet, es zu wissen. – Он утверждает, что знает это.
    Ich glaube ihn zu kennen. – Я думаю, что знаю его.

Eine vollständige Beschreibung dieser Fälle gehört in eine konfrontative Syntax.

429 Der Infinitiv spielt nicht nur eine bedeutsame Rolle im praktischen Sprachgebrauch, sondern ist auch als *Nennform* des Verbs von großer Bedeutung beim Umgang mit dem Wörterbuch.

Als *erste Stammform* des Verbs bildet der Infinitiv morphologisch die Ausgangsform für die Bestimmung des Infinitivstammes (vgl. **120**), der seinerseits die Grundlage für die Bildung der Formen des Präteritums sowie bestimmter Präteritalpartizipien und Adverbialpartizipien ist (vgl. **118**).

2.8.2. Die Partizipien

2.8.2.1. Wesen und Merkmale

430 Die **Partizipien** (причастия) bezeichnen einen in die Zeit eingeordneten *Prozeß als Merkmal* eines Handlungsträgers (einer Person, einer Sache u. a.).

Aus dieser Funktion resultiert ein gewisser *hybrider Charakter* der Partizipien. Einerseits setzt die Funktion des Partizips, die Allgemeinbedeutung des Verbs auszudrücken, voraus, daß es an bestimmte verbale Kategorien gebunden ist. Andererseits bedingt die Tatsache, daß diese Allgemeinbedeutung des Verbs als Merkmal eines Handlungsträgers ausgedrückt wird, seine syntaktische Verwendung, die der des Adjektivs entspricht.

Auch formal wird der hybride Charakter der Partizipien offensichtlich. Zum einen werden sie von Verbalstämmen gebildet, zum anderen weisen sie adjektivische Endungen auf. Ihre Zugehörigkeit zum Verballexem und somit ihre Kennzeichnung als Verbalform ergibt sich jedoch daraus, daß ihre Hauptfunktion die Bezeichnung von Prozessen ist.

431 Wie alle Verbalformen verfügen die Partizipien über die Kategorie des *Aspekts*. Sie werden entweder von imperfektiven oder von perfektiven Verbalstämmen gebildet.

    Ipf.: решающий задачу ученик; решаемая задача.
    Pf.: решивший задачу студент; решённая задача.

Außerdem drücken die Partizipien die Kategorie des *Genus verbi* aus. Es gibt zwei aktive und zwei passive Partizipien, die durch besondere Suffixe gekennzeichnet sind.

    Akt.: читающий ученик; прочитавший книгу ученик.
    Pass.: читаемая книга; прочитанная книга.

Darüber hinaus können durch die Anfügung des Postfixes -ся an imperfektive aktive Partizipien imperfektive passive Partizipien gebildet werden.

    Книга, читающаяся студентом.
    Книга, читавшаяся студентом в течение недели.

432 Man unterscheidet im Russischen zwei Präsens- und Präteritalpartizipien. Diese Einteilung sagt jedoch noch nicht unbedingt etwas über ihre Tempusbedeutung im Satz aus. Es ist vielmehr festzustellen, daß die Partizipien ihre Tempusbedeutung erst in Verbindung mit dem Prädikat, mit der Haupthandlung des Satzes annehmen und daher im allgemeinen relatives Tempus ausdrücken.

Das *Part. Präs. Akt./Pass.* bezeichnet gewöhnlich die Gleichzeitigkeit der Partizipialhandlung mit der Haupthandlung.

    Я вижу (видел, увижу) играющих детей.

Das *Part. Prät. Akt. des imperfektiven Aspekts* kann sowohl Vorzeitigkeit als auch Gleichzeitigkeit bezeichnen. Die Vorzeitigkeit bringt es zum Ausdruck, wenn die mit dem Partizip auszudrückende Handlung auf Grund ihrer Dauer oder Wiederholung die Verwendung der perfektiven Form nicht zuläßt.

> Я ча́сто встреча́ю преподава́теля, проводи́вшего с на́ми заня́тия в тече́ние двух лет.
> Ich treffe oft den Lehrer, der mit uns zwei Jahre lang Lehrveranstaltungen durchgeführt hat.

Die Gleichzeitigkeit kann das imperfektive Part. Prät. Akt. bei präteritalem Prädikat synonym mit dem Part. Präs. Akt. zum Ausdruck bringen.

> Мать укла́дывала засыпа́вшего (засыпа́ющего) ребёнка.
> Die Mutter war dabei, das einschlafende Kind zu Bett zu bringen.

Das *Part. Prät. Akt. des perfektiven Aspekts* bezeichnet die Vorzeitigkeit der Partizipialhandlung im Verhältnis zur Haupthandlung.

> Студе́нты, око́нчившие пра́ктику, е́дут (пое́хали, пое́дут) домо́й.
> Die Studenten, die das Praktikum beendet haben, fahren (fuhren, werden fahren) nach Hause.

Das *Part. Prät. Pass. des perfektiven Aspekts* bezeichnet immer das Ergebnis einer Handlung, das zum Zeitpunkt der Haupthandlung vorliegt.

> На столе́ лежа́т (лежа́ли, бу́дут лежа́ть) прочи́танные журна́лы.
> Мы посеща́ем (посети́ли, посети́м) неда́вно откры́тую вы́ставку.

433 Die Partizipien können nur dann *absolutes Tempus* ausdrücken, wenn zwischen der Haupthandlung und der Partizipialhandlung keine zeitliche Bezugsetzung besteht. Es handelt sich gewöhnlich um Fälle, in denen die Partizipialhandlung Vergangenheit und Gegenwart in sich einschließt.

> Я вы́писал журна́л, выходя́щий в Москве́.
> Ich bestellte eine Zeitschrift, die in Moskau erscheint [und auch bereits vorher erschien].
> Я получи́л письмо́ от дру́га, живу́щего в Ки́еве.
> Ich bekam einen Brief von [meinem] Freund, der in Kiew wohnt [und auch vorher dort gewohnt hat].

434 Die Partizipien verfügen nicht über die Kategorien des Modus und der Person. Ihre Verwendung als einfaches verbales Prädikat ist daher nicht möglich.

435 Alle Partizipien weisen *adjektivische Endungen* auf. Demzufolge kongruieren sie wie das Adjektiv in Genus, Kasus und Numerus mit dem Substantiv, dem sie zugeordnet sind.

Passive Partizipien können auch prädikativ gebraucht werden. Sie stehen dann in der *Kurzform* (s. 455f.).

2.8.2.2. Bildung und Betonung

436 Das *Part. Präs. Akt.* (действи́тельное прича́стие настоя́щего вре́мени) wird vom imperfektiven Präsensstamm gebildet. An den Präsensstamm wird bei Verben der I. Konjugation das Suffix -ущ-, bei Verben der II. Konjugation das Suffix -ащ- angefügt. Auf das Suffix folgt die adjektivische Endung:

> читај – ущ – ий (чита́ющий),
> пиш – ущ – ий (пи́шущий),
> говор' – ащ – ий (говоря́щий),
> крич – ащ – ий (крича́щий).

437 Die Partizipien mit dem Suffix -ущ- haben die gleiche *Betonung* wie die Form der 3. Pers. Plur. des imperfektiven Präsens:

> несу́т – несу́щий
> зна́ют – зна́ющий

Von dieser Regel abweichende Betonung weist могу́щий auf.

Die Partizipien mit dem Suffix -ащ- haben den gleichen Akzent wie der Infinitiv:

> ве́рить – ве́рящий
> кури́ть – куря́щий

Von dieser Regel abweichende Betonung weisen folgende Partizipien auf: ды́шащий (дыша́ть 'atmen'), ле́чащий (лечи́ть 'heilen'), лю́бящий (люби́ть 'lieben'), ру́бящий (руби́ть 'fällen'), слу́жащий (служи́ть 'dienen'), су́шащий (суши́ть 'trocknen'), те́рпящий (терпе́ть 'leiden'), ту́шащий (туши́ть 'löschen') u. a.
Die Betonung dieser Partizipien stimmt mit dem Akzent der Form der 3. Pers. Plur. des imperfektiven Präsens überein.
Schwankenden Akzent weisen die Formen да́вящий (дави́ть 'dücken') und де́лящий (дели́ть 'teilen') auf.

438 Das *Part. Prät. Akt.* (действи́тельное прича́стие проше́дшего вре́мени) wird von perfektiven und imperfektiven Infinitivstämmen gebildet. Die Form des Suffixes hängt vom Auslaut des Infinitivstammes ab. Lautet der Infinitivstamm auf Vokal aus, wird das Suffix -вш- angefügt:

    чита – вш – ий (чита́вший),
    говори – вш – ий (говори́вший),
    приеха – вш – ий (прие́хавший),
    уби – вш – ий (уби́вший).

Lautet der Infinitivstamm konsonantisch aus (unpr. Gr. 6 A a, vgl. **153**, wird das Suffix -ш- angefügt:

    принёс – ш – ий (принёсший),
    увёз – ш – ий (увёзший).

439 Wenn sich der Stamm der maskulinen Präteritalform nicht aus der Infinitivform gewinnen läßt (vgl. **167 f.**), behält das Partizip den Stammauslaut, den der Infinitiv historisch aufwies und der heute noch im Präsensstamm vorliegt. Das betrifft die folgenden Verbalgruppen.

a) Verben mit Infinitiv auf ти, deren Präsensstamm auf д, т oder б auslautet (unpr. Gr. 6 A b und c, vgl. **153**):

    вести́ – веду́т → вед – ш – ий (ве́дший),
    цвести́ – цвету́т → цвет – ш – ий (цве́тший),
    грести́ – гребу́т → грёб – ш – ий (грёбший).

Von drei Verben dieser Gruppe wird das Part. Prät. Akt. vom vokalisch auslautenden Stamm der maskulinen Präteritalform mit Hilfe des Suffixes -вш- gebildet:

    класть – клал → кла́ – вш – ий,
    красть – крал → кра́ – вш – ий,
    пасть – пал → па́ – вш – ий

(daneben veraltet, und als Adjektiv gebraucht па́дший: па́дшая же́нщина 'moralisch gesunkene Frau').
Auf die gleiche Weise bilden das Part. Prät. Akt. drei isolierte Verben (unprod. Gr. 7):

    есть – е – л → е́ – вш – ий,
    надое́сть – надое́ – л → надое́ – вш – ий,
    сесть – се – л → се́ – вш – ий;

b) Verben mit Infinitiv auf чь, deren Präsensstamm in der 1. Pers. Sing. und in der 3. Pers. Plur. г oder к im Auslaut aufweist (unpr. Gr. 6 B, vgl. **154**).

    бере́чь – берегу́т → берёг – ш – ий (берёгший),
    исте́чь – истеку́т → истек – ш – ий (исте́кший срок).

440 Vom konsonantisch auslautenden Stamm der maskulinen Präteritalform bilden das Part. Prät. Akt. die folgenden unproduktiven Verbalgruppen.

a) Verben auf нуть (unpr. Gr. 4, vgl. **151**):

    окре́пнуть – окре́п → окре́п – ш – ий (окре́пший),
    привы́кнуть – привы́к → привы́к – ш – ий (привы́кший).

Bei einem Verb dieser Gruppe sind Parallelbildungen möglich:

    дости́гнуть → дости́г – ш – ий und дости́гну – вш – ий.

b) Verben auf ереть (unpr. Gr. 2 B, vgl. **149**):

        стере́ть – стёр   → стёр   – ш – ий (стёрший),
        умере́ть – у́мер → умер – ш – ий (уме́рший),
        запере́ть – за́пер → запер – ш – ий (за́перший).

Als besondere suppletive Bildung ist zu vermerken: ше́дший zu идти́.
Die *Betonung* des Part. Prät. Akt. fällt mit der des Infinitivs zusammen. **441**
Von dieser Regel abweichende Betonung haben Partizipien, die von Verben auf ереть oder ти gebildet sind. Die Betonung rückt hier gegenüber dem Infinitiv um eine Silbe vor:

        умере́ть – уме́рший, перевести́ – переве́дший.

Das imperfektive Part. Prät. Akt. mit dem Postfix -ся kann zum Ausdruck des Passivs ver- **442** wendet werden, wenn der Kontext die Verwendung eines *passiven Präteritalprinzips des imperfektiven Aspekts* verlangt.

        Докла́д, писа́вшийся студе́нтом в тече́ние ме́сяца.
        Ein Vortrag, der vom Studenten im Laufe eines Monats geschrieben wurde.

Das *Part. Präs. Pass.* (страда́тельное прича́стие настоя́щего вре́мени) wird vom imperfekti- **443** ven Präsensstamm transitiver Verben gebildet. Bei Verben der I. Konjugation wird an den Präsensstamm das Suffix -ем-, bei denen der II. Konjugation das Suffix -им- angefügt:

        читај – ем – ый (чита́емый), рисуј – ем – ый (рису́емый),
        люб′ – им – ый (люби́мый), ввод′ – им – ый (вводи́мый).

Einige Verben unproduktiver Gruppen der I. Konjugation bilden das wenig gebräuchliche Part. Präs. Pass. mit dem Suffix -ом-: ведо́мый (вести́), везо́мый (везти́), влеко́мый (влечь), несо́мый (нести́).

Bemerkung. Eine von der Regel abweichende Bildung liegt bei дви́жимый (дви́гать) vor. Die Bildung richtet sich hier nach dem Muster der II. Konjugation, obwohl das Verb двигать (дви́гаю, дви́гаешь usw. oder дви́жу, дви́жешь) der I. Konjugation angehört.

Die *Produktivität* des Part. Präs. Pass. ist in der Sprache der Gegenwart stark eingeschränkt **444** und beschränkt sich auf folgende Typen:

a) Verben der I. Klasse (meist präfigiert), z. B.

        изменя́емый, выполня́емый, чита́емый;

b) nichtpräfigierte Verben der III. Klasse:

        организу́емый, рекоменду́емый, рису́емый;

c) indeterminierte Verben der Fortbewegung, die der V. Klasse angehören (meist präfigiert):

        вводи́мый, уноси́мый, приноси́мый;

d) Verben auf авать (unpr. Gr. 1 C):

        дава́емый, достава́емый, узнава́емый, создава́емый.

Bei Verben dieses Typs erfolgt die Bildung des Part. Präs. Pass. vom zweiten Präsensstamm: дава́ј-ем-ый (vgl. auch die Bildung des Imperativs дава́й und des Adverbialpartizips des imperfektiven Aspekts дава́я).

Die grundsätzlich gültige Regel, daß passive Partizipien nur von transitiven Verben zu bilden sind, wird von einigen Verben durchbrochen: кома́ндуемый, предше́ствуемый, угрожа́емый, управля́емый, руководи́мый.

Die *Betonung* der Partizipien von Verben der I. Konjugation richtet sich ausnahmslos nach **445** dem Akzent der 3. Pers. Plur. Bei den Partizipien von Verben der II. Konjugation entspricht die Betonung der des Infinitivs.

Die Betonungsverhältnisse der Präsenspartizipien (des Aktivs und des Passivs) beruhen somit auf den gleichen Gesetzmäßigkeiten.

In der Sprache der Gegenwart existiert eine größere Zahl von *Adjektiven*, die von ihrer Bil- **446** dung her dem Part. Präs. Pass. gleichen. Es sind im wesentlichen drei Faktoren, die darauf hinweisen, daß diese Wörter nicht zu den Partizipien gerechnet werden können. Zum ersten sind es negative Bildungen, die beim Partizip auf Grund der Zugehörigkeit zum Verbalparadigma nicht möglich sind. Zweitens sind viele dieser Adjektive von perfektiven Verbalstämmen abgeleitet. Drittens gibt es nicht wenige solcher Bildungen, die von intransitiven Verben gebildet sind. Vgl. непромокáемый 'undurchlässig', неумолкáемый 'nicht verstummend', неудержи́мый 'unaufhaltbar', невырази́мый 'unausdrückbar', непреодоли́мый 'unüberwindlich' u. a. (vgl. **464**).

447 Die *Part. Prät. Pass.* (страдáтельные причáстия прошéдшего врéмени) werden in der Regel von perfektiven Stämmen transitiver Verben gebildet. Die Suffixe sind -нн-, -енн-, -т-. Nur die Partizipien mit den Suffixen -нн- bzw. -т- werden vom Infinitivstamm, die Partizipien mit dem Suffix -енн- dagegen vom Präsensstamm gebildet.

448 Das **Suffix -нн-** wird an den Infinitivstamm der folgenden Verbaltypen angefügt (Infinitiv auf ать oder еть):

    I. Klasse, Typ   прочитáть → прочита – нн – ый (прочи́танный);
    III. Klasse, Typ нарисовáть → нарисова – нн – ый (нарисóванный),
                      завоевáть → завоева – нн – ый (завоёванный);
    Gruppe 1 A, Typ написáть → написа – нн – ый (напи́санный);
    Gruppe 1 B, Typ задержáть → задержа – нн – ый (задéржанный);
    Gruppe 2 A, Typ оби́деть → обиже – нн – ый (оби́женный),
                      осмотрéть → осмотре – нн – ый (осмóтренный);
    Gruppe 3, Typ   сковáть → скова – нн – ый (скóванный);
    Gruppe 7, isoliertes Verb дать → да – нн – ый (дáнный).

449 Für die *Betonung* des Part. Prät. Pass. mit dem Suffix -нн- gelten folgende Regeln.
Ist der Infinitiv endbetont, so wird die Betonung um eine Silbe zurückgezogen:

    прочитáть – прочи́танный, написáть – напи́санный.

Ist der Infinitiv nicht endbetont, so ist die Betonung gleich der des Infinitivs:

    сдéлать – сдéланный, обдýмать – обдýманный.

Die Zurückziehung der Betonung auf das Präfix fügt sich in diese Regel ein:

    продáть – прóданный, вы́слать – вы́сланный.

450 Das **Suffix -енн-** wird an den Präsensstamm der folgenden Verbaltypen angefügt:

    V. Klasse, Typ уговори́ть → уговор – ённ – ый (уговорённый),
                   скоси́ть → скош – енн – ый (скóшенный),
                   разбуди́ть → разбуж – енн – ый (разбýженный).

Der Auslaut des Präsensstammes unterliegt dem gleichen Konsonantenwechsel wie in der Form der 1. Pers. Sing. (vgl. **136**): разбýженный, вы́глаженный, рассéрженный. Nur д wechselt manchmal mit жд, während die Form der 1. Pers. Sing. den Wechsel д/ж aufweist:

    утверди́ть – утверж – ý → утверждённый,
    награди́ть – награж – ý → награждённый.

    Gruppe 6 A, Typ принести́ → принес – ённ – ый (принесённый);
    Gruppe 6 B, Typ зажéчь → зажж – ённ – ый (зажжённый).

Der Stammauslaut des Präsensstammes entspricht dem der Form 2. Pers. Sing.

    Gruppe 7, isolierte Verben съесть → съед – енн – ый (съéденный),
                                  ушиби́ть → ушибл – енн – ый (уши́бленный).

und идти́ mit seinen präfixalen Bildungen, z. B.

    пройти́ → пройд – енн – ый (прóйденный),
    найти́ → найд – енн – ый (нáйденный).

451 Die *Betonung* des Part. Prät. Pass. mit Suffix -енн- entspricht in der Regel der 2. Pers. Sing., d. h., bei beweglichem Akzent ist die Betonung im Vergleich zum Infinitiv um eine Silbe zurückgezogen:

    провéрить – провéришь – провéренный
    уговори́ть – уговори́шь – уговорённый
  aber: купи́ть – кýпишь – кýпленный
          откорми́ть – откóрмишь – откóрмленный

Abweichungen liegen zum Beispiel in folgenden Fällen vor:

  заменѝть – заме́нишь – заменённый 'ersetzen',
  отвинти́ть – отви́нтишь – отви́нченный 'abschrauben',
  прину́дить – прину́дишь – принуждённый 'zwingen',
  раздели́ть – разде́лишь – разделённый 'zerteilen',
  ушиби́ть – ушибёшь – уши́бленный 'stoßend verletzen'.

Abweichende Betonung haben weiterhin die präfixalen Bildungen von сиде́ть (наси́женный, проси́женный) sowie die von грызть, красть, стричь und идти́.

Das **Suffix -т-** wird an den Infinitivstamm der folgenden Verbaltypen angefügt: **452**

  IV. Klasse, Typ втолкну́ть → втолкну – т – ый (вто́лкнутый),
         задви́нуть → задвину – т – ый (задви́нутый);
  Gruppe 4, Typ дости́гнуть → достигну – т – ый (дости́гнутый);
  Gruppe 1 D, Typ приня́ть → приня – т – ый (при́нятый),
         взять → взя – т – ый (взя́тый);
  Gruppe 6 D, Typ расколо́ть → расколо – т – ый (раско́лотый);

einsilbe Verben auf ить (Gruppe 5), ыть (Gruppe 6 C), еть und уть (Gruppe 7) sowie deren präfixale Bildungen:

  уби́ть → уби – т – ый (уби́тый),
  откры́ть → откры – т – ый (откры́тый),
  спеть → спе – т – ый (спе́тый),
  вздуть → взду – т – ый (взду́тый).

Einen Sonderfall stellen die Verben auf ереть (Gruppe 2 B) dar, die ihr Part. Prät. Pass. vom Stamm der konsonantisch auslautenden maskulinen Präteritalform bilden:

  запере́ть → запер – т – ый (за́пертый).

Hinsichtlich der *Betonung* des Part. Prät. Pass. mit Suffix -т- gelten folgende Regeln. **453**
Bei festem Akzent liegt die Betonung auf derselben Silbe wie im Infinitiv, bei beweglicher Betonung erfolgt in der Regel eine Zurückziehung des Akzents um eine Silbe:

  разби́ть – разби́л – разби́тый,
  прожи́ть – про́жил – про́житый (neben прожи́тый).

Allerdings gibt es mancherlei Abweichungen von diesen Grundregeln. Deshalb empfiehlt es sich, im Zweifelsfalle ein modernes Wörterbuch zu Rate zu ziehen.

Das Part. Prät. Pass. von *imperfektiven* Stämmen ist in der Sprache der Gegenwart nicht pro- **454**
duktiv. Die Bildung ist nur noch von einer beschränkten Zahl von nichtpräfigierten Verben möglich: чи́танный, пи́санный, слы́шанный, несённый, би́тый, пе́тый, мо́лотый und wenigen anderen.

2.8.2.3. Kurzformen

Passive Partizipien stehen bei prädikativer Verwendung in der **Kurzform** (кра́ткая фо́рма). **455**
Dabei haben die Kurzformen der Part. Prät. Pass. mit dem Suffix -нн- und -енн- in allen Formen nur *ein* н, z. B.

  напи́сан, напи́сана, напи́сано, напи́саны.

Adjektivierte Partizipien weisen ein н nur in der maskulinen Kurzform auf:

  Он о́чень воспи́тан. Er ist sehr wohlerzogen.
  Она́ о́чень воспи́танна. Sie ist sehr wohlerzogen.

Beim *Part. Präs. Pass.* gibt es in der *Betonung* der Kurzform keine Abweichungen im Ver- **456**
gleich zur Langform. Die Endungen der Kurzform können deshalb nie betont sein.
Beim *Part. Prät. Pass.* sind folgende Regeln zu beachten:
Die Betonung der Kurzform der mit dem Suffix -нн- gebildeten Partizipien weicht in der Regel nicht von der Langform ab.
Bei den präfixalen Bildungen einsilbiger Verben, die die Betonung auf das Präfix verlagern,

ist jedoch die feminine Kurzform oft endungsbetont, z. B.

и́зданный – и́здан – издана́ – и́здано.

Nicht auf der Endung der femininen Kurzform liegt der Akzent bei folgenden Verben:

при́званный → при́зван – при́звана – при́звано – при́званы,
пере́сланный → пере́слан – пере́слана – пере́слано – пере́сланы,
обо́рванный → обо́рван – обо́рвана – обо́рвано – обо́рваны,
и́збранный → и́збран – и́збрана – и́збрано – и́збраны.

Die Betonung der Kurzform der mit dem Suffix -енн- gebildeten Partizipien unterliegt folgenden Gesetzmäßigkeiten.
Ist das Suffix der Langform betont, so liegt in der Kurzform die Betonung auf den Endungen:

переведённый – переведён – переведена́ – переведено́ – переведены́.

Ist das Suffix der Langform unbetont, weist die Kurzform in allen drei Genera und im Plural die gleiche Betonung auf:

заме́ченный – заме́чен – заме́чена – заме́чено – заме́чены.

Bei den mit dem Suffix -т- gebildeten Partizipien von mehrsilbigen Verben, deren Präsensstamm auf einen Nasal auslautet, sowie bei взять liegt die Betonung gesetzmäßig auf der ersten Silbe des Partizips. Nur die feminine Kurzform ist bei diesen Formen endbetont:

на́чатый – на́чат – начата́ – на́чаты.

Die gleiche Gesetzmäßigkeit liegt bei den präfixalen Bildungen der Verben auf ереть vor:

за́пертый – за́перт – заперта́ – за́перто – за́перты.

In allen übrigen Fällen ist die Betonung fest.

2.8.2.4. Verwendung

457 Die **aktiven Partizipien** haben keine Kurzform und sind damit auf die Verwendung als *Attribut* beschränkt. Dabei sind sie in Genus, Numerus und Kasus mit dem Bestimmungswort kongruent:

игра́ющий ма́льчик, игра́ющая де́вочка, игра́ющие де́ти.

Wird das Partizip durch Objekte oder Adverbialbestimmungen erweitert, so stehen diese in der Regel hinter dem Partizip.

Чита́ющий кни́гу учени́к. Der ein Buch lesende Schüler.
Прие́хавшая из Москвы́ делега́ция. Die aus Moskau eingetroffene Delegation.

Dabei ist zu beachten, daß aktive Partizipien über die gleiche Rektion verfügen wie das Ausgangsverb.
Ein durch nähere Bestimmungen ergänztes Partizip kann als durch Isolierung hervorgehobenes Attribut gebraucht werden, wobei die Konstruktion meist nach dem Bestimmungswort steht. Die Isolierung wird durch Kommata ausgedrückt.

Я говори́л с рабо́чим, примени́вшим но́вый ме́тод.
Ich sprach mit dem Arbeiter, der eine neue Methode angewandt hatte.
Ди́ктор, чита́ющий после́дние изве́стия, приве́тствует слу́шателей.
Der Sprecher, der die Nachrichten liest, begrüßt die Hörer.

458 Die syntaktischen Funktionen der Langform der **passiven Partizipien** sind denen der aktiven gleich.
Die Kurzform des perfektiven Part. Prät. Pass. wird nicht nur zur Bildung *analytischer Passivformen* (Vorgangspassiv, vgl. 338) gebraucht, sondern findet auch syntaktisch Verwendung als Teil eines zusammengesetzten nominalen Prädikats (*Zustandspassiv*, vgl. 343).

К ве́черу письмо́ бы́ло напи́сано.
Zum Abend war der Brief geschrieben [fertig].

Тогда́ де́ло уже́ бу́дет решено́.
Dann wird die Sache schon entschieden sein.

Einzelheiten siehe Band 3 "Syntax".

459 Ein **Vergleich der deutschen und russischen Partizipien** ergibt, daß sich die deutschen Partizipien sowohl hinsichtlich ihres Bestandes als auch in bezug auf ihre syntaktische Funktion wesentlich von den russischen Partizipien unterscheiden.
Den vier russischen Partizipien stehen nur zwei deutsche gegenüber. Da die deutschen Partizipien auch in der syntaktischen Funktion der Adverbialbestimmung verwendet werden können, übernehmen sie Aufgaben, die im Russischen den Adverbialpartizipien zukommen.

460 Das deutsche **Partizip I** entspricht in der Funktion eines *Attributs* dem russischen *Part. Präs. Akt.* Es bezeichnet die Gleichzeitigkeit mit der Haupthandlung.

Dort sitzt der lesende Schüler.	Там сиди́т чита́ющий учени́к.
Ich sah spielende Kinder.	Я ви́дел игра́ющих дете́й.

Auch die ständige Eigenschaft eines Merkmalträgers wird mit dem Partizip I bezeichnet.

Der schreibende Arbeiter.	Пи́шущий рабо́чий.
Der gut russisch sprechende Student.	Хорошо́ говоря́щий по-ру́сски студе́нт. Студе́нт, хорошо́ говоря́щий по-ру́сски.

461 Das vor allem schriftsprachlich gebräuchliche Gefüge "zu + Partizip I" bezeichnet im Deutschen die Notwendigkeit oder Möglichkeit eines Handlungsvollzuges. Gefüge dieser Art lassen sich im Russischen nicht eindeutig mit Partizipien wiedergeben. Man greift daher gewöhnlich zu Umschreibungen mit Relativsätzen. Zum Beispiel kann "ein zu übersetzender Text" bedeuten:

Ein Text, der übersetzt werden muß.	Текст, кото́рый на́до перевести́.
Ein Text, der übersetzt werden kann (der übersetzbar ist).	Текст, кото́рый мо́жно перевести́.

Entsprechendes gilt für die Wortfügung "ein nicht zu übersehender Fehler":

Ein Fehler, der nicht übersehen werden kann.	Оши́бка, кото́рую нельзя́ не заме́тить.
Ein Fehler, der nicht übersehen werden darf.	Оши́бка, кото́рую нельзя́ не замеча́ть.

462 In der Funktion einer *Adverbialbestimmung* wird das Partizip I im Russischen gewöhnlich mit *Adverbialpartizipien* wiedergegeben (vgl. **467**).

Lachend stand er vor mir.	Смея́сь, он стоя́л передо мно́й.

463 Das **deutsche Partizip II** bezeichnet die Handlung als vollzogen. Somit lassen sich generell die Partizipien des perfektiven Aspekts im Russischen den deutschen Partizipien II gegenüberstellen.
Dabei entspricht das russische *Part. Prät. Pass.* dem Partizip II, wenn dies von *transitiven* Verben gebildet ist.

Der geschriebene Brief,	Напи́санное письмо́.
Der übersetzte Text.	Переведённый текст.
Der erfüllte Plan.	Вы́полненный план.

Das von *intransitiven* Verben gebildete deutsche Partizip II hat aktivische Bedeutung. Es ist daher mit dem russischen *Part. Prät. Akt.* zu übersetzen.

Die eingetroffene Delegation.	Прие́хавшая делега́ция.
Der zugefrorene Fluß.	Замёрзшая река́.

Das Partizip II *aterminativer* Verben bringt jedoch Gleichzeitigkeit zum Ausdruck. Ihnen entspricht daher das russische *Part. Präs. Pass.* des imperfektiven Aspekts.

Die bedrohte Sicherheit.	Угрожа́емая безопа́сность.
Die befehligte Front.	Кома́ндуемый фронт.

Auf Grund der Tatsache, daß die deutschen Partizipien den Verbalbegriff an sich, ohne Bezug auf das prädikative Verhältnis fassen können, sind im Deutschen auch Bildungen möglich wie z. B. ein gedienter Soldat, ein gelernter Schlosser, u. a. [*241, 236*]. Da bei diesen Bildungen ein Widerspruch zwischen Form und Bedeutung vorliegt, sind sie nicht mit russischen Partizipien zu übersetzen, sondern nur frei übertragbar.

> Ein gelernter Schlosser. Слéсарь с окóнченной подготóвкой.
> Ein gedienter Soldat. Отставнóй солдáт.

2.8.2.5. Übergang von Partizipien in andere Wortarten

464 Einige Partizipien können ihren Zusammenhang mit dem Verballexem verlieren und zu anderen Wortarten übergehen. Mit dem Übergang in andere Wortarten büßen diese ursprünglichen Partizipien die Fähigkeit ein, verbale Kategorien auszudrücken. Andererseits nehmen sie bestimmte grammatische Kennzeichen der Wortart an, zu der sie übergegangen sind. Am häufigsten vollzieht sich der Übergang von Partizipien in die Wortart *Adjektiv*. Vgl.:

> Part.: Блестя́щий снег. Adj.: Блестя́щий успéх.
> Смею́щийся человéк. Смею́щийся день.
> Образóванная нáми комúссия. Образóванный человéк.

Adjektive lassen sich von den zugrunde liegenden Partizipien auf Grund der folgenden Merkmale unterscheiden:

a) Bedeutungsdifferenzierung zwischen dem ursprünglichen Partizip und dem daraus entstandenen Adjektiv. Vergleiche:

> Part.: Опустúвшийся зáнавес. Der niedergegangene Vorhang.
> Adj.: Опустúвшийся человéк. Der heruntergekommene Mensch.
> Part.: Избúтая собáка. Der verprügelte Hund.
> Adj.: Избúтая тéма. Das abgedroschene Thema.

b) Existenz von Formen, zu denen kein entsprechendes Verb vorhanden ist, z. B. настоя́щий, окая́нный (vgl. **446**).

In Verbindung mit bestimmten Substantiven werden ursprüngliche Partizipien zu Adjektiven in festen Wendungen:

> жáреная ры́ба 'Bratfisch' жжёный кóфе 'Röstkaffee'
> квáшеная капýста 'Sauerkraut' жáреная картóшка 'Bratkartoffeln'
> солёные огурцы́ 'Salzgurken' вя́заная кóфточка 'Strickjacke'
> копчёная колбасá 'Räucherwurst'

465 Partizipien können auch in die Wortart *Substantiv* übergehen. Das charakteristische Kennzeichen für diesen Übergang besteht darin, daß das Bestimmungswort fehlt, woraus sich die syntaktische Funktion dieser ursprünglichen Partizipien als Subjekt oder Objekt ergibt.

Man kann folgende Stufen des Übergangs unterscheiden:

a) Okkasionelle Substantivierung.

> Яви́вшихся на конферéнцию прóсят зарегистрúроваться.
> Die zur Konferenz Erschienenen werden gebeten, sich registrieren zu lassen.
> Вéчная слáва пáвшим.
> Ewiger Ruhm den Gefallenen.

Häufig gebrauchte substantivierte Partizipien dieser Gruppe sind: остаю́щийся, отстаю́щий, отсýтствующий, провожáющий.

Falls sie abstrakte Begriffe bezeichnen, sind sie Neutra: прошéдшее, случúвшееся.

b) Usuelle Substantivierung, z. B. заведýющий, комáндующий, учáщийся.

c) Endgültige Substantivierung. Darunter sind solche Formen zu verstehen, die nur als Substantiv und nicht mehr als Partizip verwendet werden. Zu den gebräuchlichsten gehören: млекопитáющее 'Säugetier', насекóмое 'Insekt', придáное 'Mitgift', подсудúмый 'Angeklagter', учёный 'Gelehrter'.

2.8.3. Die Adverbialpartizipien

2.8.3.1. Wesen und Merkmale

Als Verbalform bezeichnet das **Adverbialpartizip** (деепричáстие, in der deutschen Russistik auch "Gerundium") eine Handlung als Prozeß. Im Satz ist die von einem Adverbialpartizip bezeichnete Handlung als *Nebenhandlung* (добáвочное дéйствие) des Subjekts dem Prädikat untergeordnet und erfüllt die Funktion einer *Adverbialbestimmung*. Das Adverbialpartizip vereinigt also in sich die Semantik des Verbs mit syntaktischen Merkmalen des Adverbs. **466**

> Пообéдав, Лёвин сел с кни́гой в крéсло и, читáя, продолжáл дýмать о своéй предстоя́щей поéздке. – Л. Н. Толстóй.

Zum Vergleich die mögliche Umformung:

> Лёвин пообéдал и сел с кни́гой в крéсло. Он читáл и продолжáл дýмать о своéй предстоя́щей поéздке.

Die konjugierten Verbalformen пообéдал und читáл stellen koordinierte, gleichwertige Prädikate neben den Prädikaten сел bzw. продолжáл дýмать dar.
Die zu denselben Verballexemen gehörenden Adverbialpartizipien пообéдав bzw. читáя stellen dieselben Handlungen, jedoch syntaktisch den Prädikaten – den Haupthandlungen сел bzw. продолжáл дýмать – untergeordnet, als Nebenhandlungen dar; sie erfüllen dabei die Funktion von Adverbialbestimmungen. In unserem Beispiel sind die Adverbialpartizipien пообéдав und читáя Temporalbestimmungen.

Das deutsche Verb verfügt nicht über eine dem russischen Adverbialpartizip völlig adäquate Form. Jedoch können deutsche Partizipien in der Funktion von Adverbialbestimmungen auftreten (vgl. 462). **467**

z. B. 'Lesend dachte Levin weiterhin über seine Reise nach.'
Zu Hause angekommen, ging ich sofort an die Arbeit.
Приéхав (придя́) домóй, я срáзу взя́лся за рабóту.

Wie ausnahmslos allen Verbalformen sind den Adverbialpartizipien die Kategorien des Aspekts und des Genus verbi eigen. **468**
Die Gegenüberstellung *perfektiver* und *imperfektiver* Adverbialpartizipien ist ausschlaggebend für die Bedeutung und Verwendung der Adverbialpartizipien.
Der Aspekt der Adverbialpartizipien ist nicht an den Suffixen zu erkennen, sondern wird ausschließlich durch den Aspekt des Verbalstammes, von dem sie gebildet sind, bestimmt.

Adv. Part.	Suffix	Aspekt	Stamm
встрéтив	-в	pf.	pf. Infinitivstamm
встрéтя	-а	pf.	pf. Präsensstamm
встречáя	-а	ipf.	ipf. Präsensstamm
(не) встречáв	-в	ipf.	ipf. Infinitivstamm

Historisch entstanden aus Kurzformen der aktiven Partizipien, haben die Adverbialpartizipien primär *aktives Genus verbi* (vgl. den russischen Terminus деепричáстие). Deshalb können Adverbialpartizipien mit dem Postfix -ся (bei Adverbialpartizipien nur in der Variante -сь) nicht passives Genus verbi ausdrücken. **469**
In der wissenschaftlichen Literatur treten Fügungen wie бýдучи подвéргнут (auch бýдучи нагревáем) auf. Es zeigt sich hier eine Tendenz zur Bildung *analytischer Passivformen* des Adverbialpartizips. Dabei handelt es sich meist um den Ausdruck des *Zustandspassivs* (vgl. 343 ff.) in einer Nebenhandlung.

> Бýдучи вы́делены запяты́ми, приложéния мóгут быть при́няты за однорóдные члéны предложéния.
> Wenn Appositionen durch Kommata abgetrennt sind, können sie als gleichartige Satzglieder aufgefaßt werden.

Im übrigen wird die Opposition *Aktiv* : *Passiv* bei der Nebenhandlung durch die Opposition Adverbialpartizip : passives Partizip realisiert.

> Увлечённые игрой, дети не обратили внимания на подошедшего.
> Da die Kinder vom Spiel gefesselt waren, achteten sie nicht auf den Hinzugetretenen.
> Применяемые вовремя, эти мероприятия помогли бы.
> Wenn diese Maßnahmen rechtzeitig ergriffen würden, dann würden sie helfen.

2.8.3.2. Aspekt-Tempus-Bedeutungen

470 Die Adverbialpartizipien drücken die Kategorie des Tempus morphologisch nicht aus. Ihre Temporalität ergibt sich ausschließlich aus ihrem Aspekt (vgl. auch **237 ff.**).
Die Aspekte lassen das zeitliche Verhältnis der durch ein Adverbialpartizip ausgedrückten Nebenhandlung zur Haupthandlung (im wesentlichen ausgedrückt durch eine finite Verbalform) erkennen. Somit verfügen die Adverbialpartizipien über *relatives Tempus* (vgl. **397**).
Für die Verwendung der perfektiven und imperfektiven Adverbialpartizipien gelten die allgemeinen Gesetzmäßigkeiten des Aspektgebrauchs: Adverbialpartizipien des perfektiven Aspekts können auf Grund des Aspektmerkmals nie den gleichzeitigen Ablauf mit einer anderen Handlung darstellen. Adverbialpartizipien des imperfektiven Aspekts können für die Wiedergabe der Gleichzeitigkeit des Ablaufs oder des wiederholten Vollzugs der Nebenhandlung verwendet werden; seltener tritt die konative Bedeutung auf (vgl. **225**).
Hervorzuheben ist, daß bei der Feststellung der temporalen Verhältnisse der Aspekt des Adverbialpartizips und der Aspekt der Haupthandlung sowie der weitere Kontext berücksichtigt werden müssen. Von Bedeutung ist auch die Stellung des Adverbialpartizips zum Hauptverb (Prädikat).
Aus dem Zusammenwirken dieser Faktoren ergibt sich: Perfektive Adverbialpartizipien geben vorzugsweise eine Nebenhandlung wieder, die der Haupthandlung vorausgegangen ist. Imperfektive Adverbialpartizipien stellen in erster Linie eine gleichzeitig mit der Haupthandlung verlaufende Nebenhandlung dar.
Diese Regeln über das relative Tempus der Adverbialpartizipien werden üblicherweise in Schulgrammatiken und -lehrbüchern gegeben. Sie sind für das Anfangsstadium des Russischunterrichts brauchbar. Es muß jedoch hervorgehoben werden, daß sie einer Erweiterung und Präzisierung bedürfen.

471 Perfektives Adverbialpartizip in der Stellung vor perfektivem Hauptverb

> Как раз в эту минуту девочка, услышав её шаги, повернулась к ней.
> Eben in diesem Moment vernahm das Mädchen ihre Schritte und wandte sich nach ihr um.
> Доктора позвали обедать. Он съел несколько ложек щей и, вставши из-за стола, опять лёг на диван. – А. П. Чехов.
> Man rief den Doktor zum Mittagessen. Er aß einige Löffel Kohlsuppe, dann stand er vom Tisch auf und legte sich wieder auf das Sofa.

Die Aspektbedeutung eines perfektiven Adverbialpartizips in der Stellung vor einem perfektiven Hauptverb entspricht der Aoristbedeutung (vgl. **220**). Das Zielerreichen der Nebenhandlung löst das Einsetzen der Haupthandlung aus. Das perfektive Hauptverb trägt ebenfalls Aoristbedeutung. Das Adverbialpartizip kann dabei auch ein Glied größerer Handlungsketten bezeichnen.

472 Perfektives Adverbialpartizip in der Stellung vor imperfektivem Hauptverb

> Окрепши во время летних каникул, дети чувствуют себя (чувствовали себя, будут чувствовать себя), хорошо.
> Da die Kinder während der Sommerferien kräftiger geworden sind (geworden waren, geworden sind), fühlen sie sich wohl (fühlten sie sich wohl, werden sie sich wohlfühlen).

2.8. Die infiniten Formen

Durch ein perfektives Adverbialpartizip in der Stellung vor einem imperfektiven Hauptverb wird ausgedrückt, daß das Resultat der Nebenhandlung als Zustand während des Ablaufens der Haupthandlung vorliegt (vgl. Perfektbedeutung, Plusquamperfektbedeutung und Bedeutung der Vorzukunft – 221, 222, 235).

Perfektives Adverbialpartizip in der Stellung nach imperfektivem Hauptverb   473

        Он пел, совершённо позабы́в всех слу́шателей.
        Er sang und hatte dabei alle Zuhörer völlig vergessen.

Auch hier drückt das perfektive Adverbialpartizip gegenüber der imperfektiven Haupthandlung Plusquamperfektbedeutung aus.

Das perfektive Adverbialpartizip in der Stellung nach einem imperfektiven Hauptverb kann   474
auch die Bedeutung des Zustandes haben, der gleichzeitig mit der Haupthandlung vorliegt. Diese typische und relativ häufige Verwendungsweise perfektiver Adverbialpartizipien muß besonders hervorgehoben werden, obwohl sie nicht außerhalb der allgemeinen grammatischen Gesetzmäßigkeiten des Aspektgebrauchs steht.

        А́нна шла, опусти́в го́лову и игра́я кистя́ми башлыка́. – Л. Н. Толсто́й.
        Anna ging mit gesenktem Kopf und spielte mit den Troddeln ihrer Kapuze.

Der Zustand, der gleichzeitig mit dem Ablauf der Haupthandlung andauert, ist entstanden als Resultat der entsprechenden perfektiven Handlung. Der ganzheitliche Vollzug dieser Handlung muß also vor dem Ablauf der Haupthandlung stattgefunden haben. Es handelt sich um eine sehr deutlich wahrnehmbare Plusquamperfektbedeutung. Charakteristisch für diese Verwendungsweise perfektiver Adverbialpartizipien sind folgende Bedingungen:
Die Adverbialpartizipialkonstruktion bezeichnet meist einen körperlichen Zustand.
Das Hauptverb ist imperfektiv und bezeichnet einen Zustand oder eine Fortbewegung, eine Gefühlsäußerung oder eine Sinneswahrnehmung oder ist ein Verb des Sagens.
Das Adverbialpartizip ist eine *Modalbestimmung*. Es steht meist nach dem Hauptverb, doch ist die Stellung vor dem Hauptverb nicht ausgeschlossen.

        Взя́вшись за́ руку, они́ гуля́ли.
        Einander an der Hand haltend [Resultat des Händefassens], gingen sie spazieren.

Sowjetische Sprachwissenschaftler weisen auf synonyme Konstruktionen hin, die aus einem Part. Prät. Pass. und einem Substantiv mit einer Präposition bestehen, z. B. Она́ шла, опусти́в го́лову. → Она́ шла с опу́щенной голово́й.

Perfektives Adverbialpartizip in der Stellung nach perfektivem Hauptverb   475

        Она́ се́ла на стул, бро́сив зонт на дива́н.

Dem perfektiven Aspekt der finiten Verbalform und des Adverbialpartizips ist keinerlei Information über die zeitliche Reihenfolge der beiden Handlungen zu entnehmen.
Folgende Umformungen dieses Satzes sind möglich:

        Она́ се́ла на стул и бро́сила зонт на дива́н.
        Она́ бро́сила зонт на дива́н и се́ла на стул.
        Сев на стул, она́ бро́сила зонт на дива́н.
        Бро́сив зонт на дива́н, она́ се́ла на стул.

Diese vier Sätze drücken Aoristbedeutung aus.
Der Ausgangssatz wie auch die vier soeben angeführten Sätze lassen jedoch eine weitere Deutung zu. Die zwei perfektiven Verbalformen in einem Satz können *gleichzeitig vorliegende Zustände* als Resultate der betreffenden perfektiven Handlungen ausdrücken. Das zeitliche Verhältnis des Vollzugs der beiden Handlungen bleibt dann unausgedrückt.

        Sie hat sich auf den Stuhl gesetzt und den Schirm auf das Sofa geworfen.

Im Moment der Rede befindet sie sich auf dem Stuhl und der Schirm auf dem Sofa (Perfektbedeutung).

        Sie hatte sich auf den Stuhl gesetzt und den Schirm auf das Sofa geworfen.

Zum Zeitpunkt des Einsetzens einer perfektiven oder während des Ablaufs einer imperfektiven Handlung befand sie sich auf dem Stuhl und der Schirm auf dem Sofa (Plusquamperfektbedeutung).

476 Häufig gibt jedoch der Kontext Aufschluß über das Zeitverhältnis. Einordnung in eine größere Handlungsfolge:

> Военный снял девочку с рук, поставил на́ пол, потрепав её по волоса́м. Все трое вышли из зала ...
> Der Soldat ließ das kleine Mädchen von seinen Armen herunter, stellte es auf den Fußboden und zupfte es an den Haaren. Alle drei gingen aus dem Saal heraus ...

Lexikalisch ausgedrückte Vorzeitigkeit:

> Тина заснула, едва коснувшись подушки. – Г. Е. Николаева.
> Tina schlief ein, kaum daß sie das Kissen berührt hatte.

Die Wiedergabe der Vorzeitigkeit der Nebenhandlung gegenüber der Haupthandlung ist bei perfektiven Adverbialpartizipien, auch wenn sie dem perfektiven Hauptverb (Prädikat) im Satz nachgestellt sind, häufig und kann daher nicht als Ausnahme betrachtet werden.

477 Für die Wiedergabe nicht vorzeitiger Handlungen gelten folgende Bedingungen:

a) Der Ausdruck der *Nachzeitigkeit* ist nur möglich, wenn die Nebenhandlung unmittelbar nach der Haupthandlung erfolgt. Es ergibt sich eine besonders dynamische Handlungsfolge (Aoristbedeutung).

> Он бросил папиросу на зе́млю, растоптав её двумя слишком сильными ударами ноги́. – А. М. Горький.
> Er warf die Zigarette zu Boden und zerstampfte sie mit zwei viel zu heftigen Tritten.
> Сестра вывела больного в сад и усадила в кресло, прикрыв его ноги одеялом.
> Die Schwester brachte den Kranken in den Garten, setzte ihn in einen Sessel und deckte seine Füße mit einer Decke zu.

b) Haupt- und Nebenhandlung können *eine komplexe Handlung* bilden.

> Он упал, сильно ударившись головой о тротуа́р.
> Er fiel und schlug heftig mit dem Kopf auf den Fußweg.

Das Subjekt hat nur eine Handlung vollzogen, allerdings mit zwei deutlich wahrnehmbaren Wirkungen. Die "Nebenhandlung" ist die natürliche Folge der Haupthandlung; das Zielerreichen der Haupthandlung hat auch das Zielerreichen der Nebenhandlung ausgelöst. Diese Hervorhebung des Zielerreichens bestimmt die Wahl der perfektiven Aspektformen beider Verben im Satz.

> Муж у неё давно умер, оставив ей одну только дочь. – И. С. Тургенев.
> Ihr Mann war längst gestorben und hatte ihr nur eine Tochter hinterlassen.

Das Adverbialpartizip gibt die Wirkung der Haupthandlung wieder. Diese Wirkung ist nicht durch den Vollzug einer zusätzlichen Handlung hervorgerufen worden. Es handelt sich hier noch weniger als in dem vorangehenden Beispiel um eine Aufeinanderfolge zweier Handlungen, als vielmehr um *gleichzeitig vorliegende Resultate* (Zustände), wenn auch Ursache und Wirkung klar unterschieden werden können.

> Он простился с другом, пожав ему руку.
> Er verabschiedete sich von dem Freund und drückte ihm die Hand.
> Она принарядилась, надев своё новое платье и приколов на груди букетик цветов.
> Sie hat [hatte] sich feingemacht, sie hat [hatte] ihr neues Kleid an und ein Sträußchen an der Brust stecken.

In jedem der beiden Sätze sind die von der finiten Verbalform und von den Adverbialpartizipien bezeichneten Handlungen identisch. Von einem Zeitverhältnis zwischen Haupt- und Nebenhandlung kann keine Rede sein. Die Adverbialpartizipien sind Modalbestimmungen; sie geben konkret das wieder, was den Vollzug der "abstrakten" Haupthandlung ausmacht (erster Satz), oder sie stellen die konkreten Einzelheiten der komplexen Haupthandlung dar (zweiter Satz). Die Resultate der Haupthandlungen liegen in Gestalt der Resultate der Nebenhandlungen im Sinne der Perfektbedeutung oder Plusquamperfektbedeutung vor.

Imperfektives Adverbialpartizip in Sätzen mit imperfektivem Hauptverb 478

Imperfektives Adverbialpartizip und imperfektives Hauptverb stellen in der Regel gleichzeitig ablaufende Prozesse dar (vgl. 239). Das Adverbialpartizip kann hierbei sowohl vor als auch nach dem Hauptverb stehen.

> Она́ сия́ла, расска́зывая мне всю э́ту исто́рию.
> Sie strahlte, als sie mir diese ganze Geschichte erzählte.
> Ра́достно улыба́ясь, он слу́шал свою́ люби́мую а́рию.
> Freudig lächelnd, hörte er sich seine Lieblingsarie an.

Auch identische Handlungen, die nicht ihr Ziel erreichen, werden durch ein imperfektives Hauptverb und ein imperfektives Adverbialpartizip wiedergegeben.

> Су́тки тащи́лся эшело́н, приближа́ясь к ста́нции Дно. – М. А. Шо́лохов.
> Tagelang schleppte sich der Militärzug dahin und näherte sich dabei der Station Dno.

Imperfektives Adverbialpartizip in Sätzen mit perfektivem Hauptverb 479

a) Das imperfektive Adverbialpartizip bezeichnet einen Prozeß, der noch in der Entwicklung begriffen ist und bleibt, während auf seinem "Hintergrund" die perfektive Haupthandlung einsetzt und zu ihrem Ziel gelangt (vgl. 241).

> В по́лдень, переходя́ на ста́нции через ре́льсы, он был оглушён неожи́данным свистко́м парово́за. – А. И. Купри́н.
> Als er am Mittag auf der Station über die Gleise ging, betäubte ihn ein unerwarteter Pfiff einer Lokomotive.

Hierbei steht das imperfektive Adverbialpartizip in der Regel vor dem perfektiven Hauptverb.

b) Das imperfektive Adverbialpartizip in der Stellung nach einem perfektiven Hauptverb bezeichnet einen Prozeß, der nach dem Zielerreichen der Haupthandlung andauert. Das Resultat der Haupthandlung liegt während des Ablaufs der Nebenhandlung als Zustand vor. Gleichgültig für die Aspektwahl ist, ob die imperfektive Nebenhandlung schon während des Ablaufs der Haupthandlung erfolgte oder erst nach dem Zielerreichen der Haupthandlung eingesetzt hat.

> Подби́тый танк я́ростно поверну́лся вокру́г со́бственной о́си и за́мер, отстре́ливаясь из пу́шки. – Н. И. Шпа́нов.
> Der angeschossene Panzerwagen drehte sich heftig um seine eigene Achse und blieb, aus seinem Geschütz feuernd, stehen.
> Ле́ночка обняла́ ручо́нками ше́ю ма́мы, прижима́ясь к ней так кре́пко, так то́лько могла́. Ей бы́ло так хорошо́ у ма́мы.
> Lenočka umfaßte mit ihren Ärmchen den Hals der Mutter und schmiegte sich, so fest sie nur konnte, an sie an. Sie fühlte sich so wohl bei ihrer Mutter.

Imperfektives Adverbialpartizip in konativer Bedeutung 480

Diese Bedeutung (vgl. 225) ist beim Adverbialpartizip mit der finalen Bedeutung verbunden.

Besonders deutlich wird die konative Bedeutung, wenn Haupt- und Nebenhandlung identisch sind. Die perfektive Haupthandlung bezeichnet eine vollzogene Handlung, das imperfektive Adverbialpartizip das (noch) nicht erreichte Ziel dieser Haupthandlung.

> Он по́днял ру́ку, призыва́я собра́вшихся к молча́нию. – Н. И. Шпа́нов.
> Er erhob die Hand, um die Versammelten zum Schweigen aufzufordern.

Die konativ-finale Bedeutung des Adverbialpartizips bleibt auch dann bestehen, wenn man den Satz – deutsch und russisch – so umformt, daß er zwei koordinierte Prädikate (eine Prädikatreihe) enthält ("erhob *und* forderte auf"). Die Bedeutung der Gleichzeitigkeit tritt in diesem Falle auf Grund der Handlungsidentität und der konativen Bedeutung des Adverbialpartizips in den Hintergrund.

481 Adverbialpartizipien zur Bezeichnung wiederholter Handlungen

a) Haupt- und Nebenhandlung lösen einander mehrmals in einem bestimmten Zeitraum ab oder überkreuzen sich mehrmals, wobei sie an verschiedenen Objekten bzw. durch verschiedene Subjekte ausgeführt werden (distributive Bedeutung). Finite Verbalformen und Adverbialpartizipien müssen deshalb imperfektiv sein.

> Хохо́л выбира́л кни́ги из чемода́на, ста́вя их на по́лку у пе́чи. – А. М. Го́рький.
> Chochol räumte die Bücher aus dem Koffer und stellte sie [jedesmal sogleich] auf das Regal am Ofen.

Mehrmalige Aufeinanderfolge der Handlungen an verschiedenen Objekten.

> Они́ [жанда́рмы] хвата́ли за воротни́к и пле́чи …, срыва́ли ша́пки, далеко́ отбра́сывая их. – А. М. Го́рький.
> Sie [die Gendarmen] faßten nach Kragen und Schultern …, rissen die Mützen herunter und warfen sie weit weg.

Verschiedene Subjekte und verschiedene Objekte bei zeitlichem Überschneiden der wiederholten Handlungen.
Die Reihenfolge der Tätigkeiten in den einzelnen Handlungsfolgen wird grammatisch nicht ausgedrückt.

b) Auch in Handlungsfolgen, die zu verschiedenen Zeiten wiederholt vollzogen werden, stehen Haupt- und Nebenhandlung regulär im imperfektiven Aspekt.

> Встава́я на рассве́те, она́ спуска́лась в ку́хню и вме́сте с куха́ркой гото́вила заку́ску к ча́ю. – А. М. Го́рький.
> Sie stand beim Morgengrauen auf, ging in die Küche hinunter und bereitete gemeinsam mit der Köchin einen Imbiß zum Tee.

Jedoch kann, abweichend von den Regeln, wie sie für finite Verbalformen gelten, als erstes Glied einer wiederholten Handlungsfolge auch ein perfektives Adverbialpartizip verwendet werden.

> Вста́вши у́тром, она́ тотча́с же брала́сь за кни́гу и чита́ла, си́дя на терра́се в глубо́ком кре́сле. – К. Г. Паусто́вский.
> Wenn sie morgens aufgestanden war, griff sie sofort zu einem Buch und las, auf der Terrasse in einem tiefen Sessel sitzend.

Durch den Gebrauch des perfektiven Adverbialpartizips wird die Bedeutung der Wiederholung verdunkelt; statt dessen wird die Vorzeitigkeit der Nebenhandlung bei jedem Vollzug der Handlungsfolge ausgedrückt, während das imperfektive Adverbialpartizip das relative Tempus unausgedrückt läßt.

c) Immer perfektiv – auch bei wiederholter Haupthandlung – sind die Adverbialpartizipien, die einen gleichzeitig mit der Haupthandlung vorliegenden Zustand bezeichnen (vgl. 474).

> Э́тот Афана́сий стоя́л обыкнове́нно у две́ри, скрести́в ру́ки. – А. П. Че́хов.
> Dieser Afanasij stand gewöhnlich mit verschränkten Armen an der Tür.

2.8.3.3. Bildung und Bedeutung

Adverbialpartizipien des imperfektiven Aspekts

482 An den **imperfektiven Präsensstamm** wird das *Suffix -a* angefügt. Konsonantischer Stammauslaut (außer ж und ш) ist vor diesem Suffix weich, z. B. разговариваj-а (разгова́ривая), рисуj-а (рису́я), выход'-а (выходя́), пряч-а (пря́ча), держ-а (держа́), жив'-а (живя́).
Das Postfix -ся tritt nur in der Variante -сь auf (мо́ясь, боря́сь).
Von der Regel *abweichende Bildungen* weisen die Verben der unproduktiven Gruppe 1 C (Bildung vom 2. Präsensstamm: дава́я, узнава́я, встава́я) und das Adverbialpartizip des Verbs быть (бу́дучи) auf.

Bemerkung. Andere Formen auf -учи, wie z. B. живучи, идучи, играючи sind als Adverbialpartizipien veraltet. Sie leben noch als Komponenten phraseologischer Wendungen und in der Volksdichtung, z. B. жить себе припеваючи 'herrlich und in Freuden leben'.

Ganze Gruppen von Verben haben – zumindest im Bereich der Literatursprache – kein imperfektives Adverbialpartizip.   483

a) Verben, deren Präsensstamm keinen Vokal hat – mit Ausnahme von мчаться – мчась;

b) Verben der unproduktiven Gruppe 1 A mit dem Konsonantenwechsel с//ш und з//ж und zahlreiche andere Verben dieser Gruppe;

c) die Verben der unproduktiven Gruppe 4, auch die imperfektiven Stämme der IV. produktiven Klasse;

d) die Verben der unproduktiven Gruppe 6 B;

e) eine Reihe Verben unproduktiver Gruppen, z. B. ехать, бежать, звать, петь, хотеть.

An die Stelle der nicht vorhandenen Formen treten oft Bildungen von sekundären Imperfektiva mit gleicher oder ähnlicher Bedeutung, z. B. ждать – ожидая, слать – посылая, тонуть – утопая.

Die *Betonung* der imperfektiven Adverbialpartizipien mit dem Suffix -a entspricht der Betonung der Form der 1. Pers. Sing. des imperfektiven Präsens.   484

Von dieser Regel abweichende Betonung haben лёжа, си́дя, сто́я, мо́лча, гля́дя.

Adverbialpartizipien des imperfektiven Aspekts, die vom **imperfektiven Infinitivstamm** mit   485
den *Suffixen -в (-вши)* oder *-ши* gebildet sind, kommen in der Gegenwartssprache nur ganz selten vor. Sie können nur verwendet werden, wenn das übergeordnete Hauptverb im Präteritum steht; meist werden sie mit Negation gebraucht.

    Не понимавши всё это, старик не знал, что делать.
    Weil der Alte das alles nicht begriff, wußte er nicht, was er tun sollte.

Adverbialpartizipien des perfektiven Aspekts

Das reguläre Adverbialpartizip des perfektiven Aspekts wird vom **perfektiven Infinitivstamm**   486
gebildet.

An *vokalisch* auslautende Stämme wird das *Suffix -в oder -вши* angefügt, z. B. уе́хав (уе́хавши), купи́в (купи́вши), расколо́в (расколо́вши), подчеркну́в (подчеркну́вши).

Das Suffix -в wird häufiger gebraucht und ist stilistisch neutral, trotzdem sind Bildungen mit dem Suffix -вши nicht selten.

Das Postfix -ся kann nur an das Suffix -вши angefügt werden, und zwar immer in der Variante -сь, z. B. реши́в – реши́вшись, собра́в – собра́вшись.

An *konsonantisch* auslautende Stämme wird das *Suffix -ши* angefügt, z. B. спасти́ – спа́сши, принести́ – принёсши, спасти́сь – спа́сшись.

Besonderheiten der Bildung weisen die unproduktiven Verbalgruppen auf, deren Präteritalfor-   487
men nicht vom Infinitivstamm gebildet werden. Das betrifft die folgenden unproduktiven Verbaltypen:

a) Bei den Verben der unproduktiven Gruppe 6 B wird das perfektive Adverbialpartizip durch Anfügen des Suffixes -ши an die maskuline Präteritalform gebildet, z. B. помо́чь – помо́г – помо́гши, увле́чься – увлёкся – увлёкшись. Die gleiche Bildung finden wir bei dem isolierten Verb лечь – лёг – лёгши.

b) Bildungen von der maskulinen Präteritalform mit dem Suffix -ши, wie sie der Bildung des Part. Prät. Akt. entsprechen, und Bildungen vom Infinitivstamm mit dem Suffix -в existieren gemeinsam bei den Verben der unproduktiven Gruppe 3 B, z. B. умере́ть – уме́рши – умере́в, запере́ть – за́перши – запере́в, простере́ть – просте́рши – простере́в. Mit dem Postfix -сь gibt es nur den Typ заперши́сь.

c) In der unproduktiven Gruppe 4 besteht die Tendenz, die Formen auf -ши durch die Formen auf -в zu ersetzen, z. B. окре́пнуть – окре́пнув (statt окре́пши), вы́сохнуть – вы́сохнув (statt вы́сохши), промо́кнуть – промо́кнув (statt промо́кши); zu исче́знуть gibt es nur исче́знув(ши).

d) In der unproduktiven Gruppe 6 A bilden die Verben пасть und украсть Formen mit dem Suffix -в(ши), das – in Analogie zu den Verben mit vokalisch auslautendem Infinitivstamm – an die Stelle des Suffixes -л der maskulinen Präteritalform tritt, z. B. пасть – пал – пáв(ши), украсть – укрáл – укрáв(ши), vgl. написáл – написáв(ши). Ebenso verhalten sich die isolierten Verben сесть – сел – сéв(ши), съесть – съел – съéв(ши).

488 Die *Betonung* der perfektiven Adverbialpartizipien entspricht im allgemeinen der des Infinitivs.

Vom Infinitiv abweichende Betonung haben

a) die Adverbialpartizipien von Verben mit dem Infinitivsuffix -ти der unproduktiven Gruppe 6 A (z. B. унести – унёсши) und

b) die mit dem Suffix -ши gebildeten Adverbialpartizipien der unproduktiven Gruppe 2 B, z. B. умерéть – умéрши (aber умерéв).

489 Perfektive Adverbialpartizipien mit dem *Suffix -a*, die nach den Regeln, die für die imperfektiven Adverbialpartizipien gelten, vom **perfektiven Präsensstamm** gebildet werden, gehören zum Bestand der gegenwärtigen Literatursprache, wenn sie von Verben der unproduktiven Gruppe 6 A gebildet sind, z. B. отнести – отнеся, привезти – привезя, увести – уведя, вы́мести – вы́метя, ebenso пройти – пройдя usw. Diese Formen werden den Formen mit dem Suffix -ши, die als archaisch empfunden werden, vorgezogen.

Dagegen werden die Adverbialpartizipien auf -a, die von einigen Verben der V. produktiven Klasse, z. B. встрéтя, спрося́, возвратя́сь und einiger unproduktiver Gruppen, z. B. уви́дя, услы́ша, gebildet sind, heute selten gebraucht und durch die Bildungen auf -в (-вши) ersetzt, z. B. встрéтив, спроси́в, возврати́вшись, уви́дев, услы́шав.

Sie sind als Komponenten phraseologischer Wendungen anzutreffen, gehören dann natürlich nicht mehr zum verbalen Paradigma.

    Он сиди́т сложá рýки.
    Er sitzt müßig da.

490 Von zweiaspektigen Verbalstämmen (vgl. **301 ff.**) werden zwei Adverbialpartizipien gebildet, die die Aspektbedeutungen ausdrücken, z. B. исслéдуя – imperfektives Adverbialpartizip, исслéдовав – perfektives Adverbialpartizip.

2.8.3.4. Verwendung

491 Die Verwendung der Adverbialpartizipien ist von ihrer Mittelstellung zwischen Adverb und Verb bestimmt.

Die Adverbialpartizipien dienen wie die Adverbien zur *näheren Bestimmung des Prädikats* und sind diesem – als unveränderliche Formen – durch Adjunktion (примыкáние) untergeordnet.

Als Verbalformen verfügen die Adverbialpartizipien über die Rektion des Verballexems, dem sie angehören.

492 Adverbialpartizipien können durch Objekte (Rektion) und adverbiale Bestimmungen (Adjunktion) zu *Adverbialpartizipialkonstruktionen* (дееприча́стные оборо́ты) erweitert werden. Adverbialpartizipialkonstruktionen und auch nicht erweiterte Adverbialpartizipien sind in der Regel isolierte Satzglieder, die durch Kommata vom übrigen Satz abgetrennt werden.

493 Den Adverbialpartizipien fehlt die Kategorie der Person, und auf Grund ihrer Unveränderlichkeit haben sie auch keine andere Möglichkeit, Beziehungen zu einem Handlungsträger durch Kongruenz auszudrücken.

Träger der von einem Adverbialpartizip bezeichneten Handlung kann nur das Subjekt des dem Adverbialpartizip übergeordneten Prädikats, also das Subjekt des Satzes sein. Anders formuliert: Verwendungsbedingung für Adverbialpartizipien ist, daß *Haupt- und Nebenhandlung ein und denselben Handlungsträger* haben. Sätze, in denen das Adverbialpartizip einem Handlungsträger zugeordnet ist, der nicht mit dem Subjekt des Satzes identisch ist, sind nicht sprachgerecht. Das gilt, obwohl sich manche Schriftsteller unter bestimmten Bedingungen nicht an diese Regel halten (vgl. [*128*, Bd. 1, § 2105]).

>Со́ня и вчера́ порази́ла его́ свое́й красото́й. Ны́нче, уви́дев её ме́льком, она́ ему́ показа́лась ещё лу́чше. – Л. Н. Толсто́й.
>Sonja hatte ihn auch gestern durch ihre Schönheit beeindruckt. Jetzt, nachdem *er* sie flüchtig gesehen hatte, schien *sie* ihm noch hübscher.

Das dem Adverbialpartizip übergeordnete Prädikat ist meist eine finite Verbalform, also ein verbales Prädikat. **494**
Ein Adverbialpartizip kann aber auch einem nominalen Prädikat untergeordnet sein.

>Проведя́ э́тот ве́чер с неве́стой у До́лли, Ле́вин был осо́бенно ве́сел. – Л. Н. Толсто́й.
>Da Levin diesen Abend mit seiner Braut bei Dolly verbracht hatte, war er besonders fröhlich.

Auch in unpersönlichen Sätzen mit einem Infinitiv werden Adverbialpartizipien gebraucht, obwohl in solchen Sätzen nur die logische Identität der Träger von Haupt- und Nebenhandlung gegeben ist. **495**

>(Нам) прия́тно бы́ло гуля́ть по́ лесу, собира́я грибы́.
>Es war (uns) angenehm, durch den Wald spazieren zu gehen und Pilze zu sammeln.

Adverbialpartizipien können auch nichtprädikativen Infinitiven, aktiven Partizipien und anderen Adverbialpartizipien untergeordnet sein, wenn die Identität der Handlungsträger gegeben ist. **496**

>Врач разреши́л мне пройти́ к больно́му, соблюда́я тишину́. – А. И. Купри́н.
>Der Arzt erlaubte mir, zu dem Kranken zu gehen, wenn ich mich still verhielte.
>Ку́чер, спа́вший опе́ршись на ло́коть, на́чал пя́тить лошаде́й. – И. А. Гончаро́в.
>Der Kutscher, der, auf den Ellenbogen gestützt, geschlafen hatte, begann, die Pferde zurückzusetzen.
>Вы́пив не помо́рщившись проти́вное лека́рство, он задержа́л меня́ в своём углу́. – В. Г. Короле́нко.
>Nachdem er, ohne das Gesicht zu verziehen, die widerliche Medizin getrunken hatte, hielt er mich in seiner Ecke zurück.

Folgende *Adverbialbestimmungen* können durch Adverbialpartizipien vertreten werden: am häufigsten temporale und modale, seltener kausale, konditionale und konzessive, in beschränktem Umfang auch finale und konsekutive. **497**
Temporal:

>Возвраща́ясь домо́й, Пе́тя потеря́л клю́чик. →
>Когда́ Пе́тя возвраща́лся домо́й, он потеря́л клю́чик.
>Als Petja nach Hause ging [auf dem Heimweg], verlor er den Schlüssel.

Modal:

>Он хо́дит по ко́мнате, заложи́в ру́ки за́ спину, напева́я люби́мую мело́дию. →
>Он хо́дит по ко́мнате с заложе́нными за́ спину рука́ми и поёт люби́мую мело́дию.
>Er geht, die Hände auf dem Rücken, im Zimmer auf und ab, wobei (indem) er seine Lieblingsmelodie singt.

Kausal:

>Стару́ха говори́ла ро́бко, боя́сь, что ей не пове́рят. →
>Стару́ха говори́ла ро́бко, потому́ что (та́к как) боя́лась, что ей не пове́рят.
>Die alte Frau sprach scheu, weil sie fürchtete, daß man ihr nicht glaubt.

Konditional:
>   Занимáясь серьёзно, ты мóжешь добúться хорóших результáтов. →
>   Éсли ты серьёвно занимáешься, ты мóжешь добúться хорóших результáтов.
>   Wenn du fleißig lernst, kannst du gute Ergebnisse erreichen.

Konzessiv:
>   До нúтки промóкнув под дождём, охóтник всё-таки не вернýлся домóй. →
>   Хотя́ охóтник до нúтки промóк под дождём, он всё-таки не вернýлся домóй.
>   Obwohl der Jäger vom Regen völlig durchnäßt war, ging er dennoch nicht nach Hause.

Final:
>   Мы остановúлись, поджидáя прохóжего, у котóрого мóжно бы́ло спросúть дорóгу. →
>   Мы остановúлись, чтóбы подождáть прохóжего, у котóрого ...
>   Wir blieben stehen, um auf einen Vorübergehenden zu warten, den man nach dem Weg fragen konnte.

Konsekutiv:
>   Машúна остановúлась, преградúв путь трáнспорту. →
>   Машúна остановúлась, так что преградúла путь трáнспорту.
>   Das Auto hielt an, so daß es die Straße versperrte.

498 Mit Ausnahme der Modalbestimmung kann jede Art der Adverbialbestimmungen durch einen *Adverbialsatz* entsprechenden Inhalts wiedergegeben werden.
Die Konjunktionen, die die Adverbialsätze einleiten, explizieren dabei die Art der adverbialen Bestimmung.
Da das Adverbialpartizip diese inhaltlichen Beziehungen zwischen Neben- und Haupthandlung offenläßt, können manche Adverbialpartizipialkonstruktionen durchaus verschieden ausgelegt werden.

>   Пéречень далёк от исчéрпывающей полноты́, охвáтывая лишь часть возмóжностей.
>   Das Verzeichnis ist weit entfernt von erschöpfender Vollständigkeit, indem es (modal)/weil es (kausal)/falls es (konditional) nur einen Teil der Möglichkeiten erfaßt.

499 Für die **Wiedergabe russischer Adverbialpartizipien** und Adverbialpartizipialkonstruktionen im Deutschen stehen verschiedene Mittel zur Verfügung. Ihre Auswahl wird von stilistischen Erwägungen bestimmt.

a) Die Übersetzung durch ein *adverbial gebrauchtes Partizip* ist nur in seltenen Fällen möglich (vgl. **467**).

b) Adverbialpartizipien können durch finite Verbalformen ersetzt werden, aus dem untergeordneten Nebenprädikat wird damit ein *koordiniertes*, syntaktisch gleichrangiges *Prädikat*.
Für die unter **477** angeführten Beispiele ist diese Art der Wiedergabe oft die einzig mögliche, auf alle Fälle die zu bevorzugende.

c) Die Übersetzung von Adverbialpartizipialkonstruktionen durch *Adverbialsätze* ist häufig (vgl. **498**).
Wenn das gemeinsame Subjekt von Haupt- und Nebenhandlung durch ein Substantiv ausgedrückt wird, muß es im Satzgefüge stets zuerst als Substantiv wiedergegeben werden; Verweis durch ein Pronomen darf erst nach der Nennung erfolgen.

d) Oft kann eine Adverbialpartizipialkonstruktion mit einer *Adverbialbestimmung* übersetzt werden, z. B.

>   Вернýвшись домóй ...   Nach der Heimkehr ...
>   Возвращáясь домóй ...   Auf dem Heimwege ...

2.8. Die infiniten Formen

> Проверя́я тетра́ди ...   Beim Kontrollieren der Hefte ...
> Она́ говори́ла ро́бко, боя́сь ...   Sie sprach verschüchtert vor Angst ...

Diese Übertragungsart ist besonders angebracht, wenn ein perfektives Adverbialpartizip einen Zustand ausdrückt (vgl. 474).

e) Für *verneinte* Adverbialpartizipien kommt die Wiedergabe durch einen *Infinitivsatz*, eingeleitet durch *"ohne zu"*, in Frage.

> Мы разошли́сь, не договори́вшись.
> Wir gingen auseinander, ohne eine Verabredung getroffen zu haben.

f) Die mitunter mögliche Wiedergabe einer Adverbialpartizipialkonstruktion durch einen *Relativsatz* ist nicht typisch.

> Пе́речень, охва́тывая лишь часть возмо́жностей, далёк от полноты́.
> Ein Verzeichnis, das nur einen Teil der Möglichkeiten erfaßt, ist weit entfernt von Vollständigkeit.

2.8.3.5. Übergang von Adverbialpartizipien in andere Wortarten

Adverbialpartizipien können sich wie auch Partizipien vom Verballexem lösen und in andere Wortarten übergehen.

Imperfektive Adverbialpartizipien verlieren ihre Verbalität häufiger als perfektive, da diese durch ihre Aspektbedeutung fester an das Verb gebunden sind.

Ein noch lebendiger Prozeß ist der Übergang von Adverbialpartizipien zur Wortart *Adverb*; dabei sind Übergangsstadien festzustellen.

a) Он чита́ет, лёжа на дива́не.
b) Он чита́ет лёжа.
c) При чте́нии лёжа по́ртятся глаза́.

a) Лёжа ist hier Adverbialpartizip, denn die Abhängigkeit einer Adverbialbestimmung bekräftigt den verbalen Charakter.

b) Hier kann man лёжа als Adverbialpartizip oder als Adverb auffassen; die Übersetzungsmöglichkeit "im Liegen" bestärkt die Lösung vom Verb.

c) Die Unterordnung unter ein Substantiv (Adjunktion) entspricht nicht den Verwendungsbedingungen für Adverbialpartizipien. Zu beachten ist auch die Interpunktion (vgl. 492).

Zusammenfassend kann festgestellt werden, daß das Fehlen abhängiger Wörter den Übergang eines Adverbialpartizips zum Adverb fördert, wie andererseits syntaktisch abhängige Wörter den Übergang verhindern.

Endgültig zu Adverbien geworden sind veraltete Formen wie игра́ючи 'spielend leicht', уме́ючи 'sachkundig, fachmännisch, mit Sachkenntnis', außerdem нехотя́ (Rechtschreibung!) 'widerwillig, ungern' und шутя́ 'spielend (leicht), mühelos'. Völlig aufgegeben haben ihren verbalen Charakter die Adverbialpartizipien, die sich als Komponenten phraseologischer Wendungen auch semantisch vom Verb gelöst haben, z. B. сломя́ го́лову 'Hals über Kopf'.

Zu *Präpositionen* geworden sind смотря́ по 'in Anbetracht von', несмотря́ на 'ungeachtet, trotz', су́дя по '... nach zu urteilen' (Adverbialpartizip су́дя), благодаря́ 'dank'. Die Präposition благодаря́ wird mit dem Dativ verbunden, während das Verb благодари́ть den Akkusativ regiert.

Konjunktionen sind in der Gegenwartssprache хотя́ und несмотря́ на то, что 'obwohl, obgleich'.

Einige Fügungen mit Adverbialpartizipien fungieren in der Gegenwartssprache als *Schaltwörter* (vgl. 41, 918).

> Со́бственно говоря́, вы пра́вы.
> Eigentlich haben Sie recht.

Bei den Präpositionen, Konjunktionen und Schaltwörtern ist der Verlust der verbalen Kategorien und der Bindung an das Subjekt besonders deutlich.

3. Das Substantiv

3.1. Das Substantiv als Wortart

502 Das **Substantiv** (имя существительное) gehört mit dem Verb zu den wichtigsten Wortarten. Das Substantiv nennt die Gegenstände, auf die sich die durch das Verb bezeichneten Handlungen beziehen.

Als Gegenstände werden vom russischen Sprachsystem nicht nur *unbelebte materielle Gegenstände* (стол), sondern auch *belebte Wesen*, nämlich Personen (студе́нт) und Tiere (ло́шадь), und darüber hinaus auch *ideelle Gegenstände* (тео́рия, класс, систе́ма) gefaßt. Durch Substantivierung, d. h. durch Übergang von Einheiten anderer Wortarten in die Wortart Substantiv, können ferner Eigenschaften (сме́лость ← сме́лый), Beziehungen (бли́зость ← бли́зкий), Handlungen (бег ← бе́гать) sprachlich als Gegenstände formiert werden. Auch Sätze als Ausdruck eines Sachverhalts werden oft begrifflich zusammengefaßt und substantiviert, vgl. делега́ция прие́хала → прие́зд делега́ции.

Die lexikalisch-grammatische **Allgemeinbedeutung** der Substantive kann somit als Bezeichnung der *Gegenständlichkeit* (verschiedenen Typs) definiert werden.

503 **Morphologisch** sind Substantive durch die Kategorien Genus, Belebtheit bzw. Unbelebtheit, Numerus und Kasus bestimmt. Genus und Belebtheit bzw. Unbelebtheit sind klassifizierende Kategorien, Kasus und Numerus sind morphologische Kategorien.

504 Jedes über einen Singular verfügende Substantiv gehört einem der drei Genera an. Es ist entweder Maskulinum (стол), Femininum (ка́рта) oder Neutrum (село́). Es gibt aber auch eine Gruppe von Substantiven zweierlei Genus, d. h. von Substantiven, die sowohl Maskulinum wie Femininum sein können (сирота́). Pluralia tantum (брю́ки) dagegen entziehen sich der Genuskategorie. Alle Substantive, auch die Pluralia tantum, gehören entweder der Klasse der belebten Substantive oder der Klasse der unbelebten Substantive an.

505 **Syntaktisch** sind Substantive durch ihre universelle Eigenschaft bestimmt, in jeder Satzgliedposition auftreten zu können, als Subjekt (*Учени́к* чита́ет), als Objekt (Учи́тель вызыва́ет *ученика́* к доске́), als Attribut (На па́рте лежи́т су́мка *ученика́*), als Prädikat (Мой брат – *учени́к*), als Adverbialbestimmung (Брат рабо́тает весь *день*).

Eine weitere wesentliche syntaktische Eigenschaft der Substantive ist ihre außerordentliche Erweiterungsfähigkeit. Substantive können sich mit bestimmten Klassen von Partnerwörtern, insbesondere mit Adjektiven, Pronomen, Partizipien, zu Substantivgruppen verbinden, z. B. На кни́жной по́лке стоя́ли его́ после́дние рома́ны, напи́санные им 4 го́да тому́ наза́д.

Die lexikalisch-grammatische Klassifizierung der Substantive

506 Substantive können nach verschiedenen Kriterien untergliedert werden. Auf Grund von Gemeinsamkeiten und Unterschieden in der Semantik, in der morphologischen Geformtheit (d. h. in der Fähigkeit, die substantivischen morphologischen Kategorien auszudrücken) und im syntaktischen Verhalten lassen sich unterscheiden:

Nach der Bezeichnungsart zerfallen die Substantive in die **Gattungsnamen** (nomina appellativa, существи́тельные нарица́тельные) und in die **Eigennamen** (nomina propria, существи́тельные со́бственные). Gattungsnamen haben eine begrifflich verallgemeinerte Bedeutung, Eigennamen nicht. Erstere können eine Klasse gleichartiger Gegenstände und jeden einzelnen zu dieser Klasse gehörenden Gegenstand bezeichnen, letztere beziehen sich direkt auf Einzelnes. Morphologisch zeichnen sich Eigennamen dadurch aus, daß sie im allgemeinen nur im Singular vorkommen. Pluralformen weisen auf die innere Gegliedertheit des betreffenden Gegenstandes hin, z. B. Карпа́ты (das sind 'die Berge'), Петро́вы (das sind 'die Angehörigen der Familien Petrov').

3.1. Das Substantiv als Wortart

507 Eigennamen können sich zu Appellativa entwickeln, d. h., sie können eine Bedeutung erwerben und zur Klassenbezeichnung werden. Diese Erscheinung finden wir vor allem bei der metonymischen Übertragung des Eigennamens eines Erfinders, Herstellers auf das Produkt, z. B. ампе́р 'Maßeinheit der Stromstärke' nach dem Eigennamen des französischen Naturforschers Ampère. Ist der Übergang zum Appellativum vollendet, ist auch der Plural möglich (ампе́ры). Umgekehrt kann aus einem Gattungsnamen ein Eigennamen gebildet werden, z. B. октя́брь 'Oktober' – Октя́брь 'Oktoberrevolution', ша́хты 'Schächte' – Ша́хты 'Ortsname'. Syntaktische Besonderheiten der Eigennamen sind, daß sie nur in Identitätssätzen die Prädikatsposition besetzen können (Э́та же́нщина – Валенти́на Петро́вна), sonst aber ihnen diese Position verschlossen ist, und daß sie kaum Attribute zulassen, also wenig erweiterungsfähig sind.

508 Innerhalb der Gattungsnamen sind zunächst die **Konkreta** (существи́тельные конкре́тные) und die **Abstrakta** (существи́тельные отвлечённые или абстра́ктные) zu unterscheiden. Konkreta sind materiell vorhandene und sinnlich wahrnehmbare Gegenstände. Die Konkreta gliedern sich in Individuativa (существи́тельные-индивидуати́вы), Stoffnamen (существи́тельные веще́ственные) und Sammel- oder Kollektivnamen (существи́тельные собира́тельные).

509 **Individuativa** bezeichnen ein oder mehrere Exemplare materiell vorhandener und sinnlich wahrnehmbarer Gegenstände. Sie können folglich den Singular und den Plural bilden (солда́т – солда́ты, стол – столы́). **Stoffnamen** wie сталь, нефть bezeichnen nichtzählbare materiell vorhandene und sinnlich wahrnehmbare Gegenstände. Sie haben entweder nur die Singularform (смета́на) oder nur die Pluralform (сли́вки).
Sammel- oder Kollektivnamen bezeichnen die Gesamtheit gleichartiger Gegenstände. Sie werden meist mit speziellen Suffixen wie -ств(о) oder -от(а) gebildet (студе́нчество, беднота́). Sie können auch wortbildungsmäßig unmotiviert sein (ме́бель). Sammel- oder Kollektivnamen bilden ebenfalls nur Singularformen (бельё) oder nur Pluralformen (де́ньги).
Mit den Stoffnamen in Korrelation steht eine besondere Gruppe von Individuativa – die **Singulativa** (существи́тельные едини́чные). Sie bezeichnen einzelne Bestandteile, Stücke, Individuen aus einer Stoffmasse (снежи́нка, морко́вка), vgl. **643**.

510 **Abstrakta** sind Bezeichnungen für ideelle Gegenstände (иде́я) und für in Form von Verbalabstrakta oder Adjektivabstrakta gegenständlich gefaßte Handlungen (развёртывание), Zustände (жизнь), Beziehungen (дру́жба), Eigenschaften (доброта́). Abstrakta, die ideelle Gegenstände bezeichnen, bilden zumeist sowohl Singular- wie Pluralformen (иде́я – иде́и), Verbalabstrakta und Adjektivabstrakta nur Singularformen. Vor allem Verbalabstrakta entwickeln häufig Bedeutungen (lexikalisch-semantische Varianten) mit Resultats- oder Sachcharakter. Vgl. объявле́ние 'das Bekanntmachen (von etwas)' und 'die Bekanntmachung'. Die letzte Bedeutung ist eigentlich ein Konkretum oder ein ideeller Gegenstand. Entsprechend sind Pluralformen möglich (объявле́ния). Konkrete Bedeutung als eine durch eine Eigenschaft charakterisierte Verhaltensweise und damit Pluralformen hat z. B. ра́дость – ра́дости.

511 Sowohl Individuativa wie Eigennamen gliedern sich in Bezeichnungen für **Lebewesen** (belebte Substantive, одушевлённые существи́тельные) und **Nichtlebewesen** (unbelebte Substantive, неодушевлённые существи́тельные), z. B. сын und Пётр gegenüber кни́га, Москва́. Diese Unterscheidung äußert sich morphologisch im Zusammenfall der Akkusativendung mit der des Genitivs oder des Nominativs (Einzelheiten **613 ff.**).

512 Zu beachten ist, daß sich die Unterscheidung von Lebewesen und Nichtlebewesen auch in der Regel äußert, daß nach ersteren mit кто, nach letzteren mit что gefragt werden muß. Jedoch gehören nach diesem Kriterium zu den Lebewesen nicht nur Individuativa und Eigennamen, sondern auch Sammel- oder Kollektivnamen wie отря́д, полк. Umgekehrt rechnen morphologisch zu den belebten Substantiven u. a. auch Bezeichnungen für (aus Tieren hergestellte) Speisen (жа́реный гусь), obgleich hier mit что zu fragen ist.

513 Schematischer Überblick über die lexikalisch-grammatische Klassifizierung der Substantive

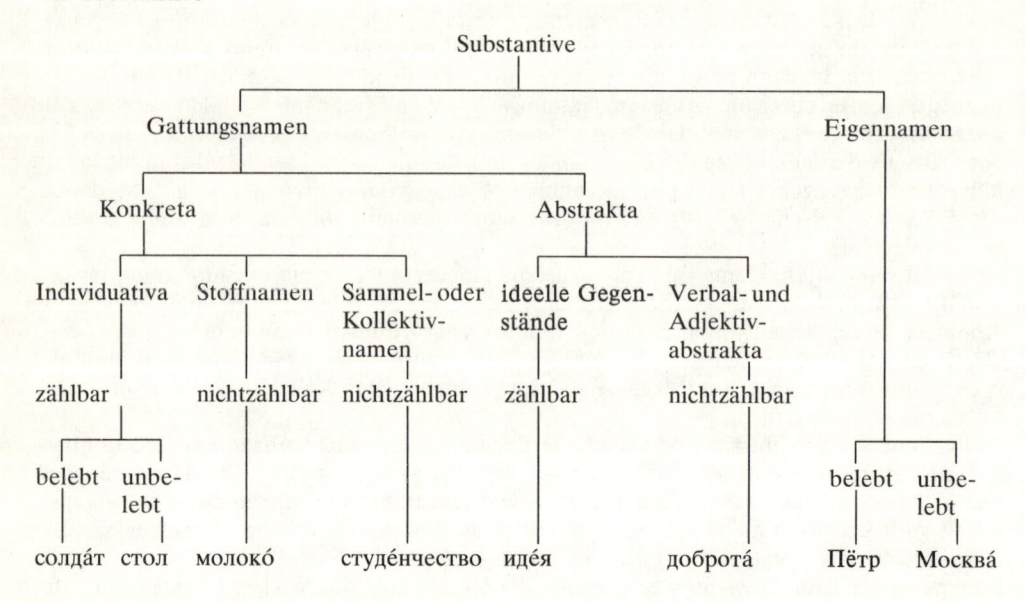

```
                              Substantive
                    ┌─────────────┴─────────────┐
               Gattungsnamen                 Eigennamen
          ┌─────────┴─────────┐
       Konkreta            Abstrakta
    ┌─────┼─────┐         ┌─────┴─────┐
Indivi-  Stoff-  Sammel- oder  ideelle    Verbal- und
duativa  namen   Kollektiv-    Gegen-     Adjektiv-
                 namen         stände     abstrakta

zählbar  nicht-  nicht-        zählbar    nicht-
         zählbar zählbar                  zählbar

belebt  unbe-                                        belebt  unbe-
        lebt                                                 lebt

солдáт  стол   молокó   студéнчество   идéя   добротá   Пётр   Москвá
```

3.2. Die Deklination

3.2.1. Allgemeine Charakteristik

514 Unter **Deklination der Substantive** (склонéние имён существи́тельных) als speziellem Typ der Flexion versteht man das Paradigma der nach Kasus und Numerus bestimmten 12 Wortformen der Substantive sowie die Bildung bzw. Veränderung dieser Wortformen im Rahmen des Paradigmas.

515 Alle Substantive, die in den einzelnen Wortformen die gleichen Endungen aufweisen, gehören dem gleichen *Deklinationstyp,* oder kurz, der gleichen Deklination an. Das System der Deklinationstypen beruht also auf wesentlichen gemeinsamen Eigenschaften der Substantivparadigmen. Es schließt aber auch ein gewisses Maß an Zweckmäßigkeitserwägungen ein, d. h., seine Darstellung richtet sich auch nach möglicherweise unterschiedlichen theoretischen oder unterrichtspraktischen Zielen der Beschreibung. Je nachdem nämlich, ob von der graphematischen oder von der phonematischen Gestalt der Endungen ausgegangen wird, wie Produktivität oder Unproduktivität der einzelnen Deklinationstypen berücksichtigt wird, ob gewisse Endungen einen selbständigen Typ bilden sollen oder als Varianten angesehen werden oder schließlich noch das Genus der Substantive berücksichtigt ist, kommen deshalb die Grammatiken innerhalb einer bestimmten Variationsbreite zu unterschiedlichen Darstellungen.

516 Die folgende Darstellung der Deklination richtet sich nach der in den sowjetischen Lehrbüchern zur Tradition gewordenen Einteilung in **drei Deklinationstypen** (= Deklinationen) und in eine Gruppe *gemischt-deklinierter Sondertypen* (разносклоня́емые). So verfährt im Prinzip auch die Akademiegrammatik '80 [*129*].
Erste Grundlage dieser Einteilung ist die *Identität der Endungen auf phonematischer Ebene.* So gehören z. B. завóд, конь, музéй dem gleichen Deklinationstyp an. Sie haben alle im Nom. Sing. Nullendung. Die auf graphematischer Ebene im Nom. Sing. auftretenden Buchstaben ь bzw. й (z. B. конь, Gen. коня́ bzw. музéй, Gen. музéя) sind keine Endungen, da der Buch-

3.2. Die Deklination 175

stabe ь den weichen Stammauslaut /n'/ und der Buchstabe й den letzten Konsonanten des Stammes, nämlich /j/, angibt. Die Orientierung auf die phonematische Ebene hat auch den Vorteil, daß die Endungen einheitlich repräsentiert werden können, unabhängig davon, welche phonetisch bedingten Modifizierungen sie erhalten. Denn während der Gen. Sing. -/a/ in коня [a] lautet, wird er in музе́я als [ə] realisiert.
Über die grundsätzlichen Prinzipien der Phonemidentifikation informiert Band 1. Da auch die entsprechenden phonetischen Gesetzmäßigkeiten als bekannt vorausgesetzt werden können, beschränken wir uns auf eine kurze Übersicht über die wichtigsten Entsprechungen zwischen Phonem und Graphem in den Substantivendungen. Zur phonematischen Transkription siehe S. 11. Eine weitere Verdeutlichung dieser Beziehungen erfolgt durch die Angabe von Musterwörtern.

Entsprechungen zwischen Phonem und Graphem in den Substantivendungen

Stammauslaut	Phonematisch	Graphematisch	Beispiele
1. paarig harter Konsonant
2. г, к, х
3. paarig weicher Konsonant
4. ц
5. ж, ш
6. ч, щ
7. /j/	/i/ betont und unbetont	ы
и
и
ы
и
и
и	столы́
кни́ги
дни
отцы́
ножи́
мячи́
трамва́и
beliebiger Konsonant	/e/ betont und unbetont	е	о столе́, о геро́е
1. paarig harter Konsonant
2. г, к, х
3. paarig weicher Konsonant
4. ц
5. ж, ш
6. ч, щ
7. /j/	/o/ betont	о
о
ё
о
о
о
ё	столо́м
знатоко́м
днём
отцо́м
ножо́м
ключо́м
бельём
1. paarig harter Konsonant
2. г, к, х
3. paarig weicher Konsonant
4. ц
5. ж, ш
6. ч, щ
7. /j/	/o/ unbetont	о
о
е
е
е
е
е	до́мом
кни́гой
по́лем
па́льцем
пля́жем
това́рищем
трамва́ем
1. paarig harter Konsonant
2. г, к, х
3. paarig weicher Konsonant
4. ц
5. ж, ш
6. ч, щ
7. /j/	/a/ bzw. /u/ betont und unbetont	а bzw. у
а bzw. у
я bzw. ю
а bzw. у
а bzw. у
а bzw. у
я bzw. ю	заво́да, заво́ду
знатока́, знатоку́
дня, дню
отца́, отцу́
ножа́, ножу́
ключа́, ключу́
трамва́я, трамва́ю

Stammauslaut	Phonematisch	Graphematisch	Beispiele
1. paarig harter Konsonant 2. г, к, х 3. paarig weicher Konsonant 4. ц 5a. ж, ш bei Maskulina 5b. ж, ш bei Feminina 6a. ч, щ bei Maskulina 6b. ч, щ bei Feminina 7. /j/	-Ø	Die phonematische Nullendung bleibt graphematisch unbezeichnet. Ein Weichheitszeichen kennzeichnet entweder den weichen Stammauslaut (рубль) oder signalisiert auf graphematischer Ebene das feminine Genus (рожь, печь).	дом бéрег рубль конéц нож рожь ключ печь трамвáй

517 Zweite Grundlage der folgenden Einteilung ist das *Produktivitätsverhalten* der einzelnen Deklinationstypen. Während die I., II. und III. Deklination produktive Muster sind, werden analog zu den Paradigmen, die den gemischtdeklinierten Typen angehören (wie путь, врéмя), keine neuen Substantive flektiert.

518 Das Kriterium der Endungsidentität, das für die Konstituierung der Deklinationstypen wesentlich ist, darf nicht zu rigoros gesehen werden. Bestimmte – identische – Endungen bilden das Zentrum des Deklinationstyps. Wir werden sie *Standardendungen* nennen. Daneben existieren jeweils für eine beschränkte Anzahl von Substantiven in den einzelnen Typen abweichende Endungen oder Endungsvarianten. Als *abweichend* werden Endungen bezeichnet, die anstelle der Standardendung stehen, z.B. -/a/ im Nom. Plur. bei einigen Substantiven der I. Deklination (глазá) gegenüber -/i/ als Standardendung (столы́). *Endungsvarianten* werden – häufig nur unter bestimmten Bedingungen – neben der Standardendung gebraucht. So ist der Gen. Sing. von сáхар mit der Standardendung -/a/ (сáхара) literatursprachlich, aber mit der Endungsvariante -/u/ (сáхару) umgangssprachlich.

519 Ferner ist zu beachten, daß der Unterschied zwischen den Deklinationstypen deutlich nur im Singular hervortritt. Im Plural haben nämlich alle Substantive im Dativ, Instrumental und Präpositiv gleiche Endungen. Auch im Nom. Plur. und im Gen. Plur. kommen in allen drei Deklinationen gleiche Endungen vor. Da jedoch charakteristische Kombinationen zwischen Nom. Plur. und Gen. Plur. bestehen, bleiben wir bei dem traditionellen, auch aus unterrichtspraktischen Gründen vorteilhafteren Weg, in jedem Deklinationstyp eigene Pluralendungen anzugeben und sie nicht wie die Akademiegrammatik '80 [*129*] geschlossen den Singularendungen der Deklinationstypen gegenüberzustellen.

520 Die Deklinationstypen korrespondieren ziemlich deutlich mit der *Genuscharakteristik* der Substantive. Es gibt jedoch keine völlig systematische Entsprechung. Deshalb muß bei den einzelnen Deklinationstypen zusätzlich das Genus der hierher gehörenden Substantive angegeben werden.

521 In der überwiegenden Mehrzahl der Fälle werden die Deklinationsformen eines Substantivs von *ein- und demselben Stamm* gebildet, der allerdings den normalen phonetischen Veränderungen unterworfen werden kann. Vgl. зуб [zup] und зýба [z'ubə], кáрта [k'artə] und кáрте [k'art'ı]. In geringerer Zahl – vor allem im Vergleich zur verbalen Formenbildung – treffen wir in der substantivischen Formenbildung *Stammwechsel* an. Der Wechsel der Flexionsstämme kann bedingt sein (a) durch historischen Phonemwechsel im Stammauslaut, z. B.

Singularstamm ух- (ýхо), Pluralstamm уш- (ýши), oder durch historischen Phonemwechsel innerhalb des Stammes, z. B. flüchtiger Vokal gegenüber Null in день – дня, und (b) durch Wechsel des Stammbildungsmorphems, z. B. Nom. Sing. англичáн-ин-∅ (англичáнин) gegenüber Gen. Plur англичáн-∅ (англичáн) wo im Plural der Stamm um das Morphem -ин- verkürzt ist.

In der folgenden Übersicht werden nacheinander geschlossen die einzelnen Deklinationstypen behandelt. Innerhalb jeden Typs wird zunächst die Genuscharakteristik der dazugehörigen Substantive angegeben. Dann folgt eine schematische Darstellung der Standardendungen mit ihren Entsprechungen von phonematischer und graphematischer Gestalt sowie eine Illustration durch Musterwörter. Anschließend werden Endungsvarianten, abweichende Endungen und Stammwechsel dargeboten. In einem besonderen letzten Abschnitt werden die Akzenttypen aller Deklinationstypen beschrieben.

3.2.2. Die Standardtypen

3.2.2.1. I. Deklination

Zur I. Deklination gehören alle Maskulina mit Nullendung im Nom. Sing., z. B. стол, рубль, нож, герóй, пролетáрий, aber nicht das Substantiv путь, ferner alle Neutra mit der Endung -/о/ (селó, пóле, лицó, копьё, здáние), die maskulinen Deminutivsubstantive wie домúшко, домúще und das Substantiv подмастéрье 'Geselle'. In der Umgangssprache werden allerdings Substantive vom Typ домúшко, домúще in den obliquen Kasus nach der II. Deklination flektiert.

Standardendungen

	Singular			
	Phonematisch		Graphematisch	
	m.	n.	m.	n.
N.	-∅	-o	–	-о, -ё, -е
G.		-a		-а, -я
D.		-u		-у, -ю
A.	wie N./G.	-o	wie N./G.	-о, -ё, -е
I.		-om		-ом, -ём, -ем
P.	-e bzw. -i		-е bzw. -и	

	Plural			
	Phonematisch		Graphematisch	
	m.	n.	m.	n.
N.	-i	-a	-ы, -и	-а, -я
G.	-ov bzw. -ej	-∅	-ов, -ёв, -ев bzw. -ей	–
D.	-am		-ам, -ям	
A.	wie N./G.		wie N./G.	
I.	-am'i		-ами, -ями	
P.	-ax		-ах, -ях	

-/ov/ und -/ej/ im Gen. Plur. verteilen sich so: Stämme, die auf paarig harten Konsonanten, auf ц und /j/ auslauten, nehmen -/ov/ an, Stämme auf paarig weichen Konsonanten, auf ч, щ, ж, ш dagegen -/ej/.

In der überwiegenden Mehrheit hat der Präp. Sing. die phonematische Endung -/e/. Nur die auf /ij/ auslautenden Stämme haben hier -/i/.

525 *Musterwörter*

1. Substantive mit Stamm auf paarig harten Konsonanten

	Singular	Plural	Singular	Plural
N.	стол	столы́	село́	сёла
G.	стола́	столо́в	села́	сёл
D.	столу́	стола́м	селу́	сёлам
A.	стол	столы́	село́	сёла
I.	столо́м	стола́ми	село́м	сёлами
P.	о столе́	о стола́х	о селе́	о сёлах

2. Substantive mit Stamm auf paarig weichen Konsonanten

	Singular	Plural	Singular	Plural
N.	рубль	рубли́	по́ле	поля́
G.	рубля́	рубле́й	по́ля	поле́й
D.	рублю́	рубля́м	по́лю	поля́м
A.	рубль	рубли́	по́ле	поля́
I.	рублём	рубля́ми	по́лем	поля́ми
P.	о рубле́	о рубля́х	о по́ле	о поля́х

Es gibt nur zwei auf paarig weichen Konsonanten auslautende Neutra: по́ле, мо́ре. Sie haben im Gen. Plur. anstelle der bei Neutra üblichen Standardendung -/Ø/ die abweichende Endung -/ej/.

3. Substantive mit Stamm auf Zischlaut und auf ц

	Singular	Plural	Singular	Plural
N.	нож	ножи́	лицо́	ли́ца
G.	ножа́	ноже́й	лица́	лиц
D.	ножу́	ножа́м	лицу́	ли́цам
A.	нож	ножи́	лицо́	ли́ца
I.	ножо́м	ножа́ми	лицо́м	ли́цами
P.	о ноже́	о ножа́х	о лице́	о ли́цах

4. Substantive mit Stamm auf /j/

	Singular	Plural	Singular	Plural
N.	геро́й	геро́и	копьё	ко́пья
G.	геро́я	геро́ев	копья́	ко́пий
D.	геро́ю	геро́ям	копью́	ко́пьям
A.	геро́я	геро́ев	копьё	ко́пья
I.	геро́ем	геро́ями	копьём	ко́пьями
P.	о геро́е	о геро́ях	о копьё	о ко́пьях

Das /i/ vor /j/ (graphematisch и) im Gen. Plur. von копьё ist durch historisch bedingten Phonemwechsel im Stamm bedingt (540).

3.2. Die Deklination

5. Substantive mit Stamm auf /ij/

	Singular	Plural	Singular	Plural
N.	пролета́рий	пролета́рии	зда́ние	зда́ния
G.	пролета́рия	пролета́риев	зда́ния	зда́ний
D.	пролета́рию	пролета́риям	зда́нию	зда́ниям
A.	пролета́рия	пролета́риев	зда́ние	зда́ния
I.	пролета́рием	пролета́риями	зда́нием	зда́ниями
P.	о пролета́рии	о пролета́риях	о зда́нии	о зда́ниях

Endungsvarianten und abweichende Endungen

Neutrale Substantive mit betontem -/e/ im Nom. Sing.
Substantive wie бытиé 'das Sein (als philosophischer Terminus); Dasein, Existenz'; небытиé 'das Nichtsein'; житиé (veraltet) 'Lebensbeschreibung (von Heiligen)', die historisch Entlehnungen aus dem Altkirchenslawischen darstellen (sog. Slawismen), enden im Nom. Sing. auf phonematisches -/e/, im Instr. Sing. auf phonematisches -/em/, im Präp. Sing. auf phonematisches -/i/ (житиé, житиéм, житиú). Nur бытиé hat in seiner zweiten Bedeutung 'Dasein, Existenz' daneben im Nom., Instr., Präp. Sing. auch die Standardendungen (бытиé, бытиéм, бытиé). 526

Maskuline Substantive auf -/u/ im Gen. Sing.
Eine Reihe von Maskulina hat neben der Standardendung -/a/ im Gen. Sing. die Endungsvariante -/u/. Nur wenige Maskulina bilden den Gen. Sing. ausschließlich auf -/u/. Eine exakte Beschreibung der Substantive oder Substantivgruppen, die diese Endungsvariante bzw. abweichende Endung annehmen und der Bedingungen, unter denen -/u/ auftreten kann oder muß, ist schwierig. Generell gilt, daß früher -/u/ verbreiteter war und gegenwärtig durch -/a/ verdrängt wird (vgl. [129, Bd. 1, 486 ff.]). 527

Es lassen sich folgende Verwendungstypen unterscheiden:
1. Gen. Sing. auf -/u/ mit partitiver Bedeutung bei Stoffnamen.
Neben der grundsätzlich immer möglichen Endung -/a/ existiert in der Umgangssprache als fakultative Variante der Gen. Sing. auf -/u/ bei Stoffnamen, wenn der Genitiv partitive Bedeutung hat, also den Teil eines umfangreicheren Ganzen bezeichnet, z. B. bei аспири́н, бензи́н, бето́н, виногра́д, во́здух, газ, горо́х, джем, дым, жир, квас, конья́к, му́сор, са́хар, снег, чай.
Dieser partitive Genitiv erscheint in folgenden Kontexten:
a) nach Quantitätsangaben: килогра́мм сы́ру, кани́стра бензи́ну, таре́лка су́пу, мно́го сне́гу; b) nach Verben des Gebens/Nehmens: купи́л са́хару, нали́л ча́ю, принёс сы́ру; c) in negierten unpersönlichen Konstruktionen, in denen das Fehlen eines Stoffes oder Mangel an einem Stoff bezeichnet wird: не хвата́ет са́хару, нет сне́гу.
Jedoch ist bei den Stoffbezeichnungen nur die Standardendung -/a/ zulässig, wenn diese – obgleich in partitiver Bedeutung – mit einem Attribut verbunden sind, also стака́н кре́пкого ча́я, oder wenn sie im Genitiv mit nichtpartitiver Bedeutung stehen: цена́ ча́я, произво́дство сы́ра, цвет сне́га.
Allein Deminutiva von Stoffnamen haben im partitiven Genitiv ausschließlich die Endung -/u/: медо́к – медку́, чаёк – чайку́, кефи́рчик – кефи́рчику. (Der Genitiv von deminutiven Stoffnamen erscheint nur in Kontexten, wo er partitive Bedeutung hat.)
Bei welchen Substantiven aus der Gruppe der Stoffnamen die Variante -/u/ noch als normgerecht angesehen wird und bei welchen Substantiven -/a/ vorzuziehen ist, ist den Angaben der Wörterbücher, insbesondere den Empfehlungen des Orthoepischen Wörterbuchs [105] zu entnehmen. Es ist zu beachten, daß die Angaben der Wörterbücher im einzelnen variieren können.

528 2. Gen. Sing. auf -/u/ bei Substantiven verschiedener Bedeutungsgruppen in Phraseologismen.
Am stärksten hält sich der Gen. Sing. auf -/u/ in zahlreichen Phraseologismen, obgleich auch hier die Endung -/a/ immer mehr eindringt. Der Genitiv der betreffenden Substantive hat partitive Bedeutung oder steht in lokaler Bedeutung vor allem nach den Präpositionen с, от, из, до, без: задáть комý-л. жáру 'jem. die Hölle heiß machen', нет дóступу 'kein Zutritt', и разговóру быть не мóжет 'davon kann keine Rede sein', мнóго нарóду 'eine Menge Leute', с одногó мáху 'mit voller Kraft ausholend', час óт часу 'allmählich', упустить из виду 'außer Acht lassen', до зарéзу 'dringend', говорить без ýмолку 'ununterbrochen reden'. Einige dieser Substantive werden überhaupt nur in solchen phraseologischen Wendungen gebraucht, z. B. до зарéзу, andere erscheinen auch außerhalb von Phraseologismen und haben dann die Standardendung -/a/, z. B. нарóд.

Maskuline Substantive auf -/u/ im Präp. Sing.

529 Etwa 100 zumeist einsilbige – aber auch einige mehrsilbige – Maskulina nehmen im Präp. Sing. ausschließlich nach den Präpositionen в und на und ausschließlich dann, wenn sie syntaktisch als Adverbialbestimmung gebraucht werden, neben der Standardendung -/e/ die stets betonte Endungsvariante -/u/ an: в лесý, на берегý, в годý. Der Präpositiv nach anderen Präpositionen, z. B. nach о oder при bzw. der Präpositiv nach в und на in der syntaktischen Position des Objekts lautet immer auf -/e/ aus: говорить о лéсе, недостáток в лéсе.
Von diesen ca. 100 Maskulina verwendet eine kleine Gruppe die Endung -/u/ in der angegebenen Position ausschließlich, z. B. бал, бéрег, вал, год, лес, нос, шкаф. Bei anderen Substantiven erscheinen -/u/ und -/e/ nebeneinander: грунт, дуб, жир, цех. Allerdings hat die Standardendung -/e/ buchsprachlichen Charakter und wird in Verbindung mit einem Attribut bevorzugt (на большóм дýбе), während die Variante -/u/ umgangssprachlichen Charakter trägt.
Über die herrschende Norm bei der Verwendung von -/e/ und -/u/ im Präp. Sing. der Maskulina informiert das Orthoepische Wörterbuch [105].

530 In den meisten Fällen ist die Verwendung der Endungen -/e/ oder -/u/ an bestimmte semantische oder syntaktische Bedingungen gebunden. Das heißt, -/u/ tritt nur oder vor allem in mehr oder weniger phraseologisierten Verbindungen auf. Vgl. бег: задыхáться на бегý 'beim Laufen außer Puste geraten' und в бéге на сто мéтров, 'beim 100-Meter-Lauf'; дом: рабóтать на домý 'zu Hause arbeiten' und жить в дóме 'in einem Haus wohnen'; край: стоять на краю обрыва 'am Rande des Abgrunds stehen' und на перéднем крáе обороны 'in der vordersten Verteidigungslinie'; строй: стоять в строю 'in Reih und Glied stehen' und в граммати́ческом стрóе языкá 'im grammatischen Bau der Sprache'. Deutlich phraseologisiert ist der Präp. auf -/u/ und konkurriert nicht mit -/e/ in имéть в видý 'etwas im Auge haben', на пóлном ходý 'in voller Fahrt', быть у когó-л. на хорóшем счетý 'bei jem. einen Stein im Brett haben'.

Maskuline Substantive auf -/a/ im Nom. Plur.

531 Eine Reihe von Maskulina hat neben der Standardendung -/i/ oder ausschließlich die stets betonte Endung -/a/. Sie tritt generell nur bei Substantiven auf, die im Singular stammbetont sind. Für die Verwendung der Endung -/a/ gelten folgende Regeln:
1. Es ist nur die Endung -/a/ zu verwenden. Das betrifft ca. 70 Substantive, z. B. адресá, берегá, бокá, бортá, векá, вечерá, глазá, голосá, городá, директорá, домá, колоколá, края, лугá, мастерá, номерá, округá, островá, парусá, паспортá, поварá, поездá, профессорá, рогá, рукавá, снегá, сортá, сторожá, томá, холодá, якоря.
2. Die Endungen -/i/ und -/a/ sind im Rahmen der literatursprachlichen Norm prinzipiell gleichberechtigt, wobei durchaus bei einzelnen Lexemen die eine oder die andere Form bevorzugt wird. Hierher gehören u. a. инспéктор, коррéктор, редáктор, сéктор, слéсарь, тóкарь, трáктор.
3. Bei einigen Substantiven sind mit den unterschiedlichen Pluralendungen verschiedene Bedeutungen verbunden. In anderen Fällen äußert sich in den unterschiedlichen Pluralendungen die Homonymie von Substantiven.

года 'Jahre' (Zeiteinheiten)	– го́ды 'Jahre' (Zeitspanne) vgl. го́ды войны́, го́ды мо́лодости
корпуса́ 'Gehäuse, Gebäude'	– ко́рпусы 'Rümpfe, Körper'
лагеря́ 'Lager' (Zeltlager u. dgl.)	– ла́гери 'Lager' (politische)
ордена́ 'Orden' (Auszeichnungen)	– о́рдены 'Orden' (Ritterorden u. dgl.)
пропуска́ 'Passierscheine'	– про́пуски 'Lücken' (im Text)
тормоза́ 'Bremsen' (techn.)	– то́рмозы 'Hindernisse'
учителя́ 'Lehrer' (in der Schule)	– учи́тели 'Lehrer' (im übertragenen Sinne)
хлеба́ 'Getreide'	– хле́бы 'Brote'
меха́[1] 'Pelze, Felle'	– мехи́[2] 'Blasebalg'
цвета́[1] 'Farben' (Nom. Sing. цвет)	– цветы́[2] 'Blumen' (Nom. Sing. цвето́к)

Bei einigen Substantiven wie бра́тья, каме́нья 'Edelsteine' oder ли́стья 'Blätter, Laub' liegt ebenfalls die Endung -/a/ vor. Sie folgt hier der Stammerweiterung mit -j-. Ferner haben -/a/ медвежа́та, теля́та u. a. Näheres dazu siehe bei der Darstellung des Stammwechsels (541 ff.).

Neutrale Substantive auf -/i/ im Nom. Plur.

Folgende Neutra bilden den Nom. Plur. auf -/i/: ве́ко 'Augenlid' (ве́ки), коле́но 'Knie' (anatom.) (коле́ни), о́ко 'Auge' (poet.) (о́чи), плечо́ 'Schulter' (пле́чи), я́блоко 'Apfel' (я́блоки); außerdem Deminutiva (bzw. Emotionalia) auf -к(о), -ишк(о), -ик(о), -ушк(о), -ечк(о) wie очко́ 'Auge, Punkt' (beim Spiel) (очки́), дели́шко 'dunkles Geschäft' (дели́шки), ли́чико 'Gesichtchen' (ли́чики), хле́бушко '(liebes) Brot' (хле́бушки), слове́чко Deminutiv zu сло́во (слове́чки). О́блако und во́йско bilden den Nom. Plur. auf betontes -/a/.   532

Maskuline Substantive auf -/e/ im Nom. Plur.

Der Nom. Plur. von цыга́н lautet цыга́не. Die Endung -/e/ findet sich ferner bei Maskulina mit Flexionsstammwechsel im Plural: граждани́н – гра́ждане. Vgl. 543.   533

Maskuline Substantive auf -/∅/ im Gen. Plur.

Folgende Substantivgruppen haben im Gen. Plur. Nullendung: 534

1. Bezeichnungen für Angehörige von Nationalitäten und für Militärpersonen wie мадья́ры – мадья́р, румы́ны – румы́н, солда́ты – солда́т, каде́ты – каде́т, партиза́ны – партиза́н. Hierher gehört auch der Gen. Plur. челове́к zu лю́ди.

2. Bezeichnungen für primär paarweise vorkommende Gegenstände wie боти́нки – боти́нок, ва́ленки – ва́ленок, глаза́ – глаз, мокаси́ны – мокаси́н, пого́ны – пого́н, сапоги́ – сапо́г, чулки́ – чуло́к.

3. Maßeinheiten wie ампе́р, ватт, вольт, герц, рентге́н, грамм, килогра́мм, гекта́р. In Quantitätsfügungen ist die Nullendung obligatorisch. In anderen Konstruktionen ist die Standardendung -/ov/ vorzuziehen.

4. Besonders aufzuführen ist der Gen. Plur. воло́с von во́лосы, раз von раз 'Mal'.

5. Nullendung haben ferner zahlreiche Substantive mit Flexionsstammwechsel im Plural: болга́рин: болга́ре – болга́р, друг: друзья́ – друзе́й, муж: мужья́ – муже́й, сын: сыновья́ – сынове́й, медвежо́нок: медвежа́та – медвежа́т, хозя́ин: хозя́ева – хозя́ев.

Die Nullendung im Gen. Plur. bei den Maskulina der I. Deklination ist, obgleich sich langsam ausbreitend, vor allem in der Umgangssprache produktiv. Inwieweit beim einzelnen Substantiv die Nullendung auch in der Literatursprache als normentsprechend gilt, ist den entsprechenden Wörterbüchern, vor allem dem Orthoepischen Wörterbuch [105] zu entnehmen.

Neutrale Substantive auf -/ov/ im Gen. Plur.

Einige wenige Neutra bilden den Gen. Plur. auf -/ov/:   535

1. Substantive mit den Suffixen -к(о) und -ик(о), deren Nom. Plur. auf -/i/ auslautet: коле́-

сико 'kleines Rad': колёсики – колёсиков, озеркó 'kleiner See': озеркѝ – озеркóв, очкó: очкѝ – очкóв; ferner лѝчики – лѝчиков, плéчики – плéчиков. Beachte, daß andere Neutra, die im Nom. Plur. -/i/ haben (vgl. 532), im Gen. Plur. die Standardendung aufweisen, z.B. я́блоки – я́блок. Gen. Plur. auf -/ov/ haben auch óблако und óблачко bei Standardendung -/a/ im Nom. Plur.

2. Substantive mit dem Deminutivsuffix -ц(е): болóтце 'kleiner Sumpf', колéнце 'kleines Knie' (болóтцев, колéнцев). Dagegen haben полотéнце 'Handtuch' und блю́дце 'Untertasse' im Gen. Plur. Nullendung (полотéнец, блю́дец).

3. Einzelne Substantive mit Stammauslaut auf /j/ wie плáтье, низóвье 'Mündungsgebiet', верхóвье 'Oberlauf eines Flusses'. Hierher ist auch das maskuline подмастéрье zu stellen (подмастéрьев).

4. Gen. Plur. auf -/ov/ haben auch die neutralen Substantive mit Flexionsstammwechsel im Plural wie сýдно 'Schiff' (судá – судóв), дно 'Boden' (eines Gefäßes) (дóнья – дóньев), дéрево (дерéвья – дерéвьев), крылó (кры́лья – кры́льев), перó (пéрья – пéрьев), vgl. 541.

Neutrale Substantive auf -/ej/ im Gen. Plur.

536 Den Gen. Plur. auf -/ej/ bilden die zwei auf paarig weichen Konsonanten auslautenden Substantive пóле (полéй), мóре (морéй) sowie drei weitere Neutra mit historischem Phonemwechsel im Stammauslaut des Plurals: колéно (колéни – колéней), ýхо (ýши – ушéй), óко (óчи – очéй), vgl. 537.

Stammwechsel

537 1. Stammwechsel auf Grund historischen Phonemwechsels im Stammauslaut
 a) Der Singularstamm ist hartauslautend, der Pluralstamm ist weichauslautend. Es wechseln т/т' bei dem Maskulinum чёрт: чéрти – чертéй, д/д' bei dem Maskulinum сосéд: сосéди – сосéдей, н/н' bei dem Neutrum колéно: колéни – колéней 'Knie' (anatom.).
 b) Der Singularstamm lautet auf /k/ oder /x/ aus, der Pluralstamm auf ч bzw. ш: óко: óчи – очéй, ýхо: ýши – ушéй.

538 2. Stammwechsel auf Grund historischen Phonemwechsels innerhalb des Stammes
Dieser Stammwechsel wird durch das Auftreten der flüchtigen Vokale /e/, /o/ oder /i/ bei Nullendung im Nom. Sing. der Maskulina und Gen. Plur. der Neutra verursacht. Die flüchtigen Vokale erscheinen bei einsilbigen Wörtern und bei mehrsilbigen Wörtern vor Sonoren und /j/, sowie vor suffixalem -к- und -ц-. Für den Einschub der flüchtigen Vokale lassen sich nur grobe Regeln formulieren, da er bei sonst gleichen Bedingungen auch oft unterbleibt.
Flüchtige Vokale haben im Nom. Sing. die folgenden Maskulina:

539 a) einsilbige Stämme: день (дня), лев (львá), лёд (льдá), лоб (лбá), мох (мхá oder мóха), пёс (псá), рот (ртá), сон (снá), шов (швá);
 b) mehrsilbige auf Sonor auslautende Stämme, und zwar auf л wie орёл (орлá), осёл, пéпел, посóл, ýгол, ýголь, ýзел u. ä.; auf р wie вéтер (вéтра), ковёр 'Teppich', костёр 'Lagerfeuer'; auf н wie ремéнь (ремня́) 'Riemen', кóрень, кáмень, огóнь; auf м wie заём (займá) 'Anleihe'; auf /j/ wie воробéй (воробья́) 'Sperling', соловéй 'Nachtigall', муравéй 'Ameise';
 c) mehrsilbige auf -к und -ц auslautende Stämme, wie огонёк (огонькá), песóк (пескá), зáмок, замóк, ребёнок (ребёнка), медвежóнок, дворéц (дворцá), комсомóлец, партѝец, купéц; aber keine flüchtigen Vokal haben кузнéц (кузнецá) 'Schmied', мертвéц (мертвецá), знатóк (знатокá);
 d) хребéт (хребтá) 'Rückgrat', лóкоть (лóктя) 'Ellenbogen', нóготь (нóгтя) 'Fingernagel' und wenige andere.

Flüchtige Vokale im Gen. Plur. der Neutra

540 a) Substantive mit Stammauslaut auf Sonor, und zwar auf л, z. B. крéсел (крéсла), мáсел, чѝсел, стёкол u. a. Doppelformen sind рýсл und рýсел zu рýсло 'Flußbett'; auf р, z. B. вёдер 'Eimer', я́дер 'Kern', u. a.; auf н, z. B. пя́тен (пя́тна) 'Flecken', брёвен 'Balken', окóн

3.2. Die Deklination

u.a.; auf м, z.B. пи́сем (пи́сьма); auf /j/, z.B. уще́лий 'Schlucht' (der flüchtige Vokal ist /i/), ferner ко́пий, ку́шаний.

b) Auf к und ц auslautende Stämme, wie око́шек (око́шка), серде́ц (сердца́), коле́ц, зе́ркалец, яи́ц (der flüchtige Vokal ist /i/, vgl. я́йца), aber ohne flüchtigen Vokal войск (во́йска́).

3. Stammwechsel durch Stammerweiterung, Stammverkürzung oder Suffixwechsel

a) Der Pluralstamm ist gegenüber dem Singularstamm durch das Stammbildungsmorphem -j- erweitert. Vor dem -j- erfährt ein velarer Stammauslaut des Singulars Konsonantenwechsel (к//ч; г//ж). Die Stammerweiterung ist also von einem historischen Phonemwechsel begleitet. Der Nom. Plur. lautet in jedem Fall auf -/a/ aus, der Gen. Plur. hat bei Endbetonung Nullendung mit Einschub des flüchtigen Vokals /e/ vor /j/. Bei Nichtendbetonung lautet der Gen. Plur. auf -/ov/ aus. Vgl. aus den Maskulina друг: друзья́ – друзе́й, брат: бра́тья – бра́тьев; aus den Neutra де́рево: дере́вья – дере́вьев. Bei den Substantiven сын und кум 'Gevatter' erfolgt vor -j- zusätzlich der Einschub von -ов-, vgl. сын: сыновья́ – сынове́й, кум: кумовья́ – кумове́й. 541

In zahlreichen Fällen bilden polysemantische Substantive in der einen Bedeutung den Plural ohne Stammerweiterung (und mit den Standardendungen), in einer anderen Bedeutung den Plural mit Stammerweiterung durch -j- (und teilweise mit Endungsvarianten). 542

зуб	{ зу́бы, зубо́в	'Zähne' (anatom.)
	зу́бья, зу́бьев	'Zähne' (techn.)
лист	{ листы́, листо́в	'Bogen, Blätter'
	ли́стья, ли́стьев	'Blätter' (botanisch)
сын	{ сыны́, сыно́в	'Söhne' (buchsprachlich in Wendungen wie сыны́ оте́чества)
	сыновья́, сынове́й	'Söhne'
колено	{ коле́ни, коле́ней	'Knie' (anatom.)
	коле́на, коле́н	'Krümmung', 'Tanzfigur', 'Glied' (einer Generationskette)
	коле́нья, коле́ньев	'Knoten' (botanisch), 'Knie, Gelenk' (techn.)

Weitere Beispiele für Substantive mit j-Erweiterung im Plural:

Maskulina брус 'Balken': бру́сья – бру́сьев, зять 'Schwiegersohn': зятья́ – зятьёв (mit -/ov/ im Gen. Plur. entgegen der obigen Regel!), клин 'Keil': кли́нья – кли́ньев, клок 'Strähne, Fetzen': кло́чья – кло́чьев, ко́лос 'Ähre': коло́сья – коло́сьев, крюк 'Haken': крю́чья – крю́чьев, прут 'Gerte': пру́тья – пру́тьев, стул: сту́лья – сту́льев, сук 'Ast': су́чья – су́чьев. Neutra дно 'Boden, Grund': до́нья – до́ньев, (mit zusätzlichem Einschub eines flüchtigen /o/ im Pluralstamm), звено́: зве́нья – зве́ньев, крыло́: кры́лья – кры́льев, перо́: пе́рья – пе́рьев.

b) Bei den Neutra не́бо und чу́до ist der Pluralstamm gegenüber dem Singularstamm um -ес- erweitert: небеса́ – небе́с, чудеса́ – чуде́с. 543

c) Alle Substantive auf -анин/-янин sowie ба́рин, боя́рин, болга́рин, господи́н, тата́рин verkürzen den Pluralstamm um das Morphem -ин-, z.B. граждани́н: гра́ждане – гра́ждан, боя́рин: бо́яре – бо́яр, болга́рин: болга́ре – болга́р, господи́н: господа́ – госпо́д, тата́рин: тата́ре – тата́р. Beachte, daß diese Substantive den Nom. Plur. teilweise mit den Standardendungen, teilweise mit Endungsvarianten bilden.

Verkürzte Pluralstämme zeigen ebenfalls шу́рин 'Schwiegersohn': шурья́ – шурьёв, цвето́к: 'Blume': цветы́ – цвето́в, су́дно 'Schiff': суда́ – судо́в, ку́рица 'Huhn': ку́ры – кур.

d) Die Suffixe im Singular und im Plural wechseln. Substantive mit Singularstamm auf -онок/-ёнок ersetzen dieses im Plural durch das Morphem -/at/- (graphematisch -ат- und -ят-). Hierher gehören vor allem Substantive, die Tierjunge bezeichnen, z.B. медвежо́нок 'kleiner Bär': медвежа́та – медвежа́т, котёнок 'kleine Katze': котя́та – котя́т, бесёнок 'Teufelchen' und чертёнок 'Teufelchen' ersetzen -/ok/- durch -/at/-: бесеня́та – бесеня́т, чертеня́та – чертеня́т. Einen Stammbildungsmorphemwechsel hat auch хозя́ин: хозя́ева – хозя́ев.

Suppletivformen

544 Suppletive Formen im Singular und im Plural haben человéк: лю́ди – людéй (nach Kardinalia lautet der Gen. Plur. человéк, z. B. пять человéк); ребёнок: дéти – детéй (дитя́ ist veraltet). Nach Kardinalia lautet der Gen. Plur. zu год suppletiv лет, z. B. сóрок лет.

3.2.2.2.   II. Deklination

545 Zur II. Deklination gehören Substantive mit der Endung -/a/ im Nom. Sing. Es sind in derüberwiegenden Zahl Feminina (женá, земля́). Ferner gehören hierher eine kleine Gruppe maskuliner Personenbezeichnungen wie пáпа, мальчи́шка und Substantive zweierlei Genus wie сиротá, maskuline Eigennamen des Typs Сáша.

546 *Standardendungen*

	Singular		Plural	
	Phonematisch	Graphematisch	Phonematisch	Graphematisch
N.	-a	-а, -я	-i	-ы, -и
G.	-i	-ы, -и	-∅	–
D.	-e	-е bzw. -и (bei ij-Stämmen)	-am	-ам, -ям
A.	-u	-у, -ю	wie N./G.	wie N./G.
I.	-oj	-ой, -ёй, -ей	-amʹi	-ами, -ями
P.	-e	-е bzw. -и (bei ij-Stämmen)	-ax	-ах, -ях

547 *Musterwörter*

1. Substantive mit Stamm auf paarig harten Konsonanten

	Singular	Plural
N.	женá	жёны
G.	жены́	жён
D.	женé	жёнам
A.	жену́	жён
I.	женóй	жёнами
P.	о женé	о жёнах

2. Substantive mit Stamm auf paarig weichen Konsonanten

	Singular	Plural
N.	земля́	зéмли
G.	земли́	земéль
D.	землé	зéмлям
A.	зéмлю	зéмли
I.	землёй	зéмлями
P.	о землé	о зéмлях

3. Substantive mit Stamm auf Zischlaut und auf ц

	Singular	Plural
N.	овцá	óвцы
G.	овцы́	овéц
D.	овцé	óвцам
A.	овцу́	овéц
I.	овцóй	óвцами
P.	об овцé	об óвцах

4. Substantive mit Stamm auf /j/

	Singular	Plural
N.	змея́	зме́и
G.	змеи́	змей
D.	змее́	зме́ям
A.	змею́	змей
I.	змеёй	зме́ями
P.	о змее́	о зме́ях

5. Substantive mit Stamm auf /ij/

	Singular	Plural
N.	ли́ния	ли́нии
G.	ли́нии	ли́ний
D.	ли́нии	ли́ниям
A.	ли́нию	ли́нии
I.	ли́нией	ли́ниями
P.	о ли́нии	о ли́ниях

Endungsvarianten und abweichende Endungen

Instr. Sing. auf -/oju/

Grundsätzlich können alle Substantive der II. Deklination im Instr. Sing. neben der Standardendung eine Endung -/oju/ annehmen, z. B. женою, неделею, овцою, линиею. Diese Endung ist fast ausschließlich der Sprache der Dichtung eigen und wird dort vor allem aus metrischen Gründen benutzt. 548

Gen. Plur. auf -/ej/

Abweichend von der Standardendung nehmen einige Substantive, deren Stamm auf weichen Sonor oder auf Zischlaut auslautet, im Gen. Plur. die Endung -/ej/ an: до́ля 'Teil, Anteil': до́ли – доле́й, ноздря́ 'Nasenloch': но́здри – ноздре́й, ступня́ 'Fuß': ступни́ – ступне́й, вожжа́ 'Pferdeleine': (во́жжи – вожже́й), свеча́ (све́чи – свече́й), ю́ноша (ю́ноши – ю́ношей), ханжа́ 'Scheinheiliger' (ханжи́ – ханже́й). 549

Die Endung -/ej/ haben ferner тётя (тёти – тётей) und das maskuline дя́дя: дя́ди – дя́дей (mit den Endungsvarianten дядья́ – дядьёв, wenn дя́дя 'Onkel als Verwandter' meint) sowie die maskulinen Eigennamen Ва́ся, Воло́дя, Ко́стя, Пе́тя, Серёжа.

Stammwechsel

1. Stammwechsel auf Grund historischen Phonemwechsels im Stammauslaut

Substantive auf -/n'(a)/ mit vorausgehendem Konsonanten und Stammbetonung im Singular haben im Gen. Plur. vor der Nullendung harten Stammauslaut: пе́сня (пе́сни – пе́сен), ви́шня 'Kirsche': ви́шни – ви́шен, спа́льня (спа́льни – спа́лен). Abweichend von dieser Regel bewahren weichen Stammauslaut im Gen. Plur. ба́рышня (ба́рышни – ба́рышень), дере́вня (дере́вни – дереве́нь), ку́хня (ку́хни – ку́хонь). 550

2. Stammwechsel auf Grund historischen Phonemwechsels innerhalb des Stammes

Dieser Typ, wie bei den Maskulina verursacht durch Einschub der flüchtigen Vokale /e/, /o/ und /i/ bei Nullendung, tritt bei folgenden femininen Substantiven im Gen. Plur. auf: 551
a) Substantive mit Stammauslaut auf Sonor, und zwar auf л, z. B. мётел (мётлы), земе́ль (зе́мли), ку́кол (ку́клы), auf р, z. B. сестёр (сёстры), auf н, z. B. пе́сен (пе́сни), ба́сен, ви́шен, чита́лен (das palatale /n'/ im Gen. Plur. wird nur beibehalten von дереве́нь, ба́рышень, ку́хонь, vgl. 550); auf /j/, z. B. стате́й (статьи́), лгу́ний (лгу́ньи), го́стий (го́стьи). Flüchtiger Vokal ist /e/ bei Endungsbetonung, jedoch /i/ bei Stammbetonung.
b) Auf к und ц auslautende Stämme, z. B. ска́зок (ска́зки), ла́вок, бе́лок, про́бок, ове́ц (о́вцы).

c) Ferner свáдеб (свáдьбы), сýдеб (сýдьбы).
Der Einschub der flüchtigen Vokale erfolgt jedoch bei sonst gleichen Bedingungen nicht konsequent, wie folgende Beispiele zeigen: игр (игры), искр, люстр, цифр, игл, рифм, войн, ласк, просьб, служб, мышц, u. a.

3.2.2.3. III. Deklination

552 Zur III. Deklination (auch i-Deklination nach der im Singular vorherrschenden Endung genannt) gehören alle femininen Substantive mit Nullendung im Nom. Sing.

Standardendungen

	Singular		Plural	
	Phonematisch	Graphematisch	Phonematisch	Graphematisch
N.	-∅	–	-i	-и
G.	-i	-и	-ej	-ей
D.	-i	-и	-am	-ям, -ам
A.	-∅	–	wie N./G.	wie N./G.
I.	-ju	-ью	-amí	-ями, -ами
P.	-i	-и	-ax	-ях, -ах

Musterwörter

553 1. Substantive mit Stamm auf paarig weichen Konsonanten

	Singular	Plural
N.	тетрáдь	тетрáди
G.	тетрáди	тетрáдей
D.	тетрáди	тетрáдям
A.	тетрáдь	тетрáди
I.	тетрáдью	тетрáдями
P.	о тетрáди	о тетрáдях

2. Substantive mit Stamm auf Zischlaut.

Das Weichheitszeichen im Nom./Akk. Sing. nach dem Zischlaut hat keinen phonetischen Wert. Es dient nur der Differenzierung zwischen femininen und maskulinen Substantiven auf der graphematischen Ebene (рожь gegenüber нож).

	Singular	Plural
N.	ночь	нóчи
G.	нóчи	ночéй
D.	нóчи	ночáм
A.	ночь	нóчи
I.	нóчью	ночáми
P.	о нóчи	о ночáх

Abweichende Endungen und Endungsvarianten

Substantive mit -/iju/ im Instr. Sing.

554 Die Endungsvariante -/iju/ statt -/ju/ bei Substantiven der III. Deklination wird in gleicher Weise wie -/oju/ bei den Substantiven der II. Deklination verwandt, z.B. смéртию. vgl. 548.

Substantive mit betontem -/i/ im Präp. Sing.

555 Eine kleine Anzahl einsilbiger im Singular sonst stammbetonter Substantive der III. Deklination hat im Präpositiv nach den Präpositionen в und на in lokaler Bedeutung – also unter den gleichen Bedingungen, unter denen bei den Maskulina der I. Deklination betontes -/u/

erscheint (vgl. 529) – statt der unbetonten die betonte Endung -/í/: о степи́ – в степи́. Hierher gehören u. a. грязь, пыль, связь, бровь, грудь, дверь, кровь, ночь, печь, сеть, степь, цепь, шерсть. In bestimmten Konstruktionen ist aber auch bei diesen Substantiven unter den genannten Bedingungen unbetontes -/i/ normgerecht, so daß in jedem Einzelfall ein entsprechendes Wörterbuch zu Rate gezogen werden muß. Vgl. в э́той свя́зи 'in diesem Zusammenhang', aber в неразры́вной свя́зи 'in untrennbarem Zusammenhang'; в электри́ческой сети́ 'im E-Netz', aber в се́ти железнодоро́жных доро́г 'im Eisenbahnnetz'; в печи́ 'im Ofen', aber в до́менной пе́чи 'im Hochofen'. Ausnahmslos endungsbetont ist der Präp. Sing. in lokaler Bedeutung bei den Eigennamen Русь und Тверь (на Руси́, в Твери́).

Feminine Substantive mit -/mi/ im Instr. Plur.
Einige wenige Substantive der III. Deklination haben im Instr. Plur. die Endung -/mi/. Sie tritt ausschließlich als abweichende Endung, z. B. bei лю́ди – людьми́, де́ти – детьми́, oder als gleichberechtigte Variante bei folgenden Substantiven auf: дверя́ми und дверьми́ (zu дверь), дочеря́ми und дочерьми́ (zu дочь). Literatursprachlich ist лошадьми́ (zu ло́шадь) gegenüber umgangssprachlichem лошадя́ми. 556

Stammwechsel

1. Stammwechsel auf Grund historischen Phonemwechsels im Stammauslaut 557

Це́рковь hat als einziges Substantiv der III. Deklination folgenden Stammwechsel: während der Singular und der Nom., Gen., Akk. Plur. weichen Stammauslaut aufweisen, erscheint im Dat., Instr., Präp. Plur. harter Stammauslaut. Vgl. Nom./Akk. Plur. це́ркви, Gen. Plur. церкве́й, aber церква́м, церква́ми, о церква́х.

2. Stammwechsel auf Grund historischen Phonemwechsels innerhalb des Stammes

Flüchtige Vokale haben im Nom. Sing. und Instr. Sing. folgende Substantive der III. Deklination: рожь (ржи), ложь (лжи), любо́вь (любви́), це́рковь (це́ркви) mit dem Instr. Sing. ро́жью, ло́жью, любо́вью, це́рковью. 558

3. Stammwechsel auf Grund des Wechsels des Stammbildungsmorphems 559

Die Substantive мать und дочь erweitern im Singular – außer im Nominativ und im Akkusativ – und in allen Pluralformen den Stamm um das Morphem -еŕ-. Vgl. мать und Gen. Sing. ма́тери, Nom. Plur. ма́тери.

3.2.3. Die Deklination der Pluralia tantum

Im Prinzip flektieren die Pluralia tantum wie Substantive der I., II. und III. Deklination. Sie haben also dieselben Endungen, die auch im Plural der Substantive der I., II. und III. Deklination existieren. Es ist aber nicht möglich, die Pluralia tantum eindeutig einem der drei Deklinationstypen zuzuordnen, da die entsprechenden Kombinationen zwischen Nominativ- und Genitivendungen nicht nur in einem Deklinationstyp anzutreffen sind. So könnte das Pluraletantum са́ни, саней mit der Kombination Nom. Plur. -/i/, Gen. Plur. -/ej/ sowohl der I. Deklination (vgl. ко́ни, коне́й) wie der III. Deklination (vgl. сте́пи, степе́й) angehören. Hinzu kommt, daß Pluralia tantum genusindifferent sind und deshalb auch nicht nach diesem Kriterium са́ни zu den maskulinen Substantiven der I. Deklination (vgl. ко́ни) oder zu den femininen Substantiven der III. Deklination (vgl. сте́пи) gezählt werden kann. Ähnliche Zuordnungsschwierigkeiten ergäben sich bei воро́та, воро́т, das entweder zu den Maskulina der I. Deklination (vgl. глаза́, глаз) oder zu den Neutra der I. Deklination (vgl. дела́, дел) gerechnet werden müßte. 560

Auf Grund charakteristischer Kombinationen zwischen Nominativ- und Genitivendungen bilden die Pluralia tantum folgende Gruppen: 561

a) -/i/ (-ы, -и) und -/ov/ (-ов, -ев) bei Substantiven auf paarig harten Konsonanten, auf г, к, х, auf ц und auf -/j/: часы́ – часо́в, очки́ – очко́в, щипцы́ – щипцо́в, обо́и – обо́ев.

b) -/i/ (-и) und -/ej/ (-ей) bei Substantiven auf paarig weichen Konsonanten und auf ж, ч, щ: са́ни – сане́й, дро́жжи 'Hefe' – дрожже́й, по́мочи 'Hosenträger' – помоче́й, щи – щей.
c) -/i/ (-ы, -и) und /Ø/ bei Substantiven auf paarig harten Konsonanten, auf г, к, х und auf ц: кани́кулы – кани́кул, брю́ки – брюк, но́жницы – но́жниц.
d) -/a/ (-а) und /Ø/ bei Substantiven auf paarig harten Konsonanten: воро́та – воро́т.
e) -/a/ (-а) und -/ov/ (-ов) bei Substantiven auf paarig harten Konsonanten, auf г, к, х und auf /j/ mit vorausgehendem Konsonant: бега́ 'Pferderennen' – бего́в, леса́ 'Baugerüst' – лесо́в, коре́нья 'Wurzelgemüse' – коре́ньев.
Der Akkusativ der Pluralia tantum gleicht dem Nominativ bzw. dem Genitiv (роди́тели). Im Dativ, Instrumental und Präpositiv haben sie die Standardendungen -/am/, -/ami/, -/ax/. Ähnlich wie bei Substantiven der I. und II. Deklination kann im Gen. Plur. vor der Nullendung ein Stammwechsel durch Einschub eines flüchtigen Vokals erfolgen. Vgl. сли́вки – сли́вок, де́ньги – де́нег, гра́бли – гра́бель.

3.2.4. Die gemischtdeklinierten Substantive

562 Neben den drei produktiven Deklinationen existieren im Russischen drei unproduktive Deklinationstypen, die jeweils nur wenige oder sogar nur einzelne Substantive umfassen. Da sie sich in ihrer Flexion an verschiedene Standardtypen anschließen, werden sie in der russischen Grammatik zusammenfassend als gemischtdeklinierte Substantive (разносклоня́емые) bezeichnet.
Zu den gemischtdeklinierten Substantiven gehören:
a) 10 Neutra auf я mit vorausgehendem Konsonanten м (мя), nämlich бре́мя 'Last, Bürde', вре́мя, вы́мя 'Euter', зна́мя 'Fahne, Banner', и́мя, пла́мя 'Flamme', пле́мя 'Volksstamm', се́мя 'Samen', стре́мя 'Steigbügel', те́мя 'Scheitel';
b) das Maskulinum путь und c) das Neutrum дитя́.

563 Die *Neutra auf мя* bilden die Formen des Gen., Dat., Instr., Präp. Sing. und alle Pluralformen von einem mit -/on/- (-ен- bzw. -ён-) erweiterten Stamm, wobei der Stammauslaut im Singular weich und im Plural hart ist. Die Singularendungen entsprechen mit Ausnahme des Instrumentals den Endungen der III. Deklination. Der Instrumental und alle Pluralformen gleichen denen der Neutra der I. Deklination.
Musterwort

	Singular	Plural
N.	и́мя	имена́
G.	и́мени	имён
D.	и́мени	имена́м
A.	и́мя	имена́
I.	и́менем	имена́ми
P.	об и́мени	об имена́х

Es ist zu beachten, daß се́мя und стре́мя abweichend im Gen. Plur. die Formen семя́н und стремя́н haben. Die Betonung von зна́мя im Plural ist abweichend знамёна, знамён, знамёнам usw. Die Substantive бре́мя, вы́мя, те́мя werden im Plural nicht gebraucht.

564 Das *maskuline Substantiv* путь flektiert mit Ausnahme des Instr. Sing. nach dem Muster der III. Deklination. Der Instr. hat die Endung -/om/ (-ём) der I. Deklination. Die Betonung liegt stets auf der Endung: путь, пути́, пути́, путь, путём, о пути́; пути́, путе́й, путя́м, пути́, путя́ми, о путя́х.

565 Das *Neutrum дитя́* hat in den obliquen Kasus des Singulars (außer im Akkusativ) einen um -/at/ (-ят) erweiterten Stamm. Es wird in diesen Kasus bis auf den Instr. Sing. wie ein Substantiv der III. Deklination dekliniert. Der Instr. hat die Endung -/eju/ wie die entsprechende Endungsvariante der II. Deklination (vgl. 548). Der Plural flektiert nach dem Muster der III. Deklination mit besonderem Akzentwechsel im Genitiv und im Instrumental: де́ти, де-

тей, детям, детей, детьми, о детях. Die Singularformen von дитя sind in der russischen Gegenwartssprache durch die Formen von ребёнок verdrängt. Дитя kommt lediglich noch in festen Wendungen wie дитя природы 'Naturkind' vor.

Außerhalb der drei Standardtypen und auch außerhalb der gemischtdeklinierten Substantive stehen die *russischen Familiennamen*, die aus Possessivadjektiven entstanden sind. Die männlichen Familiennamen mit den Suffixen -/in/ (-ин, -ын) und -/ov/ (-ов, -ёв, -ев) flektieren nach dem I. Sondertyp der Adjektive (vgl. **696**), haben aber im Präp. Sing. die substantivische Endung der I. Deklination -/e/, z. B. Пу́шкин, Пу́шкина, Пу́шкину, Пу́шкина, Пу́шкиным, о Пу́шкине. Es ist zu beachten, daß nichtrussische Familiennamen, deren Auslaut mit den russischen Suffixen -/in/ und -/ov/ zusammenfällt, abweichend im Instr. Sing. -/om/ aufweisen: с Да́рвином, с Ви́рховом, с Ча́плином. Die entsprechenden weiblichen Familiennamen auf -/ina/ und -/ova/ bewahren vollständig die Endungen des I. Sondertyps der Adjektive: Ки́рова, Ки́ровой, Ки́ровой, Ки́рову, Ки́ровой, о Ки́ровой. Die – selten gebrauchten – Pluralformen dieser Familiennamen haben ebenfalls die Endungen des I. Sondertyps der Adjektive. **566**

Die auf Possessivadjektive zurückgehenden *geographischen Namen*, z. B. Пу́шкин, Бородино́ haben sich völlig der I. Deklination angeschlossen, d. h., sie haben im Instr. Sing. -/om/ und im Präp. Sing. -/e/: в Пу́шкине, под Бородино́м. **567**

Die neutralen Ortsnamen auf -ово, -ево, -ино, -ыно werden in der Umgangssprache häufig nicht in die obliquen Kasus gesetzt, verbleiben also im Nominativ. Das ist vor allem dann der Fall, wenn sie mit einem Gattungsbegriff wie село́, ста́нция verbunden sind (в селе́ Васи́льково, на ста́нции Го́голево), aber auch isoliert о́коло Шереме́тьево oder wenn der Ortsname auf den Namen einer bekannten Persönlichkeit zurückgeht: недалеко́ от Ле́рмонтово.

Substantivierte Adjektive (bzw. ursprüngliche Partizipien) bewahren die adjektivische Deklination des Standardtyps (vgl. **694f.**), z. B. mask. больно́й 'der Kranke', fem. парикма́херская 'Frisiersalon', neutr. про́шлое 'Vergangenheit', Pluraletantum нали́чные 'Bargeld'. **568**

3.2.5. Indeklinable Substantive

Im Russischen gibt es zahlreiche indeklinable Substantive (nach A. A. Zaliznjak [*61*, 218] allein 380 indeklinable Neutra). Hinzu kommt eine sich ständig vergrößernde Zahl von Abkürzungswörtern. Indeklinable Substantive bilden ein Paradigma, das aus homonymen Wortformen besteht. Zum Beispiel steht кино́ für alle Singular- und Pluralformen. **569**

Zu den indeklinablen Substantiven gehören:

a) Lehnwörter, deren vokalischer Auslaut nicht russischen deklinierbaren Substantiven der I. und II. Deklination entspricht, also Substantive auf у/ю, betontes е und и (sofern nicht als Pluralform auffaßbar): кенгуру́, интервью́, меню́, рагу́ u. a.; галифе́ 'Reithose', купе́, матине́, атташе́, шимпанзе́, ателье́ u. a.; де́нди, ле́ди, жюри́, такси́ u. a. **570**
Lehnwörter auf о, wie кино́, пальто́, gleichen äußerlich den Neutra der I. Deklination. In der lässigen Umgangssprache können solche Substantive dekliniert angetroffen werden. Die literatursprachliche Norm fordert aber ihre Unveränderlichkeit. Weitere Lehnwörter auf о sind бюро́, депо́, кака́о, метро́, ра́дио, фо́то.
b) Obgleich auf а wie Substantive der II. Deklination auslautend, werden боа́, буржуа́ und einige andere nicht dekliniert.
c) Weibliche Personenbezeichnungen, die auf Konsonant auslauten, wie мисс, ми́ссис, мада́м, фре́йлейн.
d) Vokalisch auslautende geographische Namen (mit Ausnahme solcher auf а und ы). Zumeist handelt es sich um nichtrussische Namen, wie Баку́, Суху́ми, Чи́ли, Бордо́, Кале́. Geographische Namen auf а werden dagegen dekliniert: пое́хать в Жене́ву, genauso wie solche auf ы, die als Pluralia tantum aufgefaßt werden: фестива́ль в Ка́ннах (Nom. Ка́нны).
e) Gewöhnlich indeklinabel sind die männlichen Personennamen fremder Herkunft, wenn sie auf Vokal auslauten, z. B. Ве́рди, Гёте, Гюго́, Шоу. Allein männliche Personennamen auf

unbetontes -a werden dekliniert: произведéния Нерýды (aber indeklinabel bei произведéния Дюмá mit betontem -a).
Konsonantisch auslautende Namen (russischer oder fremder Herkunft) werden dekliniert, wenn sie sich auf männliche Personen beziehen. Sie bleiben unverändert, wenn sie weibliche Personen bezeichnen, z. B. Кáрмен, Эдит, Шмидт, Цéткин.
f) Russische Familiennamen, die auf erstarrte Genitivformen des Singulars oder Plurals zurückgehen, z. B. Дурновó, Черных. Indeklinabel sind auch die aus dem Ukrainischen stammenden Namen auf -ко: Фрáнко. Bei Namen auf -енко (Королéнко) verstärkt sich gegenwärtig die Tendenz zur Unveränderlichkeit. In der Umgangssprache werden sie häufig nach der I. oder II. Deklination flektiert (Gen. Королéнка oder Королéнки).
g) Ausnahmslos unveränderlich sind die Abkürzungswörter (Abbreviaturen) des Initialbuchstabentyps СССР, КПСС, МГУ und des Initiallauttyps auf Vokal ГАИ. Abkürzungswörter des Initiallauttyps auf Konsonant МХАТ, ЖЭК, ТАСС verhalten sich unterschiedlich, je nachdem, welchem Genus sie zugeordnet werden. Maskulina – dabei ist es gleichgültig, ob es sich um Maskulina auf Grund des maskulinen Genus des Kernworts oder auf Grund der morphologischen Struktur handelt (für МХАТ = Московский Художественный Академический Теáтр trifft beides zu; für ЖЭК = жилищно-эксплуатациóнная контóра nur letzteres) werden dekliniert: в МХАТ'е, в нашем жэк'е. Werden Abkürzungswörter des Initiallauttyps auf Konsonant gemäß dem Genus des Kernworts als Femininum oder als Neutrum angesehen, sind sie indeklinabel: заявлéние ТАСС.
h) Indeklinabel sind schließlich auch Abkürzungswörter des sog. Mischtyps auf Vokal десó (десáнтный отрЯд) und Abkürzungswörter, deren zweiter Bestandteil eine oblique Kasusform enthält, z. B. завкáфедрой (= завéдующий кáфедрой).

3.2.6. Die Akzenttypen

571 Bei der Deklination der russischen Substantive kann der Akzent auf einer Silbe des Stammes oder auf der Endung liegen. Im ersten Fall sprechen wir von Stammbetonung, im zweiten Fall von Endungsbetonung. Die Betonung ist fest oder beweglich. Bei beweglicher Betonung wechselt die Betonung zwischen der Betonung einer Stammsilbe und der Betonung der Endung (vgl. aber auch 580). Bewegliche Betonung kann zwischen Singularformen und Pluralformen, innerhalb der Singularformen oder innerhalb der Pluralformen und auch in kombinierter Form (z. B. Stammbetonung im Singular, Endungsbetonung im Plural mit Ausnahme des Nom. Plur.) erfolgen. Es gibt demzufolge *feste Stammbetonung, feste Endungsbetonung* und *bewegliche Betonung*.
Bei den *Deklinationsformen mit Nullendung* ist der Gegensatz zwischen Stamm- und Endungsbetonung aufgehoben, da auf die lautlich nicht vorhandene Nullendung keine Betonung fallen kann. Ob Deklinationsformen mit Nullendung als stammbetont oder als endungsbetont gelten, ist der Akzentstelle des Dat. Sing. bzw. des Dat. Plur. zur entnehmen. Sie dienen als sog. Kontrollformen. Entsprechend ist der Nom./Akk. Sing. von mask. стул stammbetont (vgl. стýлу), der Nom./Akk. Sing. von mask. стол endungsbeont (vgl. столý), der Gen. Plur. von fem. бýква (букв) stammbetont (vgl. бýквам), der Gen. Plur. von fem. рукá (рук) endungsbetont (vgl. рукáм).
Die Betonung der Deklinationsformen folgt bestimmten Akzenttypen. Wir unterscheiden *Standardtypen*, denen die überwältigende Mehrheit der russischen Substantive folgt, und einige *besondere Akzenttypen*. Die Standardtypen sind durch feste Stammbetonung oder feste Endungsbetonung oder durch charakteristische Wechsel von Stammbetonung und Endungsbetonung zwischen Singularformen und Pluralformen ausgezeichnet. Zusätzlich können sich im Singular die Betonung des Akkusativs und der übrigen Kasus, im Plural die Betonung des Nominativs und der übrigen Kasus gegenüberstehen. Da der Akk. Plur. bei unbelebten Substantiven stets mit dem Nominativ, bei belebten Substantiven stets mit dem Genitiv zusammenfällt, haben die im Akk. Plur. bestehenden Akzentunterschiede für die Charakteristik der Akzenttypen keine Bedeutung. Ýголь 'Kohle' und конь mit Akk. Plur. ýгли bzw. конéй ge-

hören beide zum Akzenttyp "Endungsbetonung in allen Formen des Singulars und des Plurals mit Ausnahme des Nom. Plur." Die besonderen Akzenttypen weisen Betonungswechsel innerhalb des Stammes oder besondere Wechsel zwischen Stammbetonung und Endungsbetonung auf.

Die meisten russischen Grammatiken, so auch die Akademiegrammatik '80 [*129*], versehen die einzelnen Akzenttypen mit einem Symbol (Großbuchstaben), das das ganze Paradigma, also das Akzentverhalten sowohl der Singularformen wie der Pluralformen charakterisiert. Der Buchstabe A bezeichnet den Akzenttyp, in dem alle Formen des Singulars und alle Formen des Plurals stammbetont sind, B den Akzenttyp, in dem alle Formen des Singulars und des Plurals endungsbetont sind. C und D bezeichnen Akzenttypen, bei denen die Singularformen stammbetont, aber die Pluralformen endungsbetont sind bzw. umgekehrt die Singularformen endungsbetont und die Pluralformen stammbetont sind. Beigefügte Indizes, z. B. B_1, geben möglichen Betonungswechsel innerhalb der Singularformen (Akk. Sing.) und/oder der Pluralformen (Nom. Plur.) an. Im Gegensatz zu diesem traditionellen Verfahren verwendet N. A. Fedjanina [*165*] getrennte Kennzeichnungen für Singularformen und für Pluralformen. A bezeichnet die Stammbetonung in der Singularform oder in der Pluralform, B die Endungsbetonung in der Singularform oder in der Pluralform, C den Betonungswechsel in den Singularformen oder in den Pluralformen. Der traditionell mit A gekennzeichnete Akzenttyp mit Stammbetonung in allen Formen des Singulars und das Plurals erhält folglich bei N. A. Fedjanina die Kennzeichnung A/A.

In der folgenden Übersicht über die Akzenttypen wird die traditionelle Kennzeichnung mit nur einem Buchstaben beibehalten. Zusätzlich wird in Klammern die entsprechende Symbolisierung von N. A. Fedjanina angegeben.

3.2.6.1. Standardtypen

Typ A (bzw. Typ A/A): feste Stammbetonung auf einer beliebigen Silbe des Stammes in allen Formen des Sing. und des Plur.: знак, зна́ка, зна́ку, знак, зна́ком, о зна́ке; зна́ки, зна́ков, зна́кам, зна́ки, зна́ками, о зна́ках. Dieser Typ ist sehr produktiv. Ihm gehören 91 %, d. h. ca. 31 600 der Substantive mit fester Betonung, an [*165*, 29].

Typ B (bzw. B/B): feste Endungsbetonung in allen Formen des Sing. und des Plur.: врач, врача́, врачу́, врача́, врачо́м, о враче́; врачи́, враче́й, врача́м, враче́й, врача́ми, о врача́х. Dieser produktive Typ umfaßt 7 % (2420) der Substantive mit fester Betonung [*165*, 29].

Typ B_1 (bzw. Typ B/C): Endungsbetonung in allen Formen des Sing. und des Plur. mit Ausnahme des Nom. Plur. Hier fällt die Betonung auf die letzte Stammsilbe: конь, коня́, коню́, коня́, конём, о коне́; ко́ни, коне́й, коня́м, коне́й, коня́ми, о коня́х. Unproduktiver Akzenttyp. Umfaßt 45 Substantive [*165*, 41].

Typ B_2 (bzw. Typ C/C): Endungsbetonung in allen Formen des Sing. und des Plur. mit Ausnahme des Akk. Sing. und des Nom. Plur. Hier fällt die Betonung auf die letzte Stammsilbe: рука́, руки́, руке́, ру́ку, руко́й, о руке́; ру́ки, рук, рука́м, ру́ки, рука́ми, о рука́х. Unproduktiver Akzenttyp. Umfaßt 13 Substantive [*165*, 41].

Typ C (bzw. A/B): Stammbetonung im Sing., Endungsbetonung im Plur.: сло́во, сло́ва, сло́ву, сло́во, сло́вом, о сло́ве; слова́, слов, слова́м, слова́, слова́ми, о слова́х. Produktiver Akzenttyp. Umfaßt 245 Substantive [*165*, 40].

Typ C_1 (bzw. Typ A/C): Stammbetonung im Sing. und im Nom. Plur. Alle anderen Pluralformen haben Endungsbetonung: гость, го́стя, го́стю, го́стя, го́стем, о го́сте; го́сти, госте́й, гостя́м, госте́й, гостя́ми, о гостя́х. Unproduktiver Akzenttyp. Umfaßt 130 Substantive [*165*, 41].

Typ D (bzw. Typ B/A): Endungsbetonung im Sing. und Stammbetonung im Plur.: жена́, жены́, жене́, жену́, женой, о жене́; жёны, жён, жёнам, жён, жёнами, о жёнах. Unproduktiver Akzenttyp. Umfaßt 200 Substantive [*165*, 40].

Typ D_1 (bzw. Typ C/A): Endungsbetonung im Sing. mit Ausnahme des Akk. Sing., der wie alle Pluralformen die letzte Stammsilbe betont: река́, реки́, реке́, ре́ку, реко́й, о реке́; ре́ки, рек, ре́кам, ре́ки, ре́ками, о ре́ках. Unproduktiver Akzenttyp. Umfaßt 12 Substantive [*165*, 41].

Die Standard-Akzenttypen des russischen Substantivs

Akzenttyp		Formen		Musterwörter
		Singular	Plural	
		N. G. D. A. I. P.	N. G. D. I. P.	
Haupttypen	A bzw. A/A	+ + + + + +	+ + + + +	знак, болóто, берёза, тетрáдь
	B bzw. B/B	− − − − − −	− − − − −	врач, очкó, чертá
	C bzw. A/B	+ + + + + +	− − − − −	пóезд, слóво
	D bzw. B/A	− − − − − −	+ + + + +	лицó, женá
Nebentypen	B₁ bzw. B/C	− − − − − −	+ − − − −	конь, плечó, слезá
	B₂ bzw. C/C	− − − + − −	+ − − − −	рукá
	C₁ bzw. A/C	+ + + + + +	+ − − − −	гость, плóщадь
	D₁ bzw. C/A	− − − + − −	+ + + + +	рекá, земля́

+ = Stammbetonung
− = Endungsbetonung

573 Folgendes Schema zeigt, wie die einzelnen Akzenttypen in der I., II. und III. Deklination vertreten sind. (+) bedeutet ein geringes Vorkommen.

Deklinationstyp \ Akzenttyp	A	B	B₁	B₂	C	C₁	D	D₁
I. (Maskulina)	+	+	(+)	−	+	(+)	(+)	−
I. (Neutra)	+	+	(+)	−	+	(+)	+	−
II.	+	+	(+)	+	−	(+)	+	+
III.	+	−	−	−	+	−	−	−

Beispiele für die verschiedenen Akzenttypen in den einzelnen Deklinationen enthalten die folgenden Abschnitte.

3.2.6.2. Maskulina der I. Deklination

574 Am verbreitetsten ist der Typ A: стул, нарóд, начáльник, зáрабoток. Eine große Zahl von Maskulina gehört dem Typ B an. Von den einsilbigen Substantiven sind u. a. врач, враг, двор, дождь, ключ, кот, мяч, нож, плащ, плод, пост, рубль, скот, стол, суд, труд und alle einsilbigen Maskulina mit flüchtigem Vokal im Nom. Sing. wie лёд, сон, день zu nennen. Von den mehrsilbigen Maskulina haben feste Endungsbetonung: Substantive mit flüchtigem Vokal wie ремéнь, чулóк und auch die Substantive ýгол, ýгорь 'Aal', ýзел 'Bündel' mit Betonung der 1. Stammsilbe im Nom. bzw. Akk. Sing.; Substantive mit den betonten Suffixen -ец (певéц), -ак (рыбáк), -ик (старúк), -ок (звонóк), -арь (секретáрь, янвáрь) sowie Substantive auf аж (багáж), аш/яш (карандáш, гуля́ш), ёж (чертёж).
Der Typ B₁ ist mit den Substantiven гвоздь 'Nagel' und конь sowie червь 'Wurm' vertreten.

Der Typ C wird vor allem durch Substantive mit der Endung -/a/ im Nom. Plur. repräsentiert: áдрес, бéрег, дирéктор, дом, друг, учи́тель, aber auch mit -/i/ im Nom. Plur. wie бал, сад, суп, шкаф.
Typ C₁ haben z. B. волк, бог, вéтер, вóлос, вор, гость, зверь, зуб, кáмень, кóрень, пол, пáрень, чёрт.
Zum Typ D gehören u. a. клок 'Strähne' (клóчья), лист 'Blatt' (ли́стья), сук 'Ast' (сýчья).

3.2.6.3. Neutra der I. Deklination

Typ A ist auch hier am produktivsten: болóто, желéзо, кáчество, лéто, нéбо, одея́ло, плá- 575
тье, сóлнце, ýтро, я́блоко.
Der Typ B ist bei den Neutra viel seltener als bei den Maskulina, u. a. bei den Singularia tantum зло, добрó, молокó und bei einigen Ableitungen auf -ств(о), -к(о), -/j/- wie большинствó, очкó, питьё.
Typ B₁ ist durch плечó, крыльцó vertreten.
Zum Typ C gehören einige häufig gebrauchte Substantive: вóйско, дéло, мéсто, мóре, мы́ло, óблако, пóле, прáво, сéрдце, слóво, стáдо, тéло, зéркало.
Typ C₁ folgen óко und ýхо.
Für den Typ D sind vor allem anzuführen: бревнó, винó, гнездó, крылó, лицó, окнó, перó, письмó, пятнó, ружьё, селó, стеклó, сукнó, числó.

3.2.6.4. II. Deklination

Ty A ist auch hier vorherrschend: вéра, газéта, певи́ца, рýчка, ры́ба. 576
Typ B ist nur in geringer Zahl vertreten: борьбá, мечтá, скамья́, статья́.
Typ B₁ kommt nur vereinzelt vor: губá, свечá, слезá, сковородá.
Typ B₂ ist überhaupt nur in der II. Deklination anzutreffen: бородá, головá, горá, доскá, ногá, порá, рукá, средá, сторонá, щекá.
Typ C₁ zeigen дерéвня und дóля 'Anteil'.
Typ D haben u. a. вдовá, веснá, войнá, главá, глубинá, грозá, женá, звездá, игрá, колбасá, лунá, соснá.
Typ D₁ findet sich bei einzelnen sehr gebräuchlichen Substantiven: водá, душá, земля́, зимá, косá, спинá, стенá, ценá.

3.2.6.5. III. Deklination

Auch in der III. Deklination kommt der Typ A vor: жизнь, сталь, кровáть, пáмять, связь, 577
грязь, боль, тетрáдь, медáль.
Etwa 80 Substantive der III. Deklination akzentuieren nach dem Typ C₁, u. a. вещь, власть, дверь, дóлжность, кость, лóшадь, ночь, óбласть, плóщадь, речь, смерть, степь, стéпень, часть, кость, мéлочь, дóлжность.

3.2.6.6. Besondere Akzenttypen

a) Im Singular und im Plural werden unterschiedliche Stammsilben betont: Sing. óзеро, 578
óзера – Plur. озёра, озёр; ferner: кáмень – камéнья, кóлос – колóсья, кóрень – корéнья, граждани́н – грáждане, дéрево – дерéвья.
b) Innerhalb der Singularformen oder innerhalb der Pluralformen erfolgen spezielle Akzentbewegungen, die nicht von den Standardtypen erfaßt werden und jeweils nur wenige Substantive umfassen. Das Substantiv госпóдь 'Gott' akzentuiert ab Gen. Sing. die 1. Stammsilbe (гóспода, гóсподу usw.). Мáсло, sonst Typ C, hat im Gen. Plur. мáсел. Die sonst dem Typ D folgenden Substantive кольцó, овцá, свинья́, семья́, сестрá haben im Gen. Plur. abweichend колéц, овéц, свинéй, сестёр.

c) Die Substantive der III. Deklination рожь 'Roggen', вошь 'Laus', ложь 'Lüge', die sonst nach dem Typ B akzentuieren, haben im Instr. Sing. рожью, вошью, ложью. Ähnlich bei любовь und bei den Eigennamen Русь, Обь, Пермь, Тверь.

d) Das Substantiv дитя́ hat Endungsbetonung im Nom./Akk. Sing., in allen anderen Singularformen Stammbetonung: дитя́, дитя́ти.

e) Besonders anzuführen ist die Betonung von де́ти, дете́й, де́тям, дете́й, детьми́, о де́тях. Genauso лю́ди.

579 Die Pluralia tantum haben zumeist feste Stammbetonung und könnten damit den Typen A, D, D₁ zugeordnet werden, z. B. но́жницы, но́жниц, oder feste Endungsbetonung wie die Typen B, C im Plural, z. B. штаны́, штано́в. Pluralia tantum, die in den obliquen Kasus die Akzentstelle vom Stamm auf die Endung verlegen, gehören entweder dem Typ B₁, B₂ oder C₁ an: во́лосы, воло́с, волоса́м; о́вощи, овоще́й, овоща́м; са́ни, сане́й, саня́м; по́хороны, похоро́н, похорона́м.

580 Außerhalb der bisherigen Darstellung geblieben, aber wichtig ist der Hinweis, daß bei den stammbetonten maskulinen Substantiven der I. Deklination und bei bestimmten einsilbigen femininen Substantiven der III. Deklination nach den Präpositionen в und на der Akzent auf die Endung verschoben wird, z. B. в лесу́, в степи́ (vgl. 529, 555).

581 Ebenfalls spezieller Erwähnung bedarf die Regel, daß in bestimmten – meist phraseologisierten – Präpositionalkasus (Präposition + Substantiv) der Akzent auf die Präposition vorverlegt wird. Das betrifft im besonderen die Präpositionen за, на, по: уплы́ть за́ море, упа́сть на́ пол, бе́гать по́ двору. Sobald das Substantiv durch ein (adjektivisches oder substantivisches) Attribut erweitert ist, wird die normale Akzentstelle bewahrt: пла́вать по́ морю aber пла́вать по си́нему мо́рю. Einzelheitenпла́вать по си́нему мо́рю. Einzelheiten dazu sind den entsprechenden Wörterbüchern zu entnehmen.

Schließlich ist darauf zu verweisen, daß der Gen. Sing. der Substantive ряд, след, час, шаг, шар nach den Zahlwörtern два (две), полтора́ (полторы́), три, четы́ре und nach dem Dualpronomen о́ба (о́бе) endungsbetont ist, z. B. два часа́. Sonst akzentuieren diese Wörter nach dem Typ C.

3.2.6.7. Akzentvarianten

582 In begrenztem Umfang gibt es im Russischen Akzentvarianten, d.h., die Betonung der Deklinationsformen eines Substantivs kann entweder dem einen oder einem anderen Akzenttyp folgen. Innerhalb dieser Akzentvarianten sind zwei Fälle zu unterscheiden:

a) Die Akzentvarianten gelten als gleichberechtigt. So kann das Substantiv мост 'Brücke' nach Typ B (Gen. Sing. моста́, Dat. Sing. мосту́, Nom. Plur. мосты́, Dat. Plur. моста́м) bzw. nach Typ C betont werden (мо́ста, мо́сту, мосты́, моста́м).

b) Eine Akzentvariante gilt als Hauptvariante, die andere – obgleich der literatursprachlichen Norm entsprechend – wird nicht empfohlen (Gen. Sing. каза́ка gegenüber der Hauptvariante казака́ zu каза́к) oder sie ist veraltet (Dat. Plur. река́м gegenüber heute normativem ре́кам) bzw. nur in bestimmten Funktionalstilen üblich (Gen. Sing. мая́ка in der Berufssprache der Seeleute gegenüber literatursprachlichem маяка́ zu мая́к 'Leuchtturm').

Ob jeweils Akzentvarianten vorliegen und welchen Charakter sie tragen, ist den entsprechenden Wörterbüchern, vor allem den Empfehlungen bzw. Angaben des Orthoepischen Wörterbuchs *[105]* zu entnehmen.

3.3. Die Kategorie des Genus

3.3.1. Genus und Sexus

Das Genus des Substantivs gehört zu den klassifizierenden Kategorien. Es tritt am Substantiv als grammatisch unabhängiges und unveränderliches morphologisches Merkmal auf, das im Russischen stärker als im Deutschen mit der Struktur des Substantivs verbunden ist. Wie das Deutsche unterscheidet das Russische von alters her drei Genera: das *maskuline* Genus (мужско́й род), das *feminine* Genus (же́нский род) und das *neutrale* Genus (сре́дний род). Jedes in den Singularformen vorkommende russische Substantiv gehört einem dieser Genera an.

Vom grammatischen Geschlecht oder Genus (род) ist grundsätzlich das natürliche Geschlecht oder der Sexus (пол) zu trennen. Unter **Genus** ist die Einteilung der Substantive in die genannten formalen Klassen (Maskulina, Feminina, Neutra) zu verstehen, unter **Sexus** dagegen die Einteilung der Lebewesen nach ihrem natürlichen Geschlecht in männliche und weibliche. Das Genus der Substantive, die unbelebte Gegenstände bezeichnen, ist unmotiviert. Es ist konventionell festgelegt und besitzt nicht Abbildcharakter, z. B. заво́д m., фа́брика f., предприя́тие n. Das Genus von Substantiven, die Lebewesen als Einzelwesen bezeichnen, kann dagegen durch das natürliche Geschlecht bestimmt sein und Abbildcharakter tragen.

Bezüglich der Leistung des Genus ist zu konstatieren, daß es eine wesentliche Grundlage für ein wichtiges sprachliches Verweisungssystem, die **Kongruenz** (согласова́ние), bildet. Indem sich das kongruenzpassive Wort (Adjektiv, Pronomen, Numerale, Verb) formal an das Genus des kongruenzaktiven Substantivs anpaßt und mit ihm grammatisch verschmilzt, organisiert das Genus die grammatischen Beziehungen des Substantivs im Satz. Es schafft feste Bezüge und dient zur Verdeutlichung sowohl syntaktischer als auch inhaltlicher Zusammenhänge. Auf diese Weise wird das Genus zu einer wichtigen Verständigungshilfe im Kommunikationsprozeß, z. B.

> Весь наш просто́рный **двор**, занесённый февра́льским сне́гом, был испещрён его́ следа́ми. – В. Ф. Тендряко́в
> Unser ganzer geräumiger Hof, zugeweht vom Februarschnee, war mit seinen Spuren übersät.

In ähnlicher Weise wird mit dem genusveränderlichen persönlich-demonstrativen Pronomen (он, она́, оно́) in der weiterführenden Rede auch über den Satz hinaus die Kontinuität des Verstehens gesichert.

> Электро́нно-счётная **маши́на** не то́лько счита́ет. *Она́* выполня́ет сложне́йшие логи́ческие опера́ции.
> Die elektronische Rechenmaschine addiert nicht nur. Sie führt auch sehr komplizierte logische Operationen aus.

Darüber hinaus werden mit Hilfe des Genus **korrelative Bezeichnungen für Lebewesen** gebildet, die sich durch das natürliche Geschlecht voneinander unterscheiden: брат – сестра́, делега́т – делега́тка, супру́г – супру́га 'Gatte' – 'Gattin'; бык – коро́ва 'Bulle' – 'Kuh', тигр – тигри́ца 'Tiger' – 'Tigerin'. Diese Funktion ist bei Personenbezeichnungen stärker als bei Tierbezeichnungen ausgeprägt. Die meisten *Tierbezeichnungen* sind sexusneutral, z. B. аку́ла 'Hai', кит 'Wal', тигрёнок 'Tigerjunges'. Ihr Genus kann auch dann nicht als sexusbezogen verstanden werden, wenn einzelne Exemplare einer Gattung benannt werden. Das grammatische Geschlecht der Tierbezeichnungen entspricht dem natürlichen Geschlecht der Tiere, wenn der Geschlechtsunterschied wichtig erscheint. Dies ist vorrangig bei volkswirtschaftlich wichtigen Tieren, bei Zootieren oder größeren Raubtieren der Fall.

Das grammatische Geschlecht der *Personenbezeichnungen* stimmt oft mit dem natürlichen Geschlecht überein.

Die semantische Funktion des Genus zur Anzeige des natürlichen Geschlechts ist am konsequentesten bei Verwandtschaftsbezeichnungen, bei Bezeichnungen von Personen nach der Nationalität, dem Wohn- bzw. Geburtsort, einem physischen oder psychischen Merkmal, der ausgeübten Sportart oder einer sexusspezifischen Tätigkeit durchgeführt. Die Bildung korrelativer Personenbezeichnungen erreicht im Russischen nicht den Umfang wie im Deutschen.

3.3.2. Grammatischer Ausdruck

587 Das Genus der russischen Substantive wird vor allem **syntaktisch** durch die Kongruenzformen der genusabhängigen Attributwörter ausgedrückt. Ähnlich wie im Deutschen fordern die russischen Substantive Genusformen derjenigen Wörter, die sie begleiten (Adjektive, adjektivische Pronomen, Numeralien, Partizipien) bzw. vertreten (persönlich-demonstrative Pronomen).
Maskuline Substantive (существи́тельные мужско́го ро́да) haben im Nom. Sing. kongruente Attributwörter mit der Endung -/oj/ (-ой), -/ij/ (-ый, -ий) oder -/Ø/ bei sich: передово́й студе́нт, о́пытный космона́вт, зи́мний ве́чер, мой дя́дя, наш по́ни, по́льский атташе́.
Feminine Substantive (существи́тельные же́нского ро́да) haben ihrerseits im Nom. Sing. kongruente Attributwörter mit der Endung -/aja/ (-ая, -яя) oder -/a/ (-а, -я): но́вая кварти́ра, "Вече́рняя Москва́" (Moskauer Abendzeitung), на́ша ро́дина, моя́ мать, мо́щная ГЭС, 'ein leistungsfähiges Wasserkraftwerk', ми́лая ле́ди.
Neutra (существи́тельные сре́днего ро́да) schließlich sind Substantive, deren kongruente Attributwörter im Nom. Sing. die Endung -/oje/ (-ое, -ее) oder -/o/ (-о, -е) aufweisen: большо́е окно́, си́нее пла́тье, ма́мино пальто́.
Auch Prädikate nehmen das grammatische Geschlecht der Substantive in der Funktion des Subjekts auf: брат прие́хал, сестра́ прие́хала, пла́тье краси́во, рома́н прочи́тан usw. Daneben gibt es Fälle, in denen das Genus des Prädikats durch das natürliche Geschlecht des Handlungsträgers bestimmt wird *(logische Kongruenz)*: Наш дире́ктор [Серге́ева] вы́ступила на заседа́нии с докла́дом.

588 Die oben charakterisierte Durchgängigkeit bei der Kennzeichnung des Genus auf syntaktischer Ebene fehlt beim **morphologischen** Genusausdruck.
Unter Zugrundelegung der morphologischen Struktur des Nom. Sing. lassen sich für die deklinierbaren *Bezeichnungen von Sachen* in nichtübertragener Bedeutung folgende Regeln der Genusbestimmung angeben:
Maskulina sind Substantive mit Nullendung im Nom. Sing. und einem Stamm auf

       a) einen paarig harten Konsonanten, z. B. мел, лес, двор;
       b) einen Velar, z. B. бе́рег, знак, во́здух;
       c) den Konsonanten /j/, z. B. трамва́й, крите́рий;
       d) die Affrikate ц, z. B. дворе́ц, коне́ц.

Maskulina sind darüber hinaus Substantive mit der adjektivischen Endung -/oj/ oder -/ij/, z. B. выходно́й 'arbeitsfreier Tag, Ruhetag', гла́сный 'Vokal'.
Feminina sind Substantive, die im Nom. Sing. die Endung -/a/ (-а, -я) oder -/aja/ (-ая, -яя) haben, z. B. стена́, пе́сня, а́рмия; учи́тельская 'Lehrerzimmer', пряма́я 'Gerade'.
Neutra sind Substantive mit der Endung -/o/ (-о, -ё, -е) oder -/oje/ (-ое, -ее) im Nom. Sing. z. B. сло́во, бельё, зда́ние, мо́ре, сказу́емое, подлежа́щее, сре́днее 'Durchschnitt'.

589 Eine eindeutige Genusbestimmung deklinierbarer Bezeichnungen von Sachen allein auf der Grundlage der morphologischen Struktur des Nom. Sing. ist nicht möglich, wenn Substantive mit Nullendung im Nom. Sing. einen *paarig weichen Konsonanten* als Stammauslaut haben. Solche Substantive können Maskulina oder Feminina sein, vgl. путь m. 'Weg' – суть f. 'Wesen', день m. 'Tag' – тень f. 'Schatten', хмель m. 'Rausch' – мель f. 'Sandbank'. Im Grammatischen Wörterbuch von A. A. Zaliznjak sind etwa 5 400 Substantive angeführt, bei denen im Nom. Sing. zuverlässige morphologische Genuskennzeichen fehlen [62, 585–786].

3.3. Die Kategorie des Genus

Das Genus der meisten dieser Substantive ist entweder an wortbildenden oder graphematischen Merkmalen erkennbar bzw. auf Grund ihrer Semantik bestimmbar. **590**
Allein 3 185 dieser 5 400 Substantive sind mit dem *Suffix -ость/-есть* abgeleitet, welches sie eindeutig als Feminina ausweist: но́вость, ско́рость, све́жесть, тя́жесть. 700 Substantive enthalten das Suffix *-тель* und sind damit – unabhängig vom Merkmal der grammatischen Belebtheit und Unbelebtheit – Maskulina: дви́гатель, включа́тель, писа́тель. Als genusgebundene Suffixe treten darüber hinaus auch die heute unproduktiven Suffixe -арь und -знь auf. Die mit dem Suffix *-арь* abgeleiteten Substantive sind Maskulina, vgl. пе́карь 'Bäcker' und апте́карь. Substantive mit dem Suffix *-знь* sind Feminina, z. B. жизнь, боя́знь 'Angst, Furcht'. Auf diese Weise reduziert sich die Zahl der Substantive, deren Genus auf Grund der morphologischen Struktur des Nom. Sing. nicht bestimmbar ist, beträchtlich.
Von den verbleibenden Substantiven (etwa 1 500) sind die unbelebten Substantive mit einem *Stammauslaut* auf *бь, вь, мь, пь, сь* und *фь* Feminina: про́рубь 'Eisloch', кровь 'Blut', о́зимь 'Wintersaat', степь, по́дпись, верфь 'Werft'. Maskulina sind die *Städtebezeichnungen auf -поль*: Севасто́поль, Симферо́поль. Ebenso sind Maskulina die hierhergehörenden *Monatsbezeichnungen*: янва́рь, февра́ль, апре́ль usw.
Bei Substantiven mit Nullendung im Nom. Sing. und einem *Zischlaut* als Stammauslaut ist **591** das Genus an der graphematischen Gestalt ablesbar, z. B. нож m., рожь f., ключ m., печь f. Das Graphem ь nach dem Zischlaut signalisiert die Zugehörigkeit des Substantivs zum femininen Genus. Substantive, die im Nom. Sing. als letztes Graphem einen Zischlaut haben, sind Maskulina, z. B. нож, каранда́ш, ключ, борщ.
Als Einzelfälle sind zehn unbelebte *Substantive auf мя* zu nennen, die Neutra sind: бре́мя **592** 'Last, Bürde', вре́мя 'Zeit' usw. (vgl. 562).
Mit *Suffixen der subjektiven Wertung* abgeleitete Substantive zur Bezeichnung von Sachen be- **593** halten in der Regel das Genus des Ableitungswortes bei, auch wenn die Endung des abgeleiteten Wortes von der des Ableitungswortes abweicht, vgl. die Pejorativa (Verachtung bzw. Geringschätzung ausdrückende Wörter) городи́шко m. (го́род), двори́шко m. (двор), die Augmentativa (Vergrößerung ausdrückende Wörter) доми́ще m. (дом), арбу́зище m. (арбу́з), доми́на m. (дом) sowie die Deminutiva (Verkleinerung ausdrückende Wörter) хле́бушко m. (хлеб) u. a.
Substantivkomposita (сло̀жносоставны́е существи́тельные) vom Typ го́род-геро́й *(Determi-* **594** *nativbinomina)* haben das Genus des ersten Bestandteils, z. B. разгово́р-мо́лния m. 'Blitzgespräch', раке́та-носи́тель f. 'Trägerrakete', пла́тье-костю́м n. 'Jackenkleid' (ausgenommen Bildungen wie аку́ла-саме́ц m. 'Haimännchen' bzw. кит-са́мка f. 'Walweibchen', deren erster Bestandteil eine nichtkorrelative Tierbezeichnung und deren zweiter Bestandteil das Sexuswort саме́ц 'Männchen' oder са́мка 'Weibchen' ist).
Die gleichen Prinzipien, die den morphologischen Genusausdruck der Bezeichnungen von **595** Sachen regeln, wirken auch bei den deklinierbaren *Bezeichnungen von Lebewesen*. Bei einer ganzen Reihe von belebten Substantiven ist allerdings ein Widerspruch zwischen der morphologischen Struktur des Nom. Sing. und dem Genus nicht zu übersehen. In diesen Fällen bestimmt das natürliche Geschlecht das grammatische.
Maskulina unter den belebten deklinierbaren Substantiven haben im Nom. Sing. die Endungen

	-Ø (I. Deklination):	дед, космона́вт;
	-/a/ (II. Deklination):	па́па, дя́дя, мужчи́на, парни́шка, бычи́на 'gewaltiger Stier';
	-/o/ (I. Deklination):	воронко́ 'Rappe', подмасте́рье 'Geselle', волчи́ще 'großer Wolf';
	-/oj/ oder -/ij/ (Adjektivdeklination):	портно́й 'Schneider', взро́слый 'Erwachsener'.

Feminine belebte Substantive haben im Nom. Sing. die Endungen

	-/a/ (II. Deklination):	космона́втка, коро́ва 'Kuh';
	-Ø (III. Deklination):	мать, дочь, мышь;
	-/aja/ (Adjektivdeklination):	больна́я, заве́дующая.

Belebte *Neutra* sind selten, z. B. лицо́ 'Person', чудо́вище 'Ungeheuer', дитя́ 'Kind'.

3.3.3. Semantische Genuskorrelationen

596 Im Gegensatz zum Genus der Sachbezeichnungen kann das Genus der **Bezeichnungen von Lebewesen** motiviert sein. So ist das feminine Genus der Substantive сестра́ und ко́шка sowie das maskuline der Substantive брат und кот durch das natürliche Geschlecht der bezeichneten Lebewesen begründet.

597 Bei einem Teil der **Tierbezeichnungen** hat sich eine semantische Differenzierung herausgebildet, die mit einer lexikalischen Differenzierung verbunden ist. Einer maskulinen Bezeichnung für männliche Exemplare steht eine korrelative feminine für weibliche Exemplare gegenüber, vgl. жеребе́ц 'Hengst' – кобы́ла 'Stute'; лев 'Löwe' – льви́ца 'Löwin'; кот 'Kater' – ко́шка 'Katze'. Die Bezeichnung der Tiergattung wird bei korrelativen Tierbezeichnungen entweder durch ein drittes Substantiv (ло́шадь f. 'Pferd'), durch die Bezeichnung der männlichen Exemplare (лев) oder durch die Bezeichnungen der weiblichen Exemplare (ко́шка) zum Ausdruck gebracht. Die meisten Tierbezeichnungen bilden keine Genuskorrelationen, vgl. кит 'Wal', крот 'Maulwurf', ба́бочка 'Schmetterling', бе́лка 'Eichhörnchen'.

598 Genusunterschiede bei **Personenbezeichnungen** werden im Russischen von jeher mit lexikalischen und wortbildenden Mitteln ausgedrückt, z. B. брат – сестра́, москви́ч – москви́чка, супру́г – супру́га.

Auf Derivation basierende Genuskorrelationen bezeichnen Personen

a) nach der nationalen Zugehörigkeit, dem Geburtsort, dem Wohnsitz, z. B. болга́рин – болга́рка, киевля́нин – киевля́нка;

b) nach psychischen oder physischen Merkmalen, z. B. добря́к – добря́чка, сила́ч – сила́чка, блонди́н – блонди́нка;

c) nach dem Beruf, der Beschäftigungsart, der Funktion usw. z. B. тракторист – трактори́стка, делега́т – делега́тка.

Die Glieder der Gruppen a) und b) bilden eine äquipollente Korrelation, d. h., das maskuline Substantiv bezeichnet nur die männliche Person und das feminine Substantiv nur die weibliche Person. Die Glieder der Gruppe c) stehen im Verhältnis einer asymmetrischen Korrelation, d. h. das maskuline Substantiv kann auch zur Bezeichnung einer weiblichen Person verwendet werden.

599 Unter den Bedingungen der sozialen Ungleichheit der Geschlechter im zaristischen Rußland herrschte im 19. Jahrhundert und am Beginn des 20. Jahrhunderts das Bestreben vor, Frauen, soweit sie zu Berufen zugelassen waren, mit einer besonderen **Berufsbezeichnung** zu benennen, z. B. ткач – ткачи́ха, актёр – актри́са, учи́тель – учи́тельница.

Mit der maskulinen Berufsbezeichnung wurde dabei in der Regel eine männliche Person, mit der femininen eine weibliche Person bezeichnet. Dies war auch noch geraume Zeit nach der Errichtung der Sowjetmacht so, als der sowjetischen Frau auf der Grundlage der ersten sowjetischen Verfassung das Recht eingeräumt worden war, sich in jedem beliebigen Produktionszweig zu betätigen und im gesellschaftlichen, politischen und kulturellen Leben die gleiche Stellung wie der Mann einzunehmen. Damals entstanden u. a. die folgenden femininen Korrelate: активи́стка, ву́зовка, зао́чница, журнали́стка, комбайнёрка, нормиро́вщица.

600 Die in der Folgezeit über Jahrzehnte erfolgreich praktizierte Gleichberechtigung von Mann und Frau bewirkte, daß die Idee des natürlichen Geschlechts in der Regel zu einem für die Berufsausübung unwesentlichen Merkmal wurde. Daher begann man in zunehmendem Maße mit **korrelativen maskulinen Berufsbezeichnungen** auch weibliche Personen bzw. Personen ohne Hinweis auf deren natürliches Geschlecht zu bezeichnen, z. B. "Моя́ сестра́ – тракторист" bzw. "Колхо́зу тре́буется тракторист". Das Auftauchen derartiger Konstruktionen führte zur Umstrukturierung der Beziehungen zwischen den Korrelaten der Gegenüberstellungen vom Typ трактори́ст – трактори́стка und damit zur Erweiterung des semantischen Fassungsvermögens korrelativer maskuliner Berufsbezeichnungen. Aus der beiderseitig positiv markierten Gegenüberstellung (äquipollente Korrelation) war eine einseitig markierte (asymmetrische) geworden, in der nur das feminine Korrelat positiv markiert ist.

3.3. Die Kategorie des Genus

Die Wahl der korrelativen maskulinen oder femininen Korrelate zur Bezeichnung weiblicher 601
Personen nach dem Beruf hängt vor allem von stilistischen Erwägungen ab. In einem offiziellen Dokument (in Erklärungen, Fragebögen, Formularen, Charakteristiken, Lebensläufen usw.) sind die merkmallosen maskulinen Korrelate zweifellos eher angebracht als die entsprechenden merkmalhaften femininen, z. B. "Я, Петрóва Л. Т., преподавáтель МГУ, берý на себя́ обязáтельства …" oder "Сергéева Áнна Пáвловна – коммунúст, хорóший произвóдственник".
In verallgemeinerter Bedeutung werden darüber hinaus in der offiziellen Rede sowie in der Umgangssprache gleichfalls die merkmallosen maskulinen Korrelate verwendet, z. B. "Учúтель и сам всегдá ýчится" oder "Комсомóлец не боúтся трýдностей".
Wenn auch in der Gegenwart der Gebrauch der femininen Korrelate sowohl absolut als auch relativ zurückgeht [98, 27 ff.], so bedeutet dies nicht, daß die korrelativen femininen Berufsbezeichnungen generell vermieden werden. Bei vorliegender Notwendigkeit der Hervorhebung des weiblichen Geschlechts können selbstverständlich die femininen Korrelate verwendet werden, z. B.

> В сосéдней кóмнате проживáет лаборáнтка Иванóва. – Umgangssprache.
> Товáрищ А. А. Иванóва рабóтает лаборáнтом на кáфедре хúмии. – Offiziellamtlicher Stil.

Die Umstrukturierung der Bezeichnungen zwischen korrelativen maskulinen und femininen Berufsbezeichnungen ist in erster Linie das Resultat der sozialistischen Gesellschaftsordnung in der Sowjetunion und der grundsätzlich neuen Stellung der Frau im Sozialismus. Sie zeigt in überzeugender Weise den engen Zusammenhang von Sprache und Gesellschaft [246a].
Die große Perspektive der Tendenz zur Verwendung korrelativer maskuliner Berufsbezeich- 602
nungen zur Bezeichnung weiblicher Personen demonstrieren besonders anschaulich solche Substantive wie кондýктор, учúтель, продавéц u. a., die als stilistisch neutrale Bezeichnungen für Berufe gelten, die fast ausschließlich von weiblichen Personen ausgeübt werden.
In ähnlicher Weise werden die korrelativen maskulinen Berufsbezeichnungen bei der Anrede weiblicher Personen nach dem Beruf den femininen vorgezogen (товáрищ кондýктор! товáрищ председáтель!).
Die Unmöglichkeit der Bezeichnung männlicher Personen mit femininen Berufsbezeichnungen hatte zur Folge, daß überall dort, wo Männer sich Beschäftigungsarten zuwandten, die früher nur von weiblichen Personen wahrgenommen wurden, von diesen femininen Substantiven die entsprechenden maskulinen nomina agentis abgeleitet wurden, z. B. доя́р 'Melker' < доя́рка 'Melkerin', свинáрь 'Schweinepfleger' < свинáрка 'Schweinepflegerin', убóрщик 'Raumpfleger, Reinigungskraft' < убóрщица 'Raumpflegerin, Putzfrau'.
Das maskuline Korrelat zu машинúстка 'Maschineschreiberin, Stenotypistin' ist die erst vor kurzem entstandene analytische Benennung перепúсчик на машúнке, zu балерúна артúст балéта.

3.3.4. Nichtkorrelative Berufsbezeichnungen

Nicht alle russischen Berufsbezeichnungen kommen als Bestandteile korrelativer Paare vor. 603
Die Ursachen dafür sind außersprachlicher und innersprachlicher Natur. So bezeichnen in Übereinstimmung mit der historisch gewachsenen Arbeitsteilung zwischen Mann und Frau die folgenden Substantive typisch weibliche Berufe, z. B. белошвéйка 'Weißnäherin', манекéнщица 'Mannequin, Vorführdame', маникю́рша 'Maniküre', кружéвница 'Spitzenklöpplerin', модúстка 'Modistin, Putzmacherin'. Die genannten Substantive stellen nichtkorrelative feminine Berufsbezeichnungen dar. Nichtkorrelative maskuline Berufsbezeichnungen sind dagegen вóин, мáршал, сталевáр, шахтёр, кардинáл, префéкт, пáпа 'Papst'. Innerhalb der nichtkorrelativen Berufsbezeichnungen dominieren eindeutig die Maskulina. Ihre Zahl beläuft sich auf ca. 200 [52, 98 f.].

604 Infolge des gleichberechtigten Zuganges der Frauen zu allen Berufen, mußten in einer ganzen Reihe von Fällen zwangsläufig die nichtkorrelativen maskulinen Substantive zur Bezeichnung weiblicher Personen ausgenutzt werden. Sätze vom Typ 'Хирýрг вошёл в операциóнную' wurden damals erstmalig zur Bezeichnung weiblicher Personen verwendet. Aus Gründen der kommunikativen Eindeutigkeit begannen die Sprachträger aber schon bald nach 1917 in der Umgangssprache die im grammatischen System des Russischen verankerte Möglichkeit des analytischen Genusausdrucks im Prädikat auszunutzen, wenn von einer Frau die Rede war, z. B. 'Хирýрг вошлá в операциóнную'. Diese Konstruktion enthält im Gegensatz zur ersten einen eindeutigen Hinweis auf das natürliche Geschlecht der bezeichneten Person.

605 Hinsichtlich der **Genuskongruenz** maskuliner Berufsbezeichnungen in Anwendung auf weibliche Personen gilt folgendes:
Genusveränderliche Kongruenzwörter in prädikativer Funktion in Sätzen mit einem nichtkorrelativen Substantiv als Subjekt, das eine weibliche Person bezeichnet, werden in der Regel in der femininen Genusform gebraucht, z. B. Врач приéхала, дирéктор стрóгая. Diese Genusformen repräsentieren die gültige literatursprachliche Norm sowohl in deren mündlichen als auch meisten schriftlichen Funktionalstilen.
In streng offiziell-amtlichen sowie in wissenschaftlichen Texten ist die maskuline Kongruenzform im Prädikat zu empfehlen, selbst wenn von einer weiblichen Person als Handlungsträger die Rede ist, z. B. Врач постáвил диáгноз.
Genusveränderliche Kongruenzwörter in attributiver Funktion bei nichtkorrelativen maskulinen Substantiven, die weibliche Personen bezeichnen, sind in Übereinstimmung mit der literatursprachlichen Norm in der maskulinen Genusform zu verwenden, z. B. Выдаю́щийся математик Сóфья Ковалéвская oder онá хорóший врач.

606 Besondere Erwähnung im Hinblick auf die Genuskongruenz verdient das Wort **товáрищ** bei Anwendung auf weibliche Personen. In der modernen russischen Sprache besitzt dieses Wort die gleichen Kongruenzformen wie die nichtkorrelativen Berufsbezeichnungen, d. h., im Prädikat erfolgt logische Kongruenz, im Attribut dagegen formale, z. B. На вéчере **былá** и **наш стáрый** товáрищ Ивáнова.
Bei der Anrede weiblicher Personen sind die attributiven Kongruenzwörter wie дорогóй und уважáемый in der femininen Form zu verwenden, wenn als Apposition ein femininer Familienname oder anderer Eigenname in der Anredeformel vorkommt, z. B. Дорогáя товáрищ Ивáнова! Уважáемая товáрищ Петрóва! Das kongruente Attributwort bei товáрищ erscheint jedoch auch in der Anredefunktion in der maskulinen Form, wenn auf das Wort товáрищ kein femininer Eigenname folgt, z. B. Дорогóй товáрищ!

3.3.5. Die Substantive zweierlei Genus

607 **Substantive zweierlei Genus** (существи́тельные óбщего рóда) sind Gattungsnamen, die zur Bezeichnung männlicher und weiblicher Personen nach charakteristischen Merkmalen nur über eine Wortform verfügen, und deren Kongruenzwörter in Abhängigkeit vom natürlichen Geschlecht in der maskulinen oder femininen Genusform erscheinen.

    Эта дéвочка – крýглая сиротá. – Dieses Mädchen ist Vollwaise.
    Этот мáльчик – крýглый сиротá. – Dieser Junge ist Vollwaise.
    (umgangssprachlich auch крýглая сиротá).

608 Als Substantive zweierlei Genus gelten ca. 200 *emotional gefärbte deklinierbare Gattungsnamen* mit der Endung -a im Nom. Sing., die männliche und weibliche Personen nach einem charakteristischen Merkmal – meist einem negativen – benennen, z. B. бродя́га 'Landstreicher, Vagabund', лáкомка 'Naschmaul', плáкса 'Heulsuse', сóня 'Schlafmütze' [52, 76 f.].
In diese Gruppe fügen sich organisch als jüngere Substantive zweierlei Genus, капризýля 'launischer Mensch', первоклáшка, 'Schüler(in) der 1. Klasse', стиля́га 'Gammler, Halbstarker', канáлья 'Kanaille, Schurke', сатанá 'Satan, boshafter, teuflischer Mensch' ein.

In Übereinstimmung mit der oben gegebenen Definition sind darüber hinaus als Substantive 609
zweierlei Genus die *indeklinablen Fremdwörter* визави́ 'Visavis, Gegenüber', протеже́ 'Protegé, Schützling, Günstling', хи́ппи 'Hippie', ма́нси 'Angehörige(r) des Mansi-Volkes', ма́ри 'Angehörige(r) des Mari-Volkes' sowie die indeklinablen Abkürzungswörter vom Typ завка́драми 'Kaderleiter(in)', завроно́ 'Leiter(in) der Abteilung Volksbildung beim Rat des Kreises', управдела́ми 'Geschäftsführer(in)' anzusehen.

Im Gegensatz zu zahlreichen Russisten zählen wir trotz gleicher bzw. ähnlicher Kongruenz- 610
verhältnisse *indeklinable Familiennamen* nicht zu den Substantiven zweierlei Genus (Бела́го, Дурново́, Черны́х, Короле́нко, Ама́ду, Виардо́, Гёте, Да́нте, Руставе́ли), vgl. Изве́стный [Луи́] Виардо́ не забы́т mit Изве́стная [Мише́ль Поли́на] Виардо́ не забы́та.
Bei den Familiennamen des genannten Typs handelt es sich um homonyme maskuline und feminine Familiennamen für männliche und weibliche Träger dieser Namen. Diese Auffassung wird gestützt durch die Tatsache, daß es im Russischen nicht wenige Familiennamen vom Typ Бегу́н, Ко́рбут, Ме́льник, Моро́з gibt, bei denen im Vergleich zu solchen Familiennamen wie Бела́го, Черны́х, Виардо́ u.a. keine totale, sondern nur eine partielle Homonymie zwischen der Form des Familiennamens für den männlichen und weiblichen Träger vorliegt.,

    vgl. Наш [Ива́н Ива́нович] Ме́льник.
    mit Наша [Фаи́на Ива́новна] Ме́льник.

In den obliquen Kasus wird dagegen formal zwischen solchen Familiennamen für männliche und weibliche Träger differenziert, indem die entsprechenden Familiennamen für männliche Träger im Gegensatz zu dem für weibliche Träger dekliniert werden,

    vgl. Нет на́шего [Ива́на Ива́новича] Ме́льника.
    mit Нет на́шей [Фаи́ны Ива́новны] Ме́льник.

Auf Grund der Definition der Eigennamen können deklinierbare emotional gefärbte Kose- 611
formen auf -a zahlreicher Vornamen für männliche und weibliche Personen gleichfalls nicht Substantive zweierlei Genus sein. Bei Koseformen wie Ва́ля liegt eine totale Homonymie zwischen der Form des Namens für den männlichen Träger und der für den weiblichen Träger vor. Wir unterscheiden zwischen Ва́ля[1] m. (Валенти́н) und Ва́ля[2] f. (Валенти́на).

3.3.6. Das Genus der indeklinablen Substantive

Das Genus der ca. 400 indeklinablen Substantive (несклоня́емые существи́тельные) frem- 612
der Herkunft ist von ihrer *Semantik* abhängig.
So sind indeklinable *Bezeichnungen von Sachen* im allgemeinen Neutra (ую́тное кафе́ 'behagliches Café', маршру́тное такси́ 'Linientaxi', вку́сное рагу́ 'wohlschmeckendes Ragout').
Im Gegensatz zu кафе́ ist ко́фе ein Maskulinum, z.B. натура́льный ко́фе 'Bohnenkaffee'.
Abweichend von der oben gegebenen Regel sind nach dem Genus des entsprechenden Gattungswortes folgende indeklinable Substantive Maskulina oder Feminina: тру́дный бенга́ли (язы́к), све́жая кольра́би (капу́ста), широ́кая авеню́ (у́лица), венге́рская саля́ми (колбаса́), стра́шная бе́ри-бе́ри (боле́знь).
Indeklinable *Tierbezeichnungen* sind Maskulina, z.B. австрали́йский кенгуру́, ло́вкий шим- 613
панзе́, пёстрый какаду́, ваш по́ни, тонконо́гий флами́нго.
Die Substantive цеце́ 'Tsetsefliege' (му́ха) und иваси́ (ры́ба) sind Feminina.
Bei indeklinablen *Personenbezeichnungen* ist das Genus vom natürlichen Geschlecht der be- 614
zeichneten Person abhängig, z.B. изве́стный атташе́, стро́гий рефери́, несравни́мая сопра́но, любе́зная мада́м, ми́лая ле́ди, очарова́тельная мисс.
Indeklinable fremde *geographische Namen* haben das Genus des entsprechenden Gattungswortes, z.B. со́лнечный Бату́ми, весь Бордо́, зи́мний Виши́ (го́род); живопи́сный Ка́при, далёкий Гаи́ти (о́стров); многово́дная Ко́нго, глубо́кая Миссиси́пи (река́); труднодосту́пная Кибу́ (гора́); полново́дное Эри́, голубо́е Онта́рио (о́зеро).
Abweichendes Genus haben Бешта́у m. (trotz Gattungswort гора́) und Борне́о n. (trotz Gat- 615
tungswort о́стров), z.B. пятигла́вый Бешта́у und Се́верное Борне́о. In einigen Fällen

schwankt das Genus, je nachdem, welches Gattungswort der Sprecher im Auge hat, vgl. Máли присоедини́лось к резолю́ции ... (госуда́рство) und Máли должна́ рассчи́тывать ... (страна́).

Ebenso wie bei den indeklinablen geographischen Namen ist auch das Genus der indeklinablen Namen ausländischer *Presseorgane* zu bestimmen: "Таймс" опубликова́ла (газе́та), "Фигаро́ литере́р" сообщи́л (журна́л).

3.3.7. Das Genus der Abkürzungswörter

616 Das Genus der *deklinierbaren Abkürzungswörter* (сло̀жносокращённые слова́) ist grundsätzlich nach deren morphologischer Struktur bestimmbar, z. B. вуз, ГУМ, загс, "ЗИЛ", "МИГ", МХАТ, Белгрэ́с, Волховгэ́с, лавса́н (лаборато́рия высо̀комолекуля́рных соедине́ний АН СССР), мо́лекс (молекуля́рное си́то), Донба́сс, колхо́з, комсомо́л, парто́рг, рабфа́к u. a.

Die genannten Abkürzungswörter haben sich von ihren "Originalen" bereits so stark entfernt, daß sie kaum noch als "Ersatz" für die zugrunde liegenden Wortfügungen angesehen werden können; sie haben längst den Status eines selbständigen Wortes erlangt. Das Genus der *indeklinablen Abkürzungswörter* oder Initialwörter (инициа́льные аббревиату́ры) dagegen ist entweder vom Genus des Kernwortes der zugrunde liegenden Wortfügung oder von ihrer morphologischen Struktur abhängig.

617 Mit dem Genus des Kernwortes der Ausgangsfügung identisch ist das Genus der Abkürzungswörter des *Initialbuchstabentyps* (бу́квенная аббревиату́ра), z. B. СССР m. (сою́з), ГДР f. (респу́блика), des *Initiallauttyps* (звукова́я аббревиату́ра), auf а, и und у, z. B. ИФА́ m. (институ́т фи́зики атмосфе́ры), ВАИ́ f. (вое́нная автомоби́льная инспе́кция), КИТУ́ n. (контро́льно-испыта́тельное телевизио́нное устро́йство) und des *Mischtyps auf a, u und y*, z. B. ХОЗУ́ n. (хозя́йственное управле́ние).

618 Bei der Genusbestimmung der indeklinablen Abkürzungswörter des Initiallauttyps und des Mischtyps auf *o oder e* ist in den einen Fällen vom Kernwort, in anderen von der morphologischen Struktur auszugehen.

Die meisten indeklinablen Abkürzungswörter des Initiallauttyps bzw. des Mischtyps auf o oder e bewahren das Genus des Kernwortes, z. B. ДЕСО́ m. (деса́нтный отря́д), МАСО́ f. (Междунаро́дная ассоциа́ция социа́льного обеспе́чения), горо́но m. (городско́й отде́л наро́дного образова́ния). Dagegen ist са́мбо (самозащи́та без ору́жия) ein Neutrum. In der Umgangssprache werden auch горо́но und райфо́ (райо́нный фина́нсовый отде́л) als Neutra gebraucht.

619 Bei der Bestimmung des Genus der indeklinablen Abkürzungswörter des *Initiallauttyps mit einem Konsonanten im Auslaut* ist in der Regel vom Genus des Kernwortes auszugehen, z. B. ГЭС f. (гидроэлектроста́нция), ЕЭС n. (Европе́йское экономи́ческое соо́бщество), ТЭЦ f. (теплова́я электроцентра́ль); dagegen werden ТАСС (Телегра́фное аге́нство Сове́тского Сою́за), ВАСХНИЛ (Всесою́зная акаде́мия сельскохозя́йственных нау́к им. В. И. Ле́нина), НОТ (нау́чная организа́ция труда́) auch als Maskulina gebraucht.

620 Das Genus der indeklinablen *nichtrussischen Abkürzungswörter* ist von deren morphologischer Struktur abhängig, z. B. ФИА́Т m. (Fabbrica Italiana Automobili Torino, FIAT), ФИФА́ f. (Federation Internationale de Football Association, FIFA), ДЕ́ФА f. (Deutsche Film-Aktiengesellschaft, DEFA), НА́ТО n. (engl. North Atlantic Treaty Organization, NATO).

3.4. Die Kategorie der Belebtheit bzw. Unbelebtheit

3.4.1. Allgemeine Charakteristik

Die Kategorie der **Belebtheit bzw. Unbelebtheit** (категория одушевлённости или неодушевлённости) ist eine in der russischen Sprache entstandene klassifizierende Kategorie, durch die ein russisches Substantiv entweder der Klasse der *grammatisch belebten* oder der Klasse der *grammatisch unbelebten* Substantive zugeordnet wird. Angesichts der Tatsache, daß die russische Sprache im allgemeinen nur Bezeichnungen von Menschen und Tieren als grammatisch belebt anerkennt, ist es notwendig, bei der Erlernung der russischen Sprache vor einer generellen Identifizierung des wissenschaftlichen Begriffs des Lebens (semantische Belebtheit) mit dem Begriff der grammatischen (morphologischen) Belebtheit zu warnen. Im Sinne der Naturwissenschaften gelten als belebt bekanntlich die Objekte der organischen Natur; das sind neben Menschen und Tieren auch Pflanzen. Die Klasse der grammatisch **belebten Substantive** (одушевлённые существительные) umfaßt die Bezeichnungen von Lebewesen als Einzelwesen. Das sind vor allem Maskulina und Feminina. Belebte Neutra sind naturgemäß selten, z. B. лицо́ 'Person', живо́тное 'Tier'.

Die Klasse der grammatisch **unbelebten Substantive** (неодушевлённые существительные) hingegen setzt sich in erster Linie zusammen aus den zählbaren Bezeichnungen für Objekte der anorganischen Natur sowie aus Bezeichnungen für Pflanzen: стол, го́род, кни́га, окно́, дуб 'Eiche', гриб 'Pilz'. Dieser Klasse gehören im weiteren auch Bezeichnungen für Gruppen von Lebewesen (Personen und Tieren) an, z. B. брига́да, наро́д, коллекти́в, полк 'Regiment', ста́я 'Rudel', ста́до 'Herde', учи́тельство 'Lehrerschaft', скот 'Vieh'.

3.4.2. Grammatischer Ausdruck

Die Zugehörigkeit eines russischen Substantivs zur Klasse der grammatisch belebten oder unbelebten Substantive wird in der Regel morphologisch (paradigmatisch) und syntaktisch (syntagmatisch) oder nur syntaktisch ausgedrückt. In einigen wenigen Fällen wird sie weder morphologisch noch syntaktisch ausgedrückt, d.h., sie bleibt grammatisch unausgedrückt.
Der Gegensatz von grammatischer Belebtheit und Unbelebtheit ist formal im Plural stärker als im Singular ausgeprägt. Die grammatische Belebtheit bzw. Unbelebtheit wird vor allem durch die Akkusativformen des Substantivs angezeigt.
Morphologisch findet die Kategorie der Belebtheit ihren Ausdruck im Zusammenfall der Akkusativform mit der entsprechenden Genitivform im Plural bei den deklinierbaren Substantiven aller drei Genera und im Singular bei den deklinierbaren maskulinen Substantiven mit Ausnahme der Maskulina auf -a.
Die Kategorie der Unbelebtheit ist in den gleichen Fällen morphologisch gekennzeichnet durch den Zusammenfall der Form des Akkusativs mit der Nominativform.
Der morphologische Ausdruck der Belebtheit bzw. Unbelebtheit kann von einem *syntaktischen* Ausdruck in Gestalt kongruenter Attributwörter begleitet sein, die in einer dem jeweiligen Substantiv entsprechenden Akkusativform erscheinen, vgl.

<blockquote>
знать но́вых ученико́в, приле́жных учени́ц, отве́тственных лиц;
усе́рдного студе́нта, передово́го рабо́чего, опа́сного волчи́ща 'den gefährlichen großen Wolf'
</blockquote>

mit
<blockquote>
купи́ть пи́сьменные столы́, ре́дкие кни́ги, золоты́е ко́льца 'goldene Ringe';
пе́рвый дом, кре́пкий табачи́ще 'starker Tabak'.
</blockquote>

Nur syntaktisch wird die Belebtheit bzw. Unbelebtheit im Singular der Maskulina der II. Deklination und der indeklinablen Maskulina sowie im Plural aller indeklinablen Substantive in der oben genannten Weise ausgedrückt, vgl.

	встре́тить своего́ дя́дю
mit	уви́деть огро́мный доми́ну 'ein riesiges Haus'
und	знать бе́дного/бе́дных ку́ли, всех знамени́тых сопра́но 'alle berühmten Sopransängerinnen'
mit	заказа́ть маршру́тное/маршру́тные такси́.

626 Dagegen lassen feminine und neutrale Substantive im Singular die Belebtheit bzw. Unbelebtheit *sowohl morphologisch als auch syntaktisch* unausgedrückt, vgl.

	знать знамени́тую певи́цу, бе́лую мышь, отве́тственное лицо́
mit	ви́деть но́вую кни́гу, прекра́сную брошь, балко́нное окно́.

Entsprechendes gilt auch für die indeklinablen femininen und neutralen Substantive im Singular, vgl.

	знать стро́гую ле́ди
mit	продава́ть венге́рскую саля́ми.

3.4.3. Abweichungen von der Zuordnungsregel

627 Zahlreiche Substantive des Russischen haben Akkusativformen, die im Widerspruch zu ihrer Bedeutung stehen. So verfügen nicht alle Substantive, die Personen oder Tiere bezeichnen, über das Merkmal der grammatischen Belebtheit. Auch nicht alle Substantive, die Objekte der unbelebten Materie benennen, sind grammatisch unbelebt.

628 Neben den bereits genannten Fällen gelten die folgenden Substantivgruppen bzw. Substantive als *grammatisch belebt*:

a) Namen von toten Personen sowie Bezeichnungen für Verstorbene, z. B. знать Да́рвина по кни́гам 'Darwin aus Büchern kennen', положи́ть поко́йника (мертвеца́, мёртвого, уби́того, уто́пленника) в гроб 'den Verstorbenen (Toten, Ermordeten, Ertrunkenen) in den Sarg legen'.
Der medizinische bzw. juristische Terminus труп 'Leiche' gilt jedoch als unbelebt.

Обнару́жили труп незнако́мого челове́ка.
Man entdeckte die Leiche eines unbekannten Menschen.

b) Bezeichnungen für tote Tiere, z. B. натолкну́ться на до́хлого (уме́ршего) слона́ 'zufällig auf einen verendeten (toten) Elefanten stoßen',
купи́ть гото́вых у́ток 'fertig zubereitete Enten kaufen',
купи́ть большо́го копчёного карпа́ 'einen großen geräucherten Karpfen kaufen'.
Als grammatisch belebt gelten auch Beziehungen von Speisen, die nach Tieren benannt sind, aus denen sie zubereitet sind, z. B. заказа́ть в рестора́не моло́чного поросёнка (цыплёнка, за́йца, ря́бчика, индюка́, жа́реного гу́ся) 'im Restaurant ein Spanferkel (ein Hähnchen, einen Hasen(braten), ein Rebhuhn, einen Truthahn, Gänsebraten) bestellen'.
Die Pluralformen von Benennungen für Fische und Gliederfüßer als Bezeichnungen für Speisen werden gewöhnlich wie grammatisch unbelebte Substantive verwendet, z. B. съесть все шпро́ты, заказа́ть сарди́ны, попро́бовать ра́ки 'Krebse probieren'.

c) Bezeichnungen mythologischer und religiöser Wesen, wie а́нгел, бог, де́мон, Марс '(Kriegsgott) Mars', руса́лка 'Nixe', чёрт 'Teufel', z. B. борьба́ про́тив ве́ры в бо́га, 'der Kampf gegen den Glauben an Gott', моли́ть бо́га 'Gott anbeten, anflehen', чтить Юпи́тера 'den Gott Jupiter verehren'.

d) Die Bezeichnung ку́кла 'Puppe' (vor allem nach den Verben люби́ть, одева́ть, наряжа́ть) sowie die Bezeichnungen für Puppen schlechthin, wie ва́нька-вста́нька 'Stehaufmännchen', матрёшка, марионе́тка, петру́шка 'Kasperle' usw.

Матрёшек изготовля́ют сейча́с во мно́гих места́х на́шей страны́.
Му́рочка наряжа́ет свои́х ку́кол.
Muročka zieht ihre Puppen hübsch an.

Über das Merkmal der grammatischen Belebtheit verfügen auch die Bezeichnungen für Spielzeuge und Skulpturen, die Menschen oder Tiere darstellen, z. B. деревя́нный крокоди́л, ме́дный вса́дник, ка́менный лев.

e) Zahlreiche Bezeichnungen für Figuren in Karten-, Brett- und anderen Spielen, z. B. покры́ть туза́ ко́зырем 'Das Daus mit einem Trumpf stechen', сбро́сить вале́та, короля́ 'einen Buben, König abwerfen', взять слона́ 'einen Läufer (beim Schach) wegnehmen', поже́ртвовать ферзя́ 'eine Dame opfern'.

f) Bei metonymischen Gebrauch von Titeln künstlerischer Werke, die nach den Helden dieser Werke geprägt sind, z. B. чита́ть "Обло́мова" 'den Roman 'Oblomov' lesen', слу́шать "Бори́са Годуно́ва" 'die Oper 'Boris Godunov' hören', поста́вить "Его́ра Булычёва" 'das Schauspiel 'Egor Bulyčëv inszenieren'.

Andererseits werden als *grammatisch unbelebt* die folgenden Substantivgruppen bzw. Substantive behandelt: **629**

a) Bezeichnungen für handelnde Personen in künstlerischen Werken (персона́ж 'handelnde Person', о́браз 'literarische Gestalt', тип, хара́ктер, элеме́нт), z. B. разоблачи́ть отрица́тельные ти́пы (о́бразы, элеме́нты) 'negative Typen (Gestalten, Elemente) entlarven', z. B. созда́ть си́льный хара́ктер, охарактеризова́ть отрица́тельные ти́пы и положи́тельные о́бразы.
Das Substantiv геро́й ist dagegen auch in der Bedeutung 'literarischer Held' grammatisch belebt,

b) Bezeichnungen für Personen nach dem Beruf oder der sozialen Stellung in Konstruktionen wie пойти́ в лётчики 'Flieger werden' oder приня́ть в пионе́ры 'als Mitglied der Pionierorganisation aufgenommen werden'.
Die Verben in Sätzen mit diesen Konstruktionen (z. B. взять, вы́брать, избра́ть, зачи́слить, приня́ть, произвести́, пойти́, записа́ться) bezeichnen das Überwechseln bzw. Überführtwerden von Personen in einen neuen sozialen Status. Die Pluralformen der Substantive bezeichnen dabei nicht konkrete Einzelpersonen, sondern Personen als soziale Gruppe, in die eine Einzelperson integriert wird. Dieser Konstruktionstyp ist im modernen Russisch produktiv, vgl. вы́брать в депута́ты, пойти́ в раке́тчики 'zu den Raketentruppen gehen', вы́брать в чле́ны учёного Сове́та 'als Mitglied des Wissenschaftlichen Rates wählen'.

c) Das Substantiv ка́дры 'Kader' (fester Stamm von Arbeitern in der Produktion und auf anderen Gebieten), z. B. вы́растить журнали́стские ка́дры (руководя́щие ка́дры). Die kollektive Semantik ist offensichtlich auch der Grund dafür, daß der Akk. Plur. von пост '(Wacht-)Posten' und тала́нт 'Begabung, Talent' mit dem Nom. Plur. formal zusammenfallen, z. B. открыва́ть молоды́е тала́нты, иска́ть тала́нты, прове́рить посты́.

3.4.4. Schwankungen in der Zuordnung

Schwankungen in der Zuordnung zur Kategorie der Belebtheit bzw. Unbelebtheit sind bei einer relativ großen Zahl von Substantiven zu beobachten. Nach A. A. Zaliznjak *[62]* gibt es etwa 100 Substantive mit Schwankungen in der Akkusativbildung. Dazu gehören u. a.: **630**

a) Zoologische Termini, wie личи́нка 'Larve' und гу́сеница 'Raupe', z. B. она́ получи́ла вполне́ разви́тых личи́нок/разви́тые личи́нки. Die normativen Handbücher empfehlen die Behandlung dieser Substantive als belebte. In der Fachliteratur der Zoologen werden diese Substantive gelegentlich als unbelebte gebraucht. Эмбрио́н 'Embryo' zählt zu den unbelebten Substantiven.

b) Bezeichnungen für Mikroorganismen, von denen der Laie nicht weiß, ob sie zu den Pflanzen oder Tieren gehören (амёба, бакте́рия, баци́лла, ви́рус, инфузо́рия, микро́б, стрептоко́к), z. B. изуча́ть бакте́рии/бакте́рий, микро́бы/микро́бов usw. Die literatursprachliche Norm betrachtet diese Substantive als grammatisch unbelebt, z. B. учёные атаку́ют ви́рус.

c) Wortfügungen, die aus den einfachen Grundzahlen два, три, четы́ре und einem belebten femininen Substantiv oder aus einem mehrgliedrigen Grundzahlwort mit der letzten Komponente два, три, четы́ре und einem belebten Substantiv bestehen, z. B. купи́ть двух соба́к/две соба́ки, проэкзаменова́ть два́дцать двух ученико́в/двадцать два ученика́. Im ersten Falle ist nach der Norm für den Akkusativ die Genitivform, im zweiten Falle dagegen die Nominativform zu verwenden, d. h. они́ купи́ли двух коро́в und они́ проэкзаменова́ли два́дцать два ученика́.

d) Substantiv лицо́ 'Person', z. B. слова́, называ́ющие лиц/ли́ца. Als stilistisch-neutrale Form ist die Akkusativform лиц zu verwenden, z. B. перечи́слить де́йствующих лиц рома́на.

e) Substantiv ро́бот 'Roboter' (Technik). In populärwissenschaftlichen Texten überwiegen Akkusativformen, die mit den Genitivformen identisch sind.

f) Substantiv существо́ 'Wesen, Geschöpf', z. B. слова́, обознача́ющие живы́х суще́ств/живы́е суще́ства.

631 Schwankungen sind darüber hinaus beim Gebrauch grammatisch *belebter Substantive in übertragener Bedeutung*, d. h. zur Bezeichnung von Sachen zu beobachten. Das ist bei Namen für sowjetische PKW-Marken ("Запоро́жец", "Жигули́", "Москви́ч"), bei Namen von Schiffen ("Седо́в", "Потёмкин") der Fall, z. B. Он приобрёл "Москви́ч" und Сосе́ди купи́ли "Москвича́". Der Gebrauch der entsprechenden Substantive als grammatisch belebte ist charakteristisch für die Umgangssprache. Das gilt auch für die Substantive "Крокоди́л" (bekannte sowjetische satirische Zeitschrift) und змей 'Papierdrachen', z. B. запуска́ть змей/змея. Ähnlich ist es bei конёк 'Steckenpferd', z. B. люби́ть свой конёк, aber сесть на своего́ конька́ 'sein Steckenpferd reiten'.

632 Wenn *unbelebte Substantive in übertragener Bedeutung* Lebewesen bezeichnen, werden sie dagegen gewöhnlich als belebte behandelt.

     Заче́м вы принесли́ э́тот ста́рый колпа́к?
     Wozu habt ihr den alten Deckel mitgebracht?
     Заче́м вы привели́ э́того ста́рого колпака́?
     Wozu habt ihr diesen Tölpel mitgebracht?
     На кинофестива́ле мы ви́дели знамени́тых звёзд экра́на.
     Auf den Filmfestspielen sahen wir berühmte Filmstars.

Ebenso verhält es sich u. a. bei дви́гатель 'Förderer', пень 'schwerfälliger, ungehobelter Mensch', мешо́к 'Tolpatsch', оригина́л, пила́ 'Nervensäge', шля́па 'Tölpel', болва́н 'Dummkopf', и́дол 'Idol, Abgott', истука́н 'Götze', куми́р 'Abgott'.

633 Unter Zugrundelegung der Zugehörigkeit der Bestandteile eines Determinativbinomens zu den grammatisch belebten oder unbelebten Substantiven lassen sich die Determinativbinomina in folgende vier Gruppen einteilen:
    a) 'belebt' – 'belebt': лётчик-испыта́тель 'Testpilot'
    b) 'unbelebt' – 'unbelebt': раке́та-носи́тель 'Trägerrakete'
    c) 'belebt' – 'unbelebt': аку́ла-мо́лот 'Hammerhai'
    d) 'unbelebt' – 'belebt': го́род-геро́й 'Heldenstadt'.

Bei den ersten beiden Gruppen (a und b) bestehen keine Schwierigkeiten hinsichtlich der Zuordnung, vgl.

     вы́растить му́жественного лётчика-испыта́теля/
     му́жественных лётчиков-испыта́телей
mit сконструи́ровать но́вую раке́ту-носи́тель/
     но́вые раке́ты-носи́тели.

Bei den Determinativbinomina der beiden letzten Gruppen treten Schwankungen in der Zuordnung und im morphologischen Ausdruck auf. Die gegenwärtige Tendenz besteht darin, das Merkmal "grammatisch belebt" (c) bzw. "grammatisch unbelebt" (d) von dem ersten Bestandteil auch auf deren zweiten zu übertragen:

     говори́ть про аку́лу-мо́лота/аку́л-мо́лотов
   bzw. знать э́тот сове́тский го́род-геро́й/
     э́ти сове́тские города́-геро́и.

3.5. Die Kongruenzklassen

Die Zusammenfassung der klassifizierenden grammatischen Kategorien des Genus und der Belebtheit bzw. Unbelebtheit führt zur Klassifizierung der russischen Substantive in **Kongruenzklassen** (согласова́тельные кла́ссы). Grundlage dieser von A. A. Zaliznjak vorgenommenen Klassifizierung [61, 66ff.] ist der Begriff der **Kongruenzbeziehung** (согласова́тельная связь).

Auf Grund ihrer Kongruenzforderung ordnet A. A. Zaliznjak die unbelebten Pluralia tantum einer 7. Kongruenzklasse zu. A. A. Zaliznjaks **Schema der Kongruenzklassen** ist in unserer Darstellung durch eine 8. Kongruenzklasse ergänzt, in der grammatisch belebte Pluralia tantum erfaßt sind, d. h. Personenpaare wie роди́тели 'Elternpaar(e), Eltern', супру́ги 'Ehepaar(e), Eheleute', молодожёны 'jungverheiratetes Paar, jungverheiratete Paare; Neuvermählte'.

Belebtheit \ Genus	I maskulines	II feminines	III neutrales	IV paariges
Unbelebt-heit	1. Klasse (дом)	3. Klasse (кни́га)	5. Klasse (окно́)	7. Klasse (са́ни)
Belebtheit	2. Klasse (брат)	4. Klasse (учени́ца)	6. Klasse (чудо́вище)	8. Klasse (роди́тели)

Die Existenz dieser acht Kongruenzklassen läßt sich z. B. an der Verbindung des Adjektivs стра́нный 'eigenartig, merkwürdig' mit verschiedenen Substantiven in der Form des Nom. Sing. und des Akk. Plur. zeigen. Siehe hierzu das folgende Schema:

Kasusform \ Kongruenzklasse	1	2	3	4
	дом	брат	кни́га	сестра́
Nom. Sing.	стра́нный	стра́нный	стра́нная	стра́нная
Akk. Plur.	стра́нные	стра́нных	стра́нные	стра́нных

Kasusform \ Kongruenzklasse	5	6	7	8
	окно́	чудо́вище	са́ни	роди́тели
Nom. Sing.	стра́нное	стра́нное	стра́нные	стра́нные
Akk. Plur.	стра́нные	стра́нных	стра́нные	стра́нных

Bemerkung. Die Pluralia tantum ребя́та 'Jungen(s), junge Leute' und девча́та 'Mädel(s), Mädchen' gehören kraft ihrer lexikalischen Bedeutung, die sich in bestimmten Kontexten manifestiert, der 2. bzw. 4. Kongruenzklasse an, vgl.

  Вот оди́н из ребя́т. – Вот одна́ из девча́т.
  Я зна́ю одного́ из ребя́т. – Я зна́ю одну́ из девча́т.

Der Vorzug dieser Klassifizierung ist u. a. darin zu sehen, daß sie alle Substantive erfaßt und im Gegensatz zum traditionellen Genussystem eine Klassifizierung der Wortart Substantiv ermöglicht, bei der jedes beliebige Substantiv einer der acht Kongruenzklassen immer eindeutig identifiziert werden kann. Darüber hinaus wird der Auffassung entgegengetreten, im Plural wären die Genera nicht unterschieden und die Kategorie der Belebtheit bzw. Unbelebtheit äußere sich nur im Akkusativ. Vergleiche die folgenden Sätze, in denen ein gegenseitiger Austausch der Pluralformen домáми, стенáми und óкнами nicht möglich ist:

> Я довóлен э́тими домáми, кáждый из котóрых по-свóему хорóш.
> Я довóлен э́тими стенáми, кáждая из котóрых по-свóему хороша́.
> Я довóлен э́тими óкнами, кáждое из котóрых по-свóему хорошó.

In den folgenden Sätzen können die Wortformen дóму und мáльчику einander nicht vertreten.

> Я подошёл к томý дóму, котóрый я уви́дел.
> Я полошёл к томý мáльчику, котóрого я уви́дел.

Den Platz von мáльчику können alle Substantive der 2. Kongruenzklasse einnehmen, die im Dat. Sing. stehen, den von дóму dagegen alle im Dat. Sing. vorkommenden Substantive der 1. Kongruenzklasse. Somit können die beiden angeführten Satzmodelle als diagnostische Umgebungen für die 1. bzw. 2. Kongruenzklasse dienen.

3.6. Die Kategorie des Numerus

3.6.1. Der Gehalt und die Bedeutungen

637 Die **Kategorie des Numerus** (Plural: Numeri; катего́рия числа́) wird morphologisch in den 6 Kasus-Numerusformen des *Singulars* (еди́нственное число́) und in den 6 Kasus-Numerusformen des *Plurals* (мно́жественное число́) realisiert. Syntaktisch äußert sich der Numerus in der Kongruenz mit Adjektiven, Partizipien, adjektivischen Pronomen und mit finiten Verbformen im Präteritum und im Konjunktiv. Die Kategorie des Numerus drückt die Quantität des vom Substantiv bezeichneten Gegenstandsbereichs aus. Die Singularformen charakterisieren einen entsprechenden gegenständlichen Bereich der Wirklichkeit (Gegenstände) als Einheit, die Pluralformen als Vielheit. Die **Allgemeinbedeutungen** der *Einheit* (еди́ничность) und der *Vielheit* (мно́жественность) erfahren in Abhängigkeit von bestimmten semantischen Eigenschaften der Substantive unterschiedliche Ausprägungen.

638 Grundsätzlich ist zu unterscheiden zwischen Substantiven mit **numerativer Semantik** (существи́тельные нумерáльной семáнтики) und Substantiven mit **anumerativer Semantik** (существи́тельные анумерáльной семáнтики). Substantive mit numerativer Semantik bezeichnen *Zählbares* (= Diskontinuierliches oder Diskretes). Sie sind Individuativa oder ideelle Abstrakta. Substantive mit anumerativer Semantik bezeichnen *Nichtzählbares* (= Kontinuierliches oder Nichtdiskretes). Zu ihnen gehören Stoffnamen, Sammel- oder Kollektivnamen, Verbal- und Adjektivabstrakta, Eigennamen (s. 513).

639 Wenn sich Substantive *numerativer Semantik* auf konkrete Exemplare oder Elemente der betreffenden Gegenstandsklasse beziehen *(= partikulärer Gebrauch)*, nennt der Singular ein einzelnes Element dieser Klasse (стол, коро́ва, по́ле), der Plural eine Mehrzahl von Elementen (mehr als ein Element) dieser Klasse (столы́, коро́вы, поля́). Die Bestimmung der Anzahl bei Substantiven numerativer Semantik bildet das funktionale Zentrum der Numeruskategorie. Hier stehen sich Singularformen und Pluralformen korrelativ gegenüber und sind in ihrer Bedeutung strikt voneinander geschieden.

Daneben können sich Substantive numerativer Semantik auf den Gesamtbereich dessen beziehen, was sie bezeichnen, d. h. auf die ganze Gegenstandsklasse *(= genereller Gebrauch)*. Dann kann im Prinzip sowohl die Singularform wie die Pluralform stehen.

> Студе́нт ГДР воспи́тывается в ду́хе интернационали́зма.
> Студе́нты ГДР воспи́тываются в ду́хе интернационали́зма.

Bei der Verwendung des Singulars wird die Einheit der Gegenstandsklasse – häufig als Typisierung – betont, bei der Verwendung des Plurals die Vielgestaltigkeit und Gegliedertheit der Gegenstandsklasse.
Allerdings gibt es bei der generellen Gebrauchsweise des Numerus viele Fälle, bei denen entweder die Singularform oder die Pluralform vorgezogen wird. Vgl. Дом актёра und Дом пионе́ров.
Eine Besonderheit bildet der sog. *distributive Gebrauch* der Singularformen.

        Наклони́те ту́ловище! Beugt den Rumpf!

Hier wird ein Einzelgegenstand (Rumpf) einer Vielzahl von anderen Gegenständen (Personen) zugeordnet. Die distributive Verwendung des Singulars ist nur unter der Voraussetzung möglich, daß der betreffende Gegenstand in einer Vielzahl vorhanden ist. Deshalb kann in folgendem Beispiel головóй im Singular, muß винтóвки im Plural stehen.

        Солда́ты стоя́ли с опу́щенной головóй, мра́чно сжима́я винтóвки. – А. С. Пу́шкин.

Die Singularformen von Substantiven mit numerativer Semantik nennen also bei partikulärem Gebrauch ein Element der betreffenden Gegenstandsklasse, bei generellem Gebrauch die ganze Gegenstandsklasse und bei distributivem Gebrauch eine Einzelgröße, die einer Vielzahl von Gegenständen zugeordnet ist. Die Pluralformen dieser Substantive werden partikulär zum Ausdruck einer Vielzahl von Elementen der Gegenstandsklasse und generell zur Bezeichnung der ganzen Klasse verwandt.
Nur zwei Gruppen von Substantiven mit numerativer Semantik haben keine korrelativen Singular- und Pluralformen. Die eine Gruppe verfügt nur über Pluralformen (са́ни, су́тки) und gehört zu den *Pluralia tantum* (plurale tantum 'nur Plural'). Die andere Gruppe setzt sich aus indeklinablen Substantiven (пальтó, кенгуру́) zusammen. Bei ihnen werden Singular und Plural formal nur durch Kongruenzwörter ausgedrückt: нóвое пальтó – нóвые пальтó, зелёный кенгуру́ – зелёные кенгуру́. Beide werden partikulär und generell gebraucht.
Substantive *anumerativer Semantik* haben entweder nur Singularformen oder nur Pluralformen und werden deshalb *Singularia tantum* (singulare tantum 'nur Singular') bzw. – einschließlich der Gruppe vom Typ са́ни – *Pluralia tantum* genannt. Der Singular charakterisiert dann Gegenstände als *ungegliederte Einheiten*, der Plural dagegen als *gegliederte Einheiten*. Vgl. das Singulare tantum песóк 'Sand' und das Plurale tantum консéрвы 'Konserven'. Einschränkend muß aber betont werden, daß in vielen Fällen die Zuordnung von Substantiven anumerativer Semantik zu den Singularia tantum oder zu den Pluralia tantum nicht (mehr) motiviert ist und deshalb auch nicht in jedem Fall durch den Singular 'Ungegliedertheit' und durch den Plural 'Gegliedertheit' ausgedrückt wird. Vgl. смета́на 'saure Sahne' und сли́вки 'süße Sahne'. Bei solchen Substantiven hat der Numerus rein formalen Charakter. Singularia tantum und Pluralia tantum als Konsequenz der Nichtzählbarkeit finden sich gleichermaßen bei Stoffnamen (молокó, сли́вки), Sammel- oder Kollektivnamen (студéнчество, дéньги), Verbal- und Adjektivabstrakta (доброта́, хлóпоты), Eigennamen (Москва́, Черёмушки).
Singularia tantum und Pluralia tantum beziehen sich bei *partikulärem Gebrauch* auf den bzw. auf einen ausgegliederten Teil der betreffenden Klasse.

        Васи́лий вы́пил молокó. Vasilij trank die Milch.
        На столé бы́ли консéрвы. Auf dem Tisch waren Konserven.

Sie können ebenfalls *distributiv* und *generell* stehen.

        Васи́лий с Ма́шей вы́пили молокó.
        Vasilij und Maša tranken Milch.
        Желéзо ржа́веет. Eisen rostet.
        Фру́кты содéржат мнóго витами́нов.

Da die Substantive, die Zählbares bezeichnen und über korrelative Numerusformen verfügen, keiner besonderen Erläuterung bedürfen, beschränken wir uns im folgenden auf eine Übersicht über die wichtigsten Bedeutungsklassen der Singulariatantum und der Pluraliatantum.

3.6.2. Die Singulariatantum

a) Stoffnamen

641 Bezeichnungen von natürlichen und produzierten Stoffen wie азо́т, водоро́д, желе́зо, зо́лото, песо́к, пыль, снег, сталь, сукно́, цеме́нт, чугу́н, шёлк; Bezeichnungen von natürlichen und produzierten Flüssigkeiten wie вино́, вода́, молоко́, нефть, смета́на, чай; Bezeichnungen von Getreide, Gemüse, Früchten, Fleisch und daraus produzierten Nahrungsmitteln wie говя́дина, капу́ста, клубни́ка, мали́на, морко́вь, рожь, свини́на.
In der Mehrzahl der Fälle sind die entsprechenden deutschen Substantive ebenfalls Singulariatantum. Erwähnenswert sind folgende Abweichungen, wo im Deutschen für ein russisches Singularetantum ein Pluraletantum erscheint: карто́фель 'Kartoffeln', горо́х 'Erbsen', фасо́ль 'Bohnen', мали́на 'Himbeeren', клубни́ка 'Erdbeeren', виногра́д 'Weintrauben'.

642 Von vielen Stoffnamen sind Pluralbildungen möglich, die aber jeweils im Vergleich zu den Singularformen eine spezifische Bedeutungsnuance erhalten. Во́ды, спи́рты, масла́, ме́ди, кру́пы bezeichnen Wasser-, Sprit-, Öl-, Kupfer-, Grieß*sorten*, овсы́, ржи, о́зими, снега́, пески́, гря́зи *große Flächen*, die mit den genannten Getreidesorten bepflanzt sind bzw. von Schnee, Sand, Morast bedeckt sind, льды, во́ды, снега́ sind auch große Eis-, Wasser-, Schneemassen, холода́, ве́тры, дожди́ lang andauernde Kälte, Wind, Regen.

643 Einige Stoffnamen bilden mit Hilfe der Suffixe -ин(а), -инк(а), -к(а) neue Wörter, sog. *Singulativa*. Diese bezeichnen einen entsprechenden Einzelgegenstand, ein Exemplar der Stoffmenge, z. B. карто́фел-ин-а 'die einzelne Kartoffel', горо́ш-ин-а 'die Erbse', изю́м-ин-а 'die Rosine', пыл-и́нк-а 'das Staubteilchen', снеж-и́нк-а 'die Schneeflocke', морко́в-к-а 'die Mohrrübe'. Singulativa haben daher korrelative Singular- und Pluralformen. Umschreibungen werden in Fällen wie den folgenden benutzt: буха́нка хле́ба 'Brot(laib)', я́год(к)а мали́ны 'die (einzelne) Himbeere', коча́н капу́сты 'Kohlkopf'.

b) Sammel- oder Kollektivnamen

644 Sie bezeichnen eine *Gesamtheit* von Personen oder Gegenständen mit wesentlichen gemeinsamen Merkmalen. Sie sind entweder von Substantiven oder Adjektiven abgeleitet (учи́тельство, студе́нчество, бельё, зе́лень) oder nicht abgeleitet (скот, ме́бель). Von Kollektivnamen sind Substantive wie наро́д, коллекти́в, ста́до zu unterscheiden. Diese bezeichnen *zählbare Gruppen von Lebewesen* und bilden entsprechende Pluralformen.

> Все коллекти́вы уча́ствуют в социалисти́ческом соревнова́нии.

Oft werden im Russischen Substantive, die primär zählbare Gegenstände bezeichnen und demzufolge über korrelative Numerusformen verfügen, auch als Sammel- oder Kollektivnamen verwandt. Dann ist nur der Singular möglich.

> В на́шем лесу́ растёт то́лько сосна́, а берёза не растёт.
> In unserem Wald wachsen nur Kiefern, aber keine Birken.
> Здесь ры́ба во́дится. Hier gibt es Fisch.

c) Abstrakta

645 Hierher gehören Substantive, die *vergegenständlichte Eigenschaften, Beziehungen, Zustände, Handlungen* bezeichnen. Diese Substantive sind von Adjektiven oder Verben gebildet (сме́лость, объявле́ние) oder sind auch nicht abgeleitet (го́лод, го́ре, вздор, жар, ску́ка, сла́ва). Von vielen Abstrakta sind jedoch auch Pluralformen möglich. Pluralformen von Adjektivabstrakta bezeichnen z. B. Gegenstände, Erscheinungen, die über die betreffende Eigenschaft verfügen oder fast ausschließlich durch diese Eigenschaft charakterisiert sind: ра́дости жи́зни 'Freuden des Lebens' sind 'Begebenheiten des Lebens, die als besonders angenehm empfunden werden'; говори́ть глу́пости, гру́бости, де́рзости, любе́зности 'Dummheiten, Grobheiten, Frechheiten, Liebenswürdigkeiten sagen' ist als 'dumme, grobe, freche, liebenswürdige Worte sagen' zu interpretieren. Pluralformen von Verbalabstrakta bezeichnen u. a. konkrete Gegenstände, Erscheinungen, an denen sich die Handlung vollzieht (переда́ча объявле́ний по ра́дио 'die Rundfunkübertragung der Bekanntmachungen') oder die das Resultat der Handlung darstellen (объявле́ния вы́вешены на чёрной доске́ 'die Bekanntma-

chungen sind am schwarzen Brett ausgehängt'). Im Grunde handelt es sich bei den betreffenden Pluralformen um konkrete Bedeutungen. In vielen Fällen ist zu dieser konkreten Bedeutung auch wieder eine Singularform möglich: говори́ть глу́пость 'eine Dummheit sagen', объявле́ние вы́вешено на чёрной доске́ 'die Bekanntmachung ist am schwarzen Brett ausgehängt'; in anderen Fällen existiert nur die Pluralform. Vgl. neben dem Abstraktum сбереже́ние 'Aufbewahrung, Sparen' das Konkretum сбереже́ния (nur Plural) 'Ersparnisse', neben вы́бор 'Wahl', вы́боры 'Wahlen'.

Ob und wann der Unterschied zwischen Singularform und Pluralform soweit geht, daß nicht mehr lexikalisch-semantische Varianten eines Lexems angenommen werden, sondern zwei oder mehrere verschiedene Wörter (entweder Singularetantum gegenüber Pluraletantum oder Singularetantum gegenüber Substantiv mit korrelativen Numerusformen), ist eine umstrittene Frage der Wortbildung. Überhaupt ist das Problem, ob es sich bei der Korrelation zwischen Singular und Plural um Formen ein und desselben Lexems oder um zwei Lexeme handelt und ob der Numerus eine morphologische oder wie das Genus eine klassifizierende Kategorie darstellt, in der linguistischen Literatur nicht eindeutig beantwortet. Vgl. hierzu *[142; 143]*.

3.6.3. Die Pluraliatantum

Während zu den Singulariatantum nur Substantive gehören, die Nichtzählbares bezeichnen, sind innerhalb der Pluraliatantum deutlich Substantive, die Zählbares bezeichnen, von jenen zu unterscheiden, die Nichtzählbares bezeichnen.

Zur 1. Gruppe gehören:

a) Bezeichnungen für Gegenstände, die aus Paaren von (symmetrischen) Bestandteilen zusammengesetzt sind: брю́ки 'Hose', воро́та 'Tor', кле́щи 'Zange', но́жницы 'Schere', носи́лки 'Tragbahre', очки́ 'Brille', пла́вки 'Badehose', са́ни 'Schlitten', тру́сики 'Turnhose'.

b) Bezeichnungen für Gegenstände, die einen Komplex aus einer Vielzahl von Bestandteilen bilden: бу́сы 'Halskette', весы́ 'Waage', гра́бли 'Rechen', гу́сли 'Gusli' (Musikinstrument), кура́нты 'Turmuhr', око́вы 'Fesseln', пери́ла 'Geländer', часы́ 'Uhr'.

c) Das Substantiv су́тки '24 Stunden (Tag und Nacht)'.

d) Substantive wie девча́та und solche wie роди́тели, молодожёны 'junges Paar', новобра́чные 'Jungvermählte', die jeweils zwei Personen, eine weiblichen und eine männlichen Geschlechts, bezeichnen.

Die Substantive unter a) bis c) nennen, wenn der Kontext nichts anderes aussagt, einen Einzelgegenstand. Die gemeinte Einzahl kann durch die Verwendung des Zahlwortes одни́ betont werden (одни́ но́жницы, одни́ су́тки). Zum Ausdruck der Mehrzahl müssen bis zur Zahl 5 die Kardinalzahlwörter der Sondergruppe, ab 5 können bzw. müssen die Kardinalzahlwörter der Hauptgruppe gebraucht werden, z. B. дво́е но́жниц, пятна́дцать су́ток.

Zur 2. Gruppe der Pluraliatantum gehören Substantive, die wie die Singulariatantum Nichtzählbares bezeichnen.

a) Stoffnamen

Bezeichnungen für Abfälle, d. h. Ergebnisse von Handlungen, wie вы́жимки 'Rückstände' (z. B. Treber), опи́лки 'Sägespäne', отбро́сы 'Abfälle', о́труби 'Kleie', отхо́ды 'Produktionsabfälle'; Bezeichnungen für Lebensmittel wie дро́жжи 'Hefe', консе́рвы 'Konserven', проду́кты 'Lebensmittel', фру́кты 'Obst', сли́вки 'Sahne', щи 'Kohlsuppe'; Bezeichnungen für Flüssigkeiten wie бели́ла 'weiße Farbe', духи́ 'Parfüm', черни́ла 'Tinte'; ferner gehören hierher дрова́ 'Brennholz', обо́и 'Tapeten'.

Бо́ли, му́ки, страда́ния, муче́ния, спо́ры u. a. unterscheiden sich als selbständige lexikalisch-semantische Varianten von den Singularformen боль, му́ка, страда́ние, муче́ние, спор dadurch, daß sie einen intensiven, länger andauernden Prozeß bezeichnen.

b) Sammel- oder Kollektivnamen

652 Im Gegensatz zu den Sammel- oder Kollektivnamen der Singulariatantum sind die hierher einzuordnenden Substantive stets nicht abgeleitet. Es lassen sich unterscheiden: Bezeichnungen für Geldsummen wie алиме́нты 'Alimente', де́ньги 'Geld', су́точные 'Tagegeld', фина́нсы 'Finanzen'; für Zeitabschnitte wie кани́кулы 'Ferien', су́мерки 'Dämmerung'; für Pflanzengruppen wie всхо́ды 'junge Saat', де́бри 'Urwald', джу́нгли 'Dschungel'; für Gegenstandsgruppen wie мемуа́ры 'Memoiren', мо́щи 'Reliquien', припа́сы 'Vorräte', сла́сти 'Süßigkeiten'.

Eine besondere Gruppe der Sammel- oder Kollektivnamen, die als Pluraliatantum anzusehen sind, bilden die Namen von Nationalitäten: англича́не, болга́ре, кирги́зы, тата́ры.

В Каза́хской ССР живу́т каза́хи, ру́сские, украи́нцы, тата́ры.

In der Kasachischen SSR leben Kasachen, Russen, Ukrainer, Tataren.

Diese lexikalisch-semantische Bedeutungsvariante wird in den Wörterbüchern meist an erster Stelle angeführt. Daneben bezeichnet англича́не usw. die gezählte Vielheit zum Maskulinum англича́нин.

Auch bei vielen anderen Substantiven, besonders bei Personenbezeichnungen, wird der Plural verwandt, um etwas Kontinuierliches und nicht dem Zahlbegriff Unterworfenes auszudrücken. Erst der Kontext macht deutlich, ob es sich um eine oder um mehrere Personen handelt.

– Ма́ма, у нас го́сти: пришла́ Ни́на Миха́йловна.

"Mama, wir haben Besuch: Nina Michailovna ist gekommen."

(Beachte die Übersetzung der Pluralform го́сти mit dem deutschen Kollektivum und Singularetantum 'Besuch'.)

c) Abstrakta

653 Sie bezeichnen wie die entsprechenden Singulariatantum vergegenständlichte Prozesse. Diese werden aber nun als gegliedertes, eine Vielzahl von Einzelhandlungen umfassendes komplexes Geschehen aufgefaßt: деба́ты 'Debatten', перегово́ры 'Verhandlungen', по́иски 'Suche, Suchaktion', хлебозагото́вки 'Getreidebeschaffung', хло́поты 'Bemühungen, Scherereien'; hierher sind auch Zeremonien wie прово́ды 'Abschied', по́хороны 'Beerdigung' sowie Spiele wie пря́тки 'Versteckspiel', ша́хматы 'Schach' zu stellen.

654 d) Eigennamen wie А́льпы, Афи́ны 'Athen', Вели́кие Лу́ки, Дарданелли.

655 e) Schließlich ist darauf zu verweisen, daß einige Substantive, obgleich sie über eine Singularform verfügen, vorwiegend in der Pluralform gebraucht werden, da sie den besprochenen Gruppen der Pluraliatantum nahestehen, z. B. сапоги́ 'Stiefel', чулки́ 'Strümpfe' (paarige Gegenstände), полевы́е рабо́ты 'Feldarbeiten' (komplexe Prozesse), труды́ (in der Bedeutung von хло́поты).

656 Die Stoff- und Sammelnamen beider Numerustypen, also sowohl die entsprechenden Singulariatantum wie die Pluraliatantum, lassen sich sekundär durch sog. Formwörter oder Quantitätswörter quantifizieren und damit in gewisser Weise zählbar machen. Dazu dienen Bezeichnungen für Gefäße, Bündel, Einzelelemente, Quantitätspronomen: буты́лка смета́ны, буты́лка сли́вок, ку́ча сне́га, ку́ча отбро́сов, коча́н капу́сты, мно́го де́нег.

3.7. Die Kategorie des Kasus

3.7.1. Allgemeine Charakteristik

657 Die **Kategorie des Kasus** umfaßt 6 Kasus(glieder): Nominativ (имени́тельный паде́ж), Genitiv (роди́тельный паде́ж), Dativ (да́тельный паде́ж), Akkusativ (вини́тельный паде́ж), Instrumental (твори́тельный паде́ж), Präpositiv (предло́жный паде́ж). Diese Kasus werden

durch besondere Morphemtypen, durch die Kasusendungen als Einheit von Kasusbedeutung und Kasusform, gebildet. Die Kasusbedeutung jeder Kasusform ist mit der Numerusbedeutung gekoppelt, so daß es 6 Kasusendungen im Singular und 6 Kasusendungen im Plural gibt.

Da die Art (die lautliche Gestalt) der Kasusendungen vom Deklinationstyp und z. T. vom Genus abhängig sein kann, könnten allein innerhalb der drei Standarddeklinationen (Maskulina gegenüber Neutra der I. Deklination, Substantive der II. Deklination, Substantive der III. Deklination) 48 unterschiedliche Kasusformen existieren. In Wirklichkeit gibt es 14 unterschiedliche Kasusformen: -/Ø/, -/a/, -/o/, -/u/, -/e/, -/i/, -/om/, -/oj/, -/ju/, -/ov/, -/ej/, -/am/, -/am'i/, -/ax/. Die meisten Kasusformen sind nämlich homonym. Sie verbinden sich mit mehr als einer Kasusbedeutung. Am meisten belastet ist -/a/. Es ist die Kasusform für den Gen. Sing. der Maskulina der I. Deklination (стола́), für den Gen. Sing. der Neutra der I. Deklination (села́), für den Nom. Sing. der Substantive der II. Deklination (ма́ма, па́па), für den Nom./Akk. eines Teils der maskulinen Substantive der I. Deklination (глаза́) und für den Nom. Plur. der neutralen Substantive der I. Deklination (сёла). Die Auflösung der Homonymie, d. h. die Entscheidung, welche Kasusbedeutung im konkreten Fall durch die entsprechende Kasusform ausgedrückt wird, erfolgt im wesentlichen durch den Platz der Kasusform in ihrem Paradigma. Bei einer Kasusform -/a/, die mit den Kasusformen -/Ø/, -/u/, -/om/, -/e/ wechselt, kann es sich nur um den Gen. Sing. maskuliner Substantive der I. Deklination handeln. Tritt eine homonyme Kasusform in ein und demselben Paradigma auf, steuert der syntaktische Kontext die Auflösung. In "В углу́ нахо́дится стол" liegt der Nom. Sing., in "Я ви́жу стол" der Akk. Sing. eines maskulinen Substantivs der I. Deklination vor.

Über Kasus verfügen auch die *indeklinablen Substantive*. Hier werden die Kasus nicht mittels besonderer Kasusendungen zum Ausdruck gebracht, sondern ein und dieselbe Wortform realisiert je nach dem Kontext einen bestimmten Kasus. In "Он пришёл в си́нем пальто́" steht пальто́ im Präp. Sing., der eindeutig durch die Präposition в und die Adjektivform си́нем signalisiert wird.

Genitiv, Dativ, Akkusativ, Instrumental erfüllen ihre Funktion entweder ohne Präposition, d. h. als *reine Kasus*, oder zusammen mit Präpositionen, als *Präpositionalkasus*. Der Präpositiv – und deshalb heißt er auch so – kommt nur als Präpositionalkasus vor.

Im Altrussischen existierte als Anredeform ein besonderer Kasus, der *Vokativ*. Ein Relikt ist z. B. бо́же in бо́же мой! In der Gegenwartssprache bilden belebte Substantive der II. Deklination durch Eliminierung der Nominativendung -/a/ und Dehnung des Wurzelvokals eine besondere Anredeform: мам [ma:m]! Саш! Diese Formen sind vor allem in der Umgangssprache im familiären Milieu verbreitet.

3.7.2. Die Funktionen der Kasus

Die Kategorie des Kasus dient vor allem dazu, *syntaktische Beziehungen* (Zuordnungs- und Abhängigkeitsbeziehungen) der Substantive zu anderen Wörtern oder Wortgruppen auszudrücken. Der Genitiv von сестра́ bezeichnet in кни́га сестры́, daß dieses Wort zu dem vorangegangenen Substantiv gehört – beide bilden eine Substantivgruppe – und daß сестра́ von кни́га abhängig ist. Die auf diese Weise für das Substantiv сестра́ gekennzeichnete Position nennt man Attribut. Die Funktionen der Kasus betreffen also zunächst syntaktische Verhältnisse. Ob die Kasus neben ihren syntaktischen Funktionen auch allgemeine abstrakte Bedeutungen haben, ist zwar nicht unumstritten, wird aber von der Mehrheit der Forscher bejaht. Was Charakteristika, Zahl und Bezeichnung der Kasusbedeutungen angeht, existieren beträchtliche Unterschiede. Als besonders einflußreich haben sich in den letzten Jahrzehnten die Kasustheorien von R. Jakobson *[209]*, J. Kuryłowicz *[80]* und Ch. J. Fillmore *[202]* erwiesen. Eine besondere Konzeption hat auch die Akademie-Grammatik '80 *[129]* entwickelt. Wir gehen zwar auch von der Annahme aus, daß die Kasus in sich die Bezeichnung syntaktischer Zuordnungs- und Abhängigkeitsbeziehungen mit dem Ausdruck allgemeiner Bedeutungen verbinden, werden aber bei der Darstellung der einzelnen Kasus auf Grund der angedeuteten Forschungslage vor allem ihren syntaktischen Funktionswert hervorheben und nur sporadisch auf semantische Charakteristika hinweisen. Zudem kann in der Morphologie nur eine auf das Grundsätzliche gerichtete und mit wenigen illustrierenden Beispielen versehene Darstellung der Kasusfunktionen gegeben werden. Genaueres und Einzelheiten werden in der Syntax behandelt.

663 Der **Nominativ** ist die neutrale Grundform im Kasussystem (casus rectus), weil er nicht wie die anderen Kasus (casus obliqui) eine einseitige syntaktische Abhängigkeit anzeigt. Deshalb wird der Nominativ syntaktisch vor allem als Subjekt *(Виктор работает)*, dann als Prädikatsnomen (Мой брат – *учитель*), ferner als Apposition (Я читаю газету *"Правда"*) verwandt. Außerdem ist der Nominativ sog. Benennungsnominativ in Überschriften und im Text.
    Мы вошли в детскую комнату. Маленькая мебель. Беспорядок.
    Wir gingen ins Kinderzimmer. Niedrige Möbel. Unordnung.
Besonders hinzuweisen ist noch auf den Nominativ als Anredenominativ (Виктор!).

664 Der **Genitiv** ist vor allem ein *adnominaler* (= bei einem Nomen stehender) Kasus. Er kennzeichnet dann ein Attribut. Die Art der Relation, die zwischen dem Kernwort der Wortfügung und dem Genitivattribut besteht, wird nicht durch den Genitiv selbst, sondern durch die syntaktisch-semantischen Eigenschaften der Substantive bestimmt, die aufeinander bezogen sind. Im groben lassen sich folgende Relationen festhalten:
a) Ist das Kernwort ein Verbalabstraktum, dann liegt Subjektbedeutung (Subjektgenitiv: приезд делегации) oder Objektbedeutung (Objektgenitiv: посещение музея) vor; ist das Kernwort ein Adjektivabstraktum, dann hat der Genitiv Subjektbedeutung (храбрость солдата). Das Genitivattribut bezeichnet den Träger der Eigenschaft.
b) Ist das Kernwort ein Konkretum, dann sind sehr unterschiedliche Bedeutungsrelationen möglich: Subjektbedeutung (закон Ньютена), Objektbedeutung (памятник героя), Zugehörigkeitsbedeutung (журнал студента), Teil-Ganzes-Bedeutung (крыша дома, бутылка вина), Eigenschaftsbedeutung (человек высокого роста, продукция высокого качества).

665 Der Genitiv kann auch *adverbal* (bei einem Verb) stehen. Dann kennzeichnet er ein Objekt. Als Objekt tritt der Genitiv auf
a) nach begrenzten Gruppen affirmativ oder negativ gebrauchter Verben, vor allem nach Verben des Meidens und Fürchtens (избежать 'vermeiden', сторониться 'ausweichen', чуждаться 'scheuen', стесняться 'sich genieren', бояться 'sich fürchten'); nach Verben des Suchens, Strebens, Wünschens (искать, достичь/достигнуть 'erreichen', добиться 'erreichen', придерживаться мнения 'eine Meinung vertreten', слушаться 'gehorchen', желать, ждать, требовать) u. a.; ferner лишить кого-л. чего-л. 'jem. etwas entziehen', wo das zweite Objekt im Genitiv steht;
b) nach negierten transitiven Verben (Он не написал ни одной статьи);
c) als partitiver Genitiv (Положите ещё сахару!).

666 Syntaktisch als Objekt gilt traditionell der Genitiv in Fällen wie Забот хватает 'Sorgen gibt es genug' (mit quantitativer Nebenbedeutung) und in negierten Existentialkonstruktionen des Typs Писем не пришло 'Es sind keine Briefe gekommen', Никого нет 'Es ist niemand da'. Semantisch handelt es sich um Subjektbedeutung.
Peripher ist die adverbiale Position des Genitivs bei Datumsangaben: седьмого мая.

667 Der **Dativ** ist in erster Linie wie der Akkusativ ein von Verben abhängiger Objektkasus. Wenn er gleichzeitig mit einem Akkusativobjekt vorkommt, bezeichnet er den *Adressaten der Handlung* (Пётр передал эту книгу Антону) oder die an der Handlung interessierte Person (Запишите мне свой адрес). Tritt ein Dativobjekt allein auf, entspricht ihm im Deutschen oft ein Akkusativobjekt. Vgl. способствовать кому-л. 'jemanden fördern', мешать кому-л. 'jemanden stören'. Möglich ist auch der umgekehrte Fall, daß einem russischen direkten Ob-

jekt im Akkusativ ein deutsches Objekt im Dativ entspricht: благодари́ть кого́-л. 'jemandem danken', поздравля́ть кого́-л. 'jemandem gratulieren'. Syntaktisch ein Objekt, aber Subjektbedeutung liegt vor in Konstruktionen wie "Мне не спи́тся" und "Мне хо́лодно".
Adnominal tritt der Dativ bei Verbalabstrakta und einigen anderen Substantiven auf: по́мощь студе́нтам 'Hilfe für die Studenten', служе́ние ро́дине 'Dienst für das Vaterland', па́мятник Пу́шкину 'Puschkindenkmal'.

Der **Akkusativ** steht vor allem dem Nominativ gegenüber. Er bezeichnet dann das *direkte Objekt* und ist abhängig (wird regiert) von transitiven Verben: встре́тить друзе́й, побели́ть сте́ну, постро́ить дом. Peripher ist für den Akkusativ die *Adverbialposition* in рабо́тать час (Temporalbedeutung), ве́сить три то́нны (Maßbedeutung). **668**

Der **Instrumental** fungiert als *Objekt* bei der Bezeichnung des Werkzeugs (писа́ть карандашо́м) und als *Adverbialbestimmung* verschiedenen Typs in идти́ бе́регом (lokal), рабо́тать ве́чером (temporal), петь ба́сом (Art und Weise). Als Objekt kommt der Instrumental auch nach Verben des Leitens, Verfügens vor: руководи́ть кружко́м, кома́ндовать диви́зией, заве́довать отде́лом, владе́ть языко́м. Ebenso wird der Instrumental bei einem Teil der von diesen Verben abgeleiteten Verbalabstrakta gebraucht, z. B. руково́дство заво́дом; entsprechend заве́дующий ка́федрой 'Lehrstuhlinhaber', aber команди́р диви́зии.
Außerdem kann der Instrumental als Prädikatsnomen (стать учи́телем) und als Objekt mit Subjektbedeutung in Passivkonstruktionen (Дом постро́ен рабо́чими) und in Konstruktionen des Typs "Мо́лнией зажгло́ сара́й" ('Der Blitz hat die Scheune in Brand gesetzt') sowie in Substantivgruppen des Typs "чте́ние рома́на а́втором" stehen. **669**

Als **Präpositionalkasus** werden Verbindungen aus Präposition + Substantiv bezeichnet. Sie unterscheiden sich im Prinzip weder syntaktisch noch semantisch von den reinen Kasus. Das gilt auch für den **Präpositiv**, der ausschließlich mit einer Präposition gebraucht wird. Syntaktisch können die Präpositionalkasus mit Ausnahme des Subjekts alle Satzgliedpositionen besetzen, also als Objekt (говори́ть о чём-л.), als Attribut (инжене́р по сва́рке 'Schweißingenieur'), als Adverbialbestimmung (жить в Москве́) und – allerdings sehr peripher – als Prädikatsnomen (О́кна бы́ли без стёкол) fungieren. Im Gegensatz zu den reinen Kasus bringen aber die Präpositionalkasus durch die Präpositionalsemantik eine Spezifizierung in die jeweiligen abstrakten Kasusbedeutungen ein. Diese Spezifizierung ist minimal, wenn die entsprechende Präposition mit ihrem Kasus vom Verb stark regiert wird (ве́рить в дру́га). In vielen Fällen herrscht Konkurrenz zwischen reinem Kasus und Präpositionalkasus (рассказа́ть происше́ствие / рассказа́ть о происше́ствии). Besonders in Attribut- und in Adverbialposition stehen jedoch oft alternativ mehrere Präpositionen mit ausgeprägter Eigensemantik zur Verfügung, die dann deutliche Differenzierungen ermöglichen: е́хать по́ лесу / в лесу́ / через лес. **670**

4. Das Adjektiv

4.1. Das Adjektiv als Wortart

671 Die Wortart **Adjektiv** (имя прилагательное) wird in der Regel als eine Wortart definiert, die (im Gegensatz zum Verb) ein nichtprozessuales Merkmal eines Gegenstandes bezeichnet und diese lexikalisch-grammatische *Allgemeinbedeutung* durch die *morphologischen Kategorien* des Genus, Numerus, Kasus, der Belebtheit bzw. Unbelebtheit und der Komparation sowie durch die Unterscheidung von Lang- und Kurzformen zum Ausdruck bringt.
Von den genannten morphologischen Kategorien des Adjektivs wird nur die Kategorie der Komparation ausnahmslos durch alle Adjektivformen zum Ausdruck gebracht. Jede Adjektivform ist eine Form des Positivs, Komparativs oder Superlativs. Alle übrigen Kategorien des Adjektivs sind nur einem Teil seiner Formen eigen.
So definierte Adjektive üben zwei unterschiedliche *syntaktische Funktionen* aus. Sie werden – wie Partizipien – in der Funktion eines kongruierenden Attributs verwendet, z. B.

> Он был молодой ещё человек.
> У него русые волосы.

Und sie können nominaler Bestandteil (Prädikatsnomen) eines zusammengesetzten nominalen Prädikats sein, z. B.

> Лиза была спокойна.
> Лиза казалась спокойной.
> Руки у тебя холодные.

Eine weitere syntaktische Eigenschaft von Adjektiven ist ihre Fähigkeit, sich Adverbialbestimmungen des Grades und seltener der Art und Weise unterzuordnen (Кошка у тебя очень худая. Голос у него был неуместно громкий) und sich mit Substantiven, Pronomen und Infinitivkonstruktionen, die in bezug auf ein Adjektiv Objektfunktion haben, zu verbinden (Я этому очень рад. Он мне должен большую сумму. Он способен на всё, даже пожертвовать собой).

672 Im Hinblick auf ihr Verhältnis zu den morphologischen Kategorien und syntaktischen Funktionen lassen sich drei Gruppen von **Adjektivformen** unterscheiden.

a) *Kurzformen* (краткие формы) werden nur in der Funktion eines Prädikatsnomens verwendet und bringen die Kategorie des Numerus und im Singular die Kategorie des Genus zum Ausdruck. Im Positiv sind sie synthetische Formen (Лиза была спокойна), von denen sich analytische Formen des Komparativs und Superlativs bilden lassen (Опытный турист более вынослив, чем новичок. Эта область науки наиболее близка мне).

b) *Deklinationsformen* (склоняемые формы) werden in attributiver und prädikativer Funktion verwendet und bringen die Kategorie des Numerus und des Kasus zum Ausdruck, im Singular die Kategorie des Genus und im Akk. Plur. und Akk. Sing. mask. die Kategorie der Belebtheit bzw. Unbelebtheit. Im Positiv sind sie synthetische Formen (холодный день, большая часть), im Komparativ selten synthetische (большая часть), meist analytische Formen (Я читал уже более интересные романы), im Superlativ sind sie synthetische (новейшие достижения науки) oder analytische Formen (Земляные работы – наиболее трудоёмкие. Этот год был самый тяжёлый в его жизни).
Bei Adjektiven, die Kurzformen bilden, werden die Deklinationsformen im Gegensatz zu diesen auch als *Langformen* (полные формы) bezeichnet.

c) *Synthetische Komparativformen* bringen nur die Bedeutung "Komparativ" der Kategorie der Komparation zum Ausdruck. Sie werden prädikativ (Он был грустнее и молчаливее, чем обыкновенно) oder attributiv verwendet (Он любил девушку старше его). Mit synthetischen Komparativformen gebildete "unechte Superlativformen" (vgl. 734) werden dagegen in der Regel in prädikativer Funktion verwendet (Он был умнее всех).

Die morphologischen Kategorien des Genus, Numerus, Kasus und der Belebtheit bzw. Unbelebtheit tragen beim Adjektiv einen anderen Charakter als beim Substantiv. Es sind in der Regel **syntaktisch bedingte Kategorien**, d. h., die Verwendung der einzelnen Formen hängt stets von Faktoren der syntaktischen Umgebung des betreffenden Adjektivs ab, und die Verwendung der entsprechenden Formen modifiziert in keiner Weise die Bedeutung des Adjektivs, wie dies bei der Kategorie der Komparation der Fall ist. 673

Bei den Deklinationsformen in **attributiver Funktion** sind sie meist *reine Kongruenzkategorien*, die durch Übernahme der Genus-, Numerus-, Kasus- und Belebtheits- bzw. Unbelebtheitsbedeutung des Substantivs, auf das sie sich syntaktisch beziehen, dieses syntaktische Abhängigkeitsverhältnis formal unterstreichen (белый хлеб – белая стена, новым стулом – новыми стульями, справедливый судья – справедливого судью). Bei Substantiven zweierlei Genus dienen die Genusformen des Adjektivs der semantischen Modifizierung des Substantivs, auf das sie sich beziehen, indem sie dieses als Bezeichnung eines weiblichen oder männlichen Wesens charakterisieren (бедная сирота – бедный сирота). Die Pluralformen können benutzt werden, um hervorzuheben, daß sich das Adjektiv nicht auf ein, sondern auf mehrere koordinierte Substantive im Singular bezieht. Der Satz "Они построили каменный дом и гараж" kann mißverstanden werden, wenn auch die Garage aus Stein gebaut ist. Soll er eindeutig werden, sagt man "Они построили каменные дом и гараж".

In **prädikativer Funktion** hängt die Numerus- und Genusform des Adjektivs vom grammatischen Subjekt ab. In der Regel entscheiden Numerus bzw. Genus des Subjekts über die Numerus- bzw. Genusform des Adjektivs:

    Кто/Пётр мне нужен. Маша мне нужна. Что/Это мне нужно. Родители/ Пётр и Маша мне нужны.

Steht ein Substantiv zweierlei Genus oder ein Personalpronomen im Singular in Subjektfunktion, so kennzeichnet die adjektivische Genusform im Prädikat den Sexus der im Subjekt genannten Person (Староста/Я/Ты болен – Староста/Я/Ты больна). Als fakultative Erscheinung ist dies auch möglich, wenn eine maskuline Bezeichnung einer Person nach deren Beruf oder Dienststellung Subjektfunktion hat (Наш директор очень строгий – Наш директор очень строгая).

Lediglich, wenn Deklinationsformen in der Funktion des Prädikatsnomens in Verbindung mit der Präteritalform der Kopula быть verwendet werden, kann mit der Form des Nominativs oder Instrumentals ein semantischer Unterschied verbunden sein, der nicht vom Kontext abhängt (vgl. 715).

Betrachtet man das Adjektiv im Russischen und Deutschen unter konfrontativem Aspekt, dann ist seine charakteristischste grammatische Eigenschaft die *Komparation*. Wir finden diese weder bei Verben noch bei Substantiven, Numeralien oder Pronomen. Es gibt jedoch Wortformen, die einen adjektivischen Stamm und die gleiche lexikalische Bedeutung aufweisen wie Adjektive, die Kategorie der Komparation zum Ausdruck bringen und dennoch – wenn man von der oben gegebenen Definition (**671**) ausgeht – nicht als Adjektive betrachtet werden, weil sie zwar Merkmale bezeichnen, aber nicht Merkmale von durch Substantive wiedergegebenen gegenständlichen Erscheinungen. Sie haben entweder die Funktion einer Adverbialbestimmung der Art und Weise bzw. des Grades (Он подходил к этому вопросу формально) oder die Funktion des Prädikatsnomens eines unpersönlichen Satzes (На дворе холодно). Stehen sie in der Funktion einer Adverbialbestimmung, werden sie meist als Adverbien angesehen, haben sie die Funktion eines Prädikatsnomens im unpersönlichen Satz, von manchen Autoren als (prädikative) Adverbien, von anderen als Zustandswort (vgl. 42). 674

Die lexikalische Bedeutung von Adjektiven und gleichstämmigen Wortformen, die auf der Grundlage der zuerst genannten Definition des Adjektivs nicht als Adjektivformen angesehen werden, unterscheidet sich jedoch in den meisten Fällen nicht im geringsten. Vgl.

    Комната была очень чиста. – В комнате было чисто.
    Он оделся в чистое бельё. – Он оделся в чисто вымытое бельё.

Das legt den Gedanken nahe, daß es sich hier nicht um drei verschiedene Wortarten, die alle die Komparation zum Ausdruck bringen, handelt, sondern um **eine** Wortart, für die diese grammatische Kategorie typisch ist und die in der **Funktion** des Attributs, des Prädikatsnomens (in Sätzen mit grammatischem Subjekt oder ohne ein solches) und in der Funktion einer Adverbialbestimmung der Art und Weise oder des Grades begegnet. In der Funktion des Attributs werden Deklinationsformen verwendet, in der Funktion des Prädikatsnomens Deklinations- oder Kurzformen, in der Funktion der Adverbialbestimmung adverbielle Formen. Diese Auffassung vertritt z. B. [*204*, 601 ff.].

675 Geht man von dieser Auffassung aus, so ist notwendig, die lexikalisch-grammatische Allgemeinbedeutung des Adjektivs anders zu formulieren als oben in **671**. Adjektive sind dann eine Wortart, die nichtprozessuale Merkmale von Erscheinungen (und nicht nur von "gegenständlichen Erscheinungen") bezeichnet.

Diese Definition der Wortart Adjektiv hat den Vorteil, daß man in einer grammatischen Beschreibung die Bildung und Bedeutung der Komparationsformen nicht dreimal zu erklären braucht (beim Adjektiv, Adverb und Zustandswort), sondern nur einmal. Sie entspricht auch besser den lexikographischen Gewohnheiten, denn viele Wörterbücher registrieren von Adjektivstämmen gebildete "Zustandswörter" und "Adverbien" überhaupt nicht als selbständige Lexeme, und wenn sie es tun, dann nur unvollständig. Diese Auffassung bietet vor allem auch Vorteile unter konfrontativem Aspekt beim Vergleich mit dem Deutschen, denn sie gestattet es, den Unterschied zwischen den Begriffen Wortart, Wortform und syntaktische Funktion deutlicher herauszustellen.

Ein Vergleich des Russischen mit dem Deutschen zeigt, daß von Adjektivstämmen abgeleitete Formen in beiden Sprachen in attributiver, prädikativer und adverbieller Funktion begegnen. Unterschiedlich verhalten sich diese Formen aber zur Kategorie des Genus. Die attributiven Formen sind in beiden Sprachen Genusformen (у́мный учени́к – ein gescheiter Schüler, у́мная учени́ца – eine gescheite Schülerin), die prädikativen nur im Russischen (Э́тот учени́к умён – Dieser Schüler ist gescheit. Э́та учени́ца умна́ – Diese Schülerin ist gescheit). In adverbieller Funktion wird in keiner der beiden Sprachen die Kategorie des Genus zum Ausdruck gebracht (Он поступи́л у́мно – Er ist gescheit vorgegangen. Она́ поступи́ла у́мно – Sie ist gescheit vorgegangen). Das Deutsche verwendet in prädikativer Funktion nur eine Form, die gleiche wie in adverbieller Funktion. Das Russische dagegen verwendet in dieser Funktion nicht nur Genusformen, sondern auch Kurz- und Langformen (vgl. **711**).

Vom Standpunkt des Deutschen ist die nichtdeklinierte Form in prädikativer und in adverbieller Funktion ein und dieselbe Form der Wortart Adjektiv [vgl. *204*, 621 ff.]. Unter konfrontativem Gesichtspunkt fällt es daher schwer, im Russischen in drei ebenfalls identischen Formen einmal ein Adjektiv (Всё бы́ло так ску́чно – Alles war so langweilig), einmal ein Zustandswort (Бы́ло так ску́чно – Es war so langweilig) und einmal ein Adverb zu sehen (Он расска́зывал так ску́чно – Er erzählte so langweilig), nur weil diese Form einmal als Prädikat eines zweigliedrigen Satzes, einmal als Prädikat eines eingliedrigen (unpersönlichen) Satzes und ein drittes Mal als Adverbialbestimmung fungiert.

676 Auch Äußerungen bedeutender sowjetischer Linguisten unterstützen diese Auffassung. L. V. Ščerba hat mehrfach betont, daß von Adjektivstämmen abgeleitete Formen, die in adverbieller Funktion verwendet werden, nicht Adverbien, sondern adverbielle Formen von Adjektiven sind [*182*, 72; *183*, 101]. Die gleiche Meinung vertritt S. D. Kacnel'son [*71*, 129, 159, 163, 168]. V. N. Migirin ist nach langjähriger Beschäftigung mit der Zustandskategorie im Russischen zu der Überzeugung gelangt, daß von Adjektivstämmen abgeleitete Formen im Prädikat von Sätzen, die kein grammatisches Subjekt enthalten, nichts anderes als unpersönlich gebrauchte Adjektivformen sind [*89*].

4.2. Die Klassifizierung

4.2.1. Semantische Einteilung

Die Wortart Adjektiv ist in sich nicht einheitlich. Sie umfaßt Wörter, deren semantische, syntaktische und morphologische Merkmale recht unterschiedlich sein können. Man kann sie daher nach semantischen, syntaktischen oder morphologischen Prinzipien klassifizieren. Am wichtigsten sind dabei solche Klassen, deren Elemente sich sowohl durch semantische als auch durch grammatische Merkmale voneinander unterscheiden, so daß *lexikalisch-grammatische Reihen* entstehen. Von großer Bedeutung sind im Russischen die beiden lexikalisch-grammatischen Reihen der Qualitätsadjektive (ка́чественные прилага́тельные) und Beziehungsadjektive (относи́тельные прилага́тельные).

Qualitätsadjektive bezeichnen Merkmale, Eigenschaften direkt. Sie sind daher in ihrer Mehrzahl nichtabgeleitete Adjektive (хоро́ший, хра́брый, жёлтый). Wenn sie abgeleitete Adjektive sind, so ist deren ursprüngliche Bedeutung oft verblaßt und deutlich verändert, vgl. кори́чневый 'braun' (ursprünglich 'zimtfarben', zu кори́ца 'Zimt'), золото́й 'goldfarben' und dessen ursprüngliche Bedeutung 'aus Gold bestehend'.

Beziehungsadjektive dagegen nennen als Merkmal einer Erscheinung deren Beziehung zu einer zweiten Erscheinung, auf die ihr Stamm verweist. In деревя́нный дом z. B. nennt das Adjektiv деревя́нный als Merkmal des Gegenstandes дом die Beziehung dieses Gegenstandes zu dem Stoff "Holz" ("besteht aus Holz"), in вчера́шний день nennt das Adjektiv вчера́шний als Merkmal der Erscheinung день deren Beziehung zu der Zeitangabe вчера́ ("wird heute als gestern bezeichnet"). Beziehungsadjektive sind daher immer abgeleitete Adjektive. Sie sind häufig mit einem Substantiv im Genitiv bzw. in einem Präpositionalkasus oder mit einem Adverb gleichbedeutend, vgl.

> роди́тельское собра́ние 'Elternversammlung' – собра́ние роди́телей;
> ма́мино пла́тье 'Mutters Kleid' – пла́тье ма́мы;
> деревя́нная ло́жка 'Holzlöffel, hölzerner Löffel' – ло́жка из де́рева;
> столи́чные у́лицы – у́лицы столи́цы, в столи́це;
> зде́шние теа́тры 'hiesige Theater' – теа́тры здесь.

Im Deutschen kann die durch Beziehungsadjektive des Russischen ausgedrückte Bedeutung sehr häufig nicht durch ein entsprechendes deutsches Beziehungsadjektiv wiedergegeben werden. Einem russischen Beziehungsadjektiv muß dann bei einer Übersetzung ein Bestimmungswort eines zusammengesetzten Substantivs entsprechen (Elternversammlung) oder ein nichtkongruierendes Genitiv- oder präpositionales Attribut (Mutters Kleid, die Straßen der Hauptstadt, die Straßen in der Hauptstadt).

Qualitätsadjektive bringen durch ihre Bedeutung häufig eine positive oder negative Wertung der Erscheinung, deren Merkmal sie nennen, zum Ausdruck (хоро́ший – плохо́й челове́к, у́мный – глу́пый посту́пок, жела́тельное – нежела́тельное явле́ние). Beziehungsadjektive dagegen haben keinerlei wertende Bedeutung.

Qualitätsadjektive unterscheiden sich durch folgende *Besonderheiten* von Beziehungsadjektiven. Sie können Kurzformen bilden (мил, слаб, рад), sie verbinden sich mit Adverbialbestimmungen des Grades (о́чень мил, слаб, рад), von ihnen können Adjektive mit expressiven oder graduierenden Präfixen oder Suffixen abgeleitet werden (ми́ленький, сла́бенький; преми́лый 'überaus lieb', слабова́тый 'schwächlich', больщу́щий 'ungeheuer groß, riesig'). Nur Qualitätsadjektive kennen Komparativ- oder Superlativformen, Beziehungsadjektive haben nur Positivformen. Von Qualitätsadjektiven können abstrakte Substantive abgeleitet werden (сла́бость 'Schwäche', ра́дость 'Freude'). Ableitungen mit den gleichen Suffixen von Beziehungsadjektiven kommen zwar in Fachtexten vor, haben aber eine völlig andere Bedeutung; vgl. зо́льные удобре́ния 'Aschedünger' – зо́льность у́гля 'Aschegehalt der Kohle', белко́вые соедине́ния 'Eiweißverbindungen' – белко́вость зерна́ 'Eiweißgehalt des Getreides'.

Die oben aufgezählten Merkmale von Qualitätsadjektiven sind nicht bei allen Qualitätsadjektiven vorhanden. Sobald jedoch ein Adjektiv eines dieser Merkmale aufweist, betrachten wir es als Qualitätsadjektiv.

680 Auch das wichtigste Kennzeichen der Qualitätsadjektive, die Fähigkeit, durch syntaktische, morphologische oder Wortbildungsmittel einen Intensitätsgrad einer Eigenschaft zum Ausdruck zu bringen, ist nicht bei allen Qualitätsadjektiven zu finden. Neben Adjektiven, die jederzeit mit Adverbien des Grades verbunden werden können, analytische oder synthetische Komparativ- oder Superlativformen bilden, expressive oder intensivierende Präfixe oder Suffixe annehmen und antonyme Paare bilden (wie z. B. глубо́кий in о́чень глубо́кий, бо́лее глубо́кий, глу́бже, глубоча́йший, глубо́кий – ни́зкий), stehen Adjektive zur Bezeichnung einer Eigenschaft oder eines Zustands, die vorhanden sein oder fehlen können, ohne daß sich dabei unterschiedliche Grade unterscheiden lassen, wie z. B. слепо́й 'blind', хромо́й 'lahm', глухо́й 'taub', немо́й 'stumm'.

681 Die *Grenze zwischen Qualitäts- und Beziehungsadjektiven* ist nicht starr, da ständig neue Beziehungsadjektive eine wertende Bedeutungsnuance annehmen und damit nicht mehr eine direkte, sondern eine indirekte Beziehung zwischen zwei Erscheinungen bezeichnen. Sie nehmen eine übertragene Bedeutung an, die graduierbar ist. Man bezeichnet in der russischen Grammatik diesen Übergang von Beziehungsadjektiven in die Gruppe der Qualitätsadjektive als окачествле́ние относи́тельных прилага́тельных.

Bei diesem Vorgang wird die direkte Bedeutung des Beziehungsadjektivs 'eine bestimmte Beziehung zu einer bestimmten Erscheinung habend' durch die *übertragene Bedeutung des Vergleichs* 'wie bei einer bestimmten Erscheinung' ersetzt; vgl. деревя́нный дом (= Beziehung eines Gegenstandes zu dem Material, aus dem er gefertigt ist) und деревя́нное лицо́ (= Vergleich des Gesichts eines Menschen mit dem Gesicht einer aus Holz geschnitzten Skulptur). Gleichzeitig wird eine wertende Bedeutungsnuance in das Adjektiv hineingetragen: деревя́нный дом ist nicht schlechter zu werten als ка́менный дом; деревя́нное лицо́ dagegen enthält eine negative Wertung gegenüber весёлое лицо́ oder вырази́тельное лицо́ 'ausdrucksfähiges, ausdrucksreiches Gesicht'.

682 Sobald Beziehungsadjektive qualitative Bedeutungsnuancen erhalten, können sie zum Teil auch Eigenschaften von Qualitätsadjektiven annehmen.

Sie können mit Adverbialbestimmungen des Grades verbunden werden, z. B.

> Руководи́тели прояви́ли к ну́ждам строи́тельства вполне́ госуда́рственное и парти́йное отноше́ние.
> Die Leiter verhielten sich gegenüber den Notwendigkeiten des Baus durchaus staatsbewußt und parteilich.

Sie bilden analytische Komparativ- und Superlativformen, z. B.

> Э́то бо́лее масшта́бный прое́кт.
> Das ist ein umfangreicheres Projekt.
> Са́мая уда́рная зада́ча страны́ – подня́ть промы́шленность.
> Vordringlichste Aufgabe unseres Landes ist, die Industrie wieder aufzubauen.

Sie bilden auch außerhalb der Fachsprachen Adjektivabstrakta, z. B.

> Меня́ порази́ла деревя́нность её лица́.
> Mich entsetzte der steinerne Ausdruck ihres Gesichts.
> Сего́дня уже́ никто́ не сомнева́ется в литерату́рности э́того выраже́ния.
> Heute zweifelt schon niemand mehr an der Literaturfähigkeit dieses Ausdrucks.

Von ihnen können Kurzformen gebildet werden, z. B.

> Сего́дняшний Брю́сов да́же в свои́х революцио́нных произведе́ниях сли́шком вчера́шен. – Из газе́т [*93*, 217].
> Der Brjusov von heute ist sogar in seinen revolutionären Werken zu sehr von gestern.

Manchmal werden von ihnen sogar synthetische Komparativformen auf -ee gebildet, z. B. иде́йнее 'ideenreicher', масшта́бнее 'großzügiger', спорти́внее 'sportlicher'.

Von den oben genannten Eigenschaften der Qualitätsadjektive ist die Fähigkeit, sich mit Adverbialbestimmungen des Grades zu verbinden, die wichtigste. Sobald ein Beziehungsadjektiv qualitative Bedeutungsnuancen annimmt, kann es auch mit Adverbialbestimmungen des Grades verknüpft werden. Die anderen typischen Eigenschaften der Qualitätsadjektive nehmen ehemalige Beziehungsadjektive erst später und seltener an, und zwar in folgender Reihenfolge: a) Bildung von Adjektivabstrakta auf -ость, b) Bildung von Kurzformen, c) Bildung synthetischer Komparativformen auf -ee.

Beziehungsadjektive lassen sich nach *semantischen Gesichtspunkten* noch weiter untergliedern, nämlich nach der Art der Erscheinung, die sie als Merkmal des Substantivs, mit dem sie syntaktisch verbunden sind, nennen. Das sind z. B. Arten von Gegenständen (у́личный шум, матери́нская любо́вь 'Mutterliebe', ли́сья нора́ 'Fuchsbau'), Einzelgegenstände (моско́вские у́лицы, рентге́новы лучи́ 'Röntgenstrahlen', ма́мино пла́тье 'Mutters Kleid'), Zahlen, die man beim Zählen nach einem bestimmten Prinzip nennt oder schreibt (пя́тая страни́ца), Adverbialbestimmungen des Ortes oder der Zeit (за́городное сообще́ние, вчера́шний день). 683

Grammatische Unterschiede sind mit solchen Gruppierungen nicht verknüpft. Bei einigen dieser Gruppen sind jedoch bestimmte Ableitungssuffixe und Deklinationstypen besonders häufig. Sie haben deshalb zum Teil auch eine eigene Bezeichnung bekommen.

Die **Ordinaladjektive** (поря́дковые относи́тельные прилага́тельные) stehen wortbildungsmäßig zu Kardinalzahlwörtern in Beziehung und weisen auf den Platz hin, den ein Substantiv beim Zählen nach einem bestimmten Prinzip einnimmt: пе́рвый, второ́й, тре́тий, четвёртый, пя́тый. Außer тре́тий werden sie nach dem Standardtyp der adjektivischen Deklination flektiert, тре́тий dagegen nach dem zweiten Sondertyp. 684

Ordinaladjektive werden in der Regel vom Stamm des Genitivs des entsprechenden Grundzahlwortes abgeleitet, und zwar bei allen Zahlwörtern, deren Stamm auf einen paarigen weichen Konsonanten ausgeht, durch Phonemwechsel zum entsprechenden harten Konsonanten und Überleitung in die harte adjektivische Flexion: пяти́ → пя́тый, восьми́ → восьмо́й, пяти́десяти → пятидеся́тый. Bei семь und сто kommt es dabei zu Phonemwechsel innerhalb der Wurzel: седьмо́й, со́тый. Nicht von den entsprechenden Grundzahlwörtern abgeleitet sind пе́рвый und второ́й. Isolierte Bildungen sind тре́тий, четвёртый und сороково́й. 685

Von ты́сяча, миллио́н, миллиа́рд wird das Ordinaladjektiv mit Hilfe des Suffixes -н- abgeleitet: ты́сячный, миллио́нный, миллиа́рдный. Ordinaladjektive für mehrere Tausender, Millionen usw. werden ebenfalls von der Genitivform abgeleitet: двухты́сячный, пятиты́сячный, двухмиллио́нный, пятимиллио́нный.

Bei Verbindung von Zehnern, Hundertern, Tausendern usw. mit jeweils kleineren Einheiten wird nur die letzte dieser kleineren Einheiten in die Form des Ordinaladjektivs überführt: миллио́н ты́сячный, ты́сяча девятисо́тый, ты́сяча девятьсо́т шестидеся́тый, ты́сяча девятьсо́т шестьдеся́т девя́тый.

Ordinaladjektive sind in der Regel stammbetont. Ausnahmen sind: второ́й, шесто́й, седьмо́й, восьмо́й, сороково́й.

Belebte Substantive, die Appellativa sind, bezeichnen einen Artbegriff als solchen (Лев — млекопита́ющее. Сего́дня день учи́теля), einen beliebigen Vertreter einer Art (Это лев 'Das ist ein Löwe'. Там рыба́к 'Dort ist ein Fischer') oder einen bestimmten Vertreter einer Art (Ма́ма идёт 'Die, unsere, meine Mutter kommt'). Eigennamen bezeichnen stets ein bestimmtes Individuum einer Art (Ва́ся, Та́ня). Der Unterschied zwischen Bezeichnungen für Individuen einerseits und Bezeichnungen für eine Art oder einen beliebigen Vertreter einer Art andererseits bleibt auch beim Beziehungsadjektiv erhalten und wird durch die Verwendung unterschiedlicher Ableitungssuffixe und Deklinationstypen zum Teil noch deutlicher, was zur Unterscheidung zwischen Possessiv- und Gattungsadjektiven geführt hat. 686

Beziehungsadjektive, die auf die Beziehung zu einer bestimmten Person hinweisen, bezeichnet man als **Possessivadjektive** (притяжа́тельные прилага́тельные). Sie sind meist von Personennamen abgeleitet (Та́нин муж 'Tanjas Mann', рентге́новы лучи́ 'Röntgenstrahlen', петро́вское вре́мя 'petrinische Zeit, Zeit Peters I.'). Sie können auch von Appellativen abgeleitet sein (ма́мино пла́тье, отцо́ва ку́ртка 'Vaters Jacke', отцо́вский карту́з 'Vaters Mütze'). 687

Für Possessivadjektive besonders typische Bildungsweisen sind Ableitungen mit den Suffixen -ов-/-ев-, -нин- und -ин-/-ын- in Verbindung mit einem Sondertyp der adjektivischen Deklination.

688 Das Suffix -ов-/-ев- und das unproduktive Suffix -нин- leiten in der Regel von Maskulina der I. substantivischen Deklination ab; vgl. отцо́в zu оте́ц, му́жнин zu муж. Sie flektieren nach dem 1. Sondertyp der adjektivischen Deklination (vgl. **696**).

Possessivadjektive, die mit dem Suffix -ов/-ев- gebildet sind, werden heute vor allem in der Sprache der Wissenschaft verwendet, um die Beziehung einer Erscheinung zu Wissenschaftlern oder anderen historischen Persönlichkeiten auszudrücken (ма́рксово уче́ние, рентге́новы лучи́). Sie begegnen auch in geographischen Namen, wenn diese z. B. den Familiennamen von Entdeckern enthalten (Бе́рингово мо́ре, Магелла́нов проли́в).

689 Das Suffix -ин-/-ын- leitet von Substantiven ab, die im Nom. Sing. die Endung -/a/ aufweisen und nach der II. substantivischen Deklination flektiert werden. Possessivadjektive mit diesem Suffix werden vorwiegend in der Umgangssprache verwendet und sind dort meist von Eigennamen (vor allem Koseformen des Rufnamens) und Verwandtschaftsbezeichnungen, die im familiären Gebrauch als Eigennamen und Anredeformen fungieren, abgeleitet; vgl. Ко́лин zu Ко́ля, ма́мин zu ма́ма, дя́дин zu дя́дя. Sie werden heute nach dem 2. Sondertyp der adjektivischen Deklination flektiert, doch ist auch eine Flexion nach dem 1. Sondertyp möglich (vgl. **696 f.**).

690 Beziehungsadjektive, die im Gegensatz zu den Possessivadjektiven auf die Beziehung zu einer durch ein belebtes Substantiv bezeichneten Art von Lebewesen weisen oder auf ein oder mehrere unbestimmte Exemplare einer Art, nennt man **Gattungsadjektive** (относи́тельно-притяжа́тельные прилага́тельные). Gattungsadjektive liegen z. B. vor in матери́нская любо́вь, рабо́чий посёлок 'Fischersiedlung', мыши́ная нора́ 'Mauseloch', ли́сья нора́, крокоди́лова ко́жа 'Krokodilleder'.

Eine für Gattungsadjektive besonders typische Form der Ableitung sind Adjektive, die mit dem Suffix -/j/- gebildet (ли́сий, рыба́чий) und entsprechend dem 2. Sondertyp der adjektivischen Deklination flektiert werden (vgl. **697**).

4.2.2. Syntaktisch-funktionale Einteilung

691 Eine Klassifizierung der Adjektive nach syntaktischen Gesichtspunkten kann man nach den möglichen Funktionen und syntaktischen Umgebungen vornehmen. Für die Morphologie ist nur die Einteilung nach *syntaktischen Funktionen* von Bedeutung, da sie zur morphologischen Einteilung der Adjektive in Beziehung steht (vgl. **692**). Danach kann man die Adjektive in folgende Gruppen einteilen.

a) Adjektive, die *prädikativ und attributiv* gebraucht werden können:

    Кни́га была́ интере́сная. — Интере́сная кни́га.
    День был воскре́сный. — Воскре́сный день.
    Es war Sonntag.   Sonntag.

b) Adjektive, die nur *prädikativ* gebraucht werden können:

    Я э́тому о́чень рад.

c) Adjektive, die ausschließlich *attributiv* gebraucht werden können:

    проливно́й дождь 'Platzregen, Wolkenbruch',
    закады́чный друг 'Busenfreund',
    ко́ми литерату́ра 'Komi-Literatur'.

4.2.3. Morphologische Einteilung

Nach *morphologischen Gesichtspunkten* teilt man die Adjektive in 692
a) Adjektive, die *Kurzformen und Deklinationsformen* bilden,
b) Adjektive, die nur *Deklinationsformen* bilden,
c) Adjektive, die nur *Kurzformen* bilden,
d) *indeklinable* Adjektive (= Adjektive mit homonymen Wortformen)
ein.
Adjektive, die nur Kurzformen bilden, können nur prädikativ gebraucht werden. Alle Adjektive, die Deklinationsformen bilden, können attributiv gebraucht werden. Indeklinable Adjektive werden fast ausschließlich attributiv verwendet.

4.3. Die Deklination

4.3.1. Allgemeine Charakteristik

Adjektive bringen die Kategorien des Genus, des Numerus und der Belebtheit bzw. Unbe- 693
lebtheit durch unterschiedliche Kasusparadigmen zum Ausdruck, so daß jedes Adjektiv über folgende Kasusparadigmen verfügt, die jeweils sechs Kasusformen enthalten: 1. maskuline unbelebte Singularformen, 2. maskuline belebte Singularformen, 3. feminine Singularformen, 4. neutrale Singularformen, 5. unbelebte Pluralformen, 6. belebte Pluralformen. Da für unbelebte und belebte maskuline Singularformen und ebenso für unbelebte und belebte Pluralformen jeweils nur in einem Kasus, dem Akkusativ, distinkte Formen verwendet werden, ist es in Grammatiken üblich, die unbelebten und belebten Formen einer Kategorie zu einem Paradigma zusammenzufassen, so daß vier Paradigmen bleiben: *Maskulina, Feminina* und *Neutra* im Singular und *Plural*, von denen die Maskulina und der Plural im Akkusativ zwei Kasusvarianten aufweisen.
Die Paradigmen der Maskulina und Neutra unterscheiden sich nur im Nominativ und Akkusativ voneinander, so daß eine Zusammenfassung auch dieser beiden Paradigmen möglich ist.
Auch für die Kasusparadigmen der Adjektive gilt wie für die der Substantive (vgl. 658), daß nicht für alle Kasusformen distinkte Endungen verwendet werden. Im Plural werden nur vier voneinander distinkte Kasusformen verwendet, bei Maskulina und Neutra fünf, bei Feminina drei und eine fakultativ von anderen distinkte Kasusform im Instrumental.
Nicht alle Adjektive werden nach dem gleichen Muster dekliniert. Wir unterscheiden **drei Deklinationstypen,** die als Standardtyp, 1. Sondertyp und 2. Sondertyp bezeichnet werden. Zur phonematischen Transkription siehe S. 11.

4.3.2. Standardtyp

694

	Singular			Plural
	Mask.	Neutr.	Fem.	
N.	-/'oj/ (-óй) -/ij/ (-ый, -ий)	-/oje/ (-ое, -ее)	-/aja/ (-ая, -яя)	-/ije/ (-ые, -ие)
G.	-/ovo/ (-ого, -его)		-/oj/ (-ой, -ей)	-/ix/ (-ых, -их)
D.	-/omu/ (-ому, -ему)			-/im/ (-ым, -им)
A.	wie N. oder G.	-/oje/ (-ое, -ее)	-/uju/ (-ую, -юю)	wie N. oder G.
I.	-/im/ (-ым, -им)		-/oj/ (-ой, -ей) oder -/oju/ (-ою, -ею)	-/iḿi/ (-ыми, -ими)
P.	-/om/ (-ом, -ем)		-/oj/ (-ой, -ей)	-/ix/ (-ых, -их)

Musterwort:

	Mask.	Neutr.	Fem.	Plural
N.	нóвый	нóвое	нóвая	нóвые
G.	нóвого	нóвого	нóвой	нóвых
D.	нóвому	нóвому	нóвой	нóвым
A.	нóвый/нóвого	нóвое	нóвую	нóвые/нóвых
I.	нóвым	нóвым	нóвой (нóвою)	нóвыми
P.	нóвом	нóвом	нóвой	нóвых

Die *Endungsvarianten* im Nom. Sing. mask. sind von der Akzentstelle abhängig: bei Endungsbetonung -/oj/ (молодóй), bei Stammbetonung -/ij/ (нóвый, сѝний). Die Endungsvarianten im Instr. Sing. fem. sind stilistisch oder rhythmisch bedingt: -/oj/ (нóвой) ist stilistisch neutral, -/oju/ (нóвою) begegnet nur im hohen Stil, vor allem in der Poesie.

695 Die *graphematischen Unterschiede* ergeben sich aus den Regeln der russischen Orthographie hinsichtlich der Wiedergabe der Vokalphoneme /o/ und /i/, die für /o/ die Schreibung (о) nach paarig harten (молодóго, нóвого) und – bei betonter Endung – nach unpaarig harten Konsonanten (большóго) verlangen, die Schreibung (е) dagegen nach weichen (сѝнего, горя́чего) und – bei unbetonter Endung – nach unpaarig harten Konsonanten (бóльшего, белолѝцего) verlangen, sowie für /i/ die Schreibung (ы) nach paarig harten Konsonanten (нóвым) und ц (белолѝцым), die Schreibung (и) nach weichen Konsonanten (сѝним, горя́чим), velaren Konsonanten (рýсским) und ш, ж (большѝм und бóльшим) verlangen.

Es ergeben sich somit hinsichtlich des Graphembestandes der Endungen folgende Untertypen des Standardtyps:

a) stammbetonte Adjektive mit einem paarig harten Konsonanten als Stammauslaut: нóвый,

b) stammbetonte Adjektive mit einem weichen Konsonanten und ш, ж als Stammauslaut: си́ний, горя́чий, бо́льший,
c) stammbetonte Adjektive mit einem velaren Konsonanten als Stammauslaut: ру́сский,
d) stammbetonte Adjektive mit ц als Stammauslaut: белоли́цый,
e) endungsbetonte Adjektive mit einem paarig harten Konsonanten als Stammauslaut: молодо́й,
f) endungsbetonte Adjektive mit einem velaren Konsonanten als Stammauslaut: морско́й,
g) endungsbetonte Adjektive mit ш, ж als Stammauslaut: большо́й. Nach dem Standardtyp werden alle Adjektive flektiert, die im Nom. Sing. mask. eine materiell ausgedrückte Endung haben.

4.3.3. Erster Sondertyp

	Singular			Plural
	Mask.	Neutr.	Fem.	
N.	-∅	-/o/ (-о)	-/a/ (-а)	-/i/ (-ы)
G.	-/a/ (-а)		-/oj/ (-ой)	-/ix/ (-ых)
D.	-/u/ (-у)			-/im/ (-ым)
A.	wie N. oder G.	-/o/ (-о)	-/u/ (-у)	wie N. oder G.
I.	-/im/ (-ым)		-/oj/ (-ой) oder -/oju/ (-ою)	-/imi/ (-ыми)
P.	-/om/ (-ом)		-/oj/ (-ой)	-/ix/ (-ых)

696

Musterwort:

	Mask.	Neutr.	Fem.	Plural
N.	отцо́в	отцо́во	отцо́ва	отцо́вы
G.	отцо́ва	отцо́ва	отцо́вой	отцо́вых
D.	отцо́ву	отцо́ву	отцо́вой	отцо́вым
A.	отцо́в/отцо́ва	отцо́во	отцо́ву	отцо́вы/отцо́вых
I.	отцо́вым	отцо́вым	отцо́вой (отцо́вою)	отцо́выми
P.	отцо́вом	отцо́вом	отцо́вой	отцо́вых

Für die Endungsvarianten im Instr. Sing. fem. gilt das oben (**694**) Gesagte.
Der 1. Sondertyp begegnet vor allem bei Possessiv- oder Gattungsadjektiven, die mit dem Suffix -ов-/-ев- gebildet sind, nach ihm können auch Possessivadjektive, die mit dem Suffix -ин-/-ын- gebildet sind, flektiert werden (vgl. **697**).

4.3.4. Zweiter Sondertyp

697

	Singular			Plural
	Mask.	Neutr.	Fem.	
N.	-Ø	-/o/ (-е, -о)	-/a/ (-я, -а)	-/i/ (-и, -ы)
G.	-/ovo/ (-его, -ого)		-/oj/ (-ей, -ой)	-/ix/ (-их, -ых)
D.	-/omu/ (-ему, -ому)			-/im/ (-им, -ым)
A.	wie N. oder G.	-/o/ (-е, -о)	-/u/ (-ю, -у)	wie N. oder G.
I.	-/im/ (-им, -ым)		-/oj/ (-ей, -ой) oder -/oju/ (-ею, -ою)	-/imi/ (-ими, -ыми)
P.	-/om/ (-ем, -ом)		-/oj/ (-ей, -ой)	-/ix/ (-их, -ых)

Musterwörter:

	Mask.	Neutr.	Fem.	Plural
N.	ли́сий	ли́сье	ли́сья	ли́сьи
G.	ли́сьего	ли́сьего	ли́сьей	ли́сьих
D.	ли́сьему	ли́сьему	ли́сьей	ли́сьим
A.	ли́сий/ли́сьего	ли́сье	ли́сью	ли́сьи/ли́сьих
I.	ли́сьим	ли́сьим	ли́сьей (ли́сьею)	ли́сьими
P.	ли́сьем	ли́сьем	ли́сьей	ли́сьих
N.	сестрин	сестрино	сестрина	сестрины
G.	сестриного	сестриного	сестриной	сестриных
D.	сестриному	сестриному	сестриной	сестриным
A.	сестрин/ сестриного	сестрино	сестрину	сестрины/ сестриных
I.	сестриным	сестриным	сестриной (сестри- ною)	сестриными
P.	сестрином	сестрином	сестриной	сестриных

Für die *Endungsvarianten* des Instr. Sing. fem. gilt das gleiche wie für die entsprechenden Varianten des Standardtyps, von dem sich der 2. Sondertyp nur in den Nominativformen und im Akk. Sing. fem. unterscheidet.

Nach dem 2. Sondertyp flektieren alle Gattungsadjektive, die mit dem Suffix -/j/- gebildet sind, und das Ordnungsadjektiv трéтий. Ihr weicher Stammauslaut bedingt die an erster Stelle angegebene graphemische Gestalt der Endung. Nach dieser Deklination können auch Possessivadjektive, die die Suffixe -ин-/-ын- oder -нин- enthalten, flektiert werden. Auf Grund ihres harten Stammauslautes gilt für diese die an zweiter Stelle angegebene graphematische Gestalt der Endungen.

Gattungsadjektive und трéтий schieben vor der Nullendung im Nom. Sing. mask. ein flüchtiges /i/ ein.

4.3.5. Indeklinable Adjektive

Ebenso wie entlehnte Substantive (vgl. 569 f.) werden auch entlehnte Adjektive manchmal nicht in das Wortbildungs- und Flexionssystem des Russischen integriert. Sie werden in allen Genus-, Numerus- und Kasusformen durch ein und dieselbe Form wiedergegeben, bilden also ein Paradigma, das keine voneinander distinkten Formen kennt. Man nennt sie indeklinable Adjektive (неизменяемые прилагательные) oder Adjektive mit homonymen Wortformen. Da die Entstehung indeklinabler Adjektive im Zusammenhang mit der allgemeinen Tendenz des Übergangs von synthetischen zu analytischen Ausdrucksformen gesehen werden muß, ist für diese Gruppe von Adjektiven auch der Ausdruck analytische Adjektive (аналитические прилагательные) vorgeschlagen worden [*93*, 105 ff.]. 698

Indeklinable Adjektive liegen z. B. in folgenden Wortfügungen eines Substantivs mit einem Adjektiv vor: кóми литератýра 'die Literatur des Volkes Komi', хи́нди язы́к 'Hindi', урдý язы́к 'Urdu', плáтье беж 'ein Kleid in beige', ю́бка плиссé 'Plisseerock', стиль модéрн 'die Moderne', часы́ пик 'Spitzenbelastungszeit', вес брýтто 'Bruttogewicht'.

Das Fehlen morphologischer Kennzeichen erschwert bei indeklinablen Adjektiven ihre Abgrenzung gegenüber gleichlautenden indeklinablen Substantiven und gleichlautenden Teilen zusammengesetzter Wörter. Die Wortfügung причёска модéрн kann ebensogut als moderne Frisur verstanden werden wie auch als причёска "модéрн", d. h. als Frisur, die den Namen "Modern" trägt. In язы́к кóми wird кóми in Analogie zu язы́к нéмцев als Substantiv betrachtet, in кóми язы́к dagegen in Analogie zu рýсский язы́к als Adjektiv [*93*, 107]. Der Ausdruck кóми литератýра unterscheidet sich in seiner Struktur in keiner Weise von dem deutschen Ausdruck DDR-Literatur. Diesen sehen wir aber als zusammengesetztes Substantiv an. 699

Diese Tatsache hat dazu geführt, daß zur Zeit in der russischen Grammatik sehr unterschiedliche Anschauungen darüber vorliegen, was als indeklinables Adjektiv zu betrachten ist und was nicht. Keinen Zweifel gibt es nur im Hinblick auf orthographisch von einem Substantiv getrennte attributive Elemente, die nicht als Substantivformen aufgefaßt werden können. Diese werden allgemein als Adjektive betrachtet.

Das orthographische Merkmal der Getrenntschreibung oder Zusammenschreibung ist aber ein zufälliges Merkmal, das sprachwissenschaftlich nicht relevant ist. Daher war es möglich, daß die Auffassung geäußert wurde, zur Gruppe der "analytischen Adjektive" gehörten auch häufig vorkommende Erstglieder von Abkürzungswörtern, die aus Adjektiven entstanden sind, z. B.

        пàртбилéт (← парти́йный билéт) 'Mitgliedsbuch einer Partei',
        прòмтовáры (← промы́шленные товáры) 'Industriewaren',
        прòфсобрáние (← профсою́зное собрáние) 'Gewerkschaftsversammlung',

und häufig vorkommende Erstglieder (ererbte oder entlehnte) von zusammengesetzten Substantiven, z. B. лèсомасси́в 'Waldmassiv', àвиаслýжба 'Flugdienst', ра̀диокóмната, фòтокружóк [*93*, 110 ff.].

Für den Wortcharakter dieser Elemente spricht folgendes: Sie haben die syntaktische Funktion des Attributs, antworten auf die Frage какой? und können mit anderen Attributen koordiniert werden: проф- и партийные работники 'Gewerkschafts- und Parteifunktionäre', радио- и телевизионные передачи, лесо- и нефтяные заводы 'holz- und erdölverarbeitende Fabriken'. Sie haben zum Teil die gleiche Bedeutung wie flektierte Adjektive und können durch diese ersetzt werden: профработники = профсоюзные работники, лесомассив = лесной массив. Da sie vom Substantiv, auf das sie sich beziehen, nicht nur durch synsemantische, sondern auch durch autosemantische Wörter getrennt werden können, kann man sie nicht als Teil eines Wortes betrachten, vgl. [*79*, 75 ff.]. Sie weisen die phonologischen Merkmale eines selbständigen Wortes auf, denn sie können einen selbständigen Ton tragen, und an ihren Grenzen gelten die phonologischen Gesetzmäßigkeiten für die Wortgrenze und nicht die für das Wortinnere (главврач 'Oberarzt' wird [glˌafvr'at͡ʃ] ausgesprochen). Sie können deshalb auch völlig selbständig ausgesprochen werden, wie in folgenden Beispielen:

В нашей школе работают кружки: драматический и фото.

Уже работают кружки художников-оформителей, автомото, музыкальный и другие.

Folgende Zirkel sind schon angelaufen: für Modellieren, Motorsport, Musik u. a. m.

Von einem Erstglied eines zusammengesetzten Substantivs unterscheiden sich diese Wortbestandteile vor allem auch durch ihre freie Kombinierbarkeit mit Substantiven.

Die Auffassung, daß Wortbestandteile, die nach den Regeln der Orthographie vom folgenden Substantiv nicht durch eine Lücke getrennt werden dürfen, selbständige Wörter seien, hat sich jedoch nicht allgemein durchgesetzt, vgl. [*59*, 100; *129*, Bd. 1, § 550 ff.].

4.3.6. Betonung der Deklinationsformen

700 Die Deklinationsformen eines Adjektivs sind in allen Genera, Numeri und Kasus auf der gleichen Silbe betont. Die Betonung fällt entweder auf eine Silbe des Stammes (Betonungstyp A) oder auf die erste Silbe der Endung (Betonungstyp B). Adjektive, die nach dem 1. oder 2. Sondertyp dekliniert werden, gehören ausnahmslos dem Betonungstyp A an. Adjektive, die nach dem Standardtyp dekliniert werden, gehören entweder dem Betonungstyp A (новый) oder dem Betonungstyp B (молодой) an.

4.4. Die Kurzformen

4.4.1. Bildung

701 Von den Deklinationsformen unterschiedliche Formen, die die prädikative Funktion kennzeichnen und daher nie in attributiver Funktion begegnen, können nur von Qualitätsadjektiven gebildet werden, jedoch nicht von allen. Man bezeichnet diese Formen als **Kurzformen** (краткие формы) im Gegensatz zu den Langformen (полные формы), den Deklinationsformen der Qualitätsadjektive, die stets dem Standardtyp entsprechen.

Die Beschränkung der Kurzformen auf die prädikative Funktion macht für sie die Kategorie des Kasus entbehrlich. Kurzformen unterscheiden nur die Kategorie des Genus und des Numerus.

Die *Endungen* der Kurzformen sind im Singular für das Maskulinum -∅: красив, синь, für das Femininum -/a/: красива, синя, für das Neutrum -/o/: красиво, сине; im Plural -/i/: красивы, сини.

Die Endungen treten in der Regel an den Stamm der Langform.

4.4. Die Kurzformen

Im Falle der Konsonantenhäufung im Stammauslaut wird bei Nullendung häufig ein *flüchtiger Vokal* vor dem letzten Konsonanten der Konsonantengruppe eingeschoben. **702**
Ein flüchtiges /i/ tritt nur in der Form достоин ← достойный auf.
Ein flüchtiges /o/ wird eingeschoben bei Stammauslaut к oder н und bei einigen Adjektiven mit Stammauslaut р oder л.
Das flüchtige /o/ wird graphematisch durch (o) wiedergegeben bei Stammauslaut к nach paarig harten Konsonanten und nach Velar: кра́ток ← кра́ткий, лёгок ← лёгкий,
bei Stammauslaut н nur in den Formen по́лон ← по́лный, смешо́н ← смешно́й.
Es wird graphematisch durch (e) bzw. – wenn es betont ist – auch (ё) wiedergegeben
bei Stammauslaut н in allen übrigen Fällen: бо́лен ← больно́й, умён ← у́мный,
bei Stammauslaut к nach paarig weichen Konsonanten, /j/ und ж: го́рек ← го́рький, бо́ек ← бо́йкий, тя́жек ← тя́жкий.
Bei Stammauslaut р, л erfolgt der Einschub eines flüchtigen /o/ (orthographisch е bzw. ё) nur in den Formen ки́сел ← ки́слый, остёр ← о́стрый, свете́л ← све́тлый, тёпел ← тёплый, хитёр ← хи́трый.
In folgenden Fällen hat der Stamm der Kurzform im Gegensatz zum weichen Stamm der **703**
Langform harten Auslaut.
Zu и́скренний werden die Kurzformen и́скренен, и́скренна, и́скренне/и́скренно, и́скренни/и́скренны gebildet.
Zu изли́шний und дре́вний sowie односторо́нний, многосторо́нний, разносторо́нний wird nur die maskuline Form von einem harten Stamm gebildet: изли́шен, дре́вен, односторо́нен; alle übrigen Formen vom weichen Stamm: изли́шня, дре́вня, односторо́ння.
Zu солёный werden die Kurzformen von einem Stamm mit hartem /l/ gebildet: со́лон, солона́, со́лоно.
Von Adjektiven auf нный, die mit dem Suffix -енн-(ый) gebildet oder aus dem Part. Prät. **704**
Pass. hervorgegangen sind, wird in der maskulinen Kurzform das letzte н im Stammauslaut abgeworfen: неожи́дан ← неожи́данный, уве́рен ← уве́ренный.
Diese Regel wird jedoch in der Gegenwart in Analogie zu Adjektiven, die mit Suffix -н- gebildet sind (vgl. це́нен ← -це́н-н-ый ← цен-а́), schon häufig durchbrochen. Bei Adjektiven, die mit dem Suffix -енн(-ый) gebildet sind, kommt es dadurch nicht selten zu Varianten: ме́длен neben ме́дленен ← ме́дленный, есте́ствен neben есте́ственен ← есте́ственный, иску́сствен neben иску́сственен ← иску́сственный.
Bei Adjektiven, die auf das Part. Prät. Pass. zurückgehen, wird häufig die mask. Kurzform auf нен verwendet, um Bedeutungsnuancen zu kennzeichnen, die der Bedeutung des Partizips ferner stehen:

> План чётко определён. Der Plan ist exakt bestimmt (festgelegt).

> План доста́точно определёнен. Der Plan ist bestimmt (klar) genug.

Wegen dieser Schwankungen hinsichtlich der Bildung der maskulinen Kurzform empfiehlt es sich, bei Gebrauch dieser Form von Adjektiven auf нный stets ein Wörterbuch zu Rate zu ziehen.
Einige Adjektive bilden keine maskuline Kurzform, z. B. вне́шний, вну́тренний, да́льний, **705**
дома́шний, кра́йний, бескра́йний, по́здний, пре́жний, ра́нний, совершенноле́тний, сре́дний, посторо́нний, голубо́й, делово́й, земно́й, золото́й, озорно́й, родно́й, ручно́й, сквозно́й, цветно́й, шально́й. Eine ausführliche Liste bietet [49, § 958].
Zwar können nur von Qualitätsadjektiven Kurzformen gebildet werden, aber bei weitem **706**
nicht von allen. Es gibt einerseits eine semantische Gruppe von Adjektiven, bei denen keine Kurzformen begegnen, andererseits morphologische Gruppen, die die Bildung der Kurzform ebenfalls ausschließen. Darüber hinaus gibt es zahlreiche einzelne Adjektive, die keine Kurzform haben.
Keine Kurzformen werden von Adjektiven gebildet, die die Farbe des Felles von Tieren, in erster Linie Pferden, bezeichnen (z. B. гнедо́й 'rotbraun'). Aus morphologischen Gründen werden keine Kurzformen gebildet:
von Adjektiven, die mit dem Suffix -ск- bzw. -цк-, -еск-, -овск-, -анск-, -ианск-, -янск-, -инск-, -ийск-, -ическ-, -ческ-, -йск-, -нск-, -вск- gebildet sind,

4. Das Adjektiv

von Adjektiven, deren Stamm auf -ньк- ausgeht (mit Ausnahme der Adjektive, die mit den Suffixen -ёхоньк-, -ёшеньк- bzw. -охоньк-, -ошеньк- gebildet sind),

von Adjektiven, die mit den intensivierenden Suffixen -ущ-/-ющ- und -енн- gebildet sind (z. B. злю́щий 'sehr böse', широче́нный 'sehr breit'),

von Adjektiven, die nur in einer synthetischen Komparativ- oder Superlativform verwendet werden oder etymologisch deren Suffixe enthalten, wie большо́й, мла́дший 'als letzter geboren', ста́рший 'als erster geboren',

von Adjektiven, in denen die Präfixe пре- oder раз- intensivierende Bedeutung haben und die mit nichtpräfigierten Adjektiven in klarer semantischer Korrelation stehen (z. B. разлюбе́зный 'überaus liebenswürdig', преску́чный 'schrecklich langweilig').

4.4.2. Betonung

707 Bei den Kurzformen lassen sich drei Betonungstypen unterscheiden.
Betonungstyp A: Der Ton liegt in allen vier Formen auf der gleichen Silbe des Stammes (краси́в, краси́ва, краси́во, краси́вы).
Betonungstyp B: Der Ton liegt auf der Endung, in der maskulinen Form jedoch auf einer Silbe des Stammes (горяча́, горячо́, горячи́ – горя́ч; равна́, равно́, равны́ – ра́вен; остра́ 'scharfsinnig', остро́, остры́ – остёр).
Betonungstyp C: Der Ton liegt in der femininen Form auf der Endung, in allen anderen Formen auf einer Silbe des Stammes (жива́ 'am Leben' – жив, жи́во, жи́вы; дешева́ – дёшев, дёшево, дёшевы; молода́ – мо́лод, мо́лодо, мо́лоды).
Somit ergeben sich zwei wesentliche Unterschiede zu den Betonungstypen der Deklinationsformen: a) Im endungsbetonten Typ B muß der Ton in der Form mit Nullendung auf den Stamm ausweichen, wobei unterschiedliche Möglichkeiten für die Tonsilbe gegeben sind. b) Bei den Kurzformen gibt es einen Betonungstyp mit Betonungswechsel auch zwischen Formen mit Endungen (Typ C), wobei abermals im Stamm unterschiedliche Silben betont sein können.
Wenn man von Ausnahmen absieht, ist Typ C der Betonungstyp von Adjektiven mit einsilbigem Stamm und von Adjektiven mit betonten Deklinationsendungen. Typ A ist der Betonungstyp von Adjektiven mit mehrsilbigem Stamm und stammbetonten Deklinationsformen. Typ B ist auf wenige Ausnahmen beschränkt.

708 Es gibt eine nicht geringe Zahl von Adjektiven, die hinsichtlich der Betonung der Kurzformen zwischen zwei Betonungstypen schwanken, vor allem zwischen B und C. Je nach der Gebräuchlichkeit beider Betonungstypen bei einzelnen Adjektiven werden dann in den Wörterbüchern entweder zwei Formen angegeben (z. B. высо́ки und высоки́, до́бры und добры́), oder es wird eine als normale Form, die zweite als zulässig gekennzeichnet (z. B. пло́хи, zulässig auch плохи́). Wenn ein Betonungstyp seine literatursprachliche Geltung bei einem Adjektiv verloren hat, in der lässigen Umgangssprache aber noch verbreitet ist, so wird in den Wörterbüchern davor gewarnt. Das Orthoepische Wörterbuch [*105*] z. B. empfiehlt für развито́й den Betonungstyp C und warnt vor dem Betonungstyp A.
Einzelne Adjektive, die zwischen Betonungstyp B und C schwanken, verwenden im Neutrum überwiegend oder ausschließlich Typ C, dagegen im Plural relativ häufig Typ B oder umgekehrt, so daß de facto weitere, sekundäre Betonungstypen entstehen: einer, der durch Endungsbetonung in der femininen und Pluralform und durch Stammbetonung in der maskulinen und neutralen Form gekennzeichnet ist (я́сен, ясна́, я́сно, ясны́ neben я́сен, ясна́, я́сно, я́сны), ein zweiter, der durch Stammbetonung in der maskulinen und in der Pluralform und durch Endungsbetonung in der femininen und neutralen Form gekennzeichnet ist (свеж, свежа́, свежо́, све́жи neben свеж, свежа́, свежо́, свежи́).
Der erstere dieser sekundären Betonungstypen wird als C_1, der letztere als B_1 bezeichnet. Diese Betonungstypen tragen eindeutig sekundären Charakter, da in jedem Falle auch die Verwendung eines primären Betonungstyps möglich ist. Doch nimmt die Verbreitung des Typs C_1 ständig zu.

Das Verhältnis zwischen dem Betonungstyp der Langform und dem Betonungstyp der Kurzform wird durch die sogenannte **Betonungskurve** (акце́нтная крива́я) der Adjektive erfaßt, die aus einer Kombination dieser beiden Betonungstypen besteht. Dabei läßt der Betonungstyp A der Langform alle drei Betonungstypen der Kurzform zu, so daß folgende Betonungskurven entstehen: 709

        AA – ме́дленный, ме́дленна, ме́дленно;
        AB – хоро́ший, хороша́, хорошо́;
        AC – ва́жный, важна́, ва́жно.

Der Betonungstyp B der Langform läßt nur die Kombination mit den Betonungstypen B oder C der Kurzform zu:

        BB – смешно́й, смешна́, смешно́;
        BC – живо́й, жива́, жи́во.

Die Kenntnis der Akzentkurve eines Adjektivs gestattet es, alle Formen richtig zu betonen. Listen der Adjektive, die zu den einzelnen Akzentkurven gehören, geben im Rahmen ausführlicherer Darstellungen der Betonung der Adjektive [*120*, 61 ff.; *61*, 168 ff.; *49*, 446 ff.; *165*, 142 ff.].

Die Betonung der Kurzformen unterliegt in der Gegenwart starken Veränderungen. Die Wertung der Betonung einzelner Formen hat sich daher in den letzten 25 Jahren deutlich verschoben, wie ein Vergleich orthoepischer Wörterbücher zeigt. Selbst grundlegende Nachschlagewerke, die im letzten Jahrzehnt erschienen sind [*129*; *105*; *165*], stimmen hinsichtlich der Wertung der Betonung von Kurzformen nicht immer überein. Dennoch lassen sich einige Grundregeln für die Betonung von Kurzformen aufstellen. 710

Ist die feminine Kurzform stammbetont, sind alle Formen des Adjektivs stammbetont, und es hat die Betonungskurve AA.

Sind die Deklinationsformen eines Adjektivs endbetont, ist die feminine Kurzform ebenfalls endbetont.

Wenn man die Pluralform wie die neutrale Kurzform betont, kann man nie einen Fehler machen, sondern allenfalls eine zulässige veraltete Betonung verwenden.

Sind die Deklinationsformen eines Adjektivs stammbetont, so liegt der Akzent der maskulinen Kurzform in der Regel auf der gleichen Silbe wie in den Deklinationsformen. Ausnahmen: дёшев (дешёвый), ве́сел (весёлый), зе́лен (зелёный), умён (у́мный), хитёр (хи́трый), остёр (о́стрый), ко́роток (коро́ткий), го́лоден (голо́дный), хо́лоден (холо́дный), со́лон (солёный).

Sind die Deklinationsformen endbetont, so muß oder kann der Akzent der maskulinen Kurzform stets auf der ersten Silbe des Stammes liegen; z. B. бо́лен (больно́й). Ausnahme: смешо́н (смешно́й).

Adjektive mit einem mehrsilbigen Stamm haben in ihrer Mehrzahl keinen Betonungswechsel in den Kurzformen (z. B. интере́сный – интере́сна). Lediglich 19 Adjektive bilden in dieser Beziehung eine Ausnahme (z. B. широ́кий – широка́; vgl. [*165*, 161]).

4.4.3. Verwendung von Kurz- und Langformen

Kurz- und Langformen sind hinsichtlich ihres Gebrauchs in zweierlei Hinsicht klar voneinander abgegrenzt: Kurzformen können nur in prädikativer Funktion verwendet werden; in attributiver Funktion können nur Langformen verwendet werden. 711

Da aber Langformen außer in attributiver Funktion auch in prädikativer Funktion verwendet werden können, wobei zwei verschiedene Kasusformen vorkommen, sind insgesamt drei Formen des Adjektivs für jedes Genus und jeden Numerus in prädikativer Stellung möglich: Kurzform, Nominativ der Langform, Instrumental der Langform.

        Жизнь прекра́сна.
        Пого́да за́втра бу́дет прекра́сная.
        Жизнь бу́дет прекра́сной.

Die Gebrauchsweisen der drei in prädikativer Funktion verwendeten Formen des Adjektivs überschneiden sich zum Teil und unterliegen in der Sprache der Gegenwart nicht unbedeutenden Veränderungen. Daher ist es schwer, feste Regeln für den Gebrauch von Kurz- und Langformen in prädikativer Stellung zu geben. Auch gibt es Unterschiede hinsichtlich des Gebrauchs dieser Formen zwischen verschiedenen Stilen der Literatursprache, vor allem zwischen dem schriftsprachlichen und dem umgangssprachlichen Stil. Während der Gebrauch der Kurzformen im umgangssprachlichen Stil zurückgeht, sind diese Formen im schriftsprachlichen Stil, vor allem im wissenschaftlich-technischen Stil eine sehr produktive Erscheinung. Es sollen daher hier nur einige Grundregeln für den Gebrauch von Kurz- und Langformen in prädikativer Stellung gegeben werden.

712 Die *Kurzform* ist unter folgenden Bedingungen obligatorisch zu verwenden.
Das Adjektiv kann keine Langformen bilden.
    Я э́тому о́чень рад.
Die Langform wird in einer Teilbedeutung eines polysemen Adjektivs nicht verwendet.
    Ба́бушка плоха́. Der Großmutter geht es schlecht.
Es soll das Übermaß einer Eigenschaft ausgedrückt werden, und das dieses Übermaß normalerweise ausdrückende Adverb сли́шком wird fortgelassen.
    Руба́шка узка́. Das Hemd ist zu eng.
    Он уже́ стар для э́того. Er ist schon zu alt dazu.
Das Adjektiv enthält ein Suffix, das etymologisch mit dem eines Part. Präs. Pass. identisch ist.
    Дру́жба ме́жду наро́дами СССР и ГДР неруши́ма.
Das Adjektiv steht nicht in der mit са́мый gebildeten Superlativform. Die Subjektsfunktion wird durch die Pronomen э́то oder что, einen Infinitiv oder einen Nebensatz erfüllt.
    Э́то о́чень интере́сно.
    Что́ интере́сно?
    Ката́ться на конька́х не тру́дно.
    Мне прия́тно, что вы́ пришли́.
Darüber hinaus wird in der Literatursprache die Kurzform bevorzugt verwendet, wenn von einem prädikativ gebrauchten Adjektiv Ergänzungen mit Objektcharakter abhängig sind.
    Э́ти кни́ги мне нужны́.
    Он спосо́бен рабо́тать с утра́ до ве́чера без переры́ва.

713 Die *Langform* ist unter folgenden Bedingungen obligatorisch zu verwenden.
Das Adjektiv kann keine Kurzformen oder keine maskuline Kurzform bilden.
    Ко́мната была́ больша́я.
    Он совсе́м ручно́й. Er ist ganz zahm.
Die Kurzform wird in einer Teilbedeutung eines polysemen Adjektivs nicht verwendet. Zum Beispiel hat бе́дный die Bedeutungen a) 'keinen Reichtum besitzend', b) 'Mangel leidend', c) 'bedauernswert, unglücklich'. In der letzteren Bedeutung gibt es keine Kurzform; zum Ausdruck des Mitleides kann man nur sagen:
    Кака́я она́ бе́дная! Die Ärmste!
Es wird die mit са́мый gebildete Superlativform verwendet.
    Э́та кни́га са́мая интере́сная.
    Вернёмся в го́род. Э́то пока́ са́мое лу́чшее.
Darüber hinaus wird die Langform bevorzugt verwendet, wenn eine substantivische Wortfügung Subjektsfunktion hat, in der eine Adverbialbestimmung des Ortes oder der Zeit als Attribut fungiert.
    Пла́тье на ней бы́ло ста́рое. Das Kleid, das sie anhatte, war alt.
    Лю́ди там интере́сные. Die Leute dort sind interessant.
    Дома́ в го́роде бы́ли но́вые. Die Häuser in der Stadt waren neu.

> Лéкция сегóдня интерéсная. Die heutige Vorlesung ist interessant.
> Рýки у неё холóдные. Ihre Hände sind kalt (Sie hat kalte Hände).

Ebenso wird die Langform bevorzugt verwendet, wenn als Subjekt ein Substantiv des neutralen Genus fungiert.

> Это помещéние холóдное. Dieser Raum ist kalt.

Diese letztere Regel gilt jedoch nicht für die Schriftsprache, insbesondere den wissenschaftlich-technischen Stil, in dem Kurzformen im Prädikat bei einem neutralen Substantiv im Subjekt eine normale Erscheinung sind:

> Это превращéние непрерывно.
> Dieser Wandel geht ununterbrochen vor sich.

In den Fällen, in denen bei gleichem Kontext in prädikativer Funktion sowohl die Kurzform als auch die Langform verwendet werden können, kann zwischen beiden Sätzen *völlige Synonymie* vorliegen. So läßt sich z. B. zwischen "Эта книга óчень интерéсна" und "Эта книга óчень интерéсная" kaum ein semantischer Unterschied feststellen.
Nicht selten dagegen unterscheiden sich Sätze mit Kurzform und entsprechender Langform durch sehr feine, nicht immer leicht zu umreißende Bedeutungsunterschiede, vgl. [*48*, Bd. 2/1, § 573 ff.; 592 ff.]. Der deutlichste dieser Unterschiede ist die Kennzeichnung *zeitweiliger* Eigenschaften und Zustände durch die Kurzform, *dauernder* Eigenschaften durch die Langform. "Он бóлен" sagt man von jemandem, der zeitweilig von einer Krankheit befallen ist, "Он больнóй" von einem Menschen, der ständig kränkelt oder chronisch krank ist.
Ein weiterer Bedeutungsunterschied kann darin bestehen, daß durch die Kurzform ein *Urteil des Sprechers*, bei Adjektiven mit wertenden Bedeutungsnuancen auch ein Werturteil, zum Ausdruck gebracht werden kann, während die entsprechende Langform *lediglich Tatsachen konstatiert*. Wir finden die Kurzform daher in Sentenzen, wissenschaftlichen Urteilen und Definitionen.

> Великие истины примитивны. Große Wahrheiten sind einfach.
> Изменéния в употреблéнии аналитических и синтетических форм степенéй сравнéния микроскопичны, хотя и явно не случáйны.
> Die Veränderungen beim Gebrauch der analytischen und synthetischen Steigerungsformen sind mikroskopisch klein, jedoch offensichtlich nicht zufällig.

Beim Gebrauch der Langform dagegen enthält sich der Sprecher eines eigenen Urteils.

> Изумительный наш нарóд! – И. Г. Эренбýрг.
> Erstaunlich ist unser Volk!

Dieser Satz ist als unumstößliche, vom Urteil des Sprechers unabhängige Tatsache zu betrachten, dagegen der folgende Satz als Urteil des Autors.

> Загáдочны и потомý прекрáсны тёмные чáщи лесóв. – К. Г. Паустóвский.
> Rätselhaft und eben dadurch schön sind die dunklen Dickichte der Wälder.

Damit im Zusammenhang steht auch die Tatsache, daß die Verwendung der Langform von Adjektiven mit negativer Bedeutung in der familiären Umgangssprache weniger beleidigend ist als die Verwendung der Kurzform [*108*, 226]. "Ты глýпая" hat etwa die Bedeutung von "Du bist ein Dummchen", "Ты глупá" die Bedeutung von "Du bist blöde".
In einigen Fällen hängt die Wahl der prädikativen Form des Adjektivs auch von der Bedeutung des Subjekts des Satzes ab. So wird man, wenn das Substantiv погóда Subjektsfunktion hat, nur die Langform verwenden.

> Погóда былá тихая.

Bei dem Substantiv ночь dagegen ist sowohl die Langform als auch die Kurzform möglich:

> Ночь былá тихая. – Ночь былá тихá.

In Verbindung mit dem Kopulaverb быть wird der *Instrumental der Langform* niemals im Präsens, d. h. bei Nullkopula, verwendet. Im Präteritum, Futur, Konjunktiv und Imperativ kann diese Form verwendet werden, wobei sie häufig dem Nominativ der Langform synonym ist.

Vergleiche:

Ребя́та бы́ли весёлыми.	– Ребя́та бы́ли весёлые.
Ле́то бу́дет со́лнечным.	– Ле́то бу́дет со́лнечное.
Бу́дьте весёлыми.	– Не будь упря́мая.
	Sei nicht dickköpfig!

Es besteht jedoch auch die Tendenz, den Instrumental der Langform zum Ausdruck *zeitweiliger Eigenschaften* zu verwenden, so daß in dieser Funktion die Kurzform ersetzt wird:

Тогда́ я был ещё молоды́м.

В ва́ши го́ды я был предприи́мчивым.

In Ihrem Alter war ich unternehmungslustig.

In Verbindung *mit der Infinitivform* von быть wird der Instrumental der Langform vor allen anderen Formen bevorzugt.

На́до быть трудолюби́вым.

Де́ло обеща́ет быть интере́сным.

Он стара́лся быть гостеприи́мным.

Er bemühte sich, gastfreundlich zu sein.

Daneben können auch der Nominativ der Langform und die Kurzform verwendet werden:

Е́сли пра́вда, что седе́ют от стра́ха, то я бы до́лжен быть соверше́нно бе́лый ны́нче. – Л. Н. Толсто́й.

Wenn es wahr ist, daß man vor Furcht ergraut, so müßte ich jetzt schon völlig weiß sein.

Ре́чи должны́ быть кра́тки.

In Verbindung mit bestimmten halbabstrakten Kopulaverben (z. B. станови́ться/стать, каза́ться, ока́зываться, счита́ться, притворя́ться u. a.) tritt ein adjektivisches Prädikatsnomen meist im Instrumental der Langform auf.

716 Zwischen Kurzform und Langform besteht noch folgender syntaktischer Unterschied. Zum Ausdruck des Intensitätsgrades einer Eigenschaft verwenden wir bei der Kurzform die Adverbien как und так, bei der Langform die Pronomen какой und такой. Vergleiche:

Как хорошо́, что ты здесь! Он был так сча́стлив.

Како́й ты хоро́ший! Он тако́й некраси́вый.

717 In der *Umgangssprache* werden Kurzformen weitaus seltener verwendet als in der kodifizierten Schriftsprache, vgl. [*130*, 196ff.]. Die Verwendung der Kurzformen zum Ausdruck eines zeitweiligen Zustandes ist hier nicht obligatorisch, so daß in der gleichen Situation "Я была́ больна́" und "Я была́ больна́я" gesagt werden kann. Bei Adjektiven, die eine graduierbare Eigenschaft bezeichnen, wird die Kurzform häufig verwendet, wenn ein bestimmter Grad einer Eigenschaft gemeint ist (Он далеко́ не глуп. Он молодова́т для Пье́ра). Bei einer Reihe von Adjektiven werden Kurzformen nur verwendet, wenn Adjektive in übertragener Bedeutung Eigenschaften von Personen bezeichnen (Пётр о́чень мя́гок – Хлеб о́чень мя́гкий). Kurzformen von Farbbezeichnungen kommen in der Umgangssprache nicht vor. Adjektive, die einen psychischen Zustand bezeichnen, weisen in Sätzen, die ein Subjekt in der Form des Nominativs enthalten, stets die Langform auf (Она́ така́я гру́стная, nicht: Она́ так грустна́).

4.5. Die Komparation

4.5.1. Allgemeine Charakteristik

Die Kategorie der Komparation, d.h. die Unterscheidung der drei **Komparationsstufen** (сте- 718
пени сравнения) *Positiv* (положительная степень), *Komparativ* (сравнительная степень),
Superlativ (превосходная степень) ist eine für Adjektive besonders typische Kategorie. So
wie jede Verbalform eine Aspektbedeutung zum Ausdruck bringt, bringt jede Adjektivform
eine Komparationsbedeutung zum Ausdruck. Jedoch sind nicht alle Adjektive in der Lage,
Formen für alle drei Komparationsstufen zu bilden. Beziehungsadjektive und eine nicht unbedeutende Anzahl von Qualitätsadjektiven bilden nur Positivformen (z. B. каменный, не-
молодой). Andere Adjektive wiederum können keine Positivformen bilden; z. B. hat старший '(im Vergleich zu anderen) länger lebend' nur Komparativ- oder Superlativbedeutung,
меньший 'jüngstes (Familienmitglied bestimmter Art)' hat nur Superlativbedeutung.
Die Bildung von Komparativ- und Superlativformen ist nur bei solchen Qualitätsadjektiven
möglich, die eine graduierbare Eigenschaft bezeichnen.
Im Deutschen ist die Komparation völlig morphologisiert. Die drei Komparationsstufen Posi- 719
tiv – Komparativ – Superlativ unterscheiden sich ausschließlich durch morphologische Mittel (Suffixe) voneinander: ein schönes Haus – ein schön**eres** Haus – das schön**ste** Haus.
Die den deutschen Komparationsstufen entsprechenden Bedeutungen werden im Russischen
durch sehr unterschiedliche formale Mittel zum Ausdruck gebracht: durch synthetische
Wortformen (важный, важен, важнее), durch analytische Wortformen (самый важный),
durch syntaktische Wortfügungen (важнее всего), durch Wortformen, bei denen strittig ist,
ob das Suffix, das sie enthalten, form- oder wortbildend ist (важнейший), durch Verbindungen zweier Wörter, bei denen strittig ist, ob es sich um analytische Wortformen oder um
Wortfügungen handelt, die aus einem Adjektiv und einem Gradationsadverb bestehen (более важный, наиболее важный). Moderne grammatische Beschreibungen des Russischen,
die nicht konfrontativ ausgerichtet sind, betrachten nur unstrittige synthetische Formen mit
Komparationsbedeutung als Komparationsformen, also важный, важен (Positiv) und важнее (Komparativ), so daß die Kategorie der Komparation nur zwei Glieder umfaßt. Alle übrigen Möglichkeiten zur Wiedergabe von Komparationsbedeutungen des Deutschen im Russischen werden der Syntax oder der Wortbildung zugewiesen, vgl. z. B. [*129*, Bd. 1, § 1307].
Eine Übernahme dieser Auffassung in eine für Deutsche bestimmte Grammatik des Russischen würde die Gefahr in sich bergen, daß Erscheinungen, die semantisch aufs engste miteinander verknüpft und durch diese Verknüpfung für die Praxis des Sprachunterrichts von
Bedeutung sind, aus formalen Gründen auseinandergerissen und nicht mehr zusammenhängend dargestellt werden. Aus diesem Grunde soll hier an der traditionellen Darstellung dieser Erscheinungen, bei der zwischen synthetischen und analytischen Komparationsformen
unterschieden und – wie im Deutschen – von drei Komparationsstufen ausgegangen wird,
festgehalten werden.

4.5.2. Analytische Komparativ- und Superlativformen

Analytische Komparativformen entstehen durch die Verbindung einer Form des Positivs 720
mit der Wortform *более*.

       Я читал уже более интересные романы.
       Опытный турист более вынослив, чем новичок.
       Ein erfahrener Wanderer hält mehr aus als ein Anfänger.

Da *более* das Antonym *менее* zur Seite hat, ist es auch möglich, analytische Komparativformen zu bilden, die einen geringeren Intensitätsgrad ausdrücken. Im Deutschen gibt es dafür
keine synthetischen Formen.

> В Балти́йском мо́ре вода́ ме́нее солёная, чем в Чёрном.
> In der Ostsee ist das Wasser weniger salzig als im Schwarzen Meer.
> Не ме́нее ва́жен кана́л и для се́льского хозя́йства.
> Nicht weniger wichtig ist dieser Kanal auch für die Landwirtschaft.

721 **Analytische Superlativformen** entstehen durch die Verbindung einer Langform des Positivs mit *са́мый*, das jeweils die gleiche adjektivische Endung annimmt wie die dazugehörige Langform.

> Э́тот год был са́мый тяжёлый в его́ жи́зни.

Superlativformen lassen sich aber auch durch die Verbindung von *наибо́лее* (bzw. seines Antonyms *наиме́нее*) mit einer Form des Positivs bilden.

> Земляны́е рабо́ты – наибо́лее трудоёмкие.
> Die Erdarbeiten sind am arbeitsaufwendigsten.
> Э́тот слу́чай наибо́лее типи́чен.
> Dieser Fall ist am typischsten.
> Путеше́ственники избра́ли наиме́нее опа́сный путь.
> Die Reisenden wählten den ungefährlichsten Weg.
> Э́тот путь наиме́нее опа́сен.

Diese beiden Bildungsmöglichkeiten gehören unterschiedlichen Stilsphären an. Die Formen mit *са́мый* sind stilistisch neutral, die mit *наибо́лее* tragen eindeutig schriftsprachlichen Charakter und sind typisch für bestimmte Bereiche des Zeitungsstils und für den wissenschaftlich-technischen Stil. In der Umgangssprache werden daher vorwiegend Superlativformen mit *са́мый* verwendet. Im wissenschaftlich-technischen Stil dagegen begegnen die Superlativformen mit *наибо́лее* dreimal so häufig wie die mit *са́мый* [206, 73].

4.5.3. Synthetische Komparativ- und Superlativformen

722 **Synthetische Komparativformen** werden mit Hilfe des Suffixes -ее gebildet, das in der Umgangssprache eine Variante -ей hat, oder mit Hilfe der Suffixe -е oder -ше. Da die synthetischen Komparativformen weder Genus noch Numerus oder Kasus unterscheiden, treten an diese Suffixe keine weiteren Endungen.

723 Das *Suffix -ее/-ей* ist produktiv und tritt an den Stamm der nichtmaskulinen Kurzformen. Von Stämmen auf Velar können (von wenigen Ausnahmen abgesehen) keine Komparativformen mit diesem Suffix gebildet werden.
Darüber hinaus unterliegt die Bildung der Komparativformen auf -ее/-ей keinen absoluten Beschränkungen. Doch gibt es einige Gruppen von Adjektiven, bei denen diese Formen wenig gebräuchlich sind, vgl. [*49*, § 961; *58*, 243 ff.; *129*, Bd. 1, § 1344 ff.]. Dies gilt z. B. für nichtsuffigierte Adjektive, deren Stamm auf einen postalveolaren Konsonanten ausgeht, für го́рдый 'stolz' und für Adjektive, die mit den Suffixen -ущ-/-ющ-, -ащ-/-ящ-, -т- und -л- gebildet sind.
Die Komparativformen auf -ее/-ей haben meist die gleiche Betonungsstelle wie die feminine Kurzform. Dies gilt ohne Einschränkung für alle Adjektive mit einem mehrsilbigem Stamm und für die meisten Adjektive mit einem einsilbigen Stamm, deren feminine Kurzform endungsbetont ist.
Bei Adjektiven mit einem einsilbigen Stamm, deren feminine Kurzform stammbetont ist, kommt es zu Schwierigkeiten hinsichtlich der Betonungsstelle. In Befolgung obiger Regel wird die Komparativform auf -ее/-ей mit Stammbetonung gesprochen (ли́чнее), infolge der Tendenz, bei einsilbigem Stamm stets das Suffix zu betonen, jedoch auch mit Betonung des Suffixes (личне́е). Diese Unsicherheit hinsichtlich der Betonung der Komparativform auf -ее/-ей von Adjektiven mit einsilbigem Stamm und stammbetonter feminer Kurzform hat dazu geführt, daß von diesen Adjektiven die synthetische Komparativform entweder selten oder gar nicht verwendet wird. Eine Liste der aus diesem Grunde wenig gebräuchlichen und eine Liste der aus diesem Grunde nicht belegten Komparativformen auf -ее/-ей geben [*49*, § 962; *58*, 244 f.].

4.5. Die Komparation

Das wenig produktive *Suffix -e*, das ebenfalls an den Stamm der nichtmaskulinen Kurzformen tritt, ist bei Stämmen, die auf velaren Konsonanten ausgehen, in der Regel die einzige Möglichkeit zur Bildung einfacher Komparativformen. Dabei kommt es vor diesem Suffix im Stammauslaut zu *Konsonantenwechsel* к//ч, г//ж, х//ш, ск//щ, z. B. бо́йче (neben бойче́е) ← бо́йкий, гро́мче ← гро́мкий, доро́же ← дорого́й, жёстче ← жёсткий, кра́тче ← кра́ткий, кре́пче ← кре́пкий, ле́гче ← лёгкий, мя́гче ← мя́гкий, ти́ше ← ти́хий, пло́ще ← пло́ский. **724**

Bei Adjektiven mit Stammauslaut лк und bei го́рький 'bitter schmeckend' wird der Konsonant vor dem Stammauslaut к in den Konsonantenwechsel einbezogen: жа́льче ← жа́лкий, ме́льче ← ме́лкий, го́рче ← го́рький.

Bei Stämmen auf velaren Konsonanten ist das Suffix -e nicht unbeschränkt verwendbar. Keine einfachen Komparativformen bilden Adjektive, deren Stamm auf suffixales -ск- ausgeht. Aber auch die Adjektive, deren Stamm auf suffixales -к- oder nichtsuffixalen Velar ausgeht, können durchaus nicht ausnahmslos Komparativformen mit dem Suffix -e bilden.

Außer bei Stämmen auf Velar begegnet das Suffix -e auch bei Adjektiven mit einem anderen Stammauslaut, wobei es ebenfalls zu *Konsonantenwechsel* (в//вл′, т//ч, д//ж, ст//щ) kommen kann, und zwar bei деше́вле ← дешёвый; бога́че ← бога́тый, кру́че ← круто́й; моло́же ← молодо́й, твёрже ← твёрдый; гу́ще ← густо́й, про́ще ← просто́й, то́лще ← то́лстый, ча́ще ← ча́стый, чи́ще ← чи́стый.

Das Suffix -e verwenden auch einige Adjektive, die auf Suffix -к-, -ок-, -н-, -ив- ausgehen und dieses im Komparativ abwerfen. Dabei kommt es außer zu den schon erwähnten Typen des Konsonantenwechsels auch zu Wechsel с//ш, з//ж, р//р′. Es handelt sich um бли́же ← бли́зкий, га́же ← га́дкий, гла́же ← гла́дкий, жи́же ← жи́дкий, коро́че ← коро́ткий, ни́же ← ни́зкий, ре́же ← ре́дкий, у́же ← у́зкий, ши́ре ← широ́кий, вы́ше ← высо́кий, по́зже ← по́здний, кра́ше (in gehobenem Stil, sonst краси́вее) ← краси́вый.

Völlig irreguläre Komparative auf -e sind сла́ще ← сла́дкий, глу́бже ← глубо́кий.

Das Suffix -e wird nie betont. Der Ton liegt auf der Silbe vor dem Suffix.

Das *Suffix -ше*, vor dem es zu Konsonantenwechsel л//л′, н//н′, р′//р kommen kann, liegt vor in ра́ньше ← ра́нний, ста́рше, то́ньше ← то́нкий, го́рше ← го́рький 'elend, schwer, unangenehm, leidvoll', да́льше ← далёкий 'weit', до́льше ← до́лгий 'lang' sowie – vom historischen Standpunkt – in бо́льше ← большо́й. Es ist völlig unproduktiv. **725**

Das Suffix -ше wird nie betont.

Synthetische Komparativformen von *Suppletivstämmen* sind ме́ньше ← ма́лый und ма́ленький, лу́чше ← хоро́ший, ху́же ← плохо́й, бо́льше ← мно́гий, мно́го. **726**

Varianten synthetischer Komparativformen gibt es kaum. Im allgemeinen liegt für jedes Adjektiv fest, welche synthetische Komparativform möglich ist. Als synonyme Varianten gelten nur бо́йче und бойче́е ← бо́йкий, ло́вче und ловче́е ← ло́вкий, по́зже und поздне́е ← по́здний. **727**

Wo sonst Doppelformen existieren, besteht zwischen ihnen stets ein stilistischer oder lexikalischer Unterschied. So ist краси́вее typisch für den neutralen Stil, кра́ше für den gehobenen Stil. Die Formen го́рче 'bitterer schmeckend' und го́рше 'elender' teilen sich verschiedene Bedeutungen von го́рький. Der Komparativ ста́рше hat im Russischen keinen Positiv, da die Bedeutung 'eine bestimmte Zeitspanne gelebt haben' nicht durch ein Adjektiv, sondern durch die Konstruktion des Typs "Ему́ оди́н год" wiedergegeben wird.

Alle indeklinablen synthetischen Komparativformen von Adjektiven können das *Präfix по-* erhalten: z. B. побо́льше, поме́ньше, постарше, покре́пче, поме́дленнее. Zur Bedeutung dieses Präfixes vgl. **737**. **728**

Als **synthetische Superlativformen** bezeichnet man Ableitungen von Adjektivstämmen mittels des Suffixes *-ейш-/-айш-*, an das die normalen adjektivischen Flexionsendungen treten. **729**

Die *Variante -айш-* des Suffixes tritt an Stämme auf Velar, wobei im Stammauslaut der Konsonantenwechsel к//ч, г//ж, х//ш obligatorisch ist, z. B. крепча́йший ← кре́пкий, строжа́йший ← стро́гий 'streng', тиша́йший ← тихий. Außer bei Adjektiven auf Velar begegnet -айш- nur noch in den unregelmäßigen Formen ближа́йший ← бли́зкий, нижа́йший ← ни́зкий.

Die *Variante -ейш-* dagegen tritt an Stämme, die nicht auf einen velaren Konsonanten auslauten, z. B. новейший ← новый, богатейший ← богатый, свежейший ← свежий 'frisch'.
Synthetische Superlativformen von *Suppletivstämmen* sind тягчайший ← тяжкий 'schwer', дражайший ← дорогой, кратчайший ← короткий.
Die Verwendung des Suffixes -ейш-/-айш- unterliegt den gleichen Beschränkungen wie die sprachhistorisch damit verwandten Suffixe des Komparativs, jedoch in stärkerem Maße [58, 253 f.].
Allgemein gebräuchliche Formen auf -айш-ий sind nur величайший ← великий, дражайший, строжайший, тишайший bei suffixlosen Adjektiven; высочайший ← высокий, глубочайший ← глубокий, жесточайший ← жестокий, широчайший ← широкий bei Adjektiven auf Suffix -ок-; горчайший ← горький, кратчайший ← краткий, крепчайший ← крепкий, легчайший ← лёгкий, мельчайший ← мелкий, мягчайший ← мягкий, редчайший ← редкий, сладчайший ← сладкий, тончайший ← тонкий, тягчайший ← тяжкий, ярчайший ← яркий bei Adjektiven auf Suffix -к-.
Superlativformen auf -ейш- werden kaum gebildet von Adjektiven, die auf die Suffixe -ущ-/-ющ-, -ащ-/-ящ-, -уч-, -аст-, -ист-, -ов-/-ев- sowie auf das Partizipialsuffix -т- ausgehen. Bei Adjektiven, die aus akzentologischen Gründen die Komparativform auf -ee vermeiden (vgl. **723**), sind synthetische Superlativformen noch seltener als die entsprechenden Komparativformen.
Synthetische Superlativformen auf -ейш-/-айш- sind bei Adjektiven mit einsilbigem Stamm stets auf dem Vokal des Suffixes betont (новый – новейший). Bei Adjektiven mit mehrsilbigem Stamm und durchgehender Stammbetonung bleibt die Akzentstelle auf der gleichen Silbe wie im Positiv (выгодный – выгодна – выгоднейший, ужасный – ужасна – ужаснейший). Bei mehrsilbigen Adjektiven, die in einer oder mehreren Formen Endungsbetonung aufweisen, liegt die Akzentstelle auf dem Vokal des Suffixes (тяжёлый – тяжела – тяжелейший). Ausnahmen: богатый – богата – богатейший, здоровый – здорова – здоровейший.

730 Zu den synthetischen Komparationsformen gehören auch die von Adjektivstämmen mit *Suffix -ш-* abgeleiteten Deklinationsformen больший, меньший, лучший, худший, высший, низший, старший, младший.
Sie haben entweder nur Komparativbedeutung (больший) oder nur Superlativbedeutung (высший in den Bedeutungen 'bedeutendst, hervorragendst, ausgezeichnetest', низший in den Bedeutungen 'geringst, schlechtest'). Die meisten von ihnen jedoch können je nach ihrer Verwendungsweise entweder Komparativ- oder Superlativbedeutung ausdrücken.
Von больший wird eine Superlativform mit dem Präfix наи- abgeleitet (наибольший). Dieses Präfix kann auch mit den anderen genannten Formen verbunden werden, wenn sie Komparativ- und Superlativbedeutung haben können und hervorgehoben werden soll, daß die Superlativbedeutung vorliegt.
Die Formen старший und младший haben Komparativbedeutung in старшее/младшее поколение 'die ältere/jüngere Generation', Superlativbedeutung in старший/младший в семье 'der Älteste/Jüngste in der Familie'. In der Wortfügung старший/младший брат haben sie heute meist Superlativbedeutung, seltener Komparativbedeutung. Außerdem werden beide noch als terminologische Elemente für die Bezeichnung von Dienstgraden und Dienststellungen verwendet: младший лейтенант 'Unterleutnant', старший лейтенант 'Oberleutnant', старший научный сотрудник (vgl. 'Oberassistent').
Die Formen высший und низший haben bei freiem syntaktischen Gebrauch heute nur noch Superlativbedeutung: высшая награда 'die höchste Auszeichnung', низший сорт 'die schlechteste Sorte'. In phraseologischen Wendungen findet man jedoch auch noch die Komparativbedeutung: высшая математика 'höhere Mathematik', высшее учебное заведение 'höhere Lehranstalt, Hochschule', низшее образование (Antonym zu 'höhere Bildung'), низшие животные 'niedere Tiere'.

731 Bei allen synthetischen Komparativformen ist zu beachten, daß sie häufig nicht in jeder Bedeutung, sondern nur in bestimmten Bedeutungen eines Wortes verwendet werden können. So bildet низкий z. B. in der Bedeutung 'von verhältnismäßig geringer Höhe' synthetische und analytische Komparativformen (Этот дом ни́же und Этот дом бо́лее ни́зкий), in der Bedeutung 'ehrlos, niederträchtig' jedoch nur analytische Komparativformen (бо́лее ни́зкое поведе́ние 'ein niederträchtigeres Verhalten'). Daher sagt man ohne Schwierigkeiten глубоча́йшие противоре́чия und са́мые глубо́кие противоре́чия 'tiefste Widersprüche', aber viel eher са́мое глубо́кое о́зеро als глубоча́йшее о́зеро 'der tiefste See'.

4.5.4. Bedeutung und Verwendung der Komparationsformen

Die Formen des *Positivs* weisen an sich nicht auf einen bestimmten Grad einer Eigenschaft hin. Wenn sie graduierende Bedeutung haben, so ergibt sich diese entweder aus der lexikalischen Bedeutung des Adjektivs (разлюбе́зный 'überaus liebenswürdig', большу́щий 'riesengroß') oder aus dem syntaktischen Kontext (о́чень любе́зный; Ты ещё мо́лод учи́ть меня́). Sie verbinden sich mit vergleichenden Konstruktionen, die auf einen ähnlichen Intensitätsgrad hinweisen. 732

      Он нем как ры́ба.
      Всё хорошо́ знако́мое ка́жется скучнова́тым, как ску́чен для горожа́н трамва́й и пи́шущая маши́нка. – К. Г. Паусто́вский.

Die synthetischen Formen des *Komparativs* und die mit бо́лее gebildeten analytischen Formen bringen zum Ausdruck, daß eine Erscheinung eine Eigenschaft in höherem Maße besitzt als eine andere Erscheinung oder als die gleiche Erscheinung zu einem anderen Zeitpunkt oder an einem anderen Ort. 733
Die als Ausgangspunkt des Vergleichs dienende Erscheinung kann aus dem Kontext hervorgehen.

      Коне́чно, реше́ние э́того вопро́са ва́жная зада́ча. Но друга́я зада́ча ещё важне́е.
      Die Lösung dieser Frage ist freilich eine wichtige Aufgabe. Aber eine andere Aufgabe ist noch wichtiger.

Sie kann auch in einer mit чем eingeleiteten Konstruktion genannt werden.

      Он был грустне́е и молчали́вее, чем Пётр.

Wenn die Konstruktion mit чем bei synthetischen Komparativformen steht und nur **einen** Ausdruck im Nominativ oder Akkusativ enthält, kann чем fortgelassen und der Nominativ oder Akkusativ durch den Genitiv ersetzt werden.

      Он был грустне́е и молчали́вее Петра́.

Wenn auf чем nur **ein** Adverb folgt, kann man statt dessen auch den Gen. Sing. neutr. eines entsprechenden Adjektivs verwenden. Vergleiche:

      Он был грустне́е и молчали́вее, чем обыкнове́нно. → Он был грустне́е и молчали́вее обыкнове́нного.
      Er war trauriger und schweigsamer als gewöhnlich.
      Всё ста́ло лу́чше, чем пре́жде. → Всё ста́ло лу́чше пре́жнего.
      Alles ist besser geworden als früher.

Die Komparativformen des Russischen wie die des Deutschen erhalten *Superlativbedeutung*, wenn sie in bestimmten syntaktischen Umgebungen stehen. Dies ist der Fall, wenn Ausgangspunkt des Vergleichs alle gleichartigen Erscheinungen sind. 734

      Она́ краси́вее всех.   Sie ist schöner als alle anderen.
                                    = Sie ist am schönsten.
      Э́то умне́е всего́.   Das ist gescheiter als alles andere.
                                    = Das ist am gescheitesten.

Da die Konstruktionen mit dem Genitiv des Vergleichs von все oder всё im Russischen regelmäßig von allen synthetischen Komparativen gebildet werden können, werden sie in für Nichtrussen geschriebenen Grammatiken meist als eine analytische Superlativform aufgefaßt. Wir wollen sie hier *"unechte" Superlativformen* nennen.

735 Superlativbedeutung haben Komparativformen im Russischen wie im Deutschen auch in Wendungen des folgenden Typs.

> Нет красивее вечера тихого и тёплого летнего дня.
> Es gibt nichts Schöneres als den Abend eines stillen und warmen Sommertages.
> = Der Abend eines stillen und warmen Sommertages ist das Schönste (was man sich denken kann).

736 Im Deutschen werden Komparativformen von einigen Adjektiven nicht nur zum Ausdruck eines vergleichsweise stärkeren Intensitätsgrades einer Eigenschaft, sondern auch zum Ausdruck eines verhältnismäßig geringen Grades einer Eigenschaft verwendet, vgl. [207, 154f.]. Eine *ältere Dame* ist jünger als eine *alte Dame*, eine *kürzere Zeit* dauert länger als eine *kurze Zeit*. Diese Bedeutung hat keine der russischen Komparativformen, sie muß im Russischen anders wiedergegeben werden, meist durch die Negation des entsprechenden Antonyms: немолодая уже дама, недолгое время.

737 Die mit по- präfigierten synthetischen Komparativformen bringen einen geringen Steigerungsgrad zum Ausdruck. Wenn sie im Rahmen eines Vergleichs verwendet werden, übersetzen wir sie durch die Verbindung des Adverbs "etwas" mit einer Komparativform ins Deutsche.

> Он помоложе меня. Er ist etwas jünger als ich.

Diese Formen können jedoch auch außerhalb eines Vergleichs verwendet werden. Dann übersetzen wir sie durch die Verbindung der Adverbien "möglichst" oder "recht" mit dem Positiv des Adjektivs ins Deutsche.

> По вечерам мы разбивали лагерь в месте посуше.
> Abends pflegten wir unser Lager an einem möglichst trockenen Platz aufzuschlagen.

Die Verwendung der mit по- präfigierten Komparativformen ist nur im umgangssprachlichen Stil und in Funktionalstilen, die umgangssprachliche Elemente übernehmen (schöngeistige Literatur, Journalistik), möglich.

738 *Superlativformen* haben im Deutschen zwei Bedeutungen. Sie geben entweder an, daß eine Erscheinung im Vergleich mit anderen gleichartigen Erscheinungen eine Eigenschaft in höchstem Maße besitzt ("In unserer Klasse ist Sonja die Gescheiteste"), oder sie geben an, daß eine Erscheinung eine Eigenschaft außerhalb des Vergleichs in sehr hohem Maße besitzt ("Er besitzt diese Eigenschaft in höchstem Maße"). Die letztere Bedeutung bezeichnet man als **Elativbedeutung** (элативное значение).
Im Russischen können alle analytischen und synthetischen Superlativformen in der ersteren, der eigentlichen *Superlativbedeutung* (суперлативное значение) verwendet werden. Der Kreis der verglichenen Erscheinungen wird dabei durch eine präpositionelle Fügung mit den Präpositionen из, среди oder между, durch eine Lokalbestimmung oder durch eine Genitivkonstruktion genannt. Er kann jedoch auch aus dem Kontext hervorgehen.

> Он - лучший из нас.
> Он старший среди нас.
> Er ist der Älteste von uns.
> Ладожское озеро - величайшее озеро в Европе.
> Der Ladogasee ist der größte See in Europa.
> Ладожское озеро величайшее озеро Европы.
> Великая Октябрьская социалистическая революция - самое выдающееся историческое событие XX века.
> Die Große Sozialistische Oktoberrevolution ist das bedeutendste historische Ereignis des 20. Jahrhunderts.

739 Gegenüber der *Elativbedeutung* verhalten sich die Superlativformen des Russischen unterschiedlich. Analytische Superlativformen, die mit наиболее gebildet werden, weisen kaum

4.5. Die Komparation

Elativbedeutung auf. Analytische Superlativformen mit са́мый können sie aufweisen und haben diese Bedeutung vor allem in der Umgangssprache.

>Это са́мое просто́е де́ло.
>Das ist eine ganz einfache Sache (die einfachste Sache der Welt).

Sie werden jedoch häufiger in der Superlativbedeutung als in Elativbedeutung gebraucht. Den unechten Superlativformen, die aus einer synthetischen Komparativform in Verbindung mit всего́ oder всех bestehen, fehlt die Elativbedeutung ganz.
Synthetische Superlativformen auf -ейш-/-айш- dagegen haben sich schon so stark auf die Elativbedeutung spezialisiert, daß sie beinahe als *Elativformen* betrachtet werden können [58, 252]. Sie sind typisch für die Literatursprache des Russischen und in dieser die bevorzugte Ausdrucksweise des Elativs, so daß sie weitaus seltener in Superlativbedeutung verwendet werden. Verstärkt wird diese Tendenz durch die häufige Verwendung dieser Formen als Elativ in phraseologischen Wendungen, wie в кратча́йший срок 'in kürzester Frist', с глубоча́йшим уваже́нием 'mit vorzüglichster Hochachtung', строжа́йший запре́т 'das strengste Verbot', верне́йшее сре́дство 'das sicherste Mittel', зле́йший враг 'der schlimmste Feind', чисте́йшая ложь 'die reinste Lüge', 'eine glatte Lüge', умне́йшая голова́ 'ein sehr gescheiter Kopf', добре́йшая душа́ 'die Gutmütigkeit in Person', полне́йшая неве́жда 'ein vollständiger Ignorant' u. a. Bei der Übersetzung solcher Wendungen ins Deutsche kann man nicht automatisch Superlativform durch Superlativform wiedergeben, sondern man muß zum Teil den Elativ im Deutschen umschreiben.
Wenn die Superlativformen auf -ейш-/-айш- Elativbedeutung haben, können sie da Präfix наи- annehmen, das die Bedeutung des äußerst hohen Grades der Eigenschaft noch verstärkt. Diese präfigierten Formen tragen buchsprachlichen Charakter. Durch Kombination mit са́мый kann die Bedeutung der Superlativformen auf -ейш-/-айш- in Superlativ- wie in Elativbedeutung noch verstärkt werden. Diese mit наи- oder са́мый gebildeten Formen haben etwa die Bedeutung wie die deutschen mit Präfix *aller-* von Superlativen abgeleiteten Formen und können zum Teil auch so übersetzt werden.

>Это наисложне́йшая зада́ча.
>Das ist eine überaus komplizierte Aufgabe.
>Это са́мое убеди́тельнейшее доказа́тельство.
>Das ist der überzeugendste Beweis.

Sofern Adjektive auf -ш- Superlativbedeutung haben, können sie ebenfalls in Elativbedeutung verwendet werden, z. B. провести́ сев в лу́чшие агротехни́ческие сро́ки 'die Aussaat zu besonders geeigneten agrotechnischen Terminen durchführen'.
Die Gebräuchlichkeit der verschiedenen Komparativ- und Superlativformen hängt außer von grammatischen in sehr starkem Maße von stilistischen Faktoren ab.
In der *Funktion des Prädikats* bevorzugt der umgangssprachliche Stil synthetische Komparativformen, sofern deren Bildung und Verwendung in der betreffenden Bedeutung üblich ist. Im schriftsprachlichen Stil dagegen werden analytische Komparativformen auch von Adjektiven verwendet, die gebräuchliche synthetische Komparativformen kennen.
Soll in prädikativer Funktion Superlativbedeutung ausgedrückt werden, so ist zu beachten, daß die Superlativformen mit са́мый und Adjektive auf -ш- stilistisch neutral sind. Unechte Superlativformen mit всех oder всего́ tragen eher umgangssprachlichen Charakter, während analytische Formen mit наибо́лее für die Schriftsprache typisch sind. Formen mit са́мый können freilich nur verwendet werden, soweit die Verwendung der Langform zulässig ist. Superlative auf -ейш-/-айш- können in prädikativer Funktion nur in Elativbedeutung verwendet werden.

>Пого́да сего́дня отли́чнейшая.
>Das Wetter ist heute ganz herrlich.

Auch Superlative mit са́мый können in prädikativer Funktion Elativbedeutung haben.

>Его́ мысль была́ са́мая проста́я.
>Seine Idee war ganz einfach.

741 In der *Funktion des Attributs* ist die Verwendung der mit бо́лее gebildeten analytischen Komparativformen und der Komparationsformen auf -ш-, die Komparativbedeutung haben können, stilistisch neutral. Im umgangssprachlichen Stil wird in bestimmten Konstruktionen auch die synthetische Komparativform verwendet, z. B.

        Я не зна́ю челове́ка умне́е Та́ни.
        Ich kenne keinen klügeren Menschen als Tanja.

Besonders häufig ist die Verwendung der mit по- präfigierten Komparativformen in attributiver Funktion. Diese Konstruktionen tragen jedoch ungezwungen-familiären Charakter und begegnen daher vorwiegend in gesprochener Rede.

        Узо́рчик повеселе́й вы́бери. – А. Н. Остро́вский.
        Suche ein recht lustiges Muster aus.

Synthetische Komparativformen werden in der Funktion des Attributs dem Substantiv, auf das sie sich beziehen, in der Regel nachgestellt.

Alle deklinablen Superlativformen werden in attributiver Funktion verwendet, einfache jedoch vorwiegend in Elativbedeutung und die mit наибо́лее gebildeten vorwiegend im schriftsprachlichen Stil.

5. Das Numerale

5.1. Das Numerale als Wortart

Die **Numeralien** oder **Zahlwörter** (имена числительные) bezeichnen eine bestimmte zahlenmäßige Quantität, d.h., sie drücken einen *Zahlbegriff* aus. Im Zahlbegriff, der das Produkt hochentwickelten abstrakten Denkens der Menschen darstellt, ist das Invariante (Unveränderliche oder Gemeinsame) gleicher Mengen von Gegenständen widergespiegelt, wobei von allem Besonderen, den einzelnen Gegenständen und ihren Merkmalen, abstrahiert ist.
Werden die Numeralien ohne Substantiv, d.h. absolut, gebraucht, geben sie nur den abstrakten Zahlbegriff wieder (дважды два – четыре). In Verbindung mit Substantiven bezeichnen sie eine *bestimmte Anzahl* der von einem Substantiv ausgedrückten Gegenstände (три дома) oder einen zahlenmäßig begrenzten Teil des von dem jeweiligen Substantiv genannten Gegenstandes oder Stoffes (две десятых литра).
In **morphologischer Hinsicht** sind die Zahlwörter durch das Fehlen der Opposition des Numerus gekennzeichnet. Ein Numerale kann entweder auf die Einheit oder die Vielheit von Gegenständen hinweisen, d.h., es kann ausdrücken, daß es sich um einen Gegenstand bzw. einen Teil eines Gegenstandes (один стол) oder um eine Mehrzahl von Gegenständen bzw. von Teilen eines Gegenstandes handelt (три стола).
Als typisches **syntaktisches** Merkmal muß die Unmöglichkeit, Numeralien durch kongruente Attribute näher zu bestimmen, genannt werden (abgesehen von Fällen wie целая тысяча, одна треть, первая четверть, vgl. dazu **778f.**).

5.2. Die Klassifizierung

Die Zahlwörter können nach semantischen, strukturellen, morphologisch-kategorialen und syntaktischen Merkmalen klassifiziert werden.
Nach der **Semantik** kann zwischen Kardinal- oder Grundzahlwörtern (количественные числительные) und Bruchzahlwörtern (дробные числительные) unterschieden werden.
Die *Kardinal- oder Grundzahlwörter* (количественные числительные) drücken einen abstrakten Zahlbegriff aus oder bezeichnen in Verbindung mit Substantiven eine konkrete Zahl von Gegenständen. Innerhalb der Kardinalzahlwörter unterscheiden wir zwischen einer Hauptgruppe und einer Sondergruppe. Zur *Hauptgruppe* gehören alle zur Bezeichnung einer beliebigen Zahl notwendigen Zahlwörter, wie один, два, десять, сто, тысяча, миллион u.a. Die *Sondergruppe* umfaßt die gewöhnlich als Kollektiv- oder Sammelzahlwörter (собирательные числительные) bezeichneten Zahlwörter: двое, трое, четверо, пятеро, шестеро, семеро, восьмеро, девятеро, десятеро.
Für die Entscheidung, diese Zahlwörter als Sondergruppe der Kardinalzahlwörter zu betrachten, spricht der Umstand, daß sie sich von den Zahlwörtern один, два usw. nicht in erster Linie in der Bedeutung, sondern in ihrem Gebrauch unterscheiden. Sie finden vor allem zur Bezeichnung einer konkreten Zahl von Gegenständen in Verbindung mit solchen Substantiven Verwendung, deren formale Besonderheiten den Gebrauch der Zahlwörter der Hauptgruppe ausschließen (vgl. **763f.**).
Der Sondergruppe der Kardinalzahlwörter kann man auch die Formen одни, одних usw., die gewöhnlich als Pluralformen des Zahlwortes один (одна, одно) aufgefaßt werden, zuordnen. Diese Formen verbinden sich nie mit der Pluralform eines Substantivs, das über beide Numeri verfügt. Sie treten vielmehr immer nur zusammen mit Pluraliatantum zur Bezeichnung eines einzelnen Gegenstandes auf. Deshalb stimmt ihre Verwendungsweise mit einer der

wichtigsten Funktionen der Zahlwörter двóе, трóе usw. überein, die darin besteht, in Verbindung mit Pluraliatantum eine bestimmte Zahl von Gegenständen zu bezeichnen (vgl. 763). Aus diesem Grunde empfiehlt es sich, одни́ nicht als korrelative Numerusformen zu оди́н, одна́ usw., sondern als selbständiges Lexem zu betrachten.

746 Die *Bruchzahlwörter* (дрóбные числи́тельные) geben eine bestimmte Menge als Teil eines Ganzen oder einer Gesamtheit von Gegenständen wieder (одна́ пя́тая usw.).

747 Nach ihrer **Struktur** können die Numeralien in vier Gruppen eingeteilt werden.

a) *einfache Zahlwörter* (просты́е числи́тельные), deren Stamm nur aus der Wurzel besteht: оди́н, два, три, четы́ре, пять, шесть, семь, вóсемь, дéвять, дéсять, сóрок, девянóсто, сто, ты́сяча, миллиóн, миллиа́рд, биллиóн 'eine Milliarde'; ноль (нуль);

b) *abgeleitete Zahlwörter* (произвóдные числи́тельные), die sich von den einfachen Zahlwörtern durch zusätzliche lexikalische Suffixe unterscheiden:
-надцать, vgl. оди́ннадцать, двена́дцать, трина́дцать, четы́рнадцать, пятна́дцать, шестна́дцать, семна́дцать, восемна́дцать, девятна́дцать;
-дцать, vgl. два́дцать, три́дцать;
-oj-, vgl. двóе, трóе;
-ер-, vgl. пя́теро, шéстеро, сéмеро, вóсьмеро, дéвятеро, дéсятеро;
ferner: чéтверо (affixlose Bildung von четы́р-е in Verbindung mit Lautwechsel ы/ве), полови́на, треть und чéтверть (vgl. пол-, трéтий, четвёртый);

c) *zusammengerückte Zahlwörter* (сращённые числи́тельные), die durch Verschmelzung zweier syntaktisch miteinander verbundener Wörter entstanden sind: пятьдеся́т, шестьдеся́т, сéмьдесят, вóсемьдесят, двéсти, три́ста, четы́реста, пятьсóт, шестьсóт, семьсóт, восемьсóт, девятьсóт (vgl. **750**); полтора́/полторы́, полтора́ста;

d) *mehrgliedrige Zahlwörter* (составны́е числи́тельные), die eine Aneinanderreihung zweier oder mehrerer Zahlwörter unter Wahrung der Folge der mathematischen Stellen bilden: 21 – два́дцать оди́н, 22 – два́дцать два, 135 – сто три́дцать пять, 1 678 – ты́сяча пятьсóт сéмьдесят вóсемь usw.
Der vierte Strukturtyp der Numeralien erfaßt den größten Teil der russischen Zahlwörter. Dieser Typ sichert, daß auf der Grundlage einer relativ kleinen Menge von Zahlwörtern eine beliebig hohe Zahl ausgedrückt werden kann.

748 Eine besondere Gruppe der mehrgliedrigen Zahlwörter stellen die Numeralien две ты́сячи, шесть миллиóнов usw. dar. Im Nominativ und Akkusativ verbindet sich die erste Komponente dieser Zahlwörter mit der Form des Gen. Sing. oder Gen. Plur. der zweiten Komponente: две (три, четы́ре) ты́сячи, пять (шесть, семь, вóсемь, дéвять) ты́сяч usw. In den übrigen Kasus herrschen zwischen der ersten und zweiten Komponente dieselben Kongruenzbeziehungen wie zwischen einem attributiv gebrauchten Adjektiv und dem ihm übergeordneten Substantiv: двух ты́сяч, двум ты́сячам usw.
Zwischen den Komponenten der Numeralien dieser Gruppe liegen dieselben Beziehungen wie zwischen den Komponenten der zusammengerückten Zahlwörter im Bereich von 200 bis 900 vor, vgl. Nom./Akk. три́ста (ста = Gen. Sing. von сто), Gen. трёхсóт (сот = Gen. Plur. von сто), Dat. трёмста́м usw.; Nom./Akk. пятьсóт, Gen. пятисóт, Dat. пятиста́м usw. Damit nehmen die Numeralien vom Typ две ты́сячи eigentlich eine Zwischenstellung zwischen den mehrgliedrigen und den zusammengerückten Zahlwörtern ein. Von letzteren unterscheiden sie sich nur durch die getrennte Schreibweise ihrer Komponenten.

749 Dieser besonderen Gruppe der mehrgliedrigen Zahlwörter schließen sich innerhalb der semantischen Gruppe der Bruchzahlwörter neben den Numeralien des Typs две трéти, три чéтверти die Bruchzahlwörter an, die aus einem Kardinalzahlwort der Hauptgruppe, das den Zähler bezeichnet, und aus einem substantivierten Ordinaladjektiv (vgl. **684** und **773**), das den Nenner wiedergibt, gebildet sind: две пя́тых 'zwei Fünftel' (eigentlich: две пя́тых дóли/ча́сти 'zwei fünfte Teile'), шесть девя́тых (zu ergänzen ist: долéй/часте́й), одна́ деся́тая (hinzuzudenken ist: дóля/часть).

750 Die Zahlwörter mit den Suffixen -надцать und -дцать sind aus mehrgliedrigen Zahlwörtern, d.h. aus der Verbindung einfacher Zahlwörter, hervorgegangen, z.B. оди́ннадцать aus aruss.

одинъ на десяте 'eins auf zehn' (десяте = Lok. Sing.), двáдцать aus aruss. дъва десяти 'zwei Zehner' (десяти = Nominativ des Duals), трúдцать aus aruss. три десяти 'drei Zehner' (десяти = Nominativ des Plurals), пятьдеся́т aus aruss. пять десятъ 'fünf Zehner' (десятъ = Gen. Plur.), двéсти aus дъвѣ сътѣ 'zwei Hunderter' (сътѣ = Nominativ des Duals), трúста aus aruss. три съта 'drei Hunderter' (съта = Nominativ des Plurals), пятьсóт aus aruss. пять сътъ 'fünf Hunderter' (сътъ = Gen. Plur.). Die aus на десяте und десяти entstandenen Elemente -надцать und -дцать können heute als Suffixe betrachtet werden. Die ursprünglichen Endungen -a, -e und -и der Komponenten дъва und три müssen dann als Interfixe angesehen werden, die die Wurzel mit dem lexikalischen Suffix verbinden: двáдцать, двенáдцать, трúдцать.

Das Bruchzahlwort полторá ist aus aruss. полъ вътора 'die Hälfte des Zweiten' entstanden.

In **morphologischer Hinsicht** kann zwischen Numeralien, die über die Kongruenzkategorie 751 des nominalen Genus verfügen, und solchen Numeralien, die keine Genusformen haben, unterschieden werden.

Die erste Gruppe besteht aus den Numeralien одúн m. – однá f. – однó n., два m./n. – две f. und полторá m./n. – полторы́ f., wobei два und полторá das Genus nur in den Formen des Nominativs und Akkusativs (= Nom.) unterscheiden.

Alle übrigen Numeralien – mit Ausnahme der mehrgliedrigen Zahlwörter mit одúн oder два als letzter Komponente – gehören zur zweiten Gruppe.

Schließlich weisen die Numeralien **syntaktische Unterschiede** auf. Die unterschiedliche Art 752 der Verbindung von Numerale und Substantiv führt zur Einteilung der Numeralien in Zahlwörter, die in allen Kasus mit dem Substantiv in Kongruenz stehen (одúн und однú sowie alle mehrgliedrigen Zahlwörter mit одúн und однú als den letzten Komponenten), in Zahlwörter, mit denen das Substantiv durch Rektion verbunden ist (ты́сяча, миллиóн, миллиáрд usw., ноль, alle Bruchzahlwörter außer полторá), und in Zahlwörter, die mit Substantiven durch Kongruenz und Rektion verknüpft sind (alle übrigen Numeralien sowie ты́сяча in umgangssprachlicher Verwendung).

5.3. Die Kardinalzahlwörter

5.3.1. Deklination

Das bunte Bild, das die Deklination der *einfachen und abgeleiteten Zahlwörter* bietet, zeugt da- 753 von, daß sich die Numeralien aus verschiedenen Wortarten (Substantiven, Adjektiven, Pronomen) zur selbständigen Wortart formiert haben.

Das Zahlwort одúн weist die gleichen Endungen wie das Pronomen э́тот auf (vgl. **800**):

одúн (один-∅),
однó (одн-о),   } одногó, одномý,   Akk. = Nom./Gen.,   } однúм, однóм;
                                          однó
однá (одн-а),   однóй, однóй,   однý,   однóй, однóй.

Die Zahlwörter der Sondergruppe haben in den obliquen Kasus (außer Akk. = Nom.) dieselben Endungen wie die Pluralformen von э́тот: однú (одн-́и), однúх, однúм, Akk. = Nom./Gen., однúми, однúх; двóе (weicher Stammauslaut: двој-е): двоúх, двоúм usw., ebenso трóе.

Von чéтверо an liegt harter Stammauslaut vor: четверы́х, четверы́м.

Die Zahlwörter два/две, три und четы́ре haben Endungen, deren Auslaut im Genitiv, Dativ und Präpositiv dem Auslaut der Endungen von одúн entspricht. Abweichende Gestalt haben die Endungen des Instrumentals:

        два/две, двух, двум, Akk. = Nom./Gen., двумя́, двух;
        три, трёх, трём, Akk. = Nom./Gen., тремя́, трёх;
        четы́ре, четырёх, четырём, Akk. – Nom./Gen., четырьмя́, четырёх.

Die Zahlwörter von пять bis двáдцать und трúдцать werden wie die Substantive der III. Deklination im Singular dekliniert, wobei die Numeralien von одúннадцать bis девятнáдцать in allen Formen Stammbetonung haben. Die übrigen Zahlwörter tragen Endungsbetonung. Stammbetonung bewahren sie nur in den Formeln des Einmaleins (пя́тью пять – двáдцать пять). Das Zahlwort вóсемь hat flüchtiges e, vgl. Gen., Dat., Präp.: восьмú, Instr.: восьмью́ und восемью́.

Die Numeralien сóрок, девянóсто und сто weisen in allen obliquen Kasus (außer Akk. = Nom.) die Endung -a auf; сорокá, девянóста, стá.

Die Zahlwörter тысяча, миллиóн, миллиáрд, ноль usw. werden wie die Substantive der II. Deklination bzw. wie die maskulinen Substantive der I. Deklination dekliniert: тысяча, тысячи, тысяче usw.; миллиóн, миллиóна, миллиóну usw.; ноль, ноля́, ноле́ usw. Neben der Instrumentalform тысячей ist die Form тысячью mit der Endung /-ju/ gebräuchlich.

754 Die Deklination der *zusammengerückten Zahlwörter* ist dadurch gekennzeichnet, daß beide Komponenten dekliniert werden. Die Komponenten des zusammengerückten Wortes haben folglich im Prozeß der Zusammenrückung ihre Selbständigkeit nicht völlig aufgegeben.

Die Kardinalzahlwörter пятьдеся́т, шестьдеся́т, сéмьдесят, вóсемьдесят werden in beiden Teilen nach der III. Deklination der Substantive verändert. Der Akzent liegt in den obliquen Kasus (außer Akk. = Nom.) auf der Endung der ersten Komponente: шестúдесяти, восьмúдесяти. Im Instrumental können neben den Formen пятью́десятью, шестью́десятью usw. in der Umgangssprache auch Formen wie пятúдесятью, шестúдесятью auftreten.

In den Numeralien von двéсти bis девятьсóт wird der erste Teil wie der entsprechende Einer, der zweite Teil wie ein Neutrum der I. Deklination im Plural abgewandelt:

> двéсти (Nom./Akk.), двухсóт, двумстáм, двумястáми, двухстáх;
>
> четы́реста (Nom./Akk.), четырёхсóт, четырёмстáм, четырьмястáми, четырёхстáх;
>
> пятьсóт (Nom./Akk.), пятисóт, пятистáм, пятьюстáми (umg. auch пятистáми), пятистáх usw.

Das Zahlwort полторáста ('eineinhalb hundert' = 150) hat in den obliquen Kasus (außer Akk. = Nom.) die Form полу́тораста.

755 Bei der Deklination der *mehrgliedrigen Kardinalzahlwörter* werden alle Komponenten verändert: три миллиóна две тысячи четы́реста пятьдеся́т три, трёх миллиóнов двух ты́сяч четырёхсóт пятúдесяти трёх usw.

In der Umgangssprache ist häufig zu beobachten, daß in mehrgliedrigen Zahlwörtern mit mehr als zwei Komponenten nur die letzte bzw. die beiden letzten Komponenten sowie ты́сяча, миллиóн usw. und die vorangehende Zahlwortkomponente dekliniert werden: с двумя́ ты́сячами сто шестьдеся́т пятью́ ученикáми. Diese Tendenz zur Mathematisierung der Zahlwörter (vgl. die Unveränderlichkeit der meisten deutschen Kardinalzahlwörter) hat bereits dazu geführt, daß das mehrgliedrige Zahlwort mitunter vollkommen unveränderlich bleibt: прибáвить к трúста двáдцать пять.

5.3.2. Syntaktische Besonderheiten

756 Das Zahlwort *одúн* (однá, однó) weist in allen Formen Kongruenz mit dem übergeordneten Substantiv in den Kategorien des Genus und des Kasus auf. Auch das Numerale однú steht mit dem zugehörigen Substantiv in allen Kasus in Kongruenz.

Die **übrigen Kardinalzahlwörter** mit Ausnahme der Numeralien ты́сяча, миллиóн, миллиáрд usw. sowie ноль befinden sich nur in den obliquen Kasus (außer Akk. = Nom.) in Kongruenz mit dem substantivischen Kernwort, vgl. двухсóт тридцатú пятú книг. Im Nominativ und Akkusativ (= Nom.) bilden Numerale und Substantiv eine syntaktisch unzerlegbare Wortfügung. Das Substantiv ist mit dem Zahlwort durch Rektion verknüpft. Nach den Zahlwörtern два, три, четы́ре nimmt das Substantiv die Form des Gen. Sing. an: два столá, четы́ре рукú. Die Zahlwörter von пять an aufwärts sowie die Numeralien двóе, трóе usw. verbinden sich mit der Substantivform des Gen. Plur.: пять, столóв, шесть рук. In

5.3. Die Kardinalzahlwörter

mehrgliedrigen Zahlwörtern entscheidet die letzte Komponente das Subordinationsverhältnis: двадцать два стола, двадцать пять столов.

Mit den oben ausgenommenen Zahlwörtern (тысяча, две тысячи, миллион, пять миллионов usw., ноль) ist das Substantiv in allen Kasus durch Rektion verbunden. Umgangssprachlich kann das Numerale тысяча in den obliquen Kasus (außer Akk.) mit dem Substantiv in Kongruenzbeziehung stehen (Instrumentalform: тысячью!): Nom. тысяча рублей, Gen. тысячи рублей, Dat. тысяче рублей/рублям, Akk. тысячу рублей, Instr. тысячей рублей/тысячью рублями, Präp. тысяче рублей/рублях.

Aus suppletiven Formen setzt sich das Paradigma des mit Numeralien verbundenen Substantivs год zusammen. Anstelle der Form годов findet die suppletive Form лет (Gen. Plur. zu лето) Verwendung: три года, пять лет, трёх лет, пяти лет, трём годам, пяти годам usw. 757

Steht bei einem Substantiv, das mit einem Numerale verbunden ist, ein **adjektivisches Attribut**, so liegt zwischen Adjektiv und Substantiv Kongruenz vor. Von dieser Regel weichen nur die Verbindungen von Substantiven mit den Zahlwörtern два, три, четыре im Nominativ und Akkusativ (= Nom.) ab. In diesen Wortfügungen wird das Adjektiv gewöhnlich in der Form des Gen. Plur. verwendet, vgl. три маленьких стола. Werden die genannten Zahlwörter jedoch mit einem femininen Substantiv verbunden, das in den Formen des Gen. Sing. und Nom. Plur. denselben Akzent hat, nimmt das adjektivische Attribut sehr häufig die Form des Nom. Plur. an: три светлые комнаты, aber три высоких горы (Nom. Plur. горы). Possessivadjektive mit den Suffixen -ов- (-ев-) und -ин- werden immer in der Form des Gen. Plur. gebraucht: три папиных книги. 758

Befinden sich in den Verbindungen mit einem Zahlwort Adjektive oder Pronomen (außer целый, полный, добрый) vor dem Numerale, so stehen sie in der Form des Nom. Plur.: последние три дня, первые две ночи, эти пять столов, aber целых два стакана. Das Wort другой kann in der Form des Nom. Plur. auch auf das Zahlwort folgen: два другие дома.

Das für die Verwendung der Adjektive nach Numeralien Dargelegte trifft auch für die *Substantive mit adjektivischen Endungen* zu: два рабочих, aber две запятые oder запятых, d. h., die Kardinalzahlwörter две, три, четыре können mit einem adjektivisch deklinierten femininen Substantiv in Kongruenz stehen.

Besondere Beachtung ist der Tatsache zu schenken, daß in den Verbindungen der Substantive mit Numeralien der Hauptgruppe von пять an aufwärts – ausgenommen sind die mehrgliedrigen Zahlwörter mit один als letzter Komponente – der Unterschied zwischen *belebten und unbelebten Substantiven* keinen sprachlichen Ausdruck erhält: 759

        Я видел пять учеников (двадцать два ученика). – Я передал тебе пять романов (двадцать два романа).

Aber: Я видел двух/двоих учеников (двадцать одного ученика). – Я передал тебе два романа (двадцать один роман).

Abweichungen von dieser Regel treten in der Umgangssprache auf. Einerseits können feminine Tierbezeichnungen in Verbindung mit den Numeralien два, три, четыре als unbelebt behandelt werden: купить три коровы. Andererseits wird mitunter die Belebtheit von Personenbezeichnungen nach mehrgliedrigen Zahlwörtern mit два, три, четыре, insbesondere in präpositionalen Wendungen, ausgedrückt: Поручение возложено на двадцать трёх специалистов. 'Der Auftrag ist dreiundzwanzig Spezialisten übertragen worden'. 760

Die Form des Gen. Sing. nach den Numeralien два, три, четыре ist auf die Nominativ- bzw. Akkusativform des altrussischen Duals zurückzuführen, die unter anderem in Verbindung mit den Formen дъва/дъвѣ gebraucht wurde. Diese Form stimmte bei einem großen Teil der Maskulina, die heute zu den Substantiven der I. Deklination gehören, mit der Form des Gen. Sing. in der Endung überein. Nach Wegfall des Duals wurde die Dualform auf -a als Form des Gen. Sing. aufgefaßt. In der Folge verbanden sich in der Form des Gen. Sing. alle Substantive, auch die Substantive der übrigen Deklinationsklassen und Genera, nicht nur mit два, sondern auch mit den Zahlwörtern три und четыре, die bis dahin mit einem Substantiv in allen Kasusformen des Plurals in Kongruenz gestanden hatten. 761

Die Verwendung der Form des Gen. Plur. der Substantive bei den übrigen Zahlwörtern im Nominativ/Akkusativ oder in allen Kasus erklärt sich aus dem ursprünglich substantivischen Charakter des größten Teils dieser Numeralien.

5.3.3. Verwendung

762 Die Kardinalzahlwörter der *Hauptgruppe* können fast ausnahmslos mit Substantiven, deren Pluralformen eine zählbare Menge von Gegenständen bezeichnen, verbunden werden. Daneben können diese Zahlwörter zur Wiedergabe reiner Zahlbegriffe absolut, d.h. ohne Substantiv, gebraucht werden.

Die beiden phonetischen Varianten des Zahlworts für "Null" werden gewöhnlich unterschiedlich verwendet: ноль in Verbindung mit einem Substantiv (ноль часо́в) und zur Bezeichnung des reinen Zahlbegriffs (приба́вить ноль), нуль als Substantiv zum Ausdruck des Nullpunktes (пять гра́дусов вы́ше нуля́).

763 Für die Verwendung der Kardinalzahlwörter der *Sondergruppe* gelten hingegen wesentliche Einschränkungen. Mit Ausnahme von одни́ treten diese Zahlwörter nicht in mehrgliedrigen Numeralien auf.

Obligatorisch ist die Verwendung der Kardinalzahlwörter der Sondergruppe in folgenden Fällen:

a) Das Numerale одни́ wird zusammen mit Pluralia tantum in allen Kasus gebraucht, vgl. одни́ са́ни, одни́х сане́й usw. Dabei bezeichnet eine solche Wortfügung einen Gegenstand aus der Klasse, die von dem Plurale tantum ausgedrückt wird. Es tritt ferner als letzte Komponente mehrgliedriger Zahlwörter in sämtlichen Kasus auf, vgl. два́дцать одни́ са́ни, двадцати́ одни́х сане́й.

b) In Verbindung mit Pluralia tantum werden anstelle der Numeralien два, три, четы́ре im Nominativ und Akkusativ (= Nom.) die Zahlwörter дво́е, тро́е, че́тверо verwendet, z. B. дво́е су́ток, тро́е сане́й. Der Gebrauch der Zahlwörter дво́е, тро́е, че́тверо bei Pluralia tantum ist deshalb obligatorisch, weil diesen Substantiven die Form des Gen. Sing., die bei den Numeralien два, три, четы́ре stehen muß, fehlt.

Da die Zahlwörter der Sondergruppe mit Ausnahme von одни́ nicht in mehrgliedrigen Numeralien auftreten können, müssen Verbindungen wie "22 (23, 24, 32, 33, 34 usw.) + Plurale tantum" durch synonyme, d. h. weitgehend bedeutungsgleiche Ausdrücke umschrieben werden: два́дцать две шту́ки сане́й, два́дцать три дня (день statt су́тки) u. a.

c) Ferner verbinden sich im Nominativ mit den Numeralien дво́е, тро́е und че́тверо das Substantiv лицо́ in der Bedeutung 'Person' sowie де́ти, реба́та und лю́ди, d. h. die suppletiven Pluralformen der Substantive ребёнок und челове́к: дво́е дете́й, тро́е люде́й usw.

d) Schließlich findet in Verbindung mit Personalpronomen und persönlich-demonstrativen Pronomen statt der Nominativform der Kardinalzahlwörter два, три usw. die Nominativform der Kardinalzahlwörter der Sondergruppe Anwendung: Оста́лись мы тро́е. Их тепе́рь тро́е. Нас бы́ло дво́е.

764 In einer Reihe von Fällen liegt *fakultativer* Gebrauch der Kardinalzahlwörter der Sondergruppe vor:

a) Fakultativ werden die Zahlwörter der Sondergruppe mit dem Substantiv лицо́ und den suppletiven Pluralformen де́ти, реба́та und лю́ди im Zahlenbereich von 5 bis 10 sowie in den obliquen Kasus (außer Akk. = Nom.) im Zahlenbereich von 2 bis 4 verwendet: ше́стеро/шесть дете́й, у трои́х/трёх дете́й. Dasselbe gilt für die Verbindungen dieser Zahlwörter mit Pluralia tantum, jedoch mit der Einschränkung, daß in den obliquen Kasus (außer Akk. = Nom.) bei unbelebten Substantiven ausschließlich die Kardinalzahlwörter der Hauptgruppe stehen, vgl. [*129*, § 1 369]:

пя́теро/пять су́ток, aber nur: бо́льше двух/пяти́ су́ток.

Zu beachten ist ferner, daß in Verbindung mit den Kardinalzahlwörtern der Hauptgruppe im Nominativ, Genitiv und Akkusativ anstelle der Form люде́й immer die Form челове́к gebraucht wird und in den übrigen Kasus die Formen mit dem Stamm челове́к- den Formen mit dem Stamm люд- vorzuziehen sind: пя́теро люде́й, aber пять челове́к; у двои́х/пятеры́х люде́й, aber у двух/пяти́ челове́к, к двои́м/пятеры́м лю́дям, aber к двум/пяти́ челове́кам usw. [*124*, 152].

b) Ferner werden in den obliquen Kasus in Verbindung mit Pronomen die Kardinalzahlwörter beider Gruppen in den Grenzen von 2 bis 10 verwendet: Он встрéтился с нáми четверы́ми/четырьмя́.

c) Darüber hinaus können die Zahlwörter von двóе an vor allem in Verbindung mit maskulinen Substantiven oder Substantiven zweierlei Genus zur Bezeichnung männlicher Personen und – in der Umgangssprache – in Verbindung mit den Bezeichnungen für Tierjunge Verwendung finden, vgl. двóе сыновéй oder два сы́на, трóе сирóт oder три сироты́, чéтверо волчáт oder четы́ре волчóнка.

In den Fällen, in denen beide Gruppen der Kardinalzahlwörter auftreten können, überwiegt in der Regel die Verwendung der Hauptgruppe. Ausgenommen sind einige Gruppen männlicher Personenbezeichnungen, und zwar die Maskulina der II. Deklination, die Maskulina mit adjektivischen Endungen, die maskulinen Familiennamen mit den Suffixen -ов- und -ин- sowie die Substantive zweierlei Genus, wenn sie zur Bezeichnung männlicher Personen verwendet werden. Diese Substantive verbinden sich im Nominativ und Akkusativ häufiger mit den Kardinalzahlwörtern der Sondergruppe: двóе мужчи́н, чéтверо часовы́х, двóе Ивановы́х, трóе стиля́г.

Sehr selten werden die Numeralien вóсьмеро, дéвятеро und дéсятеро verwendet.

Einen besonderen Verwendungsfall stellt die Verbindung der Numeralien von двóе an aufwärts mit Substantiven, die *paarweise vorkommende Gegenstände* bezeichnen, dar. In einer solchen Verbindung drücken die Numeralien eine kollektive Bedeutung aus, d. h., sie geben die Anzahl der Paare wieder: двóе сапóг – две пáры сапóг, aber два сапогá – 'zwei einzelne Stiefel'.

Schließlich müssen noch zwei besondere Verwendungsweisen der Kardinalzahlwörter erwähnt werden.

Die erste Besonderheit besteht darin, daß insbesondere die Zahlwörter der Hauptgruppe (außer оди́н, ты́сяча, миллиóн usw.) *nach dem Substantiv* stehen können. Dabei erhält die Wortfügung mit dem Numerale die Bedeutung "ungefähr": рублéй вóсемьдесят 'ungefähr 80 Rubel', днéй чéрез пять, часóв в вóсемь usw.

Als zweite Besonderheit ist die Verwendung der Kardinalzahlwörter in Verbindung mit der Präposition по in *distributiver Bedeutung* (распредели́тельное значéние) zu nennen: пó два я́блока 'je zwei Äpfel'. Die Präposition по verbindet sich dabei überwiegend mit der Form des Akkusativs, seltener mit der Form des Dativs. Im einzelnen gelten folgende Regeln:

a) Nur in der Form des Dativs treten die Numeralien оди́н und одни́ sowie ты́сяча, миллиóн und миллиáрд auf: по однóму стакáну, по ты́сяче книг usw.

b) Der Gebrauch des Akkusativs ist obligatorisch in Fügungen mit den Numeralien два, три, четы́ре, двéсти, три́ста, четы́реста sowie mit den mehrgliedrigen Zahlwörtern, die diese Numeralien als Komponenten enthalten, und mit den Zahlwörtern der Sondergruppe (außer одни́): по два карандашá, по четы́ре тарéлки, по двáдцать три копéйки, по двéсти рублéй, по три́ста пятьдеся́т ученикóв, пó двое нóжниц.

c) Bei allen anderen Numeralien trifft man nach der Präposition по in distributiver Bedeutung – insbesondere in der Umgangssprache – ebenfalls die Akkusativform an: по пять человéк, по дéсять ученикóв usw.

In der Buchsprache können diese Numeralien nach der Präposition по im Dativ stehen, wobei jedoch das mit dem Zahlwort verbundene Substantiv die Form des Genitivs annimmt: по пяти́ домóв, по тридцати́ учéбников, по сорокá копéек, по пяти́десяти книг, пó ста рублéй; einen Sonderfall bilden die Fügungen mit den Zahlwörtern im Bereich von 500 bis 900, z. B. по пятисóт кирпичéй.

5.4. Die Bruchzahlwörter

5.4.1. Deklination

768 Die aus einem Kardinalzahlwort und einem substantivierten Ordinaladjektiv (vgl. **684** u. **773**) bestehenden Bruchzahlwörter werden wie folgt dekliniert:
Bei den Bruchzahlwörtern mit dem Zähler 1 weist das substantivierte Ordinaladjektiv im Nenner die femininen Endungen der Adjektivdeklination auf. Das Kardinalzahlwort im Zähler steht in allen Kasus in Kongruenz mit dem substantivierten Ordinaladjektiv im Nenner:

одна́ пя́тая, одно́й пя́той, одно́й пя́той, одну́ пя́тую, одно́й пя́той, одно́й пя́той.

Bei den übrigen Bruchzahlwörtern nimmt das substantivierte Ordinaladjektiv die adjektivischen Pluralendungen an. Im Nominativ und Akkusativ ist es mit dem Kardinalzahlwort im Zähler durch Rektion verbunden und steht in der Form des Gen. Plur.; in den übrigen Kasus befindet sich das Kardinalzahlwort im Zähler in Kongruenz mit dem substantivierten Ordinaladjektiv im Nenner:

две пя́тых (Nom./Akk.), двух пя́тых, двум пя́тым, двумя́ пя́тыми, двух пя́тых;

семь деся́тых (Nom./Akk.), семи́ деся́тых, семи́ деся́тым, семью́ деся́тыми, семи́ деся́тых usw.

Das zusammengerückte Bruchzahlwort *полтора́* m./n. – *полторы́* f. 'eineinhalb, anderthalb' nimmt in den obliquen Kasus (außer Akk. = Nom.) die Form *полу́тора* an.
Zur Bezeichnung der Brüche $^1/_2$, $^1/_3$ und $^1/_4$ werden anstelle der wenig gebräuchlichen Numeralien одна́ втора́я, одна́ тре́тья und одна́ четвёртая die Bruchzahlwörter *полови́на*, *треть* und *че́тверть* verwendet. Diese Zahlwörter werden nach der II. bzw. III. Deklination abgewandelt (полови́на, полови́ны, полови́не usw., треть, тре́ти usw., че́тверть, че́тверти usw.). Die mehrgliedrigen Bruchzahlwörter две тре́ти, три че́тверти u. a. werden nach denselben Regeln wie die Verbindungen von Kardinalzahlwort und Substantiv dekliniert: две тре́ти, двух трете́й, двум третя́м usw.

5.4.2. Syntaktische Besonderheiten und Verwendung

769 Substantive werden mit Bruchzahlwörtern (außer полтора́) immer durch Rektion verknüpft. Sie stehen in allen Kasus in der Form des Gen. Sing. oder Gen. Plur., wobei die Wahl der Singular- oder Pluralform davon abhängt, ob der Teil eines Gegenstandes oder der Teil einer Gesamtheit von Gegenständen bezeichnet werden soll, vgl. две пя́тых села́ 'zwei Fünftel des Dorfes' – две пя́тых сёл 'zwei Fünftel der Dörfer'. Pluralia tantum werden immer in der Form des Gen. Plur. gebraucht: четы́ре пя́тых брюк 'vier Fünftel der Hose' oder 'vier Fünftel der Hosen'.
Da die Bruchzahlwörter den Teil eines Ganzen oder einer Gesamtheit ausdrücken, können sie sich im Gegensatz zu den Kardinalzahlwörtern auch mit Stoff- und Sammelnamen verbinden. Diese Substantive stehen stets in der Form des Gen. Sing.: одна́ пя́тая со́ли, две тре́ти профессу́ры usw.
Das Bruchzahlwort полтора́ verhält sich syntaktisch wie два: полтора́ часа́ (Nom./Akk.), полу́тора часо́в, полу́тора часа́м usw.

770 Zum Ausdruck *gemischter Zahlen* werden die Bruchzahlwörter mit der Konjunktion и an die Kardinalzahlwörter angeschlossen: $3^7/_8$ – три (це́лых) и семь восьмы́х. Dasselbe gilt für die Wiedergabe von Dezimalbrüchen: 0,03 – ноль (це́лых) и три со́тых. Das von einem gemischten Zahlwort abhängige Substantiv ist mit dem Bruchzahlwort durch Rektion verbunden und steht in der Form des Gen. Sing.: шесть и три пя́тых ли́тра, во́семь и одна́ деся́тая секу́нды. Diese Regel gilt nicht, wenn das Substantiv unmittelbar auf das Kardinalzahlwort folgt: де́сять ме́тров и де́вять десяты́х. Die Bruchzahlwörter полови́на, треть und че́тверть können mit der Präposition c im Instrumental an das Kardinalzahlwort angefügt werden. Das Substantiv wird in diesem Fall von dem Kardinalzahlwort regiert: пять с полови́ной ме́тров.

Von den Verbindungen eines Bruchzahlwortes mit einem Substantiv sind die Wörter zu unterscheiden, die durch Zusammenrückung des ursprünglichen Bruchzahlwortes *пол* mit der Form des Gen. Sing. eines Substantivs entstanden sind: полчаса́, полмину́ты, пол-ли́тра, пол-я́блока, пол-Москвы́ usw. Dabei ist das Wort пол zu einem Strukturelement des Substantivs geworden, so daß es heute nicht mehr als selbständiges Zahlwort betrachtet werden kann. In den obliquen Kasus (außer Akk. = Nom.) nimmt die Komponente пол- die Endung -y an, die bei umgangssprachlicher Verwendung auch fehlen kann. An die zweite, substantivische Komponente wird die entsprechende Kasusendung angefügt: полчаса́ (Nom./Akk.), получа́са, получа́су, получа́сом, получа́се; получасы́ (Nom./Akk.), получасо́в, получаса́м, получаса́ми, получаса́х.

5.5. Die Abgrenzung der Numeralien von anderen Wortarten

Wir unterscheiden von den Numeralien, den eigentlichen Zahlwörtern, die Ordinaladjektive (поря́дковые относи́тельные прилага́тельные), die unbestimmten Quantitätswörter (неопределённо-коли́чественные слова́) und die Zahlsubstantive (счётные существи́тельные).

5.5.1. Die Ordinaladjektive

Die Ordinaladjektive (vgl. **684**) sind eng mit den Kardinalzahlwörtern verbunden. Das äußert sich darin, daß zu jedem Kardinalzahlwort der Hauptgruppe ein Ordinaladjektiv existiert.
Auf Grund der engen lexikalischen Beziehungen, in denen die Ordinaladjektive zu den Kardinalzahlwörtern stehen, werden sie unter der Bezeichnung *"Ordinalzahlwörter"* (поря́дковые числи́тельные) häufig in die Wortart der Numeralien eingeordnet.
Gegen die Zuordnung der Ordinaladjektive zu den Zahlwörtern können jedoch folgende Einwände geltend gemacht werden:
a) Die Wörter des Typs пе́рвый, пя́тый, со́тый drücken nie einen abstrakten Zahlbegriff oder eine bestimmte Anzahl von Gegenständen aus. Sie bezeichnen vielmehr das Merkmal eines Gegenstandes, indem sie eine Beziehung zu einer Zahl anzeigen, die seinen Platz innerhalb einer Reihe gleichartiger Gegenstände beim Abzählen bestimmt. Daher bilden diese Wörter eine besondere Gruppe der Beziehungsadjektive, denen sie außerdem in den morphologischen Merkmalen und in der Art der syntaktischen Verbindung mit dem übergeordneten Substantiv (Kongruenz) gleichen.
b) Auch der Umstand, daß die mehrgliedrigen Ordinaladjektive (z. B. два́дцать четвёртый) Kardinalzahlwörter als Komponenten enthalten, ist kein ausreichender Grund, sie als Numeralien zu betrachten. Derartige Ordinaladjektive können mit Adjektiven, die durch Zusammenrückung gebildet sind (vgl. потусторо́нний, gebildet aus по ту сто́рону), verglichen werden. Von diesen unterscheiden sie sich vor allem darin, daß ihre Komponenten im Schriftbild voneinander getrennt werden.
c) Schließlich ist auch die funktionale Übereinstimmung von Kardinalzahlwörtern und Ordinaladjektiven in Ausdrücken wie страни́ца деся́тая – страни́ца де́сять kein zwingender Grund für die Einbeziehung der Ordinaladjektive in die Wortart Numerale. Bei solchen Gebrauchsweisen übernimmt vielmehr das Kardinalzahlwort die Aufgabe des Ordinaladjektivs,

den Platz eines Gegenstandes beim Abzählen zu bezeichnen. Begründet ist diese Verwendung in der Anpassung der Sprechweise an die Schreibweise: Die bei der Numerierung von Sachen (z. B. Buchseiten) verwendeten Ziffern sind in erster Linie Schriftzeichen für den abstrakten Zahlbegriff, der ja immer in Kardinalzahlwörtern seinen sprachlichen Ausdruck erhält.

5.5.2. Die unbestimmten Quantitätswörter

774 Die Wörter ско́лько, не́сколько, сто́лько sowie мно́го, немно́го, ма́ло, нема́ло u. a. werden in den Grammatiken oft den Numeralien zugeordnet und im Gegensatz zu den Kardinalzahlwörtern, den "bestimmten Zahlwörtern" (определённо-коли́чественные числи́тельные), als **unbestimmte Zahlwörter** (неопределённо-коли́чественные числи́тельные) bezeichnet. Sie drücken ebenso wie die Kardinal- und Bruchzahlwörter eine Quantität aus. Diese Quantität ist jedoch keine bestimmte, durch Ziffern angezeigte Zahl von Gegenständen, sondern eine unbestimmte Menge. Da aber der Ausdruck einer bestimmten, in Zahlen festgelegten Quantität Wesensmerkmal der Numeralien ist, können die Wörter des Typs ско́лько nicht als Zahlwörter betrachtet werden. Von den Numeralien unterscheiden sie sich außerdem dadurch, daß sie – mit Ausnahme von не́сколько – in Verbindung mit Abstrakta und abstrakten substantivierten Adjektiven Verwendung finden können: мно́го ра́дости, ма́ло прия́тного.

775 Die Wörter *ско́лько, не́сколько und сто́лько* weisen allgemein auf eine Quantität hin. Auf Grund dieser verweisenden Funktion müssen sie als *Quantitätspronomen* bezeichnet und auf die semantischen Gruppen der Interrogativpronomen (ско́лько), Indefinitpronomen (не́сколько) und Demonstrativpronomen (сто́лько) aufgeteilt werden (vgl. **789**).
Die Quantitätspronomen stimmen mit einer Anzahl von Numeralien in morphologischen und syntaktischen Merkmalen überein. Sie weisen keine Genus- und Numerusunterschiede auf und haben in den obliquen Kasus (außer Akk. = Nom.) dieselben Endungen wie die Numeralien дво́е und тро́е, wobei der Akzent jedoch auf dem Stamm liegt. Nach dem Nominativ und Akkusativ (= Nom.) eines Quantitätspronomens steht ein Substantiv, das zählbare Gegenstände bezeichnet, in der Form des Gen. Plur.; in den übrigen Kasus befindet sich das Pronomen in Kongruenz mit dem Substantiv. In diesem syntaktischen Merkmal gleichen die Quantitätspronomen einem großen Teil der Kardinalzahlwörter: ско́лько домо́в (Nom./Akk.), ско́льких домо́в, ско́льким дома́м, ско́лькими дома́ми, ско́льких дома́х, vgl. пять домо́в, пяти́ домо́в, пяти́ дома́м usw. In Verbindung mit belebten Substantiven verhalten sich die Quantitätspronomen wie die Kardinalzahlwörter der Sondergruppe (дво́е, тро́е usw.) oder wie die Zahlwörter von пять an aufwärts: Я встре́тил не́скольких/не́сколько това́рищей. Die zweite Form (не́сколько това́рищей) überwiegt heute.

776 Die Wörter *мно́го, немно́го, ма́ло, нема́ло* sind **Adverbien**. Sie können durch Gradationsadverbien näher bestimmt werden (z. B. о́чень мно́го) und weisen teilweise Steigerungsstufen auf (z. B. бо́льше рабо́ты). Auf Grund ihres semantischen Merkmals "Mengenangabe" können sie sich im Nominativ und Akkusativ mit Substantiven verbinden, die die Form des Gen. Sing. oder des Gen. Plur. annehmen: ма́ло со́ли, мно́го книг usw. In den obliquen Kasusformen (außer Akk. = Nom.) tritt an die Stelle der Adverbien мно́го und нема́ло das Adjektiv мно́гие in seinen obliquen Kasusformen, vgl. мно́го ученико́в, мно́гих ученико́в, мно́гим ученика́м, während ма́ло und немно́го durch die obliquen Kasusformen des Adjektivs немно́гие ersetzt werden, vgl. ма́ло ученико́в, немно́гих ученико́в usw. In Verbindung mit belebten Substantiven überwiegt im Akkusativ der Gebrauch der Adverbien, vgl. Я встре́тил мно́го това́рищей (seltener: мно́гих това́рищей).

5.5.3. Das Wort óба

Das Wort óба muß auf Grund seiner verweisenden Bedeutung ('beide' = sowohl dieser als auch jener) als Pronomen betrachtet werden (vgl. **789**). In seinen grammatischen Merkmalen steht es jedoch den Kardinalzahlwörtern nahe. So gleicht es morphologisch dem Zahlwort два/две. Es verfügt über Genusformen (óба ученика́, óбе учени́цы) und kann mit Substantiven aller drei Genera, aber nicht mit Pluralia tantum verbunden werden. In syntaktischer Hinsicht zeigt es Übereinstimmung mit den Zahlwörtern два, три, четы́ре. Im Nominativ bzw. Akkusativ (= Nom.) steht das mit óба verbundene Substantiv in der Form des Gen. Sing., z. B. óба ма́льчика. Hat das Substantiv adjektivische Endung, nimmt es die Form des Gen. Plur. (óба Остро́вских) oder – im femininen Genus – die Form des Nom. Plur. an (óбе Остро́вские). In den obliquen Kasus (außer Akk. = Nom.) steht óба in Kongruenz mit dem übergeordneten Substantiv, vgl. обо́их ученико́в, обо́им ученика́м usw., обе́их учени́ц, обе́им учени́цам usw.

777

5.5.4. Die Zahlsubstantive

Im Unterschied zu den Numeralien drücken die Zahlsubstantive едини́ца, дво́йка, тро́йка, четвёрка, пятёрка, шестёрка, семёрка, восьмёрка, девя́тка, деся́тка, па́ра u. a. keinen abstrakten Zahlbegriff aus. Neben ihrer gegenständlichen Bedeutung weisen sie die morphologischen und syntaktischen Merkmale der Substantive auf. Sie sind folglich nach dem Numerus veränderlich (пятёрка – пятёрки, со́тня – со́тни usw.), verfügen über die klassifizierende Kategorie des Genus (деся́ток m., пятёрка f. usw.) und können durch ein kongruentes Attribut näher bestimmt werden (после́дняя па́ра сапо́г usw.). Substantive, die mit einem Zahlsubstantiv verbunden sind, stehen in allen Kasus in der Genitivform, vgl. деся́ток тетра́дей, деся́тка тетра́дей, деся́тку тетра́дей usw. Eine Reihe von Zahlsubstantiven kann außerdem verschiedenartige Bedeutungen haben, vgl. восьмёрка: I. 'die Acht' (Ziffer), II. 'Gegenstand, der die Ziffer 8 trägt' (Straßenbahn usw.), III. 'Klassifikationsnote', IV. 'Achtspänner' u. a.; тро́йка: I. 'die Drei' (Ziffer), II. die Note "befriedigend", III. 'Dreigespann' oder 'Troika'.

778

Die Zahlsubstantive *ты́сяча, миллио́н, миллиа́рд* usw. unterscheiden sich sowohl in der lexikalisch-grammatischen Allgemeinbedeutung als auch in ihren morphologischen und syntaktischen Merkmalen von den homonymen Numeralien ты́сяча, миллио́н, миллиа́рд usw. Die Zahlsubstantive haben im Gegensatz zu den Zahlwörtern gegenständliche Bedeutung, die bei absolutem Gebrauch besonders deutlich zu erkennen ist: Расхо́ды исчисля́ются ты́сячами. 'Die Ausgaben gehen in die Tausende'. Wie die Substantive verfügen sie über die grammatische Kategorie des Numerus und die klassifizierende Kategorie des Genus, vgl. о ты́сячах жи́телей, в миллио́нах тонн, це́лая ты́сяча. Syntaktisch können sie durch ein kongruierendes Attribut näher bestimmt werden.

779

Für die Numeralien ты́сяча, миллио́н, миллиа́рд ist hingegen charakteristisch, daß von ihnen kein kongruentes Attribut abhängen kann und daß sie nicht über die grammatische Kategorie des Numerus verfügen. Die Existenz von Formen wie ты́сяча, две ты́сячи, пять ты́сяч, миллио́н, шесть миллио́нов u. a. gestattet nicht, auf das Vorhandensein der Numeruskategorie zu schließen, da es sich hierbei nicht um Formen eines Wortes, sondern verschiedener Wörter, d. h. einfacher und mehrgliedriger Zahlwörter handelt.

Wenn auf Grund der unterschiedlichen lexikalisch-grammatischen Allgemeinbedeutung sowie der verschiedenartigen morphologischen und syntaktischen Merkmale von einer Homonymie der Zahlwörter und Zahlsubstantive ты́сяча, миллио́н, миллиа́рд usw. gesprochen werden muß, darf nicht übersehen werden, daß die Numeralien der Reihe ты́сяча, миллио́н usw. auch einige für die Wortart Substantiv charakteristische Merkmale aufweisen. So haben sie in buchsprachlicher Verwendung die klassifizierende Kategorie des Genus bewahrt [*48*, Bd. 2/1, § 690]: Ты́сяча солда́т оста́лась в резе́рве. Wie die Zahlsubstantive regieren sie in allen Kasus die Genitivform des Substantivs, das den gezählten Gegenstand bezeichnet.

5.5.5. Die Substantivierung von Numeralien

780 Numeralien können ihre abstrakte Zahlbedeutung verlieren und gegenständliche Bedeutung annehmen, wenn die substantivische Komponente der aus Numerale und Substantiv bestehenden Wortfügung wegfällt.
Die Substantivierung von Zahlwörtern erfolgt vor allem bei der Eliminierung von Personenbezeichnungen aus Wortfügungen, die aus den Kardinalzahlwörtern der Sondergruppe oder dem Numerale оди́н und einem Substantiv bestehen:

>Под де́ревом стоя́ло тро́е (= тро́е трактори́стов usw.).
>Се́меро одного́ (= одного́ челове́ка) не ждут.

In der Umgangssprache werden ferner Kardinalzahlwörter der Hauptgruppe anstelle der Substantive едини́ца, дво́йка, тро́йка usw. oder der Verbindung eines Numerale mit dem Substantiv балл 'Grad' zur Bezeichnung eines in Ziffern ausgedrückten Leistungsgrades verwendet: получи́ть за отве́т пять (= пятёрку oder пять ба́ллов). Substantivierte Zahlwörter können wie alle Substantive mit kongruenten Attributen verbunden werden: Он у́чится на кру́глые пять.

5.5.6. Das Wort оди́н

781 Eine besondere Stellung innerhalb der Wortarten nimmt оди́н ein. Es kann nicht nur substantiviert werden (vgl. **780**), sondern auch als *Pronomen* (a) und *Adjektiv* (b) auftreten. In diesen Fällen verfügt es über Singular- und Pluralformen.

>a) Мы встреча́лись в одно́м (= в како́м-то) до́ме.
>Они́ живу́т в одно́й (= в той же са́мой) кварти́ре.
>b) Он живёт оди́н. – Мы оста́лись одни́.

Numerale ist оди́н eigentlich nur dann, wenn besonders betont werden soll, daß es sich um **einen** Gegenstand handelt:

>У него́ то́лько оди́н брат, а не два.

Aus diesem Grunde wird es auch beim Zählen oft durch das Wort раз ersetzt: раз, два, три.

6. Das Pronomen

6.1. Das Pronomen als Wortart

Das **Pronomen** (местоимéние) weist innerhalb der anderen autosemantischen Wortarten in semantischer Hinsicht zahlreiche Besonderheiten auf. 782
Pronomen sind dadurch gekennzeichnet, daß sie über *keine ausgeprägte lexikalische Bedeutung* verfügen. Anders als Substantive oder Adjektive charakterisieren Pronomen Gegenstände, Eigenschaften oder Sachverhalte der Wirklichkeit nur sehr allgemein. Ihre lexikalische Bedeutung beschränkt sich auf *kategoriale Merkmale* wie Personenbezogenheit (я, ктó-то), Sachbezogenheit (чтó-то), Eigenschaftsbezogenheit (какóй-то), zu denen z. T. noch weitere ebenfalls allgemeine Merkmale wie Frage (кто, что), Negation (никтó, ничтó), Hinweis (этот, тот), Relation (котóрый) usw. treten. Das Pronomen ктó-то bezeichnet z. B. die Existenz einer Person, ohne nähere Angaben über diese Person zu machen.

К сосéдям ктó-то пришёл в гóсти. Die Nachbarn haben Besuch bekommen.

Das Pronomen что dient zur Frage nach einer Sache, deren genauere Charakteristik in der Antwort erwartet wird.

Что он принёс? Was hat er mitgebracht?

Die eingeschränkte lexikalische Bedeutung ist Voraussetzung und Folge einer wichtigen Funktion der Pronomen. Pronomen können Charakteristika der sprachlichen Äußerung wiedergeben, die von der jeweiligen Kommunikationssituation oder vom jeweiligen Kontext abhängig sind. Die Pronomen der 1. und 2. Person (я, ты, мы, вы) realisieren die wechselnden Rollen von Sprecher und Hörer in der Kommunikationssituation, Pronomen wie этот, тот dienen dem Ausdruck lokaler oder temporaler Beziehungen zur Position des Sprechers oder Hörers (этот карандáш, в те временá), Pronomen wie он, котóрый verweisen auf im Text vorerwähnte Gegenstände. Somit besitzen die einzelnen Pronomen – mehr oder weniger ausgeprägt – die Fähigkeit, einen genaueren Wirklichkeitsbezug durch die Kommunikationssituation oder durch den Kontext zu erhalten. In diesem Sinne wird den Pronomen das *allgemeine Merkmal 'Verweis'* (указáтельная фýнкция) zuerkannt. Deshalb werden sie auch als Pro-Wörter (lat. pro-nomina, dt. Für-Wörter) bezeichnet. 783

Wenn der jeweilige Wirklichkeitsbezug der Pronomen in der Kommunikationssituation erfolgt, spricht man von *Zeigsituation* oder **Deixis** (дéйксис). Kommunikationspartner, Gegenstände, über die eine Aussage gemacht wird, Zeitpunkt und Ort des Sprechaktes erfahren in der unmittelbaren Wahrnehmung ihren konkreten Inhalt. 784

Это я купúл сегóдня там. Das habe ich heute dort gekauft.

Bei der kontextuellen Aktualisierung hängt die spezifische Bedeutung der Pronomen von der Bedeutung früher oder später erwähnter anderer sprachlicher Einheiten ab.

Отéц вернýлся из поéздки. Он мнóго расскáзывал о Москвé.
Der Vater kehrte von der Reise zurück. Er erzählte viel über Moskau.
Он тот человéк, котóрый нам нýжен.
Er ist der Mann, den wir brauchen.

Pronomen, die ihre spezifische Bedeutung aus der Deixis beziehen, heißen *deiktische Pronomen*. Pronomen, die ihre spezifische Bedeutung aus dem Kontext beziehen, heißen *Stellvertreter-Pronomen*. Erfolgt die Aktualisierung der Stellvertreter-Pronomen durch Bezug auf Vorerwähntes, sprechen wir von *anaphorischem Gebrauch*, bei Bezug auf später Erwähntes von *kataphorischem Gebrauch*. Der jeweilige sprachliche Ausdruck, auf den sich Stellvertreter-Pronomen beziehen, heißt **Antezedens**. Anaphorische und kataphorische Funktion machen die Pronomen zu einem wichtigen Mittel der Satzverpflechtung und tragen wesentlich zum Textaufbau bei.

785 Auch formal heben sich die Pronomen insofern von den anderen autosemantischen Wortarten ab, als sie z.B. *besondere Deklinationsformen* haben (besonders die substantivischen Pronomen), zahlreichen *Beschränkungen beim Ausdruck morphologischer Kategorien* unterworfen sind (z. B. genusneutrales я; nur singularisches кто; keine Komparation der adjektivischen Pronomen) und in syntaktischer Hinsicht nur selten durch Attribute erweitert werden können.

786 Umfang und Abgrenzung der Pronomen *als Wortart* sind in der grammatischen Literatur umstritten. Deshalb finden sich in den Grammatiken unterschiedliche Darstellungen. Traditionell wird als wichtiges morphologisches Kennzeichen der Pronomen ihre *Deklinierbarkeit* angegeben. Nach diesem Kriterium fallen alle Pro-Wörter, die Umstände charakterisieren, also die *Pronominaladverbien* (местоимённые наречия) wie здесь, где, ка́к-нибудь usw. aus der Klasse der Pronomen heraus und werden zu den Adverbien gerechnet. Die indeklinablen Possessivpronomen его́, её, их gelten aber auch innerhalb dieser Auffassung als Pronomen. Nach einem noch engeren morphologischen Kriterium verfährt die Akademie-Grammatik '80 *[129]*. Sie erkennt als eigene Wortart nur die substantivischen Pronomen я, он, кто, кто́-то usw. an, da diese ein von den normalen Substantiven stark abweichendes Deklinationsparadigma haben. Die adjektivischen Pronomen, die Quantitätspronomen und natürlich die Pronominaladverbien stellen dann jeweils eine Subklasse der Adjektive, der Numeralien und Adverbien dar, da sie sich morphologisch durch keine so hervorstechenden Besonderheiten auszeichnen.

Wir folgen dem traditionellen Prinzip. Wir zählen zu den Pronomen die substantivischen, adjektivischen und die Quantitätspronomen. Die Pronominaladverbien bilden eine Subklasse der Adverbien und werden in diesem Abschnitt nur am Rande mitbehandelt.

6.2. Die Klassifizierung

787 Die Pronomen werden von zwei Gesichtspunkten her klassifiziert:

a) vom morphologisch-syntaktischen Gesichtspunkt, d. h. je nachdem, ob sie sich morphologisch-syntaktisch wie oder ähnlich wie Substantive, Adjektive und Numeralien verhalten;

b) vom semantischen Gesichtspunkt, d. h. je nachdem, welche allgemeine Bedeutung sie haben. Bei denjenigen Pronomen, die obligatorisch eine Präzisierung des Wirklichkeitsbezuges erfahren, ist anzugeben, ob dieser durch die Situation (= deiktische Pronomen) oder durch den Kontext (= Stellvertreter-Pronomen) erfolgt.

Morphologisch-syntaktische Klassifizierung

788 a) Verallgemeinert-gegenständliche bzw. *substantivische Pronomen* (местоиме́ния-существи́тельные): я, ты, мы, вы; себя́; друг дру́га; он, она́, оно́, они́; кто, что; никто́, ничто́, не́кто, не́что, не́кого, не́чего; кто́-то, (-нибудь, -либо), что́-то (-нибудь, -либо), ко́е-кто́, ко́е-что́.

b) Verallgemeinert-qualitative bzw. *adjektivische Pronomen* (местоиме́ния-прилага́тельные): мой, твой, свой, наш, ваш; э́тот, тот, тако́й; како́й, кото́рый, чей; весь, вся́кий; како́й-то (-нибудь, -либо) u. a.

c) Verallgemeinert-quantitative bzw. *Quantitätspronomen* (местоиме́ния-числи́тельные): ско́лько, сто́лько, не́сколько.

Semantische Klassifizierung

789 a) Deiktische Personalpronomen (auch einfach Personalpronomen, ли́чные местоиме́ния): я, ты, мы, вы.

b) Anaphorische Personalpronomen (auch persönlich-demonstrative Pronomen, ли́чно-указа́тельные местоиме́ния): он, она́, оно́, они́.

c) Reflexivpronomen (возвра́тное местоиме́ние): себя́ (immer anaphorisch gebraucht).

d) Possessivpronomen (притяжа́тельные местоиме́ния): мой, твой, наш, ваш sind deiktisch. Его́, её, его́, их sind anaphorisch. Anaphorisch ist auch das reflexive Possessivpronomen (возвра́тно-притяжа́тельное местоиме́ние) свой.
e) Reziprokpronomen (взаи́мное местоиме́ние): друг дру́га (immer anaphorisch gebraucht).
f) Demonstrativpronomen (указа́тельные местоиме́ния): э́тот, тот, тако́й, тако́в, сто́лько, тот же са́мый, тот са́мый, тот же, тако́й же са́мый, тако́й же, не тот, не тако́й, друго́й, ино́й. Demonstrativpronomen werden deiktisch und anaphorisch gebraucht.
g) Interrogativpronomen (вопроси́тельные местоиме́ния): кто, что, кото́рый, како́й, како́в, чей, ско́лько.
h) Relativpronomen (относи́тельные местоиме́ния): кото́рый, чей, како́й, како́в, кто, что, ско́лько (immer anaphorisch gebraucht).
i) Determinativpronomen (определи́тельные местоиме́ния): все, всё, ка́ждый, вся́кий, любо́й, весь, са́мый, сам, о́ба.
k) Indefinitpronomen (неопределённые местоиме́ния): ко̀е-кто́, ко̀е-что́, ко̀е-како́й, кто́-то (-нибудь, -либо), что́-то (-нибудь, -либо), како́й-то (-нибудь, -либо), оди́н, не́кто, не́что, не́кий, не́который, не́сколько.
l) Negativpronomen (отрица́тельные местоиме́ния): никто́, ничто́, никако́й, ниче́й, не́кого, не́чего.

Entsprechend ist eine semantische Klassifizierung der Pronominaladverbien möglich: по-мо́ему, по-тво́ему (persönliche Pronominaladverbien); по-сво́ему (reflexives Pronominaladverb); здесь, там, туда́ usw. (demonstrative Pronominaladverbien); где, когда́, куда́ usw. (interrogative Pronominaladverbien); где, куда́, отку́да, когда́ (relative Pronominaladverbien); везде́, всегда́, вся́чески usw. (determinative Pronominaladverbien); ко̀е-где́, когда́-то (-нибудь, -либо) usw. (indefinite Pronominaladverbien); нигде́, никогда́, ника́к, не́где, не́куда (Negativadverbien).

6.3. Die Deklination

6.3.1. Substantivische Pronomen

Deklination der Personalpronomen der 1. und 2. Person und des Reflexivpronomens себя́

	Singular		Plural	
	1. Person	2. Person	1. Person	2. Person
N.	я	ты	мы	вы
G.	меня́	тебя́	нас	вас
D.	мне	тебе́	нам	вам
A.	меня́	тебя́	нас	вас
I.	мной	тобо́й	на́ми	ва́ми
P.	обо мне	о тебе́	о нас	о вас

Wie ты wird das Reflexivpronomen себя́ flektiert, das über keine Nominativform und keine Numerusform verfügt: себя́, себе́, себя́, собо́й, о себе́. Die Endungsvariante -/oju/ im Sing. Instr. (мно́ю, тобо́ю, собо́ю) hat hier wie bei den Substantiven der II. Deklination stilistischen oder rhythmischen Wert.

Die singularischen Personalpronomen der 1. und 2. Person bilden den Nominativ von einem Stamm /ja/ bzw. /ti/ mit Nullendung, die obliquen Kasus von einem anderen Stamm, der in den einzelnen Kasus z. T. auch flüchtigen Vokal und Wechsel von weichem und hartem Stammauslaut aufweist. Ähnlich verhält sich das Reflexivpronomen. Der Stamm von мы lautet im Nominativ /m/-, in den obliquen Kasus /n/-. Вы hat durchgehend den Stamm /v/-.

Deklination der anaphorischen Personalpronomen

793 Die Kasusendungen des Nom. Sing. sind die gleichen wie bei den Substantiven der I. und II. Deklination. Alle anderen Kasus mit Ausnahme des Gen./Akk. fem. werden mit adjektivischen Endungen gebildet. Dieser Mischtyp aus substantivischen und adjektivischen Endungen tritt außerdem vor allem bei den adjektivischen Pronomen auf und wird I. pronominale Deklination genannt (s. 800). Die Endung des Gen./Akk. fem. ist -/ejo/.

	Singular			Plural
	Mask.	Neutr.	Fem.	
N.	он	оно́	она́	они́
G.	его́		её	их
D.	ему́		ей	им
A.	его́		её	их
I.	им		ей	и́ми
P.	о нём		о ней	о них

Eine wichtige morphologische Besonderheit der anaphorischen Personalpronomen besteht darin, daß der Akkusativ stets gleich dem Genitiv ist, unabhängig davon, ob sich diese Pronomen auf belebte oder unbelebte Gegenstände beziehen. Deshalb heißt es Я ви́жу его́ (ма́льчика, стол) und Я ви́жу их (ма́льчиков, столы́).

794 Die anaphorischen Personalpronomen zeigen ausgeprägten Stammwechsel. Die Stämme der Nominativformen lauten /on/- (Sing.) bzw. /on′/- (Plur.). Gen./Dat./Akk./Instr. beider Numeri haben den Stamm /j/- oder – ausschließlich nach Präpositionen – den Stamm /n′/-. Vgl. Он дал ему́ кни́гу und Он шёл к нему́. Der Präpositiv, da immer nach Präpositionen stehend, hat auch immer den Stamm /n′/-. Die anaphorischen Personalpronomen lauten auch dann mit /n′/- an, wenn zwischen Präposition und Pronomen das Determinativpronomen все erscheint: для всех них. Nach einigen sekundären Präpositionen wie благодаря́, вне, вопреки́, всле́дствие, согла́сно, навстре́чу, относи́тельно, подо́бно ist jedoch die Stammvariante /j/- üblich: благодаря́ ему́. Es ist ncoh zu beachten, daß die indeklinablen Possessivpronomen auch nach Präpositionen grundsätzlich den j-Stamm beibehalten: у его́ бра́та 'bei seinem Bruder'.

Das anlautende /j/- wird vor mit /i/ beginnenden Endungen entsprechend der literatursprachlichen Norm phonetisch nicht realisiert: их [ix].

795 *Endungsvarianten*

Nach den Präpositionen от und у wird neben der Form неё in der Umgangssprache die Variante ней gebraucht, also от ней, у ней. Im neutralen Stil ist auch nach от, у die Form неё vorzuziehen. Die Endungsvariante -/eju/ im Instr. Sing. fem. wird insbesondere dann gebraucht, wenn Verwechslungen mit dem Dativ möglich sind, z. B. сде́лано е́ю.

796 **Deklination der Pronomen кто und что**

Кто und что haben keine Pluralformen. Der Nominativ von кто und der Nom./Akk. von что haben den Stamm /kt/- bzw. /čt/- und die Endung -/o/. Die obliquen Kasus werden mit den Endungen der II. pronominalen Deklination (s. 802) gebildet: кто, кого́, кому́, кого́, кем, о ком; что, чего́, чему́, что, чем, о чём.

Die mit кто und mit что gebildeten Indefinit- und Negativpronomen werden in gleicher Weise dekliniert, weisen aber einige Besonderheiten auf. In präpositionalen Fügungen wird die Präposition zwischen Präfix und Wurzel gestellt, also z. B. ко́е с ке́м, ни у кого́, не́ у кого. In der Umgangssprache bleiben auch nach Präpositionen das Präfix ко̀е- und die Wurzel beisammen. Neben ко̀е с ке́м посове́товался wird с ко̀е-ке́м посове́товался gebraucht.

Das Indefinitpronomen не́кто verfügt nur über die Nominativform, das Indefinitpronomen не́что nur über die Nominativ- und Akkusativform. Die Negativpronomen не́кого, не́чего haben keine Nominativform. In den obliquen Kasus werden sie wie кто, что dekliniert.

Deklination des Reziprokpronomens 797

Das Reziprokpronomen besteht aus einem unflektierbaren ersten und aus einem flektierten zweiten Bestandteil, der immer den Akzent trägt. Das Reziprokpronomen unterscheidet keine Numeri und wird nach der I. substantivischen Deklination dekliniert. Wie das Reflexivpronomen hat es keinen Nominativ: Gen. друг дру́га, Dat. друг дру́гу, Akk. друг дру́га, Instr. друг с дру́гом, Präp. друг о дру́ге. Es ist zu beachten, daß in Präpositionalfügungen die Präposition zwischen beide Bestandteile gesetzt wird: друг без дру́га, друг к дру́гу usw.

6.3.2. Adjektivische Pronomen

Die adjektivischen Pronomen folgen in ihrer Deklination weitgehend der adjektivischen 798
Standarddeklination. Nur in wenigen Fällen zeigen sie Besonderheiten. Deshalb sind bei den adjektivischen Pronomen drei Deklinationstypen zu unterscheiden: die adjektivische Standarddeklination, die I. pronominale Deklination und die II. pronominale Deklination.
Nach der adjektivischen Standarddeklination (s. **694 ff.**) werden folgende Pronomen dekli- 799
niert: тако́й, како́й, ка́ждый, вся́кий, любо́й, са́мый, друго́й, ино́й, кото́рый, не́кий, ко̀е-како́й, како́й-то, (-нибудь, -либо), никако́й, о́ба, о́бе.
Das Indefinitpronomen не́кий weist Stammwechsel auf. Der Nom. Sing. aller drei Genera, der Akk. Sing. fem. und der Nom. Plur. wird obligatorisch vom Stamm /nek/- gebildet. Der Gen., Dat., Präp. Sing. mask./neutr. erweitern den Stamm obligatorisch um -/oj/ (не́коего, не́коему, о не́коем), Gen., Dat., Instr., Präp. Sing. fem. fakultativ (neben не́кой ist не́коей möglich). Im Instr. Sing. mask./neutr. und im Gen., Dat., Instr., Präp. Plur. gilt diese Stammerweiterung als veraltet. Не́ких ist не́коих vorzuziehen.
О́ба (mask. und neutr.) bildet die obliquen Kasus vom Stamm обо́j-, о́бе (fem.) vom Stamm о́бе-j- mit den adjektivischen Pluralendungen.

I. pronominale Deklination 800

Die I. pronominale Deklination ist ein Mischtyp. Der Nominativ aller Genera, der Nominativ Plural sowie der Akkusativ des unbelebten Maskulinums und des Neutrums hat substantivische Endungen. Alle übrigen Kasus weisen adjektivische Endungen auf. Nach der I. pronominalen Deklination flektieren мой, твой, свой, наш, ваш, э́тот, сам, чей, ниче́й, оди́н.

Musterwörter

a) Pronomen auf **paarig harten Konsonanten**

	Singular			Plural
	Mask.	Neutr.	Fem.	
N.	э́тот	э́то	э́та	э́ти
G.	э́того		э́той	э́тих
D.	э́тому		э́той	э́тим
A.	wie N./G.	э́то	э́ту	wie N./G.
I.	э́тим		э́той	э́тими
P.	об э́том		об э́той	об э́тих

b) Pronomen auf **Zischlaut**

	Singular			Plural
	Mask.	Neutr.	Fem.	
N.	наш	на́ше	на́ша	на́ши
G.	на́шего		на́шей	на́ших
D.	на́шему		на́шей	на́шим
A.	wie N./G.	на́ше	на́шу	wie N./G.
I.	на́шим		на́шей	на́шими
P.	о на́шем		о на́шей	о на́ших

c) Pronomen auf /j/

	Singular			Plural
	Mask.	Neutr.	Fem.	
N.	мой	моё	моя	мои
G.	моего́		мое́й	мои́х
D.	моему́		мое́й	мои́м
A.	wie N./G.	моё	мою́	wie N./G.
I.	мои́м		мое́й	мои́ми
P.	о моём		о мое́й	о мои́х

Das stammauslautende /j/ wird vor /i/ im Anlaut der Endungen entsprechend der literatursprachlichen Norm phonetisch nicht realisiert: [mʌˈix] (мои́х).

801 *Endungsvarianten, Betonung und Stammwechsel*

Das Determinativpronomen сам hat im Akk. Sing. fem. neben саму́ die Form самоё (wohl in Analogie zu её gebildet).
Im Instr. Sing. fem. treten die Varianten -/oju/ und -/eju/ mit der aus der II. substantivischen Deklination bekannten Funktion auf. Э́тот, сам und оди́н bilden den Instr. Sing. mask./ neutr. sowie alle Pluralformen von einem weich auslautenden Stamm. Vgl. э́тим, сами́м, одни́м, э́ти, са́ми, одни́. Alle übrigen Formen werden von einem hart auslautenden Stamm gebildet.
Чей (чej-Ø) zeigt im Nom./Akk. Sing. mask. flüchtigen Vokal /e/, denn sonst lautet der Stamm чj-, z. B. Gen. Sing. mask. чья. Оди́н hat im Nom./Akk. Sing. mask. flüchtigen Vokal /i/. Vgl. оди́н: одного́, одному́. Э́тот weist im Nom./Akk. Sing. mask. vor der Nullendung die Stammerweiterung -от (э́т-от) auf. Alle übrigen Formen werden vom Stamm эт- bzw. эт'- gebildet.
Die Betonung liegt bei наш, ваш, э́тот stets auf dem Stamm. Die Pronomen мой, твой, свой, сам, чей und оди́н verlegen den Akzent auf den letzten Vokal der Endung: твоего́, твоему́, твои́. Сам hat abweichend im Nom. Plur. Stammbetonung (са́ми).

802 **II. pronominale Deklination**

Die II. pronominale Deklination unterscheidet sich von der I. darin, daß die Endungen des Instr. Sing. mask./neutr. sowie die Pluralendungen mit dem Phonem /e/ und nicht mit /i/ wie bei der I. pronominalen Deklination beginnen.
Nach der II. pronominalen Deklination werden тот, весь, всё dekliniert.

Musterwort

	Singular			Plural
	Mask.	Neutr.	Fem.	
N.	тот	то	та	те
G.	того́		той	тех
D.	тому́		той	тем
A.	wie N./G.	то	ту	wie N./G.
I.	тем		той	те́ми
P.	о том		о той	о тех

803 Die Pronomen весь (mit flüchtigem Vokal /e/ im Nom. Sing. mask.) und всё haben durchgehend paarig weichen Stammauslaut und demgemäß Endungen wie in der I. pronominalen Deklination die Pronomen auf /j/: всего́, всему́, вся, всей, всю.
Wie э́тот hat тот im Instr. Sing. mask./neutr. und in allen Pluralformen vor /e/ weich auslautenden Stamm. In allen übrigen Formen lautet der Stamm hart aus. Im Nom./Akk. Sing. mask. tritt Stammerweiterung durch -от auf. Die Betonung von тот, весь, всё gleicht der des Pronomens чей.

6.3.3. Quantitätspronomen

Ско́лько, сто́лько und не́сколько nehmen mit Ausnahme des Nom./Akk. in allen Kasusformen die Pluralformen der I. pronominalen Deklination an, also ско́лько, ско́льких, ско́льким, ско́лько, ско́лькими, о ско́льких.
In der Verbindung mit Lebewesenbezeichnungen kann der Akkusativ dem Nominativ oder Genitiv gleichen: Я встре́тил не́сколько / не́скольких студе́нтов (vgl. 775).

804

6.3.4. Indeklinable Pronomen

Die Possessivpronomen его́, её, его́, их, die aus der Genitivform der deiktischen Personalpronomen entstanden sind, werden nicht dekliniert.

805

6.4. Semantische Charakteristik und grammatische Besonderheiten der Pronomen

6.4.1. Deiktische und anaphorische Personalpronomen

Я bezeichnet den Sprecher (dt. 'ich'), ты den Angesprochenen (dt. 'du'), мы eine Personengruppe, zu der der Sprecher gehört (dt. 'wir'). Entsprechend kann мы als я und ты oder я, ты и вы oder я и они́ oder я, ты и они́ verstanden werden. Вы (dt. 'ihr') bezeichnet eine Gruppe von Angesprochenen oder eine Personengruppe, zu der der Angesprochene gehört, z. B. ты и он, ты и они́. Вы kann sich wie ты auch auf einen einzeln Angesprochenen beziehen (dt. 'Sie'). Die deiktischen Personalpronomen bezeichnen also Personen in bezug auf die Rolle, die diese in dem jeweiligen Kommunikationsakt innehaben.
Я und ты drücken das Genus ähnlich wie Substantive zweierlei Geschlechts aus. Genuskongruierende Prädikate und Attribute nehmen also ein Genus an, das sich nach dem Sexus der mit я oder ты bezeichneten Person richtet.

806

> Я сам э́то сде́лал.
> Я сама́ э́то сде́лала. } Ich habe das selbst getan.

Я und ты sind keine Singularformen zu мы und вы. Я und ты sind Singulariatantum, und мы und вы sind Pluraliatantum.
Die Bedingungen, unter denen вы (dt. 'Sie') als Höflichkeits- oder Distanzform für einen oder mehrere Angesprochene gebraucht wird, sind ähnlich wie im Deutschen. Sie beruhen auf bestimmten gesellschaftlichen Beziehungen zwischen den Kommunikationspartnern. Вы dient zum Ausdruck sozialer Ungleichheit oder des Nichtvertrautseins mit dem oder den Angesprochenen. Wenn sich вы nur auf eine Person bezieht, ist zu beachten, daß kongruierende finite Verbformen und die prädikative Kurzform der Adjektive im Plural stehen.

807

> Как вы себя́ чу́вствуете? Wie fühlen Sie sich?
> Вы добры́ и внима́тельны. Sie sind gut und aufmerksam.

Als Prädikat verwandte Langformen der Adjektive oder Partizipien stehen dann jedoch im Singular und richten sich im Genusausdruck nach dem Sexus der von вы bezeichneten Person.

> Вы до́брая и внима́тельная.

Aus orthographischer Sicht ist zu beachten, daß in Briefen вы als Höflichkeits- oder Distanzform mit großem Anfangsbuchstaben geschrieben wird.

808 Ты, вы, мы weisen einige spezielle, kommunikativ bedingte Verwendungsweisen auf.
Sowohl ты wie вы können in *verallgemeinert-persönlicher Bedeutung* (unter Einschluß des Sprechers) gebraucht werden. Im Deutschen entspricht 'man' oder 'du'.

> Мо́жно знать наизу́сть а́збуку коммуни́зма, но е́сли она́ у тебя́ не лежи́т в се́рдце – ничего́ не вы́йдет, ты бу́дешь псало́мщиком коммуни́зма, а не бойцо́м. – С. М. Ки́ров.
> Man kann die Grundsätze des Kommunismus auswendig kennen, aber wenn man sie nicht im Herzen hat, dann kommt nichts heraus, man wird zu einem Psalmenleser des Kommunismus, aber man wird kein Kämpfer.
> Зна́ете ли вы, наприме́р, како́е наслажде́ние вы́ехать весно́ю до зари́? Вы выхо́дите на крыльцо́ … Вот вы се́ли … И. С. Турге́нев.
> Wissen Sie, welches Vergnügen es macht, im Frühling vor Sonnenschein auszufahren? Man tritt hinaus auf die Freitreppe … Man ist eingestiegen …

809 Мы kann sich auch auf nur eine Person beziehen, und zwar entweder auf den Sprecher oder auf den Angesprochenen.
Мы bezeichnet den Sprecher in den Verbindungen мы с тобо́ю 'ich und du' bzw. 'wir beide', мы с ва́ми 'Sie und ich', мы с ним 'er und ich'.

> Мы с отцо́м уже́ давно́ рабо́таем вдвоём.
> Vater und ich arbeiten schon seit langem zu zweit.

Im wissenschaftlichen oder publizistischen Stil wird мы als sog. *Autorenplural* gebraucht, wenn der Sprecher oder der Autor gleichsam unter Zurückstellung der eigenen Person im Namen anderer spricht.

> Мы вы́ше подчеркну́ли, что … Wir betonten oben, daß …

Мы in bezug auf den Angesprochenen dient zum Ausdruck einer herablassenden oder anteilnehmenden Beziehung des Sprechers.

> Как мы себя́ чу́вствуем? Wie fühlen wir uns?
> Вот и начина́ем поправля́ться. Wir werden uns schon erholen.

810 Grundlegende Funktion der *anaphorischen Personalpronomen* der 3. Person ist es, als Stellvertreter auf im Text bereits Genanntes zurückzuverweisen. Antezedens sind Personen oder Sachen. Он, она́, оно́, они́ stehen für diese Personen oder Sachen.

> Ива́н принёс но́вую кни́гу. Она́ мне о́чень нужна́.
> Iwan hat ein neues Buch gebracht. Ich brauche es dringend.

Das anaphorische Personalpronomen verfügt im Singular über einen regelhaften Genusausdruck. Das jeweils zu wählende Genus hängt vom Genus des Substantivs ab, das das anaphorische Pronomen vertritt.

811 Alle Personalpronomen sind in ihrer syntaktischen Fügungspotenz beschränkt. Sie können lediglich mit Determinativpronomen oder mit isolierten adjektivischen oder partizipialen Attributen verbunden werden.

$$\text{Я} \begin{Bmatrix} \text{сам} \\ \text{оди́н} \end{Bmatrix} \text{э́то сде́лал. Ich habe das } \begin{Bmatrix} \text{selbst} \\ \text{allein} \end{Bmatrix} \text{getan.}$$

> Весёлые, мы возвраща́лись с экску́рсии.
> Fröhlich kehrten wir vom Ausflug zurück.

6.4.2. Reflexivpronomen

812 Das Reflexivpronomen tritt syntaktisch als Objekt auf. Es bezeichnet einen Gegenstand (eine Person, Sache), die mit dem im Subjekt genannten Gegenstand identisch ist.

> Алексе́й мно́го расска́зывал о себе́.
> Aleksej hat viel über sich erzählt.
> Таки́е расхо́ды себя́ не опра́вдывают.
> Solche Ausgaben sind nicht gerechtfertigt.

6.4. Semantische Charakteristik und grammatische Besonderheiten

Da das Reflexivpronomen syntaktisch stets ein Objekt ist, hat es keine Nominativform. Es kann sich wie das Personalpronomen mit dem Determinativpronomen сам verbinden.

  Они́ говори́ли о сами́х себе́.
  Sie erzählten von sich selbst.

In der Verwendung des russischen Reflexivpronomens bestehen wesentliche Unterschiede gegenüber dem deutschen Reflexivpronomen 'sich'. Dt. 'sich' wird allein in bezug auf die 3. Pers. Sing./Plur. gebraucht und ist unveränderlich. Das russische Reflexivpronomen kann sich auch auf die 1. und 2. Pers. beziehen und unterscheidet Kasusformen, die in Abhängigkeit von der Rektion des Prädikatswortes zu wählen sind.

  Я купи́л себе́ костю́м. Ich kaufte mir einen Anzug.
  Я чу́вствую себя́ о́чень сла́бой. Ich fühle mich sehr schwach.
  Я мно́го расска́зывал о себе́. Ich erzählte viel von mir.
  Почему́ ты недово́лен собо́й? Warum bist du mit dir unzufrieden?
  Ты тре́буешь от себя́ сли́шком мно́го. Du forderst zu viel von dir.

Als Antezedens für das Reflexivpronomen fungiert nicht nur das grammatische, im Nominativ stehende Subjekt, sondern auch ein nicht als Subjekt auftretendes Agens. In bestimmten Infinitivkonstruktionen z. B. ist es, da mit einem vorausgehenden Dativ- oder Akkusativobjekt identisch, aus diesem erschließbar. 813

  Друзья́ рекомендова́ли нам взять с собо́й фотоаппара́ты.
  Die Freunde empfahlen uns, unsere Fotoapparate mitzunehmen.

Agens von взять sind die Personen, die mit dem Objekt нам bezeichnet sind. Auf dieses Agens bezieht sich das Reflexivpronomen собо́й. Derartige Konstruktionen mit einem Objektinfinitiv finden sich vor allem nach Verben des Aufforderns, Veranlassens, Bittens u. ä. Auch in anderen Satztypen, z. B. in Sätzen mit attributiven Partizipialkonstruktionen oder mit Adverbialpartizipialkonstruktionen gilt als Antezedens der formal nur im übergeordneten Satz erscheinende Ausdruck.

  Поду́май о лю́дях, не жале́ющих себя́ для други́х.
  Denke an die Menschen, die sich nicht für andere schonen.
  Пионе́ры пое́хали в ла́герь, взяв с собо́й все ну́жные ве́щи.
  Die Pioniere fuhren ins Lager und nahmen alle notwendigen Sachen mit.

Das Russische verfügt wie das Deutsche über echte Reflexivverben, die mit -ся bzw. (im Gegensatz zum Reflexivpronomen 'sich' stets unbetontem) 'sich' gebildet werden, z. B. мы́ться 'sich waschen'. Besonderer Aufmerksamkeit bedürfen die Fälle, wo einem deutschen Reflexivverb im Russischen Konstruktionen mit dem Reflexivpronomen gegenüberstehen: 'sich fühlen' – чу́вствовать себя́, 'sich beherrschen' – владе́ть собо́й, 'außer sich geraten' – вы́йти из себя́, 'zu sich kommen' – прийти́ в себя́ u. a. 814

Das Reflexivpronomen kommt in zahlreichen mehr oder weniger phraseologisierten Wendungen vor. 815

  Дире́ктор у себя́.
  Der Direktor ist da (z. B. in seinem Dienstzimmer).
  Они́ бы́ли вне себя́. Sie waren außer sich (vor Erregung).
  Мне не по себе́. Mir ist nicht wohl.
  Ученики́ чита́ли про себя́. Die Schüler lasen leise (für sich).
  Он говори́л от себя́. Er sprach in eigenem Namen.

Vgl. noch als Aufschriften (als Schilder) auf Türen:

  От себя́. Drücken.
  К себе́. Ziehen.

6.4.3. Reziprokpronomen

816 Die Verwendung des Reziprokpronomens ist an Sätze gebunden, die ein pluralisches Subjekt haben (z. B. Алексей и Мария, мы). Das Reziprokpronomen tritt in diesen Sätzen als Objekt oder (seltener) als Adverbialbestimmung auf. Es drückt zunächst aus, daß die von ihm bezeichneten Personen (Sachen) mit den vom Subjekt bezeichneten Personen (Sachen) identisch sind. Die speziell vom Pronomen angezeigte Reziprozität beinhaltet, daß die entsprechenden Personen (Sachen) die beiden syntaktischen Rollen Subjekt und Objekt wechselseitig (reziprok) innehaben.

>Алексей и Мария помогают друг другу.
>Aleksej und Maria helfen sich (einander).

Deutlich wird die Reziprozität in folgender Paraphrase:

>Алексей помогает Марии и Мария помогает Алексею.

Vgl. noch:

>Мы прошли друг мимо друга молча.
>Wir gingen schweigend aneinander vorbei.

Im Deutschen fungieren als Reziprokpronomen 'sich' in der 3. Pers. und die Personalpronomen in der 1. und 2. Pers. Sie sind mit 'einander' synonym.
Im Gegensatz zum Reflexivpronomen себя ist das Reziprokpronomen nicht mit dem Determinativpronomen сам verbindbar.
Reziproke Verhältnisse können im Russischen auch durch ein Reflexivverb mit dem Postfix -ся ausgedrückt werden (vgl. **358** P.b).

>Мы встретим друг друга в 8 часов. } Wir treffen uns um 8 Uhr.
>Мы встретимся в 8 часов.

6.4.4. Possessivpronomen

817 Die Possessivpronomen мой, твой, его, её, его, наш, ваш, их stehen in Relation zu den Personalpronomen я, ты, он, она, оно, мы, вы, они. Die Possessivpronomen bezeichnen eine Zugehörigkeitsbeziehung, die zwischen einem Gegenstand (Person, Sache) und einem anderen Gegenstand (Person, Sache) besteht, die mit я, ты, он usw. ausgedrückt werden kann. Мой карандаш bedeutet, daß 'ich' der Besitzer des Bleistifts bin, usw. Die Possessivpronomen beziehen also genau wie die Personalpronomen ihren konkreten Wirklichkeitsbezug aus der Deixis bzw. aus dem Kontext.
Мой, твой, наш, ваш sind adjektivische Pronomen und kongruieren mit ihrem syntaktischen Beziehungswort. Его, её, его, их sind indeklinabel.

>Брат читает мою / твою / его / её / нашу / вашу / их книгу.
>Der Bruder liest mein / dein / sein / ihr / unser / euer / ihr Buch.

D. h.: Der Bruder liest das Buch, das mir / dir / ihm / ihr / uns / euch / ihnen gehört.
Unter Zugehörigkeit wird nicht nur der Besitz im eigentlichen Sinne (Possessivität) verstanden (его книга), sondern auch die Zugehörigkeit von Eigenschaften (его храбрость), von Bestandteilen zu einem Ganzen (его голова), von Prozessen (его применение), von geistigen Produkten (его идея) sowie der Ausdruck von Agensbeziehungen (его приезд) u. a.

818 Wenn man von den Besonderheiten absieht, die durch die Existenz des reflexiven Possessivpronomens (s. 819) gegeben sind, werden die russischen Possessivpronomen ähnlich wie im Deutschen verwandt. Abweichend vom Deutschen unterbleibt aber häufig die explizite Kennzeichnung des Possessivverhältnisses durch ein Possessivpronomen. Das ist besonders dann der Fall, wenn Verwandtschaftsbezeichnungen oder Körperteilbezeichnungen auf den Sprecher bezogen sind.

>Папа сказал, что завтра приедет.
>Mein Vater sagte, daß er morgen kommt.
>Ухо болит. Mein Ohr schmerzt.

6.4. Semantische Charakteristik und grammatische Besonderheiten

Das Possessivpronomen kann auch fehlen, wenn die Zugehörigkeitsbeziehung durch die syntaktische Konstruktion bzw. durch den Kontext eindeutig ist.

>Передай привет жене. Grüße deine Frau.

Besonders in der Umgangssprache werden die Possessivpronomen auch prädikativ gebraucht.

>Этот дом мой.
>Dieses Haus gehört mir (besser: Das ist mein Haus).
>Этот дом их. Das ist ihr Haus.

Eine Personengruppe als Besitzer, die den Sprecher einschließt, wird mit dem Possessivpronomen der 1. Pers. Plur. und der Präpositionalfügung c + Instr. bezeichnet (vgl. мы с тобой):

>Наши с тобою друзья.
>Meine und deine Freunde (unsere gemeinsamen Freunde).

Substantivisch wird наш in der Bedeutung der 'Unsrige' gebraucht.

>Наши пришли. Die Unsrigen sind angekommen.

Wenn sich das Possessivpronomen auf das Satzsubjekt beziehen soll, ist das reflexive Possessivpronomen свой, своя, своё, свои zu verwenden. Es kann wie das Reflexivpronomen als Antezedens sowohl ein Subjekt der 1., wie der 2. und der 3. Person haben. Entsprechend ist subjektbezogenes dt. 'mein / dein / sein / ihr / unser / euer / ihr' im Russischen mit свой wiederzugeben. **819**

>Я люблю / ты любишь / он любит / она любит / мы любим / вы любите / они любят свою маму.
>Ich liebe meine Mutter / du liebst deine Mutter / er liebt seine Mutter / sie liebt ihre Mutter / wir lieben unsere Mutter / ihr liebt eure Mutter / sie lieben ihre Mutter.

Da sich свой immer auf das Subjekt bezieht, kann die Wortgruppe, in der свой Attribut ist, nicht selbst Subjekt oder mit dem Subjekt kongruierendes Prädikat sein. Deshalb müssen in folgenden Fällen die nichtreflexiven Possessivpronomen verwandt werden.

>Она поняла, что её муж нам мешает.
>Sie verstand, daß uns ihr Mann störte.
>Вера и её сестра вернулись из Ленинграда.
>Vera und ihre Schwester kehrten aus Leningrad zurück.
>Ирина – моя подруга.
>Irina ist meine Freundin.

Obligatorisch ist die Verwendung von свой nur dann, wenn eine Possessivbeziehung zu einem Satzsubjekt in der 3. Person ausgedrückt werden soll. **820**

>Учитель дал ученику свою книгу.
>Der Lehrer gab dem Schüler sein (eigenes) Buch.
>Учитель дал ученику его книгу.
>Der Lehrer gab dem Schüler sein (dessen) Buch.
>Der Lehrer gab dem Schüler sein (einer anderen, nicht genannten Person) Buch.

Jedoch kann es auch hier, besonders im wissenschaftlichen Stil, zu Abweichungen kommen. Anstelle des nach der Regel erwarteten reflexiven Possessivpronomens erscheint das nichtreflexive.

>Содержание и форма существуют только в их единстве.
>Inhalt und Form existieren nur in ihrer Einheit.

Bei Bezug auf ein Satzsubjekt in der 1. oder 2. Person kann auch, ohne daß völlige Synonymie herrscht, мой, твой, наш, ваш gebraucht werden.

>Мы любим наш город. Wir lieben unsere Stadt.

Das nichtreflexive Possessivpronomen betont die spezielle Zugehörigkeitsbeziehung zum Satzsubjekt, unterstreicht den Standpunkt des Sprechenden.

821 Свой kann sich auch auf ein anderes Antezedens als auf das im Satzsubjekt genannte beziehen, d.h. auf ein Objekt mit Agenscharakter im Dativ oder in Präpositionalfügungen, auf den Handlungsträger von Imperativformen, von Infinitiven und von Verbalabstrakta.

>Мне нýжно навестúть своегó дрýга.
>Ich muß meinen Freund besuchen.
>У них есть долг перед своéй рóдиной.
>Sie haben Verpflichtungen gegenüber der Heimat.
>Уберúте свои вéщи. Nehmen Sie Ihre Sachen weg.
>Профéссор попросúл ассистéнта прочитáть свой доклáд.
>Der Professor bat den Assistenten, sein Referat vorzutragen.

Das letzte Beispiel ist, wie die deutsche Übersetzung, doppeldeutig. Свой kann sich genauso wie dt. 'sein' sowohl auf das Satzsubjekt wie auf den Handlungsträger von прочитáть, nämlich ассистéнт beziehen. Vermeiden läßt sich diese Doppeldeutigkeit durch die Bildung folgender Konstruktionen:

>Профéссор попросúл ассистéнта, чтобы тот прочитáл свой доклáд.
>Профéссор попросúл ассистéнта, чтобы тот прочитáл егó доклáд.

Vgl. ferner:

>Он напóмнил всем о довéрии к своúм ученикáм.
>Er erinnerte alle daran, daß er an seine Schüler glaubt.
>Er erinnerte alle daran, daß sie an ihre Schüler glauben mögen.

822 Auf der Reflexivbedeutung beruht die Verwendung von свой in phraseologisierten Wendungen wie в своё врéмя 'seinerzeit', со своéй сторонý 'meinerseits / deinerseits / seinerseits usw.'

Die Nominative свой, своя́, своё, свои́ werden adjektivisch in der Bedeutung 'eigener' gebraucht.

>У нас свой дом. Wir haben ein eigenes Haus.
>У негó есть своё мнéние по э́тому вопрóсу.
>Zu diesem Problem hat er seine eigene Meinung.

Substantivisch hat свой die Bedeutung 'Verwandter', 'Familienangehöriger'.

>Я был у своúх. Ich war bei meiner Familie.
>Ты был у своúх. Du warst bei deiner Familie.

Als Antonym zu чужóй 'fremd' drückt свой die enge familiäre oder gesinnungsmäßige Nähe aus.

>Здесь собрáлся свой нарóд.
>Hier haben sich die nächsten Angehörigen (oder Gesinnungsgenossen) versammelt.

6.4.5. Demonstrativpronomen

823 Demonstrativpronomen beziehen sich auf Gegenstände (Personen, Sachen), Eigenschaften, Quantitäten und Sachverhalte. Demonstrative Pronominaladverbien beziehen sich entsprechend auf Umstände. Die Verweisfunktion der Demonstrativpronomen besteht darin, daß sie durch deiktischen oder kontextuellen Bezug aus einer Menge gleichartiger Gegenstände, Eigenschaften, Quantitäten, Sachverhalte genau auf diejenigen verweisen (genau diejenigen identifizieren), für die die Aussage gilt.

>Прися́дьте на э́тот стул. Setzen Sie sich auf diesen Stuhl.

Demonstrativpronomen im eigentlichen Sinne sind э́тот, тот, такóй, такóв, стóлько. Im weiteren Sinne gehören hierher auch die demonstrativen Identifikationspronomen тот же сáмый, тот сáмый, тот же, такóй же сáмый, такóй же.

Deiktischer Gebrauch der eigentlichen Demonstrativpronomen

Этот und тот unterscheiden sich im deiktischen Gebrauch darin, daß этот räumlich und zeitlich Näherliegendes, тот räumlich bzw. zeitlich Fernerliegendes bezeichnet. Dabei kann zeitliche Ferne als vorangegangener oder als folgender Zeitabschnitt verstanden werden. Такой, таков und столько unterscheiden nicht Näherliegendes und Fernerliegendes. 824

> Я живу́ на э́том берегу́, а он на том берегу́.
> Ich wohne an diesem Ufer, er aber am anderen Ufer.
> На э́той неде́ле я изуча́ю литерату́ру, а на той неде́ле начну́ писа́ть рефера́т.
> In dieser Woche lese ich die Literatur, und in der kommenden Woche beginne ich das Referat zu schreiben.
> Мы е́здили в Берли́н на той неде́ле.
> Wir waren in der vergangenen Woche in Berlin.
> На той неде́ле мы пое́дем в Берли́н.
> Wir fahren in der nächsten Woche nach Berlin.

Substantivisch gebraucht verweist э́то, meist in Subjektstellung, auf Gegenstände oder Sachverhalte, die im Blickfeld der Kommunikationsteilnehmer liegen.

> Э́то мой рабо́чий кабине́т. Das ist mein Arbeitszimmer.
> Э́то катастро́фа. Das ist eine Katastrophe.

Es ist besonders darauf zu achten, daß bei im Nominativ stehendem Prädikatsnomen dieses und nicht das Subjekt э́то mit der Kopula im Genus und Numerus kongruiert.

> Э́то была́ на́ша ста́рая знако́мая. Э́то бы́ли на́ши друзья́.

Такой weist auf eine Eigenschaft, столько auf eine Quantität, die einem oder mehreren im Blickfeld der Kommunikationsteilnehmer liegenden Objekten zukommen. 825

> Нам нужны́ таки́е кни́ги. Wir brauchen solche Bücher.
> Нам ну́жно сто́лько сту́льев. Wir brauchen so viele Stühle.

In Verbindung mit einem Adjektiv unterstreicht такой den hohen Grad einer Eigenschaft. Im Deutschen steht dann vorzugsweise das Pronominaladverb 'so'.

> Тако́го интере́сного фи́льма я давно́ не смотре́л.
> So einen (auch: solch einen) interessanten Film habe ich seit langem nicht gesehen.

Neben vorwiegend attributiv gebrauchtem такой existiert immer prädikativ gebrauchtes таков, -а́, -о́, -ы́. Es wird meist durch dt. 'so' wiedergegeben. Bei der Übersetzung ins Russische muß auf die Kongruenzfähigkeit von таков geachtet werden.

> Тако́в он. Таковы́ они́. Таково́ его́ мне́ние.
> So ist er. So sind sie. So ist seine Meinung.

Das heute veraltete Pronomen сей ist nur noch in festen Wendungen wie сию́ мину́ту, сию́ секу́нду 'gleich', до сих пор 'bis jetzt' oder als Bestandteil von Adverbien wie сейча́с 'sofort', сего́дня 'heute' anzutreffen. 826

Kontextueller Gebrauch der eigentlichen Demonstrativpronomen

Als Mittel der Satz- bzw. Textverknüpfung erfahren die Demonstrativpronomen im Vergleich zu ihrer deiktischen Gebrauchsweise gewisse Modifikationen. 827
Этот verweist nicht auf Näherliegendes, sondern auf im Text Vorerwähntes. Этот hat dann anaphorische (zurückverweisende) Funktion.

> Вчера́ я встре́тил одного́ знако́мого, и э́тот знако́мый сказа́л мне, что в кинотеа́тре "Октя́брь" идёт интере́сный фи́льм.
> Gestern traf ich einen Bekannten, und dieser Bekannte sagte mir, daß im "Oktjabŕ" ein interessanter Film läuft.

In dieser Funktion kommt э́тот dem dt. bestimmten Artikel 'der' nahe. Besonders bei Postposition dient э́тот oft nicht mehr dem anaphorischen Bezug, sondern ausschließlich der bestimmten Determination des Substantivs.

> В воскресе́нье Кли́монов прочита́л кни́гу. Кни́га э́та была́ о́чень интере́сная.
> Am Sonntag las Klimonov ein Buch. Das Buch war sehr interessant.

Anaphorisch wird auch substantivisches э́то verwandt, sowohl im Verweis auf Gegenstände wie im Verweis auf Sachverhalte.

> На са́мом краю́ у́лицы был большо́й дом. Э́то была́ шко́ла-интерна́т.
> Am äußersten Ende der Straße befand sich ein großes Haus. Das war eine Internatsschule.
> Сын до́лго не возвраща́лся. Э́то беспоко́ило мать.
> Der Sohn kehrte noch immer nicht zurück. Das beunruhigte die Mutter.

Тот in anaphorischer Funktion wird nur dann gebraucht, wenn gleichzeitig auf einen näher und auf einen ferner liegenden Gegenstand verwiesen wird.

> Я взял э́ту кни́гу, а он ту.
> Ich nahm dieses Buch, er aber jenes.

828 Тот hat entsprechend im Text kataphorische (vorwärtsweisende) Funktion. Тот besetzt vor allem im übergeordneten Satz eines Satzgefüges die syntaktische Position, die durch den untergeordneten Satz semantisch ausgefüllt wird.

> Он тот челове́к, кото́рый нам ну́жен.
> Er ist der Mann, den wir brauchen.
> Мы убеди́лись в том, что наш отъе́зд необходи́м.
> Wir überzeugten uns davon, daß wir abreisen mußten.

829 Тако́й/тако́в wird ebenfalls kataphorisch in übergeordneten Sätzen gebraucht. Es verweist auf Eigenschaften, die im untergeordneten Satz näher bezeichnet werden.

> Да́йте тако́й конве́рт, како́й вы мне то́лько что да́ли.
> Geben Sie mir einen solchen Umschlag, wie Sie mir (ihn) soeben gegeben haben.
> Тума́н был тако́й, что круго́м ничего́ не́ было ви́дно.
> Es war solch ein Nebel, daß ringsum nichts zu sehen war.
> Результа́ты нау́чной рабо́ты таковы́, что их мо́жно внедря́ть в пра́ктику.
> Die Resultate unserer wissenschaftlichen Arbeit waren so (weit gediehen), daß man sie schon in die Praxis einführen konnte.

830 Entsprechend verhält sich das auf Quantität zielende сто́лько.

> Тут ты уви́дишь сто́лько зо́лота, ско́лько тебе́ не сни́лось.
> Hier siehst du so viel Gold, wie du es dir im Traum nicht vorstellen kannst.

831 Die demonstrativen Pronominaladverbien здесь, там, тут, туда́, потому́, поэ́тому, зате́м, оттого́, тогда́, как werden deiktisch gebraucht, die meisten auch anaphorisch und kataphorisch.

> Иди́ сюда́! Komm her! (deiktisch)
> Ка́тя пое́хала в го́род. Там она́ останови́лась у тёти.
> Katja fuhr in die Stadt. Dort blieb sie bei ihrer Tante. (anaphorisch)

832 Als besondere Gruppe der Demonstrativpronomen, und zwar als **Identifikationspronomen**, sind Fügungen wie тот же са́мый, тот са́мый, тот же 'derselbe', то же са́мое 'dasselbe', тако́й же са́мый 'derselbe' usw. zu nennen. Die Identifikationspronomen betonen, daß die betreffenden Gegenstände, Eigenschaften, Sachverhalte identisch mit anderen sind.

> Мы встре́тились на том же са́мом ме́сте.
> Wir trafen uns an derselben Stelle (am gleichen Ort).
> Он всегда́ расска́зывает то же са́мое.
> Er erzählt immer dasselbe.
> Сего́дня тако́й же моро́з, как вчера́.
> Heute haben wir den gleichen Frost wie gestern.

Besonders ist die Fügung один и тот же 'ein und derselbe', 'gleich' zu erwähnen.

> В э́тих предложе́ниях глаго́л име́ет одну́ и ту же фо́рму.
> In diesen Sätzen hat das Verb die gleiche Form.

Ein Gegenstück zu den Identifikationspronomen bildet eine Pronominalreihe, die aus den Demonstrativpronomen mit der Negationspartikel gebildet ist: не тот, не тако́й (entsprechend auch Pronominaladverbien не там, не так usw.). Diese Pronomen bezeichnen die Nichtübereinstimmung mit dem, was erwartet wird. **833**

> Я положи́л кни́гу не в ту́ су́мку.
> Ich habe das Buch in eine andere (nicht in die erwartete, in die falsche) Tasche gelegt.

Eine Nichtübereinstimmung können auch die Pronomen друго́й und ино́й (adjektivisch und substantivisch gebraucht) ausdrücken.

> Мы встре́тились на друго́й день.
> Wir trafen uns am anderen Tag.
> Ива́н э́то повтори́л ины́ми слова́ми.
> Ivan wiederholte das mit anderen Worten.

Vor allem друго́й, seltener ино́й, verbinden sich mit den Indefinitpronomen und Negativpronomen: кто́-то (-нибудь) друго́й, что́-то (-нибудь) друго́е, никто́ друго́й.

> Мы ни с кем други́м об э́том не говори́ли.
> Wir haben mit niemand anderem darüber gesprochen.

6.4.6. Interrogativpronomen

Interrogativpronomen dienen vor allem dazu, in Ergänzungsfragen unbekannte Sachverhaltsteile (Satzglieder) zu erfragen. Außerdem werden Interrogativpronomen in Satzgefügen zur Einleitung indirekter Fragen verwandt und werden dann als Fügewörter (сою́зные слова́) bezeichnet. **834**

> Кто э́то сказа́л? Wer hat das gesagt?
> Я зна́ю, кто прие́дет. Ich weiß, wer kommt.

Кто und чей beziehen sich auf Lebewesen, что auf Nichtlebewesen (Sachen, Sachverhalte), како́й und како́в auf Eigenschaften von Lebewesen und Sachen, кото́рый auf deren Reihenfolge, ско́лько auf ihre Anzahl (Quantität). Nach Umständen wird mit den Pronominaladverbien где, куда́, отку́да, почему́, как usw. gefragt.

Im einzelnen weisen die Interrogativpronomen, vor allem im Vergleich zum Deutschen, folgende Besonderheiten auf: **835**

Mit кто wird nicht nur nach Personen, sondern auch nach (größeren) Tieren gefragt:

> Кто э́то сказа́л? Э́то сказа́л Пётр.
> Кто э́то? Волк и́ли соба́ка?
> Was ist das? Ein Wolf oder ein Hund?

Bei kleineren Tieren wird jedoch что vorgezogen.

> Что э́то? Му́ха и́ли кома́р?

Während das Deutsche im Bereich der Berufsbezeichnungen mittels 'was' und 'wer' zwischen qualitativer Charakteristik und Personenidentifizierung unterscheidet, steht hier im Russischen einheitlich кто. **836**

> Was ist dein Bruder? Кто твой брат?
> Als was arbeitet er im Betrieb? Кем он рабо́тает на заво́де?
> Wer sind Sie? Ich bin der Lehrer Ihrer Tochter.
> А кто вы? Я учи́тель ва́шей до́чери.

Deshalb können entsprechende russische Sätze doppeldeutig sein.

А кто вы? Я дире́ктор.
a) Was sind Sie? Ich bin Direktor.
b) Wer sind Sie? Ich bin der Direktor.

837 Чей fragt nach Lebewesen, die zu dem betreffenden Gegenstand ein Possessivverhältnis i.w.S. aufweisen. In der Antwort erscheint die Lebewesenbezeichnung im Genitiv.

Чья э́та кни́га? Э́то кни́га моего́ бра́та.
Чей прие́зд ожида́ется? Ожида́ется прие́зд Ива́на.

Im Unterschied zu dt. 'wessen', das unverändert bleibt, kongruiert чей mit seinem Beziehungswort in allen nominalen Kategorien.

838 Како́й wird attributivisch für dt. 'welcher' und 'was für ein' gebraucht, d.h. sowohl für die Identifikation von Gegenständen wie für die Spezifikation der Eigenschaften von Gegenständen.

Каки́е кни́ги вас интересу́ют?
Welche Bücher/was für Bücher interessieren Sie?

Je nach dem Kontext muß die richtige Übersetzung gewählt werden. Manchmal ist auch nur eine Interpretation möglich.

Како́й учёный мо́жет обойти́сь без гипо́тез?
Welcher Gelehrte kann ohne Hypothesen auskommen?

Како́й in prädikativer Stellung, das immer nach Eigenschaften des Subjekts fragt, wird mit 'was für ein', vorzugsweise aber mit 'wie' wiedergegeben.

Кака́я сего́дня пого́да?
a) Was für ein Wetter ist heute?
b) Wie ist das Wetter heute?

Dt. 'was für ein' entspricht auch russ. что за.

Что э́то за кни́га? Was ist das für ein Buch?

839 Како́в steht ausschließlich prädikativ und wird entsprechend nach Genus und Numerus abgewandelt. Како́в entspricht dt. 'wie', wenn 'wie' nach der Art des Subjekts fragt oder nach der Quantität einer Eigenschaft (eines Qualitätsadjektivs).

Wie ist euer Direktor? Unser Direktor ist gerecht.
Како́в у вас дире́ктор? Дире́ктор у нас справедли́вый.
Wie hoch ist der Baum? Какова́ высота́ де́рева?

840 Кото́рый bezieht sich auf die Reihenfolge der Elemente in einer Menge. In der Antwort wird vorwiegend ein Ordinaladjektiv gebraucht. Im Deutschen entspricht 'wievielter' oder 'welcher'.

Кото́рый раз учени́к повторя́ет э́то пра́вило?

Bei der Frage nach der Reihenfolge kommt in festen Wendungen auch како́й vor.

Како́е сего́дня число́? Сего́дня пя́тое число́.
Welches Datum haben wir heute? Heute ist der Fünfte.

841 Ско́лько bezieht sich auf die Anzahl der Elemente in einer Menge. In der Antwort steht eine Kardinalzahl.

Ско́лько студе́нтов в ва́шей гру́ппе? В на́шей гру́ппе 20 студе́нтов.
Wieviele Studenten sind in eurer Seminargruppe? In unserer Gruppe sind
20 Studenten.

842 Als besondere Verwendungsweise der Interrogativpronomen muß ihr Gebrauch in Ausrufesätzen erwähnt werden. Sie werden dann von verschiedenen Autoren als **Exklamativpronomen** (восклица́тельные местоиме́ния) bezeichnet.

Како́й он смешно́й! Wie komisch ist er doch!
Како́й у́жас! Wie schrecklich!

6.4.7. Relativpronomen

Relativpronomen werden in untergeordneten Sätzen eines Satzgefüges gebraucht. Sie stehen in Attributsätzen stellvertretend für einen Ausdruck, der mit einem Satzglied des übergeordneten Satzes identisch ist. Durch Verweis auf dieses Satzglied stellen die Relativpronomen eine syntaktische Beziehung her. **843**

Formal und entwicklungsgeschichtlich fallen die Relativpronomen mit den Interrogativpronomen zusammen. Deshalb werden sie in vielen Grammatiken auch nicht als besondere Pronominalklasse betrachtet, sondern als von den Interrogativpronomen abgeleitete Gruppe der Fügewörter (союзные слова) behandelt (vgl. [129, Bd. 1, § 1 684 ff.]).

Das Relativpronomen который hat als Antezedens ein Substantiv oder ein Substantivgruppe. **844**

> Город, в котором [= городе] я живу, находится на юге ГДР.
> Die Stadt, in der ich wohne, befindet sich im Süden der DDR.
> Вчера я встретил своего старого друга, который [= мой старый друг] служил вместе со мной в армии.
> Gestern traf ich meinen alten Freund, mit dem zusammen ich in der Armee gedient hatte.

Который kongruiert im Genus und Numerus mit seinem Antezedens. Der Kasus von который wird durch seine syntaktische Position im untergeordneten Satz bestimmt. Die Wortstellung von который ist konstruktiv festgelegt. Который steht am Anfang des untergeordneten Satzes; nur wenn es von einem Substantiv oder von einem Infinitiv abhängig ist, folgt es auf seine übergeordneten Ausdrücke.

> Мы жили на квартире, окна которой [= квартиры] выходили на улицу.
> Wir wohnten in einer Wohnung, deren Fenster auf die Straße hinausgingen.
> Картина природы, любить которую [= картину природы] он научился с детства, взволновала художника.
> Das Bild der Natur, das er von Jugend an lieben gelernt hatte, begeisterte den Künstler.

Das Relativpronomen который kann unter bestimmten, in der Syntax näher beschriebenen Bedingungen durch die Relativpronomen чей oder что und durch die Pronominaladverbien где, куда, откуда, когда ersetzt werden. **845**

> Народ, чьими руками [= руками которого] созданы все ценности, должен быть хозяином земли.
> Das Volk, durch dessen Hände alle Werte geschaffen worden sind, soll Herr des Landes sein.
> На кровати, что [= которая] стояла у стены, спал Иван.
> In dem Bett, das an der Wand stand, schlief Ivan.
> Они сидели в том саду, где [= в котором] играл оркестр.
> Sie saßen in dem Garten, in dem das Orchester spielte.
> Мы подошли к домику, откуда [= из которого] слышался плач ребёнка.
> Wir gingen zu dem Haus, aus dem das Weinen eines Kindes zu hören war.
> Я живу в том городе, куда [= в который] ты хочешь ехать.
> Ich wohne in der Stadt, die du besuchen möchtest.
> Настала минута, когда [= в которую] я понял всю силу этих слов.
> Es kam die Minute, da ich die ganze Kraft dieser Worte begriff.

Neben который und seinen Substituten чей, что, где, куда, откуда, когда werden какой und сколько als Relativpronomen gebraucht. Beide unterscheiden sich von который und können nicht mit ihm ausgetauscht werden. **846**

Während который für einen Gegenstand steht und auf ihn verweist, steht какой für die Eigenschaft eines Gegenstandes und verweist auf diese. Vgl.

> Купи табак, который продаётся в магазине на углу.
> Kaufe den Tabak, der im Geschäft an der Ecke verkauft wird.

Купи́ таба́к, како́й продаётся в магази́не на углу́.
Kaufe solchen Tabak, wie er im Geschäft an der Ecke verkauft wird.

Zu beachten ist, daß како́й nicht wie кото́рый in jedem Falle mit seinem Antezedens im Numerus kongruiert. Das Pronomen kann im Plural bei Singular des Antezedens stehen, wenn es sich auf Eigenschaften einer Vielzahl gleichartiger Erscheinungen (demzufolge auf viele Erscheinungen) bezieht.

Стоя́л тёплый весе́нний день, каки́е быва́ют то́лько на ю́ге.
Es war ein warmer Frühlingstag, wie es ihn (sie) nur im Süden gibt.

847 Ско́лько bezieht sich auf die Quantität von Gegenständen.

Он чита́ет всегда́ ро́вно сто́лько страни́ц, ско́лько задаю́т на уро́ках.
Er liest immer genau so viele Seiten, wie im Unterricht aufgegeben werden.

848 Als Relativpronomen fungieren auch кто und что, wenn als Antezedens im übergeordneten Satz ein Demonstrativpronomen oder ein Kollektiv- bzw. ein Distributivpronomen (vgl. 849) erscheint: тот, кто ... 'derjenige, welcher ...', то, что ... 'das, was ...'. Auch wenn es sich um ein Antezedens im Plural handelt (те, все ...), wird das Verb des untergeordneten Satzes nach dem relativischen кто vorwiegend in den Singular gesetzt.

Спроси́те об э́том тех, кто его́ хорошо́ зна́ет.

Der Plural kann erscheinen, wenn schon im Hauptsatz ein pluralisches Prädikat steht.

Все, кто его хорошо́ зна́ли, уважа́ли его́.

Entsprechende Korrelationspaare zwischen Demonstrativpronomen und Relativpronomen bilden auch тако́й – како́й, тако́в – како́в, сто́лько – ско́лько sowie die Pronominaladverbien там – где, туда́ – отту́да, куда́ – отку́да, тогда́ – когда́.

6.4.8. Determinativpronomen

849 Mit dem Terminus Determinativpronomen werden in der russischen Grammatik traditionell mehrere, in der Semantik stark differierende Pronominalarten zusammengefaßt.

a) Die **Kollektivpronomen** все (dt. 'alle, sämtliche'), всё (dt. 'alles'). Все verfügt nur über Pluralformen, всё nur über Singularformen. Letzteres ist mit dem Neutrum des Totalitätspronomens (vgl. 855) homonym.

Все, всё charakterisieren eine aus gleichartigen Elementen bestehende Menge von Gegenständen (Lebewesen, Sachen) als Ganzheit. Beide Pronomen können attributiv und substantivisch gebraucht werden, wobei sich все attributiv auf Lebewesen, Sachen und Sachverhalte bezieht, substantivisch nur auf Lebewesen. Всё bezieht sich immer auf Sachverhalte.

Все ученики́ зна́ют э́то. Alle Schüler wissen das.
Ученики́ испра́вили все оши́бки. Die Schüler verbesserten alle Fehler.
Все э́то зна́ют. Alle wissen das.
Всё э́то о́чень интере́сно. Das ist alles sehr interessant.
Всё пришло́ в движе́ние. Alles kam in Bewegung.

850 b) Die **Distributivpronomen** ка́ждый, вся́кий, любо́й. Sie charakterisieren eine vorgegebene Menge nach ihren einzelnen Elementen, aus denen diese Menge gebildet ist.

Ка́ждый/вся́кий/любо́й учени́к э́то зна́ет.
Jeder Schüler weiß das.

Ка́ждый und вся́кий können auch substantivisch gebraucht werden. Любо́й ist vorwiegend attributiv.

Ка́ждый/вся́кий э́то зна́ет. Jeder weiß das.

Auch wenn die Distributivpronomen in bestimmten Kontexten scheinbar synonym sind, besteht zwischen ihnen in jedem Fall ein Unterschied, der in anderen Kontexten klar zu Tage tritt.

Ка́ждый 'jeder einzelne' bezieht sich auf alle Lebewesen oder Sachen einer Menge im einzelnen, ohne sie qualitativ zu unterscheiden oder zu bewerten. Ка́ждый setzt also die *qualitative Identität* der Elemente voraus. Die von ка́ждый charakterisierte Menge kann eine schlechthin gegebene Menge sein, z. B. 'jeder Schüler überhaupt', oder eine beliebige Untermenge, z. B. 'jeder Schüler unserer Klasse'. 851

   Ка́ждый учени́к на́шего кла́сса э́то зна́ет.
   Jeder Schüler unserer Klasse weiß das.
   Он приходи́л к нам ка́ждый день.
   Er kam zu uns jeden Tag.

Ка́ждый steht gewöhnlich im Singular. Pluralformen finden sich in Verbindung mit Pluralia tantum und mit Numeralien: ка́ждые су́тки 'alle 24 Stunden', ка́ждые полчаса́ 'alle halbe Stunden', ка́ждые два дня 'alle zwei Tage'.

Вся́кий 'jeder, jeglicher' setzt voraus, daß sich die einzelnen Elemente der Menge mehr oder weniger *qualitativ voneinander unterscheiden*. Außerdem kann sich вся́кий nie wie ка́ждый auf die Elemente einer Untermenge beziehen. Вся́кий ist im folgenden Satz nur deshalb möglich, weil die Menge der Schüler nicht (durch ein Attribut) eingeschränkt wird. 852

   Вся́кий учени́к э́то зна́ет.

Вся́кий bildet Pluralformen in Verbindung mit Pluralia tantum: вся́кие са́ни.
Das Merkmal, das auf eine schlechthin vorliegende Menge weist, läßt вся́кий in Verbindung mit der Negation, mit der Präposition без (als Ausdruck der Abwesenheit) oder mit Verben wie потеря́ть 'verlieren', лиши́ться 'einbüßen' eine verstärkende Nuance im Sinne des 'Ausschlusses aller möglichen Erscheinungen' entwickeln. 853

   Не вся́кий их поймёт.
   Nicht jeder (niemand) kann sie verstehen.
   Без вся́кого сомне́ния. Ohne jeden Zweifel.

Das andere Merkmal von вся́кий, das auf die qualitative Unterschiedlichkeit der Einzelelemente weist, führt zur Entstehung der Bedeutungsvariante 'verschieden, alles mögliche'. Вся́кий ist dann synonym zu ра́зный, разнообра́зный.

   Он рассказа́л мне вся́кие [= ра́зные] исто́рии.
   Er erzählte mir alle möglichen Geschichten.

In dieser Bedeutung ist auch die Pluralform möglich. Außerdem ist oft eine abwertende Nuance enthalten.

   К нам прие́хали вся́кие тури́сты.
   Zu uns kamen alle möglichen Touristen.

Любо́й 'jeder beliebige' unterscheidet sich von вся́кий und ка́ждый dadurch, daß es indefinit ist. Es steht semantisch den mit -нибудь gebildeten Pronomen nahe. Любо́й bezieht sich auf ein nichtspezifisches, d. h. auf ein *beliebiges Element* einer Menge, aus der eine Wahl getroffen werden kann. Deshalb wird любо́й wie die mit -нибудь gebildeten Pronomen vor allem in Aufforderungssätzen und in Sätzen mit Möglichkeitsmodalität verwandt. 854

   Заходи́те ко мне в любо́е вре́мя.
   Sie können zu mir jederzeit kommen.
   Э́ти кни́ги вы ку́пите в любо́м магази́не.
   Diese Bücher können Sie in jeder (beliebigen) Buchhandlung kaufen.

Любо́й verfügt über Singular- und Pluralformen.

   Возьми́ любу́ю кни́гу / возьми́ любы́е кни́ги.

c) Das **Totalitätspronomen** весь, вся, всё 'ganz'. Attributiv drückt es aus, daß eine Erscheinung in ihrem vollen Umfang als geschlossenes Ganzes gesehen wird, als Teil des Prädikats dagegen, daß sich das Prädikat (eine Handlung, ein Zustand, eine Eigenschaft) in vollem Umfang auf das Subjekt bezieht. 855

   Вся гру́ппа была́ на вы́ставке.
   Die ganze Gruppe war auf der Ausstellung.

> Они́ рабо́тали весь день.
> Sie arbeiteten den ganzen Tag.
> Он был весь в пыли́.
> Er war ganz und gar mit Staub bedeckt.
> Она́ вся дрожа́ла.
> Sie zitterte am ganzen Körper.

Daneben wird das Totalitätspronomen umgangssprachlich auch als selbständiges Prädikat gebraucht.

> Бума́га вся (umg.). Das Papier ist alle.

Весь, вся, всё haben eine Pluralform nur in Verbindung mit Pluralia tantum: все брю́ки 'die ganze Hose', все кани́кулы 'die ganzen Ferien'.

856 Весь, вся, всё werden immer determiniert gebraucht und verlangen in Attributposition bei der Übersetzung ins Deutsche den bestimmten Artikel. Indeterminiertem dt. 'ganz' entspricht russ. це́лый. Dieses Pronomen betont häufig zusätzlich, daß das Ausmaß der betreffenden Erscheinung die Erwartung übersteigt.

> Он съел всю колбасу́. Er aß die ganze Wurst.
> Он съел це́лую колбасу́. Er aß eine ganze Wurst.

857 d) Die **Identitätspronomen** сам und са́мый.
Сам, са́мый verbinden sich mit Pronomen und Substantiven und unterstreichen, daß als Denotat der entsprechenden Pronomen und Substantive nur Lebewesen und Sachen (bzw. deren Eigenschaften) im 'eigentlichen' Sinne gemeint sind.
Сам verbindet sich vor allem mit *Personenbezeichnungen* und betont, daß die Handlung vom Subjekt selbst, d. h. ohne fremde Hilfe oder ohne (fremde) Vermittlung vollzogen wird bzw. daß sich die Handlung in diesem Sinne auf entsprechende Objekte bezieht.

> Они́ са́ми испра́вили оши́бку.
> Sie haben den Fehler selbst korrigiert (und nicht korrigieren lassen).
> Мы говори́ли с сами́м дире́ктором.
> Wir haben mit dem Direktor selbst gesprochen (und nicht mit seinem Vertreter).

Häufig steht сам beim reflexiven Personalpronomen.

> Ты пло́хо зна́ешь самого́ себя́.
> Du kennst dich (selbst) schlecht.

858 Са́мый verbindet sich vor allem mit *Sachbezeichnungen* lokalen oder temporalen Typs. Es konzentriert die Aufmerksamkeit auf den Gegenstand im eigentlichen Sinne dadurch, daß es dessen Grenzwerte hervorhebt.

> Дом стои́т на са́мом краю́ сте́пи.
> Das Haus steht ganz am Rande der Steppe.
> Мы рабо́таем с са́мого утра́.
> Wir arbeiten vom frühen Morgen an.

Die Regel, daß sich сам mit Lebewesenbezeichnungen, са́мый mit Sachbezeichnungen verbindet, wird selten durchbrochen. Für сам mit einer Sachbezeichnung vgl.

> Сама́ му́зыка мне понра́вилась, но исполне́ние бы́ло люби́тельским.
> Die Musik selbst hat mir gefallen, aber die Aufführung war dilettantisch.

Für са́мый mit einer Personenbezeichnung vgl.

> Това́рищ Андре́ев? – Он са́мый.
> Genosse Andrejew? Er selbst.

859 e) Das **Dualpronomen** о́ба (mask. und neutr.), о́бе (fem.) 'beide'. Das anaphorische determinative Dualpronomen verweist auf eine Menge, die genau zwei Elemente enthält. Es ist wie dt. 'beide' immer determiniert. О́ба, о́бе stehen substantivisch und adjektivisch.

6.4. Semantische Charakteristik und grammatische Besonderheiten   275

> В семье́ дво́е дете́й. О́ба у́чатся уже́ в шко́ле.
> In dieser Familie sind zwei Kinder. Beide gehen schon zur Schule.
> О́ба мои́х бра́та ста́рше меня́.
> Meine beiden Brüder sind älter als ich.

6.4.9. Indefinitpronomen

Indefinitpronomen verweisen nur in allgemeiner Form auf Gegenstände, Sachverhalte, Eigenschaften und Quantitäten. Sie erfahren aber im Gegensatz zu anderen Pronomen weder in der Situation noch im Kontext eine genauere Charakteristik. Deshalb ist ihnen das *generelle Merkmal 'Unkenntnis'* eigen. 860

> Мне ну́жно ко́е-что́ вы́яснить.
> Ich muß noch etwas (eine Sache) klären.

Die von den Indefinitpronomen ausgedrückte 'Unkenntnis' des konkreten Gegenstandes, der konkreten Eigenschaft usw. gilt immer für den Hörer. Der Sprecher nimmt bei der Verwendung von Indefinitpronomen an, daß der Hörer nicht in der Lage sein wird, durch sie die entsprechenden Gegenstände, Eigenschaften usw. zu identifizieren. Für den Sprecher dagegen muß nicht in jedem Fall 'Unkenntnis' vorliegen. Innerhalb der Indefinitpronomen erfolgt nämlich eine Differenzierung danach, ob der Sprecher nicht in der Lage ist, die Identifizierung vorzunehmen (konkret zu *benennen*), oder ob es einfach nicht seine Absicht ist, dies zu tun. Zusätzlich unterscheiden sich Indefinitpronomen noch dadurch, daß zwischen objektiv existierenden Erscheinungen und nicht objektiv existierenden Erscheinungen differenziert wird. Dieser Gegensatz wird mit den Merkmalen 'spezifisch/nichtspezifisch' festgehalten. Der Kombination der *Merkmale 'Kenntnis oder Unkenntnis (für den Sprecher)' und 'spezifisch oder nichtspezifisch' (für beide Kommunikationspartner)* entspricht die Gliederung der Indefinitpronomen in verschiedene formal gekennzeichnete Klassen oder Reihen.

Für ein richtiges Verständnis der Indefinitpronomen muß man wissen, daß alle Indefinitpronomen *indeterminiert* sind. Sie enthalten eine Charakteristik, die etwa dem Wesen des deutschen unbestimmten Artikels entspricht. Deshalb ist bei ihrer Übersetzung, wenn nach den Regeln der deutschen Grammatik ein Artikel zu verwenden ist, 'ein' zu setzen. 861

> На скаме́йке сиде́ла кака́я-то де́вушка.
> Auf der Bank saß ein Mädchen.

Hieraus erklärt sich, daß einige Indefinitpronomen, vor allem како́й-то und оди́н, in artikelähnlicher Funktion verwendet werden können.

Formale Charakteristik der Indefinitpronomen

Den Kern der Indefinitpronomen bilden Reihen, die aus den Postfixen -то, -нибудь, -либо plus Interrogativpronomen gebildet sind: кто́-то, что́-то, како́й-то, че́й-то, ско́лько-то, entsprechend Pronominaladverbien wie ка́к-то usw.; кто́-нибудь, что́-нибудь usw.; кто́-либо, что́-либо usw.; ferner Reihen, die aus den Präfixen ко́е- oder не- plus Interrogativpronomen gebildet sind: ко́е-кто́, ко́е-что́, ко́е-како́й, ко́е-че́й, entsprechend Pronominaladverbien wie ко́е-ка́к usw. Bildungen mit не- sind beschränkt. Не́кто existiert nur im Nominativ. Не́что wird nur als Nominativ/Akkusativ verwandt. Für indefinite Eigenschaften steht не́кий, neben не́сколько gibt es nur noch не́который/не́которые, die keine Entsprechungen in den anderen Reihen haben. 862

In der Funktion von Indefinitpronomen mit -нибудь können umgangssprachlich auch die entsprechenden Interrogativpronomen auftreten, z. B. кто, что usw. 863

> Е́сли кто придёт, скажи́ ему́, что я ско́ро верну́сь.
> Wenn jemand kommt, sage ihm, daß ich bald wieder da bin.

Als Indefinitpronomen fungiert noch оди́н, ferner sind Phraseologismen wie кто уго́дно 'jeder beliebige', всё равно́ кто 'gleichgültig wer', хоть кто 'wenigstens jemand', ма́ло кто 'zumindest jemand', ма́ло ли кто 'viele', неве́домо куда́ 'weiß Gott wohin' u. a. zu erwähnen.

Semantische Charakteristik der Indefinitpronomen

864 Der formalen Differenzierung entsprechen z. T. wesentliche semantische Unterschiede.
Mit *-то, кòе-, не-* gebildete Indefinitpronomen und одѝн sind *spezifisch*. Spezifische Verwendung bedeutet, daß das Indefinitpronomen auf einen Gegenstand, eine Eigenschaft – bei den Pronominaladverbien auf einen Umstand – bezogen wird, der objektiv vorhanden ist oder als objektiv existierend angenommen wird. Mit *-нибудь und -либо* gebildete Indefinitpronomen sind *nichtspezifisch*. Nichtspezifische Verwendung bedeutet, daß die objektive Existenz eines Gegenstandes, einer Eigenschaft usw. nicht vorausgesetzt wird.

      Мари́я вы́йдет за́муж за кого́-то.
      Мари́я вы́йдет за́муж за кого́-нибудь.

Die Verwendung von кого́-то zeigt an, daß der Sprecher eine bestimmte Person im Auge hat, die Maria heiraten möchte. Кого́-нибудь impliziert, daß keine bestimmte Person gemeint ist.
Andererseits bezeichnen mit *-то und -нибудь* gebildete Indefinitpronomen, daß nicht nur der Hörer, sondern auch der Sprecher die Gegenstände, Eigenschaften usw. nicht identifizieren kann oder will, also *Unkenntnis für beide Kommunikationspartner*. Одѝн und *кòе-Pronomen* implizieren nur *Unkenntnis für den Hörer*. Der Sprecher hat Kenntnis von den Gegenständen, Eigenschaften, Umständen. Die *не-Pronomen* sind in dieser Hinsicht zum Teil neutral, d. d., sie können *Kenntnis oder Unkenntnis des Sprechers* (bei Unkenntnis des Hörers) anzeigen.

865 Es ist zu beachten, daß die skizzierten Unterschiede im Deutschen formal nicht zu Tage treten. Deshalb können verschiedene russische Indefinitpronomen mit ein und demselben deutschen Indefinitpronomen übersetzt werden.

      Я { кòе-что́ / что́-то } купи́л нам на обе́д.
      Ich habe uns etwas zum Mittagessen gekauft.
      Купи́ нам что́-нибудь на обе́д.
      Kaufe uns etwas zum Mittagessen!
      Одѝн / Како́й-то / Не́кий } челове́к получи́л в насле́дство большу́ю су́мму де́нег.
      Ein Mann erbte eine große Geldsumme.

866 Die adjektivischen Indefinitpronomen како́й-то, како́й-нибудь, не́кий, одѝн dürfen nur dann verwandt werden, wenn die entsprechenden Gegenstände qualitativ verschieden sind. Deshalb sind folgende Sätze sprachrichtig.

      Да́йте мне каку́ю-нибудь кни́гу.
      Geben Sie mir irgendein Buch.
      Вчера́ я встре́тил одного́ знако́мого.
      Gestern traf ich einen Bekannten.

Da sich z. B. Bleistifte als Einzelgegenstände nur unwesentlich voneinander unterscheiden, steht in folgendem Satz kein Indefinitpronomen.

      Дай мне каранда́ш. Gib mir einen Bleistift.

867 Die substantivischen Indefinitpronomen кто́-то, что́-то, не́кто, не́что, кòе-кто́, кòе-что́, кто́-нибудь, что́-нибудь können mit präpositionalen und adjektivischen Attributen verbunden werden.

      Пусть придёт кто́-нибудь интере́сный.
      Es soll irgendein interessanter Mann kommen.
      Что́-то деревя́нное лежа́ло на столе́.
      Irgendetwas aus Holz lag auf dem Tisch.
      Кто́-то в бе́лом стои́т на берегу́.
      Jemand in hellem Anzug steht am Ufer.

Es ist zu beachten, daß кто́-то, кто́-нибудь, не́кто jeweils nur eine Person meinen, ко̀е-кто́ auch auf mehrere Personen bezogen werden kann.

– За́втра у меня́ ко̀е-кто́ бу́дет. – Не друзья́ ли ва́ши? –
"Morgen wird jemand zu mir kommen." – "Ihre Freunde, nicht wahr?"

Die indefiniten Pronominalarten im einzelnen

То-Pronomen bezeichnen objektiv existierende Gegenstände (Lebewesen, Sachen) und Eigenschaften (entsprechend bezeichnen die Pronominaladverbien auf -то objektiv existierende Umstände), die dem Sprecher unbekannt sind, die er also nicht konkret benennen kann. **868**
In Aussagesätzen mit präteritalem und präsentischem Prädikat als einmaliger Handlung stehen nur то-Pronomen.

К сосе́дям пришёл кто́-то в го́сти.
Zu den Nachbarn ist jemand zu Besuch gekommen.
Кто́-то сиде́л у посте́ли больно́го.
Jemand saß am Bett des Kranken.
Кто́-то стучи́т в дверь.
Jemand klopft an die Tür.

Wiederholte Handlungen im Präteritum und Präsens dulden то-Pronomen dann, wenn an der Wiederholung dieselben Gegenstände (Subjekte, Objekte) beteiligt sind.

У посте́ли больно́го всегда́ сиди́т како́й-то това́рищ.
Am Bett des Kranken sitzt immer ein (und derselbe) Genosse.

Falls unterschiedliche Gegenstände beteiligt sind, müssen нибудь-Pronomen verwendet werden (s. **874**).
Im Futur können то-Pronomen erscheinen, wenn die Existenz der Erscheinung als objektiv angenommen wird.

К нам кто́-то прие́дет. Zu uns kommt jemand.

Aufforderungssätze, Fragesätze und modal modifizierte Sätze (Wunsch, Notwendigkeit, Bedingung, Wahrscheinlichkeit usw.) verlangen verständlicherweise ausschließlich oder vorzugsweise нибудь-Pronomen, da hier von keiner objektiven Existenz der Erscheinung ausgegangen werden kann. Vgl. aber folgende Frage mit einem то-Pronomen:

Кто́-то звони́л?

Кто́-то ist möglich, weil der Sprecher die reale Existenz einer Person, die angerufen hat, als Fakt annimmt und nur eine Vergewisserungsfrage stellt.

Ко̀е-Pronomen bezeichnen objektiv existierende Erscheinungen, die der Sprecher zwar kennt, die er also näher charakterisieren könnte, über die er aber den Hörer absichtlich in Unkenntnis läßt. Zusätzlich drücken ко̀е-Pronomen aus, daß die entsprechende Erscheinung (Gegenstand, Eigenschaft, Umstand) nicht in vollem Umfang, sondern nur zu einem (meist als gering angenommenen) Teil ins Auge gefaßt wird. Deshalb steht ко̀е-како́й auch fast ausschließlich im Plural. **869**
Die Satztypen, in denen ко̀е-Pronomen auftreten, sind mit den für то-Pronomen typischen identisch.

От него́ случа́йно ко̀е-что́ узна́л про вас, поэ́тому и позвони́л.
Ich habe zufällig von ihm etwas über Sie erfahren, deshalb habe ich auch angerufen.
Он мне дал ко̀е-каки́е сове́ты.
Er gab mir bestimmte Ratschläge.

Es ist darauf zu achten, daß bei ко̀е-кто́, ко̀е-что́ Präpositionen zwischen Präfix und Wurzel gestellt werden: Я ко̀е с кем поговори́л, Он ко̀е в чём прав, aber: Я обрати́лся к ним с ко̀е-каки́ми вопро́сами.

870 Besonders in der Umgangssprache werden то-Pronomen auch dann verwandt, wenn der Sprecher die Gegenstände usw. kennt. To-Pronomen sind dann synonym zu кòе-Pronomen.

> Пойди сюда, я тебе что́-то покажу́.
> Komm her, ich will dir etwas zeigen.

Deshalb verstärkt sich gegenwärtig bei den кòе-Pronomen die ursprüngliche Nebenbedeutung der quantitativen Einschränkung und wird immer mehr zur Hauptbedeutung.

> Я встре́тил кòе-каки́х из ва́ших знако́мых.
> Ich habe einige von euren Bekannten getroffen.

Entsprechendes gilt auch für die Pronominaladverbien auf кòе-.

> Он кòе-ка́к вы́полнил э́ту зада́чу.
> Er hat diese Aufgabe irgendwie erfüllt.

In Abhängigkeit vom Kontext und verbunden mit der entsprechenden Intonation kann eine abwertende Stellungnahme des Sprechers hinzukommen: кòе-ка́к 'gerade noch mit Mühe', 'oberflächlich'.

871 Оди́н ist spezifisch wie како́й-то und кòе-како́й. Es bezieht sich auch auf einen objektiv existierenden oder als objektiv existierend angesehenen Gegenstand. Anders als како́й-то hebt aber оди́н die Möglichkeit hervor, daß der Sprecher den Gegenstnd näher charakterisieren kann (wie кòе-како́й), ist jedoch im Unterschied zu кòе-како́й frei von dessen quantitativer Nebenbedeutung. Deshalb eignet sich оди́н besonders gut zur Bezeichnung neu einzuführender Gegenstände (introduktive Funktion).

> Вчера́ я встре́тил одного́ знако́мого. Он мне сказа́л, что ...
> Gestern traf ich einen Bekannten. Er sagte mir daß ...

872 Die Semantik der *не-Pronomen* ist differenzierter als die der anderen indefiniten Pronominalarten.
Не́кто, не́что, не́кий sind stilistisch als buchsprachlich markiert. Не́который, не́которые, не́сколько werden in allen Funktionalstilen verwandt.
Не́кто, не́что, не́кий enthalten das Merkmal 'spezifisch' und sind alle hinsichtlich des Merkmals 'Kenntnis/Unkenntnis für den Sprecher' neutral. Не́кий z. B. kann anstelle von како́й-то oder anstelle von оди́н stehen (vgl. die unten angeführten Beispiele).
Не́кто, nur im Nominativ verwandt, und не́что, auch nur im Nominativ und Akkusativ gebraucht, verbinden sich fast ausschließlich mit Attributen.

> Пришёл не́кто в чёрном пальто́. Es kam jemand im schwarzen Mantel.
> Случи́лось не́что необыкнове́нное. Es geschah etwas Ungewöhnliches.
> И вдруг она́ уви́дела не́что тако́е, что заста́вило её умо́лкнуть.
> Plötzlich sah sie etwas, was sie zum Schweigen brachte.

Bei maskulinen Familiennamen drückt не́кто eine leichte Abwertung aus.

> Вас ждёт не́кто Ивано́в.

Da sich не́кто nur mit maskulinen Familiennamen verbindet, steht im angegebenen Sinn bei femininen Familiennamen не́кая.

> Вы́ступила не́кая Петро́ва. Eine gewisse Frau Petrova hat gesprochen.

Auch не́кий (не́кая, не́кое) wird vorwiegend nur im Nominativ gebraucht.

> Одна́жды – это бы́ло в сороковы́е го́ды – не́кий компози́тор показа́л Дми́трию Дми́триевичу Шостако́вичу свой конце́рт.
> Einmal – es war in den vierziger Jahren – zeigte ein Komponist Dmitrij Dmitrijevič Šostakovič sein Konzert.

Vgl. aber folgendes Beispiel, wo не́кий in einem obliquen Kasus steht.

> Че́хов стреми́тся все́ми свои́ми посту́пками и произведе́ниями к не́коему идеа́льному белови́ку. – З. Па́перный
> Čechov strebt mit allen seinen Handlungen und Werken nach einer idealen 'Reinschrift'. – Z. Papernyj

6.4. Semantische Charakteristik und grammatische Besonderheiten

Im ersten Beispiel ist не́кий synonym zu оди́н, im zweiten Beispiel synonym zu како́му-то.

Mit не́который, не́которые und не́сколько verfügt die не-Reihe auch über die Möglichkeit, eine indefinite Quantität auszudrücken. Pluralisches не́которые wählt einzelne Gegenstände (einen Teil) aus einer Klasse aus. Es kann zum einen "nichtspezifisch" gebraucht werden und ist dann synonym zu einem нибудь-Pronomen.

Пусть $\left\{\begin{array}{l}\text{не́которые}\\\text{кто́-нибудь}\end{array}\right\}$ из прису́тствующих $\left\{\begin{array}{l}\text{расска́жут}\\\text{расска́жет}\end{array}\right\}$ о свои́х впечатле́ниях.

Irgendjemand von den Anwesenden sollte von seinen Erlebnissen erzählen.

Zum anderen tritt не́которые "spezifisch" als Plural zu оди́н auf und impliziert Kenntnis für den Sprecher.

$\left\{\begin{array}{l}\text{Не́которые}\\\text{Оди́н}\end{array}\right\}$ из прису́тствующих $\left\{\begin{array}{l}\text{рассказа́ли}\\\text{рассказа́л}\end{array}\right\}$ о свои́х впечатле́ниях.

Singularisches не́который und не́сколько sind immer "spezifisch" und geben Unkenntnis des Sprechers wie die то-Pronomen an.

Не́который steht attributiv bei Singularia tantum mit abstrakter Bedeutung und bezeichnet ein unbedeutendes qualitatives oder quantitatives Maß.

    У него́ есть не́который о́пыт.
    Er hat schon einige Erfahrung.
    Не́которое вре́мя все молча́ли.
    Eine gewisse Zeit lang schwiegen alle.

Не́сколько verbindet sich nur mit Substantiven numerativer Semantik und bezeichnet eine geringe Anzahl von Lebewesen, Sachen, Erscheinungen.

    Не́сколько его́ стате́й уже́ опублико́ваны.
    Einige seiner Artikel sind schon veröffentlicht.

Da spezifisches не́которые immer den größeren oder kleineren Teil einer bestimmten (definiten) Menge bezeichnet, kann dieses Pronomen niemals rhematischer Teil eines Satzes sein. In rhematischer Position ist also nur не́сколько möglich, in thematischer Position sowohl не́сколько wie не́которые. Vgl.

    У нас сейча́с гостя́т не́сколько на́ших земляко́в.
    Wir haben jetzt einige unserer Landsleute zu Gast.
    Не́сколько на́ших земляко́в живу́т в Москве́.
    Не́которые на́ши земляки́ живу́т в Москве́.
    Einige unserer Landsleute wohnen in Moskau.

Die **нибудь-Pronomen** bezeichnen wie die то-Pronomen, daß die entsprechenden Erscheinungen dem Sprecher unbekannt sind. Sie unterscheiden sich aber von den то-Pronomen darin, daß diese Erscheinungen als objektiv nicht identifiziert, d. h. als nichtspezifisch angesehen werden. Objektive Nichtidentifikation entspringt der Unfähigkeit zur Identifikation oder einer Gleichgültigkeit gegenüber einer Identifikation.

    Мне кто́-нибудь звони́л?
    Hat mich jemand angerufen? (Unfähigkeit zur Identifikation)
    Пусть кто́-нибудь откро́ет окно́.
    Jemand soll das Fenster öffnen. (Gleichgültigkeit gegenüber der Identifikation)

In Aufforderungssätzen, Fragesätzen und modal modifizierten Sätzen (Wunsch, Notwendigkeit, Bedingung, Wahrscheinlichkeit usw.) stehen deshalb ausschließlich oder vorzugsweise нибудь-Pronomen. Vgl. die beiden angeführten Beispiele und

    Мне хо́чется почита́ть каку́ю-нибудь но́вую кни́гу.
    Ich will irgendein neues Buch lesen.
    Мне на́до поговори́ть с ке́м-нибудь из студе́нтов.
    Ich muß mit einem der Studenten sprechen.
    Е́сли кто́-нибудь постучи́т, откро́йте дверь.

Wenn jemand klopft, öffnet die Tür.
Игорь, наве́рное, че́м-нибудь бо́лен.
Igor ist wahrscheinlich an irgendetwas erkrankt.

In futurischen Aussagesätzen kann neben einem то-Pronomen auch ein нибудь-Pronomen stehen.

В сле́дующее воскресе́нье мы пойдём в како́й-нибудь теа́тр.
Am nächsten Sonntag gehen wir ins Theater.

Aussagesätze mit imperfektivem präteritalem oder mit präsentischem Prädikat enthalten нибудь-Pronomen nur dann, wenn an der Realisierung der Handlung verschiedene Subjekte, Objekte usw. beteiligt sind.

Всё вре́мя кто́-нибудь сиде́л у посте́ли больно́го.
Die ganze Zeit über saß irgendjemand (sich abwechselnd) am Bett des Kranken.
Андре́й постоя́нно насви́стывает како́й-нибудь моти́в.
Andrej pfeift ständig irgendein (anderes) Motiv.

875 Neben ihrer reinen indefiniten Grundbedeutung besitzen vor allem какой-то und какой-нибудь in bestimmten Kontexten eine zusätzliche wertende Nuance.

Княги́ня Ла́сова кака́я-то здесь есть.
Irgendeine (unbedeutende) Fürstin Lasova ist hier.
В каки́е-то полчаса́ он написа́л э́то письмо́.
In kaum einer halben Stunde schrieb er den Brief.
Я вам не кака́я-нибудь ду́ра.
Ich bin für Sie nicht irgendsoeine dumme Gans.

876 Die **Pronomen auf -либо** unterscheiden sich in der Bedeutung nur unwesentlich von den Pronomen auf -нибудь. In ihnen tritt die Bedeutung der 'Nichtidentifikation' verstärkt auf.

Ещё ра́но де́лать каки́е-либо вы́воды.
Es ist noch zu früh, um irgendwelche (irgendwie geartete) Schlußfolgerungen zu ziehen.

Либо-Pronomen werden vorwiegend in publizistischen und in wissenschaftlichen Texten verwandt.

6.4.10. Negativpronomen

877 Die **Negativpronomen** und ebenso die **negativen Pronominaladverbien**, die auf die Nichtexistenz von Gegenständen, Eigenschaften und Umständen weisen, bilden formal zwei Reihen, deren Verwendung spezifischen syntaktischen Bedingungen unterliegt.
Die eine Reihe wird von den Interrogativpronomen mit Hilfe des Präfixes ни- (никто́, ничто́, никако́й, ниче́й bzw. нигде́ usw.), die andere mit Hilfe des stets betonten Präfixes не- gebildet (не́кого, не́кому bzw. не́где usw.). Im Deutschen entspricht beiden Reihen 'niemand', 'nichts', 'kein' (+ Substantiv) bzw. 'nirgends' usw.

878 Die **ни-Pronomen** treten in allen Satztypen außer in Infinitivsätzen (d.h. nicht in Sätzen mit einem unabhängigen Infinitiv als Prädikat) auf und verbinden sich obligatorisch mit der durch не beim Prädikat ausgedrückten Satzverneinung.

Он никого́ не заста́л в кабине́те.
Er hat niemand im Arbeitszimmer angetroffen.

Bei der Verbindung der beiden Negationsausdrücke ни- und не handelt es sich nicht um doppelte Negation im logischen Sinne (die der Bejahung äquivalent ist), sondern um eine Verdopplung der Negation als Merkmal der Verstärkung oder der Hervorhebung.

879 Der Ausdruck der Nichtexistenz von Gegenständen (Lebewesen, Sachen), Eigenschaften

bzw. Umständen kann partikulär sein, d. h. sich auf eine bestimmte, durch die jeweilige Kommunikationssituation eingegrenzte Menge beziehen, oder sie kann generell sein.

> Игорь никого́ не ви́дел. Igor hat niemand gesehen.

In diesem Satz mit partikulärer Nichtexistenz wird nicht behauptet, daß Igor überhaupt niemand gesehen hat, sondern es wird gesagt, daß er in einer bestimmten Situation aus einer bestimmten, vom Sprecher vorausgesetzten Menge von Personen niemand gesehen hat. Vgl. dagegen in genereller Bedeutung

> Никаки́е препя́тствия нас не мо́гут остановить.
> Uns können keine Hindernisse aufhalten. D. h.: Welche Hindernisse auch immer (каки́е бы ни бы́ли) auftreten mögen, sie können uns nicht aufhalten.

Präpositionen haben ihren Platz zwischen Präfix und Wurzel. **880**

> Они́ ни с кем не сове́товались.
> Sie haben sich mit niemand beraten.

Das Negativpronomen никой wird nur noch in festen Wendungen verwandt: ни в ко́ем слу́чае 'auf keinen Fall', никоим о́бразом 'in keiner Weise'.

Die **Negativpronomen** der не-Reihe sind syntaktisch an Infinitivsätze (d. h. Sätze mit einem **881** unabhängigen Infinitiv als Prädikat) gebunden. Infinitivsätze mit einem Negativpronomen der не-Reihe dienen zum Ausdruck eines bestimmten Modaltyps. Die Handlung ist undurchführbar (es ist unmöglich, die Handlung auszuführen), weil bestimmte Bedingungen (Vorhandensein eines Agens, eines Objekts, eines Umstands) nicht gegeben sind. Da in solchen Infinitivsätzen nicht nur die Objekte im obliquen Kasus stehen, sondern auch das Agens stets im Dativ, haben die Pronomen не́кого, не́чего keine Nominativform.

> Не́кому пойти́ в магази́н.
> Es ist niemand da, der ins Geschäft gehen könnte.
> Ему́ не́кому бы́ло показа́ть но́вые сни́мки.
> Es war niemand da, dem er die neuen Fotos zeigen konnte.
> Мне сейча́с не́чего чита́ть.
> Ich habe jetzt nichts zu lesen.

Auch bei den Negativpronomen der не-Reihe stehen die Präpositionen zwischen Präfix und Wurzel.

> Ему́ не с ке́м бы́ло посове́товаться.
> Es war niemand da, mit dem er sich beraten konnte.
> Нам не о чём вспомина́ть.
> Es gibt nichts, woran wir zurückdenken können.

Vgl. noch:

> Все места́ бы́ли за́няты, и нам бы́ло не́где посиде́ть.
> Alle Plätze waren besetzt, und wir konnten nirgends sitzen.

6.5. Übergänge zwischen Pronomen und anderen Wortarten

Pronomen sind unentbehrliche Bestandteile einer Sprache. Ihre nur sehr allgemeine kategoriale Bedeutung ermöglicht es, Gegenstände, Eigenschaften oder Umstände nur sehr allgemein oder unbestimmt zu bezeichnen (z. B. mit den Indefinitpronomen). Andererseits sind Pronomen sehr zweckmäßige Mittel, denen je nach der Kommunikationssituation oder je nach dem Kontext wechselnde spezifische Bedeutungen zugeordnet werden können (z. B. deiktische oder anaphorische Personalpronomen). Wenn Pronomen diese 'Unbestimmtheit' bzw. 'Bedeutungsvariabilität' verlieren und auf eine eigene lexikalische Bedeutung fixiert sind, hören sie auf, Pronomen zu sein. Sie gelten dann als Elemente anderer Wortarten. Umgekehrt können Elemente anderer Wortarten ihre volle lexikalische Bedeutung einbüßen und **882** ähnlich den Pronomen auf eine nur sehr allgemeine 'unbestimmte' Bedeutung reduziert werden. Sie werden dann zu Pronomen. Für die vielfältigen, oft feinen Übergänge können hier nur wenige Beispiele gegeben werden. Genauere Charakteristiken finden sich in den entsprechenden Wörterbuchartikeln.

Übergang von Pronomen in andere Wortarten

883 Die neutralen Singularformen der Possessivpronomen на́ше, ва́ше in der Bedeutung 'das Unsrige', 'das Eure' ('das Ihre') und die Pluralformen на́ши, ва́ши 'die Unseren' bzw. 'die Euren', so auch свои́ 'die Meinigen', 'meine Familie' sind Substantive.

       На́ши взя́ли приз на междунаро́дном турни́ре.
       Unsere Kollegen (Freunde, ...) bekamen den Preis im internationalen Turnier.
       Здесь свои́ собрали́сь.
       Hier haben sich meine Angehörigen zusammengefunden.

Свой gilt als Adjektiv in der Bedeutung 'eigener', 'nahestehender Mensch'.

       Он на юг пое́хал на свое́й [т. е. на со́бственной] маши́не.
       Er fuhr mit seinem eigenen PKW in den Süden.
       Он свой челове́к. Er gehört zu uns.

884 Ничья́ in der Bedeutung 'das Unentschieden' ist ein Substantiv und hat sich völlig aus dem Paradigma des Negativpronomens ниче́й gelöst.

       Игроки́ согласи́лись на ничью́.
       Die Spieler einigten sich auf ein Unentschieden.

Die Pronominalform ничего́ im Sinne von 'das schadet oder macht nichts' oder 'es geht so an' ist elliptisch auf Э́то ничего́ не зна́чит 'das hat nichts zu bedeuten' zurückzuführen und fungiert heute als Adverb (häufig zusammen mit der zur Partikel gewordenen Dativform des Reflexivpronomens).

       Он живёт ничего́ себе́. Er lebt ganz gut.
       Пи́ща там ничего́. Die Verpflegung ist dort einigermaßen.

Pronominalisierung

885 Besonders im Stil der Publizistik und Wissenschaft werden bestimmte Adjektive oder Partizipien zu bloßen Verweiswörtern auf früher Erwähntes oder später Folgendes: в ука́занном ме́сте 'am angegebenen Ort', подо́бные фа́кты 'ähnliche Fakten', по да́нному вопро́су 'zur gegebenen Frage', сле́дующие вы́воды 'folgende Schlußfolgerungen'. Als Indefinitpronomen werden изве́стный und определённый verwandt: при изве́стных (определённых) усло́виях 'unter bestimmten Bedingungen'.

7. Die unflektierbaren Wortarten

7.1. Klassifizierungskriterien

Die flektierbaren Wörter verfügen über formale Mittel zum Ausdruck der grammatischen Kategorien, durch die einerseits ihre Stellung im System der Wortarten und andererseits ihre Position im Satz gekennzeichnet wird.
Eine solche Kennzeichnung ist bei den unflektierbaren Wörtern nicht vorhanden. Daraus ergeben sich verschiedenartige Konsequenzen.
(a) Gerade bei den unflektierbaren Wortarten treffen wir relativ oft die Erscheinung der *Homonymie* an: вокру́г, внутрь als Adverbien und Präpositionen, когда́ als Adverb und Konjunktion, же als Partikel und Konjunktion.
(b) Auch die häufige *Korrelativität* von unflektierbaren Wörtern und den Wortformen flektierbarer Wörter ist hier in Betracht zu ziehen: по-городски́ und по-городско́му einerseits, городско́й andererseits; der Lautkörper интере́сно in der dreifachen Homonymie von neutraler Kurzform des Adjektivs, Adverb und Zustandswort.
(c) Der *syntaktische Bezug* eines unflektierbaren Wortes zu seinem syntaktisch übergeordneten oder untergeordneten Wort bereitet nicht selten Schwierigkeiten. Am klarsten läßt er sich bei den Präpositionen mit Hilfe des morphologisch-syntaktischen Merkmals feststellen, in anderen Fällen ist er vor allem durch Intonation bzw. Wortfolge im Satz markiert.
(d) Die *Zuordnung* von Wörtern wie домо́й, нельзя́, пожа́луй, ведь, ввиду́, ли́бо zu den einzelnen unflektierbaren Wortarten ist angesichts des Fehlens formaler Mittel nur möglich, wenn wir sie mit Hilfe der invarianten Wortartmerkmale der lexikalisch-grammatischen Allgemeinbedeutung und der syntaktischen Funktionen (vgl. **34 ff., 38**) identifizieren können.
Was hier unter (a) bis (c) dargestellt wurde, läßt sich mit den folgenden Beispielen anhand des Lautkörpers то́лько demonstrieren:

>То́лько он э́то зна́ет.
>Он зна́ет то́лько э́то.
>Он э́то то́лько зна́ет, а не понима́ет.

In diesen Sätzen bezieht sich das Wort то́лько einmal auf das Subjekt, zum anderen auf das Objekt und zum dritten auf das Prädikat. Durch seine Umstellung wird der Sachgehalt der Sätze stark verändert; läßt man es fort, so erhält man einen vierten Satz. In diesen Sätzen ist also то́лько ein *autosemantisches* Wort, und zwar ein *Adverb*, das eine Graduierung ausdrückt.
Eine andere Position erfüllt das scheinbar gleiche Wort in dem Satz:

>Кто то́лько не быва́л в до́ме Го́рького ...! – П. А. Павле́нко.

In diesem Fall wird durch seine Streichung der Sachgehalt des Satzes nicht verändert; то́лько ist hier *synsemantisch*, es tritt als *Partikel* auf.
In dem folgenden Satz wiederum kann то́лько durch но ersetzt werden; es ist ebenfalls synsemantisch, fungiert aber als *Konjunktion*.

>Я согла́сен, то́лько не сейча́с.

Diese Beispiele zeigen, daß innerhalb der unflektierbaren Wortarten ein und derselbe Lautkörper in der Funktion verschiedener Wortarten auftreten kann. Nach der herrschenden Auffassung liegt in solchen Fällen Homonymie vor.
Im Zusammenhang mit dem Problem des Übergangs von der einen Wortartfunktion zu einer anderen steht ein zweites: das Problem der *Beziehungen zwischen den unflektierbaren Wortarten*.
Vergleichen wir die **Definitionen** in dem Hochschullehrbuch "Совреме́нный ру́сский литерату́рный язы́к" [*144*].

"*Наречия* – это неизменяемые знаменательные слова, обозначающие признаки действий, состояний, качеств и выступающие в функции обстоятельства" [*144*, 371].
"*Категория состояния* – это неизменяемые слова, обозначающие состояние, способные сочетаться со связкой и употребляемые в функции сказуемого безличного предложения или в роли сказуемого двусоставного предложения с подлежащим-инфинитивом" [*144*, 382].
"*Модальные слова* – это особая часть речи, которая объединяет неизменяемые слова, выражающие отношение всего высказывания или его частей к реальности, грамматически не связанные с другими словами, но интонационно выделяющиеся в структуре предложения" [*144*, 388].
"*Предлоги* – это служебные слова, обладающие лексическим значением очень общего характера и выражающие совместно с формами косвенных падежей синтаксически зависимое отношение существительного к другому слову в составе словосочетания или в предложении" [*144*, 391].
"*Союзы* – это служебные слова, выполняющие синтаксические функции: а) соединения слов (обычно знаменательных), соединения предикативных частей в составе сложного предложения, соединения отдельных предложений и б) установления между сказуемыми частями разных видов отношений" [*144*, 398].
"*Частицы* – это служебные слова, имеющие очень общее лексическое значение, выражающие в предложении логико-смысловые, эмоциональные и модально-волевые оттенки, связанные с основным смыслом отдельного слова, словосочетания или предложения в целом" [*144*, 403].
Wie der Vergleich zeigt, wird bei den Autosemantika – Adverbien, Zustandswörtern und Modalwörtern – das morphologische Merkmal der Unflektierbarkeit hervorgehoben. Dagegen weisen die Präpositionen, Partikeln und Konjunktionen als gemeinsames Merkmal auf, daß sie Hilfswörter, d.h. Synsemantika, sind, während das morphologische Merkmal offenbar als selbstverständlich angesehen wird.
Es wird jedoch insgesamt, wie auch in der übrigen Fachliteratur, nicht der Versuch unternommen, die genannten sechs Wortarten detaillierter nach Merkmalen zueinander in Beziehung zu setzen.

888 Im Zusammenhang mit dem **Wortartwechsel (46)** wurde dargelegt, daß der Platz eines Wortes, einer Wortform im System der Wortarten grundsätzlich nicht als etwas Unveränderliches, sondern dynamisch aufzufassen ist, und daß sich bei einem Wortartwechsel ein Wandel in allen Wortartmerkmalen vollzieht, in denen sich die "neue" Wortart, der das Wort nunmehr angehört, von der "alten" Wortart unterscheidet.
Allerdings gibt es unter den unflektierbaren Wörtern nicht wenige, die bereits vor Einsetzen des slawischen Schrifttums der jeweiligen Wortart angehörten, z.B.

>Adverbien wie здесь, туда́, уже́;
>Präpositionen wie в, за, по, при, с;
>Konjunktionen wie а, и, или, но;
>Partikeln wie да, же.

Andere Adverbien (z.B. вме́сте, сего́дня, сейча́с), Präpositionen (z.B. благодаря́, вме́сто) und Partikeln (z.B. бы, дава́й) sowie die Wortarten Zustandswort und Modalwort haben sich erst in historischer Zeit herausgebildet (vgl. **916**). Dieser Prozeß dauert in der Gegenwart noch an.
Die Hauptwege für das Entstehen neuer unflektierbarer Wörter sind
die Herauslösung einzelner Wortformen aus dem Bestand flektierbarer Wörter, wobei diese fortbestehen, aber auch absterben können (мо́лча, нагишо́м, не́хотя), sowie
die Bildung von Wendungen aus syn- und autosemantischen Wörtern, wobei diese Wendungen auf verschiedene Weise in ihrer neuen Qualität kenntlich gemacht werden (несмотря́ на, потому́ что bzw. несмотря́ на то́ что).

889 Wenn wir auch den *Wandel in allen drei Wortmerkmalen* beim Übergang von einer Wortform oder einer Wendung zu einem unflektierbaren Wort betonen, so ist dieser Wandel doch

7.1. Klassifizierungskriterien

nicht immer gleichmäßig deutlich in allen Merkmalen gekennzeichnet, so daß wir einzelne Merkmale besonders hervorheben können:
das *phonetische* in мо́лча 'schweigsam' durch den Akzentunterschied gegenüber молча́ 'schweigend';
das *morphologische* in нагишо́м 'nackend' durch das Fehlen des alten Lexems нагиш in der modernen Literatursprache;
das *syntaktische und semantische* in не́хотя 'unwillig' (zugleich Akzentunterschied) und in да́ром durch die Unmöglichkeit, anstelle dieser Adverbien die Formen der entsprechenden flektierbaren Wörter zu gebrauchen.
Der Satz "Он де́лает что́-нибудь не́хотя" kann nicht aufgefaßt werden als 'nicht wollend', weil dann ein Objekt fehlen würde, bzw. "Он теря́ет да́ром вре́мя" kann nicht aufgefaßt werden, als verlöre einer durch ein Geschenk die Zeit.

890 Der zweite Hauptweg für das Entstehen neuer unflektierbarer Wörter setzt in der Regel voraus, daß die Form eines autosemantischen Wortes in der Zusammenfügung mit einem synsemantischen Wort, z. B. einer Präposition, eine Bedeutungsschwächung erfährt. Die Wortfügung не смотря́ на heißt wörtlich 'nicht blickend (achtend) auf', несмотря́ на hat dann die Bedeutung 'trotz' erhalten und ist zu einer Präposition geworden. Es hat sich darüber hinaus mit der neutralen Form des Pronomens тот und dem Pronomen что zu einer zusammengesetzten Konjunktion (составно́й сою́з) verbunden: несмотря́ на то́, что ... Dieser Vorgang ist gerade für die Konjunktionen charakteristisch.

891 Bei der Darstellung der Wortarten (vgl. **34ff.**) haben wir drei **Hauptkriterien** hervorgehoben: die lexikalisch-grammatische Allgemeinbedeutung, die morphologischen Merkmale und die syntaktischen Funktionen.
Wenn wir diese Kriterien auf die oben genannten Wortarten anwenden, zeigt sich als erstes, daß sie zwar als *unflektierbare Wortarten* hinsichtlich des morphologischen Kriteriums übereinstimmen, sich aber hinsichtlich der lexikalisch-grammatischen Allgemeinbedeutung und der syntaktischen Funktionen in zwei Gruppen gliedern lassen:
Autosemantika oder Begriffswörter sind das Adverb, das Zustandswort und das Modalwort;
Synsemantika oder Hilfswörter sind die Partikel, die Präposition und die Konjunktion.

892 Die **Autosemantika** können als *Satzglieder* auftreten, die Synsemantika nicht. Infolge dieses Unterschiedes im grundlegenden syntaktischen Kriterium sind die beiden Wortart-Gruppen auch in unterschiedlicher Weise zu gliedern.
Eine solche weitere Klassifizierung stößt infolge des Fehlens formaler Kennzeichen auf Schwierigkeiten. Dennoch lassen sich in der Art der syntagmatischen Beziehungen (vgl. **9ff.**), in denen diese Wortarten stehen bzw. nicht stehen können, vergleichbare Kriterien finden, die eine ins einzelne gehende Klassifizierung möglich machen. Näheres über die im folgenden vorgeschlagenen Gliederungskriterien siehe [*214; 215*].
Gliederungskriterien innerhalb der Autosemantika sind die *Existenz und Richtung syntagmatischer Beziehungen*, d. h. der Beziehungen der Wörter zueinander in ihrer linearen Anordnung im Satz.
Das **Adverb** ist im Satz stets einem anderen autosemantischen Wort untergeordnet, z. B. Он всё де́лает наоборо́т. In diesem Satz ist das Adverb наоборо́т der Verbalform де́лает untergeordnet. In der Rangfolge der Satzglieder bezieht es sich also nach rückwärts, und diese rückwärtige Beziehung können wir als *regressiv-syntagmatisch* bezeichnen. Die oben zitierte Definition steht sachlich damit durchaus in Übereinstimmung.
Auch die **Zustandswörter** stehen im Satz in syntagmatischen Beziehungen, z. B. Нельзя́ сказа́ть ..., Жаль отца́. Zum Unterschied von den Adverbien stellen sie aber gegenüber dem anderen autosemantischen Wort das übergeordnete Wort dar. Das ist gesetzmäßig, da sie in der Funktion eines Prädikats auftreten, in der Rangfolge des Satzes folglich die erste Stelle einnehmen. Die Zustandswörter beziehen sich daher auf das untergeordnete Wort, nach vorwärts, ihre Beziehung ist also *progressiv-syntagmatisch*.
Im Vergleich zum Adverb und zum Zustandswort steht das **Modalwort** außerhalb von syntagmatischen Beziehungen; es ist *asyntagmatisch*, z. B.
    Пожа́луй, он прав.

7. Die unflektierbaren Wortarten

Damit sind die drei autosemantischen Wortarten zueinander in ein auf den gleichen Kriterien beruhendes Verhältnis gesetzt.

893 Das Verhältnis zwischen den drei autosemantischen unflektierbaren Wortarten wird noch deutlicher bei Lautkörpern, die auf Grund von Unterschieden in den genannten Beziehungen als **Homonyme** auftreten.

Ты напряжённо рабо́таешь. – Наоборо́т, я отдыха́ю.

Я его́ не ви́дел, потому́ что опозда́л. – Жаль.

Die Wörter наоборо́т und жаль treten hier als Modalwörter auf. Dieser Wortartwechsel erfolgt im Zusammenhang mit der Ausweitung des syntagmatischen Bezuges. Allgemein bezieht sich ein Adverb nicht immer ausschließlich auf das übergeordnete Verb, sondern kann sich auch auf den Satz als Ganzes beziehen, z. B. За́втра оте́ц из Москвы́ вернётся. Mit der Ausweitung des syntagmatischen Bezuges kann dessen Lockerung Hand in Hand gehen. Indem das betreffende Wort zum Merkmal eines ganzen Satzes wird, kann es von ihm losgelöst, ihm gleichgeordnet und in ihn "eingeschaltet" werden, d. h., es funktioniert syntaktisch als Schaltwort (vgl. **41**).

Auch der Übergang des Zustandsworts zum Modalwort setzt die Ausweitung und Lockerung des syntagmatischen Bezuges voraus, sie läßt sich in dem angeführten Beispiel so erklären, daß der Antwortende den im ersten Satz dargestellten Sachverhalt bedauert und es dabei nicht für nötig erachtet, den Satz zu wiederholen.

894 Innerhalb der **Synsemantika** kann *Gliederungskriterium* nur die *Richtung der syntagmatischen Beziehungen* sein. Da diese Wörter nicht als Satzglieder auftreten, können sie im Satz nicht als unabhängige, übergeordnete Wörter fungieren, sondern stehen grundsätzlich in untergeordneter Position und folglich in *regressiv-syntagmatischer Beziehung*.

Die **Partikel** unterscheidet sich von der Präposition und der Konjunktion dadurch, daß sie sich ausschließlich an übergeordnete Wörter bzw. größere syntaktische Einheiten anlehnt.

Чита́й-ка вот э́ту кни́гу. – Ра́зве я не чита́л её?

Gegenüber der *einseitigen regressiv-syntagmatischen Beziehung* der Partikel ist die syntagmatische Beziehung der Präposition und der Konjunktion beiderseitig:

Ла́мпа виси́т над столо́м.   Я не заме́тил, что он вошёл.

Präposition und **Konjunktion** sind also durch *beiderseitige syntagmatische Beziehungen* charakterisiert und stellen gewissermaßen beide "Bindewörter" dar. Während die *Präposition* stets Satzglieder miteinander verbindet und insofern als *eng syntagmatisch* bezeichnet werden kann, steht die *Konjunktion in freieren syntagmatischen Beziehungen*; sie verbindet entweder die Teile einer Satzgliedreihe oder eines zusammengesetzten Satzes oder selbständige Sätze miteinander.

Damit haben wir auch die drei synsemantischen Wortarten mit Hilfe vergleichbarer Kriterien zueinander ins Verhältnis gesetzt.

895 Insgesamt reichen also die Hauptkriterien der Wortarten-Klassifizierung völlig aus, um die Beziehungen zwischen den sechs unflektierbaren Wortarten exakt – nach vergleichbaren Kriterien – zu bestimmen, wie dies in der nachfolgenden Übersicht zusammenfassend verdeutlicht werden soll.

Unflektierbare Wortarten		Existenz bzw. Richtung syntagmatischer Beziehungen	Beispielwörter
Autosemantika	Adverb	regressiv-syntagmatisch	до́ма, напра́во
	Zustandswort	progressiv-syntagmatisch	на́до, нельзя́
	Modalwort	asyntagmatisch	пожа́луй, наприме́р
Synsemantika	Partikel	einseitig regressiv-syntagmatisch	же, ли, ведь
	Präposition	eng ⎫ beiderseitig	на, при, у
	Konjunktion	frei ⎭ syntagmatisch	и, но, или

7.2. Das Adverb

7.2.1. Das Adverb als Wortart

Die Wortart **Adverb** (наречие) bezeichnet die Umstände, die Art und Weise oder die Motivierung eines Sachverhalts oder einer Erscheinung der Wirklichkeit (Prozeß, Gegenstand, Merkmal, Umstand).
Stets anderen autosemantischen Wörtern untergeordnet, kann sich das Adverb auf ein Einzelwort bzw. Satzglied, auf eine Wortfügung oder einen ganzen Satz beziehen.
Das Adverb bezieht sich auf

        ein Verb: Он читáет *вслух*;
        ein Zustandswort: Мне *óчень* жаль её;
        ein Adjektiv: Он стáвил *óчень* трýдную задáчу;
        ein Substantiv: Чтéние *вслух* емý помогáет понимáть текст;
        ein Adverb: *Тóлько* дóма я узнáл про э́то;
        eine Wortfügung: Он попросил решить задáчу *дóма*;
        einen Satz: *Дóма* ужé все спáли.

Der Bezug auf ein Pronomen oder Numerale spielt eine geringere Rolle.
Die Satzgliedfunktion des Adverbs ist die *Adverbialbestimmung*; lediglich in der Stellung beim Substantiv ist es *Attribut*.

7.2.2. Die Klassifizierung

Als **Kriterium für die Klassifizierung** der Adverbien kommen in Betracht:

        ihre Semantik,
        ihre Bildungsweise,
        die Weite und Art ihres syntagmatischen Bezuges.

Schon die angeführten Beispiele lassen erkennen, daß das gleiche Adverb in syntagmatischen Beziehungen von sehr unterschiedlicher Weite stehen kann.

        Отéц / шёл / впереди́. Der Vater ging voran.

Das Adverb bezieht sich hier auf das Verb.

        Что случи́тся с нáми / впереди́?
        Was wird in Zukunft aus uns werden?

Hier bezieht sich das Adverb auf den ganzen Satz.
Diese Variabilität des einzelnen Adverbs hängt mitunter von seiner Herkunft, vor allem aber von seiner Semantik ab.
Nach dem **semantischen Kriterium** lassen sich die Adverbien gliedern in

        a) Adverbien des Ortes und der Zeit,
        b) Adverbien des kausalen Zusammenhangs (Zwecks, Grundes u. a.),
        c) Adverbien der Art und Weise.

Den *Adverbien des Ortes und der Zeit* ist gemeinsam, daß sie eine Lage oder eine Richtung ausdrücken. Die Adverbien des Ortes können in übertragener Bedeutung als Zeitadverbien gebraucht werden (vgl. oben впереди́).
Innerhalb der *Ortsadverbien* (lokalen Adverbien, наре́чия ме́ста) finden wir Angaben von unterschiedlicher Konkretheit bzw. Abstraktheit; die abstrakteren bringen in höherem Grade Relationen zum Ausdruck; die abstraktesten sind die Pronominaladverbien, die sich ihrerseits wie die flektierbaren Pronomen klassifizieren lassen (vgl. **790**).
Beispiele: дóма, домóй, кругóм, вблизи́ 'in der Nähe', вдалеке́ 'in der Ferne', издалека́ 'von ferne', впереди́, вперёд, напрáво, спрáва, назáд 'rückwärts', сзáди 'von hinten', вверхý, свéрху 'von oben', вверх 'nach oben', внизý, сни́зу, вниз, здесь, сюдá, отсю́да, там, тудá,

оттýда, вездé und всю́ду 'überall', гдé (-нибу́дь), кудá, откýда, нигдé, никудá, ниоткýда.
In ähnlicher Weise läßt sich auch die Gruppe der *Zeitadverbien* (temporalen Adverbien, наре́чия вре́мени) gliedern.
Beispiele: сего́дня, вчерá, зáвтра, тепéрь, сейчáс, срáзу 'mit einem Mal, sofort', сначáла, сперва́, давно́, до́лго, и́сстари 'seit alters', смо́лоду 'von Jugend auf', доны́не 'bis heute', прéжде, пóсле, затéм, потóм, тогдá, иногдá, всегдá, когдá (-нибу́дь), никогдá.

899 Die *Adverbien des kausalen Zusammenhangs* geben die Ursache, den Zweck oder die Folgen eines Sachverhalts an; es sind das also vor allem kausale (im engen Sinne) und finale Adverbien (наре́чия причи́ны и цéли). Sie bilden zahlenmäßig die kleinste Gruppe; das erklärt sich daraus, daß Ursache, Zweck und Folgen kompliziertere Angaben darstellen, die meist durch Wortfügungen oder Nebensätze ausgedrückt werden. Vergleiche:

> Сгоряча́ актёр не заме́тил просту́ды.
> Актёр не заме́тил просту́ды, потому́ что разгорячи́лся.

Dennoch ist diese Gruppe bedeutungsmäßig klar von den anderen abgegrenzt: сгоряча́, сду́ру, понево́ле, назло́, наро́чно, да́ром, зате́м, потому́, заче́м, почему́.

900 Die Adverbien dieser beiden ersten semantischen Klassen werden auch als *Umstandsadverbien* (обстоя́тельственные наре́чия) bezeichnet, da sie vorwiegend Umstände von Handlungen usw. bezeichnen [*144*, 373].

901 Unter den *Adverbien der Art und Weise* (modalen Adverbien, наре́чия о́браза де́йствия) finden wir einerseits eine fast unbegrenzte Zahl von konkreten Angaben (wie z. B. гусько́м 'im Gänsemarsch') und andererseits eine erheblich kleinere Gruppe von abstrakten und Gradangaben (Gradationsadverbien); wieder sind zwischen diesen die Grenzen fließend (vgl. z. B. до́сыта, слегка́).
Konkrete Angaben sind z. B. пешко́м, босико́м 'barfuß', гусько́м, голышо́м, о́прометью 'Hals über Kopf', всмя́тку 'weich' und вкруту́ю 'hart (gekochtes Ei)', вслух, наотре́з 'glattweg (ablehnen)', наобу́м 'aufs Geratewohl', наоборо́т, мо́лча, не́хотя, плашмя́ 'längelang', стоймя́ 'aufrecht', потихо́ньку, до́сыта, зачасту́ю 'öfters', вплотну́ю 'dicht heran', так, ка́к (-нибудь), ника́к.
Hierzu gehören auch die meisten von Adjektiven abgeleiteten Adverbien wie гро́мко, гро́мче, хорошо́, лу́чше, дру́жески, по-ру́сски, норма́льно, по-норма́льному.
Da diese Adverbien vorwiegend die Eigenschaft einer Erscheinung ausdrücken, werden sie auch als *Qualitätsadverbien* (ка́чественные наре́чия) oder *determinative Adverbien* (определи́тельные наре́чия) bezeichnet.

902 *Gradationsadverbien oder Quantitätsadverbien* (коли́чественные наре́чия) sind z. B. почти́, чуть, вря́д ли und едва́ 'kaum', то́лько, слегка́ und понемно́гу 'ein wenig', о́чень, совсе́м, сли́шком, насто́лько, наско́лько.
Zu den Gradationsadverbien rechnen wir auch das gewöhnlich als Partikel bezeichnete *Negationswort* не 'nicht'. Vergleiche:

> Он / си́льно / о́чень / чуть / не / измени́лся в лице́.
> Er hat sich / stark / sehr / ein bißchen / nicht / im Gesicht verändert.

Das Negationswort не ist eine stark verallgemeinerte Gradangabe, verändert den Sachgehalt einer Aussage ganz entscheidend und stellt demzufolge in dem zitierten Satz ein autosemantisches Wort dar.
Von dem Adverb не sind zu scheiden: die Partikel не (я ничего́ не зна́ю, не пра́вда ли) und das Affix не (неуже́ли, понемно́гу).

903 Was die **Weite des syntagmatischen Bezuges** (vgl. 897) angeht, so ist diese insgesamt gesehen bei den Adverbien des kausalen Zusammenhangs, des Ortes und der Zeit größer als bei denen der Art und Weise; unter den Orts- und Zeitadverbien weisen aber die Lageangaben häufig einen weiteren Bezug auf als die Richtungsangaben.

> Высо́ко в не́бе сия́ло со́лнце, а го́ры зно́ем дыша́ли в не́бо, и би́лись во́лны *внизу́* о ка́мень. – А. М. Го́рький.
> Hoch am Himmel strahlte die Sonne, die Berge atmeten Glut zum Himmel, und unten brandeten die Wogen um die Klippen.

7.2. Das Adverb

Das Adverb внизу́ bezieht sich hier auf den ganzen Hauptsatz во́лны би́лись о ка́мень. Diesem syntagmatischen Bezug der Lageangabe steht der engere Bezug der Richtungsangabe gegenüber:

    Бы́стрыми шага́ми подошёл хан к обры́ву и ки́нулся *вниз*. – А. М. Го́рький.
    Schnellen Schritts trat der Khan an den Abgrund und stürzte sich hinab.

Vom Standpunkt der russischen Sprache der Gegenwart werden neue Adverbien – vor allem solche der Art und Weise – in erster Linie *von Adjektiven abgeleitet*; wir unterscheiden suffixale und präfixal-suffixale Ableitungstypen: **904**

    тяжёлая рабо́та → Он рабо́тает тяжело́.
    изли́шняя доброта́ → Она́ была́ изли́шне до́брой.
    'überflüssige, allzu große Gutmütigkeit'   'Sie war allzu gutmütig.'
    дру́жеский приве́т → Я дру́жески приве́тствую тебя́.
    но́вая жизнь → Мы хоти́м жить по-но́вому.
    ру́сский язы́к → Я говорю́ по-ру́сски.
    медве́жья похо́дка → Он хо́дит по-медве́жьи / по-медве́жьему.
    'Bärengang'

Die Adverbien des von Qualitätsadjektiven mit dem Suffix -o abgeleiteten Typs weisen *Komparationsformen* auf, die mit denen der neutralen Kurzform des Adjektivs homonym sind: тяжеле́е, бо́льше, бо́лее гро́мко, наибо́лее сло́жно, ча́ще всего́ usw. (vgl. **718 ff.**). **905**
Bei den anderen Ableitungstypen treten teilweise analytische Komparationsformen auf, z. B. бо́лее дру́жески.

Korrelativität von Adverbien und Wortformen flektierbarer Wörter beobachten wir vor allem – nach den Wörterbüchern zu urteilen – bei Verben (Adverbialpartizipien), Substantiven und Adjektiven: лёжа 'im Liegen', отступя́ 'unweit, abseits', шутя́ 'ohne Anstrengung'; ве́чером, весно́й, зимо́й, ша́гом 'im Schritt'; интере́сно, хорошо́, пра́вильно. **906**
Die Existenz der in den Wörterbüchern angegebenen Adverbien vom Typ ве́чером und весно́й ließe sich insofern bestreiten, als solche Formen auch mit Adjektiven gebraucht werden, ohne daß ein markanter semantischer Unterschied der Formen ве́чером, весно́й bemerkbar wäre:

    Он верну́лся по́здним ве́чером / ра́нней весно́й.

Ein Vergleich der deutschen Adverbien mit den russischen zeigt, daß das Adverb unter den Wortarten der deutschen Sprache einen ebenso bedeutenden und unumstrittenen Platz einnimmt wie im Russischen. **907**
Adverbien des Ortes: rechts, rückwärts, oben, bergan, bergab, hier, da, wo, herein, dazu;
Adverbien der Zeit: morgen, heute, dann, wann, danach;
Adverbien des kausalen Zusammenhangs: daher, deshalb, darum, dazu;
Adverbien der Art und Weise: blindlings, probeweise, hinterrücks;
Adverbien des Grades: kaum, sehr.
Auch im Deutschen beobachten wir die Differenzierung von Lage und Richtung ebenso wie das Übergreifen von einer semantischen Gruppe in die andere ("dazu" als Adverb des Ortes und des kausalen Zusammenhangs).
Auch das Deutsche weist Adverbien auf, die korrelativ mit Formen flektierbarer Wörter sind. Gerade hier liegt allerdings ein struktureller Unterschied des Deutschen gegenüber dem Russischen vor:
a) Präpositionslose Substantivformen in der Funktion von Adverbien finden wir, relativ gering an Zahl, im Genitiv: morgens, abends.
b) Die regelmäßig gebildeten Adjektivformen, wie z. B. weit (Ort; Art und Weise), spät (Zeit), geschickt, gut (Art und Weise), sind *polyfunktionale Kurzformen der Adjektive*, vergleichbar den russischen Komparativformen auf -ee bzw. e: er arbeitet gut; er ist gut; dort kauft man gut und billig.

7.3. Das Zustandswort

7.3.1. Das Zustandswort als Wortart

908 Die unflektierbare autosemantische Wortart **Zustandswort** (катего́рия состоя́ния) bezeichnet stets einen *Zustand*. Darin liegen zugleich ihre semantischen Parallelen wie Unterschiede zum Verb, das außer einer Tätigkeit und einem Vorgang auch einen Zustand als Prozeß ausdrücken kann. Vergleiche:

Zustandswort	Verb
Здесь мо́жно покупа́ть оде́жду.	Здесь вы мо́жете покупа́ть оде́жду.
Hier gibt es Bekleidung zu kaufen (Hier kann man …).	Hier können Sie Bekleidung kaufen.

Die Satzgliedfunktion des Zustandswortes ist das Prädikat bzw. das *Prädikatsnomen in einem unpersönlichen Satz*, d. h. in einem Satz ohne grammatisches Subjekt.

Нельзя́ переходи́ть э́ту у́лицу.

Die meisten Zustandswörter (слова́ катего́рии состоя́ния) stehen in Korrelation zu Wortformen flektierbarer Wörter. Die Anzahl der *nichtkorrelativen Zustandswörter* ist relativ gering:

1. мо́жно — 'man (jemand) kann (darf);
2. (кому́-нибудь) нельзя́ — 'man (jemand) kann (darf) nicht';
3. (кому́-нибудь) на́до — 'man (jemand) muß;
4. (кому́-нибудь) жаль — 'einem (jemandem) tut leid';
5. (кому́-нибудь) не́когда — 'man (jemand) hat keine Zeit';
6. (кому́-нибудь) невмоготу́ ⎫
7. (кому́-нибудь) невмо́чь   ⎬ 'man (jemand) ist außerstande;
8. (кому́-нибудь) невтерпёж — 'man (jemand) hält es vor Ungeduld nicht aus'.

Hiervon sind 1.–5. stilistisch neutraler als 6. und 7., die umgangssprachlich, sowie 8., das lässig-umgangssprachlich ist.

In ihrer lexikalischen Semantik sind diese Zustandswörter durch ausgeprägte *Modalität* charakterisiert.

909 Bei den *korrelativen Zustandswörtern* (соотноси́тельные слова́ катего́рии состоя́ния) sind mehrere Gruppen zu unterscheiden.

1. Zustandswörter auf -o, die *homonym mit Adverbien* bzw. neutralen Kurzformen sind und zu denen vielfach synthetische Komparativformen gebildet werden können. Diese Zustandswörter lassen sich in drei semantische Untergruppen gliedern.

a) Bezeichnungen von Zuständen in Natur und Umgebung: темно́, светло́, гря́зно, ти́хо.

На дворе́ хо́лодно.
За́втра бу́дет тепле́е.

b) Bezeichnungen physischer oder psychischer Zustände von Lebewesen, vor allem von Menschen: ве́село, жа́рко, печа́льно, стра́шно, тоскли́во.

Мне бы́ло ску́чно.
Нам ста́ло веселе́е.

c) Bezeichnungen modaler Gegebenheiten: возмо́жно, необходи́мо, ну́жно, невозмо́жно.

Нам ну́жно эконо́мить на материа́лах.
Вы́лечить соба́ку бы́ло невозмо́жно.

2. Einzelne Zustandswörter sind *homonym mit Substantiven*: грех, лень, порá.

Substantiv	Zustandswort
порá 'Zeitabschnitt, Zeitpunkt'	Порá уходи́ть.
грех 'Sünde, Schuld, Vergehen'	Над ста́ростью смея́ться грех.
	Es ist verwerflich, über das Alter zu lachen.
лень 'Faulheit, Trägheit'	Ему́ лень слу́шать мой расска́з.
	Er hat keine Lust, meinen Bericht zu hören.

3. Neben diesen Typen sind Konstruktionen einerseits mit *Infinitiven* wie вида́ть und слыха́ть, andererseits mit bestimmten *adverbiellen Wendungen* zu verzeichnen:

Ни зги не вида́ть. Man sieht die Hand vor den Augen nicht.
Ни сло́ва не слыха́ть. Kein Wort ist zu hören.
Мне ста́ло не по себé. Mir wurde unwohl.

7.3.2. Die syntaktische Verwendung

Die *progressiv-syntagmatischen Beziehungen* des Zustandswortes richten sich auf ein Nomen 910
oder Pronomen im Dativ (Dativobjekt zur Bezeichnung der Person, die sich in dem betreffenden Zustand befindet, auch indirektes Subjekt genannt):

| мне не́когда | 'ich habe keine Zeit (mir steht keine Zeit zur Verfügung)'; |
| мне хо́лодно | 'mir ist kalt'; |

ein Nomen oder Pronomen im Akkusativ oder Genitiv des Objekts:

мне жаль де́вочку	'(mir) ist leid um das Mädchen';
на́до копе́йку	'(man) braucht eine Kopeke';
жаль потра́ченного вре́мени	'es ist schade um die aufgewandte Zeit';

eine Infinitivform:

| нельзя́ кури́ть | 'man darf nicht rauchen (es ist verboten zu rauchen)'; |
| мне ну́жно поговори́ть с тобо́й | 'ich muß mit dir sprechen'; |

einen Nebensatz (seltener):

| жаль, что вы не чита́ете | 'schade, daß Sie nicht lesen'; |

ein Adverb oder eine adverbielle Wendung:

тепе́рь нельзя́ переходи́ть у́лицу	'jetzt darf man nicht über die Straße gehen';
о́чень жаль	'es ist sehr schade';
соверше́нно нельзя́	'es ist völlig unmöglich';
на дворе́ темно́	'draußen ist es dunkel'.

Daraus, daß das Zustandswort zugleich unflektierbar und prädikativ ist, ergeben sich drei 911
spezifische Besonderheiten:

a) Das Zustandswort erhält seine *Bedeutung im fertigen, geformten Satz* und kann folglich auch in die deutsche Sprache nur im Satzzusammenhang übersetzt werden.

b) Das Zustandswort bildet das Prädikat zusammen *mit einem Kopulaverb*. Dieses zusammengesetzte Prädikat verfügt über alle drei Tempora. Als Kopulaverben gelangen beim Zustandswort vor allem zur Anwendung

das abstrakte Kopulaverb быть 'sein' einschließlich der Nullkopula;
die halbabstrakten Kopulaverben станови́ться – стать und (seltener) дéлаться – сдéлаться 'werden'.

Здесь мо́жно $\begin{Bmatrix} \emptyset \\ бы́ло \\ бу́дет \end{Bmatrix}$ покупа́ть оде́жду.

>   Становилось жаль её до слёз.
>   Ему сделалось жаль, что он так пошутил.

Dabei werden außer der Nullkopula die Form der 3. Pers. Sing. bzw. im Präteritum die Form des Neutrums angewandt.

c) Die Zustandswörter werden offensichtlich besonders *häufig in der lebendigen Rede*, im Dialog verwendet; dieser Umstand führt zu Modifizierungen ihrer syntaktischen Verwendung.

912 Alltagsgespräche ebenso wie literarische Dialoge sind reich an Sätzen mit Zustandswörtern, die von den dargestellten Mustern durch *Kürzung der Konstruktion*, durch Eliminierung (Weglassung) abhängiger Formen strukturell abweichen.

So kann der Dativ des indirekten Subjekts eliminiert werden, wenn die Person durch den Kontext bzw. durch die Situation gegeben ist oder wenn es sich nicht um bestimmte Personen, sondern um einen unbestimmten Personenkreis oder eine verallgemeinerte Person handelt.

>   Вижу – барин славный! Одно [= Akkusativ] жаль (мне), на деньги не хочет играть.
>   Gewiß, ein sympathischer Herr! Eines nur ist schade, er mag nicht um Geld spielen.
>   Здесь можно покупать одежду (vgl. Здесь могут покупать …).
>   Совершенно нельзя здесь курить (vgl. Никто здесь не может курить).

Andererseits kann der Infinitiv bzw. das Akkusativ- oder Genitivobjekt eliminiert werden.

>   Приходи завтра, а сегодня мне как-то некогда (с тобой поговорить).
>   Komm morgen, heute habe ich keine Zeit (mit dir zu sprechen).
>   За деньги всё (делать, получить) можно.

7.3.3. Zur Problemgeschichte

913 Die ersten Beobachtungen, daß Wörter wie надо, можно und нельзя wegen ihrer besonderen Rolle im Satz nicht mit den Adverbien auf eine Stufe gestellt werden können, reichen mindestens bis in den Anfang des 19. Jahrhunderts (A. H. Vostokov) zurück. Doch wurden diese Wörter dann noch lange nicht Gegenstand theoretisch exakter Untersuchungen. Nachdem sie wegen ihrer prädikativen Funktion direkt als Verben angesehen worden waren (N. P. Nekrasov, 1865) bzw. ihnen der gleiche Platz wie den Verben im Sprachgefühl zugewiesen worden war (V. A. Bogorodickij, 1913) sprach als erster L. V. Ščerba 1928 in dem Artikel "О частях речи в русском языке" [*182*] den Gedanken aus, vielleicht hätte man es bei diesen Wörtern mit einer besonderen "Kategorie des Zustands" zu tun. Den Terminus "Kategorie" gebrauchte er hier in der Bedeutung "Wortart".

Diese Anregung wurde von V. V. Vinogradov aufgegriffen, die "Kategorie des Zustands" systematisch und theoretisch ausgebaut [*31*, 319 ff.]. Auf V. V. Vinogradovs Darstellung wiederum fußten die Arbeiten von E. M. Galkina-Fedoruk, N. S. Pospelov, A. V. Isačenko u. a.

914 V. V. Vinogradov hatte neben dem eng semantischen Kriterium (Zustand) das syntaktische, und zwar auch dies im engen Sinne, eben die Eigenschaft des "Prädikativums", in den Vordergrund gestellt. Von da aus ergab sich aber die Parallele von надо, можно und нельзя zu Substantiven (пора, судьба) und prädikativen Adjektivformen (Kurzformen) wie должен, согласен, рад. So nahm diese Wortart unter Vernachlässigung des morphologischen Kriteriums, der Unflektierbarkeit, einen zahlenmäßig immer größeren Umfang an, was als Antithese die Ablehnung der gesamten Wortart z. B. durch F. Trávníček und A. B. Šapiro zur Folge hatte.

915 Indem aber A. B. Šapiro begründet die Homonymie bestimmter Substantiv- und Adjektivformen mit Zustandswörtern in Abrede stellte und auf die genannten schwachen Stellen im theoretischen Fundament der Wortart Zustandswort aufmerksam machte, war er infolge seiner totalen Ablehnung dieser Wortart zu dem Zugeständnis gezwungen, es könne in einer Sprache auch "obdachlose" Wörter geben (wie eben надо, можно, нельзя), die zu keiner Wortart der betreffenden Sprache gehörten. Diese theoretisch anfechtbare Konsequenz ist in der Synthese vermieden, daß es zumindest im Russischen einerseits nichtkorrelative Zu-

standswörter gibt und andererseits Zustandswörter, die in Korrelation zu Wortformen flektierbarer Wortformen stehen und mit diesen homonym sind.
Diese unserer Darstellung zugrunde liegende Auffassung wird schließlich auch durch die Entstehungsgeschichte der Zustandswörter нельзя, жаль, можно bekräftigt.
Das Zustandswort нельзя ist historisch aus der Verbindung не + льзѣ entstanden, wobei льзѣ als der Dativ eines Substantivs mit der Semantik 'Freizügigkeit, Recht' interpretiert wird; нельзя bedeutete folglich 'es ist nicht zu Recht, es steht nicht im Ermessen'.
Das Zustandswort жаль geht auf das gleichlautende Substantiv mit der Bedeutung 'Kummer, Mitleiden' zurück, das der gehobenen Literatursprache noch im 19. Jahrhundert bekannt war, heute aber als veraltet anzusehen ist.
Der Ursprung des Zustandswortes можно liegt in der neutralen Kurzform des Adjektivs мо́чный, мо́щный 'fähig, mächtig'. Es ist in der alten Gestalt мо́чно noch in dem 1724 erschienenen "Buch von Armut und Reichtum" Ivan Pososkovs zu finden, vom Anfang des 18. Jahrhunderts an aber bereits in der heutigen Form можно, die offenbar unter dem Einfluß der 3. Pers. Sing. мо́жет und der Adjektivform возмо́жно entstand.
Alle drei Wörter haben also den Prozeß der Isolierung von flektierbaren Wörtern bzw. des Absterbens der Flexion durchlaufen.
In den Darstellungen der *deutschen Sprache* ist es nicht üblich, Zustandswörter als besondere Wortart anzuführen (vgl. 44). Dennoch finden wir auch hier gewisse Parallelen.

    Ja, mir ist oft sonderbar; sonderbar war und ist mir leider zeitweilig zu Sinn. – Th. Mann.
    Dem Karl ist sonderbar zu Mute, Die Hexe schwingt die Zauberrute ... – W. Busch.
    Mir wird schlecht. – Mir wird weh zumute.
    ... so würde ihm zumute gewesen sein, wenn ...

Nicht nur daß Nominalformen in diesen Sätzen ohne grammatisches Subjekt als Prädikate auftreten, das Wort 'zumute' ist heute direkt als isoliertes unflektierbares prädikatives Wort aufzufassen, das ausschließlich in Sätzen vom Typ "Dativ der Person + zumute + Adverb usw." vorkommt.
Andere Wortformen, wie 'sonderbar, schlecht, zu Sinn' sind demgegenüber im engen oder weiten Sinne paradigmatische Formen in der Funktion eines Prädikativs, 'unwohl' wiederum ein unflektierbares (gegenüber früher: ... zu seiner unwohlen Gattin ...), aber polyfunktionales Wort, zu dessen Funktionen auch die des Prädikativs in einem Satz ohne grammatisches Subjekt gehört: er fühlt sich unwohl, ist unwohl; im wurde unwohl; vgl. ему́ ста́ло не по себе́.
Interessanterweise treffen wir bei diesen Prädikativen wie im Russischen die Kopulaverben 'sein' und 'werden' an.

7.4. Das Modalwort

7.4.1. Das Modalwort als Wortart

Im Gegensatz zu den anderen unflektierbaren autosemantischen Wortarten Adverb und Zustandswort ist das **Modalwort** (мода́льное сло́во) *asyntagmatisch*, d.h., es steht außerhalb von syntagmatischen Beziehungen. Es kennzeichnet das Verhältnis des Sprechenden zur Realität eines sprachlich bezeichneten Sachverhalts.
Das Modalwort bezieht sich entweder auf die Äußerung des Sprechenden oder auf die des Angeredeten, und zwar vor allem auf den Kern der Äußerung:

    Он, *пожа́луй*, придёт. – Bezug auf die Äußerung des Sprechenden, Kern: придёт.

> Чáю не желáете ли? – *Пожáлуй.* – Bezug auf die Äußerung des Angeredeten, Kern: чáю.

Dadurch stehen die Modalwörter in funktionaler Verwandtschaft zu den unvollständigen Sätzen, weswegen sie in den Akademiegrammatiken nicht als selbständige Wortart aufgeführt (vgl. **42**), sondern nur in ihrer syntaktischen Funktion als Schaltwörter (вводные словá) dargestellt werden [*48*, Bd. 2/2, §§ 1205 ff.; *49*, § 1405; *129*, Bd. 2, §§ 2220 ff.].

919 Zudem lassen sich gegenwärtig nur wenige Modalwörter identifizieren, die *nicht in Korrelation zu anderen Wortarten* stehen: пожáлуй, пожáлуйста, спаси́бо; конéчно; по-мóему, по-твóему, по-свóему (durch den Akzent von den Pronominalformen isoliert); по-ви́димому; во-пéрвых, во-вторы́х usw.; напримéр; weiter да und нет in Sätzen wie dem folgenden:

> Чáю не желáете ли? – Да / Нет.

Weiter können dieser Gruppe bedingt zugeordnet werden: чай 'vermutlich', дéскать 'sagt man', не ровён час 'womöglich', навéрное 'wahrscheinlich'. Von diesen gehören die ersten drei der lässigen Umgangssprache an.

920 Semantisch-kommunikativ zeichnen sich die Modalwörter dadurch aus, daß sie zu den jeweiligen sprachlichen Äußerungen *keine zusätzliche sachliche Information* beisteuern. Dieses Kriterium ist wichtig, um sie im gegebenen Satz von den Adverbien zu unterscheiden.

> Чáю не желáете ли? – *Потóм.* 'Ja, aber später'
> ('später' = zusätzliche Information, also Adverb).
> Чáю не желáете ли? – *Да / Нет.*

(keine zusätzliche Information, sondern die Realität des sprachlich bezeichneten Sachverhalts bestätigt oder verneint, also Modalwort).

Weitere Beispiele:

Мой подáрок пришёлся кстáти.	
Мой подáрок пришёлся …? – Кстáти.	– Adverb
А мой подáрок? – Пришёлся кстáти.	
Кстáти, где он живёт?	– Modalwort
Татья́на лю́бит не шутя́ И предаётся безуслóвно [= без вся́ких услóвий] Любви́ как ми́лое дитя́. – А. С. Пу́шкин.	– Adverb
Как онá предаётся? – Безуслóвно.	
Мы, безуслóвно, победи́м.	– Modalwort
Мы победи́м? – Безуслóвно.	

921 Die *Korrelativität des Modalwortes* zu anderen Wortarten betrifft sowohl seine Beziehungen zu flektierbaren als auch zu unflektierbaren Wortarten. Man vergleiche:

Verbalformen: *Modalwörter:*
Мне кáжется,] что он зáв-   Он, кáжется / говоря́т, зáвтра придёт.
Говоря́т   ] тра придёт.

Substantivformen:
Всё, что вы сказáли,   Он, прáвда / факт, óчень талáнтливый
– прáвда / факт.   человéк.

Adjektivformen:
Вдали́ слы́шны вы́стрелы.   Тепéрь, слы́шно, всё в поря́дке.
Отсю́да видны́ гóры.   Он, ви́дно, ещё не привы́к к ним.

Zur Korrelativität mit Adverbien und Zustandswörtern vgl. die Beispiele unter **893** und **920**.

Der Übergang zum Modalwort ist begleitet:

von freierer Wortstellung: Он, кáжется, пришёл;
von einer Modifizierung der Intonation; während z. B. die Verbalform im allgemeinen in Stellung vor dem anderen Teilsatz steigende Intonation aufweist, beobachten wir beim Modalwort schwebende oder fallende Intonation.

7.4.2. Die Klassifizierung

Da sich die Funktion der Modalwörter nicht eng semantisch, sondern semantisch-kommunikativ charakterisieren läßt, erfolgt auch ihre Klassifizierung am zweckmäßigsten nach dem Kriterium der *Position der Modalwörter im Kommunikationsprozeß*: 922

a) Modalwörter, die auf die Quelle der Mitteilung hinweisen:

   говоря́т, слы́шно, по́мню, изве́стно, по-ви́димому;

b) Modalwörter, die den Grad der Gewißheit der Aussage kennzeichnen:

   разуме́ется, очеви́дно, вероя́тно, ка́жется, пожа́луй, мо́жет быть, пра́вда, коне́чно;

c) Modalwörter, die die gedanklichen Beziehungen zwischen den Teilen der eigenen Aussage andeuten:

   верне́е, коро́че, наприме́р, напро́тив, зна́чит, ска́жем, сле́довательно, во-пе́рвых;

d) Modalwörter, die eine Reaktion des Gesprächspartners hervorrufen sollen:

   пра́вда, не пра́вда ли, зна́ешь, слы́шишь, ви́дите ли;

e) Modalwörter, die die Stellungnahme zu einer Äußerung des Gesprächspartners ausdrükken:

   да, нет, действи́тельно, коне́чно, пра́вда, ещё бы, напро́тив.

Eine solche Klassifizierung geht allerdings davon aus, daß ein und dasselbe Modalwort unter Umständen für mehrere der genannten kommunikativen Zwecke verwandt werden kann.

In der Germanistik steht die Frage des Modalwortes noch zur Diskussion, weniger unter den sowjetischen als unter den deutschen Germanisten (vgl. 44). Ohne die Probleme im einzelnen zu behandeln, weisen wir kurz auf die Strukturparallelen zwischen den beiden Sprachen hin. 923

1. Auch im Deutschen gibt es Modalwörter, die nicht in Korrelation zu anderen Wortarten stehen: nein, vielleicht, allerdings, zweifellos, übrigens, erstens, zweitens, beispielsweise, kurzum.

2. Auch im Deutschen verzeichnen wir Modalwörter mit Korrelativität zu Wortformen flektierbarer Wörter bzw. zu Adverbien: möglich, wahrscheinlich, tatsächlich, wahrhaftig, lieber, sicher, gewiß, bestimmt, kurz, im allgemeinen, im übrigen, höchstens, heißt's, weißt (du), sozusagen, schau.

7.5. Die Partikel

Die **Partikel** (части́ца) modifiziert die Bedeutung eines Wortes, einer Wortfügung oder eines Satzes. 924

   Поговори́ть *бы* с ним!   Man müßte mit ihm reden.
   Чита́йте расска́з *вот* э́тот.   Lesen Sie diese Geschichte da.
   Ведь ты зна́ешь его́.   Du kennst ihn doch.

Dort wo sich der Bezug einer Partikel auf einen ganzen Satz ausweitet, ergeben sich Parallelen zwischen der Partikel und dem Modalwort.

   Ведь ты зна́ешь его́ (Partikel ведь).
   Ты действи́тельно зна́ешь его́ (Modalwort действи́тельно).

Zum Unterschied vom autosemantischen Modalwort gehört aber die synsemantische Partikel zur Äußerung selbst und modifiziert sie, kann ihr also nicht gegenübergestellt werden, wie das beim Modalwort möglich ist (vgl. **918**).

925 Eine **Klassifizierung** der Partikeln kann unter syntaktischem, funktionalem und genetischem Gesichtspunkt vorgenommen werden.
Syntaktisch klassifizieren wir die Partikeln nach der Weite ihres syntagmatischen Bezuges und ihrer formalen Stellung im Satz; wir unterscheiden vor allem *postponierte* (dem Bezugswort nachgestellte) und *nicht postponierte* Partikeln.
Postponierte Partikeln sind же, ли, -ка z. B. смотри́ же, смотри́-ка. Diesen relativ wenigen Partikeln stehen die übrigen gegenüber, die bei engem syntagmatischem Bezug vor ihrem Bezugswort stehen, bei weiterem Bezug jedoch nicht auf eine bestimmte Stellung im Satz festzulegen sind, z. B. ведь, да́же, и́менно, лишь, неуже́ли, пусть.

    Ведь вы на́ша учи́тельница!
    А я ведь не зна́ю его́.
    А на фронт вы с ним пое́дете? – Коне́чно! Его́р Па́влович, пое́дем ведь.

926 Unter *funktionalem* Gesichtspunkt unterscheidet man für gewöhnlich wort- und formbildende Partikeln einerseits und Modalitätspartikeln andererseits.
Als *wortbildende* Partikeln werden oft ко̀е-, не-, ни-, -либо, -нибудь, -то bezeichnet.

    Я заме́тил / что́-то / не́что / ко̀е-что́ / но́вое в ко́мнате.
    Ich habe etwas Neues im Zimmer bemerkt.
    Я ничего́ не заме́тил. Ich habe nichts bemerkt.
    Спо́рить не́чего. Das ist kein Grund zu streiten.

Wegen ihrer relativ klar fixierbaren lexikalischen Bedeutung wie wegen ihrer festen Stellung vor bzw. nach dem Pronomen werden sie jedoch von uns als Präfixe bzw. Postfixe betrachtet, vgl. [*147, 236*].
Eine *formbildende* Partikel (фо̀рмообразу́ющая части́ца) ist бы; sie dient in Verbindung mit den Präteritalformen des Verbs zur Bildung des Konjunktivs. Als formbildende Partikeln können ferner пусть, пуска́й in пусть напи́шут usw. (vgl. **178**) angesehen werden.

927 Die *Modalitätspartikeln* (мода́льные части́цы) dienen der Hervorhebung eines Wortes (bzw. einer Wortfügung) im Satz oder eines Satzes in der Redefolge. Sie lassen sich im allgemeinen kaum exakt übersetzen. Wir gliedern sie nach der kommunikativen Absicht in (neutrale) Hervorhebungspartikeln, Frage- und Aufforderungspartikeln.
Bei dieser Klassifizierung muß man allerdings beachten, daß die Hervorhebungspartikeln auch in Frage und Aufforderungssätzen vorkommen und daß überhaupt eine Partikel in verschiedenen Funktionen im Rahmen dieser Wortart angewandt werden kann; so dient die Partikel бы einerseits zur Formenbildung (я знал бы), andererseits allgemein dazu, einem Wunsch oder einer Aufforderung Nachdruck zu verleihen (Воды́ бы!; Поговори́ть бы с ним!).

928 Die neutralen *Hervorhebungspartikeln* stellen die zahlreichste Gruppe der Partikeln dar; sie lassen sich in folgende Untergruppen klassifizieren.
Untermalende Partikeln, z. B. быва́ло, бы́ло, чай, ну.

    К нам быва́ло го́сти приезжа́ли. Zu uns kamen hin und wieder Gäste.
    Пошёл было, да останови́лся. Er ging, blieb aber doch stehen.

(zur Bezeichnung einer angefangenen oder für möglich gehaltenen, aber nicht durchgeführten Handlung).
Vergleichende Partikeln, z. B. ро́вно, то́чно, сло́вно, как бу́дто.

    Он лежа́л сло́вно мёртвый. Er lag wie tot da.

Hinweisende Partikeln, z. B. вот, вон, э́то, вишь, же, уже́.

    Да́йте мне вот э́ту кни́гу!

Bekräftigende Partikeln, z. B. да, и, да́же, и́менно, куда́, как, всё, ведь, же, уже́.

    Да он и не ду́мает об э́том. Er denkt ja gar nicht daran.

Hierzu gehören auch die ausrufenden Partikeln, z. B. пря́мо, ведь.

    Пря́мо у́жас! Einfach schrecklich!

Einschränkende Partikeln, z. B. и́менно, то́лько, хоть, хоть бы.

> Éсли бы бы́ли де́ньги, хоть немно́го, хоть бы сто рубле́й ... Wenn Geld da wäre, wenigstens etwas, wenigstens hundert Rubel ...

Als *Fragepartikeln* können z. B. ли, ра́зве, а, неуже́ли, как, небо́сь, ведь bezeichnet werden.

> Ра́зве я не знал, что так бу́дет? Wußte ich etwa nicht, daß es so kommen würde?

Aufforderungspartikeln sind ну, пуска́й, пусть, да, да(ва́)й, бы, -ка.

> Скажи́те-ка мне! Sagen Sie mir doch!

In *genetischer* Beziehung unterscheiden wir solche Partikeln, die bereits in früher slawischer Zeit als Partikeln anzusehen sind, wie же und ли. Anderen sehen wir noch heute die Herkunft aus Formen flektierbarer Wörter an. Beispielsweise handelt es sich um alte Verbalformen bei вишь (ви́деть), пусть (пусти́ть), бу́дто (быть), хоть (хоте́ть); eine alte Vergangenheitsform (3. Pers. Sing. des Aorists) von быть ist бы. Andererseits finden wir auch bei den Partikeln solche, die in homonymischer Korrelation zu anderen Wortarten stehen: zu Adverbien wie ещё, лишь, то́лько, уже́, про́сто, пря́мо, ро́вно, сло́вно, то́чно; zu Verbalformen wie быва́ло, дай, дава́й; zu Pronominalformen wie всё, то, э́то. 929

In der *deutschen Sprache* finden wir im wesentlichen die gleiche Situation wie im Russischen vor; man vergleiche 'bloß, ja, gar, gerade, nur' in den folgenden Sätzen: 930

> Geh bloß nicht dorthin! – Ich will ja gar nicht dort bleiben. – Das ist es ja gerade! – Reg dich nur nicht so auf!

Im folgenden führen wir einige Beispiele für den Gebrauch in der Funktion einer Partikel entsprechend der für das Russische gegebenen funktionalen Klassifizierung (vgl. **926ff.**) an.

> Wortbildende Partikel: *Eben*darum sag ich das.
> Untermalende Partikel: *Da* komme ich zu ihm ...
> Hinweisende Partikel: Der *da* ist es gewesen!
> Bekräftigende Partikel: Das ist *gar* nicht so übel.
> Einschränkende Partikel: Schrei *nur* nicht so!
> Fragepartikel: Wie geht's *denn*?
> Aufforderungspartikel: *Nun* komm endlich!

7.6. Die Präposition

Die **Präpositionen** (предло́ги) kennzeichnen zusammen mit den Kasusformen eines Nomens oder Pronomens die syntaktischen Beziehungen dieses Wortes zu übergeordneten Wörtern oder Wortfügungen. Dabei modifizieren und konkretisieren sie die Bedeutungen der Kasus. 931

In einer Wortfügung, die aus einem übergeordneten Wort und einem untergeordneten Wort mit Präposition besteht, können auftreten: als übergeordnetes Wort ein Verb, ein Substantiv oder ein Adjektiv, seltener ein Numerale oder ein Adverb; als untergeordnetes Wort ein Substantiv, ein substantiviertes Adjektiv bzw. Partizip, ein substantivisches Pronomen, seltener ein Numerale oder ein Adverb. Beispiele:

> вы́йти из ле́са, сплести́ из ветве́й, освободи́ть от забо́т, за́пах из столо́вой, ваго́н для некуря́щих, до́мик из ветве́й, далёкий от меня́, тро́е в шине́лях, счита́ть до миллио́на, нале́во от ле́са, попроща́ться до за́втра.

Beispiele für Verbindungen aus übergeordneter Wortfügung und Kasusform mit Präposition:

> пуска́ть пыль в глаза́ 'Sand in die Augen streuen',
> лома́ть ру́ки с отча́яния 'die Hände ringen vor Verzweiflung'.

Die modifizierende und konkretisierende Funktion der Präposition wird besonders deutlich, wenn verschiedene Präpositionen mit der gleichen Kasusform verbunden werden, z. B. éхать от / до гóрода, идти́ к / по пóлю, карти́на под / над кровáтью.

932 Historisch betrachtet sind die Präpositionen fast durchgängig alte Adverbien oder adverbielle Wendungen, die die begrifflich-sachliche Bedeutung verloren haben. An den mit Adverbien korrelativen Präpositionen wie вокрýг und пóсле ist das heute noch nachweisbar. Daraus ergibt sich aber auch, daß ursprünglich das Verb, Substantiv usw. und keineswegs die Präposition den jeweiligen Kasus regierte, daß die Präposition eine Ergänzung, einen Zusatz darstellte. Dies ist gerade an den alten Präpositionen sichtbar: nach в und на steht der Akkusativ oder der Präpositiv in Abhängigkeit davon, ob die direkte Richtung in bzw. auf den Gegenstand oder die Lage in bzw. auf ihm ausgedrückt werden soll. Spuren des ursprünglichen Zusatzcharakters der Präpositionen finden wir noch dort, wo die Präposition stehen oder fehlen kann:

    письмó (к) отцý,
    перейти́ (через) у́лицу.

Demgegenüber hat die moderne russische Sprache einen Kasus aufzuweisen, dessen Gebrauch eine Präposition bedingt: den Präpositiv, der auf den alten Lokativ (Ortskasus) zurückgeht.

933 Die Präpositionen leiten in der Regel Objekte, Adverbialbestimmungen und Attribute ein.

  Objekte: вéрить в побéду, брáться за рабóту, стреля́ть из ружья́, готóвиться к экзáмену, полагáться на дрýга, смея́ться над врагóм, бить по головé;
  Adverbialbestimmungen: éхать в Москвý, сади́ться за стол, стреля́ть из засáды, подходи́ть к доскé, класть на стол, висéть над столóм, гуля́ть по у́лицам;
  Attribute: морóз в сóрок грáдусов, вéра в побéду, путь к сéрдцу когó-нибудь, плáтье из шёлка, специали́ст по нéфти.

Die alte Verwandtschaft zwischen Präpositionen und Präfixen ist bei в, до, на, от und anderen noch deutlich erkennbar. Aus ihr erklärt sich, daß nicht selten lautgleiche Präpositionen und Präfixe in bestimmten Wendungen gekoppelt werden: войти́ в дом, отойти́ от дóма, дойти́ до гóрода, зайти́ зá город, сойти́ с горы́.
Auch im übrigen ist die Kopplung von präfigiertem Verb und präpositionaler Fügung oft anzutreffen: вы́йти на у́лицу, зайти́ к дрýгу, перейти́ через у́лицу, прибежáть к вы́воду, уйти́ от дóктора usw.
Eine Parallele zu den Präfixen zeigt sich ferner darin, daß zumindest die einsilbigen (aber auch manche zweisilbige) Präpositionen mit dem ihnen folgenden Wort eine phonetische Einheit bilden. Bei den nur aus einem Konsonantphonem bestehenden Präpositionen в, к, с versteht sich das von selbst, vgl. aber auch у окнá, за столóм, зá город usw.

934 Hinsichtlich der *Klassifizierung* der Präpositionen beschränken wir uns auf das Grundsätzliche und verweisen im übrigen auf die übersichtliche Darstellung in der "Kurzen russischen Sprachlehre" von E.-G. Kirschbaum und E. Kretschmar [*216*, 79 ff.].
Man kann die Präpositionen einerseits nach dem Kasus klassifizieren, mit dem sie sich verbinden, andererseits nach ihrer Bildungsweise. Dabei zeigt sich aber, daß das erste Kriterium in das zweite eingeordnet werden kann.
Unter den Präpositionen finden wir ältere (wie z. B. в, на, при) und jüngere (wie z. B. вмéсто, ввидý, пóсле).

Bei den älteren Präpositionen können wir zweierlei feststellen:

a) Dort, wo sie nicht in übertragener Bedeutung oder in lexikalisch gebundenen Wendungen gebraucht werden (wie etwa in говори́ть на пáмять, плáтье из шёлка), erkennen wir noch bestimmte alte Bedeutungen der Kasus, z. B. die Bedeutung des Akkusativs als Richtungskasus (в, за, на, через), die des Dativs als Kasus der indirekten Richtung (к, по), die des Präpositivs-Lokativs als Kasus der Lage (в, на, при), die des Genitivs-Ablativs als Entfernungskasus (без, из, от, с).

b) Daß ursprünglich der Kasus die Präposition bestimmte und nicht umgekehrt, wird an den Präpositionen sichtbar, die heute mit mehreren Kasus verbunden werden können und in Ab-

hängigkeit von diesen Kasus unterschiedliche Relationen ausdrücken: в, на, о (Akk./Präp.); за, под (Akk./Instr.); по (Dat./Akk./Präp.).
Weitere ältere Präpositionen sind вне, вопреки́, для, кро́ме, ме́жду, о́коло, про, про́тив, сквозь, среди́, благодаря́, спустя́.
Die Präposition из verbindet sich mit den Präpositionen за und под zu den Präpositionen из-за 'hinter ... hervor' bzw. 'wegen' und из-под 'unter ... hervor' bzw. 'für' (als Angabe des früheren Verwendungszweckes, z. B. я́щик из-под снаря́дов '(alte) Munitionskiste').
Eine Reihe von Präpositionen stehen wieder in *Korrelation* und damit in Homonymie zu autosemantischen Wörtern bzw. zu Wortformen:

> **zu Adverbien:** вблизи́, внутри́, вокру́г, навстре́чу, напро́тив, по́сле, незави́симо от, относи́тельно, подо́бно, согла́сно, соотве́тственно, сравни́тельно с, свы́ше, ни́же;
>
> **zu Verbalformen:** включа́я, исключа́я, начина́я с;
>
> **zu Substantivformen:** в ка́честве, во вре́мя, в отноше́нии, в по́льзу, по ли́нии, по по́воду, по слу́чаю, путём.

Solche Präpositionen verbinden sich allgemein mit denselben Kasus wie die zugrunde liegenden autosemantischen Wörter (ка́чество, включа́ть usw.). Charakteristisch sind gerade dafür die zusammengesetzten präpositionalen Wendungen начина́я с, незави́симо от.
Im *Deutschen* bieten die Präpositionen grundsätzlich ein analoges Bild wie im Russischen. Ältere Präpositionen sind: in, an, auf, zu, von, aus, ungeachtet, infolge u. a. Korrelative Präpositionen sind: angesichts, links, südlich, gelegentlich u. a.
Der eigentliche Kontrast zwischen dem Russischen und Deutschen besteht nicht in den Präpositionen selbst, sondern in den Kasus, mit denen sie verbunden werden. Seine Erklärung ist wiederum nur historisch möglich. Im Germanischen sind der alte Ablativ (Entfernungskasus auf die Frage "Woher?"), Instrumental ("Womit?") und Lokativ ("Wo?") mit dem Dativ zusammengefallen, im Slawischen sind dagegen der Instrumental und der Lokativ (als Präpositiv) erhalten geblieben und der Ablativ und der Genitiv zusammengefallen. Deswegen beobachten wir den folgenden unterschiedlichen Gebrauch der Kasusformen in Verbindung mit den wichtigsten Präpositionen:

	Präposition		*Kasusform*	
	Russisch	Deutsch	Russisch	Deutsch
	от, из	von, aus	Gen.	Dat.
	к	zu	Dat.	
	с	mit	Instr.	
	на, в	auf, in ("Wo?")	Präp. (Lok.)	

7.7. Die Konjunktion

Die **Konjunktionen** (сою́зы) kennzeichnen logisch-syntaktische Beziehungen entweder zwischen den Komponenten einer Satzgliedreihe bzw. eines zusammengesetzten Satzes oder zwischen selbständigen Sätzen. Von den Präpositionen unterscheiden sie sich nicht nur dadurch, daß sie nicht in Verbindung mit bestimmten Kasusformen auftreten, sondern auch durch die syntagmatisch freieren, weiteren Beziehungen, die sie herstellen.

> Брат *и* сестра́ рабо́тают над интере́сной, *но* тру́дной зада́чей.
> К ве́черу зада́ча ещё не решена́, *но* они́ нашли́ путь к реше́нию.
> *И* учи́тель бу́дет дово́льным.

938 Die Konjunktionen lassen sich nach ihrer syntaktischen Funktion, nach der Art und Weise ihrer Anwendung und nach ihrer Bildungsweise klassifizieren.
Nach der *syntaktischen Funktion* unterscheiden wir vor allem koordinierende und subordinierende Konjunktionen.
Die *koordinierenden* oder nebenordnenden Konjunktionen (сочини́тельные сою́зы) verbinden gleichrangige syntaktische Einheiten, d. h. a) die Komponenten einer Satzgliedreihe, b) die Teilsätze einer Satzverbindung, c) gleichrangige Nebensätze einer Periode, d) ganze Sätze.

> Они́ рабо́тают *и* у́чатся. – Он серди́лся, *но* молча́л.
> Вечере́ло, *но* всё ещё шёл дождь.
> Он мне сказа́л, почему́ он не пришёл *и* что он за́втра то́же не придёт.
> Дождь идёт. *Но* зато́ потепле́ло.

In der Regel kann ein und dieselbe Konjunktion in allen vier Funktionen gebraucht werden.
Die weitere Klassifizierung der koordinierenden Konjunktionen erfolgt nach dem logischen Verhältnis der koordinierten syntaktischen Einheiten zueinander:
a) kopulative oder anreihende (соедини́тельные), z. B. и, да, как ... так и, не то́лько ... но и, ни ... ни;
b) adversative oder entgegensetzende (противи́тельные), z. B. но, а, же, зато́, одна́ко;
c) disjunktive oder ausschließende (раздели́тельные), z. B. и́ли, то ... то, ли́бо ... ли́бо.
Vielfach werden satzeinleitende Wörter wie то́ есть oder и́менно als erläuternde Konjunktionen und damit als vierte Untergruppe der koordinierenden Konjunktionen dargestellt.
Wie aus dem Material ersichtlich, können koordinierende Konjunktionen paar- oder reihenweise angewandt werden. Dabei ändert sich mitunter ihre Wiedergabe im Deutschen: и 'und', и ... и 'sowohl ... als auch', и́ли 'oder', и́ли ... и́ли ... и́ли 'entweder ... oder ... oder'.
Einige Konjunktionen treten nur paarweise oder miteinander korrespondierend auf: то ... то, ни ... ни, не то́лько ... но и.

939 Die *subordinierenden* oder unterordnenden Konjunktionen (подчини́тельные сою́зы) verbinden syntaktische Einheiten, die untereinander in einem Abhängigkeitsverhältnis stehen; in der Regel stellen sie diese Verbindung zwischen dem Hauptsatz und dem Nebensatz eines Satzgefüges her, können aber auch Teile einer Satzgliedreihe verbinden.

> *Е́сли* он придёт, мы узна́ем всё. *Как* я ви́жу, он уже́ пришёл.
> *Хотя́* он пришёл, мы ничего́ не узна́ли.

Dagegen:

> Это ва́жная, *е́сли* не са́мая ва́жная зада́ча. Это интере́сная, *хотя́* и тру́дная зада́ча.

Die subordinierenden Konjunktionen klassifiziert man in folgender Weise:
a) temporale (временны́е), z. B. когда́, едва́, пре́жде чем, как то́лько, по́сле того́ как;
b) kausale (причи́нные), z. B. потому́ что, так как, поско́льку, всле́дствие того́ что;
c) konditionale (усло́вные), z. B. е́сли (... то), раз (... то), е́жели;
d) konzessive (усупи́тельные), z. B. хотя́, несмотря́ на то́ что;
e) finale (целевы́е), z. B. что́бы, с тем что́бы, для того́ что́бы;
f) konsekutive (сою́зы сле́дствия), z. B. так что, до того́ что;
g) komparative (сравни́тельные), z. B. как, бу́дто, сло́вно, то́чно, чем ... тем, вме́сто того́ что;
h) explikative (изъясни́тельные), z. B. что, бу́дто бы, как.

Von diesen acht Gruppen stehen sich die ersten vier dadurch nahe, daß der betreffende Nebensatz die gedankliche Voraussetzung des entsprechenden Hauptsatzes ausdrückt, während die fünfte und sechste umgekehrt seine Folge zum Ausdruck bringen.
Formal fällt an den subordinierenden Konjunktionen auf, daß unter ihnen die zusammengesetzten einen viel größeren Anteil ausmachen als unter den koordinierenden, wobei insbesondere ehemalige Pronominalformen eine große Rolle spielen, und daß diese Gruppe daher zugleich erheblich produktiver ist.

Die Untergruppen a) bis d) sind darüber hinaus durch die relative Häufigkeit korrespondierender Konjunktionen in Neben- und Hauptsatz charakterisiert: едва́ ... как, то́лько что ... как, когда́ ... то, так как ... то, е́сли / раз ... то, хотя́ ... но.

Wie bei den anderen unflektierbaren Wortarten beobachten wir auch bei den Konjunktionen, daß sie auf unterschiedliche Weise gebildet sind. Wir beschränken uns darauf, ihre *Bildungsweise und Herkunft* an einigen Beispielen zu demonstrieren.

Es gibt nur wenige ursprüngliche Konjunktionen (wie z. B. а, и, но); die meisten sind erst später in diese Wortart übergewechselt und stellen Homonyme dar

   zu **Adverbien:** по̀сле (того́ как), когда́, так как, едва́; то́чно, сло́вно, подо́бно (тому́ как);
   zu **Partikeln:** же, ли;
   zu **Substantivformen:** раз;
   zu **Pronominalformen:** потому́ что.

8. Die Interjektion

941 Die **Interjektion** (междометие) steht außerhalb der lexikalisch, morphologisch und syntaktisch gegliederten Kommunikation. Sie drückt eine Emotion (Symptom eines Gemütszustands) oder einen Willensappell aus, benennt diese aber nicht. Sie bezeichnet also weder einen Sachverhalt bzw. seine Komponente, noch modifiziert sie ihn.
Wie die anderen Wörter haben auch die Interjektionen im Rahmen einer bestimmten Sprache einen historischen Formungsprozeß durchlaufen. Sie sind also nicht in allen Sprachen gleich, etwa allgemein menschliche Urlaute, sondern durchaus "konventionelle" sprachliche Gebilde.
Soweit reichen die Parallelen der Interjektionen zu den anderen Wörtern einer Sprache. Im übrigen aber stehen sie allen anderen Wortarten gegenüber.
Auf die Interjektionen lassen sich die von uns herausgestellten Kriterien nicht anwenden. Sie sind nicht flektierbar, man kann sie aber auch nicht den unflektierbaren Wortarten zurechnen. Denn das Merkmal der Unflektierbarkeit signalisiert ebenso wie das der Flektierbarkeit bestimmte syntaktische Funktionen, diese aber fehlen der Interjektion.
Ebenso besitzt die Interjektion weder eine eigene begrifflich-sachliche Bedeutung, noch tritt sie als Modifikator einer sprachlichen Äußerung auf. Sie ist also weder autosemantisch noch synsemantisch.
Hinsichtlich der syntaktischen Merkmale ist die Interjektion insofern dem Modalwort vergleichbar, als sie eine eigenartige Aussage enthält und gewissermaßen Satzcharakter besitzt. Sie unterscheidet sich aber vom Modalwort dadurch, daß sie kein Verhältnis zur Realität eines sprachlich formulierten Sachverhalts ausdrückt.
Auch in phonetischer Hinsicht steht die Interjektion für sich, sowohl was die Artikulation und Quantität der Vokale o! a! (ganz zu schweigen von der Artikulation des anlautenden Phonems im Wort господи!), als auch was die Intonationsbewegung solcher Laute betrifft.
Das auffälligste Kennzeichen der Interjektionen ist aber wohl ihre semantische Unbestimmtheit und die daraus resultierende Weite in der Anwendung.

Ох, в лесу и гнёзд дроздиных! – с восторгом сказал Егорка.
Oh, im Wald gibt's aber viele Drosselnester! – sagte Egorka voll Begeisterung.
– Что болит, сынок? – Нога, – сказал Нифонов. – Которая? – Левая. – *Ох-ох-ох!* – вздохнула старушка. Левой ноги у Нифонова уже не было. – В. Ф. Панова.
Was tut weh, mein Söhnchen? – Das Bein! – sagte Nifonov. – Welches? – Das linke. – Oh, oh, oh! – seufzte die Alte.
Ein linkes Bein hatte Nifonov gar nicht mehr.
Ох, силы нет ... устала грудь ... – А. С. Пушкин.
Oh, keine Kraft mehr ... müd' ist die Brust.

942 Da die Interjektionen weder eine lexikalisch strukturierte Semantik besitzen noch morphologisch geformt sind noch eine abgrenzbare syntaktische Funktion erfüllen, können sie nur hinsichtlich ihrer psychisch-kommunikativen Motiviertheit klassifiziert werden, und zwar wohl am besten in Symptom- und Appellinterjektionen.
Die *Symptominterjektionen* (эмоциональные междометия) drücken Symptome eines Gemütszustandes aus: Freude, Erstaunen, Bedauern, Schrecken, Abscheu, Mißbilligung oder Erschöpfung. Die primären unter ihnen stellen einfachste Lautgebilde dar, ihre Ausdrucksweite reicht mitunter von der Freude bis zur Mißbilligung: ах, ох, ой, ей, ахти, ага, ого, увы, а-а-а, ой-ой-ой. Besonders charakteristisch für Erstaunen ist der Laut [x], für Mißbilligung u. ä. der Laut [f]: фи, фу, тьфу, уф; vgl. im Deutschen die Laute [x], [h] (ach, ah, oh) und [pf], [p] (pfui, pah).
Die *Appellinterjektionen* (императивные междометия) bringen einen ungeformten Appell zum Ausdruck: Anruf, Lockruf oder organisierendes Signal: алло, ау, эй, кис-кис, цып-цып, цыц, на, ну, стоп, тпру. Vergleiche dt. hallo, he, put-put, ksch, brr, pst.

8. Die Interjektion

Aus dem Verhältnis der Interjektion zu den anderen Wortarten erklärt sich, daß alle möglichen Wortformen, Wörter, ja sogar syntaktische Gebilde (z.B. unvollständige Sätze) als Interjektionen fungieren können, sobald sie ihre frühere Funktion, Sachverhalte zu bezeichnen, aufgeben und ihre begrifflich-sachliche Bedeutung verlieren, ohne dadurch Synsemantika zu werden. Jüngere Interjektionen sind: бо́же (мой), го́споди (alte Vokativformen), vgl. 'jesses, herrjemine'. Als Interjektionen treten auf: чёрт побери́, к чёрту, здо́рово, vgl. 'den Teufel auch', 'Mensch'. 943

Schließlich finden wir unter den Interjektionen auch Entlehnungen oder Internationalismen, wie алло́, ба́ста, ура́.

Als besondere Untergruppe werden die sogenannten *Verbalinterjektionen* (глаго́льные междоме́тия) dieser Wortart vielfach zugerechnet, obgleich sie zum Unterschied von den anderen Interjektionen eine Benennungsfunktion ausüben können (vgl. **941**). 944

Meist kommen sie von Verben auf -ну-ть her, können daher auch als affixlose Verbalbildungen betrachtet werden: прыг, толк, шасть, бац, цап-цара́п, vgl. 'hops, krach, puff'.

Gerade solche Interjektionen werden neben der Funktion eines Ausrufs auch als nichtkongruentes Prädikat verwandt, was in wesentlich gleicher Weise z.B. auf ox, ax u.a. zutrifft. Sie bleiben trotzdem grammatisch ungeformt.

>Смотрю́ – пти́чка с куста́ на куст *прыг, прыг.* – А. Гайда́р.
>Ich schaue hin: ein kleiner Vogel hopste von Strauch zu Strauch.
>А мой председа́тель Га́лушка *о-го́-го́!* – А. Е. Корнейчу́к.
>Она́ всё *ох* да *ах.* Sie (klagt) immerzu oh und ach.
>Колоко́льчик *дин, дин, дин.*
>Das Glöckchen (läutet) kling-ling-ling.

Der Gebrauch einer Interjektion als Ersatz eines Prädikats bedeutet also keinen Wortartwechsel. Der Übergang einer Interjektion z.B in die Klasse der Substantive erfordert mindestens die Anfügung eines formbildenden Morphems: ax → ax-∅, Gen. ax-a.

>День напи́чкан [= перепо́лнен] вся́кими заня́тиями, о́хами да а́хами. – И. С. Турге́нев.

Literaturverzeichnis

1. **Аванесов, Р. И.:** Русское литературное произношение. Москва, ⁵1972.
2. **Авилова, Н. С.:** Вид глагола и семантика глагольного слова. Москва, 1976.
3. **Агеенко, Ф. Л.; Зарва, М. В.:** Словарь ударений для работников радио и телевидения. Ред.: Д. Э. Розенталь. Москва, ⁵1984.
4. **Адмони, В. Т.:** Основы теории грамматики. Москва/Ленинград, 1964.
5. **Алексеев, Д. И.:** Графические сокращения и слова-аббревиатуры. – Развитие современного русского языка. Москва, 1963, 145–161.
6. **Алексеев, Д. И.:** Аббревиатуры как новый тип слов. – Развитие словообразования современного русского языка. Москва, 1967, 13–37.
7. **Алексеев, Д. И.; Гозман, И. Г.; Сахаров, Г. В.:** Словарь сокращений русского языка. Москва, ³1983.
8. **Андреева-Георг, В.; Толмачёва, В.:** Предложное и беспредложное управление. Москва, 1975.
9. **Аникина, А. Б.; Калинина, И. К.:** Современный русский язык. Морфология. Москва, 1983.
10. **Арутюнова, Н. Д.:** О значимых единицах языка. – Исследования по общей теории грамматики. Москва, 1968, 58–116.
11. **Ахманова, О. С.:** Словарь лингвистических терминов. Москва, 1966.
12. **Бабайцева, В. В.:** Односоставные предложения в современном русском языке. Москва, 1968.
13. **Березин, Ф. М.; Головин, Б. Н.:** Общее языкознание. Москва, 1979.
14. **Большой немецко-русский словарь.** Ред.: О. И. Москальская. Т. 1–2. Москва, ²1980.
15. **Бондарко, А. В.:** Вид и время русского глагола (значение и употребление). Москва, 1971.
16. **Бондарко, А. В.:** Грамматическая категория и контекст. Ленинград, 1971.
17. **Бондарко, А. В.:** Понятийные категории и языковые семантические функции в грамматике. – Универсалии и типологические исследования. Мещаниновские чтения. Москва, 1974, 54–79.
18. **Бондарко, А. В.:** Теория морфологических категорий. Ленинград, 1976.
19. **Бондарко, А. В.:** Грамматическое значение и смысл. Ленинград, 1978.
20. **Бондарко, А. В.:** Основы построения функциональной грамматики (на материале русского языка). – Известия АН СССР, СЛЯ. Москва, 1981, т. 40, № 6, 483–495.
21. **Бондарко, А. В.:** О структуре грамматической категории. – Вопросы языкознания. Москва, 1981, № 6, 17–18.
22. **Бондарко, А. В.:** Принципы функциональной грамматики и вопросы аспектологии. Ленинград, 1983.
22а. **Бондарко, А. В.:** Функциональная грамматика. Ленинград, 1984.
23. **Бондарко, А. В.; Буланин, Л. Л.:** Русский глагол. Ленинград, 1967.
24. **Брицын, М. А.; Кононенко, В. И.:** Современный русский язык. Киев, 1983.
25. **Брызгунова, Е. А.:** Звуки и интонация русской речи. Москва, ³1977.
26. **Буланин, Л. Л.:** Трудные вопросы морфологии. Москва, 1976.
27. **Булыгина, Т. В.:** Грамматические оппозиции. – Исследования по общей теории грамматики. Москва, 1968, 175–231.
28. **Булыгина, Т. В.:** Проблемы теории морфологических моделей. Москва, 1977.
29. **Валгина, Н. С. и др.:** Современный русский язык. Москва, ⁴1971.
30. **Васченко, В.:** Грамматическая категория общего рода в русском языке. – Вопросы языкознания. Москва, 1984, № 5, 60–68.
31. **Виноградов, В. В.:** Русский язык (грамматическое учение о слове). Москва, ²1972 [1-ое изд. Москва/Ленинград, 1947].
32. **Виноградов, В. В.:** О категории модальности и модальных словах в русском языке. – Избранные труды. Исследования по русской грамматике. Москва, 1975, 53–87.
33. **Виноградов, В. В.:** Словообразование в его отношении к грамматике и лексикологии. – Избранные труды. Исследования по русской грамматике. Москва, 1975, 166–220.
34. **Винокур, Г. О.:** Формы слова и части речи в русском языке. – Избранные работы по русскому языку. Москва, 1959, 367–418.
35. **Винокур, Г. О.:** Заметки по русскому словообразованию. – Избранные работы по русскому языку. Москва, 1959, 419–442.
36. **Вопросы глагольного вида.** Сборник. Ред.: Ю. С. Маслов. Москва, 1962.

37. **Галкина-Федорук, Е. М.:** Безличные предложения в современном русском языке. Москва, 1958.
38. **Галкина-Федорук, Е. М.; Горшкова, К. В.; Шанский, Н. М.:** Современный русский язык. Ч. 1 (Лексикология. Фонетика. Словообразование). Москва, 1962.
39. **Гвоздев, А. Н.:** О звуковом составе морфем. – Вопросы языкознания. Москва, 1960, № 3, 28–41.
40. **Гвоздев, А. Н.:** Современный русский литературный язык. Ч. 1. Фонетика и морфология. Ч. 2. Синтаксис. Москва, ²1961.
41. **Гвоздев, А. Н.:** Очерки по стилистике русского языка. Москва, ³1965.
42. **Германович, А. И.:** Междометия русского языка. Киев, 1966.
43. **Гловинская, М. Я.:** Семантические типы видовых противопоставлений русского языка. Москва, 1982.
44. **Голанов, И. Г.:** Морфология современного русского языка. Москва, ²1965.
45. **Головин, Б. Н.:** Введение в языкознание. Москва, ⁴1983.
46. **Горбачевич, К. С.:** Изменение норм русского литературного языка. Ленинград, 1971.
47. **Горбачевич, К. С.:** Вариантность слова и языковая норма. Ленинград, 1978.
48. **Грамматика русского языка.** АН СССР. Ред.: В. В. Виноградов и др. Т. 1. Фонетика и морфология. Москва, 1960 [1-ое изд. 1952/1953]. Т. 2., ч. 1–2. Синтаксис. Москва, 1960 [1-ое изд. 1954].
49. **Грамматика современного русского литературного языка.** АН СССР. Ред.: Н. Ю. Шведова. Москва, 1970.
50. **Граудина, Л. К.:** Вопросы нормализации русского языка. Грамматика и варианты. Москва, 1980.
51. **Граудина, Л. К.:** Беседы о русской грамматике. Москва, 1983.
52. **Граудина, Л. К.; Ицкович, В. А.; Катлинская, Л. П.:** Грамматическая правильность русской речи. Опыт частотно-стилистического словаря вариантов. Москва, 1976.
53. **Гужва, Ф. К.:** Современный русский литературный язык. Ч. 2. Морфология. Синтаксис. Пунктуация. Киев, ²1979.
54. **Гухман, М. М.:** Грамматическая категория и структура парадигм. – Исследования по общей теории грамматики. Москва, 1968, 117–174.
55. **Даль, В.:** Толковый словарь живого великорусского языка. Т. 1–4. Москва, 1955.
56. **Добромыслов, В. А.; Розенталь, Д. Э.:** Трудные вопросы грамматики и правописания. Москва, 1960.
57. **Докулил, М.:** К вопросу о морфологической категории. – Вопросы языкознания. Москва, 1967, № 6, 3–16.
58. **Еськова, Н. А.:** Образование синтетических форм степеней сравнения в русском литературном языке. – Развитие грамматики и лексики современного русского языка. Москва, 1964, 235–255.
59. **Жилин, И. М.:** Конструкции типа «тепло- и электровозы» в русском языке. – Русский язык в школе. Москва, 1972, № 4, 96–100.
60. **Жирмунский, В. М.:** О природе частей речи и их классификации. – Вопросы теории частей речи (на материале языков различных типов). Ленинград, 1968, 7–32.
61. **Зализняк, А. А.:** Русское именное словоизменение. Москва, 1967.
62. **Зализняк, А. А.:** Грамматический словарь русского языка. Москва, 1977.
63. **Земская, Е. А.:** Интерфиксация в современном русском словообразовании. – Развитие грамматики и лексики современного русского языка. Москва, 1964, 36–62.
64. **Земская, Е. А.:** Понятия производности, оформленности и членимости основ. – Развитие словообразования современного русского языка. Москва, 1966, 3–12.
65. **Земский, А. М.; Крючков, С. Е.; Светлаев, М. В.:** Русский язык. Ч. 1. Лексикология, фонетика и морфология. Москва, ⁷1966.
66. **Изменения в словообразовнии и формах существительного и прилагательного** в русском литературном языке XIX века. АН СССР. (Очерки по исторической грамматике русского литературного языка XIX века.) Москва, 1964.
67. **Ильина, Н. Е.:** Морфонология глагола в современном русском языке. Москва, 1980.
68. **Исаченко, А. В.:** Грамматический строй русского языка в сопоставлении с словацким. Морфология. Ч. 1. Братислава, 1954 (²1965). Ч. 2. Братислава, 1960.
69. **Ицкович, В. А.:** Существительные одушевлённые и неодушевлённые в современном русском языке (Норма и тенденция). – Вопросы языкознания. Москва, 1980, № 4, 84–96.
70. **Категоря залога.** Материалы конференции. Ленинград, 1970.
71. **Кацнельсон, С. Д.:** Типология языка и речевое мышление. Ленинград, 1972.

72. **Кобозева, И. М.:** Опыт грамматического анализа -то и -нибудь местоимений. – Известия АН СССР. Москва, 1981, т. 40, № 2, 165–172.
73. **Копецкий, Л. В.:** Морфология современного русского литературного языка. Прага, 1981.
73a. **Кокорина, С. И.:** Проблемы описания грамматики русского языка как иностранного. Москва, 1982.
74. **Кочеткова, Н. П.; Матвеева, В. М.:** Пособие по синтаксису русского языка. Ленинград, 1970.
75. **Кочинева, О. К.:** Степени сравнения прилагательных, наречий и слов категории состояния. – Русский язык в школе. Москва, 1979, № 1, 56–60.
76. **Краткий толковый словарь русского языка** (для иностранцев). Ред.: В. В. Розанова. Москва, 1978.
77. **Крушельницкая, К. Г.:** Очерки по сопоставительной грамматике немецкого и русского языков. Москва, 1961.
78. **Кузнецов, П. С.:** О принципах изучения грамматики. Москва, 1961.
79. **Кузнецов, П. С.:** Опыт формального определения слова. – Вопросы языкознания. Москва, 1964, № 5, 75–77.
80. **Курилович, Е.** (Kuryłowicz, J.): Очерки по лингвистике. Москва, 1962.
81. **Левин, Ю. И.:** О семантике местоимений. – Проблемы грамматического моделирования. Москва, 1973, 108–121.
82. **Лексическая основа русского языка.** Комплексный учебный словарь. Ред.: В. В. Морковкин. Москва, 1984.
83. **Ленинизм и теоретические проблемы языкознания.** Москва, 1970.
84. **Лыков, А. Г.:** Об основе слова. – Научные доклады высшей школы. Филологические науки. Москва, 1970, № 4, 63–73.
85. **Мамонов, В. А.; Розенталь, Д. Э.:** Практическая стилистика современного русского языка. Москва, 1957.
86. **Маслов, Ю. С.:** Роль так называемой перфективации и имперфективации в процессе возникновения славянского глагольного вида. Москва, 1958.
87. **Маслов, Ю. С.:** Глагольный вид в современном болгарском литературном языке (Значение и употребление). – Вопросы грамматики болгарского литературного языка. Москва, 1959, 157–312.
88. **Маслов, Ю. С.:** Очерки по аспектологии. Ленинград, 1984.
89. **Мигирин, В. Н.:** Категория состояния или бессубъектные прилагательные? – Исследования по современному русскому языку. Сборник статей, посвященный памяти проф. Е. М. Галкиной-Федорук. Москва, 1970, 150–157.
90. **Милославский, И. Г.:** Вопросы словообразовательного синтеза. Москва, 1980.
91. **Милославский, И. Г.:** Морфологические категории современного русского языка. Москва, 1981.
92. **Моисеев, А. И.:** Русский язык (Фонетика. Морфология. Орфография). Москва, 1980.
93. **Морфология и синтаксис современного русского литературного языка.** АН СССР. (Русский язык и советское общество. Социолого-лингвистическое исследование.) Москва, 1968.
94. **Мухин, А. М.:** Структура предложений и их модели. Ленинград, 1968.
95. **Мучник, И. П.:** О видовых корреляциях и системе спряжения глагола в современном русском языке. – Вопросы языкознания. Москва, 1956, № 6, 92–106.
96. **Мучник, И. П.:** Категория рода и ее развитие в современном русском языке. – Развитие современного русского языка. Москва, 1963, 39–82.
97. **Мучник, И. П.:** Неизменяемые существительные, их место в системе склонения и тенденции развития в современном русском литературном языке. – Развитие грамматики и лексики современного русского языка. Москва, 1964, 148–180.
98. **Мучник, И. П.:** Грамматические категории глагола и имени в современном русском литературном языке. Москва, 1971.
99. **Никитевич, В. М.:** Грамматические категории в современном русском языке. Москва, 1963.
100. **Николаева, Т. М.:** Функциональная нагрузка неопределённых местоимений в русском языке и типология ситуаций. – Известия АН СССР, СЛЯ. Москва, 1983, т. 42, № 4, 342–353.
101. **Обратный словарь русского языка.** Москва, 1974.
102. **Одинцов, В. В.:** Лингвистические парадоксы. Москва, ²1982.
103. **Ожегов, С. И.:** Словарь русского языка. Ред.: Н. Ю. Шведова. Москва, ⁹1972.
104. **Орфографический словарь русского языка.** Ред.: С. Г. Бархударов и др. Москва, ¹³1974.
105. **Орфоэпический словарь русского языка.** Произношение, ударение, грамматические формы. Ред.: Р. И. Аванесов. Москва, 1983.
106. **Панов, М. В.:** Русский язык. – Языки народов СССР, т. 1. Москва, 1966, 55–122.

107. **Петерсон, М. Н.:** О частях речи в русском языке. – Вопросы грамматического строя. Москва, 1955, 175–187.
108. **Пешковский, А. М.:** Русский синтаксис в научном освещении. Москва, ⁷1956.
109. **Потебня, А. А.:** Из записок по русской грамматике. Т. 1–2. Москва, 1958. Т. 3 (Об изменении значения и заменах существительного). Москва, 1968. Т. 4, вып. 2 Глагол. Москва, 1977.
110. **Потиха, З. А.:** Современное русское словообразование. Москва, 1970.
111. **Потиха, З. А.:** Строение русского слова. Москва, 1981.
112. **Приходько, В. А.:** К вопросу о переходности и непереходности русского глагола. – Уч. зап. ЛГУ, № 235. Серия филол. наук, вып. 38. Москва, 1958, 178–179.
133. **Прокопович, Е. Н.:** Стилистика частей речи (глагольные словоформы). Москва, 1969.
114. **Прокопович, Н. Н.; Дерибас, Л. А.; Прокопович, Е. Н.:** Именное и глагольное управление в современном русском языке. Москва, 1975.
115. **Протченко, И. Ф.:** О родовой соотносительности названий лиц. – Развитие грамматики и лексики современного русского языка. Москва, 1964, 106–137.
116. **Пулькина, И. М.:** Краткий справочник по русской грамматике. Москва, 1964.
117. **Пулькина, И. М.; Захава-Некрасова, Е. Б.:** Учебник русского языка для иностранцев. Москва, ⁴1968.
118. **Размусен, Л. П.:** О глагольных временах и об их отношении к видам в русском, немецком и французском языках. – Журнал Министерства народного просвещения. Санкт-Петербург, 1891, № 6, 376–417; № 7, 1–56; № 9, 1–39.
119. **Рассудова, О. П.:** Употребление видов глагола в современном русском языке. Москва, ²1982.
120. **Редькин, В. А.:** Акцентология современного русского литературного языка. Москва, 1971.
121. **Реформатский, А. А.:** Введение в языковедение. Москва, ²1967.
122. **Роганова, З. Е.:** Пособие по переводу с немецкого на русский язык. Москва, 1961.
123. **Розенталь, Д. Э.:** Культура речи. Москва, ³1964.
124. **Розенталь, Д. Э.:** Практическая стилистика русского языка. Москва, ³1974.
125. **Розенталь, Д. Э.; Теленкова, М. А.:** Словарь-справочник лингвистических терминов. Москва, ³1985.
126. **Розенталь, Д. Э.; Теленкова, М. А.:** Словарь трудностей русского языка. Москва, ²1981.
127. **Руднев, А. Г.:** Синтаксис современного русского языка. Москва, ²1968.
128. **Русская грамматика.** Т. 1 (Фонетика, морфонемика, графика и орфография, морфология). Т. 2 (Синтаксис). Прага, 1979.
129. **Русская грамматика.** АН СССР. Ред.: Н. Ю. Шведова и др. Т. 1. Фонетика, фонология, ударение, интонация, словообразование, морфология. Т. 2. Синтаксис. Москва, 1980.
130. **Русская разговорная речь.** Москва, 1973.
131. **Русский язык.** Ред.: Л. Ю. Максимова. Москва, 1978.
132. **Русский язык.** Компендиум основных лингвистических знаний для практических занятий по русскому языку. Ч. 1: Морфология и функционально-семантические категории, синтаксис, словообразование, особенности ударения, орфографии, пунктуации. Autorenkollektiv, Ltg.: H. Schlegel. Berlin, 1983.
133. **Русский язык.** Энциклопедия. Ред.: Ф. П. Филин. Москва, 1979.
134. **Русско-немецкий словарь.** Ред.: Е. И. Лепинг и др. Москва, ⁷1976.
135. **Савченко, А. Н.:** Части речи и категории мышления. Ростов-на-Дону, 1959.
136. **Селиверстова, О. Н.:** Опыт семантического анализа слов типа *все* и типа *кто-нибудь*. – Вопросы языкознания. Москва, 1964, № 4, 80–9.
137. **Словарь русского языка в четырех томах.** Т. 1–4. АН СССР. Ред.: А. П. Евгеньева. Москва, ²1981–1984.
138. **Словарь современного русского литературного языка.** Т. 1–17. АН СССР. Москва/Ленинград, 1950–1965.
139. **Словарь сочетаемости слов русского языка.** Ред.: П. Н. Денисов, В. В. Морковкин. Москва, ²1983.
140. **Словообразование современного русского литературного языка.** АН СССР. (Русский язык и советское общество. Социолого-лингвистическое исследование.) Москва, 1968.
141. **Смирницкий, А. И.:** Лексическое и грамматическое в слове. – Вопросы грамматического строя. Москва, 1955, 11–53.
142. **Соболева, П. А.:** Словообразовательная полисемия и омонимия. Москва, 1980.
143. **Соболева, П. А.:** Число существительных как грамматико-словообразовательная категория. – Русский язык. Функционирование грамматических категорий. Текст и контекст. Москва, 1984, 66–75.
144. **Современный русский литературный язык.** Ред.: Н. М. Шанский. Ленинград, 1981.

145. **Современный русский литературный язык.** Ред.: П. А. Лекант. Москва, 1982.
146. **Современный русский язык.** Морфология (Курс лекций). Ред.: В. В. Виноградов. Москва, 1952.
147. **Современный русский язык.** Ч. 2 (Морфология. Синтаксис). Ред.: Е. М. Галкина-Федорук. Москва, 1964.
148. **Современный русский язык.** Ред.: В. А. Белошапкова. Москва, 1981.
149. **Современный русский язык.** Лексика и фразеология, фонетика и орфоэпия, графика и орфография, словообразование, морфология, синтаксис. Ред.: Д. Э. Розенталь. Москва, ⁴1984.
150. **Спагис, А. А.:** Образование и употребление видов глагола в русском языке. Москва, 1961.
151. **Спагис, А. А.:** Парные и непарные глаголы в русском языке. Москва, 1969.
152. **Степанов, Ю. С.:** Основы общего языкознания. Москва, ²1975.
153. **Суник, О. П.:** Общая теория частей речи. Москва/Ленинград, 1966.
154. **Супрун, А. Е.:** О русских числительных. Фрунзе, 1959.
155. **Супрун, А. Е.:** Имя числительное и его изучение в школе. Москва, 1964.
156. **Супрун, А. Е.:** Славянские числительные (Становление числительных как особой части речи). Минск, 1969.
157. **Тимофеев, К. А.:** Еще раз о залоге русского глагола. – Русский язык в школе. Москва, 1964, № 4, 81–84.
158. **Типология пассивных конструкций.** Диатезы и залоги. Ленинград, 1974.
159. **Тихонов, А. Н.:** Чистовидовые приставки в системе русского видового формообразования. – Вопросы языкознания. Москва, 1964, № 1, 42–52.
160. **Тихонов, А. Н.:** Префиксальное образование видовых форм в современном русском языке. – Русский язык в школе. Москва, 1964, № 4, 16–20.
161. **Толковый словарь русского языка.** Т. 1–4. Ред.: Д. Н. Ушаков. Москва, 1935–1940.
162. **Трудности словоупотребления и варианты норм** русского литературного языка. Словарь-справочник. Ред.: К. С. Горбачевич. Ленинград, 1973.
163. **Учебник русского языка** для лиц, говорящих на немецком языке. Москва, ²1975.
164. **Федоров, А. В. и др.:** Немецко-русские языковые параллели. Москва, 1961.
165. **Федянина, Н. А.:** Ударение в современном русском языке. Москва, ²1982.
166. **Финкель, А. М.; Баженов, Н. М.:** Курс современного русского литературного языка. Киев, 1960.
167. **Фонетика современного русского литературного языка.** АН СССР. (Русский язык и советское общество. Социолого-лингвистическое исследование.) Москва, 1968.
168. **Частотный словарь русского языка.** Ред.: Л. Н. Засорина. Москва, 1977.
169. **4000 наиболее употребительных слов русского языка.** Ред.: Н. М. Шанский. Москва, 1978.
170. **Шанский, Н. М.:** Очерки по русскому словообразованию. Москва, 1968.
171. **Шанский, Н. М.; Тихонов, А. Н.:** Современный русский язык. Ч. 2. Словообразование, морфология. Москва, 1981.
172. **Шахматов, А. А.:** Синтаксис русского языка. Ленинград, ²1941.
173. **Шахматов, А. А.:** Из трудов А. А. Шахматова по современному русскому языку (Учение о частях речи). Москва, 1952.
174. **Шахматов, А. А.:** Очерк современного русского литературного языка. Москва, ⁴1961.
175. **Шведова, Н. Ю.:** Дихотомия «присловных и неприсловных падежей» в ее отношении к категориям семантической структуры предложения. – Славянское языкознание. VIII Международный съезд славистов. Загреб-Любляна, сент. 1978. Доклады советской делегации. Москва, 1978, 450–467.
176. **Шелякин, М. А.:** О семантике и употреблении неопределённых местоимений в русском языке. – Семантика номинации и семантика устной речи. Тарту, 1978, 3–22.
177. **Шендельс, Е. И.:** Грамматика немецкого языка. Москва, ²1952.
178. **Шендельс, Е. И.:** О грамматических значениях в плане содержания. – Принципы научного анализа языка. Москва, 1959, 45–63.
179. **Шендельс, Е. И.:** Многозначность и синонимия в грамматике. Москва, 1970.
180. **Штальман, А.:** Существительные общего рода в современном русском литературном языке и их трактовка в вузовском учебнике ... – Симпозиум МАПРЯЛ 1980. PH Dresden, Sektion Slawistik. Dresden, 1981, 29–37.
181. **Штейнфельдт, Э. А.:** Частотный словарь современного русского литературного языка. Таллин, 1963.
182. **Щерба, Л. В.:** О частях речи в русском языке. – Избранные работы по русскому языку. Москва, 1957, 63–84.
183. **Щерба, Л. В.:** О второстепенных членах предложения. – Избранные работы по языкознанию и фонетике. Т. 1. Ленинград, 1958, 92–103.

184. Щур, Г. С.: Теория поля в лингвистике. Москва, 1974.
185. Янко-Триницкая, Н. А.: Возвратные глаголы в современном русском языке. Москва, 1962.
186. Янко-Триницкая, Н. А.: Русская морфология. Москва, 1982.
187. **Admoni, W.**: Der deutsche Sprachbau. Leningrad, ³1972.
188. **Agrell, S.**: Aspektänderung und Aktionsartbildung beim polnischen Zeitwort. Lund, 1908.
189. **Aleithe, R.**: Die FSK [funktional-semantische Kategorie] der Diathese, – PH Dresden. FG Linguistische Grundlagen des Russischunterrichts. Arbeitsberichte u. wiss. Studien. Dresden, 1983, 1–14.
190. **Bernecker, E.; Vasmer, M.**: Russische Grammatik. Berlin, ⁵1947.
191. **Bielfeldt, H. H.**: Rückläufiges Wörterbuch der russischen Sprache der Gegenwart. Berlin, 1958.
192. **Bielfeldt, H. H.**: Die russische Schulgrammatik und die Sprachwissenschaft. – Univ. Leipzig. Wiss. Zeitschr., GSR. Leipzig, 1962, H. 4, 813–818.
193. **Boeck, W.**: Die Wechselbeziehungen zwischen Aspekten und Aktionsarten in der russischen Sprache der Gegenwart. – Univ. Halle-Wittenberg. Wiss. Zeitschr., GRS. Halle 1961, H. 1, 225–232.
193a. **Boeck, W.**: Kommunikativ-funktionale Sprachbetrachtung und funktional-semantische Kategorien – was ist das? – Fremdsprachenunterricht. Berlin, 1978, H. 11, 535–542.
194. **Brinkmann, H.**: Die deutsche Sprache. Düsseldorf, ²1972.
195. **Conrad, R.**: Studien zur Syntax und Semantik von Frage und Antwort. (Studia grammatica, Bd. XIX.) Berlin, 1978.
196. **Daum, E.; Schenk, W.**: Russisch-deutsches Wörterbuch. Leipzig, 1966.
197. **Daum, E.; Schenk, W.**: Die russischen Verben. Leipzig, ⁷1971.
198. **Deutsch-Russisches Wörterbuch**. Band 1–3. Autorenkollektiv, Ltg.: R. Lötzsch. Berlin, 1983–1984.
199. **Duden**. Grammatik der deutschen Gegenwartssprache. Leningrad, 1962.
200. **Einführung in die Grundfragen der Sprachwissenschaft.** Autorenkollektiv, Ltg.: W. Bondzio. – Leipzig, ²1984.
201. **Einführung in die konfrontative Linguistik.** Autorenkollektiv, Ltg.: R. Sternemann. Leipzig, 1983.
202. **Fillmore, Ch.**: The Case for Case. – Universals in Linguistic Theory. New York, 1968, 1–88.
203. **Gladrow, W.**: Die Determination des Substantivs im Russischen und Deutschen. Leipzig, 1979.
204. **Grundzüge einer deutschen Grammatik.** Autorenkollektiv, Ltg.: K. E. Heidolph u. a., Berlin, 1981.
205. **Hildebrandt, E.**: Zur funktional-semantischen Kategorie der Diathese in der modernen russischen Literatursprache. – Univ. Halle-Wittenberg. Forschungskoll. Kommunikativ-funktionale Sprachbetrachtung u. Fremdsprachenunterricht. Arbeitsbericht Nr. 52, 1977, 15–41.
206. **Hoffmann, L.**: Linguo-statistische Untersuchungen zur wissenschaftlichen Prosa. – Univ. Leipzig, 1970, Sektion TAS. Linguistische Arbeitsberichte. Leipzig, 1970, 69–73.
207. **Isačenko, A. V.**: Die russische Sprache der Gegenwart. Teil 1. Formenlehre. Halle/S., 1962.
208. **Jakobson, R.**: Zur Struktur des russischen Verbums. – Charisteria Guilelmo Mathesio quinquagenario ... oblata. Prag, 1932, 74–84.
209. **Jakobson, R.**: Beitrag zur allgemeinen Kasuslehre (Gesamtbedeutung der russischen Kasus). – Travaux du Cercle linguistique de Prague. Bd. 6. Prag, 1936, 240–288.
210. **Jakobson, R.**: Shifters, verbal categories and the Russian verb. Harvard University, 1957.
211. **Jung, W.**: Grammatik der deutschen Sprache. Neuausgabe, Bearb.: G. Starke. Leipzig, 1980.
212. **Kantorczyk, U.; Müller, O.**: Die paarigen Verben der Fortbewegung im russischen Aspekt-Tempussystem. – Hauptabt. Lehrerbildung des MfV. Theorie und Praxis der Russischlehrerausbildung. Sprachpraxis, Bd. 3. Hrsg.: B. Brandt u. a. (Lehrmaterial zur Ausbildung von Diplomlehrern Russisch.) Berlin, 1977, 85–102.
213. **Karcevski, S.**: Système du verbe russe. Prag, 1927.
214. **Kirchner, G.**: Zur Klassifizierung unflektierbarer Wörter bzw. Formen. – PI Zwickau, Wiss. Zeitschr., GSR. Zwickau, 1967, H. 2, 105–110.
215. **Kirchner, G.**: Polysemie und Identität des Wortes bei Unflektierbaren (am Material der russischen Sprache). – PH Dresden, Wiss. Zeitschr. Dresden, 1969, H. 4, 19–23.
216. **Kirschbaum, E.-G.; Kretschmar, E.**: Kurze russische Sprachlehre. Neubearb. Berlin, 1980.
217. **Kleine Enzyklopädie "Deutsche Sprache".** Hrsg. W. Fleischer u. a. Leipzig, 1983.
218. **Kleine Enzyklopädie "Die deutsche Sprache".** Bd. 1–2. Leipzig, 1969–1970.
219. **Kommunikativ-funktionale Sprachbetrachtung** als theoretische Grundlage für den Fremdsprachenunterricht. Hrsg.: W. Boeck. Leipzig, 1981.
220. **Kühnl, R.**: Der Einfluß der Verneinung auf die Aspektverhältnisse im Präteritum des modernen Russisch. – PI Leipzig, Wiss. Studien II. Leipzig, 1968, 173–178.
221. **Kurze deutsche Grammatik.** Autorenkollektiv. Berlin 1982.
222. **Leitfaden der russischen Grammatik.** Autorenkollektiv, Red.: W. Voigt. Leipzig, ¹⁶1985.
223. **Lexikon sprachwissenschaftlicher Termini.** Autorenkollektiv, Hrsg.: R. Conrad. Leipzig, 1985.

224. **Lenin, W. I.:** Werke. Bd. 14. Materialismus u. Empiriokritizismus. Berlin, 1962.
225. **v. Marnitz/Häusler:** Russische Grammatik. Halle/S., ¹¹1958.
226. **Marx, L.; Engels, F.:** Werke. Bd. 20. Berlin, 1962.
227. **Miklosich, F.:** Vergleichende Grammatik der slavischen Sprachen. Bd. 4. Syntax. Wien, 1883.
228. **Mulisch, H.:** Einführung in die Morphologie der russischen Gegenwartssprache. Berlin, 1966 [³1972].
229. **Mulisch, H.:** Kleinwörterbuch Russisch-Deutsch. Leipzig, 1984.
230. **Murawjewa, L. S.:** Die Verben der Bewegung im Russischen. Moskau, 1975.
231. **Netschajewa, V.:** Schwierigkeiten der russischen Sprache. Moskau, o. J.
232. **Paffen, K. A.:** Die Hauptregeln der russischen Grammatik. 1. Teil. Formenlehre. Halle/S. ⁴1965. 2. Teil. Satzlehre. Halle/S. 1954. 3. Teil. Stillehre. Halle/S. 1960.
233. **Philosophisches Wörterbuch.** Bd. 1–2. Hrsg. G. Klaus u. M. Buhr. Leipzig, ⁶1969.
234. **Richter, J.:** Aktionsart und Aspektkorrelation in der russischen Gegenwartssprache. – PH Dresden, Wiss. Zeitschrift. Dresden, 1971. H. 1, 78–182.
235. **Russisch-Deutsches Wörterbuch.** Ltg. u. Red.: H. H. Bielfeldt. Berlin, 1958.
236. **Růžička, R.:** Кто-то und кто-нибудь. – Zeitschrift für Slawistik. Berlin, 1973, Bd. XVIII, Nr. 5, 705–736.
237. **Růžička, R.:** Reflexive oder nichtreflexive Pronominalisierung im modernen Russischen und in anderen slawischen Sprachen der Gegenwart. – Zeitschrift für Slawistik. Berlin, 1973, Bd. XVIII, Nr. 5, 737–779.
238. **Růžička, R.:** Studien zum Verhältnis von Syntax und Semantik im modernen Russischen. Berlin, 1980.
239. **de Saussure, F.:** Grundfragen der allgemeinen Sprachwissenschaft. Berlin/Leipzig, 1931.
240. **Scheljakin, M. A.; Schlegel, H.:** Der Gebrauch des russischen Verbalaspekts. Teil 1. Theoretische Grundlagen. (Lehrbriefe für das Fernstudium der Lehrer.) PH Potsdam, 1970.
241. **Schmidt, W.:** Grundfragen der deutschen Grammatik. Eine Einführung in die funktionale Sprachlehre. Berlin, ⁵1977.
242. **Segeth, W.:** Elementare Logik. Berlin, ⁶1971.
243. **Sperber, W.:** Bemerkungen zur Darstellung des Aspektgebrauchs im Russischen. – Univ. Leipzig, Wiss. Zeitschrift, GSR. Leipzig, 1965, H. 1, 69–75.
244. **Sperber, W.:** Ist die "Zustandskategorie" eine für die Beschreibung der Grammatik notwendige Wortart? – Zeitschr. für Slawistik. Berlin, 1972, H. 3, 401–409.
245. **Sprachkommunikation und Sprachsystem.** Autorenkollektiv, Hrsg.: L. Wilske. Leipzig, 1983.
246. **Stallmann, A.:** Zur Kategorie der Belebtheit/Unbelebtheit bei den Determinativbinomina des Russischen. – PH Potsdam, Wiss. Zeitschr. Potsdam, 1984, H. 2, 363–368.
246a. **Stallmann, A.:** Beobachtungen zu Veränderungen in der Verwendung russischer Berufsbezeichnungen. – PH Leipzig,, Wiss. Zeitschr. II. Leipzig, 1985, 64–65.
247. **Tauscher, E.; Kirschbaum, E.-G.:** Grammatik der russischen Sprache, Berlin, ⁵1962.
248. **Wehmeier, H.-R.:** Zu einigen Fragen der funktional-semantischen Kategorie der Personalität in der russischen Sprache der Gegenwart. – Univ. Halle-Wittenberg. Forschungskoll. Kommunikativ-funktionale Sprachbetrachtung u. Fremdsprachenunterricht. Arbeitsberichte u. wiss. Studien Nr. 74. Halle, 1981.
249. **Wehmeier, H.-R.:** Einige Grundfragen der funktional-semantischen Kategorie der Personalität. – Univ. Halle-Wittenberg. Forschungskollektiv Kommunikativ-funktionale Sprachbetrachtung u. Fremdsprachenunterricht. Arbeitsbericht Nr. 79. Halle, 1981.
250. **Wehmeier, H.; Engelbrecht, D.:** Zu ausgewählten Fragen der funktional-semantischen Kategorien. – Univ. Halle-Wittenberg. Forschungskoll. Kommunikativ-funktionale Sprachbetrachtung u. Fremdsprachenunterricht. Arbeitsbericht Nr. 38. Halle, 1975.

Sachregister

Die Ziffern beziehen sich auf die Leitzahlen am Seitenrand, unter denen der betreffende Terminus erläutert (Fettdruck) oder erwähnt wird (Normaldruck).

Abgeleiteter Stamm производная основа 82
abgeleitetes Zahlwort производное числительное 747, 753
abhängiger Infinitiv зависимый инфинитив 263ff.
Abkürzungswort (deklinierbares) сложносокращённое слово 616
Abkürzungswort (indeklinables) *oder* Initialwort инициальная аббревиатура 616ff.
Ableitung деривация 61
Ableitungsstamm производящая *или* образующая основа 82
absoluter Gebrauch der Tempusformen абсолютное употребление форм времени 396, 433
abstrakte Konstatierung der Handlung констатация обобщённого факта 195, 228, 236, 244
abstrakte Kopula отвлечённая связка 99
abstraktes Präsens абстрактное настоящее 390
abstraktes Substantiv *oder* Abstraktum (*Plur.* Abstrakta) отвлечённое *или* абстрактное существительное 508, 510, 645f., 653
abstrakt-konstatierende Bedeutung обобщённо-фактическое значение 205f., 228
abweichende Endung 518
Adjektiv (имя) прилагательное 41, **671ff.**
Adjektivierung адъективация 46, 464
adjektivisches Pronomen местоимение-прилагательное 788, **798ff.**
Adjunktion примыкание 491
Adverb наречие 41, **896ff.**
Adverb der Art und Weise наречие образа действия 901
Adverbialpartizip деепричастие 466ff.
Adverbialpartizipialkonstruktion деепричастный оборот 492
adversative Konjunktion противительный союз 938
Affigierung аффиксация 85
Affirmation утверждение 245
Affix аффикс 49ff.
Agens семантический субъект действия 335
Akkusativ винительный падеж 657, 668
Aktionsart способ глагольного действия 107, 312f.
Aktiv *oder* aktives Genus действительный залог 332
Aktivkonstruktion действительный оборот 342
aktiv-objektlose Bedeutung активно-безобъектное значение 358
Aktivum tantum (*Plur.* Aktiva tantum) несоотносительный по залогу *или* однозалоговый глагол 333

aktuelles Präsens актуальное настоящее 231, 389
akzentuelle Aspektdifferenzierung 293, 296
Akzentwechsel переход ударения 88
Allgemeinbedeutung общее значение 28
allgemein-reflexive Bedeutung общевозвратное значение 358
Allomorph алломорф 71
Alternation альтернация 63
analytische Form аналитическая форма 83, **89ff.**
analytisches Adjektiv аналитическое прилагательное 698
anaphorischer Gebrauch 784
anaphorisches Personalpronomen лично-указательное местоимение 789, 793ff., 806ff.
Annullierung des Resultats аннулированность результата 229
anschaulich-exemplarische Bedeutung наглядно-примерное значение 202
Antezedens 784
Aoristbedeutung аористическое значение 220
Appellativum (*Plur.* Appellativa) нарицательное существительное 506f.
Appellinterjektion императивное междометие 942
äquipollente Opposition эксвиполентная оппозиция 29
Aspekt вид 96, **181ff.**
Aspektbedeutung видовое значение 278
Aspektdefektivität видовая несоотносительность 301, 308ff.
Aspektkonkurrenz конкуренция видов 243f.
Aspektopposition видовая оппозиция *или* видовое противопоставление 278
Aspektpaar видовая пара **278f.**
Aspektstamm видовая основа 113ff., 278ff.
Aspektstamm (perfektiver und imperfektiver) основы совершенного и несовершенного вида 79, 113ff.
Aspekt-Tempus-Form видо-временная форма 219ff., 405
Aspektualität аспектуальность 207ff.
asymmetrische Opposition асимметричная оппозиция 29
aterminatives Verb непредельный глагол 104
attenuative Aktionsart смягчительный способ действия 314
Aufeinanderfolge von Handlungen последовательность действий 238, 240
Augmentativum (*Plur.* Augmentativa) увеличительное существительное 593

Autosemantikon (*Plur.* Autosemantika) знаменательное *или* самостоятельное слово 36, 40 f.

begrenzt-wiederholte Bedeutung ограниченно-кратное значение 205 f.
Begriffswort знаменательное *или* самостоятельное слово 36, 40
belebtes Substantiv одушевлённое существительное 511 f., 621 ff.
Belebtheit (grammatische) одушевлённость 621 ff.
Berufsbezeichnung 598 ff.
bestimmtes Zahlwort определённо-количественное числительное 774
bestimmt-persönliche Bedeutung определённо-личное значение 409 ff.
Betonungskurve акцентная кривая 709
Beziehungsadjektiv относительное прилагательное 677 ff.
binäre Opposition бинарная оппозиция 29
Bindevokal соединительный гласный 61
Bruchzahlwort дробное числительное 744, 746, 768 ff.
Buchstabe буква 52

Dativ дательный падеж 657, 667
Dauer der Handlung длительность действия 191, 195
defektives Wort дефективное *или* недостаточное слово 77
deiktisches Personalpronomen личное местоимение 789, 791, 806 ff.
Deixis дейксис 784
Deklination склонение 12, 514 ff., 693 ff., 753 ff., 791 ff.
Deklinationsform (des Adjektivs) склоняемая форма прилагательного 672
delimitative Aktionsart ограничительный способ действия 314
deminutiv-iterative Aktionsart прерывисто-смягчительный способ действия 314
Deminutivum (*Plur.* Deminutiva) уменьшительное существительное 593
Demonstrativpronomen указательное местоимение 789, 823 ff.
denominale Bildung 123
Derivation деривация 61
Determinativbinomen (*Plur.* Determinativbinomina) сложносоставное существительное 594, 633
determinatives Adverb определительное наречие 902
Determinativpronomen определительное местоимение 789
determiniertes Verb однонаправленный глагол 317, 319 ff.
deverbale Bildung 123, 312
Diachronie диахрония 6

diachronische Beschreibung *oder* Betrachtungsweise диахроническое описание языка 6
Diathese залоговость 363
disjunktive Konjunktion разделительный союз 938
distinktives Merkmal дистинктивный *или* дифференциальный признак 29
distributive Aktionsart распределительный способ действия 314
distributive Bedeutung распределительное значение 757
Distributivpronomen 840 ff.
Doppelzeitwort s. paariges Verb der Fortbewegung
dreigliedrige Passivkonstruktion трёхчленный страдательный оборот 341 f.
dreigliedriges Aspektverhältnis 300
Dualpronomen 859

egressive Aktionsart окончательный способ действия 314
Eigenname существительное собственное 506, 640
eigentlich-reflexive Bedeutung собственно-возвратное значение 358
einfache Form простая форма 83
einfache Futurform форма простого будущего 171, 393
einfaches Verb простой глагол 279
einfaches Zahlwort простое числительное 747, 753
eingliedrige Passivkonstruktion одночленный страдательный оборот 341 f.
Einheit единичность 637
Einzelhandlung единичное действие 220
Elativbedeutung элативное значение 738 f.
endgültiger Übergang окончательный переход 46
Endung окончание 53, 56
Entwicklung der Handlung развитие действия 191
erweitertes Präsens расширенное настоящее 231
Exklamativpronomen восклицательное местоимение 841
explikative Konjunktion изъяснительный союз 939

Familienname фамилия 566, 570, 610
feminines Genus женский род 583
Femininum (*Plur.* Feminina) *oder* feminines Substantiv существительное женского рода 587 ff.
finale Konjunktion целевой союз 939
finales Adverb наречие цели 899
finite Verbalform спрягаемая форма глагола 109 ff.
finitive Aktionsart окончательный способ действия 314

flektierbares Wort изменя́емое сло́во 37, 41
Flexion словоизмене́ние 12
flüchtiger Vokal бе́глый гла́сный 548f., 551, 702
Formativ формати́в 13, 52
formbildende Partikel фо̀рмообразу́ющая части́ца 926
formbildendes Affix фо̀рмообразова́тельный а́ффикс 50
Form der gemeinsamen Handlung фо́рма совме́стного де́йствия 176
Formenbildung фо̀рмообразова́ние 12
Formenkreisstamm фо̀рмообразу́ющая осно́ва 113, 116ff.
Formmittel сре́дство фр̀омообразова́ния 83ff., 164ff.
freie Wurzel свобо́дный ко́рень 82
frequentatives Verb многоа́ктный глаго́л 314
Funktion фу́нкция 7, 16
funktional-semantische Kategorie функциона́льно-семанти́ческая катего́рия 32
funktional-semantisches Feld функциона́льно-семанти́ческое по́ле 32
Futur бу́дущее вре́мя 171f., 233ff., 393ff., 402ff.

Ganzheitlichkeit der Handlung це́лостность де́йствия 187, 202
Gattungsadjektiv относи́тельно-притяжа́тельное прилага́тельное 690
Gattungsname нарица́тельное существи́тельное 506
gebundene Wurzel свя́занный ко́рень 81
Gegenstand предме́т 502
gegliederter Stamm члени́мая осно́ва 81
Gehalt (einer morphologischen Kategorie) содержа́ние 18
gemischtdekliniertes Substantiv разносклоня́емое существи́тельное 516, 562ff.
generelles Präsens постоя́нное настоя́щее 232, 390
Genitiv роди́тельный паде́ж 657, 664f.
Genus (Plur. Genera) род 96, 423f., 583ff.
Genusendung родово́е оконча́ние 56
Genus verbi зало́г 96, 332ff.
geographischer Name 567, 570, 614
Gesamtparadigma по́лная паради́гма 12
gewohnheitsmäßige Handlung обы́чное де́йствие 226
gleichzeitige Handlung одновреме́нное де́йствие 224
Gleichzeitigkeit von Handlungen одновре́менность де́йствий 239
Glied (einer morphologischen Kategorie) член 18
Gradadverb oder Gradationsadverb коли́чественное наре́чие 901f.
Grammatik грамма́тика 1
grammatikalischer Bau граммати́ческий строй или грамма́тика 1

grammatische Bedeutung граммати́ческое значе́ние 14f.
grammatische Form граммати́ческая фо́рма 15
grammatische Kategorie граммати́ческая катего́рия 17
grammatischer Bezugspunkt граммати́ческая то́чка отчёта 386
grammatischer Lautwechsel граммати́ческое чередова́ние зву́ков 86f.
grammatisches Affix граммати́ческий а́ффикс 50
grammatisches Geschlecht род 96, 583ff.
grammatisches Präfix граммати́ческая приста́вка 283
Grenzerreichen der Handlung достиже́ние преде́ла 188, 200
Grundzahlwort коли́чественное числи́тельное 744

halbabstraktes Kopulaverb полуотвлечённая свя́зка 100
Handlung де́йствие 95
Handlung in ihrer Entwicklung де́йствие в проце́ссе его́ осуществле́ния 195
Handlung mit annuliertem Resultat аннули́рованность результа́та 229
Handlungsergebnis результа́т де́йствия 246
Handlungskette цепь де́йствий 238
Handlungspaar па́ра де́йствий 238
Handlungsrichtung зало́г 96, 332ff.
Hilfsmorphem служе́бная морфе́ма 49
Hilfsverb вспомога́тельный глаго́л 98
Hilfswort 1. служе́бное сло́во 36, 40; 2. вспомога́тельное сло́во 83, 89, 98
historische Beschreibung oder Betrachtungsweise истори́ческое описа́ние языка́ 6
historischer Lautwechsel истори́ческое чередова́ние зву́ков 63, 86
historisches Präsens истори́ческое настоя́щее 244, 399

Identifikativpronomen 832
Identitätspronomen 857
Imperativ повели́тельное наклоне́ние 173ff., 245ff., 368ff., 405
imperfektiver Aspekt несоверше́нный вид 181, 194ff.
imperfektiver Aspektstamm осно́ва несоверше́нного ви́да 79
imperfektives Futur бу́дущее несоверше́нное 172, 219, 236, 387
imperfektives Präsens настоя́щее несоверше́нное 171, 219, 388ff., 231f.
imperfektives Präteritum проше́дшее несоверше́нное 219, 223ff., 387
imperfektivierendes Suffix имперфективи́рующий су́ффикс 287
Imperfektivierung имперфектива́ция 287ff.

Imperfektivum tantum (*Plur.* Imperfektiva tantum) непа́рный *или* несоотноси́тельный *или* одновидово́й глаго́л несоверше́нного ви́да 301, 309 f.
Inangriffnahme der Handlung при́ступ к де́йствию 248
inchoative Bedeutung инхоати́вное значе́ние 151, 359
Indefinitpronomen неопределённое местоиме́ние 789, 850 ff.
indeklinables Adjektiv неизменя́емое прилага́тельное 698 f.
indeklinables Pronomen 805
indeklinables Substantiv несклоня́емое существи́тельное 569 f., 612 ff.
indeterminiertes Verb неоднонапра́вленный глаго́л 317 ff.
Indikativ изъяви́тельное наклоне́ние 169 ff., 367
Individuativum (*Plur.* Individuativa) существи́тельное-индивидуати́в 508 f.
infinite Verbalform неспряга́емая фо́рма глаго́ла 109 ff., 425 ff.
Infinitiv инфинити́в *или* неопределённая фо́рма глаго́ла 165 ff., 336 ff., 426 ff.
Infinitivstamm осно́ва инфинити́ва 73, 117, 120
ingressive Aktionsart начина́тельный спо́соб де́йствия 314
Initialbuchstabentyp бу́квенная аббревиату́ра 570, 617
Initiallauttyp звукова́я аббревиату́ра 570, 617
Initialmischtyp бу́квенно-звукова́я аббревиату́ра 570, 617
Initialwort инициа́льная аббревиату́ра 616 ff.
inklusiver Imperativ исклюзи́вная фо́рма императи́ва 176 f., 369
innere Grenze вну́тренний преде́л 202
Instrumental твори́тельный паде́ж 657, 669
intensiv-reflexive Bedeutung усили́тельно-возвра́тное значе́ние 359
Interfix интерфи́кс 49, 51, 61
Interjektion междоме́тие 41, 941 ff.
Interrogativpronomen вопроси́тельное местоиме́ние 789, 832 ff.
intransitives Verb неперехо́дный глаго́л 105, 351
invariante Bedeutung инвариа́нтное значе́ние 28
isoliertes Verb изоли́рованный глаго́л 157 ff.
iterative Aktionsart многокра́тный спо́соб де́йствия 314

Kardinalzahlwort коли́чественное числи́тельное 744, 753 ff.
Kasus (*Plur.* Kasūs) паде́ж 657 ff.
Kasusendung паде́жное оконча́ние 56
Kasus- und Genus-Endung паде́жно-родово́е оконча́ние 56
kataphorischer Gebrauch 784

Kategorie der Belebtheit bzw. Unbelebtheit катего́рия одушевлённости или неодушевлённости 621 ff.
Kategorie der Person катего́рия лица́ 96, 407 ff.
Kategorie des Aspekts катего́рия ви́да 96, 181 ff.
Kategorie des Genus катего́рия ро́да 97, 423 f., 583 ff.
Kategorie des Genus verbi катего́рия зало́га 96, 332 ff.
Kategorie des Kasus катего́рия падежа́ 657 ff.
Kategorie des Modus катего́рия наклоне́ния 96, 364 ff.
Kategorie des Numerus катего́рия числа́ 97, 421 f., 637 ff.
Kategorie des Tempus катего́рия вре́мени 96, 384 ff.
kausale Konjunktion причи́нный сою́з 939
kausales Adverb наре́чие причи́ны 899
Kern (einer funktional-semantischen Kategorie) ядро́ *или* центр 32
klassifizierende Kategorie классификацио́нная катего́рия 20
Koinzidenzfall 234
Kollektivname *oder* Kollektivum (*Plur.* Kollektiva) существи́тельное собира́тельное 508 f., 640, 644, 651
Kollektivpronomen 848
Kollektivzahlwort собира́тельное числи́тельное 744
Komparation образова́ние форм степене́й сравне́ния 671 ff., 718 ff.
Komparationsstufe сте́пень сравне́ния 718 ff.
Komparativ сравни́тельная сте́пень 718 ff., 733 ff.
komparative Konjunktion сравни́тельный сою́з 939
komplementäre Distribution дополни́тельная дистрибу́ция *или* дополни́тельное распределе́ние 70
kompletive Aktionsart заверши́тельный спо́соб де́йствия 314
Komposition словосложе́ние 61
konative Handlung 225
konditionale Bedeutung усло́вное значе́ние 255, 259 ff., 381
konditionale Konjunktion усло́вный сою́з 939
Konfrontationsmethode сопостави́тельный ме́тод 8
Kongruenz согласова́ние 585
Kongruenzbeziehung согласова́тельная связь 634
Kongruenzkategorie согласова́тельная катего́рия 22, 673
Kongruenzklasse согласова́тельный класс 634 ff.
Konjugation спряже́ние 12
Konjugationsart 120, 171
Konjunktion сою́з 41, 937 ff.
Konjunktiv сослага́тельное наклоне́ние 180, 255 ff., 376 ff.
konkret-ablaufende Bedeutung конкре́тно-проце́ссное значе́ние 205 f.

konkret-ablaufende Einzelhandlung конкре́тно-проце́ссное де́йствие 224, 236
konkretes Substantiv *oder* Konkretum (*Plur.* Konkreta) конкре́тное существи́тельное 508
konkret-vollzogene Bedeutung конкре́тно-факти́ческое значе́ние 202
konsekutive Konjunktion сою́з сле́дствия 939
Konsonantenwechsel чередова́ние согла́сных 136, 144 289 f., 724
Kontext конте́кст 10
konzessive Konjunktion уступи́тельный сою́з 939
koordinierende Konjunktion сочини́тельный сою́з 938
Kopula свя́зка 43, 99
Kopula-Partikel части́ца-свя́зка 43
kopulative Konjunktion соедини́тельный сою́з 938
Kopulaverb глаго́л-свя́зка 99
Korrelation корреля́ция 11
korrelatives Zustandswort соотноси́тельное сло́во катего́рии состоя́ния 909
korrelative Wortform соотноси́тельная словофо́рма 19
kumulative Aktionsart накопи́тельный спо́соб де́йствия 314
Kurzform кра́ткая фо́рма 455 ff., 672, 701 ff., 711 f.

Langform по́лная фо́рма 672, 701, 711, 713
Lautkomplex звуково́й ко́мплекс 52
Lebewesen 502, 511, 586, 596 ff., 614
Lehnübersetzung словообразова́тельная ка́лька 282
Lexem лексе́ма 12
Lexik слова́рный соста́в *или* ле́ксика 1
lexikalische Bedeutung лекси́ческое значе́ние 13
lexikalischer Indikator der Aspektualität лекси́ческий показа́тель аспектуа́льности 211 ff.
lexikalisches Affix лекси́ческий а́ффикс 50
lexikalisch-grammatische Allgemeinbedeutung о́бщее ле́ксико-граммати́ческое значе́ние 34 f.
lexikalisch-grammatischer Stamm ле́ксико-граммати́ческая осно́ва 78
Lexikologie лексиколо́гия 1
logische Kongruenz 587
lokales Adverb наре́чие ме́ста 897

Makrofeld 33
markiertes Glied марки́рованный член 29
maskulines Genus мужско́й род 583
Maskulinum (*Plur.* Maskulina) *oder* maskulines Substantiv существи́тельное мужско́го ро́да 587 ff.
mehrgliedriges Zahlwort составно́е числи́тельное 747, 755

merkmalhaltiges Glied марки́рованный член 29
merkmalloses Glied немарки́рованный член 29
Mikrofeld 33
modales Adverb наре́чие о́браза де́йствия 901
Modalität мода́льность 383
Modalitätspartikel мода́льная части́ца 927
Modalverb мода́льный глаго́л 103
Modalwort мода́льное сло́во 41, 918 ff.
Modus (*Plur.* Modi) наклоне́ние 96, 364 ff.
Momentanverb *siehe* semelfaktive Aktionsart
Morph морф 68, 71
Morphem морфе́ма 48, 71
Morphemvariante вариа́нт морфе́мы 63, 292
Morphemverschmelzung опроще́ние 168, 281
Morphologie морфоло́гия 3
morphologische Kategorie морфологи́ческая катего́рия 17 ff.
morphologischer Lautwechsel морфологи́ческое чередова́ние зву́ков 86 f.
morphologisches Merkmal морфологи́ческий при́знак 34, 37
Morphonem морфоне́ма 64
multiplikatives Verb многоа́ктный глаго́л 314

natürliches Geschlecht пол 584
Nebenhandlung доба́вочное де́йствие 466
Negation отрица́ние 245
Negativpronomen отрица́тельное местоиме́ние 789, 877 ff.
neutrales Genus сре́дний род 583
Neutralisation нейтрализа́ция 31
Neutrum (*Plur.* Neutra) *oder* neutrales Substantiv существи́тельное сре́днего ро́да 587 ff.
nichtaktuelles Präsens неактуа́льное настоя́щее 232, 390, 403
Nichtdauer (der Handlung) недли́тельность 199
nichtmarkiertes Glied немарки́рованный член 29
nichtphonetischer Lautwechsel нефонети́ческое чередова́ние зву́ков 63
nichtpräfigiertes Verb беспристáвочный *или* беспре́фиксный глаго́л 279 f.
nichtwortverändernde Kategorie несловоизмени́тельная катего́рия 20
Nomen (*Plur.* Nomina) и́мя 41
Nominativ имени́тельный паде́ж 657, 663
Nullendung нулево́е оконча́ние 57
Nullkopula нулева́я свя́зка 102
Nullmorphem нулева́я морфе́ма 57
Nullprädikat нулево́е сказу́емое 102
Numerale (*Plur.* Numeralia) (и́мя) числи́тельное 41, 742 ff.
Numerus (*Plur.* Numeri) число́ 96, 421 f., 637 ff.

obliquer Kasus ко́свенный паде́ж 663
okkasioneller Übergang окказиона́льный перехо́д 46
Opposition оппози́ция *или* противопоставле́ние 29

optativische Bedeutung оптати́вное *или* жела́тельное значе́ние 255 ff., 378
Ordinaladjektiv поря́дковое относи́тельное прилага́тельное 684 f., 772 f.
Ordinalzahlwort поря́дковое числи́тельное 773
paariges Verb der Fortbewegung па́рный глаго́л движе́ния *или* перемеще́ния 117, 209, 315 ff.
Paradigma паради́гма 10
Paradigmatik парадигма́тика 10
paradigmatische Beziehung парадигмати́ческое отноше́ние 10
Partikel части́ца 41, 914 ff.
partitive Bedeutung коли́чественно-раздели́тельное значе́ние 527
Partizip прича́стие 430 ff.
Part. Präs. Akt. действи́тельное прича́стие настоя́щего вре́мени 436 f.
Part. Präs. Pass. страда́тельное прича́стие настоя́щего вре́мени 443 ff.
Part. Prät. Akt. действи́тельное прича́стие проше́дшего вре́мени 438 ff.
Part. Prät. Pass. страда́тельное прича́стие проше́дшего вре́мени 447 ff.
Passiv *oder* passives Genus страда́тельный зало́г 332
passiv-qualitative Bedeutung пасси́вно-ка́чественное значе́ние 358
Patiens семанти́ческий объе́кт (де́йствия) 335
Pejorativum (*Plur.* Pejorativa) уничижи́тельное существи́тельное 593
perdurative Aktionsart дли́тельно-органи́чительный спо́соб де́йствия 314
Perfektbedeutung перфе́ктное значе́ние 221
perfektive Präsens-Futur-Form 394
perfektiver Aspekt соверше́нный вид 181, 187 ff.
perfektiver Aspektstamm осно́ва соверше́нного ви́да 79
perfektives Futur бу́дущее соверше́нное 219, 233 ff., 244
perfektives Präteritum проше́дшее соверше́нное 219 ff., 391 f.
Perfektivierung перфектива́ция 280
Perfektivum tantum (*Plur.* Perfektiva tantum) непа́рный *или* неспотноси́тельный *или* одновидово́й глаго́л соверше́нного ви́да 301, 308
Peripherie (einer funktional-semantischen Kategorie) перифери́я 32
Person лицо́ 96, 407 ff.
Personalendung ли́чное оконча́ние 56
Personalität персона́льность 420
Personalpronomen ли́чное местоиме́ние (*siehe* deiktisches Personalpronomen)
Personenbezeichnung назва́ние лица́ 586, 598 ff., 614
persönlich-demonstratives Pronomen ли́чно-указа́тельное местоиме́ние 789
persönliches Verb ли́чный глаго́л 106
persönliche Verbalform ли́чная глаго́льная фо́рма 408 ff.
Phasenverb фа́зовый глаго́л 103, 263

Phonem фоне́ма 52
Phonemfolge фоне́мный ко́мплекс 52
Phonemwechsel чередова́ние фоне́м 63
phonetischer Lautwechsel фонети́ческое чередова́ние зву́ков 62
Plural мно́жественное число́ 421, 637
Pluraletantum (*Plur.* Pluraliatantum) существи́тельное, употребля́емое то́лько во мно́жественном числе́ 566 f., 634, 639, 647 ff.
Plusquamperfektbedeutung плюсквамперфе́ктное значе́ние 222
Positiv положи́тельная сте́пень 718, 732
Possessivadjektiv притяжа́тельное прилага́тельное 687 ff.
Possessivpronomen притяжа́тельное местоиме́ние 789, 817 ff.
Postfix по́стфикс 53, 58
potentielle Bedeutung потенциа́льное значе́ние 202
potentielles Präsens потенциа́льное настоя́щее 232, 244
potentiell-qualitative Bedeutung потенциа́льно-ка́чественное значе́ние 205 f.
Prädikativ 41
prädikative Form предикати́вная фо́рма 109
prädikative Kategorie предикати́вная катего́рия 24
prädikatives Adverb предикати́вное наре́чие 42
Präfigierung префикса́ция 280
Präfix пре́фикс *или* приста́вка 53 f.
präfixale korrelative Aspektformen префикса́льная видова́я па́ра 278, 283 ff.
Präfix räumlicher Bedeutung приста́вка с простра́нственным значе́нием 325 f.
Präposition предло́г 41, 931 ff.
Präpositionalkasus 670
Präpositiv предло́жный паде́ж 657, 670
Präsens настоя́щее вре́мя 171
Präsens der geplanten Handlung настоя́щее наме́ченного де́йствия 400
Präsens einer in der Vorstellung existierenden Handlung настоя́щее вообража́емого де́йствия 399
Präsensstamm осно́ва настоя́щего вре́мени 73, 117, 120
Präteritum проше́дшее вре́мя 169 f.
produktives Formmittel продукти́вное сре́дство фо̀рмообразова́ния 92
produktive Verbalklasse продукти́вный класс глаго́лов 120 f.
Pronomen местоиме́ние 41, 782 ff.
Pronominaladverb местоиме́нное наре́чие 786, 790

qualifizierende Bedeutungsnuance квалифици́рующий *или* ка́чественный отте́нок 226
qualifizierendes Präsens ка́чественное настоя́щее 232
Qualitätsadjektiv ка́чественное прилага́тельное 677 ff.

Qualitätsadverb ка́чественное наре́чие 902
Quantitätsadverb коли́чественное наре́чие 902
Quantitätspronomen местоиме́ние-числи́тельное 775, 788, **804**

Redepartikel части́ца ре́чи 43
Redeteil часть ре́чи **34 ff.**
reflexives Possessivpronomen возвра́тно-притяжа́тельное местоиме́ние 789, **819 ff.**
reflexiv-neutrale Bedeutung 358
Reflexivpronomen возвра́тное местоиме́ние 789, 791, **812 ff.**
Reflexivum tantum (*Plur.* Reflexiva tantum) несоотноси́тельный возвра́тный глаго́л 362
Reflexivverb возвра́тный глаго́л 108, **354 ff.**
reine Kopula чи́стая свя́зка 99
reines Aspektpräfix чистовидова́я приста́вка 283
relativer Gebrauch der Tempusformen относи́тельное употребле́ние форм вре́мени 397, 432, **470 ff.**
Relativpronomen относи́тельное местоиме́ние 789
Relativwort сою́зное сло́во 834
Resultativität der Handlung результати́вность де́йствия 198
Reziprokpronomen взаи́мное местоиме́ние 789, 797, 816
reziprok-reflexive Bedeutung взаи́мно-возвра́тное значе́ние 358

Sammelname собира́тельное существи́тельное 508 f., 640, 644, 651
Sammelzahlwort собира́тельное числи́тельное 744
Satz предложе́ние 4
Schaltwort вво́дное сло́во 41, 918
sekundäre Imperfektivierung втори́чная имперфектива́ция 123, **287 ff.**, 326, 329
semelfaktive Aktionsart однокра́тный *или* одноа́ктный спо́соб де́йствия 314, 244
Sexus пол 584
Simplex (*Plur.* Simplizia) просто́й *или* беспрефиксный *или* бесприста́вочный глаго́л
Singular еди́нственное число́ 421, 637
Singularetantum (*Plur.* Singulariatantum) существи́тельное, употребля́емое то́лько в еди́нственном числе́ 640
Singulativum (*Plur.* Singulativa) едини́чное существи́тельное 509, 643
spezielle Bedeutung ча́стное значе́ние 28
Stamm (eines Wortes) осно́ва 72
Stammbildungsmorphem основообразу́ющая морфе́ма 74
Stammverhältnis соотноше́ние осно́в 120
Standardendung 518
Standardtyp (der Deklination) станда́ртный тип 523 ff., 694 f.

ständige Handlung der Vergangenheit постоя́нное проше́дшее 224
ständig-ununterbrochene Bedeutung постоя́нно-непреры́вное значе́ние **205 f.**
Steigerungsstufe *siehe* Komparationsstufe
stilistische Aspektsynonymie 243
Stoffname веще́ственное существи́тельное 508 f., **640 ff.**, 650
subordinierende Konjunktion подчини́тельный сою́з 939
Substantiv существи́тельное 41, **502 ff.**
Substantiv numerativer Semantik существи́тельное нумера́льной сема́нтики **638 ff.**
Substantivierung субстантива́ция 46, 465, 502, 780
substantivisches Pronomen местоиме́ние-существи́тельное 788
Substantivkompositum (*Plur.* Substantivkomposita) сло́жно-составно́е существи́тельное 594
Substantiv anumerativer Semantik существи́тельное анумера́льной сема́нтики **638 ff.**
Substantiv zweierlei Genus существи́тельное о́бщего ро́да **607 ff.**
Suffigierung суффика́ция 123, 287
Suffix су́ффикс 53, 55
suffixale korrelative Aspektformen суффикса́льная видова́я па́ра 278, **287 ff.**
Suffix der subjektiven Wertung су́ффикс субъедкти́вной оце́нки 593
summarische Bedeutung сумма́рное значе́ние 202
Superlativ превосхо́дная сте́пень **718 ff.**, 738
Superlativbedeutung суперлати́вное значе́ние **734 f.**, **738 f.**
suppletive Form суппле́ти́вная фо́рма 77
suppletive korrelative Aspektformen суплети́вная видова́я па́ра 278, **297 f.**
Symptominterjektion эмоциона́льное междоме́тие 942
Synchronie синхрони́я 6
synchronische Beschreibung *oder* Betrachtungsweise синхрони́ческое описа́ние языка́ 6
synkretistisches Morphem синкрети́ческая морфе́ма 59
Synsemantikon (*Plur.* Synsemantika) служе́бное сло́во 36, **40 f.**
Syntagmatik синтагма́тика 9
syntagmatische Beziehung синтагмати́ческое отноше́ние 2
syntaktische Funktion синтакси́ческая фу́нкция 34, 38
syntaktische Kategorie синтакси́ческая катего́рия 17
Syntax си́нтаксис 4
synthetische Form синтети́ческая фо́рма **83 ff.**

Teilparadigma ча́стная паради́гма 12
teilweise Gleichzeitigkeit части́чная одновре́менность 241

temporale Konjunktion временно́й сою́з 939
temporales Adverb наре́чие вре́мени 898
Temporalität темпора́льность 405
Tempus (*Plur.* Tempora) вре́мя 96, **384 ff.**
terminatives Verb преде́льный глаго́л 104
Tierbezeichnung назва́ние живо́тного 586, 597, 613
totale Aktionsart тота́льно-объе́ктный спо́соб де́йствия 314
transitives Verb перехо́дный глаго́л 105, 351
Transitivität перехо́дность **361 ff.**
Transposition транспози́ция 30, 204, 209, 244, **399 ff.**

Übergang (aus einer Wortart in eine andere) перехо́д 46
übertragener Gebrauch *siehe* Transposition
Umstandsadverb обстоя́тельственное наре́чие 900
unabgeleiteter Stamm непроизво́дная осно́ва 82
unabhängiger Infinitiv незави́симый инфинити́в **269 ff.**
unbegrenzt-wiederholte Bedeutung неограни́ченно-кра́тное значе́ние **205 f.**
unbelebtes Substantiv неодушевлённое существи́тельное **511 f.**, **621 ff.**
Unbelebtheit (grammatische) неодушевлённость **621 ff.**
unbestimmtes Quantitätswort неопределённо-коли́чественное сло́во 772, 774
unbestimmtes Zahlwort неопределённо-коли́чественное числи́тельное 774
unbestimmt-persönliche Bedeutung неопределённо-ли́чное значе́ние **414 f.**
"unechte" Superlativform 734
unflektierbares Wort неизменя́емое сло́во 37, 41
ungegliederter Stamm нечлени́мая осно́ва 81
unpersönliches Verb безли́чный глаго́л 106, **416 ff.**
unproduktives Formmittel непродукти́вное сре́дство фо̀рмообразова́ния 92, 94
unproduktive Verbalgruppe непродукти́вная гру́ппа глаго́лов 120, **142 ff.**
unteilbare Ganzheitlichkeit der Handlung недели́мая це́лостность де́йствия 201
Unteilbarkeit der Handlung недели́мость де́йствия 192
usueller Übergang узуа́льный перехо́д 46
usuelles Präsens узуа́льное настоя́щее 232, 244

Variante разнови́дность *или* вариа́нт 28
variative Bildungen вариати́вные образова́ния 299
verallgemeinert-gegenständliches Pronomen местоимение-существи́тельное 788
verallgemeinert-persönliche Bedeutung обобщённо-ли́чное значе́ние **412 f.**
verallgemeinert-qualitatives Pronomen местоимение-прилага́тельное 788

verallgemeinert-quantitatives Pronomen местоимение-числи́тельное 788
Verb глаго́л 41, **95 ff.**
Verbalaspekt вид глаго́ла **181 ff.**
Verbalinterjektion глаго́льное междоме́тие 944
Verbaltyp словоизмени́тельный тип глаго́ла 120
Verbot запреще́ние 252
Verweis указа́тельная фу́нкция 783
Vielheit мно́жественность 637
Vokalwechsel чередова́ние гла́сных 289
vollständige Gleichzeitigkeit по́лная одновре́менность 241
Vollverb полнозна́чный глаго́л 98
Vorgangspassiv процессуа́льный па́ссив 343

Warnung предостереже́ние 253
wiederholte Handlung повторя́ющееся де́йствие 195, 226, 236
Wort сло́во **9 ff.**
Wortart часть ре́чи **34 ff.**
Wortartwechsel перехо́д из одно́й ча́сти ре́чи в другу́ю 46
wortbildendes Affix сло̀вообразова́тельный а́ффикс 50
Wortform словофо́рма 10
Wortfügung словосочета́ние 4
Wortklasse часть ре́чи **34 ff.**
Wortnest гнездо́ слов 49
Wortschatz слова́рный соста́в *или* ле́ксика 1
Wortstamm осно́ва сло́ва **72 ff.**
wortverändernde Kategorie словоизмени́тельная катего́рия 20
Wurzel ко́рень 49
Wurzelmorphem корнева́я морфе́ма 49

Zahlsubstantiv счётное существи́тельное 772, **778 f.**
Zahlwort (и́мя) числи́тельное **772 ff.**
zeitliche Lokalisierbarkeit *oder* Lokalisierung временна́я локализо́ванность 195, 226
Zielerreichen (der Handlung) достиже́ние це́ли 188
zusammengerücktes Zahlwort сращённое числи́тельное 747, 754
zusammengesetzte Form сло́жная фо́рма 83
zusammengesetzte Konjunktion составно́й сою́з 890
Zusammensetzung словосложе́ние 61
Zustandskategorie *siehe* Zustandswort
Zustandspassiv стата́льный па́ссив **343 ff.**
Zustandsverb глаго́л состоя́ния 309
Zustandswort катего́рия состоя́ния *или* сло́во катего́рии состоя́ния 41, **908 ff.**
zweiaspektiger Verbalstamm двувидово́й глаго́л 301, **303 ff.**
zweigliedrige Opposition бина́рная оппози́ция 29
zweigliedrige Passivkonstruktion двучле́нный страда́тельный оборо́т **341 f.**